中国共产党吉林省历史

第二卷（1949—1978）

中共吉林省委党史研究室 著

中共党史出版社

图书在版编目（CIP）数据

中国共产党吉林省历史．第二卷，1949—1978 / 中共吉林省委党史研究室著．-- 北京：中共党史出版社，2018.11（2021.7 重印）
ISBN 978-7-5098-4668-1

Ⅰ．①中… Ⅱ．①中… Ⅲ．①中国共产党—地方组织—党史—吉林—1949—1978 Ⅳ．① D235.34

中国版本图书馆 CIP 数据核字 (2018) 第 119070 号

出版发行：中共党史出版社
责任编辑：潘 鹏 金松林（特邀）
复 审：韩冬梅
终 审：姚 鸿
社 址：北京市海淀区芙蓉里南街 6 号院 1 号楼
邮 编：100080
网 址：www.dscbs.com
经 销：新华书店
印 刷：北京君升印刷有限公司
开 本：170mm × 240mm 1/16
字 数：556 千字
印 张：42.75 插页 20 面
印 数：5001—10000 册
版 次：2018 年 12 月第 1 版
印 次：2021 年 7 月第 2 次印刷

ISBN 978-7-5098-4668-1
定 价：105.00 元

《中国共产党吉林省历史第二卷》(修订本)
编写委员会名单

主　　任	景俊海
副主任	韩　俊　高广滨
委　　员	吴靖平　胡家福　田锦尘　石玉钢　李　悦
	刘　维　张　忠　张志军　张恩惠
总　　编	胡家福
主　　编	穆占一
副主编	张万鑫　王宜田　黄耀河　王永君
曾任主编	王立章　刘殿明　杜红旗　刘曼抒　邱志方
曾任副主编	李卫东　郭红婴　龚兴盛　李志铭
曾任执行主编	吴敏先
执行主编	王永君
执行副主编	李　磊　张士文　吴言洪
编写组成员	吴敏先　郭永钧　何世芬　张家阔　张　琦
	刘宇实　郑晓亮　王永君　李　磊　张士文
	吴言洪　晋江艳　王　植　朱　巍　李瑞杰
	徐　然

1948 年 10 月 19 日长春解放，东北人民解放军吹响了胜利的号角。

1949 年 10 月 2 日，临江县各界庆祝中华人民共和国成立。

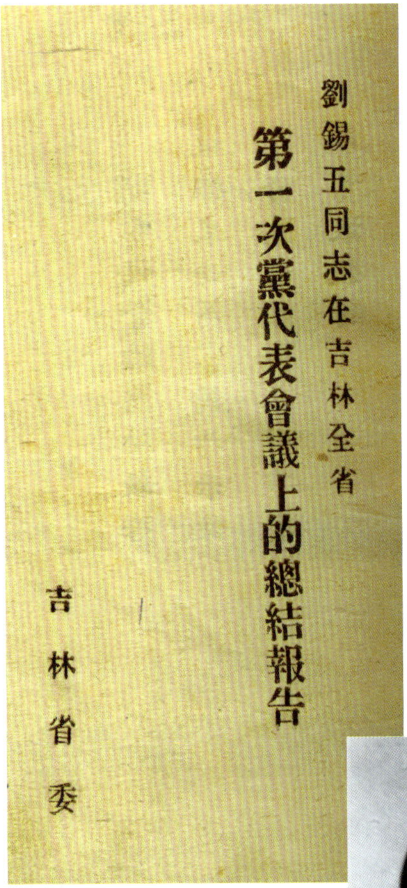
劉錫五同志在吉林全省
第一次黨代表會議上的總結報告
吉林省委

1950年1月28日至2月6日，中共吉林省第一次代表会议在吉林市召开，省委书记刘锡五在会上作总结报告。

1950 年 10 月 19 日，中国人民志愿军分别从辑安等地跨过鸭绿江赴朝作战。

中国人民志愿军凯旋归国，受到祖国人民的热烈欢迎。

1952年6月10日，中共中央东北局转发中共中央4月26日对吉林省干部调整的批示，调东北局党校校长李梦龄任中共吉林省委书记。

1952年9月3日，在延边朝鲜民族自治区第一次人民代表大会上，延边朝鲜民族自治区正式宣告成立。

1954 年，东北师范大学召开第一次科学会议。

1955 年 6 月 10 日至 26 日，中共吉林省第三次代表会议在长春召开。会议讨论了吉林省发展国民经济第一个五年计划草案。

1956 年 1 月，长春市私营工商业者和广大职工举行盛大游行和报喜活动，欢庆全市资本主义工商业实现全行业公私合营。

1956 年 7 月 13 日，国产第一辆“解放”牌汽车在总装配线下线。

1956年6月29日至7月7日，中共吉林省第一次代表大会在长春召开。会议确定了实现吉林省发展国民经济第一个五年计划的任务。会议选举产生中共吉林省第一届委员会。

在中共吉林省一届一次会议上，吴德当选为中共吉林省委第一书记。

1957年10月25日，庆祝吉林“三大化”（吉林染料厂、吉林化肥厂和吉林电石厂）开工生产典礼会场。

1958年，东北人民大学划归吉林省。经中共吉林省委和吉林省人民委员会决定，东北人民大学正式更名为“吉林大学”。

中国理论化学研究的开拓者、吉林大学副校长、化学系主任唐敖庆教授。

1958 年 7 月 3 日至 12 日，吉林省第二届人民代表大会第一次会议在长春召开。会议选举栗又文为吉林省人民委员会省长。

1958年8月1日，吉林省烟（烟筒山）—龙（龙王庙）线共青团铁路工程全面开工典礼大会会场。烟—龙线铁路是中国第一条共青团铁路。

1958年8月下旬，长春市郊小河台红旗人民公社成立庆祝大会。

长春机车厂于1959年5月1日生产出第一辆“和平”号机车。

1959年10月，在吉林省博物馆庆祝中华人民共和国成立十周年举办的“吉林省自然、历史、社会主义建设展览”上，解说员为观众介绍通钢远景规划。

1960年3月18日至24日，中共吉林省第二次代表大会在长春召开。会议选举产生中共吉林省第二届委员会，吴德当选为省委第一书记。中共吉林省委书记处书记赵林代表前届省委向大会作工作报告。

吉林省吉剧团演出的吉剧《桃李梅》是吉剧最具影响力的代表性剧目之一，不仅在吉林省上演两千余场，还被越剧、评剧等15个剧种改编演出，并拍摄成吉剧电影发行海内外。

1963 年 12 月 19 日至 28 日，吉林省第三届人民代表大会第一次会议在长春召开。会议选举栗又文为吉林省人民委员会省长。

1964 年 1 月 21 日，吉林省农业先进集体、先进生产者代表会议在省宾馆礼堂隆重开幕。这是全省农业战线总结交流经验的大会。

1966年3月15日，长春籍解放军战士刘英俊在佳木斯市为保护人民生命安全，勇敢地制止拉炮车的受惊军马，不幸光荣牺牲，年仅21岁。中央军委授予他“人民的好儿子”称号。

1970年全面开发扶余油田。

1971年3月18日，中国共产党吉林省第三次代表大会在长春召开。

“文化大革命”期间，知识青年上山下乡运动席卷全省。

榆树县小乡生产队的带头人、共产党员齐殿云带领社员治理涝洼地。

以三口大锅创业的吉林市油脂厂特等残废军人刘声（中）与全省先进典型代表在一起亲切交谈。

1975 年 2 月 7 日，由长春电影制片厂和大庆油田《创业》创作组集体创作，反映中国石油工人艰苦创业的彩色故事片《创业》在北京等城市上映，引起观众热烈反响。

1976 年 10 月 22 日，吉林省及长春市广大干部、工人和各界群众纷纷走上街头游行，庆祝粉碎“四人帮”的伟大胜利。

全国劳动模范、吉林省延吉县英成村英成大队党支部书记金时龙（左二）和科研人员一起研究水稻虫害问题。

1977 年 3 月 19 日至 29 日，吉林省第二次工业学大庆会议在长春召开，中共吉林省委第一书记、省革委会主任王恩茂在会上讲话。

1978 年 3 月，著名应用光学家王大珩（左）与蒋筑英（右）在研究学术问题。

长春应化所从事火箭推进剂的研究工作，为“两弹一星”的研发作出重要贡献。

1978 年，出席第五届全国人民代表大会第一次会议的吉林代表团全体代表合影。

1978 年 4 月 25 日，吉林省科学大会在吉林省宾馆礼堂隆重开幕。

第二卷

目录

第一编
人民民主政权的巩固和进入社会主义社会

(1949年10月—1956年9月)

第　三　编
“文化大革命”的内乱和吉林人民的抗争

(1966 年 5 月—1976 年 10 月)

第 四 编
在徘徊中前进和走向历史性转折的吉林

（1976年10月—1978年12月）

第　一　编

人民民主政权的巩固和进入社会主义社会

（1949 年 10 月—1956 年 9 月）

1949年10月1日，中华人民共和国成立。吉林省各族人民欢欣鼓舞，迎接这一伟大时刻的到来。在中国共产党的领导下，全省人民满怀信心、斗志昂扬，积极投入到建设新吉林、创造新社会的伟大实践中，吉林历史掀开了新篇章。

新中国成立之初的三年，中共吉林省委带领全省各族人民，一方面，积极开展镇压反革命运动，组织召开全省各级人民代表会议，采取措施巩固新生的人民民主政权；另一方面，认真贯彻实施以农业生产为中心恢复发展国民经济的方针，以国有工矿企业为重点恢复发展工业生产，改造旧商业结构，活跃城乡经济，为有计划的经济建设和社会主义改造准备了条件。处于抗美援朝前沿的吉林人民响应党中央的号召，全力以赴，众志成城，为夺取抗美援朝胜利、保卫和平、巩固东北边疆作出了重要贡献。与此同时，全省各级党组织加强对党建、宣传、统战、教科文卫等各项工作的领导，开展了整风整党运动和“三反”“五反”运动。政治、思想、文化等各个领域的巩固与发展，进一步促进了全省国民经济的全面恢复。

1953年，中共吉林省委带领全省人民以党在过渡时期总路线为指针，开始了有计划的经济建设和对生产资料私有制的社会主义改造；同时，加强民主法制建设，实行人民代表大会制度，增强党内团结，贯彻党的知识分子政策，发展科教文卫事业。截至1956年，全省重点工程项目多数建成投产，地方工业发展迅速，第一个五年计划的各项建设进展顺利，对农业、手工业和资本主义工商业的社会主义改造基本完成，吉林省进入社会主义社会。

新民主主义革命的胜利和社会主义基本制度的建立，为吉林发展提供了根本政治前提和制度保障。全省各族人民满怀豪情地迎接全面建设社会主义时期的到来。

第一章
巩固新生政权的斗争

1949年10月1日，开国大典在北京隆重举行。全省人民欢欣鼓舞，热烈庆祝这一盛大的节日。中共吉林省委团结带领全省各族人民积极投入到巩固新生政权的斗争中。召开中共吉林省第一次代表会议，在总结经验的基础上，制定了全省工作的指导方针和基本政策，动员全省人民把一切力量集中到经济建设特别是农业生产的发展上。开展镇压反革命运动，基本扫除了日伪政权和国民党反动派在吉林省的残余势力。贯彻党的七届三中全会精神，缓解了经济困难形势，为新生政权的巩固提供了物质基础。扫除娼、赌、毒，宣传贯彻《婚姻法》，荡涤旧社会的污泥浊水，净化了社会风气。在省委的正确领导下，经过全省各族人民的共同努力，巩固新生政权的斗争取得了巨大成效。

一、新中国成立初期吉林省的形势和任务

吉林人民欢庆新中国的诞生

1949年10月1日下午3时，中华人民共和国中央人民政府主席毛泽东在北京天安门城楼上，向全中国和全世界庄严宣告中华人民共和国的成立。这是中华民族的盛大节日，全国各族人民以极其喜悦的心

情，迎接和庆祝这一天的到来。

吉林省各族人民对这一天的到来盼望已久。为了迎接这一盛大节日，9月20日前后，省会吉林市各机关、工厂、学校、商店就开始准备庆祝新中国成立。人们纷纷表示："这是中国开天辟地头一回的大事情，我们除了把生产搞好以外，一定要好好庆祝庆祝。"[①]21日，中国人民政治协商会议开幕。22日，中共吉林省委致贺电，表示"愿以倍于过去的努力，为新中国的建设，团结吉林全省人民共同奋斗。"[②]当天，吉林市人民热烈庆贺中国人民政治协商会议召开，几百人的秧歌队在街上扭动起来。医院、工厂纷纷召开座谈会，表示要以实际行动迎接新中国的诞生。23日，中共吉林省委宣传部发出《关于举行庆贺宣传周的通知》，规定9月25日至10月2日，在全省各地举行群众庆贺宣传周，以庆祝中国人民政治协商会议开幕和中华人民共和国中央人民政府的成立，同时庆祝东北人民代表会议的成功召开和东北人民政府的成立。《通知》发出后，全省各机关、工厂、学校等单位利用工作以外的时间组织小宣传队或秧歌队，采用讲演、唱歌、演戏等各种方式进行宣传教育，讲解中华人民共和国成立的伟大意义，号召向苏联学习，建设新中国。许多工厂都召开了座谈会或职工大会，讨论中国人民政治协商会议召开的意义，学习毛泽东主席在中国人民政治协商会议第一届全体会议上的开幕词。吉林、长春两市和省内其他县（旗、区）的文艺工作者还满怀激情地创作排练了一批歌颂中国共产党、庆祝中华人民共和国成立的文艺节目，如歌曲《胜利大合唱》《工人大合唱》等。

10月1日，吉林省各族人民很早就以热烈欢快的心情，等待收听中央人民广播电台播放的中华人民共和国成立大会的盛况。当听到毛泽东宣告"中华人民共和国中央人民政府今天成立了"[③]的时候，曾经饱受苦难的各族人民和各界爱国人士热泪盈眶，振臂欢呼。当天晚上，全省各地举行了庆祝新中国诞生的活动。吉林市人民举行了提灯游行和江

---

① 《吉市人民积极准备庆祝迎接中华人民共和国》，《吉林工农报》1949年9月23日第6版。

② 《中共吉林省委电贺人民政协开幕》，《吉林工农报》1949年9月23日第6版。

③ 逄先知、金冲及主编：《毛泽东传（1949—1976）》上，中央文献出版社2003年版，第3页。

上晚会，长春市也举行了提灯游行；全省各县（旗）和许多大型厂矿组织了秧歌或歌咏比赛等形式多样的庆祝活动。

10 月 2 日，全省各地纷纷召开群众大会，庆祝中华人民共和国的成立。在吉林市，参加庆祝中华人民共和国成立大会和游行的工厂职工、机关工作人员、学校师生、市民、郊区农民和部队官兵达 7 万多人。上午 9 时，庆祝大会在 24 响礼炮声中开幕。会上，吉林省人民政府主席周持衡致辞，中共吉林省委书记刘锡五、副书记李德仲、吉林市市长沈越和各界代表发表讲话。他们一致表示拥护中国共产党的领导，拥护中央人民政府，为实现《中国人民政治协商会议共同纲领》这一新中国的建设纲领而努力奋斗。会后，举行了盛大的检阅和游行。晚上，吉林市各族人民身着节日盛装，举行了提灯游行和江上晚会，遍江灯火，辉映繁星，人们伴随声声乐曲，翩翩起舞。松花江两岸的快乐人群，扭动秧歌舞步，笑语欢歌，汇成一片欢乐的海洋。同日，长春市各界 10 万群众，在人民广场举行庆祝中华人民共和国成立大会，并在会后举行了盛大的庆祝游行。在延吉，汉族和朝鲜族等各族群众两万多人在人民广场开会庆祝，朝鲜族妇女穿上鲜艳的民族服装跳起民族舞蹈，会后各族各界群众在延新、斯大林剧院以及中央小学举行庆祝晚会。其他市、县（旗）也分别举行了庆祝新中国诞生的盛大集会和游行。全省各地到处是庆祝游行的队伍和欢乐的人群，歌声阵阵，彩旗飘飘，各族人民盛赞中国共产党和伟大领袖毛泽东的丰功伟绩。庆祝活动不断掀起高潮，整个吉林大地沸腾起来。

10 月 5 日，中共中央机关报《人民日报》刊载文章，介绍了吉林和长春两市的集会盛况。同日，中共吉林省委机关报《吉林工农报》[①]发表了题为《全力建设新中国》的社论。社论指出：吉林省人民过去积极支援战争，努力发展生产，为中国人民的解放事业作出了应有贡献。在欢庆

---

① 1945 年 10 月 10 日，中共吉林市特支创办《人民日报》。1946 年 8 月 29 日，《人民日报》与《吉东日报》合并，仍称《人民日报》。9 月 1 日，《人民日报》作为中共吉林省委机关报发行。1947 年 3 月 1 日，《人民日报》改名为“《吉林日报》”。1949 年 5 月 30 日，《吉林日报》与《工人报》《农民报》合并，改为《吉林工农报》。6 月 1 日，《吉林工农报》在吉林市创刊。1950 年 2 月 1 日，《吉林工农报》复名为“《吉林日报》”。

新中国诞生的时候，更要加倍努力，发展生产，繁荣经济，继续支援全国解放战争，践行《共同纲领》，促进独立、民主、和平、统一和富强的中华人民共和国茁壮成长。8日，《吉林工农报》又以《庆祝新中国的诞生，迅速加强经济建设》为题，发表了刘锡五、李德仲的文章。文章指出：全省人民的任务，就是在现有基础上把工业生产和农业生产恢复和发展起来。文章强调，全省各级党组织在一年左右把全省20余万工人阶级组织起来，加强工农联盟，团结各阶层人民支援人民解放军，彻底肃清帝国主义及其走狗的残余势力；工人阶级要在生产上发挥主力军作用，开展生产竞赛，降低成本，反对浪费，配合行政搞好经济核算，保证完成生产任务；在私营企业中，各级党组织要正确执行"公私兼顾、劳资两利"的政策，主动与资方订立集体合同，发挥他们在恢复和发展生产中的积极作用。

中共吉林省委宣传部发出通知，要求各机关、企业、学校、团体所有干部，认真学习中国人民政治协商会议文献。《中国人民政治协商会议共同纲领》（简称《共同纲领》）是在马克思列宁主义、毛泽东思想指导下，总结中国人民100多年来，特别是近20多年来反对帝国主义、封建主义、官僚资本主义的革命斗争经验，从中国政治、经济、社会的实际情况出发，制定出来的一部新中国的建国纲领。它包含了中国共产党的全部最低纲领，即在当前阶段实现新民主主义革命和建设的任务；同时，又在基本大政方针上同党将来制定社会主义的纲领相衔接。在省委领导下，全省人民立即掀起了学习贯彻《共同纲领》的热潮。全省广大党员和群众特别是各级领导机关成员在学习《共同纲领》的同时，还学习了毛泽东在党的七届二中全会上的讲话和在党成立28周年时发表的重要文章《论人民民主专政》，并结合全省基层政权建设、经济建设、民族工作、统一战线和文化教育工作进行对照检查，以促进各方面事业的发展。通过学习，人们对省委领导全省各族人民在新中国成立初期进行各方面的工作有了明确认识，充满着必胜的信心。

在全省各级党组织宣传引导下，吉林人民将喜悦融入实际行动之中，各工厂、矿区加紧生产，工人们积极开展生产竞赛，参加义务劳动，在保证质量的前提下努力提高产量；部分县（旗、区）将庆祝大会和选种竞赛结合起来，农民情绪高涨，纷纷表示要赶紧割地，选好粮食送前方。各地的庆祝热潮成为推动生产的巨大动力。

全省面临的政治经济形势

新中国成立后，中国共产党成为执政党，党的工作重心由乡村转向城市。中共吉林省委迅速将工作重点转向经济建设和各项事业的恢复发展，全省各族人民干劲倍增，在困难形势下创造出勃勃生机。

吉林省在新中国成立初期所面临的政治形势和经济形势有自身的特点。在政治形势方面，吉林省全境获得解放时间差异较大，农村基层政权改造和新解放城镇基层政权建设的任务比较复杂。新中国成立时，全省已经历了土地改革、清剿匪霸和民主建政，绝大部分农村已经确立了贫下中农的政治优势。到 1949 年春天，全省农村基本上建立了村选政权。吉林、长春等 3 万人以上的城市、各县（旗）和个别区、村都召开过各界人民代表会议，选出代表行使民主权利、参政议政、管理国家大事。为了巩固人民民主专政，各地区在省委统一领导下，对反动党团、军、警、宪、特和反动会道门人员进行登记，并依据镇压与宽大相结合的方针，按照“首恶必办，胁从不问”的政策，惩办了首恶分子，对一般成员进行了教育和清理，有力地打击了国民党政权的残余势力。而在新解放区，土地改革尚未深入开展，贫下中农的政治优势还没有真正确立起来，需要进行民主补课。在城市，特别是长春等后解放的大中城市里，情况更为复杂。由于土地改革中一部分地主富农和农村反动势力逃亡到城市，隐蔽起来，国民党撤退时，又遗留和潜伏下一批反革命分子和社会上的其他反动分子，他们转入地下，与人民政权进行隐蔽的斗争。从这一实际情况看，吉林省革命势力同反革命势力斗争的重点在城市。

新中国成立初期，吉林省的国民经济由于日本侵略者的长期掠夺以及国民党军队的大肆洗劫和破坏，极端衰弱。工业生产规模小，设备简陋，技术落后，产值较少（约占工农业生产总值的20%[①]）。因此，国民经济恢复和发展主要依靠农业，然而农业经济的力量也十分薄弱且发展不平衡。因土改后土地分散，生产工具缺乏，加上有些贫雇农缺乏生产经验等，生产尚未恢复。农民虽摆脱了赤贫，但仍处于贫困状态。此外，由于全省解放前夕，一部分大资本家逃往北京、上海等大城市，一部分民族资本家也抽逃资金，市场上货币极缺。同时，党又缺乏管理城市和组织经济建设的经验。因而出现城乡物资交流不畅、市场萧条、货币匮乏等紧张形势，主要表现为物资充斥市场，物价急剧下降，购买力低下，商品严重滞销。国营商店的货物推销变得日益困难，如吉林市百货公司当时积压布匹20余万匹，土产、粮食停止收购。紧张的经济形势引起社会各阶层人民的不满，并影响到生产建设的开展，如吉林投资于水利的1万吨粮食，无法变换成货币，水利工程的建设计划也就无法如期完成。水产投资105263元也是拨来粮食代替，因实物变换不出去，捕鱼计划大受影响[②]。许多工矿的修建也因此不能正常进行。这种经济萧条形势迫切需要解决。

吉林省是全国解放比较早的省份，在省委领导下，经过全省各族人民的共同努力，工农业生产的发展很快呈现出蓬勃生机。在农业生产方面，全省贫苦农民通过土地改革运动已经获得了土地，生产积极性迅速提高。新中国成立当年，已有80%的农户在自愿基础上通过各种互助方式组织起来，其中20%结合副业生产成为长期不散的小组，有的提高到大组或联组[③]。农民在积肥施肥、推广优良品种和新式农具、畜牧业生产等方面都表现出极大的积极性。特别是在水利建设方面，1949年全省农民开发和改种水田14753垧，修排水渠1150多公里，修防水堤128.5公里，受益面积达4.1万多垧，充分反映了广大农民热爱土

① 《刘锡五同志在吉林省第一次党代表会议上的总结报告》（1950年2月6日），吉林省档案馆编：《中国共产党吉林省委员会重要文件汇编》第2册（1950—1951年），1985年，第13页。

② 《省委关于五月份工作的报告》（1950年6月5日），吉林省档案馆编：《中国共产党吉林省委员会重要文件汇编》第2册（1950—1951年），1985年，第58、59页。

③ 《李德仲同志在省第一次党代表会议上“关于一九四九年几项主要工作的基本总结与一九五〇年的任务的报告”》（1950年1月28日），吉林省档案馆编：《中国共产党吉林省委员会重要文件汇编》第2册（1950—1951年），1985年，第2页。

地，争取多打粮食的强烈愿望。由于广大农民生产和生活都得到改善，农村经济开始复苏。据1949年统计，全省有一半以上的农户由原来的贫雇农上升为中农，粮食总产量约320万吨，农民有余粮约68万吨，人均250斤①。为补偿夏秋之际遭受严重旱灾所造成的减产损失，在省委领导下，自10月份起，农民群众迅速开展了副业生产运动。截至12月底，仅汪清、珲春、延吉、和龙、安图、敦化、蛟河、桦甸几县收入近210.5万元②，舒兰县收入6.421万元③。副业生产运动不仅改善了广大农民的生活，也为1950年的农业生产打下了基础。在工业生产方面，新中国成立初期，吉林省正处在工矿企业的恢复和扩建之中。全省重要工矿企业归国家所有，国营工业门类比较齐全，包括钢铁、电力、煤炭、有色金属、机械、造纸、化学、陶瓷、水泥、森林、土产、铁路等。到1949年底，全省工业企业共2554个，生产价值折合粮为70万吨④。工业企业在生产节约运动的基础上，又开展了创新纪录运动。一部分正规生产的厂矿建立了核算民主管理制度，工人阶级的觉悟提高了，已基本达到了“以厂养厂”的目的。在商业工作方面，新中国成立前后，吉林省建立和健全了国家商业部门和供销合作社机构体系，注重充分发挥其沟通城乡物资交流主渠道作用，还要求各市、县（旗）合并土产公司、贸易公司、合作社、工商科等，成立城乡互助委员会，建立城乡物资交流市场，促进了城乡贸易和经济繁荣。在财政收入方面，1949年全年税收收入926

---

① 《刘锡五同志在吉林省第一次党代表会议上的总结报告》（1950年2月6日），吉林省档案馆编：《中国共产党吉林省委员会重要文件汇编》第2册（1950—1951年），1985年，第12—13页。

② 1951年4月1日，根据中央人民政府政务院的命令和东北人民政府布告的规定，以人民币1元等于东北地方流通券9元5角的折合比率收回东北地方流通券。1955年2月21日，国务院发布《关于发行新的人民币和收回现行的人民币的命令》。自3月1日起，中国人民银行发行新人民币，以新币1元等于旧币1万元的折合比率收回旧人民币。本书所用人民币单位一律为新币。

③ 《省委十一、十二月工作综合报告》（1950年1月10日），吉林省档案馆编：《中国共产党吉林省委员会重要文件汇编》第1册（1945—1949年），1984年，第494页。

④ 《刘锡五同志在省人民代表会议上“关于怎样把全省生产建设提高一步”的发言》（1950年4月5日），吉林省档案馆编：《中国共产党吉林省委员会重要文件汇编》第2册（1950—1951年），1985年，第26页。

万余元，完成国家原定任务的315%，从而保证了供给任务与部分生产任务的完成[①]。

总体来看，由于长期受殖民统治的影响和战争的破坏，全省经济形势严峻，恢复任务艰巨。但因为吉林省解放较早，工农业生产具有一定基础，加上全省人民在省委的领导下，努力工作，经济形势很快就呈现出良好的发展态势。这为吉林人民迅速恢复国民经济、巩固人民政权提供了有力保障。

中共吉林省第一次代表会议

中共吉林省委始建于1945年11月。根据中共七大通过的《中国共产党章程》有关规定，省委每两年召开一次全省党的代表大会；在特殊情况下，可以延期或提前召集。1945年至1948年间，吉林省处于战争状态，行政建制和党的组织机构常有变动，省委未能召开党的代表大会或代表会议。新中国成立后，随着党员队伍的壮大、领导机构的健全和基层组织的发展，为了加强对吉林省经济建设和各项工作的领导，省委筹备召开党的代表会议。从1950年到1956年，中共吉林省委先后召开三次代表会议，在一些重大问题上行使了党的代表大会的职权。

1950年1月28日至2月6日，中共吉林省第一次代表会议在吉林市召开。会议代表240名，代表全省58498[②]名党员。会议的任务是，总结1949年的工作，确定1950年的任务，讨论贯彻党的方针政策和改善党的领导等问题。省委副书记李德仲作了《关于一九四九年几项主要工作的基本总结和一九五〇年的任务的报告》，省委书记刘锡五作了会议总结。

会议充分肯定了省委1949年的工作，认为在过去一年里，省委贯彻了党的七届二中全会精神，结合本省实际情况，确定了以农业生产为中

① 《李德仲同志在省第一次党代表会议上"关于一九四九年几项主要工作的基本总结与一九五〇年的任务的报告"》（1950年1月28日），吉林省档案馆编：《中国共产党吉林省委员会重要文件汇编》第2册（1950—1951年），1985年，第4页。

② 吉林省地方志编纂委员会编：《吉林省志·中国共产党志》，吉林人民出版社1997年版，第705页。

心，同时加强城市工作与工业生产的方针，恢复和发展了工农业生产，各方面工作都取得了显著的成绩。1949 年全省耕地面积恢复到 303 万公顷，粮食总产量达到 320 万吨，完成征购粮 60 万吨。全省农村人均占有粮食 950 斤，广大农民的生活有了初步改善。在工业战线，全省有就业工人 163300 人（包括铁路工人、半手工业工人和手工业工人）[①]。省营厂矿在生产节约运动的基础上，开展了创新纪录运动，根据 23 个主要厂矿统计，涌现出生产能手 2670 人，创生产新纪录 672 项。省营工业全年实现利润 222.9474 万元。采伐木材 42 万立方米，完成原计划的 70%。民主建政方面，全省范围内 3 万人口以上的城市都开过人民代表会议，有的市已经开过两次，并成立了协商委员会。23 个县先后召开了人民代表会议，并有个别县召开了区、村人民代表会议。组织建设方面，1949 年全省共培养39292名区村干部，提拔了 64 名县级干部，发展了 24044 名党员（新划入 6 县、旗，即扶余县、乾安县、郭尔罗斯前旗、怀德县、农安县、长岭县，长春市不包括在内）。财政收入方面，完成国家税收 926.3 万元，财政收入计划超额完成，保证了供给，为恢复和发展工农业生产奠定了必要的物质基础[②]。

这次会议的中心任务是确定 1950 年农业生产的任务和政策，也讨论了城市生产，特别是城乡互助问题。刘锡五强调："我们现在的任务是在人民反帝反封建反官僚资本主义革命胜利的基础上，发动起人民搞生产的热潮，来进行经济建设工作。"会议确定仍以恢复和发展农业生产为全省工作的中心。会议提出了 1950 年的任务：

在农业生产方面，全省每亩地在 1949 年的基础上增产 14 斤至 20 斤粮食，全省共计生产 360 万吨粮食，副业生产最低折合 60 万吨粮食，全省农民除生产生活需要外，每人净余 550 斤粮食用来换取布匹及日用必需品，以达到基本上丰衣足食的目的。为了实现这一任务，要继续

---

① 《刘锡五在吉林省第一次党代表会议上的总结报告》（1950 年 2 月 6 日），吉林省档案馆编：《中国共产党吉林省委员会重要文件汇编》第 2 册（1950—1951 年），1985 年，第 12—13 页。

② 《李德仲同志在省第一次党代表会议上"关于一九四九年几项主要工作的基本总结与一九五〇年的任务的报告"》（1950 年 1 月 28 日），吉林省档案馆编：《中国共产党吉林省委员会重要文件汇编》第 2 册（1950—1951 年），1985 年，第 3—4 页。

以发展农业生产为中心，集中力量领导农业生产：要发动群众多施肥、多铲蹚，兴修水利，消灭病虫害，开荒扩大耕地面积，提高农业技术，推广新式农具；要积极发展农村信用借贷以活跃农村经济；要积极领导农村互助合作运动，团结教育单干农民，允许富农经济发展①。此外，围绕有利于农业的发展，会议还对省、市所属地方工业的调整问题，国营商业和供销合作社如何全力为广大农民的生产生活服务问题，中小城镇开展城乡互助问题和进一步落实资本主义工商业政策问题等，都进行了研究并提出了具体的解决办法和措施。

在工业生产方面，随着农业生产的提高，城市工作和工业建设的比重将会与1949年有所不同。因此，加强城市工作和对国营工业的领导，必须提到日程上来。中央各部委所属工业要继续开展创新纪录运动，加强企业党团组织建设，从工人中培养干部，并加强干部的业务训练，提高他们的管理水平；省属工业除重点厂矿要完成修建任务外，均应在开展创新纪录运动的基础上，实行定额管理，严格经济核算制，实现947万元生产总值的目标，并打下基本建设正规化的基础。

在城乡互助方面，地方企业要面向农村，满足农村需要；要加强对商业和合作社的领导，组织城乡交流，特别是小城市。商业部门必须根据1950年人民的需要和供求，完成商业对农业、工业服务的任务。在全省范围内建立城乡委员会，为农村服务；合作社要在整顿提高的基础上，求得大量发展，社员发展到全省人口的40%，股金增加到现有资金的2倍，村社发展到全省行政村的30%，做到区区有社，合作社除完成供销任务外，应大力代国家代购与运销②；加强小城镇工作，在市镇建立农民接待站和信托公司。

这次会议还对如何加强省委领导和改进省委工作中存在的问题进行了检查，认为全省经济建设的形势发展十分迅速，省委对许多新的事

---

① 《刘锡五在吉林省第一次党代表会议上的总结报告》（1950年2月6日），吉林省档案馆编：《中国共产党吉林省委员会重要文件汇编》第2册（1950—1951年），1985年，第12、12—15页。

② 《李德仲同志在省第一次党代表会议上“关于一九四九年几项主要工作的基本总结与一九五〇年的任务的报告”》（1950年1月28日），吉林省档案馆编：《中国共产党吉林省委员会重要文件汇编》第2册（1950—1951年），1985年，第7页。

物缺乏深刻理解，必须摆脱事务主义，加强学习，总结经验，认识事物发展规律，培养领导骨干和提高全党的理论水平。随着新中国的成立，吉林省多次调出干部支援内地，新参加工作的人员较多，干部素质和政策水平不高，急需加强教育和培养。经济建设任务繁重复杂，需要加强党委对政府党组的领导，但反对党政不分、党委包办政府工作的倾向，建立和健全请示报告制度，加强党的纪律性，绝不允许存在破坏党的团结和统一的现象。会议还指出：强迫命令、官僚主义、不依靠群众和脱离群众的工作作风，是影响全省工作前进和深入的主要危险。因此，会议要求各级党委及所有党员干部，都必须采取切实可行的办法，建立同广大人民群众的密切联系，在工作中要依靠群众，走群众路线。这是一切工作成败的关键。

此外，会议还围绕如何开展文化教育工作、开好人民代表会议、加强党员干部队伍建设等问题进行了研究，并提出了具体的措施和要求。

这次会议充分发扬民主，省委就自身工作作了检讨。与会同志畅所欲言，经过小组与大会讨论，暴露了各种不同的思想认识。会议通过批评与自我批评，使得代表们的思想取得一致，不仅教育了个别思想有错误的同志，而且对今后党的代表会议和代表大会的召开起了示范作用。

中共吉林省第一次代表会议的召开，意义十分重大。在总结经验的基础上，会议所制定的指导全省工作的方针和政策是正确的。动员起全省人民把一切力量集中到经济建设特别是农业生产的发展上面，推动了全省农业生产新高潮的到来。同时这次会议也使省委进一步了解人民群众的愿望，掌握了新的经济建设的发展脉搏，增强了完成任务的信心。

1950 年毛泽东视察吉林

正当吉林人民在党的领导下意气风发地投身于各项事业的恢复和发展热潮中的时候，中共中央主席、中央人民政府主席毛泽东视察了长春市。

1950 年 2 月 28 日，毛泽东在中共中央书记处书记、中央人民政府政务院总理周恩来和政务院副总理郭沫若等陪同下，于访问苏联归来的途中视察了长春。随同的还有中共中央东北局副书记、东北人民政府第一副主席李富春等。毛泽东在长春火车站贵宾室休息片刻后，在长春市委书记刘亚雄陪同下，乘汽车观看了市容。在车上，毛泽东向刘亚雄询问了人民群众的生活、政府救济、市政建设等情况，并连声称赞长春是个美丽、有前途的城市。

视察过市容后，毛泽东乘车来到东北银行吉林省分行，同前来的长春市党政领导干部一一握手。在银行会议室，刘亚雄向毛泽东汇报了长春市遭受战争破坏的情况，以及政治情况、经济恢复工作和城市管理等问题。毛泽东对恢复生产、发展经济和城市建设等方面的工作作了重要指示，强调进城后要学会管理城市、建设城市，人民财产一定要保护好。听完银行负责人对银行的职工队伍、大楼建筑、设备利用等情况的汇报后，毛泽东指出：东北国营经济占优势，在恢复和发展生产中，银行要首先支持国营经济；对资本主义经济，银行要在利用和限制它们的斗争中发挥作用。要加强思想工作，教育、改造留用人员。我们有马列主义，他们有技术，把马列主义和留用人员的技术结合起来，用马列主义统率技术，就能把这个大银行领导起来。我们不能完全照搬资产阶级那一套，必须继续发扬艰苦奋斗的优良作风①。同日，毛泽东结束视察离开长春。

毛泽东对长春市的视察，增强了各级党政干部建设新吉林的信心和决心，极大地鼓舞了全省广大人民群众的生产建设热情。

二、镇压反革命运动

镇压反革命

新中国成立初期，中央人民政府领导全国人民开展了清匪反霸、搜捕特务、登记反动党团骨干分子、取缔反动会道门等一系列工作，在一

---

① 《红日照吉林　千古放光辉——缅怀伟大的领袖和导师毛主席来我省的两次视察》，《吉林日报》1977年9月13日第2版。

定程度上打击了反革命分子的破坏活动。但是，当时国民党反动派遗留在大陆的残余势力并没有彻底肃清，特别在朝鲜战争爆发前后，各种反革命残存势力相互勾结，企图颠覆新生人民政权。他们到处散布反动谣言，实施种种破坏活动，甚至袭击政府机关，残害干部和群众。反革命活动十分猖獗，给新生人民政权和干部群众的生命财产安全造成极大的威胁。人民群众迫切要求快速镇压敌对势力，保卫革命胜利的成果。为此，中共中央于1950年10月10日发布了《关于镇压反革命活动的指示》，在全国范围内大张旗鼓地开展镇压反革命运动。

吉林省曾受14年日本殖民统治，吉林、长春、四平三市又被国民党军队作为军事要地长期占领。解放后虽然人民政府进行过剿匪反霸、清除反动势力的斗争，但社会仍残存着日伪时期的军、警、宪、特和土匪、恶霸、反动会道门头子以及国民党潜伏下来的特务等。他们趁朝鲜战争爆发之机，采取制造谣言、刺探情报、书写标语、散发传单、抢劫物资、放火破坏、谋害干部等多种阴险手段进行反革命复辟活动，甚至秘密建立"敌后游击大队""东北敌后武工队""长白山通讯社""黑水白山蓝衣社"等反革命组织，阴谋武装叛乱，配合国民党反攻大陆，反动气焰十分嚣张。因此，坚决镇压反革命已刻不容缓。1950年11月中旬，吉林省委召开全省公安局长联席会议，贯彻落实中共中央《关于镇压反革命活动的指示》，传达全国公安会议精神，决定立即在全省范围内开展镇压反革命运动。

吉林省镇压反革命运动，从1950年11月开始到1953年5月基本结束，历经两年半的时间。运动大体分三步进行：第一阶段，从1950年11月到1951年10月，在新区、大城市和周边地区开展；第二阶段，从1951年10月下旬到1952年9月，在全省其余城镇和农村地区进行；第三阶段，从1952年10月到1953年5月，扫除边远山区隐匿的反革命分子，开展镇反扫尾工作。

1950年11月，省委及各市、县(旗)委相继成立了领导镇反运动的五人小组。在运动展开前，省委、省政府主要领导亲自组织省、市级干部学习中央关于镇反工作的文件，制订镇反工作方案，对参加镇反的干部进行业务培训和政策教育。全省各级党组织在党内加强教育，使每个党员充分了解镇反的重要性和必要性，并坚决执行党的镇反任务和政策；在党外，大张旗鼓进行宣传，不断提高群众觉悟，使群众明白镇反是为了巩固人民民主专政、保护人民的胜利果实，是为民除害。各级党组织动员群众积极参加斗争，检举控告控诉反革命分子，允许群众抓捕现行犯。运动开展初期取得了一些成绩，1950 年镇反处理了一些反革命案犯，包括一些罪大恶极的，如国民党国防部保密局东北敌后人民自卫总队第一大队，大队长魏连成、副大队长陈忱、参谋长刘德惠等。但运动初期也存在“宽大无边”的现象，还存在关押罪犯不严、管制方法形式主义、镇压不及时、重罪轻判等情况。针对上述问题，省委强调，必须根据中央指示精神加以纠正。

1951 年 1 月中旬，省委对镇反运动进行初步总结，提醒和要求各级党组织加强领导，提高公安干部的思想和政策水平，坚决贯彻镇压与宽大相结合的方针，防止片面性。3 月 9 日，省委召开会议，贯彻中央及东北局关于镇压反革命运动的有关指示和《中华人民共和国惩治反革命条例》，结合全省实际，制订了下一步镇反计划。3 月下旬，各级党委和政府通过公安机关，加大了镇反力度。与此同时，各级党组织大力加强人民武装工作，强化民兵队伍建设，在彻底肃清农村匪盗，严防一切反革命分子入境破坏活动等方面做了大量工作。4 月下旬，根据东北局的指示，全省进行了一次大逮捕行动。5 月上旬，省委又召开县委书记联席会议，对全省镇反工作进行具体部署。会议提出，全面贯彻镇压与宽大相结合的政策，集中力量打击那些罪大恶极、怙恶不悛、为人民所十分痛恨的反革命分子，对于罪恶尚不十分严重又愿意悔改的反革命分子给予宽大处理；注意调查和证据，做到稳、准、狠地打击反革命分子。会议确定，镇反的重点是新区和以长春市为中心的周围各县；镇反的对象是匪首（包括国民党建军头子）、惯匪、恶霸、特务（包括反动党团骨干分子）、封建会道门头子五种反革命分子；镇反的步骤是先外后内（镇反工作分为外、中、内三层，“外层”指社会上，“中层”指军政机关内部，“内层”指党内）。会后，各地通过召开各界人民代表会议、群众会、控诉会、公审会和印发宣传画等形式，在干部群众中进行广泛宣传教育，使运动健康有序地向纵深发展。

6月6日至8日，各县（旗）普遍召开人民代表会议，宣布反革命罪状，进一步教育和发动群众。为防止反革命分子报复，切实保护群众利益，多数地区成立了群众性的治安委员会，并把少数经过教育仍心怀不满并有报复行为的反革命分子交法院处理。群众检举揭发热情高涨，各地公安机关都收到成千封检举信件。形成“老鼠过街人人喊打”的局面，反革命分子无处藏身。许多反革命分子纷纷坦白自首。将血债累累、长期残害人民的反革命分子逮捕，人民政府真正做到了为民除害。因此，各阶层人民对党和人民政府更加拥护和信任，广大劳动人民的生产积极性大大提高。各项工作进展更加顺利。

随着运动的发展，一些地方出现急躁和草率从事的现象，多捕人和乱捕人现象有所发生。针对全省镇反工作中“左”的情绪的滋长，省委于6月13日至16日召开县委书记会议，总结部署农村镇反工作。刘锡五在总结报告中明确提出“适当收缩”，对反革命分子“可捕可不捕者不捕，可杀可不杀者不杀，但怙恶不悛的反革命分子绝不宽大”；要求捕人必须严格控制，除现行犯外，捕人名单一定要按省委批准者执行（延边五县则按地委批准者）；县委严格控制，除现行犯外，区村不准捕人；处决犯人必须经省委批准。此外，全省进一步加大宣传力度，交待镇压与宽大相结合的政策；在挂锄期间开办区村干部训练班对干部进行政策教育；要求领导经常深入检查，严格控制，发现问题及时处理；加强执行各区向县、各县（旗）向省的报告制度；严肃处理一些屡教不改、继续破坏政策的干部，以保证运动不出偏差。

随着4月下旬和6月初两次大逮捕的结束，镇反工作开始转入清理积案阶段。各县（旗）相继成立清理委员会，全省共抽调451名干部[①]进行培训，并通过县（旗）委书记、县（旗）公安局长会议对受训干部进行政策教育，并制定出各种纪律、量刑标准、呈批手续等政策、法律程序，对镇反中出现的某些草率行事的案例进行了分析，从而提高了广大参训人员的认识和政策水平。为了具体指导这一工作，省司法、检察、公安机关组成五个视察组，进行重点检察，帮助各县（旗）开展清理工作，及

① 《省委关于第三季度工作的总结》（1951年9月），吉林省档案馆编：《中国共产党吉林省委员会重要文件汇编》第2册（1950—1951年），1985年，第235页。

时纠正偏差。清理与处理反革命案件，城市要经过召开各界代表会、协商委员会审查讨论，农村要组织党、政、工、青、妇女、民兵、烈军属、人民代表、积极分子、老户等各种座谈会征求意见。这样做，不仅核实了原有材料，而且还发现了很多新问题，办案效率和办案质量大大提高。9月底，全省清理积案工作基本结束，吉林、长春和永吉县到10月底结束。

到1951年5月，清理外层的工作基本告一段落。从6月起，镇反工作重点转入清理中层和内层。5月初，全省各城市逮捕了一批反革命分子（其中有一部分是混进党政机关、工矿、企业中的反革命首恶分子），并进行了处理，这引起了机关内部的很大震动。加之全国镇反运动的普遍展开，使混进革命队伍内部的反革命分子和各种政治上有问题及历史上有某些隐瞒罪恶的人以及与反革命分子有某些牵连的人均出现惶恐不安的状态。对此，省委认为各地有必要开展忠实坦白、说老实话运动，在机关内部进行一次清理工作，以推动镇反运动向纵深发展。清理工作采用整风的方式，清理的重点和范围“先由首脑机关要害部门开始，然后是一般机关，最后是所有部门的干部勤杂人员”①。省市各级机关的清理工作先在党委机关、政府机关、财经、工业、公安等要害部门进行。各县（旗）的重点是县（旗）直属机关单位。区干部在县（旗）的各种训练班中进行。9月底，清理中层和内层工作基本结束。在清理工作中，各级党组织由于坚持领导负责、政策明确、先易后难、抓住时机、争取多数、孤立少数、消除顾虑、指明出路、严守纪律、严格控制的工作思路，清理中层和内层时采取更为慎重、稳妥的方针，从而顺利完成了对机关工作人员普遍的清理工作，使干部受到教育，提高了全体干部的思想水平，为夺取全省镇压反革命运动的全面胜利起到了重要作用。

第一阶段镇反运动的实践积累了许多经验，使第二、三阶段开展的镇反运动进行得比较顺利。经过第一阶段镇反，反革命分子已基本肃清，民愤得到平息，社会治安趋于稳定，但解放较晚地区的反革命分子仍未得到彻底打击。因此，吉林省委遵照东北局1951年10月18日《关

---

① 《省委关于清理中层内层的情况及初步经验的报告》（1951年7月16日），吉林省档案馆编：《中国共产党吉林省委员会重要文件汇编》第2册（1950—1951年），1985年，第526页。

于解放较晚地区充分发动群众镇压反革命、彻底改造村政权的指示》，在这些地区普遍开展了广泛而深入的群众性镇反运动即第二阶段镇反，消除了全省镇反发展不平衡状态。到1952年9月，吉林省镇反运动第二阶段结束，但个别地方尤其是边远山区，仍有反革命分子逃匿深藏现象。各地又进行了镇反扫尾，开展镇反判定工作。1953年5月，全省镇反运动结束。

镇反运动基本上扫除了国民党反动派在吉林省的残余势力，比较彻底地打击了猖獗一时的反革命活动，瓦解了与人民为敌的各种恶势力，基层人民政权得到进一步巩固，人民民主得到保障，人民力量发展壮大。镇反运动震慑了各种违法犯罪分子，教育了干部群众，进一步纯洁了党的基层组织，稳定了新民主主义的社会秩序，巩固了人民民主政权，有力地支持、配合了抗美援朝运动、经济建设和各项民主改革。

打击和取缔反动会道门

吉林省境内的封建会道门历史漫长、种类繁多、组织庞大、反动性强。封建会道门从清朝末年传入吉林省，数量一度达到200余种，主要有“一贯道”“九宫道”“大同佛教会”“清宫道”“先天道”“慈航佛教会”“九华盛教会”等。其中“一贯道”历史长，组织庞大，涉及面广，是最反动的会道门之一。会道门的道首大多是地主、恶霸、流氓、汉奸、特务和反革命分子。他们依附于反动统治阶级，成为其奴役劳动人民的工具。一些反动会道门在日伪时期充当日本帝国主义统治的工具，解放战争时期，在国民党的支持和扶植下又有相当发展，成为由特务、反革命分子操纵、控制、使用的恶势力。少数反动会道门分子甚至混入解放区基层党政机关。新中国成立后，少数漏网未受到打击的反动会道门头子及其骨干分子仍坚持反动立场。“一贯道”“老母道”“先天道”等已被取缔的反动会道门又死灰复燃，重新设主开坛，网罗道徒，造谣破坏，其中的首恶分子对人民政权构成了严重威胁。朝鲜战争爆发后，一些反动会道门与美蒋匪特相勾结进行反革命活动，破坏抗美援朝运动，破坏生产，骗取钱财，奸污妇女等，活动更加猖狂。“老母道”道首何普一册封自己为“天下督招讨大元帅”，以开工厂、旅店、商店为掩护，制造“将出真主”的谎言，在吉林、长春、永吉、东丰、海龙等地组织道徒，筹集枪支武器，秘密演练，伺机叛乱。

1949年8月15日，吉林省委要求各地必须抓紧处理反动会道门工作。按照这一要求，各市、县（旗）打击反动会道门组织的斗争迅速而有序地开展起来。在开展打击和取缔反动会道门之前，公安机关首先在全省开展摸底、调查和侦察工作，了解反动会道门的分布情况、活动线索、主要成员等，为取缔工作做好准备。与此同时，为了教育群众，提高觉悟，各级党委充分发挥各党团支部、农会、工会等基层组织的作用，将“一贯道”等反动会道门的骗人方法及其丑恶罪行编成黑板报、宣传画、话剧、秧歌、快板、大鼓书，通过报纸、广播电台等多种媒体，在庙会、集市、电影院等多种场合进行广泛宣传，使群众充分认识到反动会道门的本质。广大群众纷纷要求政府严惩封建会道门头子，从而形成了良好的打击和取缔反动会道门的社会氛围。在此基础上，公安机关逮捕会道门头子，抓紧审讯，并通过训练班促使已觉悟了的道徒讲清真情实话，弄清罪恶，掌握全部材料后进一步开展群众性瓦解工作。在强大的瓦解攻势下，许多道徒主动退道退费，同会道门头子开展斗争。在依法处理过程中，各级政府对反动会道门头子，遵循“一个不杀，大部不抓，对罪大恶极者予以严惩”①的原则；对混入党政内部的会道门分子，除以封建迷信会道门活动为掩护进行反动政治活动的国民党党团特等反动分子外，结合其在党政内部的行政职位、在会门中的地位、罪恶大小、历史长短等情况，视情节轻重区别对待②；对反动会道门的财产处理，坚持公产一律由政府没收，不得没收私产，已决定没收的工厂、商店，除带有投机及不正当者外，一律由市、县（旗）人民政府继续经营，不得停业，经营所得利润，全部或大部分用于游民的劳动改造与其他社会公共事业③。

---

① 《省委关于处理一贯道等封建会门分子头子给各地的指示》（1949年9月5日），吉林省档案馆编：《中国共产党吉林省委员会重要文件汇编》第1册（1945—1949年），1984年，第658页。

② 《省委对混入我内部之会门分子处理办法的决定》（1949年10月），吉林省档案馆编：《中国共产党吉林省委员会重要文件汇编》第1册（1945—1949年），1984年，第660页。

③ 《关于一贯道等反动会道门的财产处理办法通令》，1950年1月24日。

在各市、县(旗)的努力下,取缔反动会道门斗争取得了一系列成就。1950 年 5 月 1 日,公安机关勒令取缔天主教吉林教区和四平教区的反共组织“圣母军”,并将其登记管理。12 月 11 日,敦化县公安局破获了一起“一贯道”案件,逮捕了道首刘素真及 26 名骨干分子。14 日,吉林市公安局破获反动会道门“老母道”案件,逮捕了其正副督表何普一、何善一等骨干分子 26 人。1951 年初,长春市公安局对有复辟动向的“一贯道”进行了一次全面调查、侦查,获取罪证之后,捕获了道首及骨干分子宋文超、安李氏等 30 人,摧毁了这一反动组织。四平、通化、辽源、农安、德惠、磐石、桦甸、九台等市县也相继破获了一批反动会道门复辟及破坏案件。

取缔反动会道门活动巩固了新生的人民民主政权,保护了人民群众的生命和财产安全,维护了社会秩序,提高了群众觉悟,在一定程度上破除了封建迷信,为抗美援朝和恢复发展国民经济创造了有利条件。作为镇压反革命运动的重要组成部分,打击和取缔反动会道门为镇压反革命斗争的胜利奠定了基础。

三、贯彻党的七届三中全会精神

党的七届三中全会精神的学习贯彻

1950 年 6 月 6 日至 9 日,中国共产党第七届中央委员会第三次全体会议在北京召开。毛泽东向会议提出了书面报告《为争取国家财政经济状况的基本好转而斗争》,向全党和全国人民明确提出了实现财政经济状况根本好转的中心任务和完成这一任务的三个条件、八项工作。他还发表了题为《不要四面出击》的讲话,为三年国民经济恢复时期党的工作提出了明确的中心任务、战略策略方针和行动纲领。

为了贯彻党的七届三中全会精神,1950 年 6 月 19 日,中共吉林省委召开全体省委委员会议,传达学习毛泽东在七届三中全会提出的书面报告和讲话精神。同时还传达学习毛泽东在东北小组会上讲话的基本内容:关于东北地区在经济工作中可以先行一步,适当减少税收、减轻人民负担,公私兼顾,引导私人经济向有利于国计民生的方向发展的精神;关于要加强统战工作,争取一切可能的力量到我们一边来,各方面的政策要慎重,不要轻易谈改革和注意保存富农经济,以利于生产发展的精神;关于党的整风主要任务是整顿干部的官僚主义作风,密切党和人民群众联系的精神,等等。会议决定全省各级党组织在7月1日以前传达好七届三中全会精神,并下发了《关于学习中央七届三中全会报告及中央重要文件的通知》。《通知》指出:“在三中全会上,毛主席的报告及全国委员会各主要报告,应作为党内干部学习文件,以毛主席的报告作为整党的重要文件,在土改地区应将刘少奇同志的报告,及《土地改革法》作为整党学习文件,以便在整党结束后能正确地进行土改。”《通知》特别指出:“共同纲领的六十条是中国各民族、各阶级、各党派、各团体、人民政府和人民所必须共同遵守的根本大法。凡是县委书记县长以上的各级负责同志,必须读熟,遇事时即应引为立论根据。”①《通知》还要求已经出版的《共同纲领》和其他重要文告的单行本,各级党委重要干部必须人手一册,以便经常学习领会,以利于正确掌握政策。

为促进全省各级党政干部深入学习和贯彻党的七届三中全会精神,1950年7月2日至7日,省委召开全省县委书记会议,学习领会毛泽东《为争取国家财政经济状况的基本好转而斗争》的报告精神。省委书记刘锡五在会上进行了深入动员,强调:“传达三中全会决议及毛主席《为争取国家财政经济状况的基本好转而斗争》的报告,必须根据具体情况来检查我们的工作,来检查政策的掌握,结合实际求得解决工作上的问题。”②随后,他在总结中对省委领导工作中存在的缺点和问题进行了认真检查。这些缺点和问题包括:在经济建设方面,还存在有计划不周和盲目性的缺点;在农业生产上,存在着向商品性生产发展不够的问题;在农业政策上,对待新富农的问题还有缺点;在换工互助上,对发展能

---

① 《关于学习中央七届三中全会报告及中央重要文件的通知》(1950年6月26日),吉林省档案馆编:《中国共产党吉林省委员会重要文件汇编》第2册(1950—1951年),1985年,第118页。

② 《刘锡五同志在县书会议上的总结报告》(1950年7月7日),吉林省档案馆编:《中国共产党吉林省委员会重要文件汇编》第2册(1950—1951年),1985年,第31页。

够联合几个互助组共同发展副业的大联组问题要求有些偏急，执行起来容易发生偏差；在贸易税收政策的执行上，还存在着缺乏以国营经济为中心，领导五种经济，使其各得其所的缺点；在新式农具推广上，也存在不够稳妥扎实的倾向；发展经济的计划组织性不够，抓得不紧。在今后如何贯彻三中全会精神方面，刘锡五提出要做好以下十项工作：

一是要巩固财政经济的统一管理和领导，巩固财政收支平衡和物价稳定。要彻底清理仓库，把死资本变成活资本。对私人工商业要合理调整。

二是在地方省市工业生产上，要在国家发展生产的计划下进行。在全省要统一投资、统一原料购买、统一器材、统一产品推销，在“四个统一”基础上省、市分工经营。在工业的经营管理上，要提高质量，减低成本，使生产价格低于市场价格。继续深入创新纪录运动，实行定额管理，建立责任制，依靠工人的生产积极性，实行民主管理。创新纪录运动与建立责任制可结合进行。减低成本要靠经济核算，发展生产一定要与工人福利事业相结合。要调整私人工业。

三是在农业生产上，要有计划地有领导地转向工业原料和国内外市场的需要。要掌握农民负担，注意剪刀差的比例，农民的实际负担不得超过其收入的20%。克服打击新富农和排挤单干思想。要加强合作社对农民生产资料和生活资料的供给，提高农业技术，推广新式农具。

四是在商业贸易政策上，国家商店的任务是稳定物价，加强城乡交流，巩固工农联盟，供给工农业生产的需要。要掌握群众主要的生产生活资料，代购、代销本省工业产品。要调整批发价格与零售价格，批发价格要低于零售价格，注意扶植合作社。

五是在税收上，根据国家税目税率办事，简化手续。克服执行税目税率畸轻畸重现象。提高税收人员的水平，密切与当地党组织的联系。做税务工作的要经常倾听群众反映，加强政策思想，注意巩固各阶级的团结。

六是认真进行失业工人的安置救济工作。地方工业要改组。在生产创新纪录运动中，效率提高了，可能产生新的失业。解决的办法是以工代赈，不能光搞救济。

七是认真搞好社会统战工作。团结、提高、改造技术人员；团结城乡知识分子，城市的大、中、小工商业者（不包括买办）；在农村要注意团结新富农；团结少数民族。

八是加强人民武装工作，特别要加强地方公安工作，肃清特务和反革命分子。在锄奸政策上，必须是宽大与镇压相结合，首要分子要镇压，胁从分子要宽大，以孤立敌人。

九是把发展经济与提高人民文化生活水平结合起来。要提高工农文化，改造旧知识分子为工农服务，培养大批新知识分子。

十是要有计划有步骤地吸收先进工人入党，在增加党员数量的同时，要认真做好党员教育工作，提高党员素质。在农村中要整顿党的基层组织，训练大批干部、党员，同时可以发展青年团、妇女会等群众团体，使党组织在生产与各种工作中充分发挥领导作用。

会议还对全省整风运动作了全面部署，明确提出重点整治官僚主义、和平享乐主义和群众观点薄弱的问题。

七届三中全会是中国共产党在新中国成立后召开的第一次中央全会。吉林省委结合全省实际，认真贯彻全会精神，对国民经济恢复时期的政治、经济、文化、社会、党的建设等各方面工作进行了总体部署，为争取全省财政经济状况根本好转，进而实现国民经济的全面恢复和发展发挥了决定性作用。

严重经济困难形势的缓解

吉林省在新中国成立初期，特别是在 1950 年第二季度出现物资交流不畅、市场萧条、货币匮乏等经济紧张形势，引起了中共吉林省委的高度重视。在党的七届三中全会精神指引下，全省各级党组织团结带领广大党员和群众在战争第一的方针下坚持工农业生产，逐步缓解了经济紧张局势。

省委坚决贯彻党的七届三中全会精神，在农业领域，坚持行之有效的农业生产方法，实行劳动互助，建立供销合作社，保证农业生产完成并超过计划。1950 年，全省粮食总产量达 394 万吨，较 1949 年增加产量 76 万吨。亚麻、甜菜的产量保证了地方工业需要。副业生产搞得最好，如蛟河，收入305万元，占农村总收入的45%。在工业领域，由于在职工中坚持开展创新纪录运动，建立了责任制、定额管理、合同制，进行了整风检查工作，贯彻了中央和东北局的指示及整风会议精神，1950年省营厂矿达到27个，比1949年增加了11个；资金2702万元，较1949年增加1017万元；生产总值1158万元，为1949年的260%[①]。

七届三中全会后，省委加强了对商业工作的领导，采取了一系列有力对策，使城乡贸易重新活跃起来，国营商业、合作社商业和私营商业都有了很大发展。据统计：国营商业从1949年第四季度到1950年第三季度收购农民粮食计48.4万吨，约占农民余粮60%，比上一个年度增加了3倍；收购生猪、鸡蛋等农副产品和工业原料总价值共549万元，比上一年度增加4倍。除部分以物易物外，约491万元现款流入农村，促使农民大力投资于农副业生产。国营商业当年销售各种布匹、粮食、食盐、豆油和其他日用品，总计价值428.4万元，比1949年增加46.9%，保证了人民生活资料及部分生产资料的供给，回笼了货币，稳定了物价。广大农村供销合作社在国家商业帮助之下，1950年为国家收购农民余粮计27万吨，占国家收购56%，副产品价值262.4万元，占国家收购48%，协助国营商业推销生活生产资料价值2286.6万元，占国家推销42.8%。另外，大部分合作社除为国家收购及推销外，主动地为群众找销路，推销农民的余粮5.3万吨，土、副产品价值40.5万元，占合作社总收购额的20.34%。农村供销合作社供给农民生活生产资料，布102万匹，占合作社总供给的27.91%。合作社也随之获得了发展，积累了资金，扩大了经营。一年来，由于国民经济迅速恢复和发展，也使有利于国计民生的、特别是设在中小城镇面向农村、为农民服务的私营企业扩大了经营。如：德惠县的私营手工业，铁匠炉在1949年平均每家生产镰刀500把，1950年则为1000把；两户铧子炉1949年年产1.5

① 《省委关于一九五〇年工作的简单总结及五一年工作意见向东北局的报告》（1950年12月24日），吉林省档案馆编：《中国共产党吉林省委员会重要文件汇编》第2册（1950—1951年），1985年，第94页。

万条,1950 年实销 2.2 万条[①]。私营商业在供给人民生活资料上,也有很大发展,在社会商品零售总额中占半数左右[②]。一些不适于农村需要的行业大大减少,如:德惠城内伪满时有银楼 14 家,1950 年已全部歇业。由于农民购买力提高和正确贯彻了公私兼顾、公私经济调整、实行加工订货和改订批发价格等工商业政策,私营工商业逐渐活跃起来。如:德惠工商业 1949 年有 1068 户,拥有资金 92321 元;1950 年发展至 1071 户,拥有资金 207274 元[③]。

此外在税收上,全省各级政府更加注重掌握政策,克服了畸轻畸重等倾向。1950 年下半年原计划税收 2315.8 万元,实际完成 3473.7 万元,超过 1157.9 万元,为国民经济的恢复和发展提供了资金支持。

全省经济困难形势缓解的事实,粉碎了反革命分子企图破坏新生政权政治经济秩序的阴谋,为巩固人民民主政权、实现国民经济恢复发展和满足群众生活需求创造了条件,也为抗美援朝工作的开展提供了物质基础。

四、除旧布新的社会改革

扫除旧社会痼疾的斗争

娼、赌、毒是旧社会遗留下来的丑恶现象。吉林省解放伊始,各级人民政府对娼、赌、毒等丑恶现象进行过严厉打击,但没能从根本上消除,有的地方甚至还很严重。如不尽快消除,将会影响人们的身心健康,严重扰乱社会秩序,败坏社会风气,甚至影响人民政权的巩固。因

① 《省委关于十月份工作的报告》(1950 年 11 月 5 日),吉林省档案馆编:《中国共产党吉林省委员会重要文件汇编》第 2 册(1950—1951 年),1985 年,第 79 页。

② 《省委关于一九五〇年工作的简单总结及五一年工作意见向东北局的报告》(1950 年 12 月 24 日),吉林省档案馆编:《中国共产党吉林省委员会重要文件汇编》第 2 册(1950—1951 年),1985 年,第 94—95 页。

③ 《省委关于十月份工作的报告》(1950 年 11 月 5 日),吉林省档案馆编:《中国共产党吉林省委员会重要文件汇编》第 2 册(1950—1951 年),1985 年,第 79 页。

此，在新中国成立初期，中共吉林省委、吉林省人民政府结合社会民主改革，开展了禁娼、禁毒、禁赌工作。

娼妓制度是旧社会严重的社会问题之一，历代反动统治阶级逼良为娼，迫使贫困妇女落入火坑。吉林省境内有许多妇女因生活所迫或被恶棍流氓分子拐骗和陷害而沦为娼妓。妓院娼馆不仅是淫乱活动的场所，而且是社会上偷盗抢劫、吸毒贩毒、拐卖人口、敲诈勒索等犯罪分子的藏纳之地，对社会危害十分严重。这个社会毒瘤必须坚决铲除。解放后，全省各地公安机关在人民政府的直接领导下，逐步取缔妓院，稳定社会秩序。新中国成立后，省政府便把取缔娼妓制度作为社会改革的一项重要内容，采取了严惩首恶、改造一片、逐步缩小、最后消灭的方针。取缔活动主要采取充分准备、突然袭击、全部封闭、一律收审的方法。在实际行动中，全省各级政府重点做好两项工作：一是封闭妓院，审查处理老板、鸨子。1951 年 11 月，长春市公安局、法院根据市第三届二次人民代表会议决议，彻底查封、取缔所有妓院，逮捕 32 家业主、鸨子。法院、公安局、民政局联合组织审讯小组，对其进行调查核实。之后，全市召开了 3 万余人参加的公审大会，判处死刑 3 人、15 年以上徒刑的 3 人、10 年以上徒刑的 4 人，其余判处 9 年以下徒刑；判处 10 年以上徒刑者，没收其全部财产以充改造妓女经费。开设妓院的房屋 956 间亦予以没收[①]。1951 年至 1953 年，吉林、长春、四平、浑江、梅河口、辉南、辑安（今集安）、柳河、靖宇、抚松、农安、洮南、镇赉、梨树、图们等 15 个市县镇，封闭妓院 291 处，解放妓女 1839 人，惩处罪恶较大的业主、鸨子 71 人，其中判处死刑、无期徒刑或 15 年以上徒刑的 37 人[②]。二是集中妓女加以训练，改造其思想，医治其性病。1950 年至 1951 年，全省各级人民政府分别成立了妓女处理委员会、新生妇女习艺所和生产教养院，对妓女进行收容安置和教育改造。公安、民主妇联、民政等相关部门派出大批优秀女干部投入到改造妓女工作中。她们白天组织妓女

---

① 吉林省地方志编纂委员会编：《吉林省志·公安志》，吉林人民出版社 1998 年版，第 225 页。

② 吉林省地方志编纂委员会编：《吉林省志·民政志》，吉林人民出版社 1991 年版，第 311 页。

们学习、劳动，宣传党和政府的政策；晚上和她们一起看电影，同她们谈心，帮助她们建立正常的生活习惯。吉林市生产教养所收容了103名妓女。她们当中多数是因生活所迫或被拐骗沦落为娼。开始，她们担心蹲监狱或被送矿山做矿工。经过教育，她们消除了顾虑，认识到只有中国共产党才能解放妓女，只有在新社会妓女们才能走向新生。她们还自演了《浮浪生活的警惕》《重见天日》等短剧，控诉旧社会对妇女的压迫和摧残。长春市新生妇女习艺所收容的118名妓女，经过教育改造，绝大多数戒除了吸毒，恢复了健康，改掉了恶习，学会了缝纫、制鞋、纺麻线等技术，被陆续安排了工作，成为自食其力的劳动者，重获了新生。1952年，全省取缔妓院工作结束。

开展禁毒斗争。新中国成立初期，全省还面临着旧社会遗留的烟毒祸患。1950年，仅据吉林、长春、榆树、农安、德惠、九台、双阳、永吉、舒兰、蛟河、怀德、伊通、延吉、敦化、珲春、郭前旗16个市县(旗)禁烟情况统计，这些地区有吸毒成瘾的烟民3520人，贩毒的1347人，种毒的92人①。为保护人民群众身体健康，维护社会安定，恢复和发展社会生产，1950年2月24日，政务院发布《严禁鸦片烟毒的通令》。10月13日，东北人民政府颁发《东北禁烟禁毒实行办法》。在中央和东北局指示下，吉林省人民政府对制毒、贩毒、吸毒分子给予了严厉打击。

禁烟初期，由于各级政府未能有组织、有计划、有系统地发动群众，没有形成群众性的肃毒运动，贩毒分子在政务院颁布禁烟令后活动有增无减，集伙结队，有组织地贩运，甚至夺枪行凶枪杀干部。“三反”“五反”运动进一步暴露出不法分子贩运烟毒的主要手段，即机关内部工作人员与烟毒分子相互勾结。1952年5月，省委决定在全省开展大规模的肃毒运动。13日，省委要求各地成立禁烟禁毒委员会，以统一指挥、集中力量开展运动。全省将打击重点放在省属市、交通要道的重要县城和集镇、中朝边境县城及重要口岸。社会上以吉林、长春、图们、龙井、延吉、和龙、珲春、汪清、敦化、新站、蛟河、公主岭、磐石等地区为重点，内部以铁路、海关、邮政、税务、边防公安部队和公安机关等为重点。

---

① 吉林省地方志编纂委员会编：《吉林省志·民政志》，吉林人民出版社1991年版，第311、309页。

社会上主要打击集体贩毒主犯或重要从犯、贩毒惯犯、制毒业主“技师”和大宗贩毒窝主，对纯吸毒者不予打击。内部主要打击烟毒贩派进来的“坐探”①。省委要求坚持内外夹攻，互相配合，以保证运动进行彻底。8月上旬至9月底，全省公安机关开展大规模肃毒运动，共逮捕1043名涉毒人员（主要是贩毒分子）。与此同时，各市、县（旗）宣传部门充分发挥群众力量，紧密配合当地公安部门在重点地区进行宣传。全省先后组织了5000多名②报告员、宣传员，经过训练，以包干制方法向群众宣传禁毒的意义和党的相关政策。各地区和机关团体通过各种会议形式，如人民代表会、政协委员会及座谈会等，进行布置和贯彻。随着群众觉悟的提高，各地掀起了检举热潮。全省共收到10.9万多件③检举材料，有力地推动了肃毒运动的开展。运动认真贯彻“坦白从宽、抗拒从严”，“教育多数、惩办少数”的政策，召开公审大会，当众烧毁缴获的毒品，使广大群众受到深刻教育，同时也震慑了一些贩毒分子，促使其坦白、登记、揭发检举。8月，全省共登记8173名毒犯。吉林、长春两市的烟毒犯减少了90%，很多地方出现了无毒区。禁毒运动震动了社会各阶层，群众反响很大，大家普遍认为“历朝历代都搞禁烟禁毒，都是越禁越多，只有中国共产党才做到真正的禁烟禁毒。”④

虽然禁毒斗争取得了很大成绩，但禁毒的任务仍很艰巨。在基本断绝毒品来源的条件下，全省尚有4371人未戒毒，在延边、敦化等地还时常发生贩毒活动。针对这些遗留问题，1953年1月15日，省人民政府制定《关于推行戒烟禁种鸦片和收缴存毒的初步计划方案》，要求各地继续进行宣传教育工作，发动群众和吸毒者家属规劝监督吸食者戒除，并组织登记；民政、卫生、公安三部门相互配合，组织戒烟；戒烟坚持先

---

① 《省委关于打击烟毒犯工作的指示》（1952年5月13日），吉林省档案馆编：《中国共产党吉林省委员会重要文件汇编》第3册（1952年），1985年，第486页。

② 《禁毒宣传工作总结》，1952年9月25日。

③ 《省委关于二、三季度工作的综合报告与第四季度工作要点》（1952年10月17日），吉林省档案馆编：《中国共产党吉林省委员会重要文件汇编》第3册（1952年），1985年，第33页。

④ 吉林省地方志编纂委员会编：《吉林省志·公安志》，吉林人民出版社1998年版，第235、236页。

城市后农村，先易后难，城市以集中戒除为主，农村以分散自戒为主；凡以后不再种烟或交出毒品者，不予处分，知法犯法者，依法严惩。《方案》下达后，全省各地开展了戒烟、禁种罂粟和收缴存毒的工作。延边、吉林等 9 个重点地区成立戒烟委员会和戒烟所，把吸毒者集中起来实行戒烟。蛟河、桦甸、敦化、安图、汪清等 9 个重点县的公安队，组织民兵对重新发现的 39 处种植罂粟地进行查处，把发现的 100 余垧烟苗全部除掉；对经侦查后证据确凿的 32 名贩毒惯犯作了处理，同时收缴存毒近万两。至此，全省的烟毒之害基本被消灭。

在禁毒的同时，全省各地还开展了严禁赌博活动的斗争。各级人民政府在群众中大力宣传赌博的危害，宣讲党和人民政府打击赌博的原因，激发人民群众打击赌博活动的积极性。全省各地明令禁止赌博，坚决取缔赌场，没收赌具、赌资，严惩赌头、窝主和以赌博为业的赌徒，教育一般赌博人员，劝其改过自新。在人民政府的有力打击和耐心教育下，在各界群众的积极配合下，全省的赌博之风得到有效遏制，社会秩序和社会风气有了明显好转。

在党和人民政府的领导下，经过全省人民三年多的共同努力，在旧中国屡禁不绝的娼、赌、毒等社会痼疾被基本禁绝。这一系列民主改革，明显改善了社会风气，净化了社会环境，巩固了人民民主政权，振奋了民族精神，获得了社会各界的交口称赞。广大人民群众切身感受到党和人民政府荡涤旧社会各种污泥浊水的决心、胆识和魄力，更加努力地投入到建设新社会的伟大斗争中。

宣传贯彻《婚姻法》

婚姻问题是涉及政治、经济、文化、社会等多领域多方面的复杂问题，是关系到家庭和社会稳定的关键。解放初期，吉林省同全国一样，由于长期受封建落后意识的影响，包办与买卖婚姻、男尊女卑的现象比较普遍。为废除封建的婚姻制度，1950 年 4 月 13 日，中央人民政府委员会举行第七次会议，审议通过了《中华人民共和国婚姻法(草案)》。4 月 30 日，毛泽东签发命令公布《中华人民共和国婚姻法》，自 5 月 1 日起施行。这是新中国成立后颁布的第一部基本法律。内容以调整婚姻关系为主，同时涉及家庭关系方面的各种重要问题，其基本原则是“废除包办强迫、男尊女卑、漠视子女利益的封建主义婚姻制度。实行男女婚姻自由、一夫一妻、男女权利平等，保护妇女和子女合法利益的新民主主义婚姻制度。”其颁布与实施是对中国两千多年封建婚姻制度的彻底否定，是中国在婚姻家庭制度领域的根本性变革，也是中国妇女在婚姻家庭地位方面的根本性改善。同日，为贯彻执行《婚姻法》，中共中央发出《关于保证执行婚姻法给全党的通知》，号召“全党同志认真研究婚姻法，保证予以正确执行。”宣传贯彻《婚姻法》运动在全国各地迅速开展起来。

5 月，吉林省民主妇联、省人民法院、省民政厅等有关单位和部门组成婚姻问题调查组，深入农村和城市进行调查。调查中发现，由于对《婚姻法》内容理解不够，一些群众特别是老年人思想不通，抵触情绪较大，甚至认为《婚姻法》是“破坏家庭法”。有的干部也认为，自由婚姻会造成已有婚姻的破裂，担心“离婚会影响生产”，甚至错误地提出“贫雇农的老婆不许打离婚”。也有的干部认为，“我们这里婚姻早就自由了，用不着宣传。”有的干部把宣传《婚姻法》的报纸藏起来或把有关内容剪掉，拒绝宣传《婚姻法》。少数坏人也乘机造谣，破坏《婚姻法》的实施。上述情况，严重影响了《婚姻法》的学习、宣传和贯彻执行。针对这些情况，省委宣传部、省民主妇联、省人民法院、团省委等有关单位和部门共同拟定了《婚姻法》宣传提纲，印发宣传小册子 2 万多本，专题解答问题的小册子 1 万多本，供各地学习和宣传用[①]。同月，省委宣传部召开各县宣传部长会议，布置与组织干部进行学习。省人民法院、民主妇联、青年团等部门召开各种会议，报社、广播电台、文化馆等单位发挥宣传主渠道作用，社会各界广泛采取报告、讲演、讨论、座谈、文艺活动、法院调解、公开审判等多种形式，开展《婚姻法》的宣传工作。

经过宣传，各机关单位领导对《婚姻法》重视度提高，并开始组织学习。广大干部提高了对婚姻政策的认识，在处理婚姻问题上有了很大转变，尤其是区村干部初步打消或正在打消封建的婚姻观念。各地出

① 吉林省地方志编纂委员会编：《吉林省志·妇联志》，吉林人民出版社 1999 年版，第 300、301 页。

现了青年要求婚姻自由，寡妇要求再嫁，童养媳要求回娘家，受丈夫、公婆虐待的妇女要求解除旧的婚姻关系等现象。据长春市人民法院统计，5月份受理的涉婚案件385件，占全部民事案件的68%；6月份增至435件，占全部民事案件的71%强[①]。旧有婚姻制度开始瓦解，新的婚姻关系在建立，家庭关系也开始变化。

贯彻《婚姻法》虽然取得明显效果，但由于宣传不够深入广泛，部分区村干部对《婚姻法》仍存在抵制思想，默认重婚现象，一些妇女把“解放”理解成无限制的自由，认为“男的打离婚不行，女的一打就离”。有的男人对妇女的离婚请求采取仇视态度，出现毒打甚至杀害妇女的恶性事件。因此，全省必须进一步推动《婚姻法》的宣传贯彻。

1951年9月26日，省民主妇联、省总工会、团省委、省青联、省学联联合向全省发出了《关于进一步协助政府贯彻婚姻法的联合通知》，要求各有关人民团体采取一切有效办法，协助政府做好《婚姻法》的贯彻工作。11月，省人民政府发出指示，要求各级政府负责干部必须亲自领导，认真做好干部学习、检查监督、依法审判、婚姻登记、慎重处理军婚等五项工作，坚决贯彻《婚姻法》，保障妇女权利，并及时总结汇报。《婚姻法》的宣传贯彻逐步走向深入，截至1951年底，全省妇女自由恋爱组建的家庭达88221个[②]。

规范结婚和离婚行为是解决旧社会遗留下来的婚姻问题、贯彻《婚姻法》的重要途径。1952年7月，省人民政府制订了《吉林省婚姻登记暂行办法》，要求男女双方结婚或离婚必须到当地人民政府进行登记。《暂行办法》对婚姻登记程序、登记机关和具体手续作了明确规定。婚姻管理走向规范化。

为了更好地贯彻实施《婚姻法》，1952年12月，吉林省贯彻《婚姻法》运动委员会成立，之后，各市、县(旗)贯彻《婚姻法》运动委员会也相继成立。经过两年多的工作，全省贯彻《婚姻法》的情况有很大改善，但部分群众对《婚姻法》仍存在许多错误认识，有的地方特别是在偏僻地

---

① 《吉林省婚姻法宣传工作初步总结》，1950年8月10日。

② 吉林省地方志编纂委员会编：《吉林省志・妇联志》，吉林人民出版社1999年版，第301页。

区，仍存在包办、买卖婚姻和干涉婚姻自由的事件，妇女受虐待、受压迫的现象依然存在，自杀和被杀的严重事件依然存在。从1953年1月初到3月10日，据七县一市统计，因婚姻家庭问题自杀被杀事件共26起，死20人，情况异常严重。为贯彻中央的决定，吉林省委结合省内的实际，于1953年1月3日发出《关于进一步贯彻〈婚姻法〉的指示》，决定自上而下，从干部到群众进行一系列思想教育，为进一步贯彻《婚姻法》做好充分准备。《指示》要求各级党组织坚持宣传教育与依法惩办相结合的办法，以保证运动取得实际效果。

《婚姻法》宣传月活动从3月初开始，到4月10日结束。3月初，全省抽调干部398名，经训练后组成工作队，分赴各县（旗）帮助工作。各县（旗）训练区村干部，并组织了2811名县级干部深入基层具体指导。准备工作就绪后，3月10日至17日，全省大张旗鼓地宣传工作相继展开。各级政府相继成立了婚姻调解委员会，在组织措施上保证了《婚姻法》的贯彻。宣传方式主要是组织各种专门座谈会、广播会及开展报告员、宣传员宣讲活动，举办戏剧、幻灯、文艺节目演出，放映《婚姻法》内容的电影，邀请先进的婚姻典型、先进家庭夫妇作报告。这些宣传方式受众面广，深入人心，仅吉林、长春两市听众就达25万多人。永吉县贯彻《婚姻法》运动委员会在2月24日至28日集训区村干部中，着重进行正面教育，通过典型人物报告，反复地讲解了贯彻《婚姻法》运动的性质、目的、方针和作法，使区村干部真正认识到贯彻《婚姻法》运动的重要性，并从思想上初步划清了封建婚姻制度与新民主主义婚姻制度的界限。这一经验被《人民日报》刊发，在全国推广。全省有20个市、县共组织农村文艺宣传队226个，演出3364个节目，观众达315.3万多人，有效地教育了群众。经过深入的宣传教育工作，全省广大群众对《婚姻法》有了深刻认识。包办、买卖婚姻，早婚、童养媳，以及妇女受虐待的现象明显减少，寡妇也有了再嫁的自由，青年男女的恋爱也敢于公开。全省涌现出一大批在自主婚姻基础上组建的民主和睦的新家庭。新婚姻家庭的出现，对于社会稳定、生产发展和党的各项工作的开展产生了积极影响，发挥了促进作用，充分体现了新婚姻法的优越性。

运动结束后，各级党委建立了定期检查制度，每半年作一次检查和总结，并提出改进意见；各区村坚持培养典型人物，报纸广播把宣传《婚姻法》作为经常性工作，剧团、幻灯队、电影队在一定时期内上映或放映有关宣传《婚姻法》的节目；婚姻登记制度和区村调解委员的工作不断健全，所有这些措施将贯彻《婚姻法》转变为经常性的重要工作。

全省广大妇女同全国妇女一样，通过贯彻《婚姻法》的运动，从封建家庭意识的束缚中进一步解放出来，激发了建设新中国的积极性，成为社会和家庭财富的积极创造者，从而大大解放了生产力。

贯彻实施《婚姻法》运动是婚姻制度的改革，是家庭组合关系的调整，是男女关系、家庭关系和社会关系的综合改革，是中国共产党推进民主改革和社会改造的一个重要方面。运动有力地批判了旧观念、旧风俗，教育了广大群众，大大促进了家庭和睦，解放并提高了妇女的家庭和社会地位，对于社会稳定、经济发展和社会进步具有十分重要的意义。

第二章
抗美援朝前沿的吉林

1950 年 6 月 25 日，朝鲜内战爆发。美国立即进行武装干涉，同时派遣第七舰队入侵台湾海峡。7 月 7 日，美国操纵联合国安理会通过决议，组成以美国军队为主，英、法等 15 个国家有少量部队参加的"联合国军"，扩大侵朝战争。中国的国家安全受到严重威胁。应朝鲜民主主义人民共和国的请求，中共中央作出了"抗美援朝，保家卫国"的决策，毅然派遣中国人民志愿军入朝作战。吉林省地处祖国边疆，其延边、通化地区与朝鲜民主主义人民共和国仅一江之隔，边境线长达 1206 公里。按照中央指示，处在抗美援朝前沿的吉林人民高举爱国主义和国际主义旗帜，同心同德，团结奋斗，全力支援中国人民志愿军和朝鲜人民，为抗美援朝战争的胜利作出了重大贡献。

一、抗美援朝决策在吉林的贯彻

1950 年 6 月 25 日，正当全国各族人民集中力量为争取国家财政经济状况基本好转而努力奋斗之际，朝鲜内战爆发，随后美国悍然发动侵略朝鲜的战争，同时派遣其驻菲律宾的海军第七舰队侵入台湾海峡，侵占中国领土台湾，并不顾中国政府的一再警告，把战火烧到我国东北的鸭绿江和图们江畔，不断派遣空军侵入中国东北的安东（今丹东）、辑安（今集安）、临江、和龙、图们等地上空，进行轰炸、扫射，严重威胁我国的安全。面对美国的侵略行径，毛泽东号召："全国和全世界的人民团结起来，打败美帝国主义的任何挑衅。"[①]与此同时，中方在军事方面进行了应急准备，于7月13日抽调中国人民解放军第十三兵团之第三十八、第三十九、第四十、第四十二军，与炮兵第一、第二、第八师，一个高炮团、一个工兵团，共25.5万人，组成东北边防军，以备不测。1950年10月7日，朝鲜战场形势发生急剧变化，美国海军陆战队7万多人，在260艘舰艇、近500架飞机的配合之下，从朝鲜西海岸仁川登陆，乘朝鲜人民军后方空虚，越过三八线，大举向北进攻，同时更为频繁地出动飞机轰炸中国东北边境地区的城镇和乡村。朝鲜民主主义人民共和国处境危急，中国的安全也受到严重威胁。在这种情况下，毛泽东和中共中央毅然作出组织志愿军进入朝鲜境内、进行抗美援朝的战略决策。10月18日，毛泽东向中国人民志愿军正式下达了入朝作战的命令。次日，中国人民志愿军跨过鸭绿江。

唇亡则齿寒，户破则堂危。朝鲜战争爆发后，美国多次派飞机入侵吉林省边境地区，严重威胁吉林人民的生命安全。仅8月至9月份，美国入侵吉林省的延边、临江、辑安[②]等地区的飞机就达30余架次，造成伤我边民、炸毁房屋与机车等惨痛事件，使人民群众的生命财产遭受严重损失，吉林省各族人民十分愤慨。中共吉林省委按照党中央的指示精神，领导组织全省党员和人民群众掀起了声势浩大的反对美国侵略朝鲜和我国领土台湾、支援朝鲜人民和保卫世界和平的爱国运动。

早在1950年7月2日，省委就明确指出：战争的责任应由美帝国主义和李承晚集团负责。对朝鲜人民的斗争，中国人民是坚决支持的。我们要把各民族干部和群众的激愤和一切热烈关切朝鲜独立和平与统一的心情，化为有组织的力量。省委强调，美国是一个外强中干的纸老虎，它到处挑拨战争，与人民为敌，已经遭到各国人民的反对和打击。美国对李承晚集团的援助和对朝鲜的武装干涉，正如他们援助蒋介石干涉中国人民解放战争一样，最终是要失败的。7月19日，省委根据中

① 中共中央文献研究室编：《毛泽东年谱（1949—1976）》第1卷，中央文献出版社2013年版，第159—160页。

② 辑安、临江当时属于辽东省管辖，1954年7月23日划归吉林省。

国人民反对美国侵略中国台湾、朝鲜运动委员会的通知精神，发出《关于反对美国侵略台湾、朝鲜运动周的指示》。《指示》按照中央要求，对全省开展反对美国侵略中国台湾、朝鲜运动周的相关情况进行了部署，要求各市、县党委亲自掌握领导运动周工作，要求各界人士积极参与，并提出了宣传口号。这个指示得到省总工会、团省委、省民主妇女联合会、省学生联合会、省文学艺术界联合会、省中苏友好协会等八个人民团体的热烈拥护。7 月 22 日上午，全省各界人民代表集会，成立了吉林省反对美国侵略中国台湾、朝鲜运动委员会，由省委副书记李德仲、省人民政府主席周持衡、延边地委书记朱德海等 37 人组成，李德仲任主任。大会决定自 7 月 23 日至 29 日在全省举行反对美国侵略中国台湾、朝鲜运动周，号召全省各族人民积极参加宣传活动，认清形势，提高警惕，准备回击美国的任何挑衅。与此同时，各市、县相继成立了反对美国侵略中国台湾、朝鲜运动委员会，利用巡回宣传、组织游行、张贴宣传画、讲演等多种形式，积极开展宣传活动。8 月 1 日，吉林、长春两市各界群众 8 万余人举行庆祝中国人民解放军建军 23 周年，反对美国侵略中国台湾、朝鲜的大会，充分表达了全省军民向美国侵略者作斗争的必胜信心和决心。9 月 5 日，长春市各人民团体及各界人士纷纷发表书面谈话，严厉谴责美国飞机入侵中国领空、杀害中国同胞的暴行，一致拥护周恩来总理向美国提出的严正抗议和向联合国安理会提出的正义要求。吉林市各界妇女代表、吉林军事部全体指战员和长春市基督教界等各阶层人民群众分别集会，发表宣言和声明，对美国的侵略行径进行了强烈的抗议和谴责。随后，吉林市总工会、市委、民主妇女联合会、学生联合会、教师联合会和民主青年联合会等各人民团体联合发表声明，强烈抗议美国的暴行，要求联合国迅速制止美国的侵略行为。

为准备迎接全面地反对美国侵略战争，吉林省开始了有系统地组织抗美援朝运动的动员工作。中共中央于 10 月 5 日作出抗美援朝的决策后，省委立即召开扩大会议传达讨论，根据毛泽东提出的“中国人民志愿军以东北行政区为总后方基地”[①]的要求，决定把工作重心从和平的

① 中共中央文献研究室编：《毛泽东年谱（1949—1976）》第 1 卷，中央文献出版社 2013 年版，第 207 页。

经济建设转变到对抗美援朝战争的支持和展开大规模战争动员上来。会上，各部门据此重新研究各自的工作计划，并着手进行必要的准备。10 月 5 日，省委制定的《关于吉林省一九五〇年九月至一九五一年一月的主要工作及进程》指出：深入开展反对美帝国主义和保卫世界和平的宣传教育，加强人民武装，组织防空、防特、防匪，一切工作都以这三项任务并以生产为中心结合进行。10 月 15 日至 18 日，省委召开县委书记会议，为抗美援朝运动作动员。省委书记刘锡五传达了中央的决策和东北局会议的精神。会议结合各县干部群众思想情况及社会动态进行了讨论；省政府布置了公粮、战勤、扩兵、救灾、棉衣等任务。各县委书记在会上都积极踊跃接受任务。会议强调，第一，由于战勤任务紧迫繁重，一定要依靠群众并走群众路线，反对强迫命令。第二，不能放松对生产的领导，要克服困难加紧生产，把生产与战争需要结合起来。口号是加强生产，积极支前。第三，在干部群众中作充分的思想动员，提高民族的自尊心和自信心，对美帝同仇敌忾，坚定胜利信念。加强对人民武装的领导，做好防空防奸、肃清土匪的工作。会后，省委组织了三个工作队分别到延吉、敦化、蛟河、永吉等地，准确了解情况，及时发现问题，供省委参考，同时就地帮助县（区）解决困难。10 月 16 日，省委、省政府和省总工会联合召开省营工矿代表会议，进行由和平生产转入战时生产的思想动员，并要求深入开展爱国主义劳动竞赛。同日，中国人民保卫世界和平反对美国侵略委员会吉林省分会，即吉林省抗美援朝分会正式成立，省人民法院院长关俊彦任主席，统一领导全省抗美援朝运动。

中共长春市委于 1950 年 10 月 13 日召开了常委会议，市委书记刘亚雄传达东北局和省委的会议精神。根据党中央关于抗美援朝、保家卫国，派志愿军入朝作战的决策，会议决定长春市由和平建设转入战争环境，把支援抗美援朝作为全市压倒一切的中心任务。市委要求党政机关立即行动起来，各项工作重新安排，服从战争需要。同时，对宣传教育、城市防空、反奸反特、老弱人员和物资疏散、战勤动员等工作作了部署。抗美援朝运动从此在全市展开。

1951 年 2 月，吉林市召开第三次党代表会议。大会通过了 1951 年市委的工作安排，指出总方针是动员一切人力、物力、财力支持抗美援朝运动，加强国防力量和经济建设，完成政府1951年国防经济建设计划。为了加强领导，市委决定由市委书记、市长挂帅，成立吉林市反对美国侵略中国台湾、朝鲜委员会，反对美国侵略宣传教育委员会，炒面委员会，军服、军粮加工委员会，防空委员会，防疫委员会等组织和防空总指挥部、军需加工科、战勤委员会、伤员接待站等具体工作部门。这些组织和部门在领导和完成抗美援朝各项工作中发挥了重要作用。

在中共吉林省委的领导下，全省各级党组织认真贯彻中共中央的抗美援朝决策，把党的工作重心从和平建设向全面支持战争的转变，同时有力地领导各族人民以高度的爱国主义、国际主义精神和高昂的革命热情，全力以赴地支援抗美援朝战争，在全省城乡掀起了轰轰烈烈的抗美援朝爱国运动。

二、爱国主义宣传教育的广泛开展

美国武装侵略朝鲜和中国台湾、空袭中国边境事件激起吉林省各界人民的极大愤慨，大家纷纷强烈谴责美国的侵略暴行，坚决支持和全力支援朝鲜人民的正义斗争。但是，美国毕竟是世界上拥有大规模杀伤性武器——原子弹的国家，因此，美国发动侵朝战争自然会造成一部分群众思想上的混乱。有些知识分子认为，美国侵略朝鲜的战争将是第三次世界大战的导火线。同时在各阶层群众中普遍存在着害怕原子弹、害怕第三次世界大战的恐美思想。针对上述思想状况，中共吉林省委全面展开抗美援朝宣传教育工作。

1950年6月末，全省开展了反对美国侵略朝鲜、中国台湾，揭露美帝国主义发动侵略战争、破坏世界和平的反动本质，支持朝鲜人民反侵略正义斗争的宣传教育工作。各级党政领导分别召开关于朝鲜形势问题的会议，省委宣传部也及时编印了宣传提纲和宣传材料，对干部群众进行宣讲。同时，各级党的组织还结合贯彻省委8月11日发出的《关于深入开展和平签名运动的指示》与动员战勤等工作，广泛深入地进行了反美宣传和爱国主义与国际主义教育。全省签名人数很快达到507万人，占全省人口73%强[①]。出战勤的民工大都情绪高涨，表现积极。他们对因任务紧急、准备不足而出现的很多困难，能够努力克服。各市、县还强化了治安观念，经常集合民兵，配合公安武装对土匪活动进行侦察追剿，稳定了城乡社会秩序。

中国人民志愿军入朝参战后，吉林省的抗美援朝爱国主义宣传教育工作肩负着两方面的任务。一方面，要揭露美帝国主义破坏世界和平的行为，以增强人民群众对抗美援朝战争必胜的信心；另一方面，又要宣传中国人民志愿军入朝作战的必要性和志愿军战士在前方作战以及吉林省人民积极支前的英雄事迹，以激发全省各阶层人民全力支援抗美援朝战争的热情。为此，省委开展了大规模宣传教育活动。1950年10月26日，中共中央发出关于在全国进行时事宣传的指示。11月3日和5日，省委根据中央的要求，先后发出《关于开展反美宣传运动的指示》和《关于开展时事宣传运动的指示》。《指示》强调，为了更广泛地展开一个大规模的反美群众运动，各级组织必须更加广泛和深入地在群众中进行反对美帝国主义侵略，保卫祖国安全的宣传运动，使全省人民正确认识当前形势，坚定胜利信心，立即掀起反美热潮。省委决定于11月9日至15日举行一次反美宣传运动周，要求通过宣传使广大群众进一步明确我国对美帝国主义扩大侵朝战争不能置之不理，对美帝国主义有进一步的认识，坚决消灭亲美的思想和恐美的心理。

全省各地区在贯彻省委的指示中，结合本地的实际情况，采取多种宣传教育方式，迅速掀起反美宣传教育的热潮。吉林市要求各机关、工厂企业、学校普遍建立宣传鼓动员队伍，向群众宣传反对美国侵略，坚定反美斗争的必胜信心。为掀起反美斗争的高潮，省市机关、学校及郊区共组织2000多名宣传鼓动员，分成11个宣讲队进行抗美援朝、保家卫国的宣传活动，并组织58名报告员，加强时事宣传教育。同时，市内举办了《朝鲜照片展览》和《反美侵略资料展览》。文艺工作者创作演出了《美帝威风真相》《保卫和平》《杜鲁门不要脸》《战争贩子头五更》等反映抗美援朝内容的节目200多个，演出2100多场次，还开展了抗美援朝

---

① 《省委关于第三季度工作的综合报告》（1950年10月1日），吉林省档案馆编：《中国共产党吉林省委员会重要文件汇编》第2册（1950—1951年），1985年，第71页。

歌咏比赛活动。美术工作者还绘制出包括有抗美援朝战争形势图、敌我力量对比图、美帝国主义侵华史图等宣传画 713 幅。此外，吉林市还举办了全市性的抗美援朝街头美术展览和文艺界抗美援朝救灾公演，观看演出的群众达 5 万多人。全市放映的防空防奸电影也有 50 多场[①]。长春市运用各种形式开展大规模的爱国主义宣传教育。全市举办《朝鲜照片展览会》和《反美侵略资料展览会》，发动文艺工作者创作演出反映抗美援朝内容的话剧、京剧、评剧、歌剧、歌曲、杂技等节目 287 个。市抗美援朝分会编辑出版了《反对美国侵略文艺征稿作品汇集》4 册。市文联先后编印了《反美文艺演唱材料》40 集和美术作品《抗美援朝剪纸集》等，由东北新华书店出版，在全国发行。东北人民大学[②]和其他高等学校师生在坚持正常教学活动的同时，以极大的爱国热情在校内外开展抗美援朝宣传活动，他们收集以美帝国主义为首的侵略阵营与世界和平阵营力量对比材料，制作图表、漫画 220 余幅，在校内外展出。他们还排练了话剧《上当》，歌剧《千仇万恨》《唇亡齿寒》等 35 个节目，演出 30 多场，观众达 1.7 万余人。驻长高校组织 213 人的宣传队，深入 181 个居民组宣传抗美援朝、保家卫国的道理，深受人民群众欢迎[③]。中共延边地委(后改为延边州委)动员了 1.8 万余名宣传工作者，培训了 5300 余名宣传骨干、文艺队员，到城镇和乡村进行抗美援朝教育。他们在各地以讲演会、座谈会等形式回忆和控诉日伪统治时期人民的悲惨遭遇，激发人们抗击美帝国主义的激情。通过宣传，受到教育的群众达 40 多万人。吉林省各地的抗美援朝时事宣传，在纠正群众亲美、恐美情绪和打击反动谣言，提高群众正确认识与增强群众斗争积极性，鼓动群众参军参战等方面，取得了很大成绩。

同时，在一些干部和群众中还存在着速战速胜思想、急躁情绪和麻痹大意的意识。为了防止和克服这些不良心理，更好地支持抗美援朝

---

① 中共吉林市委党史研究室、吉林市民政局、吉林市档案馆编：《正义的胜利——吉林市抗美援朝专辑》，1998 年版，第 4—5 页。

② 1946 年东北行政学院建立，1950 年更名为“东北人民大学”，1952 年经院系调整成为中国共产党创建的第一所综合性大学，1958 年更名为“吉林大学”。

③ 中共长春市委党史研究室、长春市民政局编：《抗美援朝运动在长春》，1994 年版，第 4—5 页。

斗争,省委又于12月1日发出了《关于继续深入与巩固时事宣传鼓动工作的指示》,提出四点要求:第一,要着重搞好对中国人民志愿军的表扬、慰问和支援工作。报纸应多介绍志愿军的情况,使群众深刻了解他们的作战对全国和全世界的伟大意义。第二,要注意干部对战争与军事知识的学习,使他们懂得人民革命战争曲折发展和胜利的基本规律,树立支持艰苦的反侵略战争的精神准备与胜利信心。第三,要密切结合各项任务,针对群众思想实际,充分发挥党员、团员和区、村干部的宣传力量,教会他们掌握宣传中心与宣传鼓动的方法。第四,要进一步加强防空教育,使广大群众对美帝国主义滥施轰炸的可能性有正确的认识,以免发生不必要的恐慌。各级党委在贯彻上述指示中,认真总结经验教训,注意把当前形势与群众利益相结合,战勤动员与宣传鼓动相结合,时事教育与工农业生产相结合,形成强有力的社会舆论,有力地推动了群众性的抗美援朝运动。

1951年初,为了深入开展好全省抗美援朝的时事宣传教育工作,省委要求宣传鼓动与城乡人民经济生活中的重大问题、各阶层人民的思想动向密切结合,并于1月9日发出《关于抗美援朝时事宣传内容的指示》。《指示》指出:由于美帝国主义肆意扩大侵略战争,又实行各种破坏及经济封锁,使中国对外贸易减少,影响到粮食、副业产品的出口。同时国家为了保证抗美援朝战争的胜利和国防建设的资金需要,又不能大批收购农民余粮,使农民售粮出现困难。因此应该引导群众正确地认识到:这是由于美帝国主义对我国封锁破坏造成的,进而提高农民的爱国主义觉悟。《指示》要求各地在一切宣传活动中,首先要调查研究当地群众生活中的重大困难或疑虑,引导他们提高抗美援朝的觉悟,进一步控诉美帝国主义的侵略和激发群众的爱国热情。4月6日,针对爱国主义教育在各地区进展不平衡,还存在空白区和空白点的情况,省委发出《关于普及加深抗美援朝爱国教育中应注意的问题的通知》,指出:要进一步组织人民控诉美帝侵略罪行,订立爱国公约,组织“五一”城乡大游行等活动,真正达到普及和加深爱国主义教育的目的。4月25日,省委又发出《关于加强抗美援朝、镇反与丰产运动宣传教育的指示》,再次指出:抗美援朝、镇压反革命与丰产运动不是对立的,只有抗美援朝与镇压反革命教育的深入与开展，才能更好地推动群众的丰产运动。各县(区)党委书记应亲自主持抗美援朝的宣传工作。

为了贯彻省委指示精神，省委宣传部召开了市、县委宣传部长会议，举办了区委宣传委员训练班。会议规定了宣传内容，制订出宣传教育的计划、步骤和日程，并提出了消灭空白点的要求。4月初，各市、县先后通过人民代表会议、抗美援朝代表会、党代会、宣传员大会等层层作了布置。4月中旬以后，全省1181名报告员、27069名宣传员及临时组织起来的宣传队伍，近10万人的宣传大军投入宣传工作，特别是加强了空白和落后地区的宣传。宣传形式丰富多彩，报告会、座谈会、读报组、广播、黑板报和各种文艺形式以及大、小控诉会等都发挥了作用。省委宣传部印发宣传材料24万份，还组织四个组到磐石、舒兰、延吉、扶余四县进行抽查。据四个县统计，报告员在运动中共作了1987次报告(其中最多的单位作报告24次)，参加的群众有32.7万多人，召开大小集会60969次，张贴、发放宣传画共计32719幅。吉林市的广播大会一次就有18万多人参加收听(超过全市人口三分之二)。截至5月1日，全省参加控诉美、日、蒋罪行的有3631893人，占全省人口的55.8%；参加“五一”游行的有3591365人，占全省人口的55.2%。全省有70%以上的人受到了教育，基本上做到了家喻户晓[①]。

三、掀起群众性的抗美援朝热潮

广大青年踊跃参军

为了全力支援前线作战，吉林省认真落实东北局、东北人民政府下达的扩军任务。省委、省人民政府于1950年11月11日发出《关于扩兵工作的指示》，决定在各市、县扩兵22950人，要求全省在扩军工作中一

① 《省委关于普及抗美援朝宣传教育运动的总结》(1951年5月28日)，吉林省档案馆编：《中国共产党吉林省委员会重要文件汇编》第2册(1950—1951年)，1985年，第294、296页。

定要保证新兵质量。《指示》要求新兵以贫雇农、中农为主，身体健康，须有5%的党员和10%至15%的团员。《指示》强调，必须加强扩兵的宣传动员工作，防止强迫命令并与宣传抗美援朝、保家卫国结合起来，发动群众形成参军热潮[①]。各级党政领导部门按照这个指示派出大批干部下乡，召开党员代表会议、人民代表会议和座谈会，并训练大批宣传员，进行深入的教育。教育内容结合群众切身利益与体验，提出"保卫和平、保卫土地、保证生产"的口号，使城乡人民体验到国家安危与他们生产、生活的紧密联系，从对美帝国主义的仇恨发展成为参军参战的实际行动。各级党组织切实解决荣军、军属生产生活上的具体困难，把动员青年参军同解决他们的副业生产、送粪、打柴和调整劳力负担等工作结合起来，解除他们的后顾之忧。上述工作激发了广大青年的爱国热情，全省迅速掀起群众性的自愿参军赴朝鲜参战的热潮。广大青年踊跃报名参军，出现了父送子、妻送郎、兄弟争相上前线的动人场面。东北人民大学早在10月中旬就有90%以上的同学表示："为抗击敌人，赴汤蹈火，万死不辞！"《指示》下达后，70%的同学写了决心书。被批准参加军校的35名同学名单公布后，各系、班纷纷召开庆祝会，向他们祝贺，学校为他们召开了隆重的欢送会。和龙县金仁淑在抗日战争、解放战争中失去了三个儿女，这次又把身边唯一的儿子送去参军，被人们称为"革命的老母亲"。怀德县黑林子区的爱国青年9人签名宣誓："我们将同生共死，为了祖国，为了家乡，为了援助朝鲜人民。"在11月22日召开的长春市青年代表大会上，青年教师王志新说："美国侵略朝鲜已直接威胁到我们祖国的安全，我们东北青年过去当了日本鬼子14年的亡国奴，不如丧家之犬，痛苦的滋味永远难忘。我愿以身报国，再不愿当亡国奴！"当时就有19名青年受到感召，报名参军。榆树县柳树区青年们认清了美帝国主义的侵略罪行之后，互相联络，3天时间就有560人要求参军到朝鲜作战[②]。永吉县朱家村武装委员孔宪成带领20名民兵

---

① 《关于扩兵工作的指示》（1950年11月11日），吉林省档案馆编：《中国共产党吉林省委员会重要文件汇编》第2册（1950—1951年），1985年，第178、179页。

② 《抗美援朝保家卫国全省成千上万青年志愿到朝鲜去参军》，《吉林日报》1950年12月3日第1版。

报名参军。农安十二区民兵训练班共有40余名民兵，其中35人报名参军。扶余弓棚区陈山村民兵小队长杨福生即将结婚，听到美机不断轰炸东北后毅然报名参军。他说："国家是我们人民自己的国家，不能让美国鬼子来欺负。等打垮美帝以后再结婚。"[①]在校学生也积极报名到朝鲜去，抗美援朝，保家卫国。榆树县有23名中学生志愿参加中国人民志愿军，还有13名县人代会的代表也报名参加志愿军，其中有2名中学教师和1名师范学生[②]。敦化县启东中学全校280名青年学生中，有三分之二报名参军到朝鲜战场去[③]。截至1950年底，全省自愿报名参军者达7900人，检查合格者2300人。中共党员参军者1900人。抗美援朝期间，吉林省各族青年共有2.87万人参加中国人民志愿军。

各界群众积极支前

中共吉林省委、省人民政府为了做好反对美国扩大侵略战争的准备工作，要求各市、县动员群众、组织力量，抓紧落实东北局下达的各项战勤任务。从1950年8月开始，吉林市陆续接受了加工棉大衣2.06万件，棉军衣2.25万套，棉被3.8万床，炒面90万斤，军粮9576吨，单衣17万套的任务[④]。吉林市委、市人民政府组建军服加工委员会、军粮加工委员会、炒面委员会等组织机构，派专人负责，迅速落实人员、设备、场所，及时地完成了任务。同月，长春市也接受了加工棉军服4.3万套，棉大衣4.1万件，棉袜10万双，铁路员工棉大衣1万件，以及若干粮袋、手榴弹袋等任务。市委、市政府成立了相应的组织领导机构，动员群众带机入厂，筹集缝纫机3123台，组织随机入厂技工3123人、女工5130人，组建4个被服加工厂，按时完成了任务[⑤]。9月27日，吉林省

---

① 《我省各地民兵志愿报名赴朝参军》，《吉林日报》1950年12月12日第1版。

② 《抗美援朝保家卫国全省成千上万青年志愿到朝鲜去参军》，《吉林日报》1950年12月3日第1版。

③ 《我省广大青年和团员纷纷报名参军参战》，《吉林日报》1950年11月17日第2版。

④ 中共吉林市委党史研究室、吉林市民政局、吉林市档案局编：《正义的胜利——吉林市抗美援朝专辑》，1998年版，第10页。

⑤ 中共长春市委党史研究室、长春市民政局编：《抗美援朝运动在长春》，1994年版，第11页。

委、省人民政府发出《关于紧急动员民工修飞机场的指示》，决定增修敦化、永吉（九站）两个机场，要求各地动员民工 1 万名、大车 1000 台，按照战勤条例立即动员，分批出动。接到参加修建两机场任务的永吉、九台、长春、德惠、磐石、双阳、伊通 7 县，舒兰、蛟河、榆树、和龙、汪清、珲春、安图、敦化 8 县，按照指示要求，迅速落实[①]。10 月 5 日，图们铁路分局首批机车和职工赴朝鲜参加抗美援朝运输工作。

从 1950 年 10 月 20 日开始，按照省委、省政府的指示，伊通、磐石、桦甸、蛟河、敦化、郭前旗、乾安等县（旗）组成的担架队、民工大队、运输队陆续赴朝，担任运输、抬运伤病员等战勤任务。吉林省派去的担架队，有的跟随主力部队参加了五次战役，越过三八线。他们在炮火中及时把弹药、物资运送上去，把受伤的志愿军战士抬下来，送到后方医院。处在抗美援朝第一线的吉林铁路局的 2490 名干部职工参加了抗美援朝大队，出动了全局半数以上的机车和车辆。他们冒着敌人的炮火，顶着敌机的疯狂轰炸，用生命和鲜血筑成了一条“打不断、炸不烂”的钢铁运输线，把弹药和军用物资源源不断地送上前线，粉碎了美国侵略者实行的“重点轰炸、封锁咽喉”的阴谋，保证了抗美援朝战争的胜利进行。他们当中有 665 人荣立各种战功 1141 次，荣获朝鲜民主主义人民共和国授予的红旗勋章、军功章 23 枚，涌现出特等功臣、二级英雄王景洲，独胆英雄李茂，勇于献身的何英杰，炸不倒的赵青林等英雄人物。他们可歌可泣的英雄事迹传遍全铁路局，震动全国。其中，在海龙铁路分局临江机务段担任火车司机的徐国臣，当时年仅 30 岁。他奋不顾身地抢救机车、抢救厂房、抢救工友。他的英雄事迹传遍全国。1951 年，徐国臣被评为全国爱国模范，先后两次在北京受到毛泽东接见。抗美援朝战争期间，吉林省派出的赴朝参战人员共计 5.3 万人，其中担架队员 3.8 万人，运输队员 1732 人，汽车司机 1713 人，翻译 7235 人，武工队员 1080 人，各种技术人员 1007 人，各级干部 2552 人，其他人员 365 人[②]。

1950 年 10 月 27 日至 11 月 9 日，省人民政府遵照东北人民政府的

---

① 《省委关于动员民工修建两处飞机场的通知》（1950 年 9 月 27 日），吉林省档案馆编：《中国共产党吉林省委员会重要文件汇编》第 2 册（1950—1951 年），1985 年，第 169 页。

② 中共吉林省委党史研究室编：《吉林省抗美援朝运动》，2002 年版，第 18 页。

指令，先后建立了吉林、长春、图们、磐石、陶赖昭、蛟河、敦化、明月沟、春阳等九个招待站，其主要任务是转送伤病员和接待过往部队饮食用水等。长春市的招待站在10月末成立，地点在火车站。接来的伤员立即被转送到东北军区第七野战医院（今中国人民解放军二〇八医院）、军医大学（今吉林大学白求恩第一医院）等医院治疗。为接送伤病员，长春市动员机关、团体、工厂、学校、街道的人民群众组织担架6273副，担架队员5.4万人。为了保证伤员的治疗和抢救，市内组织了输血总队，分为52个分队。分配到各个接收医院的输血队员经常保持在6000人至8000人左右，随时准备给伤员输血。截至1951年末，全省各招待站共接待过往部队66万人、伤病员9.8万人、朝方家属2839人、志愿民工2.1万人，共计接待人数达78万人[①]。

此外，吉林省参加国内国防建设的民工约有14万人，技术人员2135人；出动大车、胶轮车1.2万台，马3.6万匹。吉林人民为加强国防建设和支援抗美援朝战争作出了重大贡献。

开展抗美援朝三项运动

1951年6月1日，中国人民抗美援朝总会向全国发出关于推行爱国公约、捐献飞机大炮和优待烈属军属与残废军人的号召。吉林人民热烈响应号召，在中共吉林省委、省抗美援朝分会的组织和发动下，三项运动都开展得既轰轰烈烈又普及深入。

在全省普及和深入开展抗美援朝爱国教育过程中，订立、检查和修订爱国公约是其中重要的教育形式。这种形式能够把抗美援朝的重大政治任务同每个具体单位和个人的计划、思想以及日常实际行动有机地联系起来，能够具体反映群众受到爱国主义教育的规模和范围。吉林省从1951年3月起，在群众中开展订立爱国公约活动（即制定单位或个人抗美援朝行动计划）。4月中旬以后，随着爱国教育的深入，这一活动有了很大的发展。6月9日，省抗美援朝分会召开常委扩大会议，着重讨论在全省普遍推行订立和修订爱国公约的活动，推动增产捐献、优

① 中共吉林省委党史研究室编：《吉林省抗美援朝运动》，2002年版，第15、16页。

抚、工农业生产及防奸防特等工作。随后省抗美援朝分会又召开了近500人参加的抗美援朝代表会议。各地也先后召开了抗美援朝代表会议，落实省抗美援朝分会的部署，检查和修订爱国公约。吉林市到7月初有1848个单位订立了爱国公约，长春市有194个企业、3936个居民组订立了爱国公约，磐石县有4270个互助组订立了爱国公约。到1951年底，全省70%以上居民订立了爱国公约[①]。很多订约单位把增产捐献作为爱国公约的主要内容，有力地推动了工农业生产。在工矿企业，爱国主义劳动竞赛和提高产品质量运动得到推动，出勤率提高了，生产任务都能够提前完成。在广大农村，农民增加了铲蹚遍数，扩大了追肥面积。许多单位订立的爱国公约还加强了优抚工作和防奸保卫工作。山林、铁路、公路附近及电线通过地区，也都根据具体情况，把护林、护路、护线工作列为公约的重要内容。爱国公约订立后，广大人民群众尤其是工农群众对政治文化的学习加强了，读报组增多了，工人业余学校、农校及读报组的出勤率比以前有了显著的提高。

在开展增产捐献运动中，全省各级党组织一方面通过广泛而生动有效的宣传，极大地提高广大人民群众的政治觉悟，激发他们的爱国主义热情；另一方面又认真落实捐献武器运动与增加生产、增加收入的具体措施。在工矿企业，捐献运动与增产节约运动结合起来进行，许多工厂的职工都提前完成了增产节约计划，捐献工资和奖金。在农村，捐献运动的开展推动了爱国丰产运动，农民多打粮食，开展副业生产，增加收入，用增收部分捐献。许多工商业者在捐献运动中，改善了经营管理，增加了收入。机关和学校成员都参加各种业余劳动，增加收入，用来捐献。到1952年4月，全省人民共捐献710万元，超额完成了爱国增产捐献计划578万元的123%，可购买47架战斗机[②]。

为了响应抗美援朝总会三项爱国运动中关于开展拥军和优待烈属军属及残废军人运动的号召，结合贯彻中央颁布的五项优抚条例，全省各市、县都召开人民代表会议作了具体部署，并进行两次普遍检查与多次重点检查。深入的爱国主义教育和各级党组织的高度重视，使拥军

① 中共吉林省委党史研究室编：《吉林省抗美援朝运动》，2002年版，第22页。

② 《吉林省一年以来的抗美援朝运动》，1952年4月7日。

优属运动在全省全面展开。在农村，有劳动力的烈军属被组织起来参加合作互助，无劳动力或缺少劳动力的烈军属的土地被组织起来的群众包耕代耕。代耕工作普遍实行专人负责的办法，保证耕种、铲趟、收割及时。代耕地施肥面积大部分在一半以上，产量不低于一般农户，有的还超过原订合同的数量。除代耕土地外，烈军属的日常生活也得到了适当的照顾。在城镇，各级党组织贯彻了以组织生产介绍职业为主、物资补助为辅的方针，纠正了单纯临时救济的方法，帮助烈军属实现长期的生产自给，解决烈军属和复员军人失业的问题。吉林、长春两市人民群众还把拥军优属工作经常化、长期化，从而保证了烈军属和复员军人的生活稳定。在长春市，烈军属子弟免费入学，医疗给予半费或免费的优待。全省对存在困难的烈军属还进行了实物补助。仅1951年全省就下拨高粱米19.15万斤、现款1.22万元，此外各县还发动群众对烈军属进行粮、款的捐助。与此同时，省内各市、县（区）、村还经常召开烈军属座谈会以及进行拥军优属的宣传教育。在省委领导下，拥军优属活动取得很大成绩。通过镇压反革命、订立爱国公约、丰产竞赛等运动，全省涌现出大批烈军属模范和拥军优属模范，据不完全统计，县以上模范达3000人左右[①]。同时，烈军属也都积极参加各项政治活动，协助政府进行各种工作，其中有很多人当选为各级人民代表会议的代表或成为干部。烈军属和复员军人生活的保障和社会政治地位的提高，极大地鼓舞了前方志愿军指战员的士气。

志愿军入朝作战后，随着捷报的不断传来，《人民日报》和中央人民广播电台等媒体大量宣传报道了志愿军的英雄事迹。以黄继光、邱少云等为代表的志愿军的英雄事迹、高尚的爱国主义精神和不畏牺牲的英雄主义气概，得到全国人民的高度赞佩，全国人民掀起学习英雄的热潮。人民群众特别是广大青年，纷纷写信和缝制慰问袋寄给最可爱的人，表达他们最亲切的问候。1952年2月14日，中国人民志愿军归国代表团和朝鲜人民军访华团到达吉林省，省委副书记李德仲等热情接待了代表团成员，并进行了座谈。代表团先后在吉林、长春、九台、榆

① 《吉林省一年以来的抗美援朝运动》，1952年4月7日。

树、舒兰、德惠、蛟河、敦化、延吉、安图、磐石等市、县作巡回报告172场，介绍中国人民志愿军和朝鲜人民军的辉煌战绩，受到广大人民群众的热烈欢迎和赞颂，听众达21万多人。他们报告的录音广播了23次，听众120万人以上。他们访问了吉林省徐福修、李玉今、刘青山、金信淑等英雄模范人物，参观了发电厂、造纸厂、电影制片厂、煤矿、铜矿及学校、烈士纪念馆等17个单位。他们所到之处受到人民群众的热烈欢迎，各族人民纷纷把鲜花和纪念品献给志愿军和朝鲜人民军的代表。代表团在吉林省活动期间收到各族人民赠送的纪念品、慰问品达7万多件，慰问金2万多元。

为了慰问最可爱的人，吉林省于1953年3月27日派出长春市文工团34名演职员参加中国人民赴朝慰问文工团，被编为第二队。他们在朝鲜的137个日日夜夜里，不怕劳苦和艰险，行程2000余公里，踏遍了整个西海岸，为中国人民志愿军、朝鲜人民军和朝鲜群众慰问演出140多场，并把表达吉林人民深情厚意的3万多封慰问信带给了志愿军，胜利地完成了任务[①]。在朝鲜战场，文工团演职人员通过和志愿军官兵的广泛接触，目睹了他们的英雄壮举，受到了深刻的国际主义和爱国主义教育。

四、打击敌人在吉林的破坏活动

肃清敌特

在朝鲜前线，中国人民志愿军从1950年10月入朝作战到1951年6月上旬，和朝鲜人民军一道，经过五次战役，把以美国为首的“联合国军”从鸭绿江边打回三八线以南，并且稳定了战局。美国侵略者不甘心失败，一方面伺机反扑；另一方面在东北地区派遣特务进行侦察，妄图破坏中国后方基地。1952年7月至11月间，美国先后在安图、靖宇、蛟

① 中共吉林省委党史研究室编：《吉林省抗美援朝运动》，2002年版，第25页。

河等山区，空投特务 7 批、37 人[1]，企图搜集政治、经济、军事、气象情报，准备组织武装暴乱，进行骚扰破坏。为了粉碎敌人这一阴谋，吉林省组织公安、边防及防空部队，在广大民兵的配合下，搜山清剿，开展大规模肃清敌特行动。

9 月 26 日，安图县三道村民兵逮捕了特务李军英。11 月 8 日至 30 日在长白山温泉一带，当地公安部队和民兵搜捕南朝鲜、美国 VN 极东空军司令部情报局派遣的空投特务 20 名，当场击毙 2 名[2]，其余被全部活捉。29 日，一架美国 C—47 型飞机，偷入安图县老岭地区，被解放军击落，2 名驾驶员当场毙命。解放军捕获美国中央情报局的特务唐奈和费克图，缴获一批手枪、电讯器材、空投器具等。这一事件经报道后轰动中外，成为揭露美国侵略者的有力证据。

9 月 30 日，安图、和龙两县 2600 多名民兵，配合公安干警和公安部队，在延边朝鲜民族自治区反特指挥部指挥下，组成两个搜捕大队，在安图县老岭山区搜捕美国中央情报局驻日本厚木间谍机关派遣的代号为“文队”的空降特务，击毙一名，俘获两名。经过严密搜捕，两名漏网者分别于 10 月 30 日、31 日被活捉。

10 月 4 日，美蒋一架飞机在靖宇县龙泉镇空投伞特。靖宇县与辉南、临江、柳河、通化、长白等县公安部队和民兵联合围捕，将特务组长沈恒年等五名伞特全部捕获，缴获一批枪支、电台和物资。次日，在省公安厅统一指挥下，蛟河县捕获美蒋空投特务上校温家训、中尉王天锡，缴获电台 1 部、长短枪 5 支、子弹 476 发、金戒指 127 个，以及大量美钞、日币和人民币等[3]，粉碎了他们联络匪特进行所谓敌后游击战的企图。

10 月，美国中央情报局将代号为“长白山气象队”的特务 20 人空降在安图县长白山天池附近。吉林省边防部队进行跟踪追击，到 11 月 16

① 吉林省军区军史领导小组办公室编：《中国人民解放军吉林省军区史（1945 年 9 月—1997 年 12 月）》，2002 年版，第 76 页。

② 王季平主编：《吉林省编年纪事（1949—1985）》下编，吉林人民出版社 1989 年版，第 520 页。

③ 王季平主编：《吉林省编年纪事（1949—1985）》下编，吉林人民出版社 1989 年版，第 518、519 页。

日，将逃到长白县境内的敌特15人，除击毙1人外全部捕获，并缴获电台一部、长短枪13支及子弹300发[①]。

针对敌人成批空投伞特的情况，10月30日，东北局作出了《关于在山区建立联防捕捉敌人空投特务指示》。11月4日，中共吉林省委转发了这一指示并要求各地坚决执行。《指示》明确指出：为了有效地消灭敌人，各地在当地党委统一领导下，建立联防指挥部，区设联防指挥所，村设联防组，各地区要制定出全面的联防计划，确定联防任务，明确搜捕办法，以便监视敌特活动，严防伞特降落；在联防地区，积极动员群众，划分区域，安岗设哨；对山区居民进行防特教育，给以反特任务，联防部要实行有目的的定期搜山；普遍地教育群众，提高群众的政治觉悟和警惕性。12月20日，吉林省人民政府发出《关于奖励表扬捕捉空投特务有功人员的通报》。《通报》对8个单位、32个有功个人及运送支援物资的司机等21人给予了表扬并颁发了奖金。《通报》要求有关各县以政府名义召开颁奖大会，充分揭发帝国主义派遣空投特务进行破坏的罪恶阴谋，对群众进行爱国主义防特保密教育。

1952年，吉林省公安机关经过长期侦查，还破获了"大韩救国同盟案""崔永吉武装叛乱案""勇虎队案""青友案"四起案件，共逮捕26名间谍、特务，缴获《组织纲领》《规约》及宣传底稿、反动标语、证件等罪证[②]。1953年，吉林省公安机关又破获了台湾派遣特务郭长升、朱见芳案件。

各级公安机关在打击零散土匪方面也收获颇丰。1950年全年逮捕蒋匪武装特务155人[③]。1951年夏季，各县相继搜山。敦化县民兵在威虎岭一带活捉匪首，剿除了匪徒。桦甸县民兵对夹皮沟匪窝进行了彻底清剿，捉获匪徒133人。1951年，吉林军事部共组织出动民兵7.1万人，累计搜山剿匪372次，毙俘匪特及走私分子160人，活捉惯匪头子刘

① 吉林省军区军史领导小组办公室编：《中国人民解放军吉林省军区史（1945年9月—1997年12月）》，2002年版，第77页。

② 吉林省地方志编纂委员会编：《吉林省志·公安志》，吉林人民出版社1998年版，第77—80、80页。

③ 《省委关于镇反执行情况的报告》（1951年1月18日），吉林省档案馆编：《中国共产党吉林省委员会重要文件汇编》第2册（1950—1951年），1985年，第491页。

永祥[①]。

肃清匪特斗争的胜利，在军事上基本消灭了国民党在吉林的残余势力，在政治上稳定了社会秩序，保证了人民民主政权的巩固，有力地支援了抗美援朝战争，为工农业生产进入稳步发展的新时期提供了保障。

反细菌战

美帝国主义为了破坏中国抗美援朝的战略后方，从1952年2月起，在朝鲜战场和中国边境海防地区使用细菌武器，在东北地区撒布含有大量毒菌的昆虫，使吉林省的25个市县受到严重危害。美国侵略军撒布的带菌物有苍蝇、蜘蛛、瓢虫、跳蚤、蚊子、蝴蝶、带翅蚂蚁、虱子、黑盖虫、小红虫等25种类，还有带菌的牛皮纸、秫秕叶、棉花球、大头鱼、化学纤维物、粒状毒药等9种毒物。这些带菌物污染面积达16亿平方米，使16人患急性脑炎，其中致死11人；使5人感染炭疽菌，致死3人[②]。美帝国主义的这一罪恶行径，激起了全省人民的极大愤慨，他们纷纷声讨美帝国主义毒杀中国同胞的罪行。为了动员和组织全省广大人民群众积极行动起来粉碎细菌战，同年3月，省委要求迅速建立各级卫生防疫组织，并立即开展全民性卫生防疫运动，对已发现毒虫细菌地区，派防疫队协同当地群众，迅速扑灭；同时要在城市、交通要道及工矿地区开始防疫注射，并普遍地发动群众大搞清洁卫生运动，使防疫和扑灭毒虫细菌运动家喻户晓，人人参与。3月17日，吉林省人民政府发出指示，要求各市、县防疫委员会吸收各医院负责人参加，统一力量，组织群众做好环境卫生和防疫工作。

全省广大人民群众按照省委、省政府的指示，积极开展卫生防疫运动，防止细菌和疫情的扩散。3月16日，省会吉林市6万多人举行游行，抗议美国侵略军在中国东北撒布细菌毒虫的罪行。全市建立了各级防疫小组296个，组织防疫工作人员3027人。市内10个区27个街

---

① 吉林省地方志编纂委员会编：《吉林省志·总述》，吉林人民出版社2004年版，第325页。

② 中共吉林省委党史研究室编：《吉林省抗美援朝运动》，2002年版，第23页。

道组成了2214个卫生小组，声势浩大的群众性爱国卫生运动在全市展开[①]。21日，双阳县各界群众4000多人举行游行大会，一致表示要紧急行动起来，做好防疫工作。23日，长春市各界8万余人举行反对美帝细菌战集会，会后即动员50万人，掀起全市性的大清扫和灭虫运动。同月，全省城乡掀起了清除垃圾污水、垫圈填坑和消灭毒虫的卫生防疫热潮。随后，省卫生防疫部门从4月中旬至5月末培训卫生防疫队伍7万多人。他们成为吉林省反对细菌战卫生防疫运动的骨干，有效地控制了传染病的扩散和传播。在各市、县(旗)党组织的积极领导和推动下，6月份全省形成了群众性的反对美国细菌战、开展爱国卫生运动的热潮。在此期间，省爱国卫生运动委员会曾多次派出检查组深入基层检查指导，四次召开全省爱国卫生运动汇报会议，总结先进典型，推广卫生防疫工作经验，推动了卫生防疫工作的开展，改善了广大城乡居民的卫生条件。为了更有力地揭露美帝国主义的滔天罪行，进一步激起全省人民的义愤，省卫生防疫委员会举行了美帝国主义细菌战罪行展览会，仅在吉林市展览一个月内参观者即达9.88万人；在延边展览20天，参观群众5万多人，起到了很好的教育作用。在开展反细菌战的爱国卫生运动中，全省新挖与改良水井16万眼，新修和改良厕所54万个，疏通沟渠210万米，填平污水坑7.3万个(合58万平方米)，新建与清理下水道3905条(合40万平方米)，运出粪便146万吨，捕鼠206万只，堵鼠洞444万个，抹堵树洞19.9万个，下药14.9万个洞，药物灭蚤面积364万平方米，捕杀了大量苍蝇、蚊子。爱国卫生防疫运动的开展，控制了传染病的发生和流行，保证了人民健康，彻底粉碎了美帝国主义妄图用细菌战毒害中国人民的阴谋。

五、安置朝方人员

当朝鲜遭受美国侵略之时，吉林人民在省委领导下，发扬爱国主义

① 中共吉林市委党史研究室、吉林市民政局、吉林市档案局编：《正义的胜利——吉林市抗美援朝专辑》，1998年版，第20页。

和国际主义精神，在全力支援抗美援朝战争的同时，还尽一切可能直接帮助朝鲜人民战胜困难。1950 年 9 月 9 日，吉林省人民政府指示延边地委、专署，对朝鲜难民，要准其落户，无亲友可投者，给予救济；对过来之难民，要很好地进行教育，稳定其情绪，组织他们进行生产劳动。11 月 6 日，省政府发出《关于接收安置朝鲜伤员朝鲜干部家属应注意事项的指示》，强调为了使友方伤员及干部家属尽可能迅速地治疗和休养，并妥善地安置，必须主动地积极地给他们切实解决实际问题，这是国际主义思想与精神的体现，是抗美援朝最实际的具体表现与考验[①]。

辑安县凉水乡的海关村，隔江与朝鲜民主主义人民共和国的楚山郡相望。这里江面狭窄，水平浪静，是中朝人民民间交往的天然渡口。由于美国对朝鲜的武装干涉，成千上万的朝鲜居民无家可归，络绎不绝地来到海关村渡口泅渡过江，到北岸辑安避难。接待站工作人员动员海关村群众腾出自己的房屋，热情接待这些难民，然后将他们送到桓仁、宽甸等安全地方居住。当得知朝鲜楚山郡华全中学已被美机用燃烧弹烧毁，30 多名朝鲜学生无家可归的消息后，边防派出所和村支委会连夜开会，决定由三名干部带一名翻译和十多名水手，划着木槽去营救，最终将 30 多名朝鲜学生转移到海关村。同时，中、朝双方协商决定在海关村渡口临时架起一座浮桥。这座浮桥给朝鲜难民带来极大的方便，成千上万的朝鲜难民从浮桥上通过。1950 年 10 月 23 日下午，美军和李承晚部队已打到鸭绿江边，浮桥遭到美军猛烈扫射，海关村村民冒着生命危险去抢救朝鲜难民；当敌军炮击海关村时，逃难过来的朝鲜内务署女工作人员和海关村村民一起抢救伤员，充分体现了中朝两国人民用鲜血凝成的战斗友谊。从 10 月 29 日至 11 月 18 日，辑安全县供给朝鲜难民 23350 余公斤粮食。1951 年 11 月中旬，辑安口岸一次就接待朝鲜难童及随行人员 2902 人。所有难童都得到了妥善安排。通化地区和专署还在海龙县山城镇和辉南县样子哨设立了朝鲜儿童学校，总计安置了 1273 名朝鲜难童，供他们学习、衣食住宿。

吉林省延边地区所属延吉、和龙、珲春三县（市）与朝鲜的咸镜北道

---

① 中共吉林省委党史研究室编：《吉林省抗美援朝运动》，2002 年版，第 23、24、56 页。

沿图们江交界，边境线500余公里。这里地理条件方便，又是朝鲜族人民聚居地区，因此历来两岸居民往来频繁。朝鲜战争爆发后，延边地委、专员公署即根据省人民政府关于友方人员移到吉林省，必须适当安置的指示精神，于11月决定在延吉县的稽查处、开山屯、图们，和龙县的南坪，珲春县凉水泉子、圈河等地设置难民接待站和联络处，设法安置过江的朝鲜难民。朝鲜难民多为因敌机轰炸而无房无粮的一般百姓和军属，妇女老幼占多数。许多难民身无分文，还有些患病负伤人员需要治疗。因此，延边地委发出“省吃省穿救济难民”的号召。延边各族人民积极响应，有钱出钱，有粮出粮，有衣出衣，有房出房，热情地接待和安置朝鲜难民，待难民亲如兄弟。有伤病者立即送往后方医院治疗。对投亲靠友的难民，当地政府千方百计帮助寻找亲友，他们的路费、生活费、医疗费都由延边专区财政部门或当地村民委员会和街道委员会解决。无亲友或找不到亲友的难民则及时分配住地，安排居住。据不完全统计，延边地区收留收养的朝鲜孤儿3000多名。1951年，延边专署救济的难民有9712名，安置朝鲜人民军驻军和伤员5万多人。延边地委为接待难民所用的各种费用达105.4373万元。延边地委、专署为了朝鲜人民和朝鲜革命后代，克服了种种困难，在抗美援朝期间先后创办了一所孤儿院、四所分校，为朝鲜儿童在战争期间的学习和生活创造了良好的条件。朝鲜难民工作直到1959年初才结束。

吉林人民为了抗美援朝战争的胜利所发扬的无私奉献精神和国际主义精神，深深地感动了朝鲜政府和朝鲜人民。1950年12月10日，在吉林省立第二医院（九台）的全体朝鲜人民军伤员给吉林省人民政府主席周持衡致感谢信，表示：“我们伤员一同在九台医院很安全地很自在地休养并得到治疗。我们一同向伟大的中国人民领袖毛泽东主席以及敬爱的中国人民致以崇高的敬礼；并且向中国人民政府表示无限的感谢和敬意。”[①]

在朝鲜战争期间，朝鲜国立电影制片厂被美机炸毁，朝鲜电影艺术

---

① 中共吉林省委党史研究室编：《吉林省抗美援朝运动》，2002年版，第26、27、16页。

工作者于1951年5月25日转移到长春，由东北电影制片厂（今长春电影制片厂）协助拍摄影片。1953年11月回国时，他们在东北电影制片厂先后拍摄了《少年游击队》《为了祖国》《保卫家乡的人们》等7部故事片，制作了《粮食战线》《八一五》《走向胜利》《为了前线》《欢庆胜利》等12部纪录片，制作了《新闻简报》48本。任务紧张时，朝鲜电影艺术工作者达到400人。东北电影制片厂不仅对他们的生活作了妥善安排，还在人力物力上给予大力协助。中朝两国电影艺术工作者互相学习，互相帮助，结下了深厚的友谊。

1952年10月，吉林省安置了4岁至14岁朝鲜难童共7608人。各地接收并妥善安置朝鲜难童后，立即为他们进行健康检查，治疗疾病。各地对朝鲜难童全部供应细粮，炊事人员非常注意伙食调剂，以确保难童有足够的营养。各地还根据难童的不同年龄，办了13所初等学校、5所爱育园、6所人民学校。在接收朝鲜难童的工作中，舒兰县委、县人民政府受到东北局民政部的表扬，并将他们安置朝鲜难童的经验印发给东北各省。吉林、长春、九台等承担抚养朝鲜难童任务的市县也积极地为难童服务，圆满完成了抚养任务①。

1953年7月27日，朝鲜停战协定签字，长达两年零九个月的抗美援朝战争胜利结束。在伟大的抗美援朝运动中，中共吉林省委认真贯彻执行中共中央、东北局的指示，领导全省各族人民积极投身于这场运动之中，使全省各族人民得到了锻炼，提高了觉悟。在爱国主义和国际主义旗帜下，全省各族各界人民同心同德，团结奋斗，全力支援中国人民志愿军和朝鲜人民，为抗美援朝战争的胜利作出了重大贡献。吉林省充分发挥了作为抗美援朝战争后方基地的作用。

在抗美援朝战争中，牺牲在朝鲜战场上的吉林省籍指战员共18499名。在众多的抗美援朝优秀儿女中，最具代表性的吉林籍英雄人物有：荣立特等功、获一级战斗英雄称号和获朝鲜民主主义人民共和国三级国旗勋章的郭忠田、徐长富、杨宝山；荣立特等功、获二级战斗英雄称号

---

① 中共吉林省委党史研究室编：《吉林省抗美援朝运动》，2002年版，第434页。

和获朝鲜民主主义人民共和国三级国旗勋章的关崇贵、高云和等；荣立一等功、获二级战斗英雄称号的王景洲、支全胜等。他们在朝鲜战场英勇作战，不怕牺牲的英雄事迹流传全国。他们的崇高精神激励着吉林人民不断奋进。

第 三 章
国民经济的恢复发展

新中国成立初期，在中共吉林省委的领导下，全省人民坚持以农业生产为中心恢复发展国民经济的方针，改善农业生产条件，开展农业生产互助合作运动、爱国丰产运动，提高农业生产水平。与此同时，以国有工矿企业为主体，工业生产得到恢复和发展，为社会主义改造奠定了可靠的物质基础。商业结构得到调整，趋于合理化，城乡经济更加活跃，基本保证了人民消费的需要，为国民经济的恢复和发展作出了重要贡献。

一、贯彻以农业生产为中心恢复发展国民经济的方针

改善农业生产条件

1950 年 1 月，中共吉林省第一次代表会议确定了以农业生产为中心恢复发展国民经济的方针和任务。省委根据这一指导方针，制定了 1950 年农业生产的目标。为实现这一目标，省委要求从思想上组织上动员广大党员、干部和群众，积极发展互助合作运动；调动各阶层农民的生产积极性，对单干农民采取团结与教育的政策，不得加以任何歧视与打击；允许富农经济发展；允许党员在积极劳动生产、公私兼顾、先公

后私的条件下，先达到丰衣足食；积极发展农村信用借贷和人民群众相互之间的自由借贷，以便活跃农村经济。省委还制定了保证以农业生产为中心的具体措施，即供销合作社要为农业生产和农民生活服务，扩大股金与经营规模；改造省、市、县（旗）经营的地方企业，面向农村，调查农民生产和生活的需要，组织全省的工业为农民的需要生产；在商业方面各市、县（旗）要吸收土产公司、贸易公司、合作社、工商科等，成立城乡互助委员会，以加强城乡物资交流。为更好地为农民服务，促进城乡物资交流，省委还要求在小市镇建立农民招待站、信托公司，给农民提供帮助。省委关于以农业生产为中心方针的提出和贯彻，使全省农业方面的优势得到发挥，在整个国民经济恢复时期克服了自然灾害造成的困难，取得了较好的收成。

省委在领导农村工作中，重视积极改善农业生产条件。一是大力发展牲畜业，解决耕畜困难。为了增加畜力，各地本着“保护耕畜奖励繁殖”的方针，采取发放牲畜执照、严禁屠宰耕畜、评选优良耕畜、奖励饲养模范、加强牲畜防疫、建立配种站、推广优良品种等措施，促进了牲畜业的发展。到1952年，全省大牲畜比1949年增加33.3%，基本解决了畜力严重不足的问题。二是提高农业技术，改良农具和耕作方法。各地通过推广优良品种，采用改良农具和新式农具，多施粪肥，精耕细作，防止病虫害等办法，使粮食产量大幅度提高。三是发展农村信贷组织，发放农贷，帮助合作社、互助组和贫困农民发展生产。农村信贷组织的发展，对抵制高利贷剥削、活跃农村经济起到了积极作用。四是开垦荒地，扩大耕地面积。为了增加粮食和经济作物的产量，各级人民政府积极鼓励农民开垦生荒地，恢复撂荒地，扩大水田面积。到1952年，全省耕地面积比1949年增加291万亩。五是兴修水利，抗旱治涝。在“普遍恢复、重点建设”方针指导下，各地依靠群众，因陋就简，自力更生，积极恢复修筑水利工程，扩大水田灌溉面积。到1952年共整修主要江河堤防1000公里，水田灌溉面积比1949年增加32.7%，同时重点建设了郭前、梨树、饮马河、秦家屯、珲春等25处大中型灌区，并开始对丰满、二龙山两座大型水库的整修加固和桦甸大堤的施工。六是植树造林，防风固沙。各地普遍实行封山育林，大力开展植树造林，加强森林培育，使全省森林面积得到恢复和发展。到 1952 年,全省造林面积由 1950 年的 2 万亩增加到 123.7 万亩。为了防风固沙,1950 年在西部郭前、扶余等 7 县(旗),营造了农田防护林带,使 10 万多垧地免遭风沙水患灾害。

吉林省生产条件的改善,是贯彻以农业生产为中心恢复发展国民经济方针的重要体现,为农业发展创造了重要的物质条件。

农业生产互助合作运动

吉林省农村在土地改革后,农业生产互助合作运动很快发展起来。1948 年,在已经完成土改的地区,广大农民虽然分得土地,但仍缺乏牲畜农具,常常在农忙季节自愿结成换工插犋互助组织,在生产中互相帮助。在农村党组织的积极推动和领导下,这种临时互助合作组织得到普遍发展。到 1949 年春耕期间,80%的劳动力与耕畜组织起来,其中大部分是小型的、季节性的,邻里插犋、亲友联合的临时组。转入夏锄时,很多季节性、临时性的互助组解散了,也有一些小型组发展成大型组。

新中国成立后头三年,全省农业生产互助合作运动经历了两个发展阶段。

从 1949 年 10 月到 1950 年底为第一阶段,农业生产互助合作运动以季节性临时变工互助组织为主要形式。1950 年春天,在全省的互助合作运动发展过程中,有些地区曾一度出现盲目追求建立包括几个常年互助组在内的大联组的倾向。对此,东北局在 4 月 5 日的指示中强调:“季节性的小型的变工互助组织在今年甚至在三五年内,农具与生产技术还不可能普遍提高的情况下,仍是农民在农业生产上的主要组织形式。领导上必须掌握这种大多数农民的生产水平与觉悟程度,不要操之过急。”省委认真学习贯彻这一指示,提高各级党委和干部的思想认识,经过三个多月的工作落实,基本纠正了这一错误倾向对各地农村工作的影响。同时也批评了各级干部在领导互助合作运动中的贪多贪大思想和强迫命令倾向,以及部分农民群众中的平均主义思想。1950 年下半年,全省的农业生产互助合作运动得到健康发展,把大多数农户组织在小型、多样的互助组织之中,既保护了个体农民的生产积极性，又帮助他们克服了生产中存在的困难，对农业生产的发展发挥了积极作用。

1951年初，全省农业生产互助合作运动进入由以巩固小型、多样的互助组为主，转变到以常年性与副业结合的大联组为主，并试办初级农业生产合作社的阶段。农业生产的发展使广大农民初步摆脱了贫困，多数农民的经济地位上升，以户为单位的生产困难减少了，对互助组提出了进一步提高生产、增加收入的要求。具体内容为：省工出活多打粮食；提高技术，改进耕作方法；结合副业生产，增加收入；增加家庭副业的合作互助，吸收妇女参加互助组；以物资换工的工价合理评议；与供销合作社配合，帮助推销农产品和副业产品，使多数农民感受到互助合作的优越性。对此，省委提出了指导农业生产互助合作运动的新方针：以自愿两利为原则的小型组为基础，巩固常年互助组，提倡与副业结合的联组。这一方针得到了全省农民的拥护。

9月，吉林省农业生产互助合作运动进入第二阶段。9月9日，中共中央召开第一次农业互助合作会议，并制定《关于农业生产互助合作的决议（草案）》，强调："必须有领导地逐步地推广第二种形式（即比简单的劳动互助有更多内容的常年互助组）"[①]，这坚定了省委对新方针的贯彻。1951年末中共中央关于农业生产互助合作决议草案和东北局推行农业合作化决议的传达，以及1952年春天在农村普遍进行新旧道路的教育，使广大农村干部、党员进一步明确了农村经济的发展方向，加强了对互助合作运动的领导，农民群众也提高了走集体化道路的觉悟，绝大多数农民参加了各种类型的互助合作组织。1951年全省互助合作组织发展到37883个，比上年增加2853个；互助规模也在扩大，如敦化县全县平均每组为8户。与此同时，季节互助组相应减少了18049个，单干户也减少到172503户。1952年全省组织起来的户数占农业总户数83.9％，其中常年互助组发展较快。从地区上看，老解放区贯彻了巩固与发展相结合的方针，有计划地提高与发展了农副结合的常年组；解放较晚的地区，经过镇压反革命和抗美援朝等运动，提高了农民的觉悟，

① 《中共中央关于农业生产互助合作的决议（草案）》（1951年12月15日），中共中央文献研究室编：《建国以来重要文献选编》第2册，中央文献出版社1992年版，第514页。

贯彻了党对农村的各项政策，互助合作运动也在迅速地向前发展。

1951年，全省还成功地试办了半社会主义性质的农业生产合作社即初级农业生产合作社，产生了22个比较成型的农业生产合作社。这些合作社大体上分为三种类型：第一种类型以金时龙农业生产合作社为代表，有八九个社，都在延边地区。其特点是：土地入股，秋后交公粮，土地与劳力按三七分红，金时龙合作社的车辆、耕牛、农具不入股，和劳动力一起评工记分。有的合作社实行牲口、车辆作价入股，按股分红，如汪清李芝恒农业生产合作社，在总产量中留公积金约3%—5%，超产部分按劳分红。第二种类型以岳彩辉农业生产合作社为代表，有两三个社，在靠近内蒙古的郭前旗。其特点是：社员的土地租给合作社，按土地好坏规定每垧五斗至八斗的租价，车马粮食皆作价入股，劳动力按强弱事前评定也算股份。分红结果，土地约占10%，劳动力约占63%，其余为车、马、农具、粮食股份。这些合作社有一部分公共财产，没有公积金。第三种类型以双阳赵文礼农业生产合作社为代表，有七八个社，在双阳地区。其特点是：以土地分红为主体，车、马、农具按土地多少平均入股，不分红。社员劳动评工记分，分得工钱，秋后交了公粮，社员按土地数量质量分得粮食。分红结果，劳动力分得约占总产量的75%，土地约为25%。以上三种类型的农业生产合作社，每类中尚有若干不同，但皆为当地农民所接受，其中以金时龙合作社的组织经营较为合理细致。岳彩辉、赵文礼两类合作社虽然组织经营方法较差，但由于方法简单明了，也为当地农民所接受[①]。三种类型的合作社1951年生产均超过当地的互助组和单干户，为当地农民所欢迎。截至1952年底，全省共有农业生产合作社425个。新建的合作社，一般都注意了发挥集体管理和经营的优越性：能够加强生产的计划性；合理使用土地、发挥地力；提高农业技术，改进耕作方法，提高劳动效率；合理使用人力和资金，发展副业并与供销社结合，有利于农副产品的销售。因此，这些合作社都做到了多打粮食增加收入，超过了当地的互助组和单干农民，有的合作社单位面积产量超过互助组50%，超过单干农民190%。

① 《省委关于农业生产合作社的报告（草稿）》（1952年2月），吉林省档案馆编：《中国共产党吉林省委员会重要文件汇编》第3册（1952年），1985年，第271—272页。

这些合作社在分配上都注意到多劳多得和普遍增加收入，改善社员的生活，同时也不忘积累公共财产以进一步发展生产。因此，它们在全省广大农村产生了重大影响，起到了示范作用。

爱国丰产竞赛运动

在农业互助合作运动健康发展的同时，吉林省广泛开展了农业爱国丰产竞赛运动。1951 年 2 月，中央人民政府农业部召开全国农业工作会议，发出了“开展全国性的爱国丰产运动”的号召。3 月 6 日，山西省劳动模范李顺达带领互助组向全国各地互助组提出保证农作物丰产的挑战。为了响应党中央的号召，中共吉林省委、省政府在 3 月 20 日召开吉林省第一届第二次各界人民代表会议，进行了讨论和布置，并成立了爱国丰产运动评选委员会，加强对这一运动的指导。3 月 21 日，《吉林日报》发表了蛟河县十四区保安村韩恩互助组向山西李顺达互助组提交的《应战书》。随后省一等劳动模范、和龙县金炳燮互助组，省劳动模范孙绍岩互助组向李顺达互助组也提出应战。同时，郭前旗的黄功臣、桦甸县的于廷海、磐石县的马万祥、怀德县的王文荣等互助组，互相提出竞赛条件，开展爱国丰产竞赛活动。至 4 月中旬，省内爱国丰产竞赛运动全面展开。

全省爱国丰产竞赛运动的发展过程分为两个阶段：从 1951 年 2 月中央发出开展爱国丰产运动号召开始到 1951 年底为第一阶段。其特点是以先进的互助组、合作社为主体，通过彼此挑战应战、制订和检查丰产计划，开展季节性竞赛，进而形成爱国丰产竞赛运动高潮。1952 年全年为第二阶段。其特点是以提高单项作物的单位面积产量为目标，通过各级党政领导机关的工作，使爱国丰产竞赛运动群众化，学习和推广先进互助组和合作社的丰产经验。

爱国丰产竞赛运动全面展开后，省委为了进一步加强对运动的领导，通过省农业厅与省劳动模范建立了定期通信制度，其主要内容：一是印发东北人民政府关于开展爱国丰产竞赛运动的指示和奖励办法，传送互助组挑战和应战的情况，介绍互助组制订丰产计划的经验。二是广泛搜集省内外适合当地需要的生产经验，汇编成册，到群众中推广。三是通过报纸公开解答和个别解释，答复省劳模提出的各种问题。定期通信制度建立后，省农业厅于1951年4月先后发出400多封信，收到回信154封，及时解决了竞赛中出现的问题。各级党委、政府部门也加强了对运动的具体领导，组织干部深入基层检查和指导竞赛计划落实情况，及时发现和总结典型经验，加以宣传和推广，保证了运动的深入发展。

5月28日，《吉林日报》发表怎样在夏锄中推进丰产竞赛运动的文章，要求各地组织优秀互助组制定简明扼要的竞赛条件，切实把夏锄竞赛搞好。30日，《吉林日报》又介绍了蛟河县第十一区东西家子村小伙棚沟农民刘青山在丰产竞赛中精心侍弄自家土地并带动全村的事迹，推动了季节竞赛的发展。季节竞赛的开展，丰富了爱国丰产竞赛运动的内容。

8月，吉林省阴雨连绵，特别是14日、23日两次暴雨之后，松花江、辽河河水急涨，各地灾情严重，仅长春、榆树等地受灾群众就达26万多人。全省人民在省委和省政府领导下展开了紧张的救灾工作。与此同时，爱国丰产竞赛运动进入了秋季竞赛阶段。

在庆祝中华人民共和国成立两周年之际，参加国庆庆典的44名全国农业劳动模范代表给毛泽东写信，提出：努力增产，支援中国人民志愿军，并做好拥军、代耕工作；做好秋收、秋耕、秋种工作；开展冬季生产，变冬闲为冬忙；带动互助组及其他农民制订下一年的具体生产计划，供给国家更多的粮食和农牧产品；巩固和提高互助组织，宣传、介绍各地互助组的优点和先进经验；接受并推广农业科学技术和各地的先进丰产经验；积极参加和发动农民兴修水利、防治病虫害，战胜各种自然灾害；做到深耕、多耙、勤锄、选用良种、增施肥料、改良土壤，增加单位面积产量；密切联系群众，不骄傲自满，永远保持劳动模范的光荣称号八项保证①。这封信在各报刊发表和广泛宣传，把全省秋季爱国丰产竞赛推向了高潮。

进入冬季生产以后，省委、省政府又领导各县（旗）从本地具体条件

① 《参加北京国庆观礼农业模范代表订立了爱国增产公约上书毛主席保证执行》，《吉林日报》1951年10月18日第1版。

出发制订出副业生产计划。全省各地从11月份开始进行冬季副业生产,弥补了受灾地区的损失,基本完成了全年的丰产任务。

1951年12月下旬,省农业厅召开全省第三次农业工作会议,确定了1952年全年的生产方针、任务和具体办法,要求全省粮食产量要达到400万吨,畜产品、土副业生产折成粮食相当于205万吨。这次会议使爱国丰产竞赛运动进入了更具有广泛性和群众性、向着单项作物的单位增产指标集中的新阶段。辑安县岭北四区台上乡王玉贤互助组应国家经济建设需要,将大豆移向山坡,采用精选豆种、改良土壤、小垄密植、硝灰杀虫等方法,使当年大豆获得大丰收,平均亩产344斤,比全县大豆平均亩产142.6斤,增产204.4斤,创造了全国最高纪录,打破了山地种大豆不能高产的陈腐观念。王玉贤被评为全国劳模。

1952年3月13日,中央人民政府农业部发出《关于开展1952年爱国增产竞赛的意见》,要求把爱国增产竞赛更广泛更深入地开展起来。竞赛内容集中在普遍提高单位面积产量上,可以有全面的挑战竞赛,也可以有单项作物单位面积增产指标的挑战竞赛。23日,东北人民政府农业部也发出《关于开展1952年爱国增产竞赛的意见》,更明确地提出竞赛的基本要求是提高单位面积产量。要求各地根据具体情况,采取全面增产竞赛、单项增产竞赛、专业(如渔、牧、副业)竞赛以及某种改进技术(如积肥、选种、改良土壤、改良耕作等)的竞赛等具体办法。

为了贯彻中央和东北局的指示精神,广泛开展群众性爱国丰产竞赛,4月15日,省政府颁布了《爱国主义农业丰产运动奖励办法》和《组织群众参加丰产竞赛运动办法》。在《奖励办法》中提出,要以1952年各市、县(旗)的每种作物平均计划产量为计算基本标准,分给单位和个人,按每种作物总播种面积的平均单位产量超过当地计划产量的比例,给以不同等级的物质奖励或荣誉奖励;在《竞赛办法》中特别强调,竞赛目标以集中力量提高单位面积产量,克服农业生产中"肥不多""耕得浅""品种杂""苗不全""灾害多""损失大"六大缺点为主要内容。

为了保证爱国丰产竞赛运动的稳步发展,省委书记刘锡五、省人民政府副主席徐元泉带领有关部门的领导分别到各县调查情况,检查春耕工作,并于4月10日从省委、省政府机关抽出90名干部组成检查团,深入各县(区)进行检查。4月27日,延吉市崔竹松、舒兰县孙绍岩等16个农业生产合作社和磐石县孙海等6个互助组制订出爱国丰产计划,联名向吉林省参加东北区挑战竞赛的贾广镇、何凤山两个农业生产合作社应战,并向全省农业生产合作社、互助组和农民挑战,把全省爱国丰产竞赛运动推向了新高潮。

1952年6月23日,吉林省爱国丰产竞赛运动委员会发出《关于全省爱国丰产竞赛的通报》,强调各地要深入总结高产经验,大力宣传推广,彻底扭转"生产到顶""靠天吃饭"的思想,坚定群众丰产竞赛的信心。不久,省委又发出《关于进一步开展爱国丰产竞赛运动的指示》,向各地提出:为确保单位面积产量提高,除7月份仍须大力组织夏锄及扩大追肥面积外,还要做好防虫、抗旱、防汛的各种准备工作,领导群众与灾害作顽强的斗争。各地认真贯彻上述指示精神,建立各级爱国丰产竞赛运动委员会,加强了对竞赛运动的具体领导。10月11日省政府抽调160名省直机关干部下乡,领导秋收。

经过爱国丰产竞赛运动,1952年吉林省粮食获得新中国成立后的空前丰收,全省粮食作物总产量超过生产计划10.56%,单位面积产量超过10.34%,出现了近千个实现单位面积高产的合作社、互助组,以及大面积丰产田。年末,各地按照省政府《关于作好丰产总评奖励工作的指示》精神,进行了模范合作社、互助组和个人的评选工作。在参加全国丰产奖励的评选中,全省有一个农业模范生产合作社、四个丰产模范互助组和五位丰产模范个人受到中央人民政府农业部的首批奖励。爱国丰产竞赛运动不仅调动了广大农民的生产积极性,还激发了他们的爱国热情,为抗美援朝运动提供了物质基础。

由于坚持以农业生产为中心恢复发展国民经济的正确方针,全省的农业经济得到了迅速的恢复和发展。据统计,全省耕地面积迅速扩大,施肥面积为全部耕地的56%。铲蹚比过去一般多了一遍到两遍。在总产量上,1951年产粮为315万吨,单位面积产量每垧2668斤,均超过历史最高水平。1952年农业生产获得了解放后的大丰收,全省粮食作物总产量约达430余万吨,超过原丰产计划的6.4%。单位面积产量每垧约达3000斤，超过原计划200斤，比历史最高水平还提高23.15%[①]。1952年与1949年相比，全省农业总产值增长53%，其中粮食总产量增长33.6%。同时，由于贯彻了发展商品作物的方针，1949年商品作物面积占当时总耕地面积的20.6%，1950年为25.3%，1951年为32.24%，其中工业原料作物播种面积超过原计划45.2%。

新中国成立三年来，全省广大农民的生活发生了重大变化。据1952年12月统计，农村中经济生活处于中农地位的农户已经成为农民的大多数。土改前占农村户口70%左右的贫农、雇农已大部分上升为中农，原来的中农一部分已经成为富裕中农。在党的领导下，广大农民群众翻身做了主人，积极参加劳动互助组织，相互支持和帮助，克服生产中的困难，抗御天灾、疾病的打击，生产不断发展，生活不断提高。农民生活水平的提高和农业生产的恢复发展，巩固了新生政权的基础，使得全省能够在人力物力上源源不断地支援抗美援朝和全国的工业建设，奠定了吉林省作为国家粮食生产基地的农业大省地位。

二、迅速恢复和发展工业生产

国有工矿企业的不断壮大

1949年六七月间，中共吉林省委在贯彻党的七届二中全会精神时，确定要从本省实际出发，把发展农业生产放在党的工作的主要地位，但同时也要以城市为工作重心，积极发展工业生产，由城市领导乡村，工业领导农业。此时，全省工业企业共2554个，其中地方国营企业498个，合作社营企业193个，公私合营企业8个，私营企业1855个，地方国营企业产值占全省工业总产值的81%。因此，壮大国有工矿企业成为恢复和发展工业生产的重点。由于长期战争的破坏，已经恢复生产的

---

① 《省委关于二三季度工作的综合报告与第四季度工作要点》（1952年10月17日），吉林省档案馆编：《中国共产党吉林省委员会重要文件汇编》第3册（1952年），1985年，第31—32页。

工业企业只能处于“以厂养厂”的状态，难以在国民经济恢复中发挥主导作用，私营工商业也很不景气，这些为国民经济的恢复发展增加了困难。在这种形势下，省委确定国民经济恢复时期发展工业的方针是：在对日伪时期遗留下来的企业进行恢复和扩建的同时，努力发展与城乡人民生活关系密切的民用工业，从而尽快活跃城乡经济，积累资金，壮大人民政权的经济实力。

新中国成立初期，对敌伪时期遗留下来的厂矿进行恢复生产成为一项重要任务。在采砂业领域，到 1949 年末，全省恢复生产的金矿主要有夹皮沟金矿、二道甸子金矿、老牛沟金铜矿、八道沟金矿和珲春金矿局，黄金产量居全国首位。在造纸工业领域，石砚造纸厂、开山屯造纸厂、吉林造纸厂恢复生产后，承担了国家急需的化纤纸、纸浆、新闻纸、纸袋纸的生产任务，支援了全国的经济恢复和发展。在森林工业领域，1949 年下半年，全省停止了私人资本的生产作业，由林务局下属的县林务分局或林务所自营作业，从而促进了森林工业的发展。1949 年不仅各制材厂生产工人稳定，而且产量提高，全省完成锯材产量 15.6 万立方米。在纺织工业领域，重点恢复发展棉纺织和麻纺织行业。1950 年至 1952 年，全省对纺织工业的投资总额达 279 万元，固定资产原值增长了 55 倍，产品品种增加，产量提高，1952 年产值比 1949 年增长 257.2%，平均每年递增 52.9%[①]。在水电领域，对丰满大坝进行修补、加固，重建了全省电力工业，为三年恢复时期全省国民经济发展作出了巨大的贡献。

为了满足人民群众生产生活的需求，新中国成立后，全省筹集资金有重点地对部分国有工业企业进行了改扩建，并新建了一些急需项目。1949 年至 1953 年，投资 3468 万元扩建吉林造纸厂，使其年生产能力达到 56970 吨，成为当时全国最大的制浆造纸综合企业。为解决生产动力问题，1950 年，吉林省在西安矿务局[②]建设第一个现代化的大型井

① 《吉林工业四十年》第 1 卷，吉林文史出版社 1989 年版，第 13 页。

② 1948 年 10 月 1 日，西安矿务局成立。1952 年 4 月 3 日，西安市更名为“辽源市”。1955 年 10 月 1 日，西安矿务局改称“辽源矿务局”。12 月 1 日，矿务局的“中央竖井”建成移交生产，称为“西安煤矿”（之前称为“西安竖井”）。

口——西安竖井，到1952年这一重大工程部分竣工。当年西安矿务局生产原煤188.7万吨，为保证全省国民经济恢复时期的煤炭供应作出了贡献。为满足人民生活需求和解决财经困难，吉林省决定优先扩建范家屯糖厂。经过努力，1950年10月，范家屯糖厂扩建完工投产。企业在原有基础上增添了设备，扩大了生产规模，日处理甜菜能力达到750吨。产品由过去生产绵白糖改为生产纯砂糖。1951年产糖量达到1.4万吨，成为全省地方工业最大的企业①。

从1950年开始，吉林省利用有限资金，陆续兴建了一批中小规模的、门类多样的民用工业企业。其中，食品工业企业有大安罐头厂、长春第一食品厂、吉林市食品厂、长春市啤酒厂等；纺织工业企业有吉林市麻袋厂、朝阳镇麻袋厂、延吉市针织厂、通化市棉织厂、洮南绒织厂等；轻工业企业有四平油脂化工厂、蛟河造纸厂、长春市衡器厂、长春新生橡胶厂、通化市橡胶厂、四平市油漆厂、长春市化工二厂等。

为填补国营工业行业的空白，满足人民生活的需要，吉林省还从上海迁入建立了嘉美制罐厂、松花江玻璃厂、和平牙膏厂、搪瓷厂。此外，为了适应朝鲜战争对工业布局的需要，从辽宁省迁入建立了长春橡胶厂、长春石棉制品厂、延边橡胶厂、白城麻袋厂等。

在发展国有工矿企业的同时，1951年3月底到4月初，省委召开城市工作会议，对领导工矿企业生产的经验和教训作了全面总结。到1951年年底，形成了《省委对国公营工业生产的领导和意见》《吉林省工业基本情况与今后发展方向及存在的问题》和《吉林地方工业的总结和今后意见（草案）》等一系列重要文件。国营企业发展方面的思路有：（一）关于发展方针问题。提出地方工业要以发展中小型、多样性、人民需要的轻工业为主的总方针，并要求在发展中把满足国民经济发展的需要与充分利用当地资源结合起来；在计划上统一领导，在经营上进行地区分工，在产品销售上进行地区平衡；既要稳步发展，又必须注意品种多样化。（二）关于技术准备问题。提出以国家加强技术教育和从关内各地输送技术人才到东北，作为发展地方工业的基础；同时省内也要

---

① 《吉林工业四十年》第1卷，吉林文史出版社1989年版，第13、14、15页。

提高现有技术人员的业务水平，逐渐培养为专职技师，重视工人的技术教育，加强厂矿的技术管理，严格产品的检查制度；还要办工业专科学校，培养技术人员，训练技术工人。（三）关于发展工业的资金问题。提出主要依靠地方自己积累。要改进财政体制，以充分发挥地方经营工业的积极性和潜在力量，在统一政策、统一标准、统一制度、统一预决算的原则下，根据财力的大小平衡其各项事业的发展要求。（四）关于供销问题。提出在原材料来源及供应方面，除本省生产的能够保证供应之外，凡属于国家调拨、自由采购或国外进口的原材料都需要事先计划，联系来源，早做准备。在产品推销方面，省市营工业大部分产品由东北贸易部包销后，地方需要的产品，应在不妨碍国家平衡计划的原则下，首先满足当地人民需要。

为了迎接大规模经济建设新时期的到来，吉林省和东北其他省份一样先行一步，从 1951 年起开展了颇具规模的基本建设，到 9 月中旬，已开工的建筑面积即达 50 余万平方米，工程费用为 1940 余万元，比 1950 年增加 5 倍多，其中新建工程约占 20%，修复工程约占 80%。1952 年，吉林省将发展国民经济迫切需要的中小型、多样性的轻工业作为发展工业生产的重要内容，并提出计划：新建新中国制糖厂，计划投资 2000 万元（与中财委机关企业管理局合营，各投资 1000 万元，1952 年预定投资 250 万元），三年内完成，于 1954 年冬季开始生产；兴建火碱工厂，计划投资 70 万元（1952 年投资 50 万元），从 1952 年起一年后完成，1953 年开始生产[①]。此外，根据省内资源情况，计划发展的还有：柞蚕丝厂及毛织、针织、日用化学、文具等行业。在市营工业部分中，也制定了相应的发展计划。据 1952 年底统计，全省 1952 年基本建设的实际投资额为 1.3888 亿元[②]，超额完成了投资计划。

经过三年持续发展，吉林省国营工矿企业不断壮大。到 1952 年底，

① 《吉林省工业基本情况与今后发展方向及存在的问题》（1951 年 10 月 9 日），吉林省档案馆编：《中国共产党吉林省委员会重要文件汇编》第 2 册（1950—1951 年），1985 年，第 363 页。

② 《省委关于吉林省一九五二年基本建设工作总结》（1952 年），吉林省档案馆编：《中国共产党吉林省委员会重要文件汇编》第 3 册（1952 年），1985 年，第 259 页。

国营工业企业总数达2895个，占全部工业企业的81.7%，形成固定资产原值9.2亿元，总产值达9.63亿元，已占全部工业总产值的86.5%。在生产资料生产中，国营工业拥有绝对优势；在消费资料生产中，国营工业也开始占据举足轻重的地位①。

新企业管理制度体系的形成

在国营工业的恢复和发展过程中，吉林省各级党委和人民政府还依靠广大职工，对全省国营工矿企业进行了民主改革和社会主义企业管理制度的建设。

新中国成立初期，吉林省相当一部分企业仍然保存封建把头制度和沿用落后的经营管理方式，内部情况复杂，新的企业管理和领导体制很难确立。针对这种情况，全省首先进行了国有工矿企业的民主改革运动。经过诉苦、讲理、批评、检讨等阶段，特别是通过诉苦方式，在启发工人大胆发表意见和提高工人的主人翁思想觉悟方面，收到了很大成效。运动开展后，党组织及时向群众进行政策教育，同时注意克服“左”的倾向。民主改革运动打破了旧的生产管理体系，提高了广大工人群众的觉悟，增强了主人翁意识，密切了共产党和工人群众的联系，为加强党对企业的领导、工人参加企业管理、建立和健全新型的社会主义企业管理制度体系创造了良好的政治条件。

在“三反”运动取得基本胜利后，全省国营企业又进行了“民主补课”的工作。随着工业的迅速发展，一些新建的工矿企业尤其是基本建设单位尚未经过民主改革运动，旧的管理思想和习惯仍在阻碍着广大工人生产积极性的发挥，不少企业虽然经过民主改革，但是进行得并不彻底。因此，经东北局批准，从1952年9月开始全省国营企业进行“民主补课”。各企业通过学习文件，学习《人民日报》国庆节社论、东北局城工会议精神，以批评和自我批评的方式发扬民主，检查思想，检查工作。“民主补课”工作要求在行政管理干部中树立依靠工人阶级、全面完成任务的思想和提高完成国家任务的责任感；在技术人员中划清工

① 《吉林工业四十年》第1卷，吉林文史出版社1989年版，第23页。

人阶级与资产阶级的思想界限，改造旧观念，树立劳动与技术相结合的思想，加强责任制。工矿企业的“民主补课”工作于1952年12月结束。通过对全省国营工矿企业的“民主补课”，人民政府进一步加强了对工矿企业政治上和生产上的领导，巩固和发展了公有制经济。

全省企业的民主化管理制度是在企业民主改革的基础上建立起来的。所谓企业民主化管理制度，包括企业的生产管理制度和政治管理制度两个方面。企业生产管理，其目的是通过对企业的生产和经营的整个流程进行有序管理，其基本要求是增加生产，避免浪费，内容包括贯彻定额管理和经济核算制，实行厂长负责制、生产责任制和八级工资制，其核心是经济核算制。所谓对企业的政治管理，其目的是确立企业内部的管理者与劳动者、劳动者之间的同志式友谊互助关系，其基本要求是充分调动广大职工的积极性和创造精神，内容包括建立工厂管理委员会和工会，召开职工代表大会和代表会议，进行工业整风和建立与完善企业的政治领导体制等。上述两个方面的建设在实践中密切结合，互相促进。

全省工矿企业民主化管理制度的建设过程经历了两个阶段：从1949年底到1950年底为第一阶段，主要内容是实行管理民主化，初步建立定额管理制度和经济核算制度，建立安全和质量责任制。

新中国成立之后，全省国营企业首先用约四个月的时间，在各厂矿先后进行了清理整顿工人队伍，建立和健全安全和保卫制度，充实骨干力量，加强领导机关的建设，建立和健全党团工会组织，培训积极分子，加强对广大工人的宣传教育等工作，为国营厂矿的社会主义企业管理制度建设奠定了政治和组织基础。

吉林省企业的定额管理和经济核算制是在工矿企业创新纪录运动的发展过程中逐步建立和完善起来的。1949年10月，全省工矿企业的创新纪录运动开展以后，生产纪录不断刷新，为了把先进生产者与广大工人群众联系起来，形成共同提高的竞赛热潮，全省工矿企业开始了制定合理定额的工作；同时提出加强企业生产管理，其中包括质量责任制问题，原材料的保证供应和不得浪费问题，适当的库存贮备和合理的流动资金问题，对投入产出的精打细算和降低成本问题等，开始了厂矿经济核算制的逐步落实工作。1950 年 2 月，省政府颁发了“为实行企业会计独立、建立新的结算关系以及现金信贷中心”[1]的通令，之后，各工矿企业相继实行会计独立制度，为企业推行经济核算制奠定了重要基础。6 月末，省委学习和落实中共七届三中全会文件精神，于 7 月初开展各行各业的整风运动。在整风的基础上，7 月 24 日至 30 日，工业战线召开全省工矿工作会议。会议认为，全省工业生产存在的主要问题是：忽视利润，缺乏成本核算，计划性差，财务管理混乱。会议确定把工矿企业的生产管理体系推进到建立和健全以经济核算制为核心的企业管理制度的新阶段。9 月，全省又根据东北工业整风会议的精神作了进一步的检查，使几个关键问题得到基本解决，克服了生产供销脱节的现象，处理了大部分积压产品，确定了流动资金，增强了经济核算思想，贯彻了经济核算制度。

到 1950 年春，省内主要国营企业如石砚造纸厂、丰满水电局、四一军工厂等企业的管委会已建立起来。其民主管理制度的运行方式是：每一工作任务或每一时期的工作首先在管委会上作充分讨论，再经过行政、党、工会与工人中的先进代表人物研究后，通过各个系统召开职工代表会议及各车间会议进行酝酿。管委会的许多重要会议，都吸收先进生产者和有关技术人员参加，行政领导要虚心倾听工人群众的意见，又要倾听技术人员的合理建议，许多重要的推动生产的关键问题，在会上经过讨论，取得一致意见，然后再由各个部门及直接生产的工人群众分工合作来完成。

为了建立稳定有序的企业生产秩序，各级党委在领导厂矿民主化管理的同时，针对 1950 年春天全省保安大检查中暴露出来的问题，初步建立了工矿企业安全责任制度。

1950 年 5 月，根据东北人民政府的指示，全省各公营厂矿开始按八级工资制进行工资评定工作，职工平均工资有所提高，企业内部工资差别更趋合理。此外，职工劳动保险、集体福利事业也陆续开展起来，职工生产生活条件有了明显改善。

---

① 《吉林工业四十年》第 1 卷，吉林文史出版社 1989 年版，第 21 页。

1951年3月至1952年，为全省工矿企业管理制度建设的第二阶段。主要内容是进一步深化企业管理制度建设，建立和健全把厂长负责与民主管理、发展生产与改善职工生活、经济工作与政治工作、劳动创造与科学技术结合起来的社会主义工矿企业管理制度。

工矿企业管理制度体现了加强党的领导。第一，明确发展工矿企业的重大意义，并将其列为各级党委经常性的重要工作任务之一。第二，党委对工矿企业的领导首先是进行思想政策的领导，而最根本的思想政策是“依靠工人搞好生产”[①]，即依靠工人的主人翁政治觉悟、创造性的劳动和努力学习、提高技术的奋发向上精神和通过依靠工人实施党和人民政府的政策。第三，确立厂长负责与民主化管理相结合的工作制度，把发展生产与改善职工生活相结合，经济工作与政治工作相结合，发挥工人的劳动创造与科学技术相结合，以及提高工人的爱国热情与科学的经营管理相结合，开展批评与自我批评，加强党在企业生产当中的保证监督作用，贯彻国家法令和党的政策，同各种违法乱纪现象作斗争。第四，加强党的基层组织工作。第五，发挥群众组织尤其是工会的作用，加强面向生产的观点和群众观点。要求党的基层组织、行政领导、工会、青年团等，密切配合，统一中心，抓住关键，从不同角度和侧面，发挥各自力量。

工矿企业管理制度规定的具体措施有：第一，要经过群众制定和建立产品规格、技术操作、质量检查和生产责任制等最基本的规程和制度；树立不仅完成产品数量，而且完成质量和财务、成本计划的全面完成任务思想；加强定额管理，总结先进经验。第二，加强资金管理，加速资金周转。第三，采用联系合同制，发挥职工主人翁的责任感，改进经营管理，加强工序之间的连续性，以保证生产计划的完成。第四，加强车间工作，推广先进的车间管理经验，培养和树立车间的领导核心，使车间逐步提高为经济核算单位，健全车间统计制度，建立原始记录的责任制，使统计工作与实际生产相结合。一切厂长、矿长、经营管理和党群工作人员，都要深入车间工作，各个科、室和后勤部门也都要为车间

① 《省委对国公营工业生产的领导和意见》（1951年4月5日），吉林省档案馆编：《中国共产党吉林省委员会重要文件汇编》第2册（1950—1951年），1985年，第353页。

服务。至此,吉林省新企业管理制度体系基本形成。

全省新企业管理制度的建立,进一步加强了党对国营工矿企业的领导,调动了广大工人群众当家作主、搞好生产的积极性,增强了企业的综合素质,提高了企业的生产能力,为建立和管理社会主义企业提供了制度保障。此外,企业的经营自主权增加,有力地克服了平均主义倾向,调动了企业生产的积极性。

创新纪录运动、爱国主义劳动竞赛运动和增产节约运动

新中国成立时,吉林省国营企业正在贯彻落实东北局相关批示精神,开展创新纪录运动。长春市职工总会于1949年10月30日召开全市20多家国营和市营企业2000多人参加的动员大会。会议号召,全市职工积极行动起来,在工作和生产中开展群众性的创新纪录运动。11月2日,吉林市召开创造新纪录动员大会。吉林造纸厂、江北化学厂、火柴厂、橡胶厂、机械厂、机修厂、陶瓷厂、市自来水厂、火碱工厂、蛟河发电厂、汪清石砚造纸厂、省军粮厂等,先后开展了创新纪录运动。12月2日,中共吉林省委向东北局上报《关于开展新纪录运动问题的报告》,对全省开展创新纪录运动进行了初步总结。报告指出:要使运动健康发展,首先,要正确理解创新纪录的涵义。当广大职工的积极性发动起来,打破了现有的与过去的生产水平、技术水平和定额,把生产确实提高了一步,对某一生产单位来说,就是新纪录。应当号召每一个人打破现有水平,创造个人的、集体的和全厂的新纪录。其次,要把发明创造、技术改进与技术学习结合起来。最后,要根据各厂矿的不同情况进行具体指导。当创新纪录运动已经开展起来的时候,党、行政、工会、青年团均应将这一运动当作中心工作,在党的统一领导下,各方密切配合、分工开展这一运动;要在运动中改进行政管理和组织机构,有重点、逐步地实行合同制度,以适应创新纪录运动所提出的新要求;随着运动的深入发展,要认真做好干部和群众的思想工作,注意防止不顾质量、不讲安全、不与科学技术相结合等偏向。这次总结推动了创新记录运动向着改进生产技术、改进设备为主的方向发展。

1950年抗美援朝战争爆发后,吉林省于11月26日至30日召开工

业生产会议，讨论加强战时生产、改善经营管理和生产任务问题。会议确定，今后工业生产的方针和任务是，以巩固为主，发动爱国主义劳动竞赛，贯彻经济核算制，加强技术管理，为巩固和发展生产，增强国防力量而奋斗。全省工业战线上的爱国主义劳动竞赛运动，使创新纪录运动更为深入和广泛地发展。运动开展不久，其广泛性即与以往有所不同。除几个外省迁来的厂矿外，绝大部分国营厂矿都参加了这一运动，而且在市营、县营企业甚至一些私人企业中也开展起来。爱国主义劳动竞赛运动有以下特点：一是与政治形势结合得十分紧密。参加竞赛的职工把自己的生产劳动和技术革新与增强国防力量、抗击美国侵略直接联系起来，把工厂看成战场，把机器当作武器，认为增加产量提高质量就是消灭敌人的力量，爱国热情空前高涨。二是把以劳动者个人参加为主的创新纪录运动发展成为以小组、车间为单位，甚至是以工厂为单位参加的爱国主义劳动竞赛，大大增强了职工的集体荣誉感和责任心。三是充分发挥了政治工作的作用，不仅对党和行政领导工作提出了更高的要求，而且也激发了青年工人高度的爱国热情和先锋干劲，充分调动了青年团和工会组织的积极性。

截至 1951 年 2 月，全省已有包括中央、省、市、县(旗)各级所属的国营 209 个厂矿单位的工人、技术人员和职员参加了爱国主义劳动竞赛运动，并取得很大成绩。一是很好地完成了生产任务。全省 200 人以上的 55 个厂矿都完成了全年的生产任务，其中有 34 个单位把完成全年生产任务的时间提前了半个月至一个月。二是改进了技术并提高了效率。龙井市开山屯国营造纸厂自爱国主义劳动竞赛开始后创造出两项全国新纪录。和龙煤矿金凤烈、金凤汉等小组自实行新式采煤法后，采煤效能提高了 60％。吉林造纸厂三号车间经过技术改进，把打纸浆每池 3.5 小时缩短为每池 2.5 小时。三是提高了出勤率。吉林市的造纸、亚麻、化学等五个工厂的出勤率由 90.69％提高到 97.34％，金矿铜矿等四个矿山的出勤率由 88.5％提高到 94.4％。和龙煤矿的出勤率由 87.95％提高到 92％。四是在竞赛运动中发挥了劳动模范、先进生产者的先锋作用。出席全国劳模会的代表王亚洲、省市一等劳动模范李凤昶、省一等劳动模范技术员原兆富等，在生产战线上成绩更加突出，真正起到了先锋模范作用，表现出伟大的爱国主义精神。

1951年6月中旬，省委传达了东北城工会议精神，布置了关于开展全东北国营企业在本年度内增产节约500万吨粮食的工作[①]。根据省、市、县(旗)营厂矿的生产能力，省委提出在原有计划之外再为国家超额创造和积累相当于28万吨粮食价值的计划。吉林、长春两市市委分别在各厂矿具体落实，并在广大职工中深入动员。在爱国主义劳动竞赛运动的进一步发展中，把支援抗美援朝战争与为全国大规模经济建设准备资金结合起来，全省国营企业开始转入增产节约运动。运动开始后，针对少数厂矿没有认真发动工作浮在面上的情况，省委加强了领导，一方面通过加强思想政治工作，进行深入的爱国主义教育；另一方面依靠职工发掘潜力，从实际出发找到增产关键，组织工人、职员与技术人员共同攻关，并不断地改善和提高企业的管理工作。从第四季度开始，增产节约运动得到了迅速和广泛的发展。截至11月末，根据108个单位的统计，全省已节约粮食114万吨，完成全年节约计划的97.7%。在增产节约运动中，绝大多数企业加强技术管理，挖掘企业潜力，支持和采纳群众的合理化建议，修订和贯彻技术操作规程，并加强了政治思想领导。工矿企业“为了保证增产节约任务的完成，各车间小组内部与各车间小组之间均订立了集体合同、联系合同与修正了爱国公约，并广泛的展开竞赛。”[②]从而，为完成与超额完成任务，创造了有利条件。

新中国成立之初的三年里，省委、省政府采取一系列措施，使国有工矿企业规模不断壮大，生产能力得到迅速恢复和发展。到1952年底，全省工业总产值达到11.13亿元，比1949年增长近两倍，平均每年增长43.5%。全省工农业总产值中工业产值的比重也发生了显著变化：1950年工业为37.75%，农业为62.25%；1952年工业产值提高到50.91%，农业为49.09%。在此期间，吉林省地方工业发展也很快。与

---

① 新中国成立初期，因物价波动较大，币值不稳，人民政府规定以粮食作为经济活动（包括政府拨款和国家公务人员的薪金等在内）的计量单位。

② 《省委关于吉林省国公营工业增产节约报告》（1951年12月22日），吉林省档案馆编：《中国共产党吉林省委员会重要文件汇编》第2册（1950—1951年），1985年，第398页。

1950年相比,1952年原煤增加28.15%,原油增加138.03%,固体烧碱增加146.22%,办公用纸增加581.18%,胶合板增加333.97%,面粉增加424.68%。产品品种更是成倍增长。省属工业1949年时仅有29种,1952年已增加到98种。随着生产的发展,全省职工的物质文化生活也得到了改善和提高。1952年地方国营厂矿各种集体福利设施的投资总额为294万元,占基本建设投资总额的12%,同时拨出111万元作为改善劳动条件的奖励基金。工人和职员的工资有了很大提高,国营厂矿经过"三反""五反"运动后的调整,1952年较1951年平均提高了30%以上。全省国营工业的发展,为有计划的经济建设和社会主义改造奠定了可靠的物质基础。

三、改造旧商业结构　活跃城乡经济

加强对国营商业和供销合作社的领导

早在解放战争后期,吉林省已经开始建立社会主义的国营商业,其中包括解放区中已经存在的贸易局,以及全省解放过程中接管过来的国民党商贸单位。1949年9月21日,中共吉林省委、省政府联合发出《关于改组商业机构的联合决定》,要求原各县贸易局取消,改设工商科,负责管理私人工商业,在行政上指导当地国家商店,参与合作社的领导,调查了解国民经济状况。吉林、长春、延吉三个城市,各设粮食、土产、百货三个公司,并领导附近乡村国营商店和粮栈。延吉各公司负责领导延边五县各国营商店及粮栈,吉林市不设土产公司,设土产商店,直接由省土产公司领导。其他各地土(产)百(货)公司,以25人到35人为限。1950年1月20日,省委又发出指示,要求各市、县(旗)委注意领导当地国营商业工作,加强推销组织,保证完成上级分配给各地公司的采购推销任务,并适当解决其人力、房舍和仓库等各方面的困难。11月5日,省委重申各地党委对国营商业的领导职责,强调要加强对国营商业的领导,贯彻整风精神,提高他们的经营技术和周转能力。1952年,为适应东北地区要在大规模经济建设中先走一步的客观要求,省委进一步加强了对国营商业的领导，要求各地国营商业要树立为生产服务和为人民消费服务的思想，正确对待私营工商业，加强经济核算制，建立与健全商业系统的政治工作，改进商业中的组织与分工，加强商品流转中各个环节的联系，深入开展增产节约运动，保证完成和超额完成国家采购计划、销售计划和增产节约计划。经过一系列工作，国营商业的阵地得到了壮大和提高，到1952年底，国营商业企业由1950年的550个发展到737个，从业人员由13362人发展到26916人，初步形成了从管理到经营、从批发到零售、从商业到饮食服务业，自上而下较为完整的国营商业网。

大力发展合作社经济是商业结构改造的关键。1949年5月24日，吉林省召开了全省合作社代表会议，成立了省合作总社。会议明确提出发展合作社经济的方针，即组织个体经济逐渐走向集体化。大会明确规定，农村的供销合作社应组织群众的供销活动，扶助农业生产，指导副业生产，办理信贷，吸收游资，减少中间剥削，解决农民的紧急需求。会议还指出：应当统一合作社与国营商业的业务活动，国家经济部门应当给予供销合作社以尽可能多的支持和优惠。会议强调，各级党委要加强对供销合作社的领导，把搞好合作社列为自己的主要任务之一。会后，合作社有了突飞猛进的发展。到1950年8月，全省已有社员约300人，资金631.6万元。第一季度零售总额达1157.9万余元[①]。社员人数和资金的增加为改组商业经济结构、加强党对商业工作的领导奠定了基础。

1951年10月初，省委召开全省供销合作社主任联席会议，全面贯彻东北商业合作会议精神，纠正供销合作社工作中存在的强制一人一股、不做非社员生意、不分红、脱离市场实行配售制等倾向，端正了经营思想和方针。会议总结了合作社工作的经验，明确了在经营上要坚持依靠职工，依靠社员，进行民主监督，扩大与改善经营，贯彻经济核算制，加强定额管理，降低商品损耗，实现资金积累的正确方向。会议批判了合作社的单纯业务思想和单干思想，确定了合作社要与国营商业

① 《省委关于检查与总结合作社业务工作的通知》（1950年8月22日），吉林省档案馆编：《中国共产党吉林省委员会重要文件汇编》第2册（1950—1951年），1985年，第155页。

协调一致、密切配合、共同发展的方针，从而实现了党对社会商品购销活动的切实领导。省委十分重视摆正合作社与国营商业的关系，省委副书记李德仲指出："国营商业是国家领导市场的主要力量，而合作社是联结国营经济与农村小商品生产者的主要力量，国营商业离了合作社等于失去了手脚，合作社如果疏远了国营商业，就失去了最好依靠，因此两者是兄弟手足关系。"①为了摆正合作社与国营商业的关系，省委组织了市、县(旗)合作社主任和国营公司经理联席会。省商业厅与合作总社共同制定了《关于加强国营商业与合作社密切结合及确定正常业务关系的联合决定》，明确规定了双方必须遵循如下原则：(一)要求双方从思想上认识国营商业与合作社结合的重要性，共同为扩大市场而努力；(二)双方的分工须通过计划委员会，在计划上实现平衡，并保证严格执行省订协议；(三)省计划委员会要加强商品作价的工作，价格调整时，应吸收双方参加协商解决；(四)国营商业的批发要"先合作社后私商"，在品种、数量、质量上均首先满足合作社，而合作社亦必须根据合同保证完成国家任务，并积极改善经营。

与此同时，全省国营商业根据国家关于调整私人工商业的方针，两年来有效地组织与领导私人工商业的购销活动，扩大了对私人工业的加工订货，活跃了城乡物资交流。据吉林、长春两市调查，加工订货总值占私人全部生产总值的64%，其中棉布业、粮米加工业比重约占95%以上。

在国民经济恢复时期，经过全省各级党组织的共同努力，全省国营商业和合作社经济都取得了很大成绩，私人商业也有了较大的发展。1952年国营商业推销额达3.4713亿元，为1950年的450.88%；采购额2.0482亿元，为1950年的120%。1952年国营商业通过合作社采购总值9726.53万元，占国营商业采购总值的47.4%，推销总值1.6122亿元，占国营商业推销总值的46.7%。1952年国营商业与合作社经济的零售总值占社会零售总值的68.15%。零售商店职工人数也逐年增加，1952年较1950年增加145%。国营商业1952年上缴利润

① 《李德仲同志在全省合作社主任联席会议上的总结报告》(1951年10月15日)，吉林省档案馆编：《中国共产党吉林省委员会重要文件汇编》第2册(1950—1951年)，1985年，第477页。

881万元。全省国营商业1952年完成商品流转计划的110%[①]。国营商业领导下的由国营商业、合作社经济、私人商业与个体劳动者商业分工合作、各得其所的商业经济体系已经形成。

调动私营商业的积极性

为了迅速恢复国民经济，发展城乡互助，促进物资交流，中共吉林省委十分重视正确贯彻党对私人资本主义工商业的政策。省委曾在新中国成立前夕的1949年8月，确定了发展私营工商业的方针：(一)将私人资本主义工商业作为国民经济中不可缺少的一部分，帮助它、引导它，向有利于国计民生的方向发展；(二)积极和慎重地引导私人工商业进行改组，以利于消费对象的需要；(三)以劳资两利、发展生产为前提，加强私营企业的职工工作；(四)重点帮助和引导私营工业的发展，同时也帮助正当的私营商业的发展；(五)各级党委要将私营企业工作纳入议事日程；(六)要合理确定私营工商业的负担。新中国成立后，省委又开展了对私人资本主义工业的调整和扶持工作。1950年2月，省委强调，要有计划地供给吉林、长春两市私人工业生产原料，组织私营工业面向农村生产，提高工业产品的质量。两市私人工业产品凡为广大人民所需要者，可由国家商店或合作社与之订货或代销[②]。

7月，省委又进一步调整了关于私人资本主义工商业的政策，调动私营企业主的积极性。这是因为：一方面，由于货币缺乏所引起的经济紧张形势，自6月以来日趋显露，引发了省委对经济现象的深入思考；另一方面，省委在对私人资本主义工商业的调查中，加深了对这种经济成分重要地位的认识。省委在调查中了解到，在市场销售额上，全省国营商业、合作社经济约占市场销售额51%，私营工商业占到49%，在许多农村市镇上私营工商业比重更大[③]。显然，私营工商业对于新中国成

---

① 《省委关于贯彻中央和东北局商业会议的报告》（1953年3月10日），吉林省档案馆编：《中国共产党吉林省委员会重要文件汇编》第4册（1953年），1987年，第595页。

② 《刘锡五同志在吉林省第一次党代表会议上的总结报告》（1950年2月6日），吉林省档案馆编：《中国共产党吉林省委员会重要文件汇编》第2册（1950—1951年），1985年，第20页。

③ 《省委关于十月份工作的报告》（1950年11月5日），吉林省档案馆编：《中国共产党吉林省委员会重要文件汇编》第2册（1950—1951年），1985年，第84页。

立后全省的经济恢复和发展是十分重要的。因此，省委从7月起对私营工商业的政策作了两方面的调整：一方面，对私营粮食加工业和贩运业政策进行了调整。提出如下措施：尽快开放山海关出入境贸易，或先部分开放；加大关内外的差价，特别是冬季车皮困难时差价更要大些，使私商有利可图；粮价确定要先低后高，逐步上升，以刺激粮商购存，避免农民抢售；允许粮商增资，允许倒卖贩运原粮到省外，允许私人代理店代客买卖粮谷，以及消除对私商购粮的敌视心理。另一方面，鼓励私商经营土特产。为此提出下列办法：召集有关各种土产私商座谈会，说明国家对土产品的经营范围和主要由私商经营的品种，并解决他们所面临的困难；着重对肉、蛋、烟、山货、皮毛、药材等行业的扶助和引导，各市、县（旗）应有一定数量的代理店，并允许代理店以自己资本经营；鼓励大车店和猪店的增设，调整过重的屠宰手续费；国家的收购价不能脱离市价，保持各种土产品合理的地区和季节差价；经常组织各种土产商的座谈会，了解他们的情况，鼓励他们增资、新设联营和派代表外出调查找出路；银行应实行对土产商的贷款；允许土产商运货进关并带回头货，给予结汇便利。同年11月，省委更加明确了正确对待私人资本主义经济的政策，指出："加强对私营工商业的领导，首先是在我们的干部当中克服'左'的仇视排挤消灭的思想，克服放任自流任其自消自灭或可有可无的想法，也必须克服一些不伦不类的'由个体到集体，由分散到集中'的思想。"同时，"要正视和反对私营商业的投机违法行为，教育那些不适于农村人民需要的行业进行转业。经常召开粮食、土产、杂货等私营商业座谈会，了解情况，交待政策，启发他们经营的积极性……以补国营商业和合作商业力量之不足，以利于畅通城乡物资交流，发展工农业生产……另一方面我们也不应该无区别的一视同仁"[①]。省委对私人资本主义经济政策的调整，是扭转新中国成立初期经济紧张形势的重要步骤。

从1950年下半年起，省委开始运用加工订货的办法扶持私营工业，引导它们靠拢国营经济，同时教育私营企业主进行劳资协商，提高工人

① 《省委关于十月份工作的报告》（1950年11月5日），吉林省档案馆编：《中国共产党吉林省委员会重要文件汇编》第2册（1950—1951年），1985年，第83—84页。

生活待遇，促进了全省私人资本主义工业的发展。私人工业从业人员从年初的63233人增到67527人，资金增加了31%，销售额增加了51%，私人商业资金增加了103%，销售额增加了3%[①]。

1952年"三反""五反"运动当中，私人资本主义工商业受到一定冲击，经营额下降。省委又抓紧加工订货、调整税收、调整劳资关系、订立劳资合同、召开协商会议、给予贷款，以及进行工商联的改组等工作，使其经营状况有所好转。为了进一步调动私人资本主义工商业者的经营积极性，省委决定：对私人工业要继续进行加工订货，深入发动职工，教育资本家，提高质量，增加产量，改进经营管理，进一步把他们纳入整个国家计划轨道；对私人商业也要加强领导，组织他们迎接冬季购销旺月，以发挥私人资本的积极性。

1952年12月26日，省委又针对私人商业在"五反"后急剧萎缩的情况，对国营、合作社和私营商业的关系作出了适当的调整。在经营阵地上，国营商业撤销在农村集镇的零售店，交给合作社经营，加强和扩大批发业务。土产公司的推销单位（营业部、门市部）全部交给合作社经营，土产公司集中搞好工业原料的收购与出口贸易。农村供销合作社巩固现有组织，搞好主要的大宗工业品推销与农副产品的收购。不发展市民消费社，减少一部分对非社员服务的副食品门市部。在经营范围上，城市国营商店要适当地减少小百货与杂货的零售，多搞批发。合作社在土产经营方面除搞好工业原料、出口物资及城市军队、工厂、机关等团体副食品供应外，其他均可少经营或不经营，划归私商经营。调整批零差价及批发起点。此外，在私商下乡经营收购和销售业务方面，在处理私商开业、歇业、转业和兼业方面以及在市场管理上的议价方面，也都作出了有利于私人商业开展正常经营活动的规定。这次调整对于活跃城乡经济，促进物资交流是十分有利的。

省委采取的一系列政策措施使私营工商业迅速复苏，增加了全省财政收入，扩大了就业，活跃了市场。这些政策和措施不仅帮助私营工商

---

① 《省委书记刘锡五同志在吉林省首届二次各界人民代表大会上"关于吉林省几项重要工作的建议"的发言》（1951年3月22日），吉林省档案馆编：《中国共产党吉林省委员会重要文件汇编》第2册（1950—1951年），1985年，第212页。

业渡过了难关，而且使他们得到了空前的发展，为其进一步纳入国家资本主义轨道创造了有利条件。

推动城乡互助　促进物资交流

中共吉林省委在逐步实现对全省商业经济结构进行改造的同时，还不断地推动城乡互助、促进物资交流工作。1950年初，省委书记刘锡五强调，在城乡互助方面全省的工农业生产和商业购销，要有一个周密、切实、统一的计划。“如没有一个全省范围的经济计划，想将城乡互助做得很好是困难的。因为，城乡互助基本上是建立在工农业相适应的发展物资交换经济周转上面的”[①]。省委要求，为了做好城乡互助的工作，一要改造省、市、县（旗）经营的地方工业，使之面向农村，为农村的需要而生产和服务；二要使国营商业和供销合作社成为全省供销工作的主渠道；三要成立城乡互助委员会，以便及时反映购销情况和问题，及时进行调节；四要引导私人资本主义工商业与国家经济结合，克服其盲目性；五要加强小城镇工作。为了沟通城乡关系，促进物资交流，省委专门组织人员对1950年长春市和榆树、汪清、延吉、永吉等县的城乡关系进行了调查和总结。省委通过调查研究，总结出这些市县推动城乡互助、促进物资交流的主要经验和做法，并加以推广。按照自然经济区域建立商业网和合作网，废除各县（旗）之间经济交流需持有“路条”这一障碍，建立周围各县（旗）国营商店和合作社与市属国营公司和合作总社的组织领导关系，以及上下级和两系统之间的物资调拨与经济核算关系。研究制定合理的城乡物资交流价格政策，坚持“相对稳定物价，缩短工农业产品价格差额”[②]的方针，以利于农民增加收入，扩大工业品市场。由市百货公司、土产公司或信托公司组织农村服务队下乡，也组织私商下乡，促进工业品和农副产品交换。采用各种组织形式（如长春信托公司农民招待站、收粮栈、售货组等），沟通城乡物资交流。省委通过实地调查、总结推广经验加深对全省城乡关系的了解，

---

① 《刘锡五同志在吉林省第一次党代表会议上的总结报告》（1950年2月6日），吉林省档案馆编：《中国共产党吉林省委员会重要文件汇编》第2册（1950—1951年），1985年，第19页。

② 《关于城乡关系问题》，1950年1月。

增强统筹全局能力，调动了购销机构的积极性，推动了城乡互助，促进了物资交流。

为了推动城乡互助、物资交流，省委十分重视发挥国营商业和供销合作社在城乡物资交流中的主渠道作用。1950 年初，省委强调："城乡互助、内外交流应以发展国家商业与合作社为主要的环节。因为国家商业和合作社资力雄厚、价格依照政策推销采购，尽最大可能的与生产者和消费群众直接见面，它是执行党的商业政策，最有力的武器。"[①]随着国民经济的发展、生产建设和群众消费要求的加大，只有扩大国营商业和供销合作社经营的种类和范围，才能适应经济发展的新要求。因此，省委要求各市、县（旗）委注意领导当地国营商业工作，加强推销组织，保证完成上级分配给各地公司的采购推销任务，并适当解决当地国营商业在人力、房舍和仓库各个方面的困难。11 月，省委强调，一定要"加强国营商业的领导，贯彻整风精神，提高他们的经营技术和周转能力。在目前情况下，特别要加强运输调拨工作，力求及时供给和收购物资"[②]，以促进城乡贸易的发展。同时省委还强调："大力推销、采购，稳定物价，单靠少数的国家商店是办不到的，必须更加密切地结合合作社，大量经过合作社，迅速将人民需要的各种物资，尽可能直接地销售给消费者，并尽可能直接地从生产群众中采购物资"[③]，要求各地合作社肩负起当地的销售和收购二分之一左右的任务。在沟通城乡关系上，供销合作社有其特殊的重要地位。为了加强对供销合作社的业务指导和提高其经营水平，省委于 1950 年 8 月中旬派出工作组，以蛟河为重点，包括榆树、怀德、永吉等供销社系统，进行一次大检查。这次检查的主要内容是：供销计划是否切合实际，商品的种类、档次和配套情况能

---

① 《省委为加强对国营商业和合作社的领导完成一九五〇年第一季度重大的供销工作和稳定物价的指示信（草稿）》（1950 年 1 月 20 日），吉林省档案馆编：《中国共产党吉林省委员会重要文件汇编》第 2 册（1950—1951 年），1985 年，第 153—154 页。

② 《省委关于十月份工作的报告》（1950 年 11 月 5 日），吉林省档案馆编：《中国共产党吉林省委员会重要文件汇编》第 2 册（1950—1951 年），1985 年，第 83 页。

③ 《省委为加强对国营商业和合作社的领导完成一九五〇年第一季度重大的供销工作和稳定物价的指示信（草稿）》（1950 年 1 月 20 日），吉林省档案馆编：《中国共产党吉林省委员会重要文件汇编》第 2 册（1950—1951 年），1985 年，第 154 页。

否满足消费者的需要;普查度量衡是否准确;生产资料供应比重能否满足工农业生产的需要;定价是否合理,能否使公营、私营商业都活跃起来;如何降低管理费用、加速资金周转等问题。这次大检查,总结了不少好的经验,也纠正了实际工作中的偏差,普遍提高了合作社的领导水平和工作水平,进一步促进了供销业务的发展。

抗美援朝战争爆发后,因军事运输的集中,商品供应一度不够及时,经济形势再度紧张。同时正值农民忙于秋收、换季,私商又趁机兴风作浪,抢购紧俏物资,引起布匹价格上涨26%,最高达30%,而粮价却呈下降趋势。有的地方甚至抢购火柴、食盐,造成群众心理紧张。在此情况下,全省国营商店与合作社立即大力采运物资,陆续解决了群众对布匹、棉花等商品的需求,同时通过合作社收购农民手中的余粮,使物价趋于稳定。市场上的抢购及囤积物资等现象终于平息下来。同时,各级供销合作社在冬季配合国营商业购粮,推销布匹、棉花和农副业产品方面,也发挥了很大的作用。

组织土特产品加工制造,扩大内销,是促进城乡互助、物资交流的重要方面。土副产品在全省农村收入中占40%—50%,全省土产品总值近5亿元,折合粮食100万吨,为全年粮食总产量的1/4,对国民经济发展的影响很大。因此,1951年3月26日,省委指出:促进土副产品畅销问题已成为当前商业各项工作的重要环节。为促使土副产品畅销,必须做好以下工作:(一)要组织调查省内外、国内外市场需要的数量、质量和价格,进行有计划的推销。(二)国营商店、土产公司、合作社,除满足国家收购外,要建立与国内各地商贸机构的联系,以便进行土副产品的交换和交流。(三)要在土副产品的生产者和贩卖者中间,宣传薄利多销、保证质量的思想,建立市场信誉。(四)组织公私资本对土副产品的加工制造,以内供内销来对抗美帝国主义的经济封锁,充实抗美援朝的物资基础。同时,为加强这一工作,省委决定由省委副书记李德仲亲自负责,并成立全省各经济区域和城乡交流委员会,对各部门进行统一领导。

为了进一步促进土产品内销的发展,省委从2月份开始对省内土产品的产销情况进行全面调查,4月下旬决定将全省划分为以吉林市、长春市、延吉市为中心的三个自然经济区，并决定各经济区分别研究土产问题，提出报告。在此基础上，于5月中旬召开了全省土产工作会议。会议指出：过去只重视外销，内部互不通气，是产品积压、滞销的真正原因，必须纠正对产量及人民消费的许多不正确的估计。会上各地代表订立了协议、合同，互通有无，为扩大土副产品的生产、畅销打下了有利的基础。这次会议还对土产品购销中的具体问题进行了讨论，进一步明确了全省不同地区土产发展的内容和分工。会后，省内展开了有组织的土产品购销工作。城乡之间和地区之间的交流日趋活跃起来。

加强中小城镇的工作，充分发挥其沟通城乡间的桥梁和物流集散作用，是实现城乡互助、物资交流的又一重要方面。全省党的各级领导机关对中小城镇的特殊地位，经历了一个逐步认识的过程。曾经在一段时间里，少数地区生硬搬用“变消费城市为生产城市”的口号，盲目地搞小工业，搞大城市里的一套，放松了对供销工作的领导，不利于发展城乡贸易和物资交流。认识提高以后，各级党组织在贯彻执行党和国家的政策上，转变了过去盲目的重工重农而轻商的观念，开始注意研究商业工作，并把供销工作看成是搞好工农业生产的一个重要组成部分。为加强小城镇工作，有的县规定由专人分工领导；有的县城设立农民招待站及各种便利农民进城的设施；还有的县专门召开小城镇会议，研究如何调动工商业的积极性。大多数县为了掌握本县的供销情况组织了专门的调查，建立并通过城乡互助委员会改进工作。这些都推动了城乡互助，促进了物资交流，有利于工农业生产的发展。

在省委领导下，全省商业工作贯彻为生产、为人民消费服务的方针，活跃城乡内外物资的交流，促进了工农业生产的发展，基本上保证了人民群众消费的需要。同时，商业经济本身也得到了迅速发展。1949年国营商业、合作社经济和私营商业的商品零售总值为5520万元，1950年比1949年上升207.1%，1951年比1950年上升54.1%，1952年比1951年上升45%，1953年比1952年上升34.2%，1953年相当于1949年的9.2倍。国营贸易和合作社商品流转额发展更快，1953年为4.3748亿元，比1949年的3081万元增加13.2倍。1953年采购粮食101万吨，比1949年增加1.86倍，还收购了价值1666万元的土副产品。随着商品流转的扩大，国营商业零售比重由1949年的10.44%上升至1953年的23.11%，合作社由28.63%上升至52.17%，私营商业由60.93%下降为24.72%。这就使国营贸易与合作社贸易在批发和零售方面取得了优势，巩固了国营商业在市场上的领导地位，保证了物价的稳定，促进了城乡物资交流的发展，密切了城乡关系，巩固了工农联盟，为国民经济的恢复和发展作出了重要贡献。

第四章
国民经济恢复时期各项建设事业的展开

在恢复发展国民经济的同时，中共吉林省委和省人民政府带领全省人民开展了政治、思想、教科文卫等各方面的初步建设。政治方面，积极开展民主建政，重视民族工作，建立延边朝鲜民族自治区，动员全省各领域、各民族人民参加新中国建设；进行整风整党运动，加强党的思想建设、作风建设和组织建设；开展“三反”“五反”运动，打退资产阶级的猖狂进攻。思想文化方面，加强对宣传思想工作的领导，确立马克思列宁主义、毛泽东思想的指导地位。政治、思想、文化等各个领域的发展进一步促进了国民经济的全面恢复。

一、民主建政

吉林省第一次各界人民代表会议

吉林省的村选人民代表工作早在1949年年初就已经开始了。新中国成立时，此项工作正在顺利地进行。中共吉林省委十分重视并具体领导农村基层人民代表的选举工作，通过深入发动和广泛宣传，动员广大翻身的农民积极参与行使公民权利。省委在运动中坚决贯彻依靠贫雇农、团结中农，尊重少数民族的平等权利，注意使村民选举工作和生产相结合等方针政策，并及时纠正在运动中出现的一些偏差，使村选人民代表工作得到健康的运行。从代表的成份看，代表会和政府委员会都以贫雇农为骨干，以中农为主要团结对象，体现了当时的政策和原则。与此同时，吉林省3万人以上的市、镇和23个县(旗)，在普选的基础上也相继召开了首次各界人民代表会议，并成立了协商委员会。按照《共同纲领》的规定，全省各级各界人民代表会议代行各级人民代表大会的职权，其基本职能是听取与审查各级人民政府工作报告，决定各级政府的施政方针和政策，审查通过各级人民政府的财政预、决算，选举全省各级人民政府主席、副主席等。这种制度是新民主主义社会政治制度的具体体现。此次普选，对进一步加强基层政权建设，巩固新生政权，具有重要的政治意义。经过民主选举和基层人民代表会议的召开，举行省级各界人民代表会议的时机已经成熟。

1950年3月10日，省人民政府发布通告，省政府第三次政务会议决定，召开省第一次各界人民代表会议，并推选与邀请周持衡、蓬飞、徐元泉、关俊彦等19人组成筹备委员会。经第一次筹备委员会决定，成立了代表资格审查委员会、提案审查委员会、资料委员会和筹备会秘书处等组织机构。1950年3月16日，省人民政府明确提出各界人民代表会议代表的资格为:凡反对帝国主义、封建主义、官僚资本主义，赞同《共同纲领》，年满18周岁的公民，除精神病及被剥夺公民权者外，不分民族、阶级、性别、信仰，均可当选为代表。代表由下级各界人民代表会议选举或各群众团体推选产生，全省共推选出人民代表368名，其中，男334名，女34名;地区代表188名，工人65名，妇女、团体代表30名，工商业代表16名，文化教育界人士15名，青年、学生10名，政府干部15名，少数民族10名，军烈属5名，武装人员8名，特邀6名[①]。

1950年4月4日下午，吉林省第一次各界人民代表会议举行了预备会。出席预备会的代表323人(其中列席4人)[②]。会议由大会筹委会

---

① 吉林省地方志编纂委员会编：《吉林省志・人民代表大会志》，吉林人民出版社1994年版，第73页。

② 吉林省地方志编纂委员会编：《吉林省志・人民政协志》，吉林人民出版社2005年版，第169页。

主持。与会代表一致通过筹委会向会议报告的会议议事日程和议事原则。会议还通过了筹委会提出的代表资格审查委员会和提案审查委员会组成人员名单。

4月5日至9日,吉林省第一次各界人民代表会议在吉林市举行。出席会议代表353名,列席代表26名。会上,省政府主席周持衡作了吉林省人民政府1949年工作与1950年主要任务的报告;省农林厅厅长徐元泉作了关于1950年农业生产计划的发言;省工业厅厅长周子明作了关于1950年工业生产及开展创新纪录运动的发言。与会代表围绕上述报告和发言进行了热烈的讨论,并就如何完成1950年的工作任务提出了意见和建议。会议的中心思想是以经济建设为中心,一心一意把生产搞上去。会议认为,1949年全省贯彻了以农业生产为主,积极恢复生产和扩大省营工业,组织其他各项工作为经济建设服务的发展方针,全省粮食产量达到320万吨,省营工业总产值为445.3684万元,比上年增长360%。会议确定,1950年的中心任务是继续以提高农业生产为主,恢复和提高工业生产,加强供销,促进城乡物资交流,组织各项工作为经济建设服务。全省粮食要达到360万吨,省营工矿生产总值达到1252.2105万元。

4月6日上午,省委书记刘锡五在会上作了《关于怎样把全省生产建设提高一步》的讲话。讲话指出:要教育农民组织起来,根据省情,以小型组织为好,提倡联组,以保证结合副业生产,增加群众收入。一切组织形式要因地制宜。要加强工业的发展和提高,为实现这一目的,必须认真制定生产计划,建立经济核算制度;要依靠工人当家作主,管理民主化与厂长负责制相结合;继续开展创新纪录运动,结合定额管理,建立专门负责制,加强每个管理人员的责任心,推动业务学习。在当日下午的讨论中,代表们就春耕生产中的问题、工作中的偏差,以及全省经济建设中的方针政策问题,发表了各自的看法。

会议选举产生了以周持衡为主席的吉林省人民政府委员会;选举产生了以李德仲为主席的吉林省各界人民代表会议协商委员会,由省委、省政府机关和省内各民主党派、各人民团体以及各界爱国人士,包括台湾同胞、港澳同胞在内的各方面代表组成。

在迅猛发展的形势下，吉林省第一届人民代表会议的召开，对增强民族团结、密切党和政府同人民群众的联系，巩固人民民主专政，恢复和发展国民经济，实现从新民主主义到社会主义具有重大意义，并为全省第一届人民代表大会的召开奠定了初步基础。同时，这次会议的召开也标志着吉林省以农业生产为中心任务的经济建设格局正在形成。

巩固和完善基层政权建设

在基层人民代表会议召开并成立各级人民政府的同时，吉林省各级政权机构及其运行机制的建设工作也在积极地推进。为保证国民经济的迅速恢复和应对朝鲜半岛的严峻形势，全省各级党组织在省委直接领导下特别注重深入开展巩固和完善政权建设的工作。吉林省第一次各界人民代表会议的召开，促进了全省基层政权建设的进一步发展。

在新中国成立初期，全省的建政工作是以开好人民代表会议，密切政府与人民群众联系为中心逐步展开的。早在1949年12月召开的全省县委书记会议，根据《共同纲领》的规定就作出了从1950年起，市级人民代表会议和区村级(老区)人民代表会议一律开始行使代表大会职权的决定；要求建立正规的工作制度，并转变工作的方式方法，提高工作效率。

全省各地解放的时间不同，政权建立又有先后，政权建设需要不断完善。吉林市解放较早，有组织的群众较多，街道工作有一定基础，全市近30万人口中，政府工作人员和教师有4万人，加上家属约12万人。区街政权取消后，由25个派出所进行工作。公安派出所除承担社会治安工作以外，也配合政府做了大量有关基层政权的工作。在全市范围内，除郊区农业生产等由区委、区政府领导外，工业生产及其党群工作、金融贸易、工商管理、文化教育等直接由市党政机关领导，其他公私房产管理、公共卫生、拥军优属等工作由市政府各局领导下的群众性的组织进行，政权建设工作不断完善。抗美援朝开始后，因战勤动员任务繁重，街道增设了街公所。长春市比吉林市解放晚，情况比较复杂。全市人口38万，除政府工作人员和教师外，还有数万户从事商业、文化等活动的居民，还存在伪满及国民党遗留的各种汉奸、匪特、会道门头子等特殊管制户。街道工作基础较差，群众中积极分子少。1949年9月，区街政权取消，改为区、街公所，设有公安派出所68个。派出所除维护社会治安外，还兼管许多民政和战勤事务。同年底，街公所取消，为加强工作联系，建立了区长、公安分局长联席会议制度。延吉市有人口4万以上，在市委统一领导下，区街设立了街公所。四平市撤销了各区建制和相应机构，成立了12个街公所和公安派出所。公主岭虽然没有设立街公所，但在派出所内增加了民政干事，承担繁重的社会事务。

随着行政管理工作范围的不断扩大和深入，城市政权建设工作量不断增多。省委根据各城市的不同特点，采取有针对性的办法和措施。在吉林市，各公安派出所增设副所长和民政干事，专门负责民政工作，以加强派出所工作；加强各种群众性的委员会工作，培养积极分子，在政府领导和派出所监督下，自行解决一些可能解决的问题，并与市政各局相结合，倾听群众意见。在长春市，恢复区一级政权机构，并明确划分区政府与市政府的工作范围，凡属带经常性并关系国计民生的工作，如财政、工商管理、学校等仍集中于市，区政府则集中力量于区一级工作，领导各种民政工作，在政府设民政干事两人，管理各种民政动员工作；加强派出所工作，派出所定期召开居民代表会，密切与群众的联系。在延吉、公主岭等中小城市，设立街公所作为市政府的工作助手①。

在农村，建政工作任务也十分繁重。省委按照上级指示，要求对新区与半老区实施充分发动群众、彻底消灭封建残余势力和发展生产的政策。这些地区虽然进行过土改，但由于群众发动得不够充分，封建势力没有彻底被打垮，有的地方封建残余势力甚至还在进行破坏活动。对此，1949年11月10日，省委发出指示：全省的工作方针要以发展生产为中心，但在新区，应该是有领导有步骤地结合发展生产，发动群众彻底消灭封建残余势力，一切以不影响生产，并有利于发展生产为主要前提。而在新区发动群众消灭封建残余势力，必须坚持与贯彻土地改革的总路线和总政策，即依靠贫农，团结中农，有步骤、有分别地消灭封建剥削制度，发展农业生产。在省委的正确领导下，各县县委具体负

① 《关于城市基层政权机构的意见》，1951年4月5日。

责，认真贯彻党的方针政策，贯彻群众路线，克服急性病和乱打乱扣乱杀的倾向，顺利完成了巩固新区政权的任务。在半老区，政权建设的主要任务是清理和改造村级政权。为此，省委从省、市、县抽调干部，加上东北局下派的200多人，共计2.2万多名干部参加了这一工作。1950年11月，清理和改造工作进入高潮，对于罪大恶极的反革命分子进行坚决镇压；在刚刚改造过的村及时建立党的组织和青年团的组织，以巩固改造成果。据统计，半老区结束村级政权改造的100个村，先后清理出反革命分子443名，并收缴出大量枪支弹药。这些反革命分子多为匪首、恶霸和惯匪。对隐藏在政权内部的反革命分子的清理起了重要作用，纯洁了村级政权干部队伍。

为了进一步提高基层干部的综合素质，搞好基层党、政、群众组织的建设工作，巩固和完善基层政权建设，1951年1月，省委发出《关于轮训街区村干部工作的联合通知》，规定了各市、地、县（旗）、街、村党、政、群众组织全年参加训练的干部人数、职务、时间、经费和组织领导等。12月，省委又作出《关于冬季教育训练工作的决定》，总结一年干部训练工作情况，指出工作中的不足和努力方向。在此基础上，全省1952年基层政权建设工作得到全面推进，促进了抗美援朝运动的发展。

新民主主义社会的基层政权建设是具有开创性的，政权管理机构设置和工作情况得到人民群众的支持和拥护。经过建政工作，广大基层干部积极努力，工作作风明显改变，工作成绩显著。人民当家作主，安居乐业，社会秩序稳定，社会环境得到初步净化，为国民经济的恢复与发展和支援抗美援朝创造了良好的社会条件。

民主党派和工商联组织的建立

新中国成立初期，吉林省各民主党派组织陆续建立。他们作为民族资产阶级、小资产阶级以及同这些阶级相联系的知识分子的政治代表，始终坚持和发展同共产党的联盟并在中国共产党的领导下参政议政，积极推进政治、经济、文化、社会各项建设事业的发展。吉林省工商业联合会（简称吉林省工商联）作为具有统战性质的人民团体，也是统一战线的重要组成部分，同民主党派具有同等地位和作用。

在统一战线工作中，吉林省委把帮助民主党派在吉林省建立和发展组织放在重要地位。1950 年 4 月，省委向全省各级党委传达贯彻了第一、二次全国统战工作会议和中共吉林省第一次代表会议精神，提出在实现《共同纲领》、巩固工农联盟的基础上，密切同各民主党派、团体的联系和合作。省委对省内各民主党派发展成员提出五条建议：(1)以自愿为原则；(2)按照各党派协商的重点分工，体现历史形成的特点；(3)以进步分子为骨干，注意吸收一批中间分子和散在社会上的中上层分子；(4)着重在大中城市发展；(5)巩固与发展相结合。1951 年 8 月，中共吉林省委统一战线工作部成立，组织和推动各民主党派开展活动成为其主要工作之一。从新中国成立到国民经济恢复完成的三年时间里，省委在中共中央和东北局领导下，先后帮助中国国民党革命委员会、中国民主同盟、中国民主建国会和九三学社四个民主党派和工商联在吉林省建立和发展了组织。1950 年 3 月 14 日，延边公署专员关俊彦等人参加了在沈阳成立的民盟东北总支部。下半年，中共吉林省委和长春市委帮助民盟筹建民盟吉长(吉林省和长春市)支部。11 月 22 日，民盟东北总支部主任高崇民来长春，主持建立民盟吉长支部临时工作委员会筹委会。1951 年 7 月 14 日，民盟吉长支部临时工作委员会在长春成立，选出委员三人，主任委员关俊彦。当时有盟员八人。1952 年，民盟吉长支部在吉林市七所中学的教师中发展了一批盟员，在长春的一些大专院校中发展了一批有代表性的教授、副教授。1951 年 10 月，长春市工商业者张泽多在北京由民建中央发展为会员。1952 年冬，“五反”运动高潮过后，国家对资本主义工商业社会主义改造工作也在开展，需要民建组织协助党和政府做工作。在中共长春市委协助下，12 月，长春市发展了第一批民建会员，共计六人。他们组成民建会员学习小组，由张泽多任组长。这一时期，工商联委员和各同业公会主委纷纷要求加入民建。1953 年 2 月和 4 月，又有 11 人分两批入会①。1952 年 9 月，民革东北临时工作委员会派人来到长春，在中共长春市委的帮助下，于 10 月 20 日成立了长春民革小组。该小组原隶属民革东北临时工

① 吉林省地方志编纂委员会编：《吉林省志·工商联志》，吉林人民出版社 1995 年版，第 203 页。

作委员会，后由民革辽宁省分部代管。1951 年以前，吉林省有九三学社社员 3 人，直属中央总社领导。1952 年秋，社员增至 11 人。九三学社总社决定成立长春分社筹委会。经过一段时间准备，1953 年 2 月 8 日九三学社长春分社筹委会成立，委员 4 人，主任委员吴学周。一年之后，社员发展到 28 人。新中国成立前，有些市县已在当地人民政府领导下，接收了商会，改造旧有的同业公会，成立了工商联。全省最早的工商联组织是 1945 年 12 月成立的辽东省柳河县商会。1950 年，长春市工商联和吉林市工商联相继成立，到 1953 年初，省内所有市县（旗）均已成立了工商联，成员以私营工商企业为主①。

对党外民主人士进行政治思想教育，结合重大政治运动组织学习，提高政治思想觉悟，坚定为人民服务的立场，是党的统一战线工作的另一重要内容。1952 年 9 月，中共中央《关于继续加强各界民主人士思想改造的学习运动的意见》发出后，省委又进一步贯彻这个指示，通过各级政协学习委员会组织民主党派成员和各界民主人士学习马克思列宁主义基本理论和毛泽东思想，学习《共同纲领》和中共中央及东北局的有关文件。学习政治理论，开展批评和自我批评，使广大党外民主人士提高了政治觉悟和政策水平。

此外，中共吉林省委、长春市委及其统战部门还帮助各民主党派解决机关人员编制、专职干部、办公用房、交通工具和活动经费等问题，各级党组织还注意推荐各民主党派和工商联各级组织的领导成员在政府担任领导职务。

新中国成立初期，为了恢复发展国民经济，中央人民政府制定了一系列统一国家财政经济的重大政策措施。为贯彻实施系列政策措施，全省充分发挥民主党派（主要是民主建国会）和工商联的作用。各地工商联协助政府调整工商业，开展大规模的城乡物资交流活动；协助当地税务部门评议税负，缴纳工商税款。1950 年春，在长春市工商联评税委员会领导下，仅用 3 小时零 36 分钟，全市私营工商业就完成了纳税任务，其速度居全国之冠。此外，各地工商联组织还教育动员工商业者认

---

① 吉林省地方志编纂委员会编：《吉林省志·工商联志》，吉林人民出版社 1995 年版，第 436 页。

购公债，帮助政府实现财政收支平衡，为国民经济的好转作出了重要贡献[①]。

1950年抗美援朝运动初期，吉林省各界人士中，有部分人认识模糊，在少数知识分子中存在着崇美、恐美情绪，在工商业者中出现过缩小经营、计划迁厂等情况。对此，省委在各界人士中大力宣传抗美援朝、保家卫国的重大意义，组织各界人士控诉美帝国主义侵略朝鲜和重新武装日本的罪行，举行拥护和平公约和反对美国重新武装日本的签名活动，请志愿军作报告，解除各界人士的思想疑虑，增强必胜信心。各民主党派和各界民主人士及其所影响的群众积极参加反美签名活动，举行示威游行，订立爱国公约，踊跃为抗美援朝捐献资金，仅吉林、长春两市民建会员和工商界人士所捐资金可以为志愿军购买九架飞机。党外民主人士代表还两次参加中国人民赴朝慰问团，到朝鲜前线慰问中国人民志愿军。回国后，他们在全省各地举办巡回报告会，对激发全省人民的爱国热情和国际主义精神，起到了促进作用。

1950年10月，省委根据中央的指示，开展了镇压反革命运动。省委及各级党委召集民主党派和各界民主人士举行学习《中华人民共和国惩治反革命条例》座谈会，帮助他们提高认识，站稳立场，积极揭发检举反革命分子。1951年8月20日，民盟吉长支部和东北地区的各民主党派发表联合声明，要求严惩天主教内的帝国主义分子，声讨帝国主义分子建立秘密反动组织、进行反革命活动的罪行。民盟吉长支部还协同司法机关审查了170件反革命案件[②]。

“三反”“五反”运动开始后，各民主党派成员和各界民主人士组织学习有关文件，自我检查了机关执行财经制度方面存在的问题。长春市民建组织对民建成员和所联系的人中有“五毒”[③]行为者，进行调查了解，帮助教育；对违纪、违法成员给予处分。通过参加“三反”“五反”运

① 吉林省地方志编纂委员会编：《吉林省志·工商联志》，吉林人民出版社1995年版，第462—463页。

② 吉林省地方志编纂委员会编：《吉林省志·中国共产党志》，吉林人民出版社1997年版，第434页。

③ “五毒”指行贿、偷税漏税、盗骗国家财产、偷工减料和盗窃国家经济情报的行为。

动，民主党派成员和各界民主人士提高了思想觉悟，树立了奉公守法、清廉节俭的思想，增强了遵守《共同纲领》的自觉性。

20世纪50年代初期，全省各民主党派、工商联推动成员和所联系的群众，积极参加各项运动，在巩固人民民主政权和恢复国民经济等方面作出了各自的贡献，发挥了其他组织所不可替代的作用。

人民团体工作的蓬勃发展

吉林省的工会、青年团、民主妇联等人民团体成立较早。新中国成立后，各人民团体在省委领导下，不断发展壮大，并充分发挥自身作用，积极参加各项社会改革和建设事业。

吉林省总工会是1948年12月正式建立的。省总工会建立后，在中共吉林省委领导下，配合党的中心工作，组织开展各种活动，维护职工权益，改善职工劳动条件和物质生活，提高工人的思想觉悟，不断加强自身建设。这些工作，在恢复工业生产和发展国民经济，提高工人阶级的阶级觉悟和主人翁责任感，提高广大职工的政治地位和改善其生活待遇等方面，都发挥了重要作用。

1950年6月29日，中央人民政府委员会第八次会议通过了《中华人民共和国工会法》。省委立即组织传达和讨论《工会法》的基本精神，并责成省总工会组织各厂矿工会进行学习讨论。《工会法》正式公布后，省总工会又组织三个工作组分别以重要厂矿为中心到三个不同地区进行传达贯彻。至1951年2月，对《工会法》的学习和执行取得了很大的效果。省内各厂矿企业工会解决了办公用房，2%的工会经费如期缴纳[①]；工会工作有法可依，资方也能自觉遵守《工会法》，公营企业的领导干部进一步加强了群众观念，职工生产热情大大提高；各级工会干部的责任感和积极性进一步增强，工会工作出现了新面貌。

全省各级工会认真贯彻以经济建设为中心的方针，不失时机地组织职工开展各种形式的劳动竞赛。省总工会具体组织领导了全省工矿企业开展创造生产新纪录运动。1950年3月，省总工会分别召开中小城

① 《省委关于工会法的执行情况的报告》（1951年2月17日），吉林省档案馆编：《中国共产党吉林省委员会重要文件汇编》第2册（1950—1951年），1985年，第564页。

市和国营、公营工会工作会议，贯彻全国总工会的有关精神，明确了工会的工作中心，就是把生产搞好，扩大生产，提高质量，减少消耗。在贯彻会议精神中，各单位都围绕着搞好生产这一中心环节把企业的管理和工会工作统一起来，调动了广大工人的积极性，推动了企业生产的发展。在私营工商业中，工会围绕着搞好生产，广泛地推行劳资合同制度，提高工人的劳动热情；同时组织工人群众监督资方不法行为。抗美援朝开始后，根据东北总工会的指示，省总工会在全省范围内部署开展爱国主义劳动竞赛、质量检查和增产节约运动，有效地推动了全省经济建设事业的发展和财政经济状况的基本好转。

抗美援朝战争期间，全省各级工会组织职工订立爱国公约，开展增产节约运动，优抚军烈属和捐献飞机大炮。省总工会和各级总工会机关按照同级党委部署参加了镇反运动，组织工人纠察队，在保护工矿和防止敌人破坏方面发挥了重要作用。在“三反”“五反”运动中，各级工会组织加强对职工的政治教育，鼓励职工检举揭发少数国家干部贪污腐化和不法资本家施放“五毒”的行为。

为了加强对职工的劳动保护，从1950年开始，在工会内逐步建立了劳动保护工作系统，全省各级工会积极参与劳动法律法规的制定，加强对企业的卫生检查和安全检查，保护职工尤其是女职工的合法权益。各级工会组织在企业中推行劳动保险制度。1951年5月至6月，工会组织在全省各厂矿的职工中开展了劳动保险卡片登记工作①。截至1952年末，全省实行劳动保险的企业增加至124个，享受保险待遇的职工达38921人②。

全省各级工会针对工人中存在的错误观念，开展政治启蒙教育，提高工人的阶级觉悟。随着形势的发展，各级工会组织在职工中广泛开展爱国主义、国际主义教育和时事教育，提高工人的政策水平。针对工人文化水平偏低、文盲较多的现象，各级工会通过办识字班、职工业余

---

① 按《中华人民共和国劳动保险条例》规定，吉林省实施劳动保险的范围，从1951年起，由试行逐步扩大到100人以上的国营、公私合营、私营及合作社经营的厂矿企业，实行养老待遇和家属半费医疗待遇。劳动保险卡片登记工作，是在工人群众中逐步实行劳动保险的必经阶段。

② 《吉林省一九五二年工会工作概括总结》，1953年1月16日。

小学和中学，选送职工到技校学习等方式，开展职工教育工作。工作之余，工会组织职工开展文体活动，丰富职工的文化生活。

在省委领导下，工会自身建设也进一步加强。到1951年，全省各县（旗）全部成立了县职工总会或县（旗）总工会。各市、地、县（旗）党委对工会工作非常重视，派许多得力干部负责工会工作。各地一般由党委常委担任工会主席，有的地方由党委副书记兼任总工会主席，党委常委担任总工会副主席。与此同时，产业工会陆续成立，到1951年底，吉林市建立了16个产业工会，长春市建立了14个产业工会。此外，工厂、企业、事业、机关团体等单位的基层工会组织逐步建立，到1953年工会基层组织达到1995个，比1949年增加近4倍。产业工人的90%参加了工会[①]。省委在领导工会工作及开展工人运动方面，获得了比较成功的经验。1951年3月22日，《人民日报》以《吉林省委怎样领导工会工作》为题，在全国范围内介绍推广吉林经验，进一步促进了全省工会工作的深入开展。

吉林省委对新民主主义青年团的工作非常重视。吉林省于1948年10月开始建团工作，在吉林、长春两市试点。在各级党委的领导下，建团工作在全省进展很快。到1950年7月，青年团组织在工厂、矿山、机关、学校、农村普遍建立起来，已建立团支部3184个，团员8万余人。县（区）青年团的领导机构也大部分建立起来。1950年7月1日，省委作出《关于加强青年团工作的指示》，指出：8万团员在全省150万青年中比例很小，又缺乏骨干，因此提出在巩固与提高现有组织的基础上，“有重点有领导的发展”的方针。要求“团的发展过程同时亦是巩固壮大过程，防止发展与巩固脱节的偏向”[②]。12月，省委发出《对目前青年团工作的指示》，针对在抗美援朝运动中大量青年团员参加了志愿军、军事干部学校及各种战勤工作，致使各级团组织不健全、骨干减少的现象，强调在抗美援朝运动中“表现坚决勇敢、积极肯干、不怕困难、能完成工

① 《吉林省部门史》省总工会卷编纂委员会编：《吉林省部门史·省总工会卷》，吉林人民出版社2007年版，第62页。

② 《关于加强青年团工作的指示》（1950年7月1日），吉林省档案馆编：《中国共产党吉林省委员会重要文件汇编》第2册（1950—1951年），1985年，第185页。

作任务，并有入团要求的青年积极分子，应吸收其入团”[①]，以满足各级党委特别是农村中党的工作的需要。在上述方针指导下，截至1952年10月，团的组织已经发展至13万人（不包括军队）[②]，在政治生活与经济建设中，起到了党的助手的作用，成为党的工作和国家建设的一支重要力量。

根据1949年1月中共中央颁布的《关于建立新民主主义青年团的决议》，建立少年儿童组织成为团的四项任务之一。根据团中央的精神，吉林省要求各级团委迅速组织转队工作。截至1949年末，全省共有4万余名少年先锋队队员转为少年儿童队队员。各市县（旗）积极行动起来，陆续建立少年儿童组织。据1952年统计，全省已有少年儿童队队员237584名，建立了5868个中队[③]。

新民主主义青年团在省委领导下，围绕党的中心工作充分发挥了助手和先锋队作用。新中国成立初期，在恢复和发展国民经济中青年团员是工农业和各方面建设事业的骨干。工厂矿山团的组织，在党组织领导下，协同工会，在恢复生产、护厂、防奸、生产竞赛和创新纪录等工作中，发挥了先锋带头作用。创新纪录运动开展以后，据统计，吉林市1949年十一二月间就有379名团员创造了新纪录，占当时全市团员总数的24.9%，到1950年5月全市已有164名团员成为生产模范。农村团的组织贯彻执行“组织起来发展生产”的政策，发挥了党的有力助手作用。多数团员是农村生产和互助合作运动的积极分子。到1950年5月，敦化县有17%[④]的农村团员担任生产互助小组长。在发展农村供销合作社、发展农业生产等工作中，团员也是积极的参加者。在开展农村

---

① 《对目前青年团工作的指示》（1950年12月16日），吉林省档案馆编：《中国共产党吉林省委员会重要文件汇编》第2册（1950—1951年），1985年，第187页。

② 《富振声同志在团省委第三次委员会扩大会议上“关于加强青年团工作，迎接大规模经济建设”的讲话》（1952年10月30日），吉林省档案馆编：《中国共产党吉林省委员会重要文件汇编》第3册（1952年），1985年，第535页。

③ 吉林省地方志编纂委员会编：《吉林省志·共青团卷》，吉林人民出版社2000年版，第261、262页。

④ 《东北青年团日益发展团员达三十六万余名在经济建设中创造了大批光荣事迹》，《人民日报》1950年5月4日第3版。

识字运动中，吉林广大青年团员不但积极参加学习，而且是推动这一工作的骨干力量。

在抗美援朝运动中，青年团员更是反美爱国宣传运动的骨干、参军参战踊跃支前的先锋。1950 年 11 月，延边地区的扩军工作仅 20 天就顺利完成任务，据不完全统计，有 14270 名青年(约达男青年的 85%)和 3724 名团员报名要求参军，有 2978 名青年(占参军者 87%)和 411 名团员(占参军者 13.8%)参了军[①]。经历过抗美援朝运动的锻炼，团员和青年的觉悟有了显著的进步和提高，能够正确处理个人与国家的关系，树立为公光荣、自私可耻的新道德新思想，基本消除了民族自卑心理和恐美思想，坚定了战胜美帝国主义的信心。

在随后开展的镇压反革命运动、"三反""五反"运动、工矿企业中的质量检查工作和增产节约运动、农村中的爱国丰产运动等各项工作中，全省各级团组织带领广大团员、青年配合党的中心任务，当好党的助手，充分发挥青年团员的先锋模范作用。在国民经济的恢复任务已经基本完成的情况下，团省委又在省委的领导下，带领广大团员、青年投身到基本建设、工农业的技术改造和学习政治、文化、科学、技术的热潮中。

妇女工作是吉林省委工作的一个重要部分。全省各级妇女组织成立后，在党委领导下组织妇女参加生产、战勤，培养女干部，开展拥军优属，做了大量工作。1949 年 8 月 31 日至 9 月 6 日，吉林省第一次妇女代表大会召开，正式成立吉林省民主妇女联合会，确定了在农村组织妇女参加生产，在生产中解决妇女的特殊利益问题，并使妇女生产和合作社经济相结合；在城市要执行以女工为基础，团结其他劳动妇女，争取知识妇女、自由职业妇女及其他各阶层妇女，为肃清敌人、建设新城市而努力的方针。

新中国成立后，吉林省民主妇女联合会在中共吉林省委领导下，积极组织各界妇女参加生产劳动、政治学习和民主改革，发挥了妇女半边天的作用。全省解放前后，由于许多男人参军支前，农村劳动力缺乏，

---

① 《为更好的成为党的助手和后备军而努力！——团吉林省委一九五一年工作总结与今后工作意见》，1951 年 9 月 22 日。

省民主妇联大规模动员妇女参加生产劳动，在生产劳动中实现妇女的解放。1950 年全年，各级民主妇联组织发动了 85.7 万多妇女参加农业生产，占妇女总劳动力的 83.4%强，她们在生产中发挥了重要作用。夏锄期间，仅 15 个县的民主妇联组织就发动了 36.7 万多名妇女参加劳动。大部分妇女都参加了生产互助组织（男女混合组，或妇女单独的零活小组），基本做到了组织起来进行生产。在副业生产方面，每个季节里都有大量妇女参加劳动，她们增加了家庭与社会财富。据九台县两个区统计，2716 名妇女参加编席、编芡子，仅 45 天就收入 8211 元，解决了生产和生活中的困难。在工业生产方面，民主妇联组织发动女工积极参加生产竞赛、增产节约运动、定额管理、护厂及创造新纪录运动等，发挥了女职工的作用。在创造新纪录运动中，女工普遍得到了超额奖励。此外，为了发动和组织妇女参加生产，减少她们的后顾之忧，各级民主妇联组织还在城乡分别建立了托儿所和幼稚园，同时开展了城乡的妇婴卫生工作[①]。

各级民主妇联组织广泛开展了抗美援朝宣传鼓动工作，加强了对妇女的时事与思想教育，提高了她们的政治觉悟。广大妇女在抗美援朝、保家卫国的号召下，积极行动起来，踊跃参加了各种备战工作。在工厂，女工们积极开展爱国主义的生产竞赛，提高了产量和质量。吉林市的女工建立了突击队，亚麻厂女工消灭了 8 种不合格的线，并提前 1 个月零 3 天完成了 1950 年的生产任务[②]，全市公营工厂有 12%[③]的女工创造了生产新纪录。工人家属们提出："做好家务事，保证丈夫安心生产。"学校里的女学生、女教职员也表现出爱国热情，仅吉林、长春两市就有 1511 人报名参加输血队抢救志愿军伤病员。农村妇女动员丈夫、儿子、兄弟参加志愿军。长岭县妇女动员亲人参军的人数达 567 名，占全县总数的 47.2%强。汪清、安图两县还有 570 名妇女报名参军，要求

---

① 《吉林省民主妇女联合会一九五〇年工作总结及一九五一年工作要点》，1951 年 1 月 4 日。

② 《吉林省民主妇女联合会一九五〇年工作总结及一九五一年工作要点》，1951 年 1 月 4 日。

③ 《东北广大妇女积极参加建设事业政治文化显著提高生活福利普遍改善》，《人民日报》1950 年 3 月 9 日第 3 版。

亲临前线打击美国侵略者[①]。省民主妇联在1951年三八妇女节时展开了一次反对美帝国主义侵略的政治宣传运动，发动了6万余名妇女举行反对美帝国主义武装日本的游行示威，在妇女群众中肃清恐美、崇美思想。五一劳动节前夕，省民主妇联又在各个地区发动了近137万名妇女参加五一爱国游行示威，并有158万多名妇女在斯德哥尔摩和平宣言上签了名，妇女要求和平、反对侵略战争的呼声遍布全省各地[②]。

抗美援朝期间，面对反革命分子的破坏和进攻，根据省委指示，省民主妇联向全省广大妇女群众宣传镇压反革命的重大意义，号召全省广大妇女坚决同反革命分子作斗争。广大妇女群众纷纷检举、揭发、控诉反革命分子的罪行，积极协助政府监视、逮捕反革命分子，在镇反运动中发挥了重要作用。在“三反”运动中，各级机关的妇女干部不论职位高低，都自觉检查自己在领导方法和工作作风方面的官僚主义和浪费现象。在“五反”运动中，仅吉林市就有28542名妇女揭发检举了贪污、行贿、偷税漏税、盗窃、欺诈案49580多件，提供重要线索1660条。全省参加“三反”“五反”运动的妇女达17万多名，涌现出妇女积极分子475名，各级党组织把她们派到基层去锻炼，扩大了妇女干部队伍[③]。

在妇女工作中，女干部的培养和妇女群众的文化教育也取得了重大进展。随着形势的发展，省民主妇联系统1951年提拔了市县民主妇联主任8名、部长72名，县民主妇联干事、区民主妇联主任160名，并输送到其他部门64名。省民主妇联为提高妇女干部的思想水平和业务能力，还开办了24期训练班，共轮训县妇女干部156名、区妇女干部483名、村妇女干部2824名。在文化教育方面，各级民主妇联组织通过业余补习学校、民校、冬学、炕头小组、地头小组等学习形式，共组织女工、农妇和城市家庭妇女近26万人参加学习，占整个群众文化学习人数的50%以上。广大妇女的学习热情十分高涨，据14个县统计，在识字运

① 《吉林省民主妇女联合会一九五〇年工作总结及一九五一年工作要点》，1951年1月4日。

② 《吉林省民主妇女联合会一九五一年工作总结》，1951年12月31日。

③ 《吉林省部门史》省妇联卷编纂委员会编：《吉林省部门史・省妇联卷》，吉林人民出版社2010年版，第94页。

动中涌现出722名妇女学习模范和509名群众教师[①]。

人民团体工作的开展，为党团结工人阶级、先进青年和广大妇女等各种社会力量发挥了重要作用，为新生政权的巩固和国民经济的恢复作出了重要贡献。

二、延边朝鲜民族自治区的成立和民族工作的开展

吉林省是一个多民族的省份，除汉族外，还有蒙古、回、朝鲜、满、锡伯等35个少数民族。中共吉林省委和省人民政府十分重视民族工作。新中国成立后，省委根据党的民族政策和《共同纲领》，在加强民族团结，培养少数民族干部，恢复和发展少数民族地区的经济、教育和文化等方面做了大量工作。1952年9月3日，为了进一步贯彻党的民族政策，加强各民族人民的团结，满足少数民族管理本民族内部事务的愿望，根据《共同纲领》和《中华人民共和国民族区域自治实施纲要》中有关民族区域自治的规定，经东北人民政府批准，吉林省延边朝鲜民族自治区正式成立。它的建立是党的民族政策的具体体现，是吉林省在贯彻党的民族区域自治政策方面所取得的重要成就，给延边地区的政治、经济、文化的迅速发展和各民族的团结创造了良好的条件，并展现了美好的前景。

延边地区位于吉林省东部，下辖延吉、珲春、和龙、汪清、安图5县，是中国朝鲜族聚居区域。1952年，全区73万人口中朝鲜族居民占74.5%，汉族居民占25%左右，另有少数满族、回族和蒙古族居民。新中国成立前后，在中国共产党的领导下，先后经过了土地改革、民主建政、经济建设、抗美援朝、镇压反革命与“三反”“五反”等运动，各族人民在政治、经济、文化等方面都翻了身。在政治方面，延边地区已按民族人口的比例及民主的原则，召开了县(区)、村人民代表会议，选举了各级人民政府，培养了大批民族干部，朝鲜族干部占干部总人数的72.9%，已成为全区各级人民政权的主导力量。全区人民代表中，朝鲜

---

① 《吉林省民主妇女联合会一九五一年总结》，1951年12月31日。

族代表占81.7%。在工业方面，区内工业中国营厂矿占较大比重，产量已恢复或超过新中国成立前的最高水平，全区工人中朝鲜族工友占74%。在农业方面，朝鲜族农民擅长种植水稻。与新中国成立前最高水平相比，1951年区内水田面积达156.3%，水稻平均产量达135%，全区农业产品总值达131.9%。全区有各种类型的互助合作组织6694个，组织起来的农户占农业总户数的71%（临时插犋组不在内），并已出现了金时龙、崔竹松类型的先进农业生产合作社。在教育方面，1951年延边地区共有中学32所、小学412所、大学1所，平均每个区有1所中学，每个村有1所小学，朝鲜族学龄儿童入学率达95%。此外，文化事业、新闻出版及卫生事业均有相当发展。在民族关系方面，延边地区各族人民在长期的共同斗争和共同劳动中建立了深厚的友谊，具备了朝鲜民族区域自治的基本条件①。

延边地区要实行区域自治的消息传出后，部分群众曾产生过一些模糊认识和思想顾虑。有的朝鲜族群众误解自治是"独立"，是"与朝鲜合并"；有些人把自治区人民政府想象为单一的朝鲜族政权；还有的群众害怕"独立"，怕"脱离毛主席的领导"，怕各项建设、保卫国防都要朝鲜族自己出钱出力，加重负担。个别汉族群众认为自治区的汉族"没有参政权"，是"华侨待遇"，非受气不可。其他少数民族群众也有顾虑，认为朝鲜族不了解其他民族的风俗习惯，要受歧视。这些模糊认识经1952年8月底9月初全面展开政策宣传教育后，逐步得到澄清。广大群众认识到各民族自治区都是中华人民共和国领土不可分离的一部分。各民族自治区的自治机关统为中央人民政府领导下的一级地方政权，并受上级人民政府的领导；民族区域自治政策将民族自治与区域自治正确地结合起来，充分尊重各少数民族的权利，对促进民族平等、团结、互助具有重要意义。

延边朝鲜民族自治区人民政府的成立是经过充分准备和酝酿的。准备工作主要有两项：一是在各族人民群众中的宣传酝酿，二是推选首届各族各界人民代表会议代表和准备政府委员会及协商委员会的委员

① 《吉林省延边地区实施朝鲜民族区域自治的总结报告》（1952年9月28日），吉林省档案馆编：《中国共产党吉林省委员会重要文件汇编》第3册（1952年），1985年，第104页。

候选名单。1952 年 8 月初，延边地委开办县(区)宣传员短期训练班，学习民族政策及区域自治实施纲要等文件，接着各县属市、区先后集训了街、村干部和宣传员。同时成立了自治区各族各界人民代表会议筹备会，进行各项筹备工作。代表名额的分配照顾到了各族各界及各个阶层的比例，共产党员与非党群众的比例。政府委员与协商委员的候选名单更是经过反复审查、酝酿与协商后确定。由于延边是经过革命斗争考验的地区，各族各界各阶层在群众中有影响的人物比较突出，因此对他们的政治安排基本做到了多方照顾，大家表示满意。

8 月 22 日，中共吉林省委向中共中央和东北局作了《关于延边地区实施朝鲜民族区域自治的请示》，并附上了延边地委书记朱德海《关于吉林省延边朝鲜民族自治区人民政府施政方针的报告(草案)》的修正案。8 月 22 日、25 日，东北局、中共中央分别作出批示，批准省委的请示。

延边朝鲜民族自治区第一届各族各界人民代表会议于 8 月 29 日至 9 月 3 日在延吉市召开。会议代表共 300 名，其中朝鲜族代表 209 人，占代表总数的 69.7%；汉族代表 79 人，占代表总数的 26.3%；回族、满族和蒙古族也都有相应名额的代表，代表了当时延边专区 5 县 1 市的 71 万各族人民。会议总结了几年来的政府工作，在充分发扬民主的基础上，制定了自治区人民政府的施政方案，并一致通过了《吉林省延边朝鲜民族自治区各族各界人民代表会议组织条例》和《吉林省延边朝鲜民族自治区人民政府组织条例》。会议选举了自治区人民政府委员与协商委员会委员，选举朱德海(朝鲜族)为自治区人民政府主席，董玉昆(汉族)、崔采(朝鲜族)为副主席，正式宣告了延边朝鲜民族自治区人民政府的成立。在政府下设的 14 个委、处、局中，11 个部门的主要负责人由朝鲜族干部担任。会议决定设延吉市建制，直辖于自治区。会议自始至终充满着各族人民友爱团结的气氛。与会代表普遍受到深刻的民族团结教育，体会到党的民族区域自治政策真正符合各族人民的最大利益，因而激发出对伟大祖国、对共产党的热烈拥护和爱戴之情。

延边朝鲜民族自治区成立的当天下午 4 时，各族各界人民群众 3 万多人在延吉市西广场举行庆祝大会，夜间举行了盛大的提灯游行。朝鲜族和各族人民穿着鲜艳的民族服装载歌载舞，直到深夜。9 月 21 日，《人民日报》以《延边朝鲜民族自治区政府成立》为题做了专题报道。

延边朝鲜民族自治区的成立，掀开了延边历史崭新的一页。对全区各族干部群众进行了一次广泛深刻的爱党、爱国教育，引导各族群众树立正确的祖国观、历史观、民族观，进一步增强了各族干部群众坚持中国共产党的领导、坚持民族区域自治制度、坚持巩固和发展民族平等团结的信念。延边地区的各项建设事业得到省委省政府和中央人民政府的特殊重视，为全地区经济社会快速发展奠定了重要基础，进一步巩固了我国东北边疆地区的稳定局面。

延边朝鲜民族自治区建立的同时，省委还在敦化等少数民族散居的县和 378 个村陆续实行了民族区域自治，建立了民族民主政权。党的民族区域自治政策的贯彻落实，实现了少数民族当家作主、管理本民族内部事务的愿望，为进一步加强各民族的团结，发展少数民族的经济、政治、文化教育等各项事业奠定了基础。

为了将全省少数民族地区的建设事业纳入第一个五年计划，1952 年 12 月 22 日，省委发出《对少数民族地区五年内各项建设事业计划的指示》，对少数民族地区政权、经济、文教、卫生等方面的建设提出了指导性意见。《指示》强调，"少数民族地区的基本任务是全力推行民族区域自治与地方民族民主联合政府的政策，在现有基础上发展少数民族的政治、经济、文化，逐渐改善人民生活，大量培养民族干部，加强与巩固民族团结，提高爱国主义的觉悟"。[①] 省委要求各少数民族地区在政权建设方面，凡合乎中央规定实行民族区域自治与建立民族民主联合政府的地区（包括县、区、村，城市的区、街）均须于 1955 年年底前建立起民族自治区人民政府或民族民主联合政府，并制定具体实施方案。《指示》指出：在经济建设方面，各少数民族地区一般以农业、牧畜、贸易、交通为重点，结合各民族发展特点因地制宜进行，如延边朝鲜族的水利建设、郭前旗蒙族的围猎等。少数民族地区的贸易要坚持等价交换，便利民族的特殊需要为原则，发展合作事业，整修交通，推进公路、

① 《对少数民族地区五年内各项建设事业计划的指示》（1952 年 12 月 22 日），吉林省档案馆编：《中国共产党吉林省委员会重要文件汇编》第 3 册（1952 年），1985 年，第 108—109 页。

邮政、电讯事业。在民族区域的中心和人口集中处，也可以考虑建立某些与少数民族生活有密切关系的不同规模的工业。在文教卫生建设方面，省委强调，这是吉林省各少数民族共同的最迫切的要求，应在少数民族中心区和人口集中处建立医院、卫生院、医务所、防疫站、游动的医疗队等，创办各种学校及成人补习教育，开展扫盲工作，推行电影与幻灯教育，兴办民族语文的出版与广播，推动民族文艺与体育活动等。在培养训练少数民族干部方面，省委要求，着重培养与训练政治干部和知识分子以及少数民族迫切需要的专业干部和技术干部。省委的指示给省内少数民族地区各项事业的发展指明了方向。少数民族地区的政治、经济、教育和文化事业都有所发展。

培养少数民族干部，使用少数民族语言文字。1952 年，延边朝鲜族干部达 6090 名，占延边干部总数的 74%。在延边专员公署及所属各县市政府中，朝鲜族干部占 72.9%，成为各级政权机关的骨干力量。同年制定的《延边朝鲜民族自治区人民政府组织条例》第四条规定："延边自治区人民政府以朝鲜文为行使职权的主要工具，并应同时采用通用的汉文。"①

以农业为主，适当发展工业。到 1950 年，延边一般农户参加了互助组。1952 年延边初级社发展到 74 个，入社户数占总户数的 1.2%；互助组发展到 15586 个。粮食产量增加，1950 年延边地区生产粮食 364579 吨，人均生产粮食 439.5 公斤。烟草种植业获得迅速发展，1949 年烤烟播种面积达 34215 亩，1952 年为 116370 亩。延边成为全国七大烟叶产地之一。从事烤烟生产的烟农大多是朝鲜族。在发展农业的同时，迅速恢复旧工厂、矿山生产，处于奄奄一息的民族工业开始发展。1949 年，延边工业产值仅有 34 万元，1952 年增至 76 万元。

积极发展教育事业。1951 年，镇赉县在莫莫格的代周村办起了镇赉县蒙古族实验小学，有学生 370 人、教师 15 名，学生寄宿，全县蒙古族儿童入学率达到 25%。1952 年秋开始，郭前旗在有条件的地方专设蒙古族小学，把蒙汉合校的蒙生单独编办，并从一年级开始采用蒙语授

---

① 吉林省地方志编纂委员会编：《吉林省志・民族志》，吉林人民出版社 2003 年版，第 46 页。

课。新中国成立后,全省贯彻执行"公办民助"的方针,使朝鲜族民办学校逐步改建为公办学校。1952年末,朝鲜族适龄儿童入学率已达90%,达到了国家提出的小学普及教育的要求;民办中学全部转为公办,并有计划地发展朝鲜族高中和中等专业学校。

促进文化事业发展。1951年,郭前旗成立了第一个电影放映队。1953年1月,延边歌舞团建立。7月,延边朝鲜民族自治区文学艺术界联合会(简称文联)正式成立,设有音乐家协会、美术家协会、舞蹈家协会、摄影家协会、戏剧家协会、曲艺家协会、书法家协会、民间文艺研究会,创办《延边文艺》文学月刊。8月,建立延边人民出版社。

吉林省是建立民族自治地方较早的省份,民族事业的发展对维护政治稳定,促进全省各地区共同进步具有重要意义。

三、在执政条件下加强党的建设

新中国成立初期吉林党组织状况

1945年11月,中共吉林省工作委员会成立,下辖吉林、长春两个市和永吉、延边两个地区的各级党组织。全省基本形成了自上而下的党的领导体系。随后因战事频繁,全国行政区划调整,吉林省的管辖范围不断扩大,省委的设置也几经变动。为了加强党的领导,发展党的组织,中共吉林省委于1948年确定了"公开建党"的方针,在较短时期内,将各地区土地改革、支援前线和发展各项事业中的积极分子发展入党,壮大了党的队伍。新中国成立后,省委提出了巩固地发展党的方针。1949年12月22日至26日,省委召开组织工作会议,重申了这个方针,要求加强在职干部学习,提高干部水平,加强支部教育,做好新、老区发展党员的工作,在工矿企业贯彻积极、公开、大量而又审慎地发展党员的精神。随着革命形势的迅猛发展,全省党员队伍也得到空前的壮大。仅1949年一年,全省党员总数就从17065人发展至58498人,增加了

2.4 倍。在新发展的党员中妇女党员占 11.99%，少数民族党员占 17.18%[①]。

随着党员队伍的发展壮大，全省各级党委注意发现和提拔优秀党员充实县（旗、区）领导机构，并且在各级党政军机关、城镇较大的企事业单位，农村的乡、村，普遍建立党支部，密切了党与群众的联系，加强了党的领导，扩大了党的影响。为了发挥基层党支部的战斗堡垒作用，省委要求各级党委加强基层党支部建设，其中包括：加强对基层党支部书记的培训工作，每半年到县（旗）里集训一次，时间最短一个月；建立和健全党组织的民主生活制度，党支部每月要开全体党员大会一次；加强支部领导机构，支委会中除组织、宣传委员外，可增加村政委员和互助合作委员，也可以吸收党员村长和合作社、互助组中的党员骨干参加支委会，以加强党对村政府及合作社互助组的领导等。省委同时要求，要以行政村为基础经常召开人民代表会议，倾听人民的意见，倾听人民对政府、对党的批评，并将这种会议规定为一种制度，保证人民民主权利的实现。省委还要求党员在群众中要有民主的作风，使党与群众的关系更加密切；反对新贵思想，反对强迫命令。在省委领导下，党的支部建设得到了加强，并在各项建设工作中发挥了应有的作用。

随着党员人数增多，全省党员队伍在壮大，但与此同时，党组织中也存在不少问题。

首先，党员整体文化素质偏低。党员中多数为农民，文化素质较低。据 1949 年末统计，全省党员文化结构为：大学 313 名，占 0.54%；高中 948 名，占 1.62%；初中 3357 名，占 5.74%；高小 7594 名，占 12.98%；初小、初通文字和文盲 46286 名，占 79.12%[②]。由于形势发展较快，无论新老党员，普遍缺乏马克思主义理论和党的知识的系统学习和教育，跟不上形势的发展，有些党员干部工作能力也亟待提高。

其次，党组织不纯。东北解放前后，全省党组织大量吸收党员。许

---

① 吉林省地方志编纂委员会编：《吉林省志·中国共产党志》，吉林人民出版社 1997 年版，第 220、221、222 页。

② 吉林省地方志编纂委员会编：《吉林省志·中国共产党志》，吉林人民出版社 1997 年版，第 223 页。

多党员没有经过教育，思想准备不足，也没有经过严格审查，以致有一些不符合党员条件的人，觉悟不高甚至思想落后的人被接受入党，有些坏分子、投机分子也乘机混入，在某种程度上造成党组织不纯。

最后，部分党员思想作风不良。随着党的执政地位的确定，在一些党员中滋长了骄傲自满、贪图享乐、不求进取的情绪，官僚主义、命令主义和违法乱纪的现象比较突出。老党员中，有的存在革命到头、坐享其成的思想，有的缺乏由新民主主义向社会主义转变的思想准备。有的党员存在组织观念薄弱问题，过分强调政府系统的重要性，只对上级政府负责，不对党委负责，无组织无纪律；官僚主义、文牍主义严重，听不得群众意见，也不愿进行自我批评，严重影响了党群、干群关系。在县一级党员干部中，存在着满足现状、怕吃苦，不钻研学习，认识跟不上形势需要的现象，有的党员干部以小资产阶级和小农经济思想指导工作，不能彻底贯彻党的政策。在区、村和农民党员中存在强迫命令、脱离群众的现象，有的干部甚至贪污腐化。

新中国成立初期，吉林省党内出现的这些不良现象虽然不是主流，但这些问题对恢复和发展国民经济、巩固党的执政地位和维护新生人民政权十分有害，必须加以解决。为了进一步加强党内监督，1950 年 3 月，省委决定，报东北局批准，成立了中共吉林省委纪律检查委员会，建立了办事机构(纪律检查科)。此后，全省各市、地、县(旗)党委也陆续建立了纪律检查机构，其主要任务是检查和审理各级党组织、党员干部违犯党的纪律的行为。之后，根据中央部署，全省又开展了大规模的整风整党运动。

整风运动和整党运动

新中国成立后，随着党的地位的变化，一些党员作风问题突出，党内思想不纯和组织不纯的现象较为严重，对恢复和发展国民经济、巩固党的执政地位和维护新生人民政权十分有害，必须加以解决。全党迫切需要进行一次马克思主义的整风教育。

1950 年 5 月 1 日，中共中央针对上述情况及时发出《关于在全党全军开展整风运动的指示》，确定这次整风运动的主要任务是：提高领导干部和一般党员的思想水平和政治水平，克服工作中所犯的错误，克服以功臣自居的骄傲自满情绪，克服官僚主义和命令主义，改善党与人民群众的关系。整顿各级领导机关和干部，县级以上干部为主，自上而下有计划地进行。

吉林省委立即召开扩大会议认真传达贯彻中央指示。6 月下旬，省委根据中共中央关于开展整风运动的指示精神，制定了《关于整风运动计划》，并在省委召开的纪念“七一”党员干部大会上作了动员报告。《计划》提出整风方法：县以上领导机关先结合中心工作进行整风，秋后再对区以下党员、干部进行集中整风；采取自上而下，首先从省委、省政府机关开始进行，以便有准备、有领导地逐步在全省开展整风运动。7 月初召开了贯彻党的七届三中全会精神的省委扩大会议，确定从 7 月 10 日开始，在全省县以上干部中结合中心任务逐步开展整风运动，解决官僚主义、群众观点薄弱、思想片面、和平享乐思想等问题，提高干部的政策水平和业务素质。7 月 12 日，省委发出《关于省级机关整风重点及步骤的指示》，要求各部门结合工作实际，围绕执行党的政策、坚持群众路线和思想组织领导等问题进行检查，在此基础上制定工作计划，建立新的工作制度，健全领导班子，搞好生产建设及其他工作。7 月 12 日至 15 日，省委召开省直机关负责人会议，讨论整风的重点和步骤，对整风运动作了具体部署。会议进一步确定，整风的重点是财经部门。对各方面的工作要求是，工业要检查地方工业发展方向和计划等问题；商业要检查商品供应、城乡互助、稳定物价等问题；财政要检查财政统一与经济建设的结合和税收工作；农业要检查提高技术、推广新式农具上的主观主义等问题。会后省直机关和县以上领导机关的整风运动迅速开展起来。

为了及时了解省直机关整风的情况，省委先后两次召开各部门负责干部座谈会，纠正孤立学习文件的倾向，强调各部门要根据实际工作、业务来检查政策观点和领导的思想作风。同时，还要结合学习与本部门工作有关的文件来开展整风。在省委领导下，省直机关各部门积极采取措施，结合实际开展整风。省财政厅多次召开厅务会议，检查工作，发现并解决了计划性不够、分工不明确、不看工作效果等问题。省工业厅着重检查全省国营厂矿产品产销脱节、原料和成品积压问题，促使全省工业生产走上健康发展的轨道。

开展整风运动的各市、地、县（旗）领导机关，首先从领导干部开始，通过学习文件，掌握党中央及东北局的指示精神，结合实际检查工作。有的地方通过召开各种会议，吸收各有关部门主要负责干部参加，检查了各部门的工作，并制定了改进计划。长春市和榆树、扶余、永吉等县领导机关，在学习文件领会整风精神的基础上，重点解决领导经济建设与党的建设中的问题，农村的农业生产、城乡交流、供销合作、农村建设、建政工作等方面问题，以及城市的国有公营工业、商业税收、文教工作等方面的问题。

在整风过程中，省委向东北局汇报了运动的进展情况，初步总结了经验，反映了存在的问题。通过整风运动，省委发现在省直机关中确实存在比较严重的官僚主义；有的部门和一些县对整风运动中出现的问题没有及时总结，抓不住关键，普遍存在运动不深入，结合工作实际不够等问题。由于省委在整风运动中深入实际，及时总结经验，纠正偏差，使全省整风运动取得了一定的成绩。到 10 月，县以上领导机关的整风运动基本结束，区、村整风运动逐步展开，到年底全部结束。

历时半年的整风运动，提高了党员干部的思想政策水平，纠正了工作中的缺点和错误，改进了工作作风，密切了党群关系，推动了抗美援朝和各项民主改革运动与经济建设工作的开展。

整风运动只是初步解决了工作作风方面的问题，还来不及解决党内思想不纯和组织不纯等问题。随着政治形势和财政经济状况的基本好转，中共中央于 1951 年 2 月召开政治局扩大会议，决定在整风的基础上，用三年时间，对党的基层组织进行一次有计划、有准备、有领导的整党运动。3 月至 4 月，中央又召开了第一次全国组织工作会议，通过了《关于整顿党的基层组织的决议》和《关于发展新党员的决议》，对整党和建党工作作了具体部署。

为贯彻党的全国组织工作会议精神和《关于整顿党的基层组织的决议》，6 月 13 日，省委召开全省县委书记会议，传达和讨论了中央关于组织整顿和发展新党员的决议。7 月 8 日，省委制定了《关于整党建党的工作计划》。7月12日全省组织工作会议对此作了具体部署。会议提出，按照中央的统一部署，这次整党分为两个阶段，即准备阶段和组织整顿阶段。会议确定1951年下半年完成整党的准备工作，主要是训练整党干部，进行整党试点，以思想整顿为中心，通过学习讨论、对照检查、开展批评与自我批评，对党员普遍进行一次共产主义和党员标准教育；从1952年开始，在思想教育和提高认识的基础上进行组织整顿，通过党员登记、审查和鉴定，对每个党员过去的历史进行一次认真的审查，最后进行组织处理。会议要求，机关、学校、厂矿、企业年内整顿完毕，农村在1952年和1953年完成。

在整党准备工作阶段，省委主要抓训练整党干部和整党试点工作，开办有896人参加的县（旗、区）骨干训练班，提高对整党目的、意义和要求的认识，重点按照党员八条标准对照检查。开始时，一些党员干部对这次整党存在不同的认识。有人认为，工作忙，没时间进行整党，怕影响工作和生产；有人认为，整党是组织、宣传部门的事；还有人认为，整党是新党员的事或基层组织的事。他们不了解整党是全党的中心工作之一，必须发动全党来进行。一些一般党员也存在对此次整党认识不足，甚至存有误解。省委认为，上述情况主要是由于个别党员对整党的重要意义认识不足造成的，广大党员应该立足提高工人阶级先锋队的作用，积极提高全党的政治素质和战斗力，以应对更艰巨、更伟大的历史任务的高度去深刻体会整党的重要性。在整党过程中，省委反复阐述整党运动的目的与要求。此次整党的目的是：经过教育与组织上的整顿，提高党员的马列主义和毛泽东思想的觉悟水平，提高党的质量和战斗力，保证党的纯洁性。省委要求各级组织根据党员八条标准来审查每个党员的实际表现，并针对党员不同情况提出不同要求。通过宣传、学习和讨论，党员干部特别是各级领导干部进一步提高了对整党运动的认识。

在整党过程中，省委以思想整顿为中心，以党员标准为依据，从全省实际出发，把党员划分为如下四类并制定相应的政策：对于具备党员条件的，要求其继续努力，不断提高自己；对于不完全具备党员条件或有严重缺点的，只要愿意提高和改造自己的，则保留其党籍，帮助他们克服缺点，提高觉悟，达到党员标准；对于不够党员条件的，或有严重缺点和错误，而拒绝党对其教育，不愿意改造自己的人，则劝其退党；对于混入党内的阶级异己分子、叛变分子、蜕化变质分子，则坚决清除出党，以纯洁党的组织。省委在指导工作时注意分清两条界限：一是分清敌我界限，清除坏分子，纯洁党的队伍；二是分清先锋队与群众界限，遵照党员八条标准提高党员水平。

省委要求参加整党运动的各单位，要在党员标准教育成熟的基础上进行登记工作。各单位在登记前，对党员进行对党忠诚老实的教育。登记中，各单位重点阐明党的性质，党员的权利、义务。在规定期限内无其他原因不来登记者，即为退党。省委根据思想表现不同，采取了不同的工作方法，总的政策是：对所有党员在谈话中都坚持党员八条标准，既坚持原则，又防止追、逼和“抠”生活细节的做法。对于觉悟较高，平常工作积极，或者经过学习八条标准后，觉悟提高显著，毫无顾虑地积极登记的党员，则要求他们发扬优点，改正缺点，防止骄傲自满，努力进步，同时表扬他们的模范事迹。如果是候补党员，则按期转正。对一部分作用差，既想保持党员荣誉，又怕损害个人利益，但经过思想斗争终于选择了登记的党员，则对其讲清登记意义，增强其进步信心，准予登记。对于平常表现自私落后，此次整党教育毫无转变，甚至早想退党，决心不登记的党员，则不予强行规劝登记，但要说清楚退党后仍可给予帮助，做党的朋友。对于极少数不够党员标准的投机分子，则坚决按组织程序清除出党，但要给予生活出路。到 1953 年春，整党运动胜利结束时，全省开除党籍的 1043 名，取消候补党员资格的 285 名，按退党处理的 815 名。全省处理出党的总计 2143 名，受其他纪律处分的党员 2118 名[①]。

1950 年底至 1952 年底，全省共吸收新党员 3117 人，党员总数由 67793 人增长至 79088 人。在党员的分布上，工矿企业的党员数量为 12770 人，与 1950 年底相比，增长了 127%，增长得最快；文教卫生科研领域和机关群团组织的党员数量为 15054 人，增长了 9.7%；农村中的

① 吉林省地方志编纂委员会编：《吉林省志·中国共产党志》，吉林人民出版社 1997 年版，第 273 页。

党员有 38539 人，下降了 7.3%；具有大学文化水平的党员数量增长了 35%。经过整顿和发展，党在组织成分和党员素质等方面有了明显改善和提高。1952 年“三反”运动全面展开后，按照中央要求，整党与“三反”运动结合进行。

整风和整党运动，提高了党员干部素质，纯洁了党的队伍，明显改善了党员干部的工作作风，密切了党群关系，各项工作面貌为之一新，为国民经济恢复时期党的各项任务的胜利完成、大规模的经济建设和社会主义改造的展开，提供了重要的政治保证和组织保证。

四、“三反”“五反”运动

“三反”运动

中国人民志愿军入朝作战后，东北地区担负着支援抗美援朝战争的重任，为缓解财政和经济压力，1951 年 5 月，东北局在城市工作会议上提出，工业战线开展增产节约运动。随后，这一运动推广至东北各个行业和部门。在增产节约运动中，东北局发现一些部门存在着铺张浪费、贪污腐化、官僚主义问题。在相当数量的干部中，产生并发展着严重的追逐个人享乐蜕化的堕落行为，有的甚至同私商勾结，盗窃国家财产。这些违法乱纪行为严重危害党和国家的利益，影响经济建设的顺利进行。9 月 6 日，东北局向各省市发出《关于开展反对贪污蜕化倾向，反对官僚主义作风的决定》。中共吉林省委坚决贯彻东北局指示，动员党员干部积极参加运动。运动从内容和时间上大体经历学习发动、揭发批判、处理鉴定和县区“三反”四个阶段。

1951 年 9 月至 1952 年 1 月是学习发动阶段，主要是学习文件、动员群众和初步检查。1951 年 9 月 7 日和 17 日，省委召开省直机关领导干部会议和全体干部大会，贯彻东北局《决定》精神，动员党员干部积极参加运动，并于 30 日制定了开展运动的工作计划。省委要求各级党委讲清政策，破除思想障碍，在县级及以上党政机关和厂矿企业，逐步开展群众性的坦白、检举、揭发、检查运动，坚决把反对贪污蜕化、反对官僚主义斗争进行到底。各市、县(旗)相继召开动员会议,采取学习文件、制定计划、领导带头等方式开展运动。经过发动群众,通过坦白、检举等方式,全省发现有贪污问题的共7225人,改变了许多干部和领导原来认为“没有贪污”的错误认识。据不完全统计,这期间全省84%的机关人员参加了运动,有的机关开展得较好,但从总的情况看,运动发展不平衡、不深入,思想教育不深刻,尚未触及机关的重大问题[①]。

12月,中共中央作出《关于实行精兵简政,增产节约,反对贪污、反对浪费和反对官僚主义的决定》和《关于反贪污斗争必须大张旗鼓地去进行的指示》。根据中央精神,省委连续开会讨论,明确了“三反”是当前工作的重要任务,要在厅、局、处长以上干部内反复动员,省委带头进行检讨,总结前一阶段的成绩与缺点。14日,省委召开扩大会议,提出必须坚持首长负责,以身作则,迅速把“三反”运动开展起来,并建立了吉林省反贪污、反浪费、反官僚主义检查委员会(1952年1月7日,改称为“吉林省节约检查委员会”)。省委还召开省直机关干部大会,对已揭发的重大贪污犯进行群众性的斗争。同一时期内,长春市在省委的领导下,特别在东北局检查组的指导下,检查了自身前一阶段运动进展情况,重新进行动员,立即掀起了运动的高潮。吉林市与省直机关同时推进,经过一个多月的学习和动员,很快发现了问题。根据省直31个机关的不完全统计,共发现问题269件,其中贪污问题(包括个人或集体的贪污受贿、勾结私商、敲诈勒索、盗卖公物、窃取公款等)187件,铺张浪费52件,生活腐化堕落21件,官僚主义作风造成国家财产严重损失的7件[②]。对此,省委作了初步的总结,要求把运动的重点从反贪污蜕化转移到反贪污浪费和反官僚主义方面来。

经过认真学习和亲身感受,全省党员干部对这场斗争有了正确的认识,明确了运动的目的不只是处理几个贪污案件,更重要的是通过这次运动,提高全党和全体国家工作人员的思想政治水平;使每个同志都深刻地认识到贪污腐化是可耻的行为,国家工作人员应具备艰苦朴素、廉

① 《省委关于反贪污、反浪费、反官僚主义运动进行情况和今后意见》,1951年12月31日。

② 《省直机关反贪污蜕化、反官僚主义运动中所发现的一些问题给省委的报告》,1951年11月14日。

洁奉公、全心全意为人民服务的思想作风。全省党员干部思想认识的提高为“三反”运动的深入进行打下了基础。

1952年1月至4月是揭发批判阶段，也是运动进入高潮阶段。1月中旬，东北局派检查组30人到吉林，具体组织领导“三反”工作，并成立扩大节委会办公室、重点检查组。21日，省委向中央和东北局就吉林省“三反”情况作了报告。25日，东北局作了批示，指出：在“三反”斗争激烈展开之后，要把注意力引向搜寻“大老虎”（指大贪污犯），穷追务获，不要停留，不要松劲，不要满足已得成绩。从31日起，省直机关大规模地全面开展坦白检举运动，同时集中力量围攻大贪污犯。

2月3日至9日，省委召开全省县委书记、县长、公安局长会议，学习中央文件和各地抓“老虎”经验，讨论吉林省“三反”运动情况。会议要求，各级领导干部要克服右倾思想，充分发动群众，注意掌握政策，带头进行坦白、检举、揭发，彻底开展县级机关反贪污、反浪费、反官僚主义运动。刘锡五在会上指出：从与会人员检讨的事实看，80%的同志手脚是干净的[①]。与会同志认为这一估计和评价是实事求是的。16日，东北局对省委《关于召开县委书记、县长、公安局长会议的报告》作出批示，认为全省没有把县级机关的群众充分发动起来，因此，“80%是坦白较彻底的”这一估计过高，是没有根据的。在东北局检查组的督促下，省委对全省“三反”计划进行了调整，全省拟捉“大老虎”500个、“小老虎”2000个。刘锡五在省委召集的党员干部大会上明确指出：应集中力量围剿有事实根据的“大老虎”。对贪污犯的处理，应看情节轻重、坦白态度。对犯一般性错误的同志，应本着治病救人的精神，严格区分贪污与非贪污、浪费与非浪费的界限，分清各种超支是经过批准的还是未经批准的，不能一律看作浪费。化大公为小公，是违反财经纪律的，但有的是当事人有意做的，有的是因财务制度不健全造成的，应搞清楚，不能一律视为贪污。这些政策性界限对运动的健康发展是一个保证，但运动后期并未得到很好的遵循。

与此同时，全省各级党委相继成立节约检查委员会。省委、市委分

---

① 《关于召开县委书记、县长、公安局长会议的报告》（1952年2月12日），吉林省档案馆编：《中国共产党吉林省委员会重要文件汇编》第3册（1952年），1985年，第118页。

别派检查组深入各机关单位指导运动，推动运动向纵深发展。有的市、县成立了“打虎队”，队里设有宣传组、政治攻势组，利用黑板报、漫画、标语等形式向贪污犯展开斗争。各单位设有检举箱、人民接待室，召开大小斗争会，与有问题的人进行面对面的斗争。部分地区组织召开贪污分子坦白检举大会，反复宣传党的政策，号召群众把斗争坚持到底，不获全胜，绝不停止。伴随“五反”运动的开展，在内外夹击的形势下，一些贪污分子开始自觉交代，人数逐渐增多；极少数拒绝坦白的，也陆续被揭发检举出来。随着运动的深入，广大干部群众深受教育。据统计，这个阶段全省共有 86113 名国家工作人员参加了运动，占全体国家工作人员的 96%，其中共有 19108 人在学习政策和反复动员后坦白、交待了问题，占全体国家工作人员的 22.3%。省直机关清理出有贪污行为的 7149 人，占机关工作人员的 21.4%[①]。这对贪污、浪费、官僚主义分子产生很大震慑作用。

运动在取得成绩的同时，也出现了一些错案。这些错案大部分在运动后期得到纠正。

1952 年 4 月至 7 月，吉林省“三反”运动进入定案处理和思想鉴定阶段。在定案处理过程中，全省坚持严肃与宽大相结合、改造与惩治相结合的方针。4 月 26 日，省委召开扩大会议，制订了《第二季度工作计划》，提出第二季度前半期完成“三反”追赃定案、结案宣判工作，克服与防止追赃、结案中的右倾问题，同时也要反对“逼、供、信”的现象，积极推广成功的退赃大会经验。后半期要全力开展思想建设，以典型事例加深整党教育，通过鉴定划清阶级界限，坚定无产阶级立场，提高战斗力。对大学、专科学校教职员的思想改造工作要加强，对“三反”运动死角要解决，务使“三反”运动获得全胜。在追赃结案过程中，省委根据中央人民政府公布的《中华人民共和国惩治贪污条例》和省内揭发贪污问题的实际情况，按贪污情节轻重、态度好坏、退赃和检举的程度，进行了严格的政策规定。在省委指导下，各地党委进行对证核实，并注意听取群众意见。吉林市还成立人民法庭，对案件逐一进行定案处理。

---

① 《省委关于第一季度工作的综合报告》（1952 年 4 月 18 日），吉林省档案馆编：《中国共产党吉林省委员会重要文件汇编》第 3 册（1952 年），1985 年，第 9 页。

为了进一步巩固“三反”运动的成果，划清同资产阶级的思想界线，提高干部的思想认识，改进工作，全省开展了干部民主鉴定工作。4 月 30 日，省委发出《关于省直、专区科长，市属局、处长以上干部在“三反”后普遍进行鉴定的通知》。《通知》要求领导干部普遍进行“三反”问题的民主鉴定，一般干部也应普遍作一次自我鉴定，并讲清楚自己的社会关系、经济关系。高级干部还要检查自己在执行政策中有无官僚主义作风等，并提出纠正缺点、改进作风的具体办法。由于政策明确，鉴定过程比较顺利，为下一步基层运动的开展提供了有益的经验。

县(旗)、乡级“三反”运动因春耕生产的需要暂时停止，到 7 月挂锄时继续进行，9 月份结束。县(旗)、乡“三反”运动的中心任务是反对资本主义思想和剥削行为及贪污、浪费、脱离群众、强迫命令作风，政府机关以反剥削为主，财经部门以反贪污为主。这次从 7 月继续开展的县级“三反”运动，是与县级整党工作结合进行的。7 月 15 日，省委召开县委书记联席会议，讨论布置县“三反”运动。22 日，由省委常委、组织部长兼纪委书记王大钧负专责，省委抽调了 1100 余名干部赴县(旗)协助开展“三反”运动。各县(旗)于 23、24 日先后开始开展“三反”运动。8 月 6 日和 8 日，省委传达了东北局县(旗)“三反”座谈会的决议，并结合本省情况作了具体指示。由于省市直机关取得了“三反”运动的经验，中央、东北局发布的关于“三反”运动的条例、文件使处理问题有所遵循，加上运动前的充分准备，春耕前部分突出问题已经解决，这些都在很大程度上降低了各县(旗)“三反”难度，有利于运动的顺利开展。

在抓“三反”运动的同时，各级党委重点抓好生产和业务工作，以协调好政治与经济的关系，为政权建设和人民生活创造物质基础，为抗美援朝提供了物资保证。

据统计，这场全省范围的大规模的群众运动，共坦白、检举出贪污分子 34361 人，占全省干部人员总数 46.2%。全省贪污分子直接贪污 1500 万元，受各种处分的 6898 人，其中刑事处分占 11.03%，行政处分占 80.12%，党内处分 600 人，占 8.7%[①]。

---

① 《省委关于吉林省“三反”运动的总结报告》（1952 年 12 月），吉林省档案馆编：《中国共产党吉林省委员会重要文件汇编》第 3 册（1952 年），1985 年，第 162、163 页。

“三反”运动为国家挽回了经济损失，教育和挽救了一批干部，纯洁了党和国家机关的组织，有力地抵制了旧社会恶习和资产阶级的腐蚀，在广大党员干部中树立起贪占可耻，廉洁奉公、全心全意为人民服务光荣的良好风尚，对国民经济的迅速恢复和发展起到重要推动作用。

“五反”运动

随着“三反”运动的开展，大量事实表明，党政机关干部的贪污盗窃行为，有些是同社会上资本家中不法分子勾结起来进行的。同时，资本家中的不法分子进行行贿、偷税漏税、盗骗国家财产、偷工减料和盗窃国家经济情报的活动，有的甚至在加工抗美援朝军需品时，偷工减料，以次充好，直接危害志愿军伤员生命、削弱抗美援朝战斗力，达到十分猖狂的程度。他们的不法行为激起广大人民群众的极大愤怒。省委在“三反”运动初期，对资本家中的违法分子拉拢腐蚀党员干部的问题已经有所警觉。为了把“三反”进行到底，从 1952 年 1 月上旬开始，吉林、长春两市的工商界先于全国开展了反行贿、反欺诈、反偷漏税、反盗窃的斗争。中央有关“三反”“五反”运动的很多重要指示，都是以东北情况为依据而作出的，其中包括吉林省。

1952 年 1 月 26 日，中共中央发出《关于首先在大中城市开展“五反”斗争的指示》，要求在全国一切城市，首先在大城市和中等城市，依靠工人阶级、团结守法的资本家及其他市民，向着违法的资本家开展一个大规模的坚决彻底的反对行贿、偷税漏税、盗骗国家财产、偷工减料、盗窃国家经济情报的“五反”斗争。29 日，省委召开省直机关党员干部大会，在吉林、长春两市试点的基础上，部署全省大中城市和部分城镇的“五反”运动。会议强调，依靠工人阶级，团结守法的资本家及广大市民，形成广泛的“五反”统一战线，向不法资本家开展斗争。会后，在省委统一领导下，吉林、长春两市抽调大批干部组成节约检查委员会，进驻私营厂店，依靠工人、职员积极分子，争取和团结高级职员和守法资本家及其家属，深入调查研究，积极开展运动。运动初期，节约检查委员会的工作人员通过诉苦、控诉和阶级教育，启发工人斗争的积极性；运动发动起来后，他们召开职工大会，面对面地揭发检举不法资本家的违法行为，促使不法资本家坦白交待。3月9日、27日，吉林、长春两市节约检查委员会先后召开“五反”运动大会，宣布处理一批违法工商户。同时，两市向社会广泛宣传揭露违法资本家“五毒”罪行，动员全社会积极参加“五反”运动，进一步推动了运动向纵深发展，并很快掀起高潮。

吉林省和吉林、长春两市节约检查委员会在省委统一领导下，按照中央指示，在“五反”运动中，根据有无违法行为和违法行为的程度，把私营工商业户分为守法户、基本守法户、半守法半违法户、严重违法户和完全违法户五类。据吉林市1952年3月统计，全市有私营工商业户6002个，其中，守法户占10.5％，基本守法户占65.84％，半违法半守法户占20％，严重违法户占3.08％，完全违法户占0.85％[①]。另据长春市5月统计，在11064户私营工商户（摊贩除外）中，守法户占18.49％，基本守法户占62.58％，半守法半违法户占19.2％，严重违法户占3.68％，完全违法户占0.95％。在处理违法工商户中，政府有关部门遵循过去从宽，今后从严；多数从宽，少数从严；坦白从宽，抗拒从严；工业从宽，商业从严；普通商业从宽，投机商业从严的基本原则，对资本家一般违法行为所得都给予了适当的减免，使他们在退财补税后仍能继续合法经营，从而争取和改造了绝大多数资本家，孤立和打击了少数“五毒”俱全的不法资本家，达到了既清理“五毒”，又发展生产的目的。在“五反”运动高潮中，虽然发生过斗争面过宽和“逼、供、信”现象，但这些错误在结案处理阶段基本上得到了纠正。

全省“五反”运动到1952年9月结束。“五反”运动有力打击了不法资本家的“五毒”行为，在工商业者中普遍进行了一次守法经营教育，推动了在私营企业中建立工人监督和民主改革的进程。

省委、省政府努力化解“五反”运动给社会经济生活带来的冲击。在揭露资本家不法行为的斗争发动起来后，全省私营工商业呈现一个时期的呆滞现象，总的经营额下降，1952年上半年经营额比1951年同期下降8.54％。其原因是，有的工商户在“五反”中因违法严重被取缔或自动歇业，有的由于国营商业与合作社的迅速发展而被代替，有的原材

① 《省委关于第一季度工作的综合报告》（1952年4月18日），吉林省档案馆编：《中国共产党吉林省委员会重要文件汇编》第3册（1952年），1985年，第15页。

料缺乏等。为了恢复私人工商业的经营积极性，省委、省政府加强了加工订货工作，并采取调整税收、调整劳资关系、订立劳资集体合同、召开协商会议、给予贷款、改组工商联等一系列措施。这些措施促进私营工商业的情况有所好转。全省私营工业营业额，1952 年 6 月相当于 1 月的 68.41%，8 月相当于 1 月的 69.65%。私营商业 6 月相当于 1 月的 51.55%，8 月相当于 6 月的 102.72%。“五反”运动后，全省私营工商业进一步发挥有益于国计民生的积极作用①。

五、宣传思想工作的开展和教育文化事业的改革

加强对宣传思想工作的领导

新中国成立后，中国共产党成为执政党，思想领域的形势发生了很大的变化，宣传工作的任务也有了很大改变。而此时，吉林省的宣传机构还不健全，业务也不够明确。改善全省宣传工作局面的任务十分艰巨而又非常重要。

吉林省委首先着手健全宣传工作机构。到 1950 年 6 月，全省 23 个县(旗)2 个市配正副宣传部长 30 人。省委还着重抓干部学习、教育、通讯等方面的工作，宣传业务工作逐步走上正轨，各级领导对宣传工作也更加重视。1950 年 6 月 1 日至 5 日，吉林省第一次各县(旗)委宣传部长联席会议召开。会议提出，在巩固原有工作的基础上，“要学会十个指头弹钢琴”“现在我党宣传工作基本业务是领导党内外思想斗争，群众宣传鼓动工作，掌握与贯彻文教政策。”②会议要求健全区委宣传和支部宣传工作，明确了区委宣传委员和支部宣传委员的业务；号召组织统一宣传力量，各县(旗)委根据自身情况建立宣传委员会。

为加强党对宣传思想工作的统一领导，省委加强了对舆论媒介的领

① 《省委关于二、三季度工作的综合报告与第四季度工作要点》（1952 年 10 月 17 日），吉林省档案馆编：《中国共产党吉林省委员会重要文件汇编》第 3 册（1952 年），1985 年，第 33 页。

② 《一九五〇年第一次各县旗委宣传部长联席会议总结（记录摘要）》，1950 年 6 月。

导。1950年2月1日,《吉林工农报》复名为“《吉林日报》”。4月8日,省委宣传部发布《关于加强党报通讯报道工作的通知》,要求各级宣传部门必须认识党报通讯工作的重要性,各级行政负责同志要亲自动手为党报写稿,各级党委政府、群众团体领导机关在部署工作、检查工作和总结工作时应向党报报道,各级宣传部门要有专人管理通讯工作。与此同时,省委宣传部非常重视报纸发行工作中的情况和问题,要求各地做好报纸的发行与阅读工作。1951年10月,省委提出调整全省党内外报刊的意见,要求《吉林青年》《吉林妇女》《吉林文艺》《工农文教小报》合并为一个综合性的通俗刊物,与《吉林日报》明确分工,并配合《吉林画报》以满足广大工农群众和区村干部的需求(后经东北局批示,要求《吉林青年》继续出刊,其读者以农村青年为对象);各部门出版的刊物及各县(旗)出版的小报,一律停刊,相关工作文稿送《吉林通讯》或《吉林日报》发表;同意吉林市停出各种油印的厂刊、校刊、局刊、科刊;延边地委除加强对党刊《党的建设》的编审工作外,对继续翻译出版的《宣传员手册》《新农村》《学习》《教育通讯》《少年儿童》加强审稿工作;此后省内出版各种刊物,须经省委审核,并经东北局批准、取得正式证件后才能出版①。1952年10月,针对《吉林日报》工作中的不足,省委要求健全党报委员会的工作,加强对报纸的政治思想领导;有系统地改进报纸编辑部的工作,提高编辑人员的政策思想水平;出版一、三日刊,八开的农民报②。在加强对报纸工作领导的同时,省委、省政府多次强调,要加强对广播工作的领导。新中国成立后,全省各新华广播电台先后改称“人民广播电台”。1950年5月,省政府发布《关于建立省内广播收音网的通知》。嗣后,全省很快建起了广播收音网。1950年7月,磐石县建立全省第一座城镇有线广播站,标志着全省有线广播的开始。1952年4月,九台县创建面向农村的广播站。省委在全省广泛推广九台县经验,省内立刻掀起了农村有线广播网建设高潮。12月,第一次全

---

① 《省委关于整顿党内外报刊的报告》(1951年10月6日),吉林省档案馆编:《中国共产党吉林省委员会重要文件汇编》第2册(1950—1951年),1985年,第303—304页。

② 《省委关于加强吉林日报工作的决定》(1952年10月22日),吉林省档案馆编:《中国共产党吉林省委员会重要文件汇编》第3册(1952年),1985年,第92页。

国广播工作会议肯定了吉林省有线广播的发展方向，向全国推广了九台县的经验。全省人民广播事业的建立和发展有助于党和政府方针政策的宣传和贯彻，对于城乡广大人民群众了解时政、丰富生活发挥了重要作用。

为加强党对宣传思想工作的领导，省委高度重视干部教育，特别是干部的马列主义基本知识的教育。1950 年 1 月召开的中共吉林省第一次代表会议明确提出：在经济建设走向高潮的新形势下，要掀起一个学习的高潮。会议要求各级党委和党员干部要把学习变为每个同志自觉的行动，并作为干部考绩制度的重要内容和基本标准。会议确定各级党委要成立学习委员会，书记担任主任，建立学习制度，根据省委制定的学习计划，加强领导，保证学习计划的完成。会后省委召开常委会议和县委宣传部长联席会议，专门讨论政治思想理论宣传教育问题，并制定了一系列政治理论学习计划。1951 年 1 月，中共中央作出《关于加强理论教育的决定》，同时发出了《关于实施加强理论教育的通知》。省委认真贯彻中央的《决定》和《通知》精神，推动全省广大干部学习理论的热情。全省干部学习的内容由浅入深，学习方式具有针对性。1950 年，主要学习政治经济学基本知识；在职干部学习分成高级组和初级组，参加高级组学习的约有 600 人，参加初级组学习约有 8000 人。传统的周三半日学习制度就是这个时期建立的。1951 年，主要学习中国共产党简史、社会发展史和政治常识；参加理论学习的学员有 1 万余人，为此还举办了政治常识和社会发展史的 300 人教员培训班。1952 年，分成高、中、初三级学习组。高级组学习毛泽东的《实践论》《矛盾论》，中级组学习中国共产党历史，初级组学习《政治常识读本》等，参加学习的学员共有 70108 人。1953 年，主要学习《苏联社会主义经济问题》《联共(布)党史》《中共党史》《政治常识读本》《经济建设常识读本》等。为加强理论学习的力度和提高学习质量，从 1950 年到 1953 年，全省先后建立省、市、县三级业余党校 109 所，设立了马列主义夜大学。各级党委宣传部举办多期理论教员、学员训练班，各地党委还建立了学习室。全省共印发《学习通讯》小报 26 万份，对开展干部群众性理论和文化学习活动起到了重要的指导和宣传作用[①]。这一时期的政治理论学习，提高了广大干部的政治素质，改进了他们的工作作风，对后来贯彻过渡时期总路线和探索社会主义建设道路产生了重大的影响。

针对一些党组织忽视对人民群众进行经常的宣传工作，以致党的政策和主张没能及时得到充分宣传解释，反动谣言在群众中流传的现象，1951年1月1日，中共中央发出《关于在全党建立对人民群众的宣传网的决定》。3月，省委制定《对执行中央关于宣传网决定的全年计划》。《计划》提出了建立宣传网的七点要求，强调要加强对宣传员的培养训练，“全年省委市委地委分工训练宣传员一万人左右”[②]；各级党委要加强对宣传网的领导；各级党组织于3月末以前订出具体实施计划，并按计划进行工作。之后，各级党委陆续开始建立宣传网工作。7月5日，针对部分地方没有认真建立报告员制度，有的地方有名无实的现象，省委又发出了《关于加强党的报告员工作的指示》，确定省委书记刘锡五、省委副书记李德仲等18名同志为省级报告员，要求各地党委对所属报告员的工作作一次认真的检查。经过各级党委的努力，到1952年底，全省共建立宣传员小组4296个，占全省党支部的91.8%，共有宣传员94696人，报告员2202人，传授站1117个[③]。在各级党委的领导下，党的报告员、宣传员围绕党的中心工作，在宣传贯彻《婚姻法》、抗美援朝保家卫国、镇压反革命、“三反”“五反”运动等方面发挥了很大的作用，在国庆节前关于祖国三年来伟大的经济建设成就、迎接大规模经济建设、国家工业化的前途教育以及“中苏友好月”等几个大规模的群众性宣传运动中都取得了很大成绩。宣传网的建立和发展扭转了一些县（区）领导轻视宣传工作的倾向，扭转了部分基层干部的强迫命令作风，提高了群众觉悟，有力地推动了各项任务的完成。与此同时，建立宣传网工作也存在一些问题，如发展不平衡、宣传员质量不高、报告员和传

---

① 吉林省地方志编纂委员会编：《吉林省志·中国共产党志》，吉林人民出版社1997年版，第321页。

② 《对执行中央关于宣传网决定的全年计划（草案）》（1951年3月），吉林省档案馆编：《中国共产党吉林省委员会重要文件汇编》第2册（1950—1951年），1985年，第320页。

③ 《一九五二年宣传网工作情况的简要总结》，1952年12月。

授站工作不经常等。宣传网仍然需要在建设和发展中不断完善。

为了帮助人民了解中国革命的经验，掌握中国革命和建设的基本理论和方法，在新中国成立后，中共中央即提出系统地传播毛泽东思想的任务。1950年10月12日，《毛泽东选集》第一卷正式出版发行，成为当时社会政治生活中的一件大事。在吉林省，《毛泽东选集》第一卷的出版发行在人们中特别是在干部中引起了强烈反响。很多人表示："节约两个月的津贴，也要买一部。"发行当日，各书店挤满了人，长春市负责发行的7000册，在24小时内全部售完[①]。在青年、知识分子和各界人民群众中，形成了学习毛泽东著作的高潮。1951年10月22日，省委召开省直机关党员干部大会，动员开展学习毛泽东思想运动。刘锡五作了学习和宣传《毛泽东选集》的报告，号召全省党员、干部认真学习，学会运用毛泽东思想解决实际工作的问题。与此同时，省委宣传部的同志以个人名义在《吉林日报》上发表了关于推广学习《毛泽东选集》的文章。12月11日，省委宣传部制定出《学习〈毛泽东选集〉计划》，要求对各级党员干部加强学习的组织领导，制定必要的学习制度，运用正确的学习方法，深入领会毛泽东思想，提高政治理论水平。1952年4月、1953年4月《毛泽东选集》第二、三卷陆续出版，全省再次掀起了学习的热潮。毛泽东思想的广泛传播，对吉林人民的思想提高和加快全省各项事业的发展具有重要意义。

提倡用历史唯物主义的观点来研究和解释历史，是党在宣传思想文化方面的一项重要工作。这对于消除经济社会转型时期的旧思想影响有着积极意义。1951年，党在这方面的工作首先围绕对电影《武训传》的评价而展开。随着电影《武训传》的上映，报刊上出现了赞扬和批评两种声音。1951年5月20日，《人民日报》发表《应当重视电影〈武训传〉的讨论》的社论。毛泽东在审阅和修改这篇社论时批评一些共产党员在遇到具体历史事件、具体历史人物时，"就丧失了批判的能力，有些人甚至向这种反动思想投降"[②]。之后，全国掀起了批判《武训传》的热

① 《关于〈毛泽东选集〉第一卷发行工作的报告》，1951年11月28日。

② 中共中央党史研究室：《中国共产党历史》第二卷（1949—1978），中共党史出版社2011年版，第149页。

潮。6 月上旬，吉林省文化教育界集会讨论《武训传》。之后，《吉林日报》陆续刊登文章，展开了对该电影及武训本人的批判。6 月中旬，省委宣传部召开宣教、文化艺术等部门负责人会议，布置了对《武训传》的批判工作，并进行了讨论。会后，各单位都开始学习，同时联系实际，检查和批判超阶级、超政治、清高思想和单纯技术观点。把武训这样的历史人物放到具体历史条件下进行考察，帮助人们分清什么是人民革命，什么是改良主义，是非常必要的，也是当时的思想文化界所十分需要的。但是将思想认识问题不适当地提到政治高度，在教育文化界开了用政治批判解决思想问题的先例，不利于通过充分民主讨论达到分清是非的目的。

教育科学文化卫生事业的初步建设

吉林省的旧教育是日伪统治下的奴化教育、殖民教育以及国民党统治时期的反动教育。新中国成立后，按照《共同纲领》提出的发展民族的科学的大众的文化教育的要求，吉林省对旧教育进行了接管、整顿、改造，并采取一系列措施发展新教育。

解放战争时期，在中国共产党领导下，全省教育事业经过恢复和整顿，有了一定的发展。1949 年 4 月，东北行政委员会教育部发出“创办新型正规化”学校的指示，其实质是要加强文化课的比重和建立统一的正规教育制度。根据这一指示，全省在办好新型正规化学校方面采取了如下一系列积极措施：加强对公立学校的集中统一管理，公立学校领导配备，师资力量的充实，基建资金的使用都由教育主管部门统一管理；加大对公立学校的资金投入，有关政策向好学校倾斜，同时撤并了办学条件较差的学校，特别是一些条件较差的私立学校、民办学校；统一教学计划、大纲、教材和学制，提高教师的思想政治水平和教学能力；在资金短缺的情况下，号召各校自己动手，爱校建校，创办新型正规化学校。

在旧中国，工农群众没有机会学习文化。新中国成立后，工农群众成为国家的主人，让他们学习文化知识，接受系统的文化教育成为当务之急。1949 年 12 月，新中国召开的第一次全国教育工作会议，提出了教育要为工农开门的方针。之后，省内各地区认真贯彻这一方针，组织冬学，举办识字班、干校、夜校，创办省工农速成中学，大大提高了广大工农干部和群众的文化水平。1951 年 2 月 26 日，吉林省人民政府转发东北人民政府《关于工农干部、产业工人、烈军属子女在各级学校学习照顾与奖励暂行办法》。《办法》强调，要对有困难的工农群众及其子女在校学习予以帮助，并提出了具体资助奖励办法。1952 年 2 月，省文教厅制定《一九五二年文教工作方针》，提出要办好工农学校，各级学校要向工农及其子女开门，这就为工农子女入学打开了方便之门。“一五”期间，全省小学在校学生有 80%以上是工农子女，中学在校学生有 75%以上是工农子女[①]。

新中国成立初期，人民政府开始接收和改造旧制幼儿园，将幼稚园一律改称为“幼儿园”。贯彻幼儿教育“必须为国家经济建设服务，必须向工农开门”的方针，优先招收参加工作和生产劳动、家中无人照顾的职工子女入园，同时调整幼儿的接送时间，使其服从家长的工作需要。根据国家生产和经济建设形势，开办了半托、长托和全托式幼儿园。1952 年全省有幼儿园 427 所，在园幼儿 21465 名。

全省坚持“两条腿走路”的方针，实行多渠道办学，促进小学教育的发展。一方面鼓励兴办私立学校。政府对原有的私立学校采取保护政策，“维持现状，开学上课”，并鼓励各界人士在政府领导下，兴办私立学校或在公办学校内设私立班。1950 年，全省共有私立小学 131 所，教学班 176 个。另一方面发展民办教育。按照东北人民政府教育部提出的“民办学校是社会主义教育事业的一个补充部分，要大力发展”的号召，全省大办民办教育。由于民办教育事业的发展，1951 年，全省适龄儿童入学率已达 66%。到 1952 年，全省已有民办小学 223 所，学生 168750 人。

新中国成立初期，全省小学生和中学生的比例是 26∶1，中学生比例很低。为此，省教育厅反复强调，要加强中学教育，重视中学建设，把普通中学建设的工作重心放在发展和建设初中上，在切实办好初中的

---

① 《吉林省部门史》省教育厅卷编纂委员会编：《吉林省部门史·省教育厅卷》，吉林人民出版社 2010 年版，第 69 页。

基础上，再办好完全中学和高级中学。

为了适应基础教育迅速发展的需求，全省大力发展中等师范教育。在1951年至1952年短短的两年时间里，全省开办了18所中等师范学校和一所语文师范学校。连同1951年前的中等师范学校，全省共有3所师范学校、2所语文师范学校和21所初级师范学校，在校学生达12763名(其中初师6201人)。除此之外，全省还发展其他中等专业教育。经过努力，全省中等专业学校由1949年的3所，在校学生790名，发展到1952年的13所，在校学生14168名。[①]

为了适应大规模经济建设对高等教育人才的需要，1951年底，教育部拟定了全国工学院的调整方案。1952年下半年，全国各地高校分期分批进行院系调整和专业设置工作。全省各高校也从实际出发作了具体的调整。东北人民大学由财经政法性质的大学改为东北地区第一所综合性大学，文理科共设8个系，学制四年，培养科学研究人才及高等、中等学校师资。东北大学改为东北师范大学，共开设12个系。1952年10月，东北地质专科学校合并东北工学院地质工程系、山东大学地质矿物学系，在长春建立东北地质学院[②]，弥补了当时东北地区高级地质人才培养的空白。高等院校经过院系调整后，初步适应了全省的经济建设和社会发展对专门人才的需求，学校办学规模有所扩大，办学效益得到提高。

吉林省在对旧教育进行接收、改造的同时，还不断加强对学生的思想政治教育，通过组织学生活动、增加学校政治课课程、结合政治局势进行爱国主义教育等形式，批判封建主义和资产阶级思想，使学生树立了为人民服务、为社会主义建设事业服务的坚定信念。此外，全省还不断加强教师队伍的建设，增加教师数量，提高教师质量，为教育事业的发展提供了保障。

全省在改造旧教育、建设新教育的工作中，取得了很大的成绩，建立

① 《吉林省部门史》省教育厅卷编纂委员会编：《吉林省部门史·省教育厅卷》，吉林人民出版社2010年版，第61、62、63页。

② 1958年东北地质学院更名为“长春地质学院”，1997年又更名为“长春科技大学”，2000年并入吉林大学。

了包括幼儿教育、小学教育、中学教育、技工教育、师范教育、中专教育、高等教育、成人教育、特殊教育在内的相对完整的教育体系，创办了一批新型正规化学校，确立了教育面向人民群众的大方向，培养了一批为社会主义建设服务的学生，建成了一支用马列主义、毛泽东思想武装头脑的合格的教师队伍。全省通过扫盲运动和组织工农群众学习，提高了广大工农群众的知识水平，为国民经济的恢复创造了有利条件。

全省解放后，省人民政府整顿了日伪残留下来的科研机构和农业试验场，除启用原有科技人员外，还从省外招聘了一批知识分子，充实了科技队伍，全省科技事业开始逐步发展起来。自然科学方面，随着国民经济的恢复，中国科学院和国家有关部门先后在吉林省建立了长春汽车研究所、长春综合研究所、长春仪器馆等科研机构。1951 年 7 月 12 日，中华全国自然科学专门学会联合会长春分会成立，设立数学、物理、化学、动植物、地理、地质、建筑、医学八个专门学会。1952 年，东北人民大学物理系和化学系成立，物理系教授余瑞璜试制成功国产医疗用 X 光管，化学系教授唐敖庆提出“势能函数公式”[①]。社会科学方面，1952 年 12 月，东北师范大学设立了中国革命史、马列主义基础、政治经济学、辩证唯物主义与历史唯物主义教研室。东北人民大学成立了哲学教研室。1953 年，省人民政府设立全国科普总会吉林省分会筹备处。

为满足广大人民群众对文化的需求，省委和省政府倡导继承和发扬民族文化中的优良传统，积极发展文艺事业。1950 年 3 月，吉林省第一届文学艺术工作者代表大会在吉林市召开。会议贯彻《共同纲领》制定的新民主主义文化政策，宣传民族的、科学的、大众的文化，总结了群众文艺工作和改造旧艺术的经验，正式成立了吉林省文学艺术界联合会，创办了《吉林文艺》，为建设新民主主义社会和向社会主义社会过渡创造思想、文化、舆论环境。在电影事业方面，东北电影制片厂（今长春电

---

① 20 世纪 50 年代初，美国著名量子化学家皮泽早期揭示了“乙烷分子中 C—C 单键的阻障内旋转”效应。唐敖庆在此基础上，利用国外已有的数据和资料，提出了一个可以计算许多复杂分子内旋转的能量变化规律的公式，即“势能函数公式”，利用这一公式可以推算出物质的一些性质，为从分子结构改变物质性能提供了理论上的依据。1955 年，这项研究成果发表之后，美国著名量子化学家威尔逊曾给予很高评价，国内外的教科书和学术专著曾广为引用。1957 年 1 月，该成果获得中国首次自然科学奖——中国科学院颁发的自然科学奖三等奖。

影制片厂）由东北局领导改为中央人民政府文化部领导，集中推出了《白毛女》《赵一曼》《钢铁战士》《六号门》等新中国成立后第一批思想性、艺术性融为一体的优秀影片，成为新中国电影事业的摇篮。在文艺创作方面，诗歌、小说、歌曲、戏剧、曲艺等围绕歌颂共产党、毛主席、新中国、英雄模范和爱祖国、爱人民、爱科学、反对封建迷信的主题，涌现出一大批优秀作品。诗歌有公木的《中华人民共和国颂歌》、丁耶的《公粮道》等；小说有董速的《孙大娘的新日月》等；歌曲有王肯、赵云程的《草原到北京》和二人转《八出戏》《抗美援朝保家卫国》等；舞蹈有《红绸舞》《汉城烽火》等；具有民族特点的节目有《工农联盟》《民族团结舞》等。除此之外，广大美术工作者还创作了一批国画、连环画、漫画、剪纸、木刻等美术作品，有力地推动了新民主主义文化事业的繁荣发展。

解放前，全省的表演艺术团体主要是由民间艺人组成的私人小班，演出质量不高。新中国成立后，人民政府把艺人组织起来组建各种剧团。1950 年，延边歌舞团被调进京和其他兄弟民族歌舞团一起参加国庆演出，毛泽东观看演出后很高兴，赋诗《浣溪沙·和柳亚子先生》，以记其盛。当时，省内主要的表演艺术品种有评剧、京剧、话剧、音乐、舞蹈、二人转、曲艺、杂技等，其中二人转是群众最为喜爱的品种。为了繁荣戏剧表演艺术，在 1952 年至 1954 年的三年中，全省连续举办了大型戏剧汇演，共有 2000 余人演出了 300 多个各种形式的剧（节）目，有 100 余名演员获得表演奖，极大地促进了全省表演艺术的发展和提高①。

省政府在大城市、较大的县城及工矿地区设立一批民众教育馆、文化俱乐部、业余补习学校等文化机构；在农村，土改工作队、农会、妇女会、儿童团负责组织群众开展学文化、读书看报、唱革命歌曲、扭秧歌、演戏、游艺等活动。1950 年，吉林省决定在吉林、长春两市建立文化宫；在其他城市设立文化馆，大城市每个区设一处，小城市每市、县（旗）设一处；在工厂设立文化俱乐部；在吉林市郊、榆树、蛟河、磐石、扶余、怀德等地试点，设立农村区文化总站。这些文化场馆的建立极大地丰富了当地群众的文化生活。

---

① 吉林省人民政府办公厅编：《吉林省情》，吉林人民出版社 1987 年版，第 537 页。

医疗卫生方面，吉林省提出卫生工作要“面向工农兵服务”“预防为主”“团结中西医”的方针。根据这些方针，广大农村、城市街区和工矿企业普遍建立起基础卫生组织。从1950年起组织引导中医中药人员成立联合诊所，各级综合医院先后设立了中医科和中医病床。解放前中医受歧视的情况得到改变，中西医隔膜在全省逐步消除，中西医卫生人员团结起来共同为人民服务，大力发展中医事业。在妇幼保健方面，这一时期的重点工作是普及新法接生，提高新生儿的成活率，普及科学育儿知识，控制小儿传染病。全省妇幼保健机构从无到有，逐步建立，专业队伍不断壮大。在医疗保障方面，从20世纪50年代初开始，全省干部实行了公费医疗，工人实施了劳保医疗，广大农民开展了合作医疗。在此期间，全省卫生事业虽然取得了很大发展，但旧社会遗留下来的缺医少药的情况仍然很突出。

知识分子思想改造运动

新中国成立初期，绝大多数知识分子是爱国的，但由于从旧社会进入新社会不久，帝国主义、封建买办思想在他们一些人中还有很大影响。他们非常想了解新社会事物和中国共产党，以适应形势的巨大变化。各地也积极采取各种措施，如举办军政大学、革命大学、短期培训班等，来满足知识分子的需求。

1951年10月23日，全国政协一届三次会议召开，毛泽东在会上发表讲话，指出：“思想改造，首先是各种知识分子的思想改造，是我国在各方面彻底实现民主改革和逐步实行工业化的重要条件之一。”[①]11月30日，中共中央发出了《关于在学校进行思想改造和组织清理工作的指示》，要求在全国普遍开展教师的思想改造学习和组织清理工作。

1952年上半年，吉林省高等院校的知识分子思想改造运动开始。运动的主要内容是批判封建、买办、法西斯思想残余，确立工人阶级思想在高等学校中的领导地位。运动采取的方式是学习文件，联系具体实际，强调自学，开展批评与自我批评，不搞人人过关。通过这次运动，

① 《在全国政协一届三次会议上的讲话》（1951年10月23日、11月1日），中共中央文献研究室编：《毛泽东文集》第6卷，人民出版社1999年版，第184页。

广大知识分子认清了敌、我、友界限，肃清了封建、买办、法西斯残余思想的影响，提高了学习马列主义、毛泽东思想的自觉性和积极性，增强了工作的责任感和使命感。

1952年4月19日，省文教厅下发了《吉林省中小学教员思想改造计划》，对教师思想改造的要求、进行步骤、工作方法、组织领导、完成期限都作了具体规定。《计划》规定：以吉林、长春两市为试点，取得经验后，以吉林、长春两市教职员为骨干，深入全省各中学的教员中，采取波浪式逐步扩大逐步深入的方式进行思想改造运动。小学教员的思想改造也参照中学的方法进行。

运动开始前，省文教厅首先在省实验初中和长春市三中进行了试点。吉林、长春两市和各县中学都进行了准备工作，给集中学习打下了较坚实的工作和思想基础。1952年7月28日，省文教厅在吉林师范学校召开全省中等学校教师思想改造学习会，集中全省72所中学、师范学校、技术学校、党校的教职员共1831人，开始了历时45天的全省中等学校教师思想改造运动[①]。这次运动的政策是：团结教育，争取改造，启发自觉，不追不逼；与人为善，治病救人；团结争取大多数，孤立打击极少数，严格审查，宽大处理；思想批判从严，组织处理从宽；思想改造与组织清理相结合。运动的方法是：学习阅读有关文件，提高思想认识，充分发动群众；领导带头，自我检查与群众提意见相结合；利用大会、小会交待政策，充分暴露思想，检举揭发，坦白交待；进行共产主义教育，提高认识，改革教育，搞好民主建设。运动中，广大教师主动检举揭发，坦白交待问题。在检查中，暴露出一些教师的资产阶级、小资产阶级思想以及其他一些问题。通过学习，广大教师提高了认识，分清了敌我界限，初步树立了工人阶级的、劳动人民的思想，提高了工作积极性。参加运动的1831名教师有1788名过关，占教师总数的97.7%。[②] 组织清理工作基本分清了教师的政治面貌，使教师放下了思想包袱。在运动

---

① 《吉林省部门史》省教育厅卷编纂委员会编：《吉林省部门史·省教育厅卷》，吉林人民出版社2010年版，第91页。

② 《吉林省部门史》省教育厅卷编纂委员会编：《吉林省部门史·省教育厅卷》，吉林人民出版社2010年版，第92页。

中清查出的反革命分子被法办,违法乱纪分子被清除出教师队伍。

1952年下半年,全省小学教师的思想改造运动逐步展开,有16727名教师参加了运动,占全省小学教师的60%多。小学教师的思想改造运动,与中学教师的思想运动程序大体相同。

在进行教师思想改造的同时,全省文艺界也掀起了思想改造的热潮。1951年底,全国文联决定在文艺界进行一次整风学习。12月,吉林省文学艺术界联合会、省文艺工作团、省实验剧校在中共吉林省委宣传部的领导下,正式开始了整风学习。4日,三个单位的干部听取了省委宣传部副部长宋振庭的报告。宋振庭指出:"我省三年来的工作,是有成绩的",但"有严重脱离实际的倾向","在思想上还存在着某些小资产阶级、甚至是资产阶级的思想","因此,就必须通过整风,来改造我们的思想,来改进我们的工作。"10日和11日,省文联主任林耶作了对省文联三年工作的初步检查报告,强调:"文艺工作者必须加强学习,改造思想;结合实际,深入生活"。[①] 之后,这三个文艺团体组织学习毛泽东《在延安文艺座谈会上的讲话》《反对自由主义》等文章和胡乔木、周扬在北京文艺界整风学习动员大会上的讲演,深入检查个人艺术思想、立场、观点,结合本部门、本身工作的问题写反省笔记,逐步清除小资产阶级和资产阶级思想的影响,树立无产阶级的文艺思想,最后作出个人的文艺思想鉴定。20日至23日,省文化处、省文联和省音协筹委会联合召开了全省音乐工作会议。到会的有吉林、长春两市,延边地区、各县、各厂矿等地音乐工作者代表68名[②]。会议批判了音乐工作中的资产阶级和小资产阶级的思想倾向,指出:全省音乐工作的基本任务就是要发挥音乐队伍的力量,贯彻毛主席文艺路线。在讨论中,职业音乐工作者着重批判了音乐工作中的官僚主义作风,并进行了严肃的自我批评,表示要坚决消除创作中的小资产阶级情调和崇拜西洋的错误思想。这次会议使全省音乐工作者初步地同资产阶级、小资产阶级的思想划清了

① 《省文联、文工团和省实验剧校展开整风学习改造思想》,《吉林日报》1952年1月5日第3版。

② 《省文化处、省文联、省音协筹委会召开全省音乐工作会议决议开展思想改造工作》,《吉林日报》1952年1月6日第3版。

界限,给音乐界的整风运动打下了初步基础。之后,全省文艺界各部门进行了全面的思想改造。

在1952年七八月间,吉林省医务人员也开展了学习运动。以改造思想为主的学习运动逐步扩大到整个知识界,成为一场知识分子思想改造运动。

思想改造运动清除了知识分子思想中残存的帝国主义、封建买办阶级的影响,提高了广大知识分子的思想觉悟,使他们在政治上划清了革命与反革命的界限,调动了他们的工作积极性,所取得的成绩是主要的。但是,由于个别单位和个别党员干部对政策把握不准,运用的方式方法不当,不同程度地混淆了政治问题和学术问题的界限,伤害了一些知识分子的感情,挫伤了一些人的积极性。各级党组织对运动中发生的缺点及时地进行了纠正。

第五章

学习宣传过渡时期总路线和实施全省第一个五年计划

1953年，中共中央决定实施发展国民经济的第一个五年计划，并提出了党在过渡时期的总路线。根据中央精神，吉林省开始大规模地学习宣传过渡时期总路线，制定并实施了全省第一个五年计划。“一五”时期，全省承担建设第一汽车制造厂、吉林化肥厂、吉林染料厂、吉林电石厂等12项国家重点工程[①]，与此同时，各地积极发展地方工业。各种建设项目完成后，全省经济呈现出崭新的面貌。

一、党在过渡时期总路线的学习宣传

国民经济恢复时期即将结束时，根据实践的发展和形势的变化，1953年6月，中共中央政治局会议对过渡到社会主义的方法、途径和步骤等问题进行了讨论。6月15日，毛泽东在会议的讲话中，首次提出了党在过渡时期的总路线的基本内容。12月，经毛泽东审阅修改，正式确定了过渡时期总路线的完整表述：“从中华人民共和国成立，到社会主义改造基本完成，这是一个过渡时期。党在这个过渡时期的总路线和总任务，是要在一个相当长的时期内，逐步实现国家的社会主义工业

① 湾沟煤矿竖井由于条件不具备而下马，实际为11项重点工程。

化，并逐步实现国家对农业、对手工业和对资本主义工商业的社会主义改造。这条总路线是照耀我们各项工作的灯塔，各项工作离开它，就要犯右倾或‘左’倾的错误。”[①]这是一条社会主义建设与社会主义改造同时并举的总路线。1954 年 9 月，第一届全国人民代表大会第一次会议，将过渡时期总路线的内容载入《中华人民共和国宪法》，使之成为整个国家统一意志。

过渡时期总路线提出以后，党中央向全党和全国人民发出了广泛深入地学习和宣传过渡时期总路线和总任务的号召。中共吉林省委遵照党中央的指示精神，迅即在全省范围内开展了宣传教育工作。1953 年 10 月 16 日，省委发出《关于结合联共（布）党史学习我党过渡时期总路线总任务的各重要文件的办法的规定》。省委成立了高、中级理论学习组，规定了高、中级理论学习组的学习内容、学习方法和具体要求。10 月末，省委先后召开县级以上党的活动分子会议和全省宣传工作会议，具体布置学习和宣传工作。要求全省干部要通过学习，加强对我国过渡时期基本情况的了解和对过渡时期总路线、总任务的认识，掌握过渡时期总路线的基本精神，并正确贯彻这些精神，充分发挥积极性和创造性。

按照省委的部署，从 11 月 4 日起，省、市直属机关，省内各大厂矿党委及各县（旗）委的高、中级理论学习组开始学习和讨论过渡时期总路线，制定学习和行动计划，成立学习指导机构和确定具体辅导办法。省委书记李梦龄亲自领导核心组学习讨论，省政府主席栗又文等省领导从 11 月 5 日至 18 日连续作 5 场宣讲报告。高级组的 10 个小组集体学习讨论 30 多次，省委及吉林市直属机关的 157 个支部制定并实施了领导学习的行动计划，2 万多名干部参加了学习讨论[②]。省委宣传部按阶段检查学习情况，总结学习经验，提出学习要求，使对过渡时期总路线

---

① 《为动员一切力量把我国建设成为一个伟大的社会主义国家而斗争》（1953 年 12 月），中共中央文献研究室编：《建国以来重要文献选编》第 4 册，中央文献出版社 1993 年版，第 700—701 页。

② 《在各级负责同志亲自领导下全省干部热烈学习总路线》，《吉林日报》1953 年 12 月 2 日第 1 版。

的学习和贯彻不断深入。各市、县(旗)和厂矿根据省委会议精神相继召开党的活动分子会议,很快在全省广大干部和群众中掀起了学习过渡时期总路线的热潮。

12月1日,省委发出《关于进一步深入地大张旗鼓地开展总路线宣传的紧急指示》,总结了全省宣传总路线的基本情况,指出:总路线宣传的第一阶段着重讲了粮食问题,有力地促进了征购粮工作的进行。下一步除了深入地宣传粮食问题外,还应更有鼓舞性地宣传农村远景、农业社会主义改造、合作化运动;宣传使农民真正富裕的道路。省委对各县(旗)的宣传工作提出了具体要求。第一,按行政区分片,选派讲解总路线有经验能打动人心的县(旗、区)报告员,向村屯群众讲解,同时召开各种座谈会,联系解放后生活提高的实际开展讨论。第二,以区为单位召开宣传工作会议,检查宣传方法,做到生动具体,打动人心,力避形式主义,讲求实效。第三,以短剧、快板、二人转等文艺形式扩大宣传声势,增强鼓舞群众的效果。大力组织文艺宣传,有条件的县(旗、区)组织小型宣传队巡回演出,组织放映电影等。第四,宣传总路线必须由主要领导亲自负责,及时了解情况,纠正偏差,解决疑难问题。

1953年12月,中共中央宣传部制定并下发了《关于党在过渡时期总路线的学习和宣传提纲》。12月8日,中共中央下发了《关于今冬明春向农民宣传总路线的指示》。按照中央的部署,省委于1954年1月25日作出《关于认真学习中央宣传部制订的"党在过渡时期总路线的学习和宣传提纲"的具体要求》,要求各级干部结合文件,联系实际,检查工作,深入学习和宣传总路线,推动经济建设和各项工作的开展。省委对高级组、中级组、初级组和厂矿、商业、合作社、文教系统参加学习的干部,分别提出具体的学习要求。省委要求高级组以《提纲》为依据,参阅有关经典著作,进一步联系思想实际,作出有情况、有分析、有结论、有内容的专题报告,同时要写好学习笔记和相关论文。中级组以《提纲》为根本教材,在听取大报告的同时,逐段逐条精读,座谈讨论并参加测验。

初级组凡是具备阅读能力的要逐段逐条精读《提纲》原文，参加座谈讨论，由辅导员解答疑难问题。在各级干部的领导和带动下，全省掀起了学习和宣传总路线的新热潮。

为了深化这次宣传学习活动，全省训练区报告员2257人、宣传员11万多人，培训积极分子10万多人。他们活跃在城乡各地，作报告达几千场，听众达200万人左右[①]。在宣传活动中，报告员直接面向群众讲解，宣传员按自然屯召开群众座谈会，边讲解边讨论，或包干按户访问谈话，积极分子自觉配合。宣传员和骨干分子还分别召开青年、妇女、老年、户主等座谈会，针对不同人群、不同问题，进行深入讨论，很快使党在过渡时期总路线精神家喻户晓，人人皆知。全省在宣传教育中，除了广泛运用报告会、讨论会等形式，还发挥报刊、有线广播、墙报、黑板报、小型展览会的作用；组织劳动模范巡回讲演、工人农民联欢和互相访问，放映电影，举办文艺演出。《吉林日报》从1953年12月15日至29日，连载《总路线宣传讲话》，讲解“农民应该用什么办法来巩固工农联盟”，“实行总路线就要把余粮卖给国家”，“为什么实现总路线就得发展互助合作”，“搞互助合作为什么要积极领导，稳步前进”，“为什么实现总路线就得努力增加生产”等。这些宣传讲话通俗易懂，深入浅出，帮助人们理解和掌握总路线的基本内容和精神实质。金时龙等70余名劳动模范和互助合作骨干的巡回讲演深受广大农民的欢迎。

吉林省是农业大省，对农民群众的宣传教育成为省委工作的重点。省委于1953年12月1日发出的《紧急指示》和12月5日转发蛟河县委关于《进一步大张旗鼓地向农民宣传党在过渡时期总路线的决议》，都明确指出：农村的宣传教育既要大张旗鼓，声势浩大，又要扎扎实实，打动人心。要结合购粮工作、农业合作化运动、农民走富裕道路等实际问题，运用各种宣传形式，生动活泼地宣传党的总路线和总任务，提高农民对社会主义的认识和走社

---

① 《加强领导掀起更加广泛深入的学习和宣传总路线的高潮》，《吉林日报》1954年2月3日第1、3版。

会主义道路的积极性。宣传教育工作和互助合作运动要相结合，使广大农民提高走互助合作道路的积极性，努力增加生产，支援国家工业化。

总路线的学习宣传打动农民，鼓舞人心，使农民认识到总路线的重大现实意义，社会主义这个美好社会已不是遥遥无期的“远景”，“它已经露了头”。农民通过土改前后对比，以过去比现在，从现在看将来，对社会主义社会充满了向往。有的说：“亘古以来也没见卖一口肥猪就买一匹细布的事。”有的说：“土改那年一石黄豆只换一条裤面，现在一石黄豆够一家子人换新棉裤棉袄。”农民走社会主义道路的劲头大大增长，农民的思想政治觉悟发生很大变化。有的说：“就算当上个大富农，没多大劲，也不光荣，也赶不上当集体农庄的一个庄员好。”国家工业化的前景，“汽车、拖拉机下乡”即将成为现实，使农民对总路线充满了期盼，对支援国家工业化的劲头大大增强。广大农民认识到互助合作就是通往社会主义的道路，多卖余粮给国家，就是支援国家工业化[①]。

过渡时期总路线在工厂矿山传达后，极大振奋了工交战线的广大职工。总路线的宣传教育和增产节约、生产革新相结合。广大职工把学习总路线所产生的积极性、创造性落实到实际工作中，主动参与制定生产计划和增产节约计划。同时，工业战线广泛开展学习鞍山钢铁厂劳动模范王崇伦的革新精神，制定单位和个人学习王崇伦的行动计划，掀起了学习总路线和学习王崇伦技术革新运动的高潮。

为在私营工商业者中普遍深入地学习和宣传总路线，1954 年 1 月中旬，省工商联筹备委员会召开委员扩大会议，通过决议，一致拥护并坚决贯彻党在过渡时期的总路线和对私营工商业所采取的利用、限制、改造的政策。会议要求全省工商业者要“积极经营争取利用，不犯‘五毒’接受限制，努力学习欢迎改造”[②]。对过渡

① 《把总路线的宣传深入一步更加打动与鼓舞农民的心》，《吉林日报》1953 年 12 月 6 日第 1 版。

② 《省工商联筹委会扩大会议的决议》，《吉林日报》1954 年 1 月 28 日第 1 版。

时期总路线的宣传教育，要做到自上而下，层层搞通，家喻户晓，深入人心，消除顾虑，安于合法经营。私营工商业者在深入学习总路线中，着重联系思想实际，认清自身利益与国家、人民利益的一致性，解决对过渡时期总路线的某些怀疑、误解与顾虑，积极争取改造，走社会主义康庄大道。

手工业行业的工人和业主也积极学习党在过渡时期的总路线。吉林市、长春市、四平市等手工业代表会议的代表，热烈讨论在总路线指导下如何发展和改造手工业的问题。以及国家对手工业改造的政策和手工业的前途问题，通过了师徒、雇佣、劳资关系问题的原则协议。通过学习过渡时期总路线，广大手工业者认清了手工业社会主义改造、发展的前途，提高了经营的信心。

在省委的正确领导和精心部署下，党在过渡时期总路线的宣传教育工作得到全省人民的广泛拥护和热烈响应，成为团结和动员全省人民共同建设社会主义新中国和新吉林的行动纲领。

二、吉林省第一个五年计划的制定和国家重点工程的实施

吉林省的“一五”计划从 1953 年 6 月开始编制，先后编修五次，历时两年，于 1955 年 6 月完成。第一次，1953 年 6 月，东北局批转了东北财经委员会党组关于编制 1954 年国民经济计划控制数字及五年计划纲要的报告。之后，省委商业部布置了五年计划纲要草案的编制工作，由各部门提出初稿，经省委商业部综合，于 8 月编出供主要领导干部研究参考的《吉林省地方国民经济五年建设计划纲要草案》初稿。第二次，1954 年 1 月，省委商业部根据国家计委的指示，提出五年国民经济各部门主要指标的建议数字并上报。第三次，1954 年 11 月 10 日，中共中央发出指示，要求各省（市）根据国家“一五”计划草案精神和主要指标，结合当地特点和具体情况制定本地区地方经济的五年计划纲要。12 月 3 日，中央再次发出《关于进一步做好编制地方经济五年计划纲要的工作

的指示》。随着党在过渡时期的总路线的确定和吉林省行政区划的调整，原来的计划已不适应新情况。12月8日，省委以加急电报形式向各市、地、县(旗)委转发了中央指示，要求各级干部认真讨论吉林省“一五”计划问题。全省召开各级领导会议和各类专业会议，专门讨论吉林省五年计划纲要的内容。会后，各级领导深入基层调查研究，了解资源情况和生产潜力，努力使计划符合实际。计划编制机构经过反复多次修改和论证，拟订了《吉林省五年(1953—1957)国民经济计划纲要》初稿。第四次，全国第二次省计划会议后，即1955年3月，省计划委员会编制了《1953—1957年吉林省国民经济计划(草案)》。第五次，1955年6月召开中国共产党吉林省第三次代表会议之前，省内一些情况发生变化(如平岗煤矿移交燃料部、某些产品无销路、粮食购销稳定在一定水平等)，之前编制的五年计划草案有些指标偏高，完成有困难，因此省人民委员会[①]报请国家计委审定，作了修改。修改后的《计划(草案)》，经中共吉林省第三次代表会议讨论通过，并经省第一届人民代表大会第三次会议审议和批准。11月，吉林省“一五”计划经国务院常务会议通过，并以命令形式下达(1956年5月和1957年4月对计划的个别指标又作了一些调整)。

吉林省“一五”计划草案的主要内容包括五个方面。

第一，努力发展农业特别是粮食作物的生产。国家“一五”计划是以发展重工业为重点，而吉林省则根据省情决定五年计划重点是发展农业生产。因为农业增产是保证国家工业化并保证其他各项经济部门完成计划的基本条件。计划要求努力开展以互助合作为中心的农业增产运动，同时广泛地开展农业技术革新运动，采取有效措施提高单位面积产量，大力增产粮食，有计划地发展油料作物和工业原料作物，积极发展畜牧业、水产业和副业生产，以保证农业生产的进一步发展，适应工业发展的需要。计划要求粮食

---

① 根据《中华人民共和国宪法》和《中华人民共和国地方各级人民代表大会和地方人民委员会组织法》规定，1955年2月，吉林省人民政府改为吉林省人民委员会（简称省人委），作为吉林省人民代表大会的执行机关、吉林省国家行政机关。

（包括薯类）总产量 1957 年要达到 660 万吨，比 1952 年增长 7.6%。

第二，积极地有计划地发展地方工业。吉林省地方工业有一定基础，并对发展农业生产负有重大责任，因而地方工业必须着重与农村经济相结合，从多方面促进农业增产和满足城乡人民的需要。计划要求地方工业总产值 1957 年达到 6.4366 亿元，比 1952 年增长 77.8%，其中国营工业的产值增长 110.4%。计划规定，五年内全省基本建设总投资约 2.7 亿元，其中地方国营工业占 28.2%，城市公用事业占 22.4%。新建和改建的工程 400 多项，其中主要工程项目 60 项。如：工业方面新建的九站新中国制糖厂、扩建和龙煤矿和四平农具厂，农村水利方面建设梨树、白城等 7 处国营农场，文教卫生方面建设省立医院，城市公用事业方面建设吉林市江北大桥等①。

第三，积极支援国家重点工程建设。计划要求，吉林省各级党委和政府对本省境内属于中央的建设项目要认真负责，加强对支援这些重点工业建设的领导，有关部门和全省人民也要给予大力支持，要尽力满足国家重点工业建设的需要，同时要检查他们对于国家计划执行的程度，监督和帮助他们完成计划。

第四，积极进行对非社会主义经济成分的社会主义改造。对农业的社会主义改造工作是通过生产合作、供销合作、信用合作以及几种主要农业产品的统购统销等措施逐步进行。生产合作是农业社会主义改造的中心环节，“一五”计划期间应为农业合作化打下初步基础。对于手工业的社会主义改造工作，必须有计划地指导其生产，克服各方面供产销不协调现象，并注意劳动力的合理安排。对于资本主义工商业的社会主义改造工作，要在统筹兼顾、全面安排的基础上有步骤地进行。计划要求五年内全省组织农业生产合作社 2.5 万个，入社农户达到总农户的 64.4%，私营工业要陆续转变为公私合营，私营工业在工业总产值中的比重由 1952

① 《吉林省发展国民经济第一个五年计划草案（一九五三——一九五七年）》，1955 年 6 月 10 日。

年的28.9%降为9.7%,私营商业由1952年的31.3%降为12.8%。合作化的手工业产值由1952年的517万元上升为1957年的1.0602亿元,占手工业产值的49.9%。

第五,努力生产,厉行节约。计划规定,为了提供建设所需要的资金,必须不断提高工农业生产,扩大商品流转范围,努力提高劳动生产率,降低生产成本和节约非生产开支。

此外,计划规定五年全省造林总面积为25万公顷;汽车货物周转量增长204%;社会商品零售总额增长59.5%;各类中学在校生增加72.3%,小学在校生增加21.2%;医院床位增加63%;职工的平均工资增长38.7%。[①]

吉林省"一五"计划规模宏大,内容全面,重点突出,边制定边执行,有力地推动了吉林省各项建设事业的发展。

"一五"期间的国家重点建设项目,特别是苏联援建的项目,主要配置在东北地区、中部地区和西部地区。吉林省是国家重点建设的地区之一,共承担12项重点工程项目,即:第一汽车制造厂、吉林染料厂、吉林化肥厂、吉林电石厂、吉林铁合金厂、吉林炭素厂、吉林丰满发电厂(扩建工程)、松东李输电线路工程、吉林热电厂、西安(后改为辽源)竖井、二二八厂、湾沟煤矿竖井(由于条件不具备而下马),实际建设的是11项重点工程。项目总投资15.3226亿元。项目布局为吉林市7项,长春市3项,辽源市1项[②]。这些重点工程是国家"一五"计划的核心,是国家社会主义工业化的基础。这些工程项目有的在1950年初就开始筹划,大多数是1953年正式筹备施工,到1957年多数工程陆续建成投产。为了保证重点工程建设的顺利实施,省委、省政府和全省人民以支援重点工程为荣,尽职尽责,倾注了极大的热情和精力。1953年1月和1954年1月,省委两次召开全省基本建设工作会

① 《吉林省发展国民经济第一个五年计划草案(一九五三——一九五七年)》,1955年6月10日。

② 中共吉林省委党史研究室编:《"一五"期间吉林省国家重点工程建设》,东北师范大学出版社1995年版,第2页。

议，强调："贯彻总路线就必须保证完成重点工程建设，加快国家工业化的速度"[①]，明确支援重点工程的重要意义，对基本建设准备工作进行检查和部署。1954 年 1 月至 4 月，省委先后数次召开重点工程领导干部会议，听取汇报，进行部署。吉林市委召开市委扩大会议，动员全市党员将支援重点工程作为全市一切工作和一切经济活动的中心。吉林市还成立基本建设办公室，专门负责支援重点工程建设工作。11 月 6 日，省委召开全省各重点工程冬季施工会议，针对冬季施工的任务和工程中存在的问题，明确冬季施工的重要性，掌握冬季施工的规律和特点，着重解决基层领导和职工的思想认识、技术管理问题，确保工程质量和施工进度，以保证整体工程提早完成。"一五"时期，各级党委重点从以下几方面加强对重点工程的指导和支援。

一、加强政治思想建设。省委健全政治机构，以工程干部为重点加强政治工作。全省深入开展总路线教育，帮助干部职工以岗位为荣，树立艰苦建厂思想，学会遵循基建施工规律，提高管理水平，正确对待各方面支援，克服等待思想。

二、加强干部队伍建设。为保证重点工程需要，"一五"计划期间，省委按照"统一调整，重点配备，大胆提拔"的原则，为基建部门、重点厂矿以及有关经济部门配备了 26808 名干部[②]。

三、加强监督检查。为及时了解情况，帮助解决相关问题，保证重点工程需要的建筑材料、运输、劳动力、主副食品等的供应。1953 年 6 月，省委先后组织 100 余人[③]，采取派副职，搞重点、巡回检查，专业专题检查等办法加强对重点工程的监督检查。1954 年 1 月，全省基本建设工作会议后，省委组织 30 余人深入重点工程，具体帮助抓施工准备工作。3 月 9 日，省委召开会议，专题讨论重点工程情况，针对各单位计划不准的问题，组织科级以上干部 22 人，采取"找上门去，复查计划，就地解决

---

① 《省委关于全省基本建设工作会议情况的报告》（1954 年 1 月 24 日），吉林省档案馆编：《中国共产党吉林省委员会重要文件汇编》第 5 册（1954 年），1986 年，第 364 页。

② 吉林省地方志编纂委员会编：《吉林省志·总述》，吉林人民出版社 2004 年版，第 352 页。

③ 《省委关于基本建设中建立责任制度运动的初步检查总结》（1953 年 6 月 12 日），吉林省档案馆编：《中国共产党吉林省委员会重要文件汇编》第 4 册（1953 年），1987 年，第 375 页。

问题"的办法,深入检查[1]。省、市委在各个阶段分别派出领导干部深入各工程单位进行检查,督促完成工程任务。

四、推广先进经验。省委广泛深入地开展劳动竞赛和青年突击队工作,充分发挥青年工人在国家建设中的积极作用。1953 年 12 月 23 日,省委向吉林市委、化工区、火电站等部门转发了《二十一工程公司关于丰满水电站恢复与改建扩建工程总结报告》,推广丰满水电站在恢复和改扩建工作中积累关于数据处理、工程管理和政治工作等方面的经验。"一五"期间,全省劳动竞赛持续开展,竞赛主要以技术革新为主要内容,开展向苏联学习、推广先进经验、提出合理化建议等活动,提高广大干部职工业务能力,保证生产计划的超额完成。

五、建立责任制。由于工程建设过程中安全事故频发,省委根据东北局《关于保安大检查贯彻安全生产责任制的指示》,1953 年 6 月 8 日,发出《关于进行保安大检查、贯彻安全责任制的通知》,要求各基建单位建立技术保安责任制,树立职工安全生产思想。1954 年 8 月 6 日,省委发出《关于加强基本建设防火工作的指示》,要求各企业进行彻底检查,保证安全生产的进行。同时,在企业中开展责任制运动,在职工中贯彻"好、快、省"全面思想,发动群众,反浪费、反无人负责现象,以提高管理水平,保证工程质量。

六、加强保卫工作。为保卫基本建设这一首要任务的顺利完成,根据中央与东北局的指示,1953 年 2 月 7 日,省委发出《关于加强基本建设保卫工作的指示》,要求将防止和打击敌特对基本建设的破坏活动作为当年经济保卫工作的第一位任务,要求建立健全相关单位生产保卫组织,建立警卫武装,进行人事审查清理等。1954 年 1 月中旬至 3 月末,省委根据中央和东北局的指示,对基本建设队伍开展了清理工作,提高了队伍质量。

在全国人民的支援下,在苏联的援助下,经过全省人民的共同努力,吉林省的重点工程项目进展顺利,"一五"期间,除二二八厂外,全部建成投产。长春第一汽车制造厂和吉林"三大化"(即吉林化肥厂、染料

① 《省委关于吉林省七项重点工程准备情况的报告》(1954 年 3 月 10 日),吉林省档案馆编:《中国共产党吉林省委员会重要文件汇编》第 5 册(1954 年),1986 年,第 373 页。

厂、电石厂)分别于1956年10月和1957年10月竣工投产。“一五”期间,丰满发电厂完成了拦河坝的续建、改建工程,建成了中国第一坝;先后安装完成6台苏联制造的水轮发电机组(最后一台是在1960年5月组装成功的),装机容量达到55.4万千瓦[①],确立了丰满发电厂全国第一座大型水电厂的地位。1953年,中国第一条220千伏松东李超高压送电线路开始兴建,线路总长370公里,横跨辽、吉两省14个市、县[②]。8月,以吉林省送变电公司为主,抽调吉林、辽源等电业局大批人员进行分段施工,于1954年1月23日胜利完工。1953年8月,吉林炭素厂成立建厂委员会,厂址确定在吉林市哈达湾。1954年2月正式施工建厂。10月,厂房工程基本竣工。15日,正式投入生产,结束了中国很多炭素制品依靠进口的历史。西安竖井位于辽源市西安区西安大路。在经过多次地质勘探后,1950年11月,竖井正式破土动工。在施工过程中,广大职工采用“深孔爆破”技术,成功突破难关,创造了竖井月进56米的全国记录。整个井筒建设,只用了22个月的时间,于1952年8月31日建成,创造了全国煤矿建井史上的奇迹。1955年10月开始试生产,并顺利通过国家验收。吉林铁合金厂是新中国建设的第一座铁合金厂,位于吉林市哈达湾于1955年3月初破土动工,至1956年底便建成投产,比国家计划提前半年,全部工程质量被国家评定为优等工程。1957年吉林铁合金厂全面投入生产,全年生产铁合金58545吨[③]。吉林热电厂位于吉林市区松花江北岸江北化工区,是当时全国供热量最大的电厂。工程项目于1955年1月破土动工。5月21日厂房开始施工。在施工过程中,广大工程建设者既坚持土法上马,又大胆采用先进的施工技术,提高了工效,使土建工程仅用十个月时间,提前一年完成任务。1956年7月1日,电厂第一台机组整机启动,9月30日正式投产运行。

---

① 中共吉林省委党史研究室编:《“一五”期间吉林省国家重点工程建设》,东北师范大学出版社1995年版,第170页。

② 吉林省地方志编纂委员会编:《吉林省志·总述》,吉林人民出版社2004年版,第354页。

③ 中共吉林省委党史研究室编:《“一五”期间吉林省国家重点工程建设》,东北师范大学出版社1995年版,第150—151、211、118页。

三、第一汽车制造厂的建成投产

第一汽车制造厂(简称一汽)是我国第一个五年计划的重点建设项目之一。该项目于 1950 年开始筹备,1953 年 7 月 15 日举行破土动工奠基典礼,1956 年 7 月建成,10 月 15 日正式全面投产。全部工程包括 106 个项目。工程总投资 61724 万元,建筑面积 702480 平方米,安装设备 7552 台,铺设各种管道 86290 米、电缆 47178 米,制造工艺装备 2 万多套[①],大部分采用了专用高生产效能设备,少数采用了自动、联动设备和自动线。厂内有全套的动力生产供应部门。全厂有 13 个基本生产车间和 21 个辅助与服务车间。工程设计要求年产 4 吨载重汽车 3 万辆,同时考虑到将来扩建成生产 7 万辆—10 万辆载重汽车的能力。

旧中国没有汽车制造业。新中国成立后,生产自己的汽车成为全党和全国人民的共同愿望。1949 年 12 月,毛泽东在访问苏联期间与苏联政府商定,由苏方援助中国建设一个中型卡车制造厂。翌年 4 月,重工业部组建了以郭力为主任,孟少农、胡云方为副主任的汽车厂筹备组。筹备组成立后的首要工作是酝酿建厂方案,选择汽车厂厂址。1950 年 7 月,重工业部派出工作组赴北京、太原、太谷、西安、宝鸡、湘潭、株洲等地选址。在初步调查的基础上,周恩来根据毛泽东访苏回来时提出的汽车厂厂址“在哈尔滨和沈阳之间,就建在长春吧”的要求,1951 年 1 月 3 日口头指示“可将 ГАЗ(嘎斯)装配厂设于北京,ЗИС(吉斯)制造厂设于东北长春附近”。1951 年 1 月 26 日,政务院财经委员会作出“第一汽车制造厂厂址决定在四平至长春间选择”[②]的决定。工作组对孟家屯铁路东西两侧进行重点考察,认为这一地区人口密度、城市规模、供电能力、地下水位、交通运输、无地震史等情况,都适宜于建厂,于是报请政务院批准。政务院财经委员会下达文件指示,决定在长春市西郊孟家

---

① 第一汽车制造厂史志编纂室编:《第一汽车制造厂厂志(1950—1986)》,吉林科学技术出版社 1991 年版,第 4—5 页。

② 第一汽车制造厂史志编纂室编:《第一汽车制造厂厂志(1950—1986)》,吉林科学技术出版社 1991 年版,第 22 页。

屯车站对面、铁路以西地区兴建第一汽车制造厂。

筹备组派孟少农等去莫斯科，会同中国驻苏联大使馆相关人员与苏方洽谈建设一汽的具体方案。双方协商决定一汽的工厂设计由苏联汽车拖拉机工业部汽车拖拉机设计院总承包。与此同时，中方根据苏联专家提出的建厂大纲，组织力量调查和搜集进行工厂设计所需要的全部技术和经济资料。

为配合汽车厂的建设，筹备组接收了一批原有的汽车修配厂，其中包括北京、天津、济南、武汉、南京等地原属军事系统的汽车修配厂，以及哈尔滨、长春、北京等地的坦克修理厂。工厂筹备组对生产汽车所需的原材料如钢铁、有色金属、橡胶制品、玻璃制品、油漆、煤、电力等都作了统筹规划，进行同步建设；对汽车的各种配件，如轴承、化油器、汽车电器、汽车仪表等也筹划新建或扩建一批专业工厂，如北京汽车附件厂、哈尔滨轴承厂、瓦房店轴承厂、洛阳轴承厂、长沙汽车电器厂、博山汽车电器厂、阿城汽车仪表厂等。这些工厂的建设，为一汽按时投产和正常生产提供了必备条件。

为配合汽车厂的建设和发展、加强职工培训的组织和管理工作，1952 年 1 月，一汽训练处成立。4 月，筹备组创建长春汽车技术训练班。10 月，重工业部为学校命名为“长春汽车技术学校”。该学校为我国新型的汽车工业培养了一批中级技术人才。1954 年 9 月，经中央高教部和第一机械工业部同意，华中工学院的汽车及内燃机专业、上海交通大学及山东工学院的汽车专业合并，成立长春汽车拖拉机学院①。这是新中国第一所以培养汽车、拖拉机高级专门人才为主的高等学府，是机械工业部直属的全国重点大学。在长春汽车拖拉机学院建校的同时，经中央高教部和第一机械工业部批准，长春汽车拖拉机学院与长春第一汽车制造厂联合创办了长春汽车拖拉机学院夜校部。夜校部学员全部为汽车厂职工，利用业余时间学习。

厂长饶斌在总结一汽三年建厂成功经验时指出：学习政治，学习技术，学习业务，学习操作，学习管理，学习文化，人人都如饥似渴地把全

---

① 1958 年，经国务院批准更名为“吉林工业大学”，2000 年 6 月并入吉林大学。

部业余时间，以至休息、睡觉的时间多用在了学习上。学习成为职工们的第一需要，成为推动一汽建设和发展的巨大动力。

1950 年 7 月 3 日，筹备组在北京南池子 76 号成立了汽车实验室，这是长春汽车研究所的前身。1956 年 3 月 15 日，汽车实验室更名为“第一机械工业部汽车拖拉机研究所”。汽车拖拉机研究所成为当时第一机械工业部 14 个重点研究所之一。从 1950 年开始，汽车实验室和汽车拖拉机研究所不断为中国汽车工业的发展和技术创新作出贡献，为中国汽车工业的建设作了一些前期准备工作，并为一汽等汽车厂家输送了相当数量的技术干部。

在党中央和政务院领导下，筹备组经过一年多紧张有序的工作，顺利完成了筹备建厂的诸多事宜，拉开了中国汽车工业奠基和发展的序幕。1952 年 7 月，中央正式决定在长春建立重工业部汽车工业筹备组六五二厂（第一汽车制造厂代号）。12 月 28 日，第一机械部任命饶斌为汽车工业筹备组六五二厂厂长。1953 年 3 月 9 日，中共一汽委员会成立。顾循为书记。

一汽原定四年建成，即 1953 年 1 月开工至 1957 年 3 月正式投产。1953 年春，苏方多次建议汽车厂由四年改为三年建成。中央政治局讨论认为，提前一年虽然有很多困难，但可以全国动员支持一汽建设；而一汽提前一年建成，对中国经济有很大好处，对全国人民也会有极大的鼓舞作用，好处是不言而喻的。毛泽东根据苏方建议和政治局的决定，于 1953 年 6 月 9 日签发了《中共中央关于力争三年建设长春汽车厂的指示》。《指示》指出：“争取缩短长春汽车厂的建设时间，不仅对我国国防建设、经济建设有极重要的意义”，而且可以在“建设过程中积累经验，培养和壮大自己的建设力量，并为接踵而来的其他重要建设工程创造许多有利条件。”中央认为，应“通报全国，责成各有关部门对长春汽车厂的建设予以最大的支持，力争三年内建成。”①中央要求东北局、吉林省委和长春市委对汽车厂的建设进行严格的检查和监督，加强政治工作，切实保证工程质量和按时完成工程计划。中央的指示精神很快

① 第一汽车制造厂史志编纂室编：《第一汽车制造厂厂志（1950—1986）》，吉林科学技术出版社 1991 年版，第 103 页。

传达到各地区、各部门，在全国范围内掀起了支援汽车厂三年建成出车的热潮。

中央组织部接到党中央指示后，立即从华东地区抽调一批又一批政治素质高、组织能力强的干部进驻一汽建筑工地，同时从各省调集大批业务和技术骨干，充实了干部队伍，增强了管理能力。建工部为确保艰巨浩大施工任务的正常进度，在周恩来支持下，把拥有1万多人的建筑五师调往一汽建筑工地，同其他各路建筑队伍汇成浩浩荡荡的建筑大军，战斗在施工第一线。同时，来自上海等地的老技术工人、吉林省农村的广大农民、大专院校的毕业生、机关干部、部队复员转业军人等，都满怀激情地从四面八方会聚长春，参加汽车厂的建设。铁道部保证汽车厂建设物资优先运输，许多临时追加的紧急物资，由领导亲自安排，随时发往汽车厂建筑工地。北京、上海、太原、重庆、鞍山制造的建筑材料和机械运输设备，长白山等林区的木材，松花江等地的大量沙石都通过铁路、公路，源源不断地运到汽车厂建筑工地。邮电部为保证一汽建厂工作与苏联通讯联系的畅通，特殊开辟一条通往莫斯科的专线电话，为建设汽车厂取得苏联的帮助创造了方便条件。同时，外交部还为一汽建设增设4名信使，往来于北京与莫斯科之间，协助联系建厂事宜[①]。

一汽所在地长春市更是全力以赴，全面支援，确保几万名建设者的生活需要和物资供应。1953年1月21日，中共长春市委召开会议，专门研究配合六五二厂建厂工作问题，除市委委员外，建筑、市政、房产、文教、银行等有关部门负责同志30余人出席会议。会议强调，要把配合六五二厂建厂工作作为长春市的首要和重点工作，要求各有关部门订出具体计划，选派干部，加强联系，积极从各方面配合支援，保证计划如期完成。长春市对建厂所需要的水、电、煤气、交通和各种生活设施以及厂内安全工作都作了全面安排，逐一落实，为汽车城的建设提供了有力的后勤保障。

1953年7月15日，一汽举行奠基典礼。参加奠基典礼的有中共中央东北局第一副书记、东北人民政府第一副主席林枫，第一机械工业部

① 第一汽车制造厂史志编纂室编：《第一汽车制造厂厂志（1950—1986）》，吉林科学技术出版社1991年版，第104页。

部长黄敬，东北总工会主席张维桢以及地方党委、政府、驻军、群众团体代表和各机关干部等。厂长饶斌致开幕词，林枫、黄敬等讲话，建厂工人代表表决心，一汽党委书记顾循宣读了大会致毛主席书。李岚清等六名青年共产党员将刻有毛泽东题词“第一汽车制造厂奠基纪念”的白玉基石放在厂区中心广场。万名建设者在一匹红绸上签名表决心，一汽正式动工兴建。在喧天的锣鼓和鞭炮声中，来自全国各地的广大建设者掀起了规模空前浩大的一汽建设热潮。

当年，木工厂、辅助工场、热电站相继动工兴建。1954 年上半年，摩托、车身压制、模型、铸工、整径等工场和煤气站也全面开工，厂区工程建设进入高潮。在任务艰巨、困难重重的情况下，建设者们坚持冬季施工、雨季施工、高空作业，冲破千难万险，赢得了工厂建设的进度和质量。热电站是冬季施工的重点工程之一。这项工程技术复杂，质量要求严格，装备自动化机械设备 8250 项，铺设地下管道几千米，主厂房高达 34 米，全部是钢筋混凝土结构。在滴水成冰的冬季，建设者们顶着呼啸的西北风，爬上 30 多米高空绑扎钢筋，浇灌混凝土。钢筋工为了工作方便，脱掉棉手套，手常常被冰冷的钢筋粘去一块块皮，手指头冻裂一条条口子，他们用胶布把手指缠起来，继续工作。吊车工人为了保证工人一上班就吊装，半夜爬起来用炭火熏烤发动机，发动吊车。土方工人面对一镐下去一个白点的冻土层，采用“落锤松土法”，用铁钎子和大锤把大块大块的冻土撬开。他们汗水湿透棉衣，冷风一吹浑身上下挂满白霜。就这样，满怀热情的建设者们，战天斗地一个冬天，提前一个季度完成了热电站建设工程。

在雨季来临的时候，建设者们提出“坚持雨季施工，向雨季要速度”的口号。坚持雨季施工，是关系到三年建厂速度的关键问题。施工队伍打破雨天停工的旧规。全厂最艰巨、最复杂的铸工厂的土方工程就是在雨季挖出来的。工厂党员刘万桂和刘学斌坚持在雨天挖深坑，创造了每天挖土 14 立方米的惊人纪录，被称为“土方大王”。1954 年 6 月至 8 月，雨天就有 44 天，却完成了计划任务的 105%。

1955 年，大量室外工程转为室内作业，土建、管道和设备安装交叉进行，工程复杂，难度加大。为了协调工作，建工部直属工程公司、第一机电安装公司与汽车厂建立了联合指挥部，科学分工，协调作业，使大规模的交叉施工齐头并进。从8米深坑到40米高空，从密如蛛网的地下工业管道、上下水道到地面上的铁路运输线，从土建安装到清洗调整，在十多个工作区、几十公里的铁路线、几百公里的公路线上，数百辆汽车，数千瓦的电力设备，上万台机器、吊车，同时进行交叉施工，整个汽车厂建设工地犹如一幅宏伟壮丽的画卷，宛然一曲激昂奋进的交响乐章。

参加一汽建设的万人大军，以冬战严寒、夏斗风雨的英雄气概，以统筹安排、团结协作的科学精神，赢得了建设速度，保证了工程质量，捷报不断传来。1954年7月木工场厂房首战告捷；1954年三四季度，辅助、有色修铸工场、热电站区部分仓库相继竣工；1955年6月30日，热电站高耸入云的烟筒，冒出缕缕青烟，汽轮机正式运转发电；11月，"三通战役"（通电、通水、通气）全面告捷；1956年3月，铸工车间炼出了第一炉铁水，火花飞溅的铁流从冲天炉奔腾涌出；5月，38种近2000个铸件毛坯，被分送到发动机、底盘等分厂加工，工人们小心翼翼地接下第一刀车下来的铁屑，满怀激情地打磨出国产汽车的第一个铸件。就这样，第一炉铁水、第一批铸件、第一台发动机变速箱、第一个驾驶室……都相继诞生。1956年6月，一座规模宏伟，为世人瞩目的中国第一汽车制造厂在一片荒野上矗立起来了。

1956年7月12日，总装车间开始试行运转，在长达150多米的装配线上，1202种零件、569种合件、116种总成以及全国各地生产的400多种协作件，均准备就绪①。人们翘首以待装配祖国第一辆汽车幸福时刻的到来。7月13日，在建厂三周年的前夕，国产汽车在总装配线上一举试装成功。当汽车工人于丰年满怀豪情地驾驶着第一辆解放牌汽车从总装配线上缓缓开出时，全厂欢声雷动，人们流淌着喜悦的泪水。一汽的建设者们胜利完成了党中央"三年建成汽车厂"的伟大使命。中国人民向全世界宣告：解放牌汽车诞生了。14日下午1时，400名先进生产者分乘12辆崭新的解放牌汽车绕厂一周，在喧天的锣鼓声中向市内

---

① 中共吉林省委党史研究室编：《"一五"期间吉林省国家重点工程建设》，东北师范大学出版社1995年版，第31页。

进发，给省、市党政领导机关报喜。长春市万人空巷，人们将一束束鲜花抛向解放牌汽车，献给光荣的汽车工人。省委第一书记吴德、书记处书记赵林、李砥平、富振声、关山复在省委门前迎接。赵林代表省委向汽车厂表示热烈的祝贺和亲切的致敬，并强调，今天在我们试装出汽车的时候，还要看到今后任务的艰巨。现在试装出的汽车还有缺点，需要继续改进；原材料供应问题需要进一步研究解决；掌握技术还不够熟练；特别是今后生产任务的加重和扩建等，都是摆在面前的问题与困难。希望大家继续努力，不要骄傲自满，要加倍努力完成国家交给我们制造质量优良的国产汽车与培养技术人才的任务。为表示祝贺，省委赠送了"祝贺你们生产了第一批国产汽车"的旗帜。吴德仔细询问了汽车质量。报喜队又奔向省人民委员会。省长栗又文赠送了锦旗，并表示，全省人民将继续从各方面支援汽车厂建设。报喜队还到中共长春市委、长春市人民委员会报喜，长春市委第一书记宋洁涵和市长周光分别致辞勉励和赠旗祝贺。

在短短的三年时间里，一座现代化、设备齐全、拥有近 2 万名职工的大型汽车制造厂拔地而起，改写了中国不能制造汽车的历史。

一汽的建成，承载着党中央的亲切关怀和吉林省各级党组织的坚强领导，凝聚着全国人民的智慧和力量，包含着苏联政府和苏联人民的大力支援，也充分体现了建设者的艰苦创业精神和强烈的民族责任感。一汽的建成，成为中国汽车工业的第一个里程碑，被誉为中国汽车工业的摇篮。

四、三大化工厂落成和新中国化学工业的起步

三大化工厂是我国第一个五年计划的重点项目之一，包括吉林染料厂、吉林化肥厂和吉林电石厂。

化学工业是国民经济中的一个重要工业部门，不仅关系到人民的衣食住行，同时也标志着一个国家工业化的水平。旧中国工业十分落后，化学工业基础更是异常薄弱，为数不多的化工企业主要集中在大连、沈阳、天津、青岛、上海、南京、广州等沿海大城市，而且除少数化工厂生产

基本化学原料外，绝大部分化工原料靠进口，就连生产合成氨的焦炭也要从美国运来。1949 年我国现代工业只占国民经济的 17%，而化工产值只占全国工业总产值的 1.6%。因此要实现国家的工业化，必须发展化学工业。

1950 年 2 月，为发展化学工业，东北人民政府工业部化工局派人到日伪时期建过化工厂的沈阳、大连、哈尔滨、四平和吉林等地考察，认为吉林市依山傍水、气候适宜、交通方便，有充分的水源和东北地区唯一能廉价供应电源的丰满电站，并有化工生产的原料煤和石灰石，因此初步确定在吉林市建立化学工业基地。1951 年初，中国贸易代表团在莫斯科与苏联化学工业部谈判，签订了由苏联派专家援建中国吉林地区化工厂的协议。4 月至 12 月，在苏联十余名专家协助下，对吉林江北地区的初步勘测工作完成。与此同时，东北人民政府工业部化工局编制出吉林合成氨厂（今吉林化肥厂）、吉林电石炭氮化钙厂（今吉林电石厂）和吉林染料厂的计划任务书，12 月 17 日报送中央人民政府政务院财政委员会审批。1952 年 1 月 13 日，周恩来批示："同意照办。"随后在编制第一个五年计划时，吉林三大化工厂被列入苏联援建的 156 项重点工程之内。这一年在苏联专家直接参与下，对吉林江北地区勘测工作继续进行。为了搞好复测吉林化工区工作，中央调集东北化工局设计处、测量队、地质队，清华大学实习队，吉林高职实习队等 300 多人参加厂址勘测。上海还派出 12 名潜水人员，在松花江水下勘测①。长春科学研究院、鞍山钢铁公司、哈尔滨铁路试验所和东北化工局研究院等单位，对勘测资料进行高质量的测试分析。1953 年底复测完毕。这次复查为吉林化工厂一期工程（包括勘测设计、土建安装、生产准备、竣工投产四个阶段）的实施提供了可靠的数据资料，也为后来的扩建工程打下了坚实基础。

吉林三大化工厂整个工程是苏联化工部各研究所帮助设计的。一期工程总投资额为 4.1629 亿元，总建筑面积 85.3282 万平方米。其中吉林染料厂总占地面积为 83 公顷，共建设 4 个系统，即染料系统、萘系

---

① 中共吉林省委党史研究室编：《"一五"期间吉林省国家重点工程建设》，东北师范大学出版社 1995 年版，第 73、16、72 页。

统、苯系统和无机系统，包括22个生产车间、7个辅助车间、8种服务设施，共计89个工程项目。吉林化肥厂总占地面积146公顷，一期工程总投资为2.5654亿元，基建工程包括各种厂房建筑物87座，各种构筑物32座，厂区室外工业管道82公里，上下水管道54公里，厂内铁路11公里，职工宿舍9.2万平方米。吉林电石厂占地面积116公顷，第一期工程总投资3272万元，包括电石、石灰、氰氨化钙、醋酸、炼焦、三氯化磷、制桶7个项目，共计96项工程[①]。1953年初，苏联把吉林染料厂、电石厂的初步设计送交中国，随后又陆续交付了技术设计文件和施工图。中央人民政府重工业部审核批准了上述设计文件，1954年交付实施，三大化工厂先后破土动工。

1953年8月，为了加强对三大化工厂建设工程的统一领导，中共中央对原领导机构的设置进行了调整和加强，在原三大化工厂基建科的基础上，组建了吉林化工区建厂筹备处，负责吉林化工区三个新建厂的一切筹备工作。1954年3月，建厂筹备处改组，成立吉林化工区建设公司。这一年，党中央陆续抽调地级干部48人、县级干部113人以及大批业务技术干部支援化工区建设[②]。1955年1月，原吉林化工总厂解体，正式成立染料厂、化肥厂、电石厂，并由化肥厂兼任化工区总甲方。3月，吉林化工区的基建施工单位组成吉林化学冶金建设公司。6月，作为总甲方代表的吉林化肥厂与总乙方吉林化学冶金建设公司签署了协议书。甲方负责基建管理，主要是掌握进度，监督质量，控制投资。乙方负责三大化工厂建设的二包单位三个土建公司。

建厂期间，党中央和上级主管部门在人力、物力、财力等各方面给予了充分的支持，保证了原材料和设备的及时供应。1954年三大化工厂先后开工后，党中央和国务院为了加强施工力量，从全国各地陆续调集中央有色局第四工程公司、化工局二建安装公司、大连安装公司等单位的优秀工作人员，会同吉林建设公司广大职工，担负吉林三大化工厂的建设任务。此外，冶金部电装公司、管道公司、金属结构公司、筑炉公司

① 吉林化学工业公司史志编纂委员会编：《吉林化学工业公司志（1938—1988）》，1993年版，第57—58页。

② 中共吉化史编纂委员会编：《中共吉化史》，吉林人民出版社2005年版，第591页。

等十多个单位协同施工。在化工区一期工程中，全国有数百个单位、数万人参与建设。

各地厂矿大力发扬全国一盘棋、通力协作的精神。在化肥厂建设中，大连阀门厂为保证其按时投产，利用休息时间赶制100多套闸阀；第一汽车制造厂削减自己的生产计划，为化肥厂加工管件；上海电力公司、电缆厂以最快速度加工制作大批电缆、电线；鞍山钢铁公司供给化肥厂大量优质特种钢材。据统计，国内仅支援化肥厂建设的企业就有129个[①]。

中共吉林省委对三大化工厂建设工程，给予了有力支持和切实领导。建厂初期，省委、省政府领导亲自主持会议，听取化工区领导关于建厂准备工作情况的汇报，责成有关部、厅、局制定具体计划，抽调干部，采取常年蹲点，具体帮助的办法，到各重点工程工地检查指导，帮助解决问题。吉林市委于1954年3月22日至24日召开扩大会议，通过了《加强对重点工程的领导，为动员一切力量支援和保证国家重点工程按期完成和提前建成的决议》，成立了吉林市政府支援重点工程工作委员会及办公室，把保证完成重点工程任务作为全市的工作中心。市委多次召开专门会议，要求全市各部门的一切工作都必须围绕重点建设工作，为重点工程服务。1956年第三季度，在国家控制的建筑材料十分紧张、木材和红砖大量短缺的情况下，市委和市人委决定将市场用的木材拨给电石厂1900立方米；将市机砖一、二厂的小规格红砖生产转为大规格红砖生产，解决了工程急需。1957年第二季度，在厂区热力网胶布管工程急需白布而国家没有货源的关键时刻，吉林市千方百计节约民用布和特殊用布，供给电石厂1500匹棉布。同时，吉林铁路局优先调度运力，保证染料厂原料急需；吉林客运公司新开辟三条公共汽车、电车线路，新增40多辆客车，保证化工区职工上下班需要。1956年秋天，在供排水管道工程十分紧张，劳动力不足的关键时刻，市委号召全市人民支援化工区建设。市委领导亲自带队，机关、部队、企业、学校、居民踊跃参加义务劳动。在两年时间里，到化工区参加义务劳动的人

① 中共吉林省委党史研究室编：《“一五”期间吉林省国家重点工程建设》，东北师范大学出版社1995年版，第81页。

数达3万人次，完成土方量几万立方米。

吉林三大化工厂的党委在整个建厂过程中，坚持不懈地对职工进行深入细致的思想教育，使干部、群众认识到建设三大化工厂是关系全国人民吃饭、穿衣等生活需要问题，是实现国家“一五”计划的关键环节，是关系国家发展强大的战略举措，从而增强广大职工的荣誉感和责任感，调动职工建设社会主义的积极性、创造性。党委把基层组织建设和发挥党员干部的先锋模范作用作为工作重点。领导干部密切联系群众，实行带头劳动、顶岗劳动、突击劳动、对口劳动制度。从书记、厂长到一般干部都在现场办公。在许多工地，车间主任、党支部书记和工人同吃同住同劳动。苏联专家竖起大姆指说：“中国的领导干部和工人真是好样的！”干部和工人在共同劳动中结下了深厚的感情，增强了责任心，激发了劳动热情。

在吉林化工区建设中，来自祖国四面八方的建设者们具有高度的主人翁责任感，不管条件多么艰苦，任务多么繁重，从不叫一声苦，不喊一声累，夜以继日地奋战在工地上，为中国第一个化工生产基地奉献力量。染料厂工地上的口号是：“抢阴天，战雨天，月亮底下当白天”，“超额完成‘一五’计划。”在硝酸车间工地上，施工人员应用中国自行设计的三段吊车吊装大型构筑物，吊装一举成功，开创了中国大型构筑物整体吊装的首例。为保证电石厂生产供热，负责蒸汽管线工程的工人，在冬季里浸泡在水中作业，直到完成任务。

在建厂过程中，化工区的建设者们还广泛开展增产节约运动。他们精打细算，尽量降低成本，减少损失，增加生产。化肥厂职工提出400多条合理化建议，回收散失材料，节约大批原材料，加快了工程进度，提高了工程质量。承担全工区白铁工程的小组，在下料方面精打细算，找到了节约材料的窍门，损耗率仅为5%（国家规定为21%），半年时间为国家节约了大量资金。吉林染料厂劳动模范于德泉，在1952年至1957年担任保管员期间，回收废铁80吨、钢料1.5吨、铅料1吨、铜质阀门60个、水暖器材100件、舌钳10个，修复各种部件1600件，修补麻袋

500多条,回收麻袋毛(和泥用的麻刀)4000余片[①]。他用废木料和席子搭起一座临时仓库,把露天堆积的废料经过加工摆放进去,满足了生产急需,节约了国家财富。他的先进事迹教育了全化工区职工,各厂都先后成立了再生车间。这种精神被称为"麻袋毛精神",一直传承至今。

三大化工厂建设,积极争取苏联的大力支持,苏联专家不仅承担了工厂的全部设计任务,而且大批专家亲临现场指导工作。从工程技术到基建管理,从基本建设到生产准备,苏联专家都提出了宝贵建议,给予了热情指导。施工中,苏联专家对一个螺丝、一道焊缝都要仔细检查,一丝不苟。指导生产时,专家们不仅详细地讲解操作规程,而且亲自示范,甚至不顾生命危险排除险情。在建设中,管理干部虚心向苏联专家学习,吸收苏联的先进生产工艺和管理方法,创造适合自己情况的管理制度,大大提高了管理水平。在三大化工厂的建设中,建设者们和苏联专家结下了深厚友谊。

三大化工厂在组织建厂过程中,还特别注意对员工进行技术培训,提高参建人员的业务素质。建厂初期,从各地调入和从部队转业的干部,绝大多数对化工生产并不熟悉。在艰苦的条件下,他们白天抓工作,晚上进夜校,刻苦学习文化和技术,努力钻研业务和管理。

"百年大计,质量第一",这是三大化工厂各级领导非常重视的问题。他们不仅在职工中深入进行重视工程质量的教育,而且组织工地主任、工长学习设计图纸,在各工地建立工长责任制,使其承担起技术指导和工程进度、成本、安全等全面工作的领导责任。工程验收人员严把质量验收关,为安全生产和化工厂的发展奠定了良好的基础。

三大化工厂一期工程建设共挖掘300多万立方米土方,使用2.3亿块红砖,安装3万多台(件)设备,1万多吨高、中压管道和管件,铺设150公里上、下水管线,新建铁路18条(合35公里)[②]。至1957年上半年,各厂主要工程提前半年完成任务,先后成功试车生产。

---

① 中共吉林省委党史研究室编:《"一五"期间吉林省国家重点工程建设》,东北师范大学出版社1995年版,第611页。

② 吉林化学工业公司史志编纂委员会编:《吉林化学工业公司志(1938—1988)》,1993年版,第58页。

吉林三大化工厂的建成投产，标志着中国第一个化学工业基地的诞生，是中国化学工业发展史上的一个重要里程碑。它不仅对推动中国化学工业的发展具有深远影响，而且对促进农业、合成纤维和纺织业的发展具有重要作用，直接关系着全国6亿人口的吃饭、穿衣问题。它使诸多工业部门所需的原料和人民生活所需的日常用品获得新的来源。三大化工厂的提前建成，为中国化学工业培养了一大批管理干部和技术人才，被誉为新中国化学工业的摇篮。

五、地方工业的发展

“一五”计划时期，吉林省在全力支援国家重点工程建设的同时，大力发展地方工业，努力为改善城乡人民生活、促进工农业生产服务。

1953年，私营工业和手工业仍然是全省国民经济的重要组成部分。随着社会主义公有制的逐步确立和国营经济的壮大，私营工业与国营工业的矛盾日益尖锐。

为了发展地方工业，“一五”时期全省用于工业基本建设的资金占地方投资的31.2%，除新建和扩建新中国制糖厂、通化葡萄酒厂、和龙煤矿、辽源矿务局、通化矿务局等较大的厂矿外，全省共新建和改建了中小型工矿企业600个以上①。1953年4月，新中国制糖厂在吉林市九站正式动工兴建，总投资额2350万元，于1955年11月26日正式投入生产。新中国制糖厂由波兰代为设计，并提供全套工艺设备，拥有当时世界先进水平的双碳酸法工艺的大型甜菜制糖设备。建成试产第一天甜菜日加工量达到500吨以上，第一个制糖期甜菜日平均加工量达到1065吨，产品质量全部达到国家规定的优级制糖标准。1956年新中国制糖厂给国家上缴利润173万元，税金164万元②。

“一五”计划期间，全省地方工业除了新建扩建一些厂矿外，主要是挖掘原有工业企业的潜力，在五年内增加的产值中，原有工业企业的新

① 《吉林省第一个五年国民经济计划执行结果的报告》，1958年6月6日。

② 《吉林工业四十年》第2卷，吉林文史出版社1989年版，第424页。

增产值即占 85%[①]。当时，全省地方工业企业在发展中遇到不少问题。产品数量、质量和品种规格远不能满足城乡人民的需要。经营管理水平不高，计划完成得不够均衡，政治工作薄弱，损失浪费严重等问题不同程度存在。针对上述问题，省委和省政府（省人委）采取了一系列措施加强了对地方工业生产的领导。

加强政治工作，提高职工劳动热情。县（旗）委办公室增加一至两名干部，领导县（旗）营企业生产。工业比重比较大的县由一名县委委员专门负责对地方工业的领导工作。统一职工思想，明确完成任务是企业党、政、工、团最主要最基本的任务。依靠群众，团结技术人员，搞好生产。在整党的基础上吸收工人入党，壮大基层党组织，健全政治工作制度。经常对职工进行政治思想教育和时事政策教育，发动职工提合理化建议，关心职工生活，提高群众生产积极性。1956 年 1 月上旬至 3 月末，据长春、吉林、四平、辽源四个市的 134 个单位统计，职工共提出合理化建议 29834 条，其中包括重大创造性建议 342 条，仅吉林市就采纳职工合理化建议 288 条，为国家创造了 259 万元的财富[②]。

坚持发展地方工业为城乡经济服务、满足人民生活需求的方针。全省按行业组织产品品种调整，加强新产品试制，1954 年长春市营工业试制成功 82 种新产品，其中 50 种为长春第一汽车制造厂生产的辅助材料[③]。着重进行对小五金、石棉制品、保温材料、胶合板、农药、兽药的试制工作，为企业发展创造条件；提高橡胶、针织、粮油加工、麻袋、纸烟、制糖、搪瓷、制革、造纸等行业的原材料利用率，以解决原材料供应不足的问题；在印刷、木家具、木农具、服装、针织、制罐副食品加工等行业，增加产品品种，改善式样，以满足群众需要。1957 年与 1952 年相比，全省为农业生产服务的地方工业增长 174.1%，为人民生活服务的地方工业增长 80%[④]。

开展以技术革新为主要内容的劳动竞赛，推广先进经验，贯彻苏联

① 《吉林省第一个五年国民经济计划执行结果的报告》，1958 年 6 月 6 日。

② 《省委关于全省工业生产建设高潮情况向中央的报告》，1956 年 4 月 12 日。

③ 《省委关于一九五四年工业、基本建设工作基本情况报告》，1955 年 2 月 8 日。

④ 《吉林省第一个五年国民经济计划执行结果的报告》，1958 年 6 月 6 日。

专家建议,提高工作效率。全省地方工业企业通过技术革新,由单纯增加劳动强度转变为改革生产技术设备,打破了原有的技术定额,改革了旧有的生产设备和不安全的劳动条件。在 1954 年上半年,吉林市国营工厂在技术革新运动中就有 5 个小组 2 个车间由半机械化改为机械化生产,劳动效率大大提高[①]。当年,全省地方工业中较大的技术革新有 1414 项,为国家创造了 317 亿元的财富[②]。基本建设单位推广了混凝土预制、大型砖砌、冬季施工、快速施工与工程任务单等经验,加速了工程进度,保证了质量。天宝山铜铅矿采纳了 15 项苏联专家建议,日处理量由 1953 年 300 吨提高到 1954 年的 540 吨。辽源发电厂贯彻了专家提出的技术记录、设备加标号、人员培训、反事故演习等建议,保证了 300 天安全运转。地方国营制油厂推广了李川江[③]榨油法,出油率由 10.76%提高至 12.5%,最高达到 14%[④]。"一五"计划期间,全省地方工业企业劳动率提高了 62.6%。

改善企业管理,降低成本,提高质量。全省地方工业企业进行定额管理,在发动群众的基础上把定量、定质、定员、定料工作搞好,精简编制,配齐车间干部,加强车间领导;注重原始记录工作,建立领退料制度,推行车间本票制,贯彻经济核算制;执行财务制度,掌握原材料消耗,提倡精打细算,加强成本管理;加强宣传教育,使职工与质量低劣、浪费现象进行积极斗争;健全厂规厂法,建立生产责任和交接班制度,提倡产品标准化;搞好职工业余学习,创办业余技工学校,通过提高职工技术来提高产品质量。地方工业出口产品由 1954 年 7 种增至 1957 年 60 种。某些主要产品,如吉林、石砚造纸厂的新闻纸成品率,石砚、开山屯造纸厂的蒸煮锅每立方公尺每小时漂白木浆产量等,其技术经济指标达到或超过了全国先进水平及世界先进水平。"一五"期间,中央各工业部所属企业及省直营企业成本平均每年降低 3.7%[⑤]。

---

① 《省委关于一九五四年上半年工业生产工作总结》,1954 年 8 月 10 日。

② 吉林省地方志编纂委员会编:《吉林省志·总述》,吉林人民出版社 2004 年版,第 355 页。

③ 李川江,四平市油酒制造厂车间主任,1951 年首创每百斤大豆出油 13.86 斤的全国纪录,1952 年被东北人民政府命名为"李川江大豆榨油操作法"。

④ 《省委关于一九五四年工业、基本建设工作基本情况报告》,1955 年 2 月 8 日。

⑤ 《吉林省第一个五年国民经济计划执行结果的报告》,1958 年 6 月 6 日。

吉林省地方工业的发展为全省工业实力的增长、农业生产条件的改善以及人民生活水平的提高作出了重要贡献。“一五”时期堪称新中国成立以来全省工业经济发展较快的时期。全省初步建成了以汽车、基本化工、铁合金、炭素、电力、森工等生产部门为主的工业骨架，并胜利完成了“一五”工业计划，奠定了社会主义工业化的坚实基础。

第六章

过渡时期政治建设的加强和文化事业的发展

在经济建设稳步前进的同时，根据中央指示，吉林省在普选基础上召开了全省第一届人民代表大会。在省委领导下，全省大力开展以下工作：积极推进统战工作，召开省政协会议；增强党内团结，开展审干肃反运动；贯彻“向现代科学进军”和“百花齐放、百家争鸣”的方针，调动知识分子积极性；发展科教文卫事业，以适应大规模经济建设的新形势。根据中央人民政府决定，1954 年吉林省行政区划作了较大调整，辖区扩大。长春市由中央直辖市改为省辖市。全省党组织也进行了调整。

一、人民代表大会制度的实行

基层人民代表选举工作

1953 年 1 月 13 日，中央人民政府委员会作出《关于召开全国人民代表大会及地方各级人民代表大会的决议》，决定于 1953 年召开由人民用普选方法产生的乡、县、市、省各级人民代表大会，并在此基础上召开全国人民代表大会。3 月 1 日，《中华人民共和国全国人民代表大会及地方各级人民代表大会选举法》颁布施行。

根据中央要求，4 月 13 日，吉林省选举委员会成立，省委副书记富振声为主席，王季平、宋振庭、徐元泉等 17 人为委员。当日，选举委员会召开第一次委员会议，成立选举委员会办公室，确定选举工作步骤。16 日，省选举委员会召开市、县(旗)选举工作负责干部会议。会议首先学习中央有关文件精神，明确人口调查和普选工作的重要意义，掌握具体政策和做法。会议提出了全省实施计划和实施细则的初步意见。4 月下旬，各市、地、县(旗)相继成立选举委员会及其办公室，并制定具体的工作计划报省委批准。

从 4 月下旬至 5 月初，全省开展广泛深入的普选宣传工作。4 月，省委宣传部发出《关于开展普选宣传工作的指示》和《关于深入开展普选宣传工作的意见》，各市、县(旗)于 5 月初相继召开宣传员代表会议。为更好地进行普选宣传工作，全省训练了 1.3 万多名普选干部。报纸开辟专栏刊登有关《选举法》的通俗讲话材料；广播电台安排了普选专题广播；文化馆、广播站、业余剧团、电影院等单位运用各种文艺形式进行宣传；报告员、宣传员在读报组、夜校、农校、速成识字班、互助组、合作社等组织中进行宣讲活动。全社会各种宣传力量广泛深入地宣传普选意义、《选举法》内容。通过宣传，广大群众懂得了为什么进行选举和怎样进行选举，从而调动了选举的积极性。

为了保证基层选举工作的顺利进行，全省各级党委开始抽调和训练干部。5 月上旬，省委举办基层选举骨干训练班，集训干部 705 人。6 月中下旬各地相继举办训练班。全省训练指导干部 7894 名，技术干部 5349 名，共计 13243 名[①]。通过培训，各级干部充分认识到普选工作的重要意义，领会了中央对普选工作的指示精神，掌握了普选工作的政策和具体做法。干部经过训练后，由县(旗)选举委员会统一编成工作队，每区派一个队，每三个村派一个组，每村派一名选举委员会主席，区设人民法庭，开展普选工作。

为了吸取经验，指导各地开展选举工作，省委选择部分地区进行典型试办。5 月中旬省委在延吉市选择一个村，在龙井市选择一个街(由

---

① 《吉林省选举委员会关于“吉林省第一批基层选举工作基本总结”》，(1953 年 10 月 29 日)，吉林省档案馆编：《中国共产党吉林省委员会重要文件汇编》第 4 册 (1953 年)，1987 年，第 663 页。

延边自治区负责)，在榆树和怀德两县各选择三个村分别进行典型试办。按照东北局指示，全省选举工作农村和城市错开进行。6月初，农村地区开始，城市普遍比农村晚一个月。采取“边学边做、以点带面、波浪式向前推进”[①]的方式，分三步开展选举工作。

第一步，按照选民的居住情况划分选区，进行人口调查和选民登记，公布选民名单。

为在全省开展选举工作，需要统计出准确的人口数据。根据中央《为准备普选进行全国人口普查登记的指示》，各级人民政府迅速成立了人口调查登记办公室，具体开展这项工作。1953年5月，在榆树和德惠两县进行人口调查的试点工作，以后随着基层选举工作的进行，从6月30日至1954年1月初，先后分四批开展调查登记。据统计，全省总人口为11290073人，男性6012087人，少数民族1193270人，年满18周岁的6138636人，城镇人口约占总人口的22.91%[②]。这次人口调查为选民登记提供了准确的人口数据。

人口调查和选民登记工作同时进行，两项工作都由各级选举委员会领导。在农村设流动登记站，以自然屯或行政组为单位，进行少数人集中登记，同时配合以逐户访问、地头访问等方式；在城市以户籍区为单位，按院落、胡同登记。在登记过程中，工作组严格坚持“应剥夺者一定剥夺，不应剥夺者不许剥夺”的原则审查选民资格，各级干部对一般的劳动人民不进行审查，集中力量审查地主、富农和被管制的反革命分子。在农村选民登记前，工作组深入群众调查，召开积极分子会议了解情况，对应审查的主要对象提交群众大会或小组会进行讨论，发动群众提意见，然后经村选举委员会审查，并报县(旗)核批。整个流程执行严格统一的手续，保证了每位公民的选举权利。

在选举进行中，全省坚持贯彻“结合生产”的原则，使选举工作成为推进生产的动力，避免铺张和形式主义的做法。在城市，各厂矿结合讨论生产计划、保安和生产管理工作开展普选工作。在农村，选举工作不

① 《省选举委员会确定基层选举工作的具体部署》，《吉林日报》1953年6月13日第1版。

② 吉林省地方志编纂委员会编：《吉林省志·人口志》，吉林人民出版社1992年版，第477页。

抽调各级领导生产的干部;县(旗)干部下乡,检查生产和检查选举工作同时进行,他们利用生产空隙时间,开展人口调查、选民登记等工作。7月13日,省委发出《关于普选选举必须紧密结合生产的指示》,明确要求做到生产、普选“两不误”。群众参加选举的热情随之高涨。

第二步,酝酿代表候选人名单,结合反命令主义、反违法乱纪,教育基层干部。

为保证选举工作顺利进行,针对党员干部中存在强迫命令和违法乱纪现象,省委分别在6月11日和8月3日发出《关于基层选举结合反命令主义反违法乱纪斗争问题的指示》和《关于在农村普选结合进行反对强迫命令与违法乱纪斗争的指示》,要求普选要结合反命令主义反违法乱纪斗争进行,但以普选为主;坚持教育改造的方针,对绝大多数干部要团结教育,对极少数违法乱纪情节严重恶劣者予以适当的惩处;对混进党内的坏分子必须清除;发现好人好事要给予奖励。

各地候选人的提名多采取联合提名和选民分别提名相结合的方法。工作组首先深入群众,或通过积极分子的活动了解选民的意愿,加以研究,做到心中有数,然后由村选举委员会和党支部邀请各人民团体联合提出代表候选人名单,提交各选民小组讨论。这种提名方法受到了群众的欢迎。

第三步,召开基层人民代表大会。

1954年初,各乡、镇、市辖区相继召开首届人民代表大会第一次会议,选举产生了市、县(旗)首届人民代表大会代表。2月至4月,各县(旗)相继召开首届人民代表大会第一次会议。6月至8月,各市先后召开首届人民代表大会第一次会议,选举产生省人民代表大会代表260名。至此,全省选举工作圆满完成。

普选进展顺利,取得了重要收获。第一,极大地提高了人民群众的政治积极性。在当时农村政治、经济和文化十分落后的情况下,党组织对此次选举做了大量艰苦细致的宣传教育工作,激发了广大农民当家作主的热情,广大农民的参选率很高。据对长岭、磐石、郭前、敦化、舒兰、乾安6个县(旗)214个村的统计,这些村共有选民147119人,实际参加选举134480人，占全体选民的 91.4%[①]。第二，所有村、镇基层政权组织中的原有干部普遍受到一次深刻的民主教育。多数基层党员干部因在工作中坚定地站在人民群众的立场上，发扬党的民主作风和积极负责的工作态度而受到群众的拥护，当选为人民代表。他们当选后工作更加积极，领导作风和工作方法有较大改进，和人民群众的联系也更加密切。也有部分党员干部虽然工作有成绩，人品端正，但因工作作风生硬，经过群众肯定成绩、批评错误之后，能够虚心进行检讨，表示决心改正，又重新取得人民群众的谅解和信任而当选为人民代表。第三，加强了政府与人民群众的联系，提高了广大人民群众的生产积极性，解放了生产力。各地经过普选召开的代表大会，一般都讨论群众最关心的生产、生活等重大问题。会后，由于代表和干部迅速传达贯彻和积极带头行动，生产、生活及各项工作都出现了蓬勃发展的好形势。榆树县太平村有 450 垧地已经铲了两遍，原计划不再铲了，普选后，群众增强了干劲，铲了第三遍，为当年农业丰收创造了有利的条件。磐石县王麻沟村全体干部和人民代表带动群众执行人民代表大会决议，三天内修好了村里的公路和通往其他村的道路。

开展《宪法(草案)》大讨论

1954 年 6 月 14 日，在中央人民政府委员会召开的第三十次会议上，毛泽东作了《关于中华人民共和国宪法(草案)》的重要讲话。会议通过了《中华人民共和国宪法(草案)》和《关于公布〈中华人民共和国宪法(草案)〉的决议》。《宪法(草案)》明确规定了国体和政体。“中华人民共和国是工人阶级领导的、以工农联盟为基础的人民民主国家。”“中华人民共和国的一切权力属于人民。人民行使权力的机关是全国人民代表大会和地方各级人民代表大会。”“全国人民代表大会、地方各级人民代表大会和其他国家机关，一律实行民主集中制。”确立了由新民主主义向社会主义过渡的方向和途径：“中华人民共和国依靠国家机关和

① 《省委批转省选举委员会关于“吉林省第一批基层选举工作基本总结”》(1953 年 10 月 29 日)，吉林省档案馆编：《中国共产党吉林省委员会重要文件汇编》第 4 册(1953 年)，1987 年，第 664 页。

社会力量，通过社会主义工业化和社会主义改造，保证逐步消灭剥削制度，建立社会主义社会。”还规定了公民的基本权利和义务。《宪法（草案）》从根本上体现了人民民主和社会主义两大原则，集中表现了中国人民长期奋斗的胜利成果，进一步指出了中国人民继续奋斗的前进道路。《宪法（草案）》公布后，全国立即掀起学习和讨论的热潮。

根据党中央的部署，吉林省委发出《关于在全省人民中进行宪法草案的宣传和讨论的指示》，要求各级党委从6月起在全省城乡组织干部群众广泛开展学习、讨论和宣传《宪法（草案）》的群众性活动。全省成立了各级《宪法（草案）》讨论委员会，具体负责组织对《宪法（草案）》的宣传讨论工作。全省训练了5813名报告员和161654名宣传员，利用报告会、座谈会、车间会、地头会、有线广播等方式，宣传制定《宪法（草案）》的伟大意义和讨论《宪法（草案）》的基本内容。省、市（自治区）、县（旗）以及2686个村、镇相继召开人民代表大会，热烈讨论《宪法（草案）》，并作出拥护《宪法（草案）》的决议。代表们认为，开展《宪法（草案）》大讨论是在党的领导下，各族人民当家作主行使民主权利的具体体现。全省广大党员、干部和各族各界群众参加了大讨论，许多人以自己的亲身经历说明了新旧社会的不同。

经过两个多月《宪法（草案）》的学习活动，全省共有500多万人参加了讨论，占全省人口的73.5％。全省各族人民以高度的政治热情和主人翁的态度，逐字逐句进行了阅读讨论，对《宪法（草案）》先后提出修改和补充意见669条。到8月底，全省人民对《宪法（草案）》的大讨论圆满结束。通过大讨论，大家认识到社会主义制度的先进性和巩固社会主义制度的重要性，认识到《宪法（草案）》规定的公民权利和义务的一致性。一些劳动模范在讨论中说：“《宪法（草案）》把工人阶级在国家的领导地位固定下来，我们一定要更好地工作，担起光荣的任务。”广大群众在讨论中普遍认为，过去的法律是有钱有势人的法律，压迫穷人，剥削穷人。今天的《宪法（草案）》是人民自己的法律，上面写着一切权力属于人民，这是保证人民当家作主的宪法。大家把宪法称为“命根子法”，认为宪法可以“保证社会主义建设的成功”。

这次《宪法（草案）》大讨论意义十分重大。它说明中国共产党真正代表最广大人民根本利益，体现了新中国的政权性质。全省人民在省委的正确领导下认真学习讨论《宪法（草案）》，充分行使了当家作主的权利。全省各级党组织在这次活动中发挥了重要的组织领导作用，积累了基层工作经验。这场大讨论，教育了人民群众，提高了思想觉悟，鼓舞了劳动热情，推动了各项建设事业的发展。

吉林省第一届人民代表大会

在《宪法（草案）》大讨论的过程中，1954 年 8 月 10 日至 13 日，吉林省第一届人民代表大会第一次会议在吉林市召开。这是一次具有重大历史意义的会议，是全省人民政治生活中的一件大事。大会的代表是在普选的基础上产生的，共计 260 名，出席 227 名。会议由大会主席团主持。

中共吉林省委书记李梦龄致开幕词。会议听取了省宪法草案讨论委员会副主任宋振庭作的《关于中华人民共和国宪法草案和全省人民讨论宪法草案情况的报告》、省人民政府主席栗又文作的《关于中央人民政府〈关于撤销大区一级行政机构和合并若干省、市建制的决定〉的传达与我省当前主要工作的报告》，并对其进行了认真讨论；通过了《关于拥护〈中华人民共和国宪法（草案）〉的决议》《关于拥护和执行中央人民政府〈关于撤销大区一级行政机构和合并若干省、市建制的决定〉的决议》。会议指出：《中华人民共和国宪法（草案）》充分地表达了全国人民建设社会主义社会的共同意愿，深刻地体现了人民民主制度的优越性，保证了国内各民族的平等、团结，保证了公民应享权利并规定了逐步扩大其物质保证的措施。会议选举李梦龄、栗又文、解方、关山复、朱德海等 11 人为吉林省出席全国人民代表大会的代表。

这次会议的召开，宣告各界人民代表会议这种过渡组织形式的结束，人民代表大会制度在全省的建立，标志着吉林省的政权建设和人民的政治生活进入了一个新阶段。

吉林省第一届人民代表大会到 1956 年 9 月党的八大召开前，先后召开了三次全省人民代表大会。

1955 年 2 月，省一届人大二次会议在长春召开。会议传达了一届全国人大一次会议精神，通过了《关于〈吉林省人民政府工作报告〉的决议》和《关于拥护周恩来总理兼外长关于美蒋〈共同防御条约〉及有关解放台湾的各项声明，坚决以实际行动支援解放台湾的决议》等报告和决议。会议根据《中华人民共和国宪法》和《中华人民共和国地方各级人民代表大会和地方各级人民委员会组织法》，将吉林省人民政府委员会改为吉林省人民委员会，并选举产生了新的组成人员。会议选举栗又文为吉林省人民委员会省长，于克、徐元泉、徐寿轩、关俊彦、朱德海为吉林省人民委员会副省长，鲍廷干为吉林省高级人民法院院长。

12 月，省一届人大三次会议在长春召开。会议拥护发展中国国民经济的第一个五年计划，动员全省人民为胜利完成 1955 年国民经济计划和当前任务而奋斗，通过了《关于批准吉林省 1954 年度财政决算与 1955 年度财政预算的决议》《关于贯彻中华人民共和国兵役法做好兵役工作的决议》《关于全面规划，加强领导，为把农业合作化运动推向新的高潮而奋斗的决议》。

1956 年 4 月，省一届人大四次会议在长春召开。会议通过了《关于〈吉林省人民委员会关于 1955 年工作情况和 1956 年工作任务的报告〉的决议》《关于〈为完成和争取超额完成吉林省 1956 年农业生产任务而奋斗〉的决议》。

省一届人大一次会议至四次会议结合全省实际，贯彻了全国人大会议精神，进一步激发了全省各族人民群众参政议政和贯彻执行过渡时期总路线的积极性，对全省社会主义基本经济制度和政治制度的确立起到了重要作用。

二、统一战线工作的新进展

政协吉林省第一届委员会

1950 年 4 月，吉林省首届各界人民代表会议第一次会议召开，选举产生其常设机构省协商委员会，即中国人民政治协商会议吉林省委员会的前身。至 1955 年 2 月，省协商委员会先后召开 11 次会议。五年中，省协商委员会协助政府团结各方面人士，参加各种政治活动和国家建设事业，取得了显著成绩，并为以后的人民政协工作进行了有益探索。1954 年 8 月，吉林省第一届人民代表大会第一次会议召开后，省各界人民代表会议代行省人民代表大会职权的历史使命结束，但省协商委员会作为人民民主统一战线组织一直存续至 1955 年 2 月。

1955 年 2 月 10 日至 11 日，中国人民政治协商会议吉林省第一届委员会第一次全体会议在长春举行，出席会议的委员应到 69 名，实到 63 人[①]。委员会由中国共产党、各民主党派、各人民团体等 19 个单位（界别）的代表组成，其中，中共党员 20 人，非党人士 49 人，少数民族 9 人，妇女 9 人，具有广泛的代表性，标志着人民民主统一战线的巩固和发展[②]。

会议由吉林省各界人民代表会议协商委员会副主席关俊彦致开幕词。会议听取了政协第二届全国委员会委员徐寿轩关于中国人民政治协商会议第二届全国委员会第一次全体会议的有关决议、报告的传达报告和全省各界人民代表会议协商委员会副主席张德馨关于全省各界人民代表会议协商委员会的工作报告。报告充分肯定了全省各界人民代表会议协商委员会在过去工作中所取得的成绩，指明了其中的不足，对今后的工作提出了建议。要求认真执行《中国人民政治协商会议章程》，认真贯彻政协第二届全国委员会第一次全体会议精神；通过各民主党派、人民团体、各界人士及有关机关和人员多方面联系群众，了解他们的意见，向党和国家机关反映并提出建议；对国家政策、法令进行积极的宣传，并协助政府推行；对本省有关国家政治生活和人民民主统一战线的重要事项进行协商；组织和推动全省各民主党派成员和无党派人士加强学习马列主义，运用批评和自我批评的方法，进行自我改造，不断提高政治觉悟，积极参加社会主义改造和社会主义建设事业。

会议通过了《关于吉林省各界人民代表会议协商委员会工作报告的决议》《关于拥护中国人民政治协商会议第二届全国委员会第一次全体

① 《政协一届吉林省委员会会议闭幕》，《吉林日报》1955 年 2 月 12 日第 1 版。

② 吉林省地方志编纂委员会编：《吉林省志·人民政协志》，吉林人民出版社 2005 年版，第 22、23 页。

会议宣言、决议和中国人民政治协商会议章程的决议》《关于坚决支援解放台湾的决议》。会议还通过了《致中国人民解放军的慰问电》和《致中国人民志愿军的慰问电》，提出了关于发起禁止使用原子弹的签名运动的建议等。

在小组讨论基础上，有20位委员作了大会发言。会议根据委员联合提名，以无记名方式投票选举李砥平为中国人民政治协商会议吉林省第一届委员会主席，徐寿轩、张德馨、宋任远、成盛三为副主席，王子明为秘书长，选举周秀清等17人为常务委员。政协吉林省委员会正式成立①。

至1956年9月中共八大召开前，省政协第一届委员会先后召开两次全体会议和九次常委会。省政协第一届委员会在中共吉林省委的领导下，积极参加全省的社会主义革命和建设，充分发挥了政治协商的作用。在社会主义改造方面，组织各界人士学习过渡时期总路线，对私营工商业人士进行社会主义前途的教育，动员他们接受社会主义改造；先后十余次组织各界人士视察参观国营企业、公私合营企业、农业生产合作社和手工业合作社等单位，增强其对国家方针政策正确性的认识；向有关国家机关反映群众意见和建议等。在社会主义建设方面，宣传国家发展国民经济的第一个五年计划；推动各界人士踊跃认购国家建设公债；协助政府做好市场安排和城市粮食定量供应工作；讨论1956年到1957年农业发展规划(草案)；召开座谈会，号召各阶层人士做好宣传工作，保证新币发行和旧币回收工作顺利进行；积极举行关于文字改革和汉语拼音方案(草案)问题的报告会，促进社会主义文化工作的开展。在思想改造方面，召开常委会，讨论《人民日报》刊载的《无产阶级专政的历史经验》一文和"长期共存、互相监督"的方针，解除党外人士的思想顾虑，鼓舞其政治积极性；筹建业余政治学校，组织统一战线广大成员加强政治学习和理论学习，积极参加思想改造运动。在对外工作中，协助开展民间性的国际活动，先后接待了友好国家工会代表团，以及越南和平代表团来长春的参观访问。此外，省政协第一届委员会

---

① 《政协一届吉林省委员会会议闭幕》，《吉林日报》1955年2月12日第1版。

还在反对国内外敌人、巩固国家政权、支持世界和平运动等方面开展了一系列工作。

民族工作的新进展

新中国成立后，党所确定的民族工作方针和民族政策，在各少数民族地区得到贯彻执行，取得了较好的效果。但在有些地区，尤其是民族杂居地区，民族政策的执行存在不少问题。对此，中央发出了一系列指示。根据中央指示，吉林省同全国各地一样普遍进行了一次执行民族政策情况的大检查。配合东北人民政府民族事务委员会工作组处理和解决了长春市民族政策执行中存在的问题和回族内部纠纷，于 1953 年检查了郭前旗执行民族政策情况。通过检查，工作组认为郭前旗民族工作取得很多成绩，但也仍存在许多问题。主要表现在：领导没有根据少数民族特点具体帮助解决农业生产中存在的问题；劳动力负担重且不合理；土改时错定的阶级成分尚未纠正；民族歧视、隔阂在群众中严重存在；不尊重蒙古族风俗习惯；蒙古族干部不讲蒙语；对蒙古族文化教育事业重视不够；卫生、交通等事业亟需发展等。针对这些问题，工作组提出若干解决办法：在郭前旗实行区域自治；采取农牧结合的方针发展农业；增加干部福利；发展文教卫生事业等。1953 年 8 月，省委对《郭前旗执行民族政策情况检查报告》作出批示，要求各地在少数民族地区进行普选时，要结合民族政策，对执行民族政策情况进行检查，纠正一切违反民族政策现象，并注意解决少数民族迫切需要又有可能解决的问题。经过检查，各地在执行民族政策和工作中存在的严重错误大多得到纠正，民族关系进一步改善。为进一步团结各族人民参加国民经济的恢复和建设工作，1954 年 1 月 15 日，经中央人民政府政务院批准成立了吉林省民族事务委员会，为省政府主管民族工作的职能部门。之后，各市、地、县(旗)相继建立了民族工作机构。

在社会主义过渡时期，各级党委、政府从政治、经济、文化等多方面采取措施，促进了少数民族事业的发展。

建立民族自治地方及民族乡。1955 年 9 月 27 日，国务院第 19 次会议通过撤销郭尔罗斯前旗建制、成立前郭尔罗斯蒙古族自治县的决议。12月25日至1956年1月1日，郭尔罗斯前旗召开第一届人民代表大会第五次会议，宣告前郭尔罗斯蒙古族自治县成立。1954年至1956年，莫莫格、包拉温都、胡力吐等地建立蒙古族乡，西艾力建立蒙古族自治村。根据国务院《关于改变过去地方民族民主联合政府的指示》和《关于建立民族乡若干问题的指示》精神，于1956年在九台县设立了葛家回族乡和宝山回族乡，双阳县设立了大营子回族乡。

培养选拔少数民族干部，保证少数民族参政议政的权利。省委、省政府（省人委）根据“就地取材，大胆提拔民族干部”的方针，把从实际斗争中涌现出的大批少数民族积极分子吸收到干部队伍中来，并大力培养少数民族干部。不仅在省行政干部学校开设了民族干部班，还通过省、市、地委党校培训少数民族党员干部。为培训朝鲜族财经干部，1953年建立了延边合作干部学校（1955年改称为“延边财经干部学校”）。在培养干部基础上，各级党委和政府还选拔了一大批少数民族干部担负各级领导职务。为了保证少数民族在国家政治生活中的平等权利和地位，在选举和推荐省、市、地、县（旗）各级人大代表与政协委员时，对各民族都作了适当照顾，保障少数民族在各级人大、政协和社会团体中参加政治生活，充分享有管理国家的平等权利。省第一届人民代表大会第一次会议少数民族代表36名，占总代表人数的13.8%[①]；省政协第一届委员会第一次会议共有69名委员，其中少数民族9人，占总数的13%[②]。在延边朝鲜族自治州，人大常委会主任和州长都由朝鲜族公民担任。1955年，全州朝鲜族干部由1952年的6000余人增加至1万余人，在州及各县市人民委员会科级以上领导干部中，朝鲜族占73%。

积极扶持少数民族地区经济发展。这一时期，全省少数民族地区由于实行了生产资料私有制的社会主义改造，各项事业得到全面发展。与此同时，各级党委坚持从少数民族地区实际出发，积极发展工农业生

---

① 吉林省地方志编纂委员会编：《吉林省志·人民代表大会志》，吉林人民出版社1994年版，第19—21页。

② 吉林省地方志编纂委员会编：《吉林省志·人民政协志》，吉林人民出版社2005年版，第23页。

产，推广使用新农具、新技术，总结推广先进经验；在生产资料供应、产品收购、资金贷款等方面给予照顾。延边朝鲜族自治州根据朝鲜族农民善种水稻的特点和充沛的水利资源，投入大量资金，动员众多人力，修建塘坝和水库，建设灌溉工程，使水田面积迅速扩大。至 1956 年，延边水田面积增加到5.04 万公顷。郭尔罗斯前旗根据蒙古族牧民拥有经营牧业的经验和草原占地 32.4%[①]的资源优势，贯彻"农牧并重"的方针，采取"大力发展，普遍繁殖与逐步改良相结合"的措施，使畜牧业有了很大发展。牧民把大量的肉、皮革和羊毛供给国家，仅从 1953 年至 1954 年 9 月，便出售肉类 160 余万斤、皮革数千张[②]。

尊重少数民族文化和风俗习惯。民族自治地方的自治机关在行使职权时，重视使用自治民族的语言文字，省与自治州和自治县都设有民族语文和翻译工作机构，配备专职翻译人员，举办民族语文学习班，推动民族语文的学习与使用。省委、省政府(省人委)对少数民族的风俗习惯给予充分的尊重，省政府(省人委)及有关部门积极组织少数民族特许商品的生产与供应，满足少数民族的特殊需求。在处理宗教问题上，全省各级党委和政府坚决贯彻执行宗教信仰自由政策，支持总结革新运动，鼓励宗教信仰者走爱国爱教道路。各地挖掘并发扬少数民族传统文化，如：蒙古族的那达慕大会，朝鲜族的扇子舞、刀舞，满族的八角鼓等。建立艺术协会，创建延边歌舞团、延边话剧团等各种艺术团体。这一时期，少数民族文艺工作者创作出许多优秀的文艺作品，如：诗歌《两棵青松》《给我一支枪》等，小说《海兰江啊，你说吧》，歌曲《闺女之歌》《长白之歌》等。

发展少数民族教育事业。省委、省政府(省人委)在延边地区认真贯彻"公办民助"的方针，使朝鲜族民办学校逐步改建为公办学校，发展幼儿教育、小学教育、中等教育和高等教育，积极开展扫盲活动，提高工农群众的文化水平。到 1952 年末，公办朝鲜族小学占小学总数的

① 吉林省地方志编纂委员会编：《吉林省志·民族志》，吉林人民出版社 2003 年版，第 45—46、67、9 页。

② 中共松原市委党史研究室：《中国共产党松原历史第二卷》，吉林文史出版社 2012 年版，第 105 页。

97.69%,朝鲜族适龄儿童入学率达90%,达到了国家提出的普及小学教育的要求。从1952年秋开始,一些有条件的地方建立了蒙古族小学、蒙汉联合小学或蒙生单独编班。1956年9月,前郭县建立了全省第一所蒙古族完全中学,招收全省蒙古族学生。学校采用汉语授课,加授蒙古语文课。与此同时,全省还设立了多处回族小学。

增进民族团结。针对历史上形成的民族之间的仇恨、隔阂、猜忌、歧视和不信任心理,尤其是汉民族中的大汉族主义倾向以及少数民族中的地方民族主义倾向,吉林省在加强民族政策宣传教育的过程中,从思想教育入手,加强民族团结教育。延边朝鲜民族自治区、郭尔罗斯前旗等少数民族聚居地都设有民族政策和民族团结宣传月,向各族干部和群众宣传党的民族政策,广泛听取各族群众的意见,改进工作,增强团结。广泛开展评选和表彰民族团结先进集体和个人活动。自治区、自治县每隔几年召开一次民族团结先进集体、先进个人表彰大会,大张旗鼓宣传民族团结先进事迹。1954年3月28日至4月1日,全省第一次民族团结模范大会召开。大会表彰了民族团结模范60名,其中汉族20名,朝鲜族25名,回族9名,蒙古族4名,满族2名,受表彰模范包括农民、村干部、企业代表、教育工作者等。10月15日至18日,延边朝鲜民族自治区举行第二次民族团结模范大会。参加大会的有朝鲜、汉、满等民族成分的模范人物195名①。会上,中共延边朝鲜民族自治区区委书记、自治区人民政府主席朱德海,副主席崔采,分别作了有关民族政策和自治区两年来民族工作的总结报告。模范们通过小组和大会讨论,交流了经验,互相学习了先进事迹。

1955年4月,省委、省人委根据宪法规定,经国务院批准,决定将延边朝鲜民族自治区改为延边朝鲜族自治州。

通过贯彻执行党的民族区域自治政策,大力扶持少数民族地区经济、文化、教育等各项事业的发展,各少数民族的面貌逐渐改变,生活水平明显提高,为维护和促进全省政治稳定、社会进步提供了保障。

---

① 《延边朝鲜族自治区举行民族团结模范大会》,《人民日报》1954年10月25日第3版。

三、行政区划的扩大和党组织的调整

新中国成立之初，吉林省的行政区划没有大的改变，共辖吉林市、长春市、延边专区和敦化、延吉、珲春、汪清、和龙、安图等23个县（旗）、20个市辖区、1个丰满区。全省人口为696万人[①]。省会设在吉林市。1951年、1952年和1953年吉林省的行政区划又先后作了局部调整。1953年7月，长春市改为中央直辖市，长春市委由省委领导改为东北局领导。

1954年6月，中央人民政府作出《关于撤销大区一级行政机构和合并若干省、市建制的决定》。8月，中央调整东北行政区划，撤销东北行政委员会，由6个省调整为3个省，即：辽宁省、吉林省、黑龙江省。吉林省辖区扩大，将原辽东省辖的通化市、辽源市和通化、辑安（集安）、临江、柳河、海龙、辉南、长白、抚松、靖宇、东丰、西安县13个市、县和原辽西省辖的四平市、梨树、双辽3个市、县以及原黑龙江省辖的白城子、洮南、瞻榆、开通、安广、镇赉、大赉7个县划入吉林省。设立通化地委，领导10个市、县委，设立白城子地委（1954年底，改称“白城地委”），领导8个县委，其他新划入的四平、辽源两市委，双辽、西安、梨树、东丰4个县委，由省委直接领导。长春市由中央直辖市改为省辖市。至此，吉林省下辖2个地级市（长春、吉林）、3个专区、46个县（市、旗）。人口扩大至1164.7万[②]。

1954年8月16日至8月底，全省基本完成了行政区划调整、合并后的交接工作。9月27日，省会由吉林市迁至长春市。

1955年7月，省委对白城、通化两个专区进行了整顿。省委就省、专区、县之间的工作关系作出规定：省级各单位对下的工作布置及召开的会议，除涉及全面的中心工作需要通过专区外，一般的工作及会议可

---

① 《省委五、六月份工作综合报告》（1949年7月1日），吉林省档案馆编：《中国共产党吉林省委员会重要文件汇编》第1册（1945—1949年），1984年，第462页。

② 吉林省地方志编纂委员会编：《吉林省志·人口志》，吉林人民出版社1992年版，第25页。

直接向县布置，其有关文件同时抄送专区。各县向省的一些请示、报告以及省的批复亦可同时抄送专区。

随着全省辖区的扩大，工作任务加重，省委班子陆续调整充实。1954 年 7 月，增任李砥平为省委第一副书记，9 月，省委书记李梦龄因病不能坚持工作，由省委第一副书记李砥平主持省委工作。12 月，增补于克、徐元泉、关山复为省委常委。1955 年 1 月，经中共中央批准，省委委员增补至 25 名。2 月，吴德任省委第一书记，李梦龄任第二书记，李砥平任第三书记，富振声、栗又文、关山复任副书记。于克、徐元泉、张士英为常委。11 月，赵林任省委第三书记，李砥平改任省委第四书记。1956 年 5 月，增补贺健为省委常委。

随着省直机关人员增加，省委对省级机关党组织进行了调整：撤销原直属机关六个党委、两个总支，重建一个新的省直机关党委，下属三个分党委，即商业系统（商业厅、省土产公司、省百货公司、省医药公司、省花纱公司、省食品公司、省五金公司、交电、木材、煤建公司等及其所属单位）。文卫系统（卫生厅、教育厅、科学普及协会、新闻出版处、宗教事务处、体委、文化局、文联、电台等）和公安系统（公安厅、公安干校等及其所属单位）党委，19 个总支[①]。省委还要求地委及县（旗）委增设农村工作部，把农村工作纳入党委工作的重要内容。为了加强政府工作，省委撤销了贸易金融、工业基建、农林水利、文化教育、政法五个党组，于 1955 年 3 月建立省人民委员会党组。与此同时，省委工作机构也有所变化。1954 年 8 月，办公室改为办公厅，商业部改为财经工作部。为适应森林工业、交通运输事业发展的需要，9 月成立森林工业交通部，以后并入工业部。1955 年 6 月，纪律检查委员会改为监察委员会，由中共吉林省委和中央监察委员会双重领导。1956 年 4 月，成立文化教育部。

为解决吉林省直机关所需干部，东北局调配 844 名干部充实到全省党政机关，特别是监察、司法、检察部门以及长春、吉林两市领导班子。省委还通过提拔后备干部，挑选军队转业干部，选调县（旗、区）干部来

---

① 《省委关于撤销省直属机关党委、总支与重新建立党委、分党委、总支的决定》（1954 年 10 月 6 日），吉林省档案馆编：《中国共产党吉林省委员会重要文件汇编》第 5 册（1954 年），1986 年，第 127—130 页。

充实省级党政机关各部门。为适应经济建设的需要，中共中央和东北局先后调配工业系统干部633名，省委调配了2300名干部充实到重点厂矿、基本建设单位和地方工业企业[①]。在调配干部的同时，省委进一步加强干部管理工作。1953年6月，中共中央及东北局根据宣传部门工作任务的需要，决定由省、市、地委宣传部试分管文、教、卫、体部门干部。11月，中央发出《关于加强干部管理工作的决定》。1954年3月，吉林省开始实行党委领导下，由组织部门统一管理的分部、分级管理干部的体制。省委各部门分别设立干部管理处，管理各系统干部。省委工业部、农村工作部、商业部分别管理工业、农业、财贸及工商等系统的干部，省委组织部主要管理党群、政法干部和协助省委进行有关统一管理干部的工作。按照干部管理职能的调整，省、市党委、政府相关机构和人员编制分别作了适当调整和整顿。干部管理能力得到加强，1953年提拔干部15677名。1954年，省委调配了383名县（区）级干部和1178名技术干部支援省内国家重点工程。1955年9月，吉林省下发（不包括长春、吉林）各市、地、县（旗）委管理的干部职务名称表，进一步明确了干部管理范围和责任。同年，省委统一调入农业系统干部2754名，有力地支持了农业合作化工作[②]。根据中央指示，从1955年8月开始，全省党的基层组织工作开始实行分级分部管理。由于农村工作部任务量大，农村党的基层组织管理仍由组织部负主要责任。省委各部门分别设立基层组织处，负责党的基层组织工作。

随着党组织的不断调整和干部队伍的扩大，干部工作仍存在不足，特别是技术干部和领导骨干缺乏，干部质量亟待提高，干部总体状况仍不能适应形势发展的需要。因此，省委本着“眼睛向下、自力更生、就地取材”的原则，坚持“德才兼备”的标准，有计划地大量培养、提拔、训练干部。省委组织广大干部学习理论，钻研业务，掌握科学技术，并加强政治思想工作，以保证加强对经济工作和其他各项工作的领导。1955

① 中共吉林省委组织部、中共吉林省委党史研究室、吉林省档案馆编：《中国共产党吉林省组织史资料（1924.8—1987.11）》，1993年版，第412页。

② 吉林省地方志编纂委员会编：《吉林省志·中国共产党志》，吉林人民出版社1997年版，第284页。

年，省委根据中央要求，对干部进行辩证唯物主义和历史唯物主义世界观教育，召开全省宣传工作会议进行动员和部署。各级党组织分别制定了学习方案。省直机关和长春、吉林两市作为试点，总结经验并进行推广，推动了全省党员干部特别是年轻干部的政治理论学习，促进了干部理论水平的提高。

行政区划的扩大和经济建设的发展，促使全省党员队伍迅速壮大。1954 年，全省新发展党员 2.1 万多名。截至 1956 年，全省党员猛增至 241029 人，支部 15785 个[①]。省委及时总结了党员队伍发展的经验，认真分析党员队伍状况及存在的问题。省委认为，从全省看，党员人数仍然较少，分布也不平衡；党员队伍质量和基层组织战斗力虽然不断提高，但还不够坚强。因此，在发展党员问题上，省委本着既要克服保守思想，又要“积极慎重”的方针，继续发展党的组织。省委提出，在入党质量上坚持党员标准，在队伍构成上增加工人成分，在队伍分布上增加小城镇中手工业合作社、公私合营企业特别是科学文教部门的党员培养，在党员素质教育上结合各项中心工作，有计划地进行整党，提高基层组织的战斗力。

党的第八次全国代表大会召开之前，全省行政区划与党的组织较大规模的调整工作基本完成，全省行政管理工作与党的建设工作进入稳步发展阶段。

四、增强党的团结和审干肃反运动

肃清党内分裂活动在吉林的影响

正当全省贯彻执行党的过渡时期总路线，三大改造运动向纵深发展之际，党内发生了高岗、饶漱石事件。1954 年 2 月，中共中央召开七届四中全会，通过了《关于增强党的团结的决议》。《决议》不点名地批

① 中共吉林省委组织部、中共吉林省委党史研究室、吉林省档案馆编：《中国共产党吉林省组织史资料（1924.8—1987.11）》，1993 年版，第 412、516 页。

评了高岗、饶漱石的非组织活动，向全党特别是中央委员和高级干部强调增强和维护党的团结的极端重要性。

1954年3月15日至20日，省委先后六次召开全体委员会议，传达贯彻党的七届四中全会精神，结合实际检查了省委内部的团结问题。5月6日至24日，省委召开全委扩大会议，传达并讨论了党的七届四中全会决议，周恩来关于高岗、饶漱石问题的报告和东北地区党的高级干部会议决议等。会议揭发批判了高岗分裂活动及其在吉林省的影响，进一步检查了省委在团结方面存在的问题。会议认为，省委内部基本上是团结的，但也存在不团结问题。会议经过讨论，强调在四个方面贯彻落实七届四中全会精神：加强对党的团结重要性的教育，同一切不利于团结的现象进行坚决的斗争；加强党的集中统一领导，健全党委集体领导制度，严格执行请示报告制度，反对宗派情绪、分散主义、本位主义和地方主义；发扬党内民主，健全党的民主生活，开展批评与自我批评，党的高级干部必须参加党的支部生活，党的组织与干部必须受到群众的自下而上的批评和监督，党员尤其是党的高级干部必须经常注意巩固与提高党的集体领导的威信，高级干部必须遵循将问题摆在桌面上的原则，克服自由主义；加强党的政治思想领导，加强党员的党性教育和锻炼，提高马列主义理论水平，反对个人主义、骄傲自满情绪和个人崇拜。5月26日至6月3日，省委召开地方党的高级干部会议，参加会议的有县委书记，厂矿长、党委书记和省直处级以上党员干部，共计450多人。会议传达七届四中全会精神，作了省委关于团结问题的检查报告。与会人员联系实际开展批评与自我批评，进一步肃清高岗分裂活动对吉林省的影响。6月5日，省委向东北局和中央报告了会议情况。《报告》将高岗的资产阶级个人主义思想和作风在全省高级干部中的影响概括为：一是表现为极端骄傲情绪，“东北先进论”“东北特殊论”“东北一贯正确论”在干部中有一定影响；二是忽视党的集体领导作用，盲目崇拜个人；三是对中央方针政策研究落实不够，如“没有着重地宣传中央的领导作用和提高中央的威信，在宣传东北工作上没有着重宣传中央对东北工作领导的决定作用”，“对中央方针政策研究不细致”等；四是党的民主生活不正常，高级干部缺乏严格组织生活，自我批评特别是自下而上的批评很差。省委在积极贯彻党的七届四中全会决议的同时，对肃清高岗在吉林省的影响持慎重态度。省委认为，在肃清高岗的影响上应有所分析，“不能盲目地去讲肃清高岗的影响。肃清高岗影响主要是在高级干部中，决不能在初级干部和党员中去盲目地肃清高岗的影响。在高级干部中也主要是很好地去学习四中全会决议，提高党性”，在初级干部和党员中“主要是从正面教育，加强思想领导，加强党性教育和锻炼，开展经常的批评与自我批评。”“必须坚决防止到处望风捕影地肃清高岗的影响，以免造成混乱。就是在高级干部中受到的影响程度也是不一样的，有的根本就不存在受到影响的问题。必须把受到高岗影响和一般的骄傲情绪、个人主义和思想意识上的毛病相区别。”①

6月5日，省委印发《关于向区一级干部传达七届四中全会决议的要点和提纲》，强调必须严肃认真地传达，防止草率从事；着重正面教育，提高思想觉悟；通过传达更加巩固和提高中央威信。到6月中旬，全省先后向4000多名干部进行了传达。省委在传达过程中特别注意掌握情况与具体指导。接受传达的人员一致认为受到了一次深刻的党性教育，有的说：“过去像睡觉，这回惊醒了。”有的说：“从参加革命以来，初次受到沉痛教育，比‘三反’、整党还为深刻。”②9月，省委召开省直机关高级干部会议，动员深入贯彻党的七届四中全会决议，并制定了《关于继续深入贯彻四中全会决议的计划》。《计划》要求省委委员，省委正、副部长和省政府正、副厅（局）长以上干部在过去检查的基础上，作进一步自我检查，充分发扬民主，开展批评与自我批评，彻底肃清高、饶的影响。检查结果表明，在省委有的成员和部分高级干部中确实存在不团结的问题，同时存在对维护中央威信和党的团结的重要性认识不足、滋长骄傲自满情绪、夸大个人作用、没有坚持党的集体领导原则、民主生

---

① 《省委关于召开吉林地方党的高级干部会议情况的报告》（1954年6月5日），吉林省档案馆编：《中国共产党吉林省委员会重要文件汇编》第5册（1954年），1986年，第17、18、19页。

② 《关于向区书一级干部传达与贯彻党的七届四中全会决议情况的报告》（1954年6月），吉林省档案馆编：《中国共产党吉林省委员会重要文件汇编》第5册（1954年），1986年，第22、23页。

活不健全以及个人主义、自由主义和分散主义等问题。9月下旬，省委又向全体党员、团员和党外积极分子作了传达，并向一部分党外民主人士作了通报。根据四中全会精神和省委的指示要求，各市、地、县委和厂矿企事业党委领导结合思想实际和工作实际，特别是围绕骄傲自满、个人主义、不认真贯彻党的政策和决议、违反党的集体领导原则以及其他不利于党的团结等问题进行了检查和批评。经过反复深入检查，一些部门和地区党的领导工作有了很大改进。一是党的基层政治工作加强了。省委在第四季度分别召开基层厂矿工作会议、国营商业基层支部工作会议，着重检查和批判了厂矿企业中忽视党的领导、忽视党的工作的严重倾向，反复强调了党的工作的重要性，进一步明确了厂矿企业党组织的任务，交代了党的政治思想领导和对企业行政保证监督作用的主要内容和工作方法。各级党委结合实际检查、分析、批判忽视党的工作的情况，并采取措施加以改进。二是党的政治思想领导加强了。单纯用行政命令的方法开展工作的现象逐步减少。三是党的集体领导加强了。凡重大问题都在党的委员会民主讨论决定，党的委员会议制度更加健全，会议质量进一步提高。

鉴于农村工作繁忙，多数市、地、县委贯彻四中全会决议不够彻底，1955年1月，省委发出《关于市、地、县继续深入贯彻党的四中全会决议的指示》，将贯彻四中全会决议作为1955年工作的重要任务之一，突出强调转变党的作风，制定切实可行的改进措施，要求把作风建设作为一项长期的思想、组织建设任务。省委要求先检查市、地、县委委员个人的思想作风，在此基础上作专题检查，着重检查和克服忽视党的领导、忽视党的建设、忽视集体领导原则、忽视对基层组织的领导、不依靠党的组织进行工作的倾向，并作出总结报告省委。检查过程必须贯彻“从团结出发，经过批评斗争达到团结的目的”的方针，本着“与人为善”“治病救人”的原则[①]。4月，省委召开全委会议，讨论关于党的全国代表会议的公报等内容，要求全省党员特别是领导干部要深入进行思想和政策的检查，充分发扬党内民主，开展批评与自我批评，坚持集体领导原

---

① 《关于市、地、县委继续深入贯彻四中全会决议的指示》（1955年1月10日），吉林省档案馆编：《中国共产党吉林省委员会重要文件汇编》第6册（1955年），1986年，第67页。

则。6 月 10 日至 26 日,省委召开吉林省党的第三次代表会议。会议充分开展了批评与自我批评,认真检查了工作中的问题,特别是对高岗的影响进行了深刻的检查和批判。会议要求,必须从高饶事件中汲取教训,增强党的团结,充分发扬民主,贯彻集体领导原则,开展批评与自我批评,克服资产阶级个人主义思想。会议选举产生了中共吉林省监察委员会,代替原省委纪律检查委员会。省委将会议情况报告了中央。至此,全省贯彻落实党的七届四中全会精神,肃清高岗分裂活动在吉林的影响工作基本结束。

这项工作加强了党的领导,加强了党的思想、组织建设,改进了党的工作作风,密切了党群关系,提高了全体党员维护党的团结的自觉性,提高了党的战斗力,保证了"一五"计划的胜利完成和党在过渡时期总路线在吉林的贯彻执行。

审查干部工作和内部肃反运动

随着经济建设和其他各项事业的发展,吉林省干部队伍逐步扩大,到 1954 年 10 月全省已有 20 多万干部。这些干部大部分经过各种政治运动的锻炼和考验,基本上是纯洁的。长春、吉林等敌占城市解放后,除留用部分旧人员外,根据工作需要,从社会上吸收和招聘了一部分旧知识分子和工程技术人员,因此干部成分较为复杂。一些历史不清、来历不明的人甚至少数反革命分子混入了干部队伍。1953 年 5 月,省委组织部根据东北局指示,成立了临时审干工作小组,对省内 1960 名[①]县处级以上干部进行了审查,并写出了历史审查总结。经过这次审查,省委初步摸清了县级以上干部的历史情况,为正确使用这批干部提供了依据,同时为全面开展审干工作创造了条件。1953 年 11 月 24 日中共中央作出《关于审查干部的决定》,省委决定在全省进行一次全面的审干工作。

1954 年 10 月 18 日,省委制定了《关于审查干部工作计划》,指出:审干的目的是弄清每个干部的政治面目,清除混入党政机关的反革命

① 《省委关于审查干部工作计划》(1954 年 10 月 18 日),吉林省档案馆编:《中国共产党吉林省委员会重要文件汇编》第 5 册(1954 年),1986 年,第 135 页。

分子、阶级异己分子和蜕化分子，保持干部队伍的纯洁，同时又要多方面了解和熟悉干部的思想品质、工作才能，以便有计划地培养干部，正确地使用干部；审干采取分层分批，逐步展开，在县级以上党委统一领导下，由各部门分工负责，逐级进行审查的方法；审查的重点是政治面目不清，来历不明，在重要关节上含糊不清的干部，凡是全面情况确已了解清楚的可不再进行审查；审干步骤是先党内、后党外，先领导骨干、后一般干部，先要害部门、后一般部门。《计划》对审干工作的准备工作、坚持的原则、制度建设等作了全面规定，并要求各级党委结合当地实际情况制定具体的审干计划，成立办事机构。省委成立了审干委员会，全省抽调了大批政治可靠、作风正派、具有一定工作能力的干部从事审干工作，最多时达到 5000 多名[①]。1955 年，省委在省直机关、重要厂矿和舒兰县进行了试点，取得了经验。各地密切结合工作，有步骤有重点地开始进行审干工作。

审干工作从 1955 年初开始，到 1958 年 10 月结束。这一工作大体经历了三个阶段：1955 年上半年，审查地级与主要县级以上干部及各大单位、各重点工程、重要厂矿的党、政、组织、人事、保卫部门的骨干。下半年，审查省、市、地、直属各主要领导单位与重点工程、重要国营企业、大专院校的干部。1956 年至 1958 年，审查省、市、地、一般的直属单位、一般国营企业与地方国营企业及各县的干部。

审干工作主要由审干前准备、分类排队、思想动员、调查研究、结论处理几个环节构成。在审查开始前，从事审干工作的人员认真学习中央关于审干工作的精神，熟悉掌握审干的政策和业务。在此基础上，审干工作人员认真细致地审阅材料，划清审查与不审查的界限。通过充分调查，全面掌握审查对象的相关资料，进行分析研究，作出结论。对于全部政治历史已查清的干部，即作出肯定性结论；对个别问题一时难以证明，先就肯定的部分作出结论，只保留个别问题继续审查；对有政治历史问题的干部，要根据相关规定分别处理；对非党员干部的政治历史问题，根据国家法律法令进行处理；在审干中发现的重大政治嫌疑分

---

① 《第一、二批审查干部工作总结报告》，1960 年 12 月 13 日。

子，迅速采取适当方式调离重要岗位，由公安机关进行侦查；对发现的反革命分子，经党委讨论逐级上报，经省委和省检察院批准，由公安机关逮捕处理。县级以上主要干部逮捕须经中央批准后执行。

1955 年 7 月，根据中央指示，吉林省启动了肃清暗藏的反革命分子的斗争，并提出审干和肃反结合进行。在这一过程中，肃反工作揭发和处理了大批反革命分子，查清了一些干部的历史问题，为审干提供了大量有用的材料。同时，肃反工作也考察了干部的实际表现，便于审干工作人员把干部的政治历史和现实表现结合起来进行审查，节省了人力和时间，加快了进度。

通过调查摸底，全省列入审查范围的 214536 人，被确定为审查对象的 28789 人，占审查范围的 13.4%；撰写调查报告的 12122 人，占审查对象的 42.1%；作出审查结论的 16007 人，占审查对象的 55.6%；保留问题的 660 人，占审查对象的 2.3%。问题查证清楚之后，省委及各级党委对有各种历史问题的干部，按照中央的规定作了处理，对 5845 人提出了使用意见，对 1516 人进行了党内或行政的纪律处分[①]。

通过审干，全省各级党组织进一步了解了干部，弄清了许多干部的政治面目，为以后正确培养和使用干部创造了有利条件；解除了对一些干部的怀疑，为干部卸掉了思想包袱，使他们进一步靠近了组织，激发了工作积极性；进一步纯洁了干部队伍，严肃了党的纪律；进一步发现了过去在干部管理和人事制度上的一些漏洞和问题，为今后加强和改进干部管理工作，严格人事制度提供了条件。

当审干工作正在开展的时候，党和国家政治生活发生了一些复杂情况。1954 年、1955 年党内国内接连发生了高饶事件、潘杨事件、胡风事件等。根据这些情况，中央判断这是阶级斗争尖锐化和复杂化的表现，估计暗藏的反革命分子或其他坏分子约占全国各类机关总人数的 5%[②]。据此，1955 年 7 月 1 日，中共中央发出了《关于展开斗争肃清暗藏的反革命分子的指示》。在中央指示下，省委决定有计划、有领导地

① 《第一、二批审查干部工作总结报告》，1960 年 12 月 13 日。

② 中共中央党史研究室：《中国共产党历史第二卷（1949—1978）》，中共党史出版社 2011 年版，第 300 页。

在省内各级机关、团体、工矿企事业单位、学校和知识分子中开展肃清一切反革命分子的斗争。省委成立了由吴德、兰干亭、刘慈恺、雷鸣玉、吕达组成的五人小组，下设办公室。7月30日，省委作出《关于执行中共中央“关于展开斗争肃清暗藏反革命分子的指示”的计划》，要求坚决贯彻中央“提高警惕，肃清一切特务分子；防止偏差，不要冤枉一个好人”的方针，决心把一切暗藏的反革命分子坚决、彻底、全部、干净地加以肃清。运动按照先主后次，先领导机关后一般机关，先复杂部门后一般部门的方式，分六批交叉开展。每一批都按照学习动员、摸底准备、公开号召、坦白交代、发动群众揭发检举、深入调查取证、慎重甄别定案、审批处理和巩固成果等阶段进行。

第一批从1955年7月开始，参加运动的主要是省直和市、地委直属机关及部分厂矿基建部门、基本建设单位、大专院校以及部分中小学，共涉及各级干部116612人。经过一年多内部肃反运动，到1956年7月底，结案的共计3566人，定性为反革命分子和其他坏分子的共计1072名。运动还查清了一批重大的反革命案件，查出东北沦陷时期积极参与抚顺县平顶山惨案的汉奸于庆级、黑龙江省同江惨案的主犯之一吴景顺、国民党少将建军师长田雨石等。

1956年初，第二批肃反运动开始。省委五人小组对运动作出适当调整，决定斗争主要在国营厂矿、基本建设、交通运输和财贸文卫等单位进行，先后共涉及190795人。8月，第三批肃反运动开始，参加运动的主要是省直农林水系统、县（市、区）机关所属单位和市、地（州）、县地方国营厂矿、基本建设、交通运输和财贸等单位，共涉及325634人。省委从第一批肃反工作结束的单位抽调一批骨干支援第二、三批的工作单位，按系统和地区组成若干工作组，深入基层，推动运动的开展。

由于有了第一批的经验，运动进行得比较稳妥。但也存在一些问题，主要是一些单位领导思想上的松劲造成进度迟缓和不够彻底。为此，1956年12月9日，省委发出《关于将肃清暗藏反革命分子的运动又好、又快、又省地进行到底的指示》，要求各级党委对第二、三批和第四批肃反运动必须加强领导，全面规划，克服右倾松劲倾向，做到业务与肃反两不误，争取于1957年底之前全部结束肃反运动。

1957年11月至1962年3月，全省先后开展了第四、五、六批肃反运动。运动前后持续了将近7年，参加运动的总人数共计1939565人。运动从内部清查出暗藏的反革命分子和其他坏分子共计14311人，并对他们加以适当的处理。运动还查出了1824名普通反革命和刑事犯罪分子以及其他反动分子。由于揭露了这些人的政治面貌，批判了各种反党反社会主义的观点，打击了歪风邪气，干部队伍进一步纯洁，群众的社会主义觉悟和政治警惕性得到了提高。运动中弄清了106808人[①]的政治历史问题，使他们放下了包袱，提高了工作积极性。总的看，全省肃反运动搞得比较深入和彻底，对巩固人民民主专政、保卫社会主义建设具有重大意义。运动在取得很大成绩的同时，也存在一些缺点和错误，在运动开始时，出现了打击面过宽的现象，有的单位曾发生刑讯逼供等错误做法，这些缺点和错误后来被逐步发现和纠正。

五、贯彻党的知识分子政策和科教文卫事业的发展

党的知识分子政策的贯彻

面对世界范围内科学技术的迅猛发展和中国社会主义建设的大规模展开，科学技术和知识分子的作用日显重要。新中国成立以后，知识分子队伍在逐渐壮大，但在数量上远不能满足大规模经济建设的需要，知识分子工作还存在很多问题。如党的一些干部对于科学技术和科技人员的重要性缺乏认识，甚至存在不尊重知识分子的严重宗派主义倾向[②]。贯彻党的知识分子政策十分重要。中共吉林省委对知识分子问题有比较清楚的认识，并按中央指示做了大量工作，在教育、科研、文化等领域取得了一定成绩。一是积极探索教育思路。东北师范大学提出

---

① 《关于肃清暗藏反革命分子的总结报告》（1960年7月10日）和《关于第五批和六批肃清暗藏反革命分子（清理）的总结报告》（1962年4月3日）。

② 中共中央统战部当时把有关方面对知识分子问题的反映归纳为“六不”：估计不足、信任不够、安排不妥、使用不当、待遇不公、帮助不够；认识知识分子问题得不到妥善解决，势必会影响社会主义经济建设的大局。

办教育的具体方针：结合中国实际，积极地学习苏联先进的教育理论和实践经验，培养新生力量，提高现有教师和行政干部的业务水平；加强系统的政治理论教育和时事政策教育，以及对学生有针对性的个别教育；明确师范大学的特点，加强组织领导和思想领导，建立并严格执行各种制度，提出“培养人才，是国家最重要的建设事业”和“学校的中心任务是搞好教学”等重要观点。二是加强图书场、馆建设。第一汽车制造厂、长春客车厂、吉林染料厂、吉林化肥厂、吉林电石厂、吉林铁合金厂、吉林碳素厂等企业的图书馆建成。省图书馆在省内三个县、五个区、十个乡设立流动站，发展基本读者群，聘请专家为读者解难答疑。三是加强科研机构建设和开展科研活动。高校成立社会科学委员会，相继增设学科机构，继续扩大科研领域。受教育部委托，东北师范大学主持开办“世界古代史、亚洲史”研究班和在职教师进修班，面向全国高校招收研究生和教师，为国家培养人才；东北人民大学主动聘请全国著名专家任教，以提高教学质量和水平；东北人民大学、东北师范大学举办《红楼梦》研究等各类学术报告会。四是开展文化活动。省文化局举办历时半个月的民间艺术汇演大赛，参赛者达 400 多人，其中《老汉背少妻》《马舞》，马头琴演奏，音乐《姑娘出嫁》《狮子舞》等优秀节目脱颖而出。省文化局和省文联联合举办省首届美术作品展览，数百件作品参展。

为了系统地研究和解决有关知识分子的问题，省委成立了主管知识分子工作的七人小组，并要求各市、地委成立五人小组，并设立办公机构。1955 年 12 月 7 日，省委根据中央办公厅的要求，向国家统计局作了《关于高级知识分子调查统计情况的报告》。据统计，全省高级知识分子只有 1966 人[①]，远不能适应社会主义建设事业的需要。

12 月 25 日至 30 日，省委召开有关知识分子工作问题的干部会议，讨论中央《关于知识分子问题的指示（草案）》，提高对知识分子在社会主义建设中的重要作用的认识，并检查几年来省委对知识分子的工作情况，研究今后的工作规划。会议期间，省委对全省知识分子状况作了

① 《省委关于高级知识分子调查统计情况的报告》（1955 年 12 月 7 日），吉林省档案馆编：《中国共产党吉林省委员会重要文件汇编》第 6 册（1955 年），1986 年，第 277 页。

基本估计。省委认为，现在吉林省的知识分子已经提高并加深了为祖国的社会主义建设服务和为人民服务的思想感情，增强了工作责任心；在高级知识分子中，由于爱国主义思想的增长，他们越来越关心国家建设，在国家经济建设和各项事业中起着骨干作用；但一部分知识分子仍思想顾虑重重，工作缩手缩脚，消极等待观望，这是要认真加以解决的。

会议认为，目前全省对科技文化工作在中国的社会主义建设中的重大意义认识不足；对于科学技术问题已经成为中国社会主义建设中的关键性问题认识不足；对于中国知识分子的特点和高级知识分子队伍已经发生了根本性的变化估计不足；思想落后于现实，领导落后于群众。

省委按照中央指示对全省今后的知识分子工作提出了若干要求。第一，只要对国家有利，就应改善对知识分子的使用和安排，尊重他们的选择；防止在安排使用过程中的官僚主义、宗派主义和本位主义。第二，要调动他们参加社会主义建设的积极性，就应了解他们、信任他们和支持他们，使他们有职有权，同时要正确对待他们的历史。第三，必须为知识分子创造必要的工作条件，适当提高其政治待遇和生活待遇，完善升级制度以及学位、奖励等各种制度。第四，要教育和改造他们，使他们自觉地为社会主义事业努力工作，推动他们在政治上和业务上的进步，这是党在过渡时期的重要政治任务之一。省委强调，知识分子工作要全面规划和加强领导，认真贯彻党对知识分子的政策，合理地使用知识分子的力量，充分发挥他们在社会主义建设事业中的作用，不断提高他们的业务水平，积极培养和吸收合乎入党条件的知识分子入党，改进知识分子的工作，克服认识落后现实、领导落后群众的错误倾向。

1956 年 1 月，中共中央在北京召开关于知识分子问题的会议。周恩来在会上作了《关于知识分子问题的报告》，代表党中央宣布：经过新中国成立后六年来贯彻执行党对知识分子团结、教育、改造的政策，中国知识界的面貌发生了根本的变化，“他们中间的绝大部分已经成为国家工作人员，已经为社会主义服务，已经是工人阶级的一部分。”社会主义建设“必须依靠体力劳动和脑力劳动的密切合作，依靠工人、农民、知识分子的兄弟联盟。”这个估计和判断，奠定了社会主义时期党对知识分子政策的基础。周恩来还强调,社会主义时代比以前任何时代都更加需要充分地提高技术、发展科学和利用科学知识。科学是关系到国防、经济和文化各方面的有决定性的因素,人类正面临着一个新的科学技术和工业革命的前夕,我们必须奋起直追,“向现代科学进军”[①]。毛泽东在会议最后一天讲话,号召全党努力学习科学知识,同党外知识分子团结一致,为迅速赶上世界科学先进水平而奋斗。2月24日,中共中央政治局举行会议,作出了《中共中央关于知识分子问题的指示》。会后在全国开始出现“向科学进军”的新气象。5月2日,在最高国务会议第七次会议上,毛泽东正式提出“百花齐放、百家争鸣”的方针。这一方针的实质是要充分调动知识分子的积极性,促进社会主义科学文化事业的繁荣和发展。

中央关于知识分子问题的会议的召开,更加鼓舞了省委对知识分子工作的热情。在1956年新年、春节期间,省委和大部分地区的党委以各种名义相继召开知识分子座谈会和工人、农民、知识分子联欢会。2月2日至6日,省委再度召开关于知识分子问题的会议,传达刚刚结束的中央关于知识分子问题的会议精神和周恩来《关于知识分子问题的报告》,讨论和研究吉林省知识分子情况,进一步发挥知识分子作用,把全省知识分子的工作推向新阶段的问题。会议期间,省委于2月3日发出关于讨论周恩来《关于知识分子问题的报告》的通知,要求各级党组织提高认识,统一思想,加强领导,认真贯彻执行党的团结、教育、改造知识分子的政策,以适应社会主义建设发展形势的需要。会后,省委分别召开大专院校、科研院所、卫生、文艺和工厂等单位党委书记会议,全面深入贯彻中央和省委关于知识分子问题的会议精神。从省委到各地区、各单位党委,大部分作出了知识分子工作规划。规划主要包括:根据事业发展要求提出培养高级知识分子的工作指标;研究制定在知识分子中的建党规划;加强理论、业务学习的领导问题;限期对知识分子的政治、历史作出结论,使其全身心投入到社会主义事业的工作中去等。3月3日,省委制定了《关于1956年到1957年建党和整党工作的

① 周恩来:《关于知识分子问题的报告》(1956年1月14日),《周恩来选集》下卷,人民出版社1984年版,第162、160、185页。

规划(草案)》。《规划(草案)》指出:为了加强党对知识分子的领导,充分发挥知识分子在社会主义建设中的作用,必须积极地加强在知识分子中的发展党员工作,在各系统的建党统计中,必须特别注意完成在教育界、工程技术界、科学研究界、医务界、文化艺术界等高级知识分子中发展新党员的任务。在3月召开的工业先进生产者和农业、水利先进生产者代表会,均吸收相当比例的工程技术、科学研究方面的高级知识分子参加。4月,省委印发3月31日省委向中央作的《关于知识分子问题情况的报告》。《报告》阐述了全省贯彻落实中央关于知识分子问题的会议精神的情况和初步收获,对过去存在的右倾保守思想和宗派主义情绪进行了检查。《报告》还提出进一步落实知识分子政策的具体措施要求:工程技术人员和其他知识分子,凡应该晋级、提拔的,要克服保守思想,大胆进行;知识分子的政治、历史结论问题,应抓紧进行,对一些只有一般性的政治、历史问题的人应迅速作出结论;各地应根据中央关于知识分子问题的指示精神,制定从实践方面和理论学习、思想批判方面促进知识分子进步的规划;知识分子的进步很快,要求入党的日益增加,必须加强在知识分子中的建党工作。4月13日至18日,中国人民政治协商会议吉林省第一届委员会第二次会议召开。省政协主席李砥平在《关于我省当前情况与工作任务的报告》中介绍了全省贯彻落实中央关于知识分子问题的会议精神的情况,指出:以后必须做更多的工作来合理安排和使用知识分子,同时要帮助他们进行自我改造。

各级党委加强了对知识分子的联系,采取串门、谈心、互相交往等不同形式,同他们建立友好关系和听取他们的意见。

由于省委在中央关于知识分子问题的会议前后,始终认真地传达和贯彻党的知识分子工作精神,许多高级知识分子非常振奋,他们纷纷给党委写信,给报社写稿,对党组织的关心和支持表示感谢,决心做好工作。有的高级知识分子说:“周总理的报告太全面了,将我们内心要说的话都说出来了,真是明察秋毫之末。”有的说:“听了传达报告以后心里亮堂了,有了奔头。”[①]在中央关于知识分子问题会议精神的推动下,

① 《省委关于知识分子问题向中央的报告》(1956年3月31日),吉林省档案馆编:《中国共产党吉林省委员会重要文件汇编》第7册(1956年),1983年,第182页。

省委在科技教育领域，尤其是教育领域做了大量具体工作。第一，建立相应机构。1956 年 1 月，省委为加强对教育工作的领导，提高学校干部素质，创办了教育行政干部学校。第二，调整知识分子的工资待遇。确定教育领域提高工资的指标，全省平均增长 21.07%，其中高等院校教师增长 18%，普通中学教师增长 17.5%，小学教师增长 22.85%。第三，提高知识分子的福利待遇。1956 年 6 月至 7 月，省教育厅、省教育工会两次发出通知，要求各级教育行政部门和教育工会，按规定认真执行教师的福利待遇。适当增加补助费，为生活困难的教师实施生活补助。东北人民大学党委在贯彻知识分子问题的会议精神中，采取切实措施，调整家属宿舍，给系主任宿舍安装电话，为教授配备助手，为高级知识分子设立特诊室，粮食供应站送粮到家，建立浴室、俱乐部、网球场等。团省委、省教育厅、省教育工会发出《关于减轻教师过重负担的联合通知》，要求保证教师的学习时间、备课时间和文体活动时间。9 月，省教育厅、省教育工会拨专款解决教育系统职工欠债问题，并制定《关于教师患病疗养办法》。在知识分子问题的会议精神推动下，全省教育界的知识分子工作很快扩大到中、小学，工作面由城市扩大到农村，由学校教育延伸到业余教育。10 月，为把知识分子问题的会议精神落到实处，省委批转了省委文化教育部《关于检查小学教师的情况和问题的报告》，要求各级党组织进一步做好小学教师的工作，在政治上、生活上关心他们，帮助他们，充分发挥他们在社会主义建设中的积极作用。

在中央和省委关于知识分子问题的会议精神鼓舞下，知识分子的工作热情和政治觉悟显著提高。在新的工农业生产高潮中，许多知识分子、工程技术人员在工作中发挥了重大作用。中央驻吉林省的直属企业在编制年度施工计划时，工程师们在春节假日期间都不休息，主动研究如何降低成本，提出 100 余项措施，为国家节约了大量资金。吉林五二四厂一位技术员利用春节假日，画出 200 多张图纸，大大缩短了产品的生产时间。第一汽车制造厂一位技术员，利用阳板机械加工法代替沙轮冲圆孔工作，提高工作效率 60 倍[①]。许多高校的高级知识分子积极

① 《省委关于知识分子问题向中央的报告》（1956 年 3 月 31 日），吉林省档案馆编：《中国共产党吉林省委员会重要文件汇编》第 7 册（1956 年），1983 年，第 182 页。

要求入党。党的知识分子政策大大调动了全省广大知识分子建设社会主义的积极性，全省科技、教育、文化等各项事业开始走向繁荣。

推动科学教育文化卫生事业的发展

随着工业化建设的推进，科学和教育的作用愈显突出。吉林省药品检验研究所、长春应用化学研究所、长春机械电机研究所、吉林省林业科学研究所等科研机构陆续成立。1953 年，长春仪器馆研究人员在王大珩带领下研制成功中国第一埚光学玻璃，结束了中国不能生产光学玻璃的历史。之后，他们又陆续研制成功瓦斯干涉仪、磁力秤、生物显微镜和材料试验机等。1956 年中央关于知识分子问题的会议召开后，“向科学进军”的热潮开始在全省兴起。6 月，吉林省科学技术普及协会成立，吴学周任主席。协会以普及自然科学知识、提高人民科学技术水平为宗旨，通过讲演、展览、出版和其他方法进行自然科学的宣传。广大科技人员积极开展生产技术的试验研究，推广应用新技术，促进工农业生产的发展。农业方面，逐步推广新式农具，提高耕作效率；开展大豆根瘤菌研究，提高亩产；改进耕作技术，实行“三角插秧”，提高水稻单产。工业方面，在优先发展重工业的思想指导下，冶金、机械、化工行业取得了一批科研成果。第一汽车制造厂试制生产出解放牌载重汽车和越野车；吉林三大化工厂掌握了生产化肥、电石、染料的技术，生产还原染料、冰染染料等的技术水平居国内领先地位。这一时期，全省地质、采矿、纺织、煤矿、交通运输等领域的科学技术也有进步和发展。

全省坚持整顿、提高的办学方向，教育事业有了较大发展。“一五”期间，全省中专教育稳步发展。为适应经济建设需要，中专教育的重点确定在工科和农科。1956 年，全省共有中专学校 24 所，在校学生 12357 名[①]。为培养初中教师，1956 年 7 月，建立了吉林师范专科学校。同年，中国人民解放军兽医大学转归地方领导，更名为“长春兽医大学”。截至 1956 年底，全省共有 7 所高校，其中东北人民大学、延边大学为综合性大学，另有东北师范大学、吉林师范专科学校 2 所高等师范学

① 吉林省地方志编纂委员会编：《吉林省志・总述》，吉林人民出版社 2004 年版，第 365 页。

校，1所畜牧兽医学校，2所工科类学校。全省共有在校大学生16906人，相当于1949年的4.6倍；共有教职工6291人，相当于1949年的7倍多[①]。此外，全省幼儿教育、小学教育、中学教育等都发展较快，教育质量有所提高。

全省开展扫盲工作。1955年，全省脱盲约10万人。1956年，扫盲工作进程加快。全年全省参加扫盲的近30万人，约占青壮年文盲总数的10%。1955年，根据教育部提出的“今后广大工农干部和工农群众的学习，坚决贯彻业余学习为主的方针”，省内工农干部文化补习学校逐渐停办，省内一些大的厂矿、企业、机关团体相继开办职工（业余）大学。1956年职工业余文化学校共有学生57468名，机关干部业余文化学校共有学生66093人[②]。

在社会科学领域，吉林省专家学者以马列主义为指导，积极探索，取得一系列研究成果，编纂出版了《历史科学文集》《新文学史纲》《中国小说史》《汉语词汇》《实用主义批判》等一批有影响的学术著作。

在文化艺术领域，电影事业有了快速发展。1953年12月，政务院通过文化部《关于加强电影制片工作的决定》，东北电影制片厂全面贯彻《决定》，取得了丰硕成果。著名影片《平原游击队》等就是在这一时期摄制完成的。东北电影制片厂还先后译制了日本、保加利亚、捷克、苏联、匈牙利、朝鲜、罗马尼亚等国家的20多部影片，为中外文化交流作出了积极贡献。1955年2月，经文化部批准，东北电影制片厂更名为“长春电影制片厂”。1956年4月，文化部组织开展评选优秀影片活动，长影拍摄的《董存瑞》等九部影片获奖。这一活动激发了广大电影工作者的创作热情。8月，长春电影制片厂建立了党委，加强了党对电影事业的领导。经过前期努力，长影当年拍摄完成了《虎穴追踪》《马兰花开》《刘巧儿》《花木兰》《国庆十点钟》《上甘岭》等15部故事片和戏剧片，还译制完成了《旅行者》《绿色山谷》《魔鬼集团》等40部外国影片。吉林省的电影事业开始走向繁荣。

---

① 《吉林省部门史》省教育厅卷编纂委员会编：《吉林省部门史·省教育厅卷》，吉林人民出版社2010年版，第65页。

② 吉林省地方志编纂委员会编：《吉林省志·总述》，吉林人民出版社2004年版，第366页。

1956年6月，吉林省召开全省青年文学工作者会议，讨论繁荣文学创作和培养新生力量问题。会议要求文学工作者继承民族优秀文化遗产，深入生活，认真学习马克思主义，提高创作水平，拓宽知识领域，开展文学批评，为社会主义写出更多、更好的作品。

1954年至1956年间，吉林省广大文学工作者在党的知识分子政策鼓舞下，解放思想，大胆创作，取得一系列成果。诗歌有《摄影师来到车间》《科尔沁的黄昏》《电焊工》《冒出幸福的泉水来》《盘古开天第一眼》《黑夜的马灯》《妇女组下地》《离群的孤雁要归队》《献给托儿所姐妹》等，小说有《光荣的机械兵》《买马》《年猪》《新来的会计主任》《猎雁记》等，散文有《关于金达莱的传说》《青年团员之歌》《小巷空了及其他》《千山散记》《农村散记》《滑冰赛》等。

全省文化场所的建设力度也在不断加大。1956年9月，根据省委的决定，经省人民委员会批准，吉林省群众艺术馆在长春成立，专门负责群众文艺业务研究和指导群众业余艺术活动。1956年与1955年相比，全省俱乐部由569个增加至6615个，业余剧团由3386个增加至6443个；县以上图书馆由3个增加至8个，图书室由1451个增加至2788个。

全省文化事业其他方面发展也很快。从1954年开始，吉林省组织人力挖掘整理传统曲（剧）目，编印出7辑《二人转传统剧目资料》，选入188个曲（剧）目，还组织力量创作出一批反映现代生活的新曲（剧）目，如《三遇文化岗》等。

1954年9月，吉林人民广播电台与长春人民广播电台合并。同年9月12日，新组建的吉林人民广播电台正式播音。在无线广播发展的同时，全省有线广播也加快发展。1955年9月，九台县饮马河农庄建立了农庄广播站，成为全省第一个乡（镇）级广播站。到1956年末，全省48个县（市）和33个乡（镇）都建起了广播站[①]。

这一时期全省出版业逐步发展起来。继延边教育出版社和延边人民出版社成立之后，1956年吉林人民出版社成立，成为地方综合性出版

---

① 吉林省地方志编纂委员会编：《吉林省志·总述》，吉林人民出版社2004年版，第362、363页。

社。以后，又陆续成立了一批专业出版社，出版的图书种类更加齐全。

省委高度重视人民群众的身体健康。1956 年 1 月，省委制定了《关于劳动保护、福利卫生工作规划要点》。3 月，省委批转了省委宣传部《关于我省几年来体育工作情况和 1956 年工作任务的报告》。省委、省人委通过加强医疗卫生组织机构建设、严格医药管理、加大资金投入力度和开展爱国卫生运动，充分发挥卫生工作保障人民健康的作用。1954 年，各市、专区建立卫生科。1955 年，吉林省转发卫生部《传染病管理办法》，省商业厅、卫生厅、民政厅联合发出《关于对游行药商推销中、西成药暂行管理的联合通知》，省卫生厅出台《吉林省公私医药卫生机构管理麻醉药品暂行制度》。1956 年，省检验所和长春市卫生局对市内较大医院及部分卫生院（所）进行了抽查检验。1954 年，全省卫生基础设施和技术装备投资 135 万元；1955 年投资 447 万元[①]。除“四害”工作取得初步效果。1956 年，天花在全省范围内被消灭。

省委、省人委非常重视在校学生的卫生健康。各学校陆续建立了保健室或卫生室，广泛开展爱国卫生运动。大学减轻学生课程负担。各学校普遍采取讲究个人卫生和公共卫生的措施，改进伙食，保证营养，提高学生健康水平。教育厅把健康工作深入到小学和幼儿园，在小学校试行《小学体育教学大纲》，成立小学体育教研室，配备小学专职体育辅导员；在幼儿园执行《关于在幼儿园中保护儿童安全和健康工作的通报》等相关规定。经过全省人民的共同努力，吉林省的卫生医疗环境和人民健康水平得到初步改善，广大群众特别是青少年卫生健康意识有了明显提高。

“批判资产阶级唯心主义思想”的斗争

1954 年至 1955 年，党在思想文化领域组织了对资产阶级唯心主义思想的批判。这个批判最初是由两位文学青年批评俞平伯在《红楼梦》研究中的观点引起的，并引申为同胡适派资产阶级唯心论的斗争。

长春市有关部门和少数干部、知识分子首先注意到对资产阶级唯心

---

① 吉林省地方志编纂委员会编：《吉林省志·卫生志》，吉林人民出版社 1992 年版，第 648 页。

主义的批判，并开展了一些初步的批判。1955 年 1 月间，省委宣传部指导帮助长春市委宣传部开展这一工作，组成由相关党外人士参加的长春市批判胡适派资产阶级唯心主义思想委员会，指导长春各高校进行学术思想批判。此后，该委员会除在高等学校里组织学术思想批判外，对机关干部和高等学校学生作了批判俞平伯研究《红楼梦》的错误观点和方法的报告。2 月 17 日，长春市各文艺单位、高等院校、科学研究部门和各机关团体干部 500 余人①举行了批判胡适派唯心主义思想动员大会。《吉林日报》陆续刊登《识别唯心论，驱除唯心论》《胡适的哲学，骗子的哲学》等文章，从理论上批判胡适派哲学的资产阶级唯心主义思想本质。

胡适作为五四运动后思想文化领域资产阶级代表人物，清理和批判以其为代表的资产阶级唯心主义观点是必要的，也是积极的，有助于广大干部、知识分子和人民群众提高对辩证唯物主义和历史唯物主义的认识，为社会主义建设的进一步发展奠定思想基础。但是思想和学术问题不能用批判运动的方法来解决，否则势必流于片面化和简单化。在批判过程中，有“全盘否定”的缺点，存在着把思想问题和学术问题当作政治斗争加以尖锐化的倾向，带来了消极后果。

在对胡适派资产阶级唯心主义思想进行批判的同时，1955 年初，全国还开展了对胡风文艺思想的批判。胡风是长期参加中国共产党领导的左翼文化运动的进步文艺理论家、诗人。对胡风文艺思想的争论从全国解放前一直延续至新中国成立后。1955 年 1 月，中央宣传部向党中央提出《关于开展批判胡风思想的报告》，认为胡风文艺思想是彻头彻尾的资产阶级唯心论，是反党反人民的文艺思想。他的活动是宗派主义小团体的活动。中共中央批准了这一报告，要求各级党委把它当作工人阶级和资产阶级之间的一个重要斗争来看待。1 月 26 日、3 月 1 日，中央相继发出《关于在干部和知识分子中组织宣传唯物主义思想、批判资产阶级唯心主义思想的演讲工作的通知》和《关于宣传唯物主义思想批判资产阶级唯心主义思想的指示》。

---

① 《长春市开展胡适派唯心主义思想批判》，《吉林日报》1955 年 2 月 19 日第 1 版。

1955年3月初，吉林省文联统一布置了全省文学艺术干部学习关于批判胡风派错误文艺思想的有关文件和文章的活动。接着，在文艺界、学术界和机关干部中分别组织了关于批判胡风的资产阶级唯心主义文艺思想的报告。3月22日，省委下发了《关于执行中央指示，在干部和知识分子中组织宣传唯物主义思想、批判资产阶级唯心主义思想的演讲工作的通知》，规定了演讲工作的具体办法。与此同时，各级党委积极组织辩证唯物主义通俗演讲。从3月中旬至4月末，中共白城、通化、延边地委，长春、吉林、四平、辽源市委以及吉林铁路管理局、蛟河矿务局、省委党校等十几个地区和单位共举办了39场演讲，参加听讲的干部和知识分子累计达到2.38万多人。很多地方还组织干部、知识分子收听了中央和省人民广播电台的相关广播演讲[①]。这些演讲使各地的干部和知识分子学习到了辩证唯物主义与历史唯物主义的基础知识，逐步认识到了开展这场斗争的意义，提高了对唯物主义的学习兴趣。长春市书店《反杜林论》《费尔巴哈与德国古典哲学的终结》等书一度脱销，杨献珍的《共产主义世界观与主观唯心主义世界观的斗争》的讲稿在长春一个星期内售出3400多册[②]。

随着批判的不断升级，对胡风文艺思想的批判很快上升到政治高度，演变为一场揭露所谓“胡风反革命集团”的斗争。《人民日报》分别于1955年5月22日、26日和6月11日刊发了揭发胡风反革命集团的三批材料，《吉林日报》全文转载。全省各级党员干部于6月间停止两周理论学习，代之以学习这三批材料及《人民日报》社论、按语。这场斗争先是涉及有关部门干部、知识分子及全省文学艺术工作者，之后扩展到学校及广大干部之中，6月中旬扩展为全面批判“胡风反革命集团”，广大干部及部分工人也卷入其中。全省各地方和厂矿企业的报纸都转载了《人民日报》的几批揭发材料和按语、社论，发表了个人认识和声讨文

① 《我省各主要地区和较大厂矿企业党委普遍开展宣传唯物主义的演讲工作》，《吉林日报》1955年5月17日第3版。

② 《省委关于在干部和知识分子中开展宣传唯物主义思想批判资产阶级唯心主义思想的演讲工作的报告》，吉林省档案馆编：《中国共产党吉林省委员会重要文件汇编》第6册（1955年），1986年，第344页。

章，记录了通俗讲话，刊登了漫画等，揭发批判“胡风反革命集团”的“反党反人民罪行”。

根据中央《关于宣传唯物主义思想批判资产阶级唯心主义思想的指示》的要求，除开展思想批判、组织演讲外，全省还加强了经过各种学校和组织自学来培训干部的工作。1955 年 8 月 30 日，省委制定了《关于执行中央指示实施干部理论教育新学制的方案》，要求各地加强对干部理论教育工作的领导，保证按中央规定的五年至八年内完成轮训干部的任务，并作出各地区贯彻实施新学制的具体措施计划。省直机关、长春市、吉林市等单位搞了试点，其经验被总结推广。9 月，全省各地开始组织干部学习新课程。

工人阶级政党在已经成为执政党的时候，加强干部群众的唯物主义思想教育，确立马克思主义在意识形态的指导地位是十分必要的，但把思想问题和政治问题混淆起来是错误的，这一错误给思想文化的发展带来了消极影响。解决学术和文化领域的争论，依靠行政命令，采取简单粗暴的方式是有害无益的。必须严格遵循文化艺术、学术思想的发展规律，采取充分说理、以理服人的民主方式，从思想上引导作家、艺术家和社会科学工作者自觉改造自身的精神世界，纠正思想上的不良倾向，全心全意为人民服务，为社会主义服务。

第七章

社会主义改造的全面开展和社会主义社会制度的建立

在进行有计划的经济建设的同时，党创造了一系列适合中国特点的过渡形式，对农业、手工业和资本主义工商业进行社会主义改造。到1956年6月，吉林省基本完成了对生产资料私有制的社会主义改造，社会主义社会制度在全省基本建立起来。全省政治、经济、文化事业呈现一片欣欣向荣的景象，为全面进行社会主义建设创造了良好条件。

一、农业的社会主义改造

初级农业生产合作社的发展

吉林省由于解放比较早，在土地改革的同时，农村就开展了生产互助合作。到新中国成立时，全省农村已出现临时、季节、常年互助组和大型联组等多种形式的互助合作组织。新中国成立后，中共吉林省委进一步提倡组织起来，推动农业生产互助合作运动。到1952年底，组织起来的农户占全省农业总户数的83.9%，其中大型联组和常年互助组有37883个，占组织起来户数的34.5%，季节互助组占39%，临时插犋组占 25.6%,农业生产合作社为 425 个[①]。

1953 年,吉林省农村开始试办农业生产合作社,在县级重点试办的基础上,进入区级普遍试办的阶段。3 月,《人民日报》发表了中共中央《关于农业生产互助合作的决议》《关于春耕生产给各级党委的指示》和《领导农业生产的关键所在》的社论。此时,省委正在召开第二次县委书记会议,省委当即组织与会人员学习讨论中央《决议》等文件和文章。会后,省委又责成农村工作部将全省区委书记集中培训一个星期,着重学习领会文件精神,进行党在农村政策的全面教育。各级领导进一步认识到,指导农业合作化必须从小农经济的生产现状出发,切合实际地落实党的各项政策。4 月 4 日,省委发出《关于组织农村干部学习中央〈关于农业生产互助合作的决议〉与〈关于春耕生产给各级党委的指示〉的通知》,要求各级党委按照中央指示精神,防止和纠正农业生产互助合作运动中的急躁冒进倾向和放任自流现象,发挥以个体经济为基础的互助合作和农民个体经济两个积极性,提高农业生产,促进国家工业化。5 月底,省委召开第三次县委书记会议,深入贯彻全国农村工作会议精神。会议要求,全面落实发展生产的指示,巩固提高互助合作组织,加强经营管理和政治工作,改进工作作风。会议强调,要贯彻“稳步前进”的方针,办好农业生产合作社,纠正贪多冒进的倾向;鼓励劳动生产致富,允许单干,允许富农存在,但要加以限制。省委指示精神及时贯彻到全省各地,使互助合作运动在区级试办阶段取得了较好成效。

为了进一步办好农业生产合作社,10 月 21 日,省委发出《关于进行农业生产合作社准备工作的指示》,要求各级党组织认真贯彻中共中央及东北局关于“积极领导,稳步前进,只准办好不准办坏”的建立农业生产合作社的方针,认真做好试办农业生产合作社的工作。《指示》指出:全省虽然有 95%的区已经试办了农业生产合作社,但区干部真正取得办社经验的还是少数。因此,下一年要继续开展区级办社,以求区级试办的合作社巩固一步,并有充分的时间,使区级干部都学会办社工作,

① 《吉林省一九五三年农村工作计划纲要》(1952 年 12 月),吉林省档案馆编:《中国共产党吉林省委员会重要文件汇编》第 4 册(1953 年),1985 年,第 391 页。

为以后发展打下坚实基础。[①]《指示》强调，领导干部必须明确农业生产合作社是半社会主义性质的经济组织，是由互助组走向集体化的过渡形式。这是改造小农经济，逐步引导农民走集体化道路的必要阶段。同时要看到农业生产合作社是在私有财产基础上组织起来的，过早地不适当地否认农民土地或生产资料的私有权，或者过急地扩大公共财产的积累，影响社员的实际收入，就会发生“左”的错误；过急地破坏农民私有财产的基础，就会影响农业社的巩固和农民的生产积极性。因此，要严格按照建社条件，有计划地培养和选择建社对象，落实党的方针政策，提高办社质量。11 月 15 日，省委又发布《关于今冬明春农村工作的指示》，要求在大张旗鼓地向农民宣传党在过渡时期总路线的同时，做好第二年农业生产合作社发展一倍的准备工作。为此，省委对所有农村工作干部规定了具体的学习要求，以提高其思想政策水平。省委还要求各县(旗、区)对农业生产合作社的发展要计划到区、村；抓紧建社试点、干部训练和自发社、包粮组、合伙组的改进提高工作；摸清农业生产合作社的分配问题，通过做好分配工作整顿有解散危险的合作社；总结区、村在合作社领导方面的经验，防止冒进现象与消极情绪。

省委认真执行中央关于“积极领导、稳步前进”的方针，有计划、有步骤、有系统地领导互助合作运动，特别是在全省各地通过组织干部、群众学习中央文件，提高了大家的思想认识，使互助合作运动健康发展，成效显著。1953 年，全省有农业生产合作社 1158 个(包括 2 个高级社)，参加农户 22575 户，占组织起来农户的 2.63%。互助组 139739 个，组织起来的农户达 859677 户，占全省农户的 82.83%[②]。

1953 年前后，当时分别隶属于黑龙江省的白城地区，辽东省的通化地区，辽西省的四平地区，也在各自省委、省政府的领导下，自觉、自愿地办起了初级社。

---

① 《关于进行农业生产合作社准备工作的指示》(1953 年 10 月 21 日)，吉林省档案馆编：《中国共产党吉林省委员会重要文件汇编》第 4 册(1953 年)，1987 年，第 439 页。

② 《王季平同志在全省县委书记、区委书记联席会议上关于“一九五三年全省互助合作运动总结及一九五四年的方针任务”的报告》(1954 年 1 月 11 日)，吉林省档案馆编：《中国共产党吉林省委员会重要文件汇编》第 5 册(1954 年)，1986 年，第 417 页。

1953年,海龙县(今梅河口市)的初级农业生产合作社发展至31个,549户,占总农业户的1.4%[①]。1953年底,临江县初级农业生产合作社有16个,参加农户328户[②]。1952年,抚松县试办了全县第一个初级农业合作社——四区芝阳村先锋农业生产合作社,有14户、61人、14个劳动力、1065亩土地入社[③]。1953年,靖宇县初级农业生产合作社发展至7个,参加者81户[④]。同年,长白县共有8个初级社,共122户[⑤]。1953年,双辽县初级农业生产合作社发展至38个,有488户农民入社,占组织起来总农户的1.7%[⑥]。1953年末,梨树县共有初级社34个[⑦]。

这些互助合作组织比较好地解决了互利问题。他们采取“死分活评”“计件包工”等方法,进一步解决了人畜换工中的互不两利现象,解除了部分农民担心牲口入股吃亏的顾虑。夏锄时,普遍采取“大组分小组,勤轮快轮”“按作物订标准工”“民主评议”等方法,解决了各户间在铲趟轮作中争先怕后的问题。有的合作社还合理组织社员,把劳动力分成几个小组,按照定时、定质、定量,推行包工制,展开劳动竞赛;实行同工同酬,鼓励广大妇女和半劳动力投入生产。合作社还十分重视改进农业技术,推广新耕作法等。这些做法极大地鼓舞了社员的生产积极性,推动了生产发展和粮食增收。

在农业生产合作社试办中,全省312个农村区中有303个区建立了合作社。由于在合作社整顿过程中,绝大多数自发社改为互助组,这些社基本上纠正了摊子大、任务重、窝工多等现象。新建社大都坚持勤俭办社,不铺摊子,不装样子,普遍贯彻以农业生产为主的方针,初步取得了经营管理工作的经验。在县(旗、区)级试办的1158个合作社中,85%的农业生产合作社实现了产量高、分红多。入社的农户都比过去在互助组里或单干时分粮多。永吉、蛟河两县和郭前旗、延吉市试办的

---

① 梅河口市地方志编纂委员会编:《梅河口市志》,吉林人民出版社1999年版,第439页。
② 浑江市地方志编纂委员会编:《浑江市志》,中华书局1994年版,第529页。
③ 抚松县地方志编纂委员会编:《抚松县志》,中华书局1994年版,第157页。
④ 靖宇县地方志编纂委员会编:《靖宇县志》,吉林人民出版社2001年版,第84页。
⑤ 长白县志编纂委员会编:《长白朝鲜族自治县志》,中华书局1993年版,第80页。
⑥ 双辽县地方志编纂委员会编:《双辽县志》,中国青年出版社2000年版,第423页。
⑦ 梨树县地方志编纂委员会编:《梨树县志》,辽宁教育出版社1992年版,第381页。

142个合作社，农作物收获量平均高于互助组的占19.6%，合作社在农业生产中显示了优越性。同时，全省有计划地按新耕作法莳弄的丰产田15.2万垧，产量一般高于普通田2至8成，有的高达两三倍，平均增产5成。这些大面积的丰产田93%在合作社和互助组里[1]。1953年平均单位面积产量，合作社高于互助组，互助组高于单干户。在同自然灾害的斗争中，合作社更突出地显示了统一经营的力量。参加合作社的农民通过切身体会，认识到组织起来的优越性，坚定了走互助合作道路的信心和决心，增强了走互助合作道路的自觉性。农民给合作社的评价是："合作社人多手巧家什妙，民主管理多科学，各尽所能讲劳动日，不多打粮食往哪跑!"这一切为1954年区级办社创造了有利条件。但是，在1953年试办合作社中，也存在一些缺点和问题，有15%的合作社不如互助组，少数合作社因为经营管理不善，影响了农业生产，造成了社员的损失，挫伤了社员的积极性。这是继续发展互助合作运动中应当注意并加以解决的问题。

1953年12月，中共中央下发《关于发展农业生产合作社的决议》。省委根据中央决议精神和前期县（旗、区）级试办合作社的具体情况，从1954年春天起，继续进行县（旗、区）联合试办合作社。1954年1月8日至9日，省委召开扩大会议，讨论总结1953年互助合作运动的发展情况，研究制定1954年互助合作运动的发展方针。11日至13日，省委召开全省互助合作工作会议，与会人员包括市、县（旗、区）委书记，县青年团书记、妇女主任等，共357人。会议认真学习了中央《关于发展农业生产合作社的决议》，总结互助合作运动的经验，讨论发展农业生产合作社的问题。会议确定1954年全省25个市、县（旗）计划新建社1500个，最高控制数不超过1700个，加上1953年的1158个，争取达到2800个社，使全省组织起来的农户占总农户的87%。为此，会议要求继续贯彻中央"积极领导、稳步前进"的方针，深入地进行总路线教育，尊重自愿原则，既不自流，又不冒进；巩固和提高老社，办好新社，带动互助组

① 《王季平同志在全省县委书记、区委书记联席会议上关于"一九五三年全省互助合作运动总结及一九五四年的方针任务"的报告》（1954年1月11日），吉林省档案馆编：《中国共产党吉林省委员会重要文件汇编》第5册（1954年），1986年，第418页。

的发展和提高；要防止重视合作社，轻视互助组，重视高级组，轻视低级组的现象；防止闭门办社，脱离群众的现象；进一步贯彻互利政策，研究农业技术，合理解决评工计分，人畜换工，生产轮作，民主管理等问题。会议提出办好社的关键是，领导有经验，注意培养干部，依靠群众办社。会议要求合作社有三个党员以上的建立分支部，加强党的领导。会后，省委发出《关于建立农业生产合作社工作的指示》，要求各地在建社中防止和纠正急躁冒进、贪多求大现象，并规定了各县（旗、区）的控制数字。《指示》要求县（旗、区）逐级试点，取得经验，训练干部，逐步分批铺开。各县（旗、区）在建社中基本上贯彻了省互助合作会议精神。但各地程度不同地存在急躁情绪和消极情绪；出现草率建社和挫伤群众积极性，宣传教育一般化和片面性等问题。针对这些现象，2 月 17 日，省委又发出《关于目前建社工作中存在的几个问题及今后解决办法的指示》，要求市、地、县（旗、区）领导认真学习中央《关于发展农业生产合作社的决议》，进一步贯彻省互助合作会议精神，特别注意入股分红问题。

1954 年春天，全省农村干部和广大农民通过学习党在过渡时期的总路线、中央《关于发展农业生产合作社的决议》、中央第三次互助合作会议精神和毛泽东关于农业互助合作的谈话，进一步认识到走社会主义道路是发展农业和改善农民生活的唯一道路；发展互助合作运动，不断提高农业生产力，是党在农村工作的中心。全省广大农民的社会主义积极性有了显著提高，走新道路，办农业社，成为大多数农民的要求。此时，由于干部、群众办社的积极性高涨，建社数超过了控制数，达到 3505 个，入社农户达 61325 户，占总农户的 5.6%。平均每社 17.5 户，经营耕地面积 50.07 公顷。这些农业生产合作社普遍显示了不同程度的优越性。如：体现了按劳分配的原则；生产有计划，动手早，耕作细，施肥多，抗灾能力强；庄稼莳弄及时，长势好，社员收入多等，这对农民产生很大的吸引力。全省近 2 万个互助组要求建社。

为迎接即将到来的互助合作运动新高潮，正确指导互助合作运动，1954 年 7 月 23 日至 8 月 4 日，吉林省委召开全省第二次互助合作工作会议。会议主要研究互助合作运动的新形势，确定 1955 年发展互助合作的任务、方针、政策和步骤等。会议指出：面对农民走互助合作道路的热情空前高涨，既不能挫伤群众的积极性，也不能急躁冒进，应根据各地互助合作发展不平衡的情况，提出不同的要求。

经过秋、冬两批建社，到 1955 年春天，初级农业生产合作社发展至 22344 个，比 1954 年增加了 3.57 倍，在社农户由 1954 年占总农户数的 5.16%，增加至 34%强。全省基本实现合作化（入社农户占总农户数的 50%以上）的县（旗）有 6 个，即敦化、大赉、开通、郭前、长白、汪清，基本实现合作化的区有 89 个，基本实现合作化的村有 1877 个，全省有合作社的村达到 86.5%，这标志着新建社工作走出领导试办阶段，成为群众性运动[①]。

成批建社后期，由于步伐快，工作粗，领导力量跟不上，出现许多问题。第一，农业生产受到了影响，随之影响到合作社的巩固和发展。1954 年春天办起来的 4890 个合作社中，产量低于常年互助组的占 7.64%，产量相当于常年互助组的占 15.99%；垮台 7 个社，退社社员有 1876 户，占原有社员总数的 2.14%；153 个合作社不够巩固，占老社总数的 3.21%。新建起来的合作社由于时间短，数量多，规模大，经费不足，骨干力量缺乏，群众对能否办好合作社心存疑虑。据 35 个县（旗）的统计，30.3%的农业生产合作社没有集中生产。第二，入社的生产资料（土地、车、马、农具）报酬存在不合理现象，引起社员不满要退社。有少数富裕户的生产资料社里一半社外一半，影响社员生产积极性。第三，有些社员由于建社前思想准备不充分，入社后存在动摇心理，纷纷要求退社或已经退社。

为确保农业生产合作社的健康发展，省委在 1954 年冬到 1955 年春，对新老合作社进行了整顿。省委于 1954 年 10 月 28 日至 11 月 4 日召开农村工作会议，于 1955 年 2 月 21 日召开常委扩大会议，于 2 月 23 日至 3 月 8 日再次召开全省农村工作会议，于 4 月 26 日至 27 日召开地、县委书记会议，传达贯彻中央第四次互助合作会议精神，强调注重建社质量，只准办好，不准办坏，必须从提高农业生产和增加农民收入

---

① 《办好现有农业生产合作社开展以互助合作为中心的农业增产运动——省委农村工作会议报告草稿》（1955 年 2 月 24 日），吉林省档案馆编：《中国共产党吉林省委员会重要文件汇编》第 6 册（1955 年），1986 年，第 680 页。

来吸引农民参加农业生产合作社；加强党对互助合作运动的领导和基层党组织建设；要求把工作重心转移到整顿、巩固和提高方面来，大力办好现有农业生产合作社，基本停止建新社，发展和提高互助组，争取1955年末组织起来的农户占总农户的87%[①]。1954年11月26日，省委发出《关于训练农业生产互助合作骨干和党员、积极分子的通知》，全省分批集训了6万人，以提高办社人员的领导水平。1955年春天，全省新、老农业合作社经过整顿，有的改为互助组，有的进行合并，有的化为小社，有的暂时解散。整顿后的合作社绝大部分都巩固了下来，并且有了新的发展。1955年5月3日，省委发出《关于农业合作化运动中几个具体政策问题的指示》，要求各地党委切实贯彻建社、办社中的自愿互利政策，对互助合作的各项方针政策如社员土地上的林木、山林、果园、泡子、草地、家庭饲养业、粮食统购统销、粮食增产奖励、社员余粮等都作了具体说明，从而稳定了社员群众的情绪，提高了办社质量。5月9日，省委发出《关于解释当前农村各项具体政策的规定》，指出：有些地方在建社和办社工作中，没有认真贯彻自愿互利原则，引起农民对办社、建社和发展生产的一些误解和疑虑。为此，在建社、办社中要坚持说服教育、典型示范和国家帮助的办法，克服强迫命令和急躁情绪，纠正工作粗糙等做法。

5月，中共中央农村工作部召开全国第三次农村工作会议，对农业互助合作提出明确要求。5月20日至26日，吉林省召开全省第二次农村工作部部长会议，贯彻中央精神，对全省办社提出了明确方针：一般停止发展，全力巩固现有社，加强对互助组的领导，少数地区适当收缩；1957年以前一律不再建高级社和并社，新建社规模以20户左右为宜[②]。6月4日，省委批转农村工作部的意见，要求各地按此精神巩固和办好现有农业生产合作社。吉林省农业合作化由继续发展转入全力巩固

---

① 《以巩固提高互助合作为中心开展备耕运动——省委农村工作会议总结》（1955年3月8日），吉林省档案馆编：《中国共产党吉林省委员会重要文件汇编》第6册（1955年），1986年，第701—702、701页。

② 《省委批转省委农村工作部第二次各县农村工作部长会议总结》（1955年6月4日），吉林省档案馆编：《中国共产党吉林省委员会重要文件汇编》第6册（1955年），1986年，第749页。

阶段。

吉林省初级农业生产合作社，从全省试办到成批发展，虽然不同程度地出现过急躁冒进情况，但从整体上看是稳步前进，健康发展的。第一，省委贯彻中央精神坚决及时，不仅认真组织干部群众学习中央文件，领会中央精神，而且不断通过会议、文件加以贯彻，并且深入各地具体指导、检查、总结，使建社办社工作领导积极有力，工作扎实深入。第二，省委从全省农村实际出发，根据各地不同条件和农民的实际需要，正确掌握合作化运动发展的速度和规模，坚持把半社会主义性质的初级社作为合作化的主要形式。同时充分认识运动发展的不平衡性，坚持由小到大，分阶段试办发展，适合农民小私有者的心理要求，自然地不勉强地引导农民走向社会主义。第三，在互助组的基础上，实行全面准备，分批发展的方针。实行准备一批，发展一批，巩固一批，做到稳步前进。以办好现有社带动互助组作好建社和扩社准备，使群众的建社要求和领导的计划控制相结合，既珍视和保护群众的建社热潮，又防止运动失去领导的自发倾向。培养和训练干部，发挥基层组织作用。第四，坚持自愿互利、典型示范和国家帮助的原则，注意发现和解决合作化运动中的一系列政策性问题，注重培养典型，发挥其示范作用。第五，始终把发展农业生产，增加社员收入作为建社、办社的目标和出发点，开展以互助合作为中心的农业增产运动，即把发展合作化作为增加生产的基本途径，把增加生产作为巩固、提高合作化的基本环节。对发展生产与发展合作化作统一理解，统一领导，统一部署，把二者作为统一不可分割的整体。

全省在试办和发展初级农业生产合作社的同时，也试办了土地和主要生产资料实行集体所有的高级农业生产合作社。从 1953 年至 1955 年春，经省级党委批准试办的高级社共有 4 个，即当时辽东省的海龙县吴凤岐农业生产合作社[①]、延吉县金时龙农业生产合作社、九台县饮马河农业生产合作社、蛟河县韩恩农业生产合作社。同时，未经省委批

---

① 1954 年 8 月 12 日，根据中央人民政府《关于撤销大区一级行政机构和合并若干省、市建制的决定》和东北行政委员会“东北（54）办字第 1336 号命令”，原辽东省海龙县划入吉林省，包括在通化专区内。

准，各地自发办起来的高级社还有427个。

1953年2月4日，海龙县吴凤岐农业生产合作社在省、地、县三级联合工作组的帮助下，正式成立了高级农业生产合作社，即曙光集体农庄。自愿入社农户40户，社员81名。入社土地692.5亩、大车6台、马骡22匹、牛6头、驴1头、马拉农具1套。入社农户的土地和车马等由主要生产资料折成产量和金额，按劳动力平均分摊作价入社，多存少补。建社后，户数不断增加，1954年增至75户，1955年达到183户。随着农业社的扩大，生产不断发展。1953年他们将338.7亩涝洼地改为水田，1955年增开水田1261亩，水田占耕地总面积的1/3。农业机械作业面积由1953年的690.8亩增加至1955年的1495亩，扩大耕地面积75.6亩。副业收入占农副业总收入比重，由1953年的13.7％，增加至1955年的22.9％。社员收入1953年人均69元，至1955年增加到111元。公共积累达3.9万元，是建社时的17倍。

1953年3月12日，被誉为当时吉林省第一个高级农业生产合作社——延吉县英成村黎明集体农庄，作为省委批准、重点试办的高级社正式成立，社长金时龙是全国劳动模范。全社48户，88名劳动力，84公顷土地，2公顷果树，23头役牛，2头乳牛，3匹马。有水田犁、马拉农具、畜力打谷机等33台。全社固定资产金额约2.5万元，其中公共资金占52.5％。农业社按照每个人的特长，分别编成3个田间生产队，1个畜牧队，1个副业队。社员个人的牲畜、农具作价归公，取消了土地股份的分配。农业生产合作社对生产队实行包工包产责任制，队内实行计件包工，社员收入按劳动工分分配。1954年农业社扩大到195户，劳动力532名，下设16个田间生产队、1个畜牧队和1个副业队。耕地308.44公顷，其中水田119.81公顷。全社农副业总收入比初级社时期有较大提高，并且都高于一般的初级农业生产合作社。

1954年2月8日，九台县饮马河高级农业生产合作社，经省委批准正式成立，有社员79户。因为建社基础好，建社后又狠抓了增产措施，秋后126公顷水稻获得大丰收。社员纯收入每个劳动日折合4.7元。1955年又吸收了17户汉族农民入社，新增水田23公顷，秋后149公顷水田又获丰收，每公顷平均产量4600公斤，每个劳动日值4.4元。社员收入比当地最好的初级社社员收入高出2倍多。

1955年1月10日，蛟河县韩恩农业生产合作社，经省委批准，转建高级社。全社145户，240个劳动力，265公顷耕地，其中水田113公顷，耕畜55头，大车18台，公共财产总金额2.43多万元，有1处小水库，1个养鱼池和1栋暖房。转建高级社后又新开25公顷荒地。当年，在旱田遭灾减产的情况下，全社劳动日值达2.48元，比社外农民收入多了50%。

事实说明，全省试办的这几个高级农业生产合作社，组织稳妥，发展健康，成效显著，在战胜自然灾害、发展农业生产、增加农民收入等方面发挥了优越性。

粮食统购统销政策的实行

第一个五年计划建设全面展开以后，随着工业化的发展，城镇和工矿区人口猛增。1953年全国城镇人口达7826万，比1949年增加2061万人①，城镇粮食供应面迅速扩大。在农村，一般农民的粮食消费也逐步增加，不仅要求吃饱，还希望家有余粮。同时，工业发展所需原料也逐年增多，因此，商品粮需求量急剧增加。1953年，粮食市场的需求明显大于供给。小农余粮户待价惜售，加之东北等产粮地区受灾，造成国家粮食收购量减少。粮食收购完不成计划，而粮食销售却大幅度突破计划，严重的粮食危机使不少地区开始出现混乱局面。私商同国家争夺粮源的斗争十分尖锐，大批粮贩子活动于城乡之间。其结果是物价波动，人心不安，国家建设受到影响。

面对严重的粮食购销形势，1953年10月16日，中央作出《关于实行粮食的计划收购与计划供应的决议》。11月19日，政务院下达《关于实行粮食的计划收购和计划供应的命令》。粮食统购统销政策包括计划收购，计划供应，由国家严格控制粮食市场，由中央对粮食实行统一管理。

粮食统购统销是关系到每一个城乡人民，特别是关系到每个农民，

---

① 中共中央党史研究室：《中国共产党历史》第二卷（1949—1978），中共党史出版社2011年版，第225页。

首先是广大中农切身利益的问题，是一项政策性极强的新事物。10月28日至11月2日，中共吉林省委召开全省粮食工作会议。省人民政府主席栗又文传达了周恩来在全国财经工作会议上的总结报告，副主席徐元泉传达了中共中央《关于实行粮食的计划收购与计划供应的决议》。会议讨论了贯彻中央决议的方法和步骤，确定了征购粮任务，决定11月1日起在全省城乡实行粮食计划供应工作。10月28日至11月3日，省委召开全省县级以上党的活动分子会议，传达了党在过渡时期的总路线、总任务和中共中央《关于实行粮食的计划收购与计划供应的决议》。10月31日至11月3日，省委宣传部召开全省宣传工作会议，讨论和部署关于过渡时期总路线和粮食统购统销的宣传教育工作。会后，全省各市、县(旗)立即行动起来，进行认真的贯彻落实。吉林市于10月31日上午召开全市党员干部会议，下午，全市有党组织的工厂、机关、学校等单位进行传达动员。延边各县市分别召开党的活动分子大会，传达省委会议精神，布置征购粮任务。

为贯彻落实粮食统购统销政策，省委抽调180多名干部，组成11个工作组，分赴全省各地布置征购粮工作[①]。同时，省委组织培训了一支庞大的宣传队伍，并充分发挥党的宣传网的作用，进行广泛的宣传教育工作。全省组织2956名报告员，作了40743场报告，听众达3519124人次。全省训练党团员、村干部、宣传员、积极分子25万多名，占农村人口4.4%。各种宣传工具如有线广播、收听站等，各种学习、宣传组织如冬学、群众剧团、宣传队等都充分发挥了宣传作用。仅剧团和宣传队就演出1.5万多场，观众达300多万人[②]。省、市、县印发了大批宣传材料。这些宣传活动使全省对粮食统购统销政策基本做到了家喻户晓。

省委按照中央《关于计划供应粮食和取缔粮食投机的宣传要点》《关于统购粮食的宣传要点》和东北局《实行粮食的计划收购与计划供应向农民群众宣传讲话要点》等文件精神，在布置统购统销工作时，向全省

① 《省委关于征购粮工作向东北局、中央的第二次报告》（1953年11月28日），吉林省档案馆编：《中国共产党吉林省委员会重要文件汇编》第4册（1953年），1987年，第564—565页。

② 《省委关于粮食统购统销工作基本总结》（1954年7月20日），吉林省档案馆编：《中国共产党吉林省委员会重要文件汇编》第5册（1954年），1986年，第604页。

广大人民着重进行了以下几个方面的宣传教育。第一,使全省人民明了,国家实行粮食统购统销,不是因为国家的粮食不够吃,而是保证全国人人有饭吃,是保证国家建设顺利进行的一个极其重要的办法;是对全国人民有益,也是对农民有益的事情。第二,使农民明了,农民按照国家规定的办法把粮食卖给国家,是帮助国家建设的光荣义务,是爱国主义的具体表现。随着国家建设的发展,以前单靠向国家缴纳公粮已满足不了国家对粮食的需求,而国家又不能再增加农民的公粮负担。在农民走互助合作道路,不断增加粮食产量的情况下,国家有计划地用公平合理的价钱,收买农民的粮食,是于国于民都有利的事情。第三,说明国家统购粮食和供应粮食的价格都是公平合理的。同时,可以保证粮价和一般物价的平稳。国家为照顾农民利益,已提高粮食价格,当年东北地区粮价平均提高13%。余粮户等待高价或用钱时再卖粮的打算是错误的,不仅影响自己的收入,更影响国家经济建设。省委号召全省人民要把个人利益和国家利益统一起来,把眼前利益和长远利益统一起来,拥护政府的决策,积极响应和认真执行粮食统购统销政策。第四,农民把粮食卖给国家,就可以摆脱粮食投机者的剥削和操纵。使那些投机倒把、囤积居奇、放高利贷、抬高粮价的粮食贩子和投机者,无可乘之机;使困难户不陷于被剥削的境地,防止农村的两极分化,引导农民走共同富裕道路。第五,实行统购统销政策,粮食的供应工作完全有保障。全省各市、县(旗)、集镇、工厂、矿区都设有足够的国营粮食商店和供销合作社,加之委托部分私商代售粮食,城里人和农村缺粮户都会按照国家规定的价格和适当的定量,随时买到各人所必需的粮食。第六,向全省人民说明党的过渡时期总路线、总任务和粮食统购统销的关系。说明实行粮食统购统销,并不是马上实行社会主义。农民的土地、牲口等仍归各家私有。国家实行粮食统购统销,是为过渡到社会主义所必须采取的重要步骤。

省委号召全省共产党员、青年团员和干部、积极分子,站稳立场,起模范作用,对城乡人民群众进行耐心细致的说服工作,保证统购统销工作的顺利实施。

全省认真执行了党中央和东北局的指示,到1954年3月底,全省统购统销工作取得了阶段性胜利。具体表现为：第一，在粮食统购方面，原定统购任务 70 万吨，实际完成了 83.2 万吨，超额完成了统购任务。同时经过合作社又购买了 6.6 万吨粮食，解决了农村与小城镇的调剂粮和供应国家解决灾区粮食的不足部分。从农民手中购出粮食总计 89.8 万吨，占年总产量 350.9 万吨的 25.59%。在遭受水灾，粮食比上年减产的情况下，统购数字与上年基本持平。第二，在粮食统销方面，在城市先进行了细粮定量供应，随之对粗粮也采取了内部控制办法，5 月又实行了豆油定量供应。开始时，由于对城镇的细粮交易突然控制，粮食市场出现紧张局面，部分群众一度产生恐慌和抵制情绪，部分党员干部在思想上与粮食统购统销有抵触，甚至有违纪行为。各地区在省委的统一领导下，从群众的实际出发，在迅速深入宣传动员的同时，注意抓好细致的思想工作。作好粗粮供应，准备足够的粮食和增加调剂品种，缩短群众排队购粮时间，安定群众情绪。第三，各地区严格执行党的政策，加强市场管理，坚决查处违纪违法行为。在较短时间内，基本上得到了消费群众的拥护，使国家供应计划逐渐稳定。在农村，粮食调剂与统购同时进行，主要由农业社收购粮食，就地调剂供应；或实行当地党政部门有领导地组织串换调剂；个别缺粮地区由国家补助一部分，保证调剂供应。全省建立了 118 个初级粮食市场，发挥了调剂作用。农村的统销工作，在稳定人心、保证供应，使农民避免高利贷剥削等方面发挥了重要作用①。

粮食统购统销工作取得了阶段性胜利，比较妥善地解决了粮食供求的矛盾，有力地限制了自发势力的发展，打击了投机粮商，促进了互助合作运动的发展和农业社会主义改造。广大农民提高了政治觉悟，发扬了爱国主义精神，激发了生产积极性。各市、县（旗）城镇保证了供应，稳定了粮价，安定了人心。全省城乡经济、政治、文化和百姓生活等都有了新变化。

在计划经济时期，统购统销是经常性的任务，并逐步走向制度化。省委对此有充分认识。1954 年 7 月 5 日，省委发出《进一步做好农村粮

---

① 《省委关于粮食统购统销工作基本总结》（1954 年 7 月 20 日），吉林省档案馆编：《中国共产党吉林省委员会重要文件汇编》第 5 册（1954 年），1986 年，第 606 页。

食供应工作的指示》,指出了全省粮食计划供应的三种不同情况:一是除当地调剂外还有余粮,可继续出售给国家;二是余缺调剂可自行解决;三是缺粮户多于余粮户的地方,除当地调剂外,还需国家拨售或从外地调剂一部分。为做好农村粮食供应工作,省委要求迅速地、普遍地建立国家领导的初级粮食市场,使其在解决农民尚不习惯计划供应的某些困难,保证农村余粮继续出售,缓和群众的紧张心理,满足缺粮户和余粮户的要求,稳定粮价,减轻国家负担,活跃农村经济等方面发挥作用。同时,继续提倡生产合作社、互助组内部的互相调剂,以适应农村余粮分散零星、缺粮参差不齐的特点。省委要求县(旗)干部结合夏锄生产,深入合作社、互助组做具体的组织工作。

1954 年,全国农田灾情严重,长江、淮河流域遭受了百年不遇的水灾,全国粮食减产 250 多亿斤,而国家对于粮食的需求不仅不减少,而且增加了。吉林省虽然也有部分地区受灾,但粮食总产量仍接近上一年水平。省委积极响应国家在非灾区增加购粮任务的号召,要求各市、地、县(旗)委充分认识粮食形势的严重性,顾全大局,在不影响农民生活和生产的原则下,力求多征购一些粮食,以支援灾区,保证国家经济建设。为完成任务,省委发出《关于结合增产保收做好粮食估算工作的指示》,要求各地区结合秋收,在原有工作的基础上进一步做好产量调查和粮食估算工作,实事求是地将粮食产量估足摸准,从而准确地掌握产量情况,以便落实统购任务。同时,省委又发出《关于号召城乡人民节约粮食消费的指示》,号召全省各阶层人民发扬爱国主义和团结友爱精神,节约粮食,精打细算,制订具体的节约计划,同糟损浪费粮食现象进行坚决斗争,支援灾区,支援工业化。12 月 15 日,省委再次发出《关于进一步贯彻省委冬季农村工作会议精神,切实做好征购粮食工作的指示》。为保证完成征购任务,省委要求,必须充分做好购粮的宣传教育工作,全面正确地贯彻国家统购政策,保证完成征购粮任务;必须充分发挥农村各种组织的作用,特别是农村党支部的战斗堡垒作用,教育党员、团员带头实报产量,把余粮卖给国家,做执行党和政府政策的模范;必须在做好宣传教育工作和提高农民思想觉悟的基础上,摸清粮食情况,加速购粮进度;购粮期间,必须做好供销工作,保证供应,尽一切可能满足农民生产和生活的需要，在做好统购粮工作的同时必须做好统销工作，使农村真正缺粮户能够买到粮食。各市、县（旗）按照省委要求，重点布置和领导了征购粮工作。绝大多数县对1954年的粮食产量进行了调查。同时，通过春耕动员，做好定产、定销、定购工作，使农民对购粮任务早日托底，提高了生产积极性和卖粮积极性，保证了全省征购粮任务的完成。

1952年是吉林省的大丰收年，全省征购粮完成249.2万吨，占产量（不包括薯类，下同）的42%。实行粮食统购统销的第一年（1953—1954年度）产量比上年减少42.6万吨，而征购粮完成了243万吨，仅比上年减少6万余吨，征购数占产量的44.2%。1954年比1953年减产24万吨，而1955年度（1954—1955年）征购粮完成了223.7万吨，占产量的43.9%。1952—1953年度全省纯上缴国家粮食130.7万吨，1953—1954年度纯上缴粮食101.6万吨，基本上完成了国家下达的任务。在粮食紧张、商品粮比重较大、负有支援全国责任的压力下，全省城市粮食供应数量不仅没有减少，1955年比1954年还增加了17.4万吨①。在农村计划供应方面，各地集中做好粮食调剂工作，配合粮食部门迅速建立起以国家为领导，没有私商参加的初级粮食市场。同时，省委在粮食预购工作中，提前做好了冬季粮食计划收购中的物资供应准备工作，基本满足了广大农民卖粮后对生产、生活资料的需要，并促进了货币回笼。

解决粮食紧张的关键环节在于发展农业生产。只有完成生产计划，粮食征购任务才有保证。省委把粮食统购统销工作与抓好生产、互助合作运动紧密结合，认真贯彻中央粮食定产、定购、定销的“三定”政策②，为逐步实行粮食统购统销制度化打好基础。1955年8月，省委发出《关于加强领导做好“三定”落户工作的指示》，要求从8月20日至10

① 《栗又文同志在中国共产党吉林省第三次代表会议上“关于吉林省发展国民经济的第一个五年计划的报告”》（1955年6月10日），吉林省档案馆编：《中国共产党吉林省委员会重要文件汇编》第6册（1955年），1986年，第16—17页。

② 在每年春耕之前，以乡为单位，将全乡粮食的计划产量确定下来，向农民宣布国家将向本乡征购和销售的粮食数字，使农民结合确定的指标，知道自己生产多少，国家收购多少，个人留用多少，缺粮户供应多少，心中有底。

月底，农村工作以“三定”为重点，全党动员，把“三定”落户工作做好。特别是从抓生产入手，把“三定”工作与农村增产保收和巩固农业合作社紧密结合，通过“三定”落户推动农业生产的发展。为此，省委抽调部长和厅长级干部10人、省直机关中层干部100余人，并要求每县（旗）每区都抽调一定数量的干部，全省共计六七千干部参加“三定”工作[①]。为保证对运动的正确领导，省委着重抓了“三定”干部培训工作，使他们熟悉并掌握党的政策，学会工作方法，做好“三定”工作。各级干部分片包干，深入重点，总结经验，加强领导，把这项复杂细致的经济工作和严肃的政治任务做好做实，提高了农民生产积极性和落实统购统销任务的自觉性。

统购统销政策的实行，初步缓解了粮食等重要物资的供需矛盾，保持了市场物价的稳定，保证了“一五”期间大规模经济建设的顺利进行。这一重大决策的实行，加强了国营经济与农民的联系，一方面促进了对农业的社会主义改造，使互助合作、粮食征购成为相互联系、相互促进的对小农经济进行改造的两大战略措施；另一方面严禁私商自由进行粮食购销，这是对私营粮食行业的直接改造，也推动了对其他私营工商业的改造。与此同时，它在客观上切断了农民历来同市场的联系，限制了商品生产的发展，这在当时的历史条件下是难以避免的。总的来说，统购统销政策的实施是落实党在过渡时期总路线、总任务的重大胜利，在实现工业化的初期是一个适合当时需要的积极举措。历史证明，这一政策对支持经济建设，保证人民基本生活安定，维持物价和社会稳定以及赈灾度荒等，都起到了重要作用。

高级社的普遍建立和农业社会主义改造的完成

1955年7月31日，中共中央召开省委、市委、自治区党委书记会议，毛泽东作了《关于农业合作化问题》的报告，把农村合作化步骤上的不同意见当作“右的错误”来批评。10月，中共中央召开扩大的七届六中全会，通过了《关于农业合作化问题的决议》，批判所谓“右倾机会主

---

① 《关于加强领导做好“三定”落户工作的指示》（1955年8月18日），吉林省档案馆编：《中国共产党吉林省委员会重要文件汇编》第6册（1955年），1986年，第1020页。

义”。9 月至 12 月，毛泽东主编《中国农村的社会主义高潮》一书。各级党委组织党员干部，尤其是从事农村工作的干部认真学习。这一系列举措对农村社会主义高潮的掀起产生了重要推动作用。

中共吉林省委于 8 月 4 日召开省委扩大会议，于 9 日召开全体委员会议，于 20 日召开常委扩大会议，于 22 日至 26 日召开地、县委书记和农村工作部部长会议，传达贯彻中央关于农业合作化问题的精神。9 月 8 日，省委发出《关于传达和贯彻党中央和毛主席〈对农业合作化问题的指示〉的通知》，要求各地尽快地把中央的指示精神传达下去。19 日，省委发出《关于当前农业合作化运动的指示》，要求各级党组织认真贯彻中共中央关于农业合作化的指示精神，总结建社经验，检查批判“右倾思想”。中共中央七届六中全会后，省委于 11 月 3 日至 15 日，召开了全省三级干部会议，市、地、县委书记、农村工作部部长和省直各部门科长以上党员干部共 1500 余人参加了会议。会议期间，省委发出《关于学习〈中国共产党第七届中央委员会第六次全体会议（扩大）关于农业合作化问题的决议〉和毛泽东同志〈关于农业合作化问题〉的报告及有关文件的指示》，要求各级党委组织全体干部认真学习、贯彻和执行，迎接全国农村社会主义群众运动高潮的到来。同时，省委宣传部召开地、县委宣传部长会议，讨论和布置农业合作化的宣传教育问题，并印发了《向农民宣传农业合作化的讲话提纲》。

省委通过学习毛泽东《关于农业合作化问题》的报告，对前期领导合作化运动的指导思想和方针进行了总结，认为 1955 年 2 月全省农村工作会议对 1954 年全省农业合作化运动形势的估计及其指导方针是正确的，是符合中央指示精神的，而 5 月召开的全省第二次农村工作部部长会议对合作化的形势、原因、指导方针的认识是不正确的。省委认为，1955 年 5 月以后，由于“不适当的强调了农业合作化是造成农村紧张的根本原因；强调干部领导经验不足，建社容易巩固难”[①]，对 1954 年夏秋以后农业生产合作社的发展，“不适当地批判发展计划大了和普遍

① 《李砥平同志在全省三级干部会议上关于“全面规划，加强领导，把我省农业合作化运动推向新的高潮”的报告》（1955 年 11 月 5 日），吉林省档案馆编：《中国共产党吉林省委员会重要文件汇编》第 6 册（1955 年），1986 年，第 783 页。

存在着冒进情绪”，“不适当地强调巩固和办好现有社的困难方面”，结果“不仅没有促进合作社的巩固目的，而且使勉强入社的更加动摇，打击了贫农入社的积极性，社外自发势力抬头，某些基层干部产生消极情绪，并影响了建社的准备工作。”[①]省委在进一步分析这种“错误”的实质时，认为这“反映了资产阶级、富农和自发资本主义倾向较严重的富裕中农的抵抗社会主义改造的情绪，是一种右倾的错误。这种错误的结果，只能有利于农村资本主义的发展，而不利于社会主义。”[②]基于这些认识，省委对全省合作化运动的发展作了不断扩大和加速的规划。8 月下旬在各地、县委书记和农村工作部长会议上，省委要求 1955 年冬 1956 年春计划新建社 5000 个，入社农户占总农户数的 46%[③]。9 月省委发出了《关于当前农业合作化运动的指示》，要求重新审查和修正发展计划，要新建社 7000 个，使入社农户达到总农户数的 50%以上。为此，全省抽调 4500 名干部下乡帮助办社[④]。11 月初，在全省三级干部会议上，省委再次修改全省合作化发展的规划和速度，要求新建社 17142 个，每社平均 22 户，入社农户达到总农户的 70%。1956 年挂锄期间，再发展一批，在秋收前入社农户达总农户的 85%左右[⑤]。

由于对“右倾保守思想”的批判，全省各地进一步掀起合作化运动高潮，合作化速度不断加快，有些地方出现急躁情绪。到 1956 年 1 月 9 日，全省共建立初级农业生产合作社 4 万多个，入社农户达 80%以上。仅仅 4 个月，全省就快速实现了初级农业合作化。

与此同时，省委要求把“有领导地试办一些高级社”提到重要日程。1955 年 10 月 19 日，省委下发了《关于调查总结自发的高级社的情况和

① 《地县委书记和农村工作部长会议材料》，1955 年 9 月 22 日至 26 日。

② 《李砥平同志在全省三级干部会议上关于“全面规划，加强领导，把我省农业合作化运动推向新的高潮”的报告》（1955 年 11 月 5 日），吉林省档案馆编：《中国共产党吉林省委员会重要文件汇编》第 6 册（1955 年），1986 年，第 784 页。

③ 《关于农业合作化问题的报告》（1955 年 8 月 31 日），吉林省档案馆编：《中国共产党吉林省委员会重要文件汇编》第 6 册（1955 年），1986 年，第 763 页。

④ 《关于当前农业合作化运动的指示》（1955 年 9 月 19 日），吉林省档案馆编：《中国共产党吉林省委员会重要文件汇编》第 6 册（1955 年），1986 年，第 769、770 页。

⑤ 《吴德同志在全省三级干部会议上的总结》（1955 年 11 月 15 日），吉林省档案馆编：《中国共产党吉林省委员会重要文件汇编》第 6 册（1955 年），1986 年，第 824—825 页。

经验的指示》。《指示》要求各级党委“检查总结现有自发高级社的情况和经验，以便有计划进行整顿提高，以便分别情况加以审查批准，并给今冬明春各县有领导试办高级社准备条件和经验。”[①]同时，省委认为“过去领导上对试办高级社控制过死，对老社如何逐步由半社会主义性质过渡到完全社会主义缺乏调查研究。因此，对群众自发办起来的高级社，没有加以重视，没有进行系统的总结和提高，这是不对的。”于是，在11月召开的全省三级干部会议上，省委提出“今冬明春除应该把现有的四百多个自发的高级社，加以审查批准，总结经验，整顿提高外，各县应该有计划地试办一些高级社以取得经验”。会议要求全省试办约600个高级社，每社平均60户，达到总农户的2.23%；1957年春耕前，主要是区级试办，已基本实现合作化的乡也可以试办，共办1500个高级社，加上原有的高级社，达到2100个高级社，每社平均80户，达到总农户的10.37%；1958年春耕前，凡有条件的乡都可以发展高级社，共计建立4000个高级社，每社平均90户，入社农户达到总农户的33.8%；1959年春耕前，发展5000个高级社，每社平均100户，入社农户占总农户的67.9%；1960年春耕前，再发展1000个高级社，新老社平均110户，共建立1.2万个高级社，入社农户达到总农户的80%以上，基本上实现高级农业合作化，完成社会主义改造的任务[②]。

这次会议以后，全省各地在推进农业合作化的高潮中，着手试办高级社，仅仅两个月，全省就建立800个高级社，加上原有的400多个社，共有1200多个高级社。1956年1月中旬开始，全省的农业合作化运动进入向高级社过渡阶段，建社、并社与转建高级社齐头并进，在刚刚基本实现初级农业合作化的基础上，掀起转建高级社的高潮。1月21日，《吉林日报》发表了《大胆地积极地领导发展高级社》的社论，批判“有些同志对新鲜事物缺乏敏感，墨守成规，不敢大胆领导这个高潮”，“这是

---

① 《关于调查总结自发的高级社的情况和经验的指示》（1955年10月19日），吉林省档案馆编：《中国共产党吉林省委员会重要文件汇编》第6册（1955年），1986年，第781页。

② 《李砥平同志在全省三级干部会议上关于“全面规划，加强领导，把我省农业合作化运动推向新的高潮”的报告》（1955年11月5日），吉林省档案馆编：《中国共产党吉林省委员会重要文件汇编》第6册（1955年），1986年，第786页。

右倾保守思想”，要求各级领导“要大胆地按照又快、又多、又好的原则，尽可能提前完成我省高级农业合作化。”此后，各县（旗）加快了办高级社的速度。长春市郊原来农业合作化的基础并不强，1955 年春天入社农户只占总农户的 18.1%，但到 1956 年春天，在原有的 3 个高级社的基础上，快速发展至 185 个高级社，入社农户达总农户数的 87.8%。其他各市、县也都争先恐后地加快了建社速度，到 2 月上旬，全省建立高级社 6056 个，入社农户占总农户数的 88.2%，基本上实现了高级农业合作化。到 1956 年 6 月末，全省参加高级社的农户占总农户数的 95.67%，比原计划提前 4 年完成了农业社会主义改造的任务。这使原本就过快的发展规划，表现为更加快速的发展。

吉林省农业合作化运动，自 1955 年夏季以后，出现了发展过急、工作过粗、改变过快、形式过于简单划一的“四过”问题。许多地方在条件不成熟的情况下，匆忙建立起高级社。1955 年新建的 18725 个初级社，未经巩固完善就直接进入了高级社；有 77.8 万户参加互助组的成员未经初级社就直接进入了高级社，占入社总农户数的 47.5%；有 30.4 万户未经互助组的单干户也直接进入了高级社，占入社总农户数的 18.6%。与此同时，高级社的规模也迅速扩大，1955 年平均每社有 23 户，到 1956 年，猛增到每社 266 户①。由于各级干部缺乏或没有经营大规模集体经济组织的思想准备和经验，广大农民对高级社更缺少或没有认识，在农业社扩大、合并、升级和有关生产资料的处理中，出现了对社员入社的耕畜、农具作价过低，未能及时偿还价款，生产秩序混乱，窝工浪费现象严重等诸多问题。这些问题在一定程度上影响了社员的生产积极性，影响了农业和畜牧业的发展。“四过”问题导致在长期间遗留了一些问题，影响了农村生产力的发展。这一问题主要是基于 20 世纪 50 年代党对社会主义的认识，尤其是各社会主义国家普遍接受的苏联社会主义模式的影响。

在 1955 年夏季以后，吉林省农业合作化运动形成高潮之势。尽管出现一些问题，但由于省委在合作化高潮前一直坚持农业合作化运动

① 《省委关于农业生产合作社经营管理工作的初步总结》（1956 年 5 月 1 日），吉林省档案馆编：《中国共产党吉林省委员会重要文件汇编》第 7 册（1956 年），1983 年，第 481 页。

的正确发展方针和做法，这些思路和做法在农业合作化高潮中仍有一定的坚持，在实际工作中发挥了重要指导作用，主要表现在以下几个方面。

第一，省委强调，在农业合作化高潮中，既要积极领导，又要稳步前进；既要抓建设数量，又要注意质量；既要批判右倾保守思想，也要批判“左”倾急躁情绪。1955 年 10 月 12 日，省委发出《对建立新社工作中的几个有关问题的初步意见》。《意见》在要求各地区认真传达和学习毛泽东关于农业合作化问题的指示，提高群众觉悟，掀起村内群众入社高潮的同时，对建立新社提出了具体指导意见。省委明确指出：确定合作化规划的发展步骤和速度时，要充分分析有利条件与不利条件，“要进行详细的考虑，根据情况和问题，认真地作好准备工作”；要“考虑到经济基础和生产资料占有情况”，要“考虑到生产方面：即尽力照顾到土地联片与集中，同时看社员的居住情况，防止社员与社距离太远不便于生产的现象”，并“适当的考虑到本人要求和平日与哪个社关系密切”；要“研究新建社的骨干配置，和发展党的计划，进行骨干的挑选与培养工作”。省委要求“合作化的规划要和群众见面，使领导规划与群众要求相结合，变成群众的实际行动。”①省委文件规定了建立合作社的具体步骤和原则。具体步骤是：首先，要求建社前做好充分的准备工作，即训练经过认真挑选、公道能干、密切联系群众的干部；确定入社户数，作到完全自愿，绝不勉强；充分发扬民主，认真评议、讨论入社私有公用的土地和其他生产资料报酬问题；要组织建社筹备委员会。其次，在准备工作做好之后，着手正式建立合作社，确定私有公用的土地和其他生产资料报酬，确定和筹集入社的股份基金，制定社章或社的内务规则，由社员大会选举管理委员会。最后，合作社建成后立即组织生产，并拟定下一年增产计划和保证实现增产计划的措施。关于建社的原则，省委要求一定要坚持自愿互利原则，运用民主讨论的方法，不能采取简单的少数服从多数的表决办法，坚持走群众路线。省委关于建立新社的意见，对在农业合作化高潮中的建社工作，给予了及时、具体的指导，在一定

① 《对建立新社工作中的几个有关问题的初步意见》（1955 年 10 月 12 日），吉林省档案馆编：《中国共产党吉林省委员会重要文件汇编》第 6 册（1955 年），1986 年，第 776 页。

程度上减轻了建立合作社中“四过”问题产生的一些损失。11月，省委第一书记吴德在传达贯彻中共中央七届六中全会精神的全省三级干部会议上，要求与会人员“必须正确领会中央关于‘积极领导、稳步前进’的方针和毛主席提出的‘全面规划、加强领导’的方针的一致性。”他指出：“有的同志认为在合作化高潮和大发展中，就只能讲积极领导，不应该再讲稳步前进，认为这也是右倾思想，这显然是不对的。”他提醒大家：“数量问题已被大家注意了，现在主要是在所规定的计划下注意质量的问题。”在这次会议上，省委确定“今冬明春重点还是办好半社会主义性质的初级社”，“不应该把重点放到高级社方面去”①。在有领导的试办高级社中，省委要求对于不同类型的地区，在发展速度上要有不同要求。

第二，省委从抓生产和经营管理入手，解决农业合作化高潮中存在的问题。1956年春天，全省农村基本实现高级农业生产合作化，一般地区一村一社，少数地区一乡一社，个别地区一区一社。全省千户以上大社有88个，其中1000户至1500户的有25个社，1501户至2000户的有4个社，2000户以上的有3个社。大社的管理机构和劳动组织复杂，也产生了管理混乱、经营不善等许多问题。省委从抓好备耕生产入手，整顿高级社，建立劳动组织和生产秩序，处理建社中的遗留问题。紧接着又从春耕生产入手，对高级社进行第二次整顿。1956年2月5日，省委发出《关于停止建大社和转高级社立即做好生产准备工作的指示》，指出：必须采取措施在春节前将建高级社工作告一段落，对正在酝酿的转高级社的初级社，要在春节前结束，并社工作应当立即停止。省委要求，要迅速建立生产秩序，制订生产计划，合理建立劳动组织，积极开展春耕生产准备工作，并不断地深入宣传建社中的各项政策，安定社员情绪，以便春节后立即展开劳动增产竞赛运动。3月5日，省委批转省农村工作部《关于当前在大社中存在的问题和解决办法的报告》，要求各地区党委要高度重视大社中存在的问题，立即组织力量，分类分批地结合备耕生产进行一次认真的整顿，帮助大社建立必要的领导机构和适

① 《吴德同志在全省三级干部会议上的总结》（1955年11月15日），吉林省档案馆编：《中国共产党吉林省委员会重要文件汇编》第6册（1955年），1986年，第824、825页。

宜的劳动组织，制订可靠的生产计划，扭转混乱局面，使其迅速有秩序地投入生产。5月1日，省委下发了《关于农业生产合作社经营管理工作的初步总结》，对合作社建立劳动组织，加强计划管理，加强定额管理，加强财务管理，农业生产合作社的管理机构和工作方法等作出了具体规定，要求各级党组织、农村工作部和农业社参照执行。这些规定对合作社建立生产管理秩序，提高经营管理水平，起到了重要的指导作用。经过连续两次整顿，许多合作社初步建立起生产管理秩序。据41个县（市、旗）的5231个合作社的统计，多数合作社的经济问题得到处理，制订了生产计划，健全了劳动组织，实行了“四固定”和“三包干”①或部分包干，推行了定额和按件计酬制，努力做到劳动计酬合理，生产有秩序，提高了社员的劳动积极性。

第三，省委抓住秋收分配这一关键问题，巩固农业生产合作社。1955年的秋收分配，是关系广大社员收入的大事，更是合作化高潮面临的考验。10月，毛泽东在《中国农村的社会主义高潮》一书的按语中，为永吉县口前区达屯村五个农业生产合作社的“秋收分配方案”写了批语“这一篇写得很好，可作各地参考”，坚定了省委的信心，极大地鼓舞和调动了全省广大农村干部和农民群众建社、入社的积极性。省委抓住秋收分配问题，于11月27日发出了《关于农业生产合作社收益分配情况的通报》，指出：“农业生产合作社秋收分配工作做得好坏，对于体现互利政策，巩固合作社，提高社员的劳动热情，教育社外农民走合作化道路，促进合作化高潮，是有直接关系的。”省委要求各县（旗）党委要加强对收益分配工作的领导，把做好分配工作作为整顿、巩固老社的重要工作之一。秋收前后，全省各市、县（旗）都举办了农业生产合作社收益分配训练班或相关会议，加强执行互利政策与具体分配方法的教育，并进行了预分试点工作。1956年5月12日，省委发出《关于做好农业生产合作社增产和增加社员收入的指示》，贯彻中共中央、国务院《关于勤俭办社的联合指示》。同时，省地县委都组织工作组，选择有代表性的农业社进行试分配调查。省委要求各地区要做好分配工作，争取90%

① “四固定”：固定土地、劳动力、耕畜和农具；“三包干”：包工、包产、包费用。

的社员增加收入。为此，省委要求必须搞好合作社的农业生产，保证增加生产，降低成本；必须在以农业为主的方针下，因地制宜地发展副业生产和其他各部门经营；必须贯彻执行勤俭办社方针，严格限制非生产开支，限制私记工分现象，加强财务管理，推行财务包干的办法。这些行之有效的经营管理措施，对推动集体经济的发展，发挥了重要作用。同时，省委严格要求各业务部门不得向农业生产合作社乱派任务，或者要人、要钱，影响社员收入，要切实保护农民利益。

9 月 12 日，中共中央、国务院发出《关于加强农业生产合作社的生产领导和组织建设的指示》，要求必须继续巩固和提高现有合作社，调动一切积极因素，全面发展农业生产。省委立即要求各地：在勤俭办社中，全面贯彻中央指示精神，在保证增产粮食的同时，注意增产其他经济作物和发展畜牧业，开展多种经营，全面发展农业生产；在国家计划指导下，保持合作社生产经营的独立性；积极地、稳步地、因地制宜地实行技术改革，推广先进经验；加强劳动管理，提高劳动生产率；搞好合作社的分配工作；贯彻执行互利政策；加强合作社的组织建设和农村基层组织工作，调动一切积极因素，进一步巩固合作社，促进农业生产的高涨。19 日，省委召开全省各市、地、县委农村工作部部长会议，重点解决农业生产合作社的秋收分配和冬春季节的农业基本建设、副业生产和生产救灾问题。同时，省委组织 154 人的工作组分赴各地检查指导工作。

28 日，省委和省人委联合发出《关于做好农业生产合作社秋收分配工作的指示》，指出：全省实现高级农业合作化后第一年进行秋收分配，是全省农民最关心的问题。做好此项工作，争取 90％的社员增加收入，是巩固农业生产合作社，巩固工农联盟，鼓舞广大社员劳动热情，进一步推动合作社生产发展的中心环节。《指示》要求，要本着互利原则，对扩社、并社当中遗留下的若干经济问题进行妥善处理，巩固社内贫农和中农的团结；要坚持“公私兼顾”“少扣多分”的原则，保证社员分配部分占农村总收入的 60％—70％，既使社员增加收入，又能完成国家农业税收，并使合作社有一定积累，兼顾国家、集体、个人三者利益；要认真贯彻执行“按劳取酬”的原则。要切实解决原来经营对象不同的社（如水田和旱田，农业和畜牧业），由于合并和扩社以后收入悬殊而使社员减少收入的问题[①]。

各地区按照中央指示精神和省委的要求，结合本地实际，制定出具体办法，促进合作社的巩固和提高。各地在整社中，对一些大社、民族联合社等合作社的内部矛盾进行调整和处理，特别是针对并社和转建高级社中民族杂居、散居地区的民族联合社的内部矛盾，给予了高度重视和合理解决，认真解决朝鲜族社员不减少收入、允许朝鲜族社员单独办社等问题，从而促进了生产的发展和合作社的巩固。

吉林省和全国一样，农业合作化阶段，步子走得过快了，出现一些缺点和偏差。尽管如此，农业合作化的完成，实现了土地的公有化。随着土地等主要生产资料归农业生产合作社集体所有，全省完成了对个体农业的社会主义改造。吉林广大农村彻底摆脱了小块土地私有制的束缚，走上合作经济发展道路，进入了建设社会主义农村的历史时期。在农业合作化后，吉林农业就有条件进行集约化经营，农业生产条件大为改观。

二、手工业的社会主义改造

解放前，吉林省由于遭受日本帝国主义的长期掠夺，加上国民党的腐朽统治，手工业基础非常薄弱。解放后，在中国共产党和人民政府的帮助与扶持下，手工业逐渐发展起来。到 1949 年，全省有个体手工业 3.6 万余户，从业人员近 7.2 万人，产值为 5661 万元，占全部工业总产值的 15％，在为工农业生产服务，弥补轻工业产品不足，满足城乡人民生产和生活需要等方面，发挥了不可替代的作用，成为一支重要的经济力量。但是，由于吉林省手工业是建立在生产资料私有制基础上的小商品经济，规模狭小，资金短缺，经营分散，生产方式落后，生产力水平很低。对手工业实行社会主义改造，引导其走合作化道路，成为发展手

① 《关于做好农业生产合作社秋收分配工作的指示》（1956 年 9 月 28 日），吉林省档案馆编：《中国共产党吉林省委员会重要文件汇编》第 7 册（1956 年），1983 年，第 604—607 页。

工业生产，改善手工业者劳动和生活条件的客观要求和必然趋势。

全省手工业社会主义改造经历了三个阶段：1949 年新中国成立至 1953 年上半年，是手工业合作社探索与初建阶段；1953 年总路线公布至 1955 年下半年，是手工业合作社普遍推广和全面发展阶段；1955 年底至 1956 年 3 月，是手工业合作运动高潮和急促完成阶段。

全省手工业合作化是从 1949 年开始的。一些手工业者为了解决生产和销售的困难，在政府帮助下，办起了手工业生产小组和手工业供销合作社。当时共有 7 个合作组织。吉林市洋铁生产合作社，是最早建立并且规模较大的生产合作社，有社员 109 人、股金 120 万元。1950 年，延吉县陶器生产合作社等相继建立，手工业合作组织发展至 12 个。此时的手工业合作社（组）处于摸索阶段，在组织建设和业务经营方面都没有经验可循。有的合作组织自发性、盲目性较大，存在问题较多。

1951 年 6 月，全国第一次手工业生产合作会议召开。会议拟定了《手工业生产合作社章程准则（草案）》，交各地试行。在会议精神指导下，全省各级供销社内先后设置了专门领导机构，并制订了发展计划，对原有合作组织进行了检查整顿，使试办质量有一定提高。1952 年经过“五反”运动，手工业生产曾一度消沉，但手工业工人和部分业主组织起来的要求比较迫切，各地又相继试办了一批合作社（组）。到 1952 年底，全省手工业生产合作社（组）发展至 125 个，从业人员由 1949 年的 194 人增加至 4145 人，产值由 5 万元增加至 489 万元，占手工业总产值的 4.1%。这些合作组织生产比较稳定并有一定发展。据吉林市 1953 年 6 月至 9 月调查，有 11 个手工业生产合作社（组），拥有社员 475 人，比 1952 年增加 13 倍；资金比 1952 年增加 8.3 倍，1953 年上半年的生产总值超过 1952 年全年的生产总值。生产管理也有不少改进，有的生产合作社（组）发展到半机械化，劳动效率大大提高。随着生产的发展，社员的生活有了一定改善。此外，一些地方政府还通过加工订货、银行贷款、供应原料等办法，扶持手工业的发展，吸引手工业走集体化道路。

从 1953 年总路线公布至 1955 年下半年，是全省手工业合作社普遍推广和全面发展阶段。1953 年 9 月，党在过渡时期的总路线正式公布并贯彻实行。11 月，中华全国合作总社召开第三次全国手工业生产合作会议，要求各地把手工业者组织起来，走社会主义道路，并确定了对手工业进行社会主义改造的方针和政策。在过渡时期总路线和上述会议精神指导下，省委加强了对手工业合作化的领导，各级党委也都重视了手工业工作。长春、吉林、四平、郭前、长岭等市、县（旗）先后召开手工业代表会议，并举办产品展览会、交流会，解决手工业内部存在的一些问题，发挥手工业者的生产积极性。与此同时，国营商业和供销社逐步增加对手工业的加工订货，仅长春市 1953 年的加工订货就占全市手工业总产值的 44%。这个措施使手工业者解决了产销方面的困难，有利于将手工业逐步纳入国家计划轨道，进而引导手工业者走向合作化道路。

在总路线精神鼓舞下，广大手工业工人、独立劳动者和困难较多的业主，对合作化的热情普遍高涨，积极要求组织起来，克服困难，发展生产。对此，省委和各级党组织认真贯彻“积极领导、稳步前进”的发展方针，在建社前对手工业者进行前途及社章教育；建社中，坚持群众自愿与领导审查批准相结合的原则，通过组织社员民主讨论，认真确定股金、工具入股、工资、盈余分配等问题；建社后，要求手工业合作社树立以计划指导生产和质量第一的思想，以保证合作社的生产纳入国家计划和产品销路顺畅，克服生产盲目性。同时要求根据生产需要和经济情况改进生产工具，在提高劳动生产率的基础上，既要注意公积金的积累，又要照顾社员实际收入的逐渐增加，使社员的当前利益和长远利益相结合，使合作社健康发展。一些较好的合作社要根据自己的实际或结合供销社的产销合同，发动社员制订年、季、月度计划，并开展劳动竞赛，在完成计划的同时，不断提高质量，降低成本，以对消费者负责的精神，生产物美价廉、坚固耐用的产品。但是，这一阶段全省手工业社会主义改造也存在一些问题。有的地区的党委对手工业工作的领导不够重视，特别是对手工业者的互助合作积极性认识不足，或放任自流，组织发展迟缓；或贪多求大，只追求高级形式，违反由低到高，由小到大的逐步过渡原则。

为加强对全省手工业合作化运动的领导，1954 年 7 月 24 日至 30 日，省委召开全省手工业合作工作会议，总结了前一阶段试办手工业生产合作社的经验，明确了手工业社会主义改造的方针政策，制定了全省手工业合作化的方案。随后，省委批转了省合作总社党组关于《吉林省手工业生产合作社一九五四年下半年工作方案》，具体规定了组织发展计划，强调要坚持自愿原则，防止强迫拼凑倾向。各级党组织和政府为加强对手工业工作的领导，相继建立了专管机构，到1954年底，全省建立了4个市、县级手工业生产联社、24个市、县（旗）级手工业生产联社筹委会，配备了400余名干部。为摸清全省手工业情况，各地区组织了800多名干部进行手工业的调查工作。同时发展了一批新社（组），并对原有社进行了巩固工作，全省手工业合作化有了较快的发展。到1954年底，全省有手工业生产合作社383个、供销生产合作社3个、生产小组229个，社员13850人，比1952年提高了137.98%，完成原计划的106.55%，占全省个体手工业从业人员的13.81%。1954年生产总值3080万元，比1953年提高69.2%，完成年度计划的105.3%，占全省手工业总产值的17.73%①。

个体手工业一经组织起来，在提高技术和产品质量、增加产量和降低成本、增加社员收入和提高社员思想觉悟、克服困难和适应国家经济建设等方面，都显示了优越性，而且合作社优于合作小组，合作小组优于单干户。全省手工业生产合作社的劳动生产率平均提高20%至30%，有的达一二倍，对国家的社会主义建设，支援工农业生产，适应城乡人民生活需要发挥了重要作用。一是有力地支持了以互助合作为中心的农业增产运动。1954年生产与供应农村各种铁制手工农具110.7万余件，比上年提高91%；供应农村各种木制农具11.78万余件，比上年提高178.61%。二是支援了社会主义工业化。1954年为国营工业修理和制造各种零部件70余万件，供应工业基本建设用砖、瓦800余万块、石灰7786吨。三是为城乡人民提供日益增长的生活用品，补充国营工业生产的不足。四是密切配合国家对资本主义工商业的社会主义改造，切断资本家在手工业方面的投机市场，使其接受改造，同时解决

① 《省委关于吉林省一九五四年手工业社会主义改造工作总结与今后任务（草案）》（1955年1月30日），吉林省档案馆编：《中国共产党吉林省委员会重要文件汇编》第6册（1955年），1986年，第604页。

一部分人的就业问题。五是扩大了手工业中的社会主义阵地，吸引着广大的手工业者向合作化道路前进，同时也培养和锻炼了一批干部，积累了经验，为今后发展奠定了基础[①]。

1955年1月，省委根据全国第四次手工业生产合作会议精神和全省实际情况，布置了1955年全省手工业社会主义改造的方针和任务。省委要求各级党委和政府，要认真贯彻“统筹兼顾、全面安排”“积极领导、稳步前进”的方针，以合作化为中心，加强领导，建立与充实各级领导机构，切实办好现有社，相应地发展新社（组），树立榜样，团结个体手工业者，为合作化运动的健康发展奠定稳固的基础。省委进一步强调，各地区要认真摸清手工业的基本情况，掌握好建社条件，贯彻自愿互利的原则，本着“只许办好，不许办坏”的精神，坚持由低到高、由小到大、由简到繁、典型示范、逐步提高的发展道路。省委农村工作部于4月1日至17日召开会议，专门讨论了手工业问题，进一步提高了对手工业在国民经济中的地位、作用和前途的认识，明确了社会主义改造的必要性和艰巨性。会议肯定了工作成绩，检查了存在的问题，交流了手工业合作化的经验，制定了完成1955年任务的具体措施。6月10日，在中共吉林省第三次代表会议上，省委副书记、省长栗又文在《关于吉林省发展国民经济的第一个五年计划的报告》中，进一步强调，对个体手工业进行社会主义改造，要贯彻“统筹兼顾、全面安排、积极领导、稳步前进”的方针；改造的内容包括所有制的改造（即生产关系的改变），人的改造（即思想的改造和从业的改造）和行业的改造。在改造过程中，必须根据原料供应和人民需要情况，国民经济发展和人民消费习惯，对各行各业分别进行适当的发展、利用和限制，有的手工业行业则应进行逐步转业或淘汰。同时要把手工业行业的发展、生产的提高和合作社发展三者加以区别。在改造步骤上，仍然强调由小到大，由低级到高级。全省各地区认真贯彻省委的指导方针，手工业合作化按计划、有步骤地健康发展着。到年底，全省手工业生产合作社（组）发展至931个，其中

---

① 《省委关于吉林省一九五四年手工业社会主义改造工作总结与今后任务（草案）》（1955年1月30日），吉林省档案馆编：《中国共产党吉林省委员会重要文件汇编》第6册（1955年），1986年，第605页。

生产合作社 523 个，供销合作社 20 个，生产小组 388 个。加入合作社(组)的从业人员达到 22880 人，比计划(20600 人)超出 2280 人。产值 4967 万元，占手工业总产值的 35.1%[①]。

1955 年底至 1956 年上半年是全省手工业合作化运动的高潮阶段。1955 年夏季，农业合作化的迅猛发展，也影响了手工业的合作化速度。1956 年 1 月，吉林省首届手工业生产合作社代表大会召开。按照全国第五次手工业生产合作会议精神，各级党组织纷纷检查了手工业合作化中的“右倾保守思想”，要求全省手工业在 1956 年基本完成半社会主义性质的合作化，1957 年基本完成社会主义性质的合作化。但是，在农业和资本主义工商业社会主义改造高潮的冲击下，手工业合作化发展速度更快了，同时，改变了过去按行业分期、分批、分片改造的办法，采取手工业全行业合作化的办法。全省在 1956 年 3 月便基本完成了手工业社会主义改造。据统计，全省组织起来的手工业从业人员达 53502 人，占手工业者总数的 94.25%，其中参加手工业生产合作社的占 92.07%[②]。

吉林省的手工业合作化，在总路线公布后，基本按照“积极领导、稳步前进”的方针，逐步从供销入手，由小到大，由低到高循序进行，由手工业合作小组、手工业供销合作社到手工业生产合作社，逐步实行社会主义改造和生产改造。只是在农业社会主义改造高潮掀起后，全省在很短的时间内，实现了手工业全行业同时合作化，并产生了要求过急、工作过粗、改变过快、形式过于简单划一等缺点和产品质量下降、品种减少、服务不方便等问题。但总体上看，全省手工业的社会主义改造是成功的，意义是重大的。

① 《中共吉林历史概要》编写组：《中共吉林历史概要》，吉林教育出版社 1991 年版，第 231 页。

② 《中共吉林历史概要》编写组：《中共吉林历史概要》，吉林教育出版社 1991 年版，第 232 页。

三、资本主义工商业的社会主义改造

私营工商业逐步纳入国家资本主义轨道

吉林省是开发比较晚的省份之一，私营工商业非常落后，生产和经营能力都很差。新中国成立前后，中共吉林省委和省政府特别重视保护私营工商业，经过1952年的“五反”运动，处置了一批严重违法企业，更进一步把私营工商业纳入国家资本主义轨道。据统计，到1952年底，在私营工业产值中，加工订货、统购包销产值占62.6%，在私营商业零售额中，经销代销部分占11.7%[①]。全省在国民经济恢复时期结束时，基本上形成了国营经济占主导地位的各种经济成分并存的新民主主义经济结构。这就为大规模社会主义改造奠定了基础。

党和政府通过组织学习和宣传党在过渡时期的总路线，抓紧对私营企业者进行思想教育。1953年5月，中共中央讨论并通过了中央统战部部长李维汉递交的《资本主义工业中的公私关系问题》的调查报告，确定了经过国家资本主义改造资本主义工商业的方针。为了贯彻落实中央的部署，加强对资本主义工商业的社会主义改造工作，6月18日至21日，省政府召开工商业联合会筹备代表会议，成立了吉林省工商业联合会筹备委员会。省人民政府委员会副主席徐元泉、省政府财经委员会负责人在会上讲话，要求全省工商业者发挥主动性，根据国家计划的总方针，加强学习，改造思想，积极参加社会主义建设。为了加强改造资本主义工商业的工作，省委于12月10日发出《关于组织省财委第五办公室的方案》的通知，决定成立省财委第五办公室，作为省委统战部的组成部分，将工商联工作列入其中，实行统一领导。在省委领导下，全省形成了学习和宣传过渡时期总路线的高潮。在学习和宣传过渡时期总路线的过程中，省委针对不少私营工商业主存在的思想波动和怀

---

① 马春阳、车春亭主编：《中国资本主义工商业的社会主义改造·吉林卷》，中共党史出版社1993年版，第525页。

疑观望，特别是一部分人不积极经营、设法抽股、甚至吃光资金等现象，在《1954 年第一季度工作要点》中强调，各级党委和政府必须加强在私营工商业者中的宣传教育工作。1 月 11 日至 20 日，省工商业联合筹备委员会召开扩大会议，号召全省私营工商业者“积极经营争取利用，不犯‘五毒’，接受限制，努力学习，欢迎改造，并根据需要和可能，积极地自觉地向国家资本主义方向发展。”[①] 1 月 28 日，《吉林日报》发表题为《在私营工商业中必须普遍深入地进行总路线的学习》的社论，号召广大私营工商业者学习党在过渡时期的总路线，消除误解和疑虑，积极接受社会主义改造。1 月 29 日，省委宣传部、统战部发出《关于向私营工商业者大张旗鼓地进行过渡时期总路线总任务宣传教育的指示》，要求各地党政负责同志亲自向工商界作动员报告，着重讲解党对私营工商业者进行社会主义改造的方针政策，宣传国家资本主义的优越性。1954 年春天，全省各市、县工商联在当地党委、政府领导下，先后召开工商联会员大会或委员扩大会议，进一步贯彻过渡时期总路线，同时对私营工商业中的代表人物和业主进行系统的总路线教育，提高他们对资本主义工商业社会主义改造方针政策、前途道路的认识。通过党和政府有力的宣传教育工作，全省私营工商业者了解了过渡时期总路线总任务与自己的关系，明白了国家的前途和自己应走的道路，解除了思想上的顾虑，安心经营，接受改造，从而大大减少了社会主义改造的阻力。

吉林省有计划地扩大私营工业的加工订货、统购包销范围，扶助其发展，将其逐步纳入计划经济轨道。在总结以往加工订货经验的基础上，增加属于私营企业自产自销部分产品的加工订货比重，从而使国家在更大程度上控制原料供应和产品销售，进一步限制资本主义生产的盲目性，逐步将其间接纳入国家计划。全省具有近代设备的私人工业，大部分或全部给国家加工定货，如铁工业、纺织业、粮谷加工业、锯木业、砖瓦业等。据吉林、长春两市调查，纺织业 639 户全部给国家加工，金属制造业 95 户经常给国家加工，粮谷、粮油加工业 64 户都为国家加工。各行业加工定货金额占该行业生产总值的比重呈逐年上升之势。

---

① 马春阳、车春亭主编：《中国资本主义工商业的社会主义改造·吉林卷》，中共党史出版社 1993 年版，第 489 页。

1953年全省私营工业加工订货、统购包销总产值达7660万元，比1952年增加32.8%，占其总产值的66.9%，其中大城市以及与国计民生关系密切的行业比重更大。长春市1953年私营工业加工订货、统购包销比重占总产值的76.3%，其中金属加工、纺织、食品、木材加工材料等行业加工订货、统购包销的比重占总产值的80%以上[①]。国家通过加工定货，将大部分具有机械设备的私人工业的生产纳入国家的经济计划，同时使这部分私人工业在国营经济直接扶助和领导下得到更好的发展。

吉林省采取严格限制、排挤和代替城市私营批发商，维持私营零售商的正当经营的方针，改造私营商业。从1953年起，全省对私营批发商进行清理、整顿、登记、验换营业执照，限制其随意发展。与此同时，加强市场管理、取消投机倒把活动，并且在有计划地扩大对私营工业的加工订货、统购包销和对部分农副产品实行统购派销的基础上，进一步控制货源，切断私营批发商同城乡生产者和零售商的联系。这样，国营商业得到很快发展，而城市私营批发商的活动范围则受到很大限制。到1954年，全省城市私营批发商（包括批发兼零售）仅剩328户，其中主要是经营一般百货、中药、杂货、干鲜果品、蔬菜等次要行业、次要商品的小批发商[②]。省委、省政府对这部分剩下的私营批发商，根据不同情况，采取“留、转、包”的形式进行安排和改造，对国营和合作社商业暂时不能替代的私营批发商，准其继续经营，以利城乡物资交流；对货源少、经营困难的私营批发商，让其专为零售商或为国营商业代理批发业务；对不能继续维持的私营批发商则批准其废业，从业人员（包括资方现职人员）一律由国营和合作社商业包干录用，既改造了私营批发商，又解决了他们的出路问题。

吉林省对城乡零售商，主要采取维持其正当经营的办法，逐步地把他们改造成为合作形式、国家资本主义经销代销形式的零售商。同时，省委、省政府针对私营商业资金困难、货源不足、销路减少、营业额下降

① 马春阳、车春亭主编：《中国资本主义工商业的社会主义改造·吉林卷》，中共党史出版社1993年版，第525、141页。

② 马春阳、车春亭主编：《中国资本主义工商业的社会主义改造·吉林卷》，中共党史出版社1993年版，第16页。

等问题，还采取国营和合作社商业让出部分零售品种，适当调整零售点、批发差价、批发起点和放宽批发幅度等办法；在行政管理上照顾行业历史习惯和中小商业特点，适当放宽兼业尺度和外地采购限制等，使私营业主感受到国家帮助的力度，提高走社会主义道路的信心和决心。

通过以上措施，到1954年上半年，全省资本主义工商业的主要行业基本纳入国家资本主义轨道。据1954年末统计，在私营工业的总产值中，加工订货、统购包销产值占73.2%；在私营零售总额中，经销代销部分占23%[①]，初步形成了国家控制资本主义经济的局面。

重点发展个别企业的公私合营

从1954年下半年至1955年，全省重点发展个别企业公私合营，以国家资本主义高级形式改造私营工商业。1954年1月，中央财经委员会提出《关于有步骤地将十个工人以上的资本主义工业基本上改造为公私合营企业的意见》，中央开始注重发展公私合营为主的高级形式的国家资本主义，以此深化对资本主义工商业的社会主义改造。为贯彻中央精神，3月5日至10日，省委统战部、省财政经济委员会联合召开了公私合营工业计划会议。会议传达了中共中央关于1954年扩展公私合营企业的指示精神和东北地区1954年扩展公私合营工业计划会议精神，并讨论和制定了全省1954年扩展公私合营的计划。会议强调，必须根据中央提出的“巩固阵地，重点发展，做出榜样，加强准备”的工作方针，在今后几年内逐步将国家需要的，又有改造条件的十个工人以上的私营工厂基本纳入公私合营的轨道。此后，各市、地、县(旗)进一步加强了私营企业中的党、工会和青年团的工作，开始在个别大企业进行公私合营试点。由于国营企业迅速发展壮大，全国粮食和油料作物统购统销，使得私营工商业活动范围越来越缩小，加之私营企业自身由于生产资料私人占有，机器年久失修，技术落后，生产效率低，劳资关系和公私关系紧张，尤其在“五反”运动中职工揭露出资本家大量的“五毒”行为，处境更加困难，许多私营企业负债累累，难以维持，主动请求

① 马春阳、车春亭主编：《中国资本主义工商业的社会主义改造·吉林卷》，中共党史出版社1993年版，第525页。

和国营经济挂钩。特别是经过过渡时期总路线的学习和宣传之后，不仅私营企业中的广大职工迫切要求公私合营，就连资本家和业主也都认识到公私合营是改变困境、通往社会主义的必由之路，纷纷提出申请，要求尽早批准公私合营。6 月 21 日，长春市最大的并且提出过十几次申请的私营企业益发合股份有限公司被批准为公私合营，定名为“公私合营长春市粮谷加工股份有限公司”。9 月 9 日，吉林市私营忠信织染厂被批准为公私合营，定名为“公私合营忠信织染厂”。这两家省内知名私营企业的公私合营，为全省扩展公私合营的工作起了很好的示范和推动作用。1954 年 9 月，政务院通过《公私合营工业企业暂行条例》，明确规定发展公私合营必须采取积极的稳步前进的方针，根据国家需要、企业改造的可能和资本家的自愿进行。根据《条例》要求，吉林省认真调查摸底，修订公私合营工作计划，积极而稳步地推进公私合营。到 11 月，益发合股份有限公司和忠信织染厂、长春市的搪瓷厂、松花江玻璃厂、嘉美印刷制罐厂、医药图书印刷厂、公主岭的新生修配厂等 11 户企业实现了公私合营，共有职工 2436 人，产值 2219 万元，为私营工业总产值的 27.9%。

在扩展公私合营过程中，省委、省政府由于认真贯彻了党对民族资产阶级的统一战线政策，在清产定股、人事安排、利润分配等方面，充分照顾了私营股份的合法权益，加上国家委派得力干部加强对合营企业的领导，公方的主导作用非常显著，工人生活得到改善，劳资紧张关系得到缓和。同时，由于公私合营企业在资金贷款、原料、市场条件等各方面得到优先照顾，大部分企业合营后都得以改建或扩建，劳动生产率得到很大提高。据统计，1954 年全省公私合营工业人均劳动生产率比私营工业高 77.5%。企业的生产得到快速发展，以往企业破旧的面貌焕然一新。长春益发合股份有限公司在合营后，产值比合营前增加 101%，全年盈利 11459 元，扭转了企业连年亏损的局面①。公私合营企业的迅速发展充分显示了公私合营的优越性，不少资本家纷纷主动申请实行公私合营，这就为全省私营工商业的社会主义改造创造了有利

---

① 马春阳、车春亭主编：《中国资本主义工商业的社会主义改造·吉林卷》，中共党史出版社 1993 年版，第 18、19 页。

条件。

但是，个别企业的公私合营并不能从根本上解决公私之间和劳资之间的矛盾，而且又产生出一些新的公私合营企业之间、公私合营和私营企业之间的矛盾。特别是大的企业公私合营以后，剩下的中小企业绝大多数由于设备简陋、技术落后、原有的联系被打乱，生产困难更大，以致1954年私营工商业户和就业人数出现大量减少和萎缩状况，它们埋怨国家吃西瓜丢了葡萄。这说明对私营资本主义工商业的社会主义改造迫切需要打破企业界限，实行全行业公私合营，才能从根本上改变这种状况。1954年12月，中共中央针对私营工业公私合营中出现的问题，提出了“统筹兼顾、归口安排、按行业改造”的方针，要求各个行业作通盘规划，统一安排，分别情况，或实行个别合营，或采取以大带小、以先进带落后的办法实行联营合并或公私合营。1955年3月，中共吉林省委召开财经工作会议，根据中央提出的新的改造方针，对私营工商业的生产经营和改造工作作出全面安排。在工业方面，把按行业的改组、改造同个别企业的合营结合起来。先对生产困难较多的机械、粮油、棉织、印染、水暖器材、锯木、西药等十大行业和其他行业中技术落后的企业，按行业通过合理分配原料、调整生产任务、扩大加工订货、增加银行贷款，以及进行生产改组、改造和联营并厂、转产转业等方式，进行统一安排。在商业方面，按照“总的踏步、着重安排”的方针，放慢了国营和合作社商业的发展速度，加强了批发工作，重新安排公私零售计划和比重，然后对多数困难行业和困难户逐行逐业进行具体安排，对少数行业进行不同形式的改造。由于实行了统筹安排，私营工商业的生产经营有了明显好转，有效地克服了生产经营的盲目性和落后性，逐步纳入国家计划的轨道，这为公私合营的继续发展创造了条件。到6月，全省私营工业加工订货、统购包销产值占其总产值的79％，公私合营工业产值占私营工业总产值的26.5％；私营商业有25个行业全部或大部为国营和合作社商业从事经销代销，其零售额占总额的46.8％[①]。

① 马春阳、车春亭主编：《中国资本主义工商业的社会主义改造·吉林卷》，中共党史出版社1993年版，第20页。

实行全行业公私合营

从1955年秋至1956年6月，全省实行全行业公私合营。1955年下半年，随着农业合作化高潮的到来，全国范围内的资本主义工商业社会主义改造加快了步伐。但作为资产阶级，部分私营工商业者为自己的前途和命运担心。为使资本家解除思想顾虑认清前途，10月27日和29日，毛泽东先后邀请工商界政治代表人物、全国工商联执委会委员座谈，帮助他们认清社会发展规律，指出：社会主义是大势所趋，只有把自己的命运和国家的前途结合起来，才能掌握自己的命运，争取光明的前途。11月1日至21日，全国工商联第一届执委会召开第二次会议。会议发表了《告全国工商界书》，号召工商业者积极接受社会主义改造。11月16日至24日，中央政治局召集有各省、市、自治区党委代表参加的资本主义工商业改造会议，通过了《关于资本主义工商业改造问题的决议（草案）》。《决议（草案）》要求用两年时间分期分批实现全行业公私合营。会后，全国各地掀起了全行业公私合营的高潮。

为了按照中央部署推进全省的私营工商业的社会主义改造工作，中共吉林省委于11月7日召开常委扩大会议，讨论制订全省资本主义工商业社会主义改造的规划方案。会议认为，随着国家工业化的迅速发展和农业合作化高潮的到来，对私营工商业社会主义改造的步伐应适当加快。会议确定，要在生产改组和加强对资本家思想改造的基础上，通过全行业或大部分企业公私合营以及少数的个别合营形式，分期分批地于1957年底以前基本完成对资本主义工商业社会主义改造的任务。为了具体部署全省的全行业公私合营工作，省委于12月15日至22日召开省、市、地、县（旗）、镇委书记参加的对资本主义工商业改造的会议，传达了中央关于资本主义工商业改造会议的精神，总结了吉林省对资本主义工商业进行社会主义改造的经验。会议根据副省长徐元泉的报告，讨论并通过了《关于吉林省资本主义工商业改造的初步规划（草案）》。会上，省委统战部部长宋任远就资本主义工商业改造和资产阶级分子改造的问题作了讲话，省工业厅、商业厅、手工业局的领导就私营工业、商业和手工业的社会主义改造作了发言，省委组织部、宣传部和工、青、妇等单位负责同志就私营企业中党的建设、工青妇工作、对资本家子女及家属的宣传教育工作作了发言。会议检查了领导思想落后于实际的问题，批判了对私营工商业改造中的“右倾保守思想”和在社会主义改造中只注重企业改造忽视对人的改造的缺点。会议认为，全省对资本主义工商业的改造工作，已由原来的加工订货、经销代销和个别企业公私合营阶段进入到在重要行业中实行全部或大部分公私合营的新阶段。会议决定用两年的时间分期分批地基本上完成资本主义工商业的全行业公私合营的任务。会议要求各级党委和政府克服“右倾保守思想”，统一思想认识，全面规划、加强领导、制定改造计划，做好动员、宣传和教育工作，加强对资本家的思想改造工作，加强私营企业中的党、工会、青年团工作，按照“统筹、改组、全行业合营、定息、专业公司”等一系列办法，加快对私营工商业改造的步伐，迎接全面公私合营高潮的到来。这次会议的召开，加速了全省私营工商业社会主义改造的步伐。会后，各市、地、县(旗)委相继召开会议，传达贯彻中央指示和省委的部署，并依照本地情况制定改造规划。与此同时，工会、青年团、民主妇联等组织也分别召开委员会议、私营企业职工代表会议、工商界家属代表会议、青年资本家和青年职工会议，向工商界人士深入宣传党的政策，广泛地进行思想动员，从而为推进全行业公私合营做好思想准备。

1956 年 1 月 11 日至 17 日，省工商业联合会举行第一届执行委员会第二次(扩大)会议。会议传达了毛泽东对工商业者关于社会主义改造问题的讲话以及全国工商联第一届执行委员会第二次会议的精神，讨论了对资本主义工商业的社会主义改造问题。会上，吴德、徐元泉、宋任远分别就全省资本主义工商业的社会主义改造工作和规划作了讲话，省工商联主任委员刘次玄作了工作报告。会议要求，要加速全省资本主义工商业社会主义改造的步伐，在现有工作的基础上，于 1956 年内基本上完成私营工商业的公私合营工作。会议希望私营工商业者认清形势变化，加强学习，打消顾虑，积极接受社会主义改造，以实际行动迎接私营工商业社会主义改造的高潮。会议期间，省委第一书记吴德邀请参加会议的委员座谈，殷切勉励大家做好工作，加强学习，掌握好自己的命运,积极接受社会主义改造。这次会议的召开,极大地鼓舞了全省工商业者积极接受社会主义改造的信心和热情。为加强统一领导,1月12日,省委发出《关于成立工商业改造领导小组的通知》,决定组成省委对资本主义工商业改造工作领导小组(简称工商业改造领导小组),以关山复为组长,徐元泉、宋任远为副组长,同时决定在省人民委员会内设立私营工商业改造工作办公室,宋任远兼任办公室主任。随后,各市、地、县委也成立了领导小组,并抽调大批干部分赴各地及私营企业单位,帮助和指导工作。

经过广泛的宣传教育、思想发动和组织准备后,特别是在北京市宣布实行全行业公私合营的推动下,吉林省很快掀起了公私合营的高潮。全省各地的私营工商业者和职工自觉行动起来,敲锣打鼓上街游行,要求批准公私合营。为适应形势的变化,1月16日和21日,省委两次分别召开五市、七县资本主义工商业改造领导小组负责人会议,讨论和部署公私合营高潮到来后的工作。会议要求,随着全国及本省对私营工商业改造高潮的到来,各级领导必须及时跟上形势的发展,加强领导,打破常规,改变工作方法,适时修改原来的改造计划及进度,在上半年内基本完成私营工商业的全部合营和合作化改造任务。会议决定效仿北京市的做法,先宣布批准公私合营,然后再进行清产定资、企业改组和人事安排等工作。这次全省对私营工商业改造计划的及时修改,满足了全省私营工商业者积极要求批准合营的热切期盼,加快了对私营工商业和手工业改造的进程。1月17日,长春市人民委员会批准全市58个行业778户私营工业和40个行业2619户私营商业实行全行业公私合营[①]。18日,长春市工商业者、职工、社员、私营工商业家属和各界群众共6万余人,在锣鼓、鞭炮、歌舞和欢呼声中举行盛大游行和报喜活动,庆祝全市资本主义工商业实现全行业公私合营和合作化。22日,长春市各界30多万人举行庆祝社会主义改造胜利大会。省委第一书记吴德、第三书记赵林、第四书记李砥平、副书记关山复、副省长徐元泉等出席大会。同日,吉林市举行全市工商业全部公私合营大会。之后,四

① 马春阳、车春亭主编:《中国资本主义工商业的社会主义改造·吉林卷》,中共党史出版社1993年版,第510页。

平、通化、辽源等地也相继宣布实现资本主义工商业的全行业公私合营。到6月末,全省私营工商业社会主义改造取得了决定性胜利。

在全省宣布实现全行业公私合营后,各地党委和政府继续深入贯彻对资产阶级的和平赎买政策和团结、教育、改造的方针,有计划、有步骤地进行清产核资、企业改组和人事安排工作。

在清产核资方面,按照中央提出的"公平合理、实事求是"的原则,采取政策教育,让资本家自点、自估、自报,同行业资本家小组评议,职工协助监督和行业合营委员会批准的办法,进行清产核资和定股定息工作。实际上,在核资的操作过程中,公方的评估结果往往高于私方的自报,所以许多工商业者在核资过程中发挥了积极性、主动性,主动将账外资金拿出来投入生产,有的积极要求献厂,主动接受社会主义改造。在清产定股的同时,私股的利润分配一律按中央要求,由合营前的"四马分肥"形式改为不论企业盈亏,均按私股年息5%的利率付给私股股东股息的定息制度,从而充分地照顾了公私合营后私方的利益。

在企业改组和商业调整方面,各地根据"全面规划,以大帮小,先进带落后"和有利于生产经营、便利群众需要的原则,结合各行各业情况,分别采取不同形式进行改组和调整。例如在工业中有的统一经营,集中生产;有的统一核算,分散生产;有的并入地方国营或老合营厂,作为分厂或车间;有些没有发展前途的企业则被淘汰,合理安排私方人员和职工的工作。在商业中一般采取统一经营、共负盈亏或分散经营、各负盈亏的办法,同时调整了商业网和服务点,保留了一些经营名优产品的老字号企业。据统计,到1956年6月,在工业方面,全省有1069户接受了改组、改造,占总户数的99.7%。在商业方面,全省有34410户接受了改组、改造,占总户数的87.95%[①]。对企业的改组和商业网的调整,提高了大多数企业的生产水平,加强了经营管理,降低了成本,增加了品种,扩大了销售,扭转了长期亏损的局面,使企业生产出现了新气象。

在安排使用私方人员方面,各地根据中央提出的"全部包下来"和"量才使用、适当照顾"的原则,对私方人员给予了适当安排,对有代表

① 马春阳、车春亭主编:《中国资本主义工商业的社会主义改造·吉林卷》,中共党史出版社1993年版,第24—25页。

性、有工作能力、政治上可靠的资方人员，尽量安排在正职领导岗位。到1956年9月末，全省安排私方人员2764名，占总数的84%，其中，担任专业公司正、副经理职务的34人，正、副厂长227人，正、副科长105人，车间主任、股长、门市部主任766人，董事54人；安排省政协副主席1人，副市长1人，副局长3人，副县（市）长5人。不能参加实际工作的年老体弱的私方人员也得到了妥善安排[①]。被安排为领导职务的私方人员，真诚地感谢党和政府对他们“关怀得深，照顾得厚，安排得高”。因此，大多数私方人员在工作中表现积极，愿意贡献自己的技术和管理企业的经验。其中最杰出的代表是洮南建业造纸厂私方代表成盛三，1955年9月，企业被批准为公私合营时他任厂长。10月，他作为吉林省工商联代表出席在北京召开的全国工商联一届二次执委会，会前应邀出席关于资本主义工商业社会主义改造问题的座谈会，亲耳聆听了毛泽东、周恩来、陈云、陈毅等党和国家领导人的讲话。1956年春，他又作为吉林省政协副主席和工商界代表出席全国政协二届二次会议，并在开幕式上代表吉林省工商界向党中央、毛泽东敬献了关于资本主义工商业社会主义改造的报喜信和喜账。

在安排和使用好私方人员的同时，党和政府还高度重视对私方人员的宣传教育和改造工作，使他们逐步从剥削者转变为自食其力的劳动者。吉林省委统战部、宣传部在1956年6月专门制定了组织私方人员进行政治学习和理论学习的规划，要求在1957年底以前对私方人员普遍轮训一次。通过建立讲习班、学习会、业余政治学校，大部分私方人员都接受了比较深入的政治学习和理论学习。据1956年11月吉林省工商业联合会统计，全省参加政治理论学习的私方人员共26656人，占总人数的76%[②]。此外，各地党委和政府还通过组织私方人员实地参观工农业生产建设等方式对其进行教育。这样，广大私方人员通过学习，接受了一次深刻的思想教育，使自身在政治地位和社会地位发生变化的

① 马春阳、车春亭主编：《中国资本主义工商业的社会主义改造·吉林卷》，中共党史出版社1993年版，第25—26页。

② 马春阳、车春亭主编：《中国资本主义工商业的社会主义改造·吉林卷》，中共党史出版社1993年版，第26页。

同时，思想和立场也得以改变，认清了中国社会发展的趋势和规律，从而坚定了走社会主义道路的信心。

吉林省私营工商业社会主义改造的胜利完成，使全省的社会生产关系发生了根本性变化，极大地解放了生产力，促进了国民经济的发展。1956年，全省工业总产值比1955年增长26.7%，全员劳动生产率提高18.9%，社会商品零售额增长17.4%，为以后的经济发展奠定了重要的基础[①]。

在整个私营工商业社会主义改造的过程中，总的看，改造过程是平稳有序的，成绩是巨大的。全省各级党委和政府认真贯彻执行党中央关于私营工商业社会主义改造的方针和政策，并紧密结合本省私营工商业的具体情况和特点，工作富于创造性和主动性；各部门密切配合，努力工作，使全省对资本主义工商业的社会主义改造工作能够在正确轨道上运行，并取得成功。

在私营工业和商业的改组与调整过程中，尤其是在1956年上半年的社会主义改造高潮中，由于准备不足，急于求成，各地把一大批属于劳动者的小商、小贩、小手工业者（简称“三小”）也裹进了公私合营行列，混淆了阶级界限。有的地区和行业盲目贪多求快、求大、求全，不适当地改变经营管理和并厂并店，以致造成供产销的一度失调，给生产经营和人民生活造成一定影响。在安排使用私方人员的过程中，有的地区和企业由于对党的统战政策认识不够明确，把私方人员看成是“包袱”，对私方人员尊重不够，工作中有包办代管现象。对此，省委在1956年7月召开全省统战工作会议，检查了全省统一战线工作，要求各级党委和政府必须做好对私方人员的统战工作，团结一切可以团结的力量，为社会主义建设事业服务。会后，各地对私方人员在安排和使用工作中的失误得以纠正，各项工作顺利开展，没有妨碍社会主义改造工作的大局。

---

① 马春阳、车春亭主编：《中国资本主义工商业的社会主义改造·吉林卷》，中共党史出版社1993年版，第27页。

四、社会主义改造的基本完成

吉林省的社会主义改造和全国大部分地区一样，从1955年夏季起，步伐明显加快。到1956年6月底，全省参加农业生产合作社的农户占总农户的97.58%，其中参加高级社的农户占全省总农户的95.67%①；私营工业有1069户接受改造，占总户数(1072户)的99.7%；私营商业(包括饮食业、服务业)有34410户接受改造，占总户数(39123户)的87.95%②；手工业组织起来的有53502人，占总从业人员(56761人)的94.25%。至此，全省农业、手工业、私营工商业基本完成了社会主义改造。

吉林省的农业、手工业、资本主义工商业社会主义改造，由于遵循自愿互利、典型示范、国家帮助，由低到高、逐步过渡的方针和原则，总体上呈现稳步健康的发展趋势。由于吉林省解放比较早，农村的互助合作运动开始得也比较早，农民参加互助组和初级社的时间相对比较长，积累的经验比较多。特别是初级社这种和农村生产力、农民思想水平相适应的合作形式有了较多的发展时间和空间，其优越性得到了比较好的发挥。高级社的产生和发展也经历了一段探索时期，表现了一定的渐进性。城乡手工业，也大致经历了这样的发展过程。因此，走集体化道路，得到广大农民和手工业者的真诚拥护和积极响应，有利于提高生产积极性和发展生产。在吉林、长春等城市，国家对资本主义工商业采取加工订货、统购包销、公私合营等形式，逐步纳入国家资本主义轨道，使资本家对走社会主义道路的必然性和优越性逐步加深认识，接受改造的主动性和积极性有了明显加强，从而产生比较好的改造效果，对吉林省的经济发展具有重要的促进作用。

在1955年末和1956年初，随着全国社会主义改造高潮迭起，吉林

① 《中国共产党吉林省第一次代表大会决议》(1956年7月7日)，《吉林日报》1956年7月13日第1版。

② 马春阳、车春亭主编：《中国资本主义工商业的社会主义改造·吉林卷》，中共党史出版社1993年版，第24、24—25页。

省的三大改造出现要求过急、工作过粗、改变过快、形式过于简单划一等"四过"问题是不可避免的，在此后较长时间里也确实遗留一些问题。吉林省委在实际工作中，从多方面加强领导，适时进行政策调整，注意对生产和流通的许多环节统筹安排，纠正改造高潮中出现的紊乱现象。同时，省委十分重视调查研究工作，摸清情况，抓准问题，确定正确的工作步骤。这些工作的深入开展，在很大程度上避免或减少了由于生产关系急剧变革引起的社会动荡和对生产力的破坏，在总体上保证了工农业生产的增长，促进了国民经济的发展，为吉林省的发展和进步奠定了重要基础。

社会主义改造的伟大胜利，标志着社会主义经济制度在吉林已经建立起来，使全省城乡发生了翻天覆地的变化。社会经济结构和生产关系发生了根本性改变，社会主义经济体系建立并成为占绝对优势的主体经济。农民的个体所有制为劳动群众的集体所有制所代替，全体农民走上了社会主义道路，农村中的两极分化不复存在，产生剥削制度的社会基础被消除，工农联盟在新的基础上得以巩固。城乡手工业合作化，使广大手工业者摆脱了贫穷和落后，走上了共同富裕的道路。资本主义工商业的全行业公私合营，向最后消灭资本主义剥削制度，迈出了决定性的一步。和平改造使生产关系逐步适应生产力发展的需要，在很大程度上促进了社会生产力的解放和发展。

伴随着社会主义改造的进行，经过全省人民的团结奋斗和各方面的大力支援，全省经济建设取得了重大成就。在"一五"计划前两年，由于遭受自然灾害，农业生产没有完成国家计划，1955 年接近于完成国家计划，1956 年部分地区遭灾严重，但仍然比 1955 年增产 5.7%。除农业外，到 1956 年，其他主要指标都提前完成了"一五"计划。这期间，全省基本建设投资总额扩大了 1.8 倍。在基本建设投资中，工业投资占 75.8%，新建了一批大型工业企业。其中，属于全国 156 项重点建设项目的有 11 项。全民所有制独立核算工业企业固定资产原值，由 1952 年的 9.2 亿元增加至 1956 年的 20 亿元。吉林省形成了以森林、行走机械、基本化学原料、铁合金、碳素制品等工业为主的工业骨架，建立了社会主义工业化的初步基础。全省工业总产值比 1952 年增长 76.1%，在工农业总产值中占 60.7%。主要产品产量大幅增长。金属切削机床、汽车、碳素制品、锻压设备、铁合金、动力机械等一批新产品陆续投产。1956 年，吉林省地方预算内财政收入 5.83 亿元，比 1952 年增长 63.2%[①]。

随着生产的发展和社会主义经济制度的建立，全省的政治、文化、教育等都有所发展。

在政治方面，人民民主政权更加巩固，各级人民代表大会制度相继建立，各民主党派也相继建立和发展起来，人民民主统一战线不断扩大。民族区域自治制度在全省贯彻落实，延边朝鲜族自治州、前郭尔罗斯蒙古族自治县等少数民族自治政府相继建立。通过党内反分裂斗争和审干肃反运动，党内团结进一步加强。政治上的稳定，为社会主义改造的完成提供了制度和组织保障。

在思想文化和社会进步方面，伴随着社会经济结构和生产关系的深刻变革，工人阶级和全体劳动人民真正成为国家的主人。马列主义、毛泽东思想在意识形态领域中的指导地位进一步加强。城乡人民普遍树立了劳动光荣、剥削可耻的观念，关心集体、热爱劳动，成为爱国主义和社会主义道德的公认标准。随着生产的发展和财政收入的增加，科教文卫事业也相应得到了发展，人民群众文化水平不断提高。与此同时，人民生活也有了明显改善。1956 年，全省全民所有制职工平均工资比 1952 年增长 39.8%，居民平均消费水平提高了 12.4%[②]。

进入社会主义初级阶段[③]的吉林，各行各业都呈现出一片欣欣向荣的景象，广大人民群众的主人翁意识和建设社会主义积极性得到空前提高，全省出现了工农业生产的新高潮。

---

① 《吴德同志在省委召开的地（州）/县委书记会议上关于“千方百计争取今年农业大丰收”》（1957 年 2 月 27 日），吉林省档案馆编：《中国共产党吉林省委员会重要文件汇编》第 8 册（1957 年），1988 年，第 524 页。

② 吉林省人民政府办公厅编：《吉林省情》，吉林人民出版社 1987 年版，第 44 页。

③ 1997 年 9 月 12 日，江泽民在中国共产党第十五次全国代表大会上作《高举邓小平理论伟大旗帜，把建设中国特色社会主义事业全面推向二十一世纪》的报告。报告确认：“从五十年代中期我国进入社会主义初级阶段”。中共中央文献研究室编：《十五大以来重要文献选编》上，人民出版社 2000 年版，第 16 页。

五、中共吉林省第一次代表大会

从新中国成立到1955年，根据《党章》和中共中央的指示精神，中共吉林省委先后召开三次代表会议。经过国民经济恢复、抗美援朝和三大改造的胜利完成，全省各方面的工作走上正轨，党的组织和党员队伍不断发展壮大，召开党的代表大会的条件基本具备。经过充分酝酿和筹备，以1955年底党员统计结果为基数，按照省委提出并经中央批准的选举办法，选举产生了690名[①]正式代表，60名[②]候补代表，代表全省195720名[③]党员。代表的构成和比例最大限度地体现了全省各民族党员的各个层面。1956年4月21日，省委根据党章规定和第七届中央委员会第六次全体会议（扩大）关于召开党的第八次全国代表大会的决议，决定于6月下旬召开中共吉林省第一次代表大会。经中央批准后，6月29日至7月7日，中共吉林省第一次代表大会在长春举行。大会共有三项议程：听取和审查中共吉林省委员会工作报告；选举中共吉林省第一届委员会；选举出席党的第八次全国代表大会的代表。会议主题是总结新中国成立以来全省党组织的工作，确定全省党组织今后的工作任务。

省委第一书记吴德代表上届省委在大会上作了工作报告。报告回顾前届省委在动员全省人民积极支援全国解放战争和完成土地改革等方面所做的工作；总结了新中国成立后，省委带领全省人民在“三反”“五反”“镇反”以及抗美援朝和各项社会改革中，在医治战争创伤、恢复国民经济等方面，特别是在社会主义改造和掀起以工业化为中心的全面建设社会主义高潮中所取得的工作业绩。报告特别提出，社会主义

---

① 《省委关于党的吉林省第一次代表大会情况的简报》（1956年8月6日），吉林省档案馆编：《中国共产党吉林省委员会重要文件汇编》第7册（1956年），1983年，第46页。

② 中共吉林省委党史研究室编：《中共吉林省历次代表大会实录》，2002年版，第6页。

③ 中共吉林省委组织部、中共吉林省委党史研究室、吉林省档案馆编：《中国共产党吉林省组织史资料（1924.8—1987.11）》，1993年，第516页。

是要建立在工农业生产高度发展的基础上的，今后全省的工作是以发展工农业生产为中心，其他工作必须围绕这个中心。报告认为，社会主义改造的胜利，使吉林省城乡生产关系发生了根本变化。生产关系的改变标志社会主义制度的基本确立，从而解放了生产力，使人民群众建设社会主义的积极性空前提高。

报告指出：各级党组织在过去几年的工作中，虽然成绩是主要的，但仍存在主观主义、官僚主义、命令主义和党内生活不够活跃等问题；社会主义改造取得了决定性胜利，但阶级斗争仍然存在；全省工业生产具备了一定基础，但仍缺乏管理新型的大规模近代化工业的系统经验，管理水平不高，技术力量不足，技术水平太低；全省农业生产具备土地肥沃、河流纵横等天然优势，并实现了农业合作化，但仍存在地广人稀，耕作粗糙，西部系风沙干旱地区，土地平均产量低，无霜期短，季节性强等劣势；民族团结加强了，但历史遗留的民族隔阂仍不容忽视；党员干部队伍壮大，但党员分布不平衡，干部数量和理论业务水平不能满足革命事业发展需求。结合这些实际情况，吴德在报告中明确提出了全省党组织今后的工作任务："动员和团结一切可能动员和团结的力量，发扬积极因素，消除消极因素，巩固社会主义生产关系和社会主义改造的成果，彻底完成社会主义改造，又多、又快、又好、又省地提前和超额完成第一个五年计划，迎接第二个五年计划，争取伟大的社会主义事业的完全胜利。"[①]报告还对全省农业工作、工业工作、商业工作、统一战线工作、内部肃反和社会镇反、科学文教工作以及党的组织建设等具体任务分别加以说明。与此同时，报告还总结了新中国成立以来党的自身建设方面的情况。报告认为，能否实现调动一切积极因素为社会主义建设事业服务，决定于党的各级组织和负责干部能否认真执行党的路线、方针和政策。而阻碍执行的因素，主要来自于党内的主观主义、官僚主义思想作风。主观主义、官僚主义是同马列主义完全相反的东西，这种

---

① 《吴德同志在中国共产党吉林省第一次代表大会上作的工作报告》（1956 年 6 月 29 日），吉林省档案馆编：《中国共产党吉林省委员会重要文件汇编》第 7 册（1956 年），1983 年，第 16 页。

有害的思想作风妨碍了群众积极性和创造性的发挥，并且常使党的方针政策受到歪曲，有时造成严重的错误，给党的事业带来许多本来可以避免的损失。对于这种有害的思想作风，必须进行不懈的斗争。为了完成新的任务，必须加强党的领导，加强党的思想政治工作和组织工作，切实改进领导作风，不断扩大和巩固党同人民群众的密切联系，提高党员、干部的理论水平和业务水平，提高科学知识和技术水平。报告指出：由于国际形势的进一步缓和，有利于完成新的任务，只要我们充分利用各种有利条件，认真克服工作中的缺点，就一定能够完成艰巨而光荣的任务。

经过民主讨论，大会一致同意省委的工作报告，并通过了《中国共产党吉林省第一次代表大会决议》。《决议》充分肯定上届省委的工作成绩，明确地向全省党组织提出了今后的任务：一是巩固农业生产合作社，发展农业生产；二是依靠工人阶级，发展工业生产；三是加强党对商业的领导，改进商业工作；四是继续完成社会主义改造工作任务；五是要调动一切积极因素，为发展工农业生产服务，为社会主义建设服务。《决议》特别指出：在新的形势下不断加强党的作风建设，克服主观主义和官僚主义作风的极端重要性。为此，要在全省党和国家工作人员中进行关于党的群众路线的教育，改进领导方法，注意调查研究，有步骤地进行体制改革，坚持党的民主集中制，加强党的集体领导，加强对干部的马列主义思想教育和理论教育，等等，从根本上提高干部的思想觉悟水平。

大会发扬了民主，开展了批评与自我批评，充分体现了党的民主集中制原则。大会选举产生了中共吉林省新一届委员会委员 35 人和候补委员 9 人，吴德为第一书记，李梦龄、赵林、李砥平、富振声、栗又文、关山复为书记处书记，吴德、李梦龄、赵林、李砥平、富振声、栗又文、关山复、于克、徐元泉、张士英、贺健为省委常委。大会选出了出席党的第八次全国代表大会的代表，即吴德、于克、富振声、赵林、栗又文、兰干亭、关山复、刘锡五、宋洁涵、刘亚雄、邹大鹏、饶斌、朱德海、成仿吾、张启龙、宋裕和、王子纲、毛诚、吴凤岐、陈郁、周光、周秀清、赵子平、赵庆夫、戴增斌、辛程 26 人，候补代表韩容鲁、李川江、张李明 3 人。会议顺利完成了预期任务。

这次代表大会是在毛泽东《论十大关系》思想的指导下，在生产资料所有制改造基本完成时召开的。会议坚持了以经济建设为中心的工作思路，推动了全省“一五”国民经济计划的提前和超额完成。这次会议具有重要的历史意义。

第　二　编

开展全面的社会主义建设

（1956 年 9 月—1966 年 5 月）

1956 年 9 月至 1966 年 5 月，是中国共产党领导全国各族人民开始全面建设社会主义的时期。党以苏联为鉴戒，努力实现马克思主义与中国实际的“第二次结合”，探索一条适合中国国情的社会主义建设道路，并取得了初步成果。由于对什么是社会主义以及怎样建设社会主义“并没有完全搞清楚”，探索充满了艰辛与曲折，但社会主义建设仍然取得了很大成就。在这十年中，吉林省在进行社会主义建设过程充满了艰辛与曲折，犯过“大跃进”“反右倾”等错误，但同时也取得了很大成就，积累了社会主义建设的重要经验，初步建立起现代化建设所必需的物质技术基础，培养了经济文化建设等方面的骨干和人才。国家在吉林省建设了一批重大项目，全省农业、工业和教育科学文化事业都得到了很大发展，特别是汽车、化工等重工业基地的建设为全省经济社会发展奠定了坚实基础，为全国国民经济体系建设作出了历史性贡献。社会主义建设所取得的很大成就是这个时期吉林省党的工作的主导方面。

第八章

贯彻党的八大路线和“一五”计划的胜利完成

1956年对生产资料私有制的社会主义改造基本完成后，中国共产党努力探索和开辟一条适合中国情况的建设社会主义的道路。以《论十大关系》发表和党的八大召开为标志，这个探索有了一个良好的开端。中共吉林省委在党中央的领导下带领全省人民学习贯彻《论十大关系》和党的八大路线，开启了全面建设社会主义的新时期，全省政治、经济、文化各方面建设取得了新的成就，“一五”计划胜利完成。

一、党的八大路线的贯彻

传达学习《论十大关系》

1956年4月毛泽东《论十大关系》的讲话，是中国共产党比较系统地探索中国自己建设社会主义道路的开始。“十大关系”包括：重工业和轻工业、农业的关系，沿海工业和内地工业的关系，经济建设和国防建设的关系，国家、生产单位和生产者个人的关系，中央和地方的关系，汉族和少数民族的关系，党和非党的关系，革命和反革命的关系，是非关系，中国和外国的关系。《论十大关系》所确定的一个基本方针就是

“尽量争取化消极因素为积极因素”，“努力把党内党外、国内国外的一切积极的因素，直接的、间接的积极因素，全部调动起来，把我国建设成为一个强大的社会主义国家”。

《论十大关系》发表后，中共吉林省委立即在全省党员干部中进行传达和贯彻。5月8日，省委召开会议，省委第一书记吴德传达了毛泽东《论十大关系》的报告，强调要认真学习和贯彻《论十大关系》的基本精神，特别是学习和贯彻好“要把国内外一切积极因素调动起来，为社会主义事业服务”的基本方针。以《论十大关系》为指导，全省各地认真组织学习讨论“关心集体、关心个人，争取90%以上的社员增加收入”，“发扬革命传统，在各种岗位上发挥更大的积极性”，“百花齐放、百家争鸣”，“继续深入地全面地贯彻执行党的知识分子政策”等方针政策。

6月底召开的中国共产党吉林省第一次代表大会认真贯彻《论十大关系》的基本方针。省委在报送中央的《关于党的吉林省第一次代表大会情况的简报》中指出：“这次会议是在毛泽东同志提出的十大方针的思想指导下召开的。”[①]随后在7月通过的《中国共产党吉林省第一次代表大会决议》中更明确地指出：同全国大部分地区一样，社会主义改造在我省已取得了决定性的胜利，“今后我省党组织的任务，要动员一切可能动员的力量和团结的力量，发挥积极因素，消除消极因素，巩固社会主义生产关系和社会主义改造的成果，彻底完成社会主义改造的事业；又多、又快、又好、又省地提前和超额完成第一个五年计划，迎接第二个五年计划；争取伟大的社会主义事业的完全胜利。”《决议》强调：“社会主义是要建立在工农业生产高度发展的基础上的；因此，必须以发展工农业生产为党的领导工作的中心”，“其他工作都要围绕发展工农业生产这个中心去进行”[②]。这就明确了吉林省党组织在新时期的中心任务，为探索建设社会主义道路指明了正确的方向。

省第一次党代会以“十大关系”为指导，提出了许多符合吉林实际的方针、政策。在工业与农业的关系上，强调领导重点继续放在农村工作

① 《省委关于党的第一次代表大会情况的简报》（1956年8月6日），吉林省档案馆编：《中国共产党吉林省委员会重要文件汇编》第7册（1956年），1983年，第46页。

② 《中国共产党吉林省第一次代表大会决议》，《吉林日报》1956年7月13日第1版。

方面；但是由于新建厂矿在增加，工业比重日益提高，必须同时加强对工业工作和城市工作的领导。农业要根据全省的经济条件和不同的地区特点，以发展农业生产为主，同时因地制宜地积极发展畜牧业、林业、副业、特产等多种经济，增加商品粮食和出口物资（大豆、人参、鹿茸等），支援国家工业建设。工业要发挥地方工业为农村经济服务、满足国家建设需要和人民生活需要以及为国家积累资金的作用。在商业与工农业生产的关系上，指出商业过去为生产服务和消费者服务的思想不够明确，今后必须进一步贯彻执行商业为工农业生产服务和满足人民需要服务的方针。在经济和科学文化教育的关系上，强调为了发挥一切积极因素，为发展工农业生产服务，为社会主义服务，必须加强党对科学和文化教育工作的领导。本着“百花齐放、百家争鸣”的方针，动员广大知识分子向科学、文化进军。在统一战线和民族关系上，指出必须继续巩固和扩大人民民主统一战线，明确认识同党外人士实行民主合作是我们党“固定不移”和“永远不变”的原则，团结一切可以团结的力量，更好地发挥人民民主统一战线在社会主义建设时期的作用。必须进一步贯彻执行党的民族政策，加强省内各族人民的团结，提倡各兄弟民族互助互学、取长补短，充分发挥各族人民建设社会主义的积极性，反对任何妨碍民族团结的大民族主义倾向和地方民族主义倾向。为了更好地建设社会主义，提高党的领导水平和执政水平，大会发出了学习号召，并指出要“把马克思列宁主义的普遍真理和中国革命的实践相结合，把外国外地的经验和当地情况相结合，创造性地去运用、发展”。[①]

除了在党内传达学习，省委还及时向党外人士宣传“十大关系”。8月11日，省委统战部召开民主人士座谈会，检查统战政策，座谈“长期共存，互相监督”方针。各民主党派地方组织负责人在发言中介绍了本组织的成员在学习和讨论中国共产党同民主党派“长期共存，互相监督”方针的情况。广大民主党派成员感到兴奋、鼓舞，消除了民主党派

① 《吴德同志在中国共产党吉林省第一次代表大会上作的工作报告》（1956年6月29日），吉林省档案馆编：《中国共产党吉林省委员会重要文件汇编》第7册（1956年），1983年，第36—37页。

“好景不长”的疑虑，深感今后民主党派“任重道远”，表示更加努力工作，发挥积极作用，团结一切可以团结的力量，共同为社会主义事业服务。

省委通过传达学习《论十大关系》而提出的思想、方针和采取的措施是正确的，是富于创造精神的，为深入贯彻落实党的八大精神，继续探索建设社会主义道路打下了坚实基础。

学习贯彻党的八大路线

1956 年 9 月召开的中国共产党第八次全国代表大会，是党取得全国执政地位后召开的第一次全国代表大会。大会指出，社会主义改造胜利后，我国无产阶级同资产阶级之间的矛盾已经基本解决，我们国内的主要矛盾，已经是人民对于建立先进的工业国的要求同落后的农业国的现实之间的矛盾，已经是人民对于经济文化迅速发展的需要同当前经济文化不能满足人民需要的状况之间的矛盾，党和人民的当前的主要任务，就是要集中力量来解决这个矛盾，把我国尽快地从落后的农业国变为先进的工业国。大会还围绕保护和发展社会生产力这个中心任务，确定了既反保守又反冒进的社会主义经济建设方针，在经济、政治、文化和执政党建设等方面作出了一系列重要决策。八大确定的以经济建设为中心的政治路线和各项重大方针政策，对于社会主义事业的发展和党的建设具有长远重要的意义，对吉林省社会主义建设事业产生了深远的影响。

根据大会安排，中共吉林省委第一书记吴德代表吉林省委在大会上作了《工业建设中的一个突出矛盾》的发言。发言中，吴德认为，“目前我们的技术水平和管理水平落后于生产发展的需要的情况，从我省来看已成为一个突出的矛盾。这是在推进国家工业化工作中亟需重视的一个问题。”为此，他提出要大量培养技术人才，不断扩大技术力量的队伍，“除了国家科学研究机关和大专学校有计划地培养以外，大量地、迅速地生长技术力量的有效办法，就是在现场、从实际生产中培养训练。”要“积极地学习苏联先进技术”，“同科学研究机关建立联系，加强党对技术工作的领导。”吴德在发言中表示：“刘少奇同志和周恩来同志代表党中央向大会所作的报告,使我们进一步地认识了国民经济的技术改造工作在我国社会主义建设中的重要地位。我们一定要本着大会的指示,加强党对工业中技术工作的领导,以便使我们新建和改建的工矿企业,都能够尽快地学会掌握现有的先进技术设备,并尽可能地利用最新的科学成就,以便进一步把我们的工业推进到现代化技术的轨道上。”①

在八大召开期间和闭幕后,省委认真组织全省党员干部学习和领会大会精神。在会议期间,《吉林日报》及时报道了会议盛况和刊登毛泽东的开幕词、刘少奇的政治报告、中国共产党章程、邓小平关于修改党章的报告以及周恩来关于我国第二个五年计划建议的报告。省委要求各级党委、广大党员干部从1956年11月到1957年2月,要利用四个月时间,集中精力组织学习和讨论大会文件,领会八大精神,重点掌握当前我国主要矛盾、党和全国人民的主要任务、加强人民民主专政、巩固人民民主统一战线,团结国内外一切可能团结的力量以及大会提出的社会主义革命和社会主义建设的各项方针政策。省委发出的通知特别强调,学习和贯彻八大精神关键是党的正确领导,联系工作实际,检查和批判主观主义、官僚主义、宗派主义等不良倾向,坚持和发扬党的优良作风,发扬干部和群众的积极性,全面完成国家下达吉林省的各种建设任务,保证八大路线的贯彻执行。全省广大党员干部和各族人民群众积极响应省委号召,在各级党组织领导下纷纷组织起来,投入到学习和讨论党的八大精神的热潮之中。

为深入学习和贯彻党的八大精神,省委于11月7日至23日召开了全省党员干部大会。各市、地(州)、县党政主要负责同志、厂矿负责人和省直机关干部共1100余人参加会议。会议首先听取了省委书记处书记赵林关于党的第八次全国代表大会盛况的传达报告。赵林指出,大会正确地分析了当前形势和今后发展趋势,规定了党和全国人民的中心任务是集中力量来解决先进的社会主义制度同落后的社会生产力之间的矛盾,把我国尽快地从落后的农业国变为先进的工业国。赵林代表省委强调本次全省党员干部大会要按照八大精神,来检查全省领导

① 《工业建设中的一个突出矛盾》,《人民日报》1956年9月28日第3版。

工作,讨论全省如何贯彻八大决议,保证完成工农业生产任务的问题。

赵林提出了全省要着重检查和解决的问题主要是:首先要检查在工农业生产建设方面的各项工作。在农业生产建设方面带有政策性的重大问题主要有:第一,抓紧重点生产与开展多种经营问题;第二,耕畜和生猪是关系生产和人民生活的大问题;第三,与自然灾害作斗争的问题;第四,制订和执行农业计划生产的同时给予农业社和农民机动种植的权利问题;第五,集体利益与个人利益结合的问题;第六,农业生产技术的改进问题。在工业建设方面主要是:第一,依靠工人阶级搞好厂矿企业生产,这是党领导企业的最高原则,也是管好厂矿企业的最大的政策问题;第二,八大把工业产品质量提到社会主义优越性这样的原则高度来重视,如何树立坚强的产品质量观点,定出合理的产品质量标准和工艺流程,切实建立健全检查质量和技术监督机构,以进一步提高全省工业产品质量;第三,全省在工业生产技术提高与改进的基础上,如何有计划有步骤地搞好设备更新问题;第四,地方工业如何全面地更有效地为农业生产服务,如何发挥地方工业生产的积极性,尽量挖掘潜力来补助国家工业生产的不足,如何加强地方工业的统一领导和协作配合,生产更多的为国计民生所需要的优良产品,以适应人民日益增长的经济生活需要的问题。其次要按照八大精神,认真检查全省党的领导工作,积极设法加强党的领导作用。这是这次会议的中心议题。他指出全省党的工作的主要缺点,也是思想上的主观主义、工作上的官僚主义(包括命令主义)和组织上的宗派主义。这次会议必须紧密结合这些缺点错误,找出产生这些缺点错误的主客观原因,从正面积极设法提高干部的思想觉悟以改进工作作风,改善各方面的工作。最后会议号召全省要按照八大精神,动员一切可以动员的力量,为战胜今年自然灾害困难而努力。会议期间,还传达了中共中央八届二中全会关于安排1957年计划要贯彻"保证重点、适当压缩"的方针。

与会人员围绕党的八大精神和赵林代表省委所作的报告,在充分学习和领会党的八大精神的基础上,结合本地区本部门实际工作进行了热烈的讨论。参加会议的广大党员干部纷纷表示,通过学习和讨论,对党的八大精神领会得更深刻了,对过去存在的问题更清楚了,对今后工作的方向更明确了，也更有信心了。大会在充分讨论的基础上，还着重检查了全省党组织对农业生产和工业生产领导中的问题；同时就贯彻八大精神、加强党的领导，克服主观主义、官僚主义、宗派主义问题提出了具体措施。会议要求，加强党对农村工作的领导，加快农业生产的建设，大力保护耕畜；改进农业技术，提高单位面积产量，发展多种经营，整顿农业生产合作社，正确贯彻税收和价格政策，加强对农民的思想政治工作，促进农业生产的发展；在工业企业中，贯彻党委的集体领导与个人负责相结合的制度，开展增产节约运动，增加生产，提高质量，降低成本，缩小机构，千方百计地搞好工业生产。

在全省党员干部会议期间，省委还于 11 月 9 日召开全体省委委员会议，讨论并通过了中共吉林省委关于《加强党的领导，贯彻执行党的群众路线，为在企业中实现党的第八次代表大会的决议而奋斗》的报告，作出了省委关于在企业中深入贯彻八大精神的具体部署。报告认为，为了解决全省当前工业生产中的问题，确保党的八大所提出的加速工业化总任务的实现，必须做到以下各点。第一，加强党对企业的领导，认真执行党委集体领导下的厂长负责制。“企业中有关方针政策性的重大问题，一定要经过党委集体讨论，共同决定，主管人员按党委决定执行；不允许不经过讨论，个人擅作决定，或少数人代替党委作重大问题的决定。”同时强调要继续坚持已经建立的，从厂长到职工的一系列岗位责任制度，并指出有的企业党委在日常工作中采取分兵把口、分片包干的办法，分割厂长应该负责的全面工作的做法是错误的。第二，在企业中贯彻执行党的群众路线，反对主观主义、官僚主义、宗派主义，把党的领导建立在群众路线的基础上。企业领导干部必须明确树立群众观点和群众路线的工作方法，定期召开职工代表会议和职工代表大会，成立处理合理化建议、推广先进经验的组织机构，在发展生产的基础上，逐步改善劳动条件和职工的物质文化生活；要反对宗派主义情绪，必须把工程技术人员看成工人阶级的一部分，而且是重要的一部分，团结他们，信任和使用他们，对私方人员必须贯彻团结、教育、改造的方针。加强党的领导，改变工作作风，充分发挥工会和青年团的助手作用。

12月20日，省委再次召开全省党员干部会议，专门研究了党在农村工作中深入贯彻党的八大会议精神问题。省委书记处书记李砥平在会上作了题为《反对主观主义、官僚主义和命令主义，贯彻群众路线，加强党对农村工作的领导》的报告。报告根据八大关于发展国民经济第二个五年计划的建议，明确提出工作任务。首先，强调全面发展农业生产方针的问题。报告根据中央“保证粮棉需要，增产其他经济作物，发展畜牧业，开展多种经营，全面发展生产”的方针，检查全省过去对发展畜牧业注意不够，以致合作化后牲畜和生猪大量减少；忽视了副业和山区生产，以致减少了社员收入和影响了城乡物资交流等缺点。要求今后在发展农业生产上必须采取“以粮食、大豆生产为重点，有计划地增产其他经济作物，因地制宜地发展畜牧业、林业、副业和山区土产、特产，开展多种经营，全面发展农业生产的方针。”[①]其次，报告指出加强领导，反对主观主义、官僚主义和命令主义的问题。报告着重检查了有些领导干部习惯于“会议领导”“文件领导”，很少深入基层，接近群众，了解情况的主观主义和官僚主义作风。报告要求各级党委必须加强领导机关的调查研究工作，地委和县委要深入一两个重点乡和重点社，经常加强领导帮助，取得经验，指导一般，使一般领导和具体领导相结合，全面研究和典型调查相结合，切实改进党的领导作风。加强党对政权的领导，充分发挥政权的作用，克服党政不分、以党代政的问题，通过贯彻党的群众路线，正确执行党的各项方针政策。报告强调改善农业生产合作社的经营管理，改进农业技术，提高单位面积产量，发展多种经营，促进农业经济的全面发展。

为了积极配合学习党的八大文件，《吉林日报》从1956年11月开始，在第三版开辟“学习辅导”专栏，采取问答或学习体会的形式，就我国当前的主要矛盾和中心任务、各民主党派存在的社会基础及党的统一战线方针等问题进行了辅导；同时还报道了长春市委在领导和组织党的八大文件学习的过程中，领导干部先行一步，组织报告团到基层作

---

① 《反对主观主义、官僚主义和命令主义，贯彻群众路线，加强党对农村工作的领导》(1956年12月20日)，吉林省档案馆编：《中国共产党吉林省委员会重要文件汇编》第7册(1956年)，1983年，第120页。

启发报告、专题报告、通俗解释和问题解答等推动学习的经验。这些学习辅导和宣传报道使党的八大路线的学习和宣传更加深入人心。通过学习，全省各族人民欢欣鼓舞，精神振奋，纷纷表示衷心拥护党的八大路线，更加紧密地团结在党中央周围，积极为推进社会主义建设事业贡献力量，为胜利完成八大提出的各项任务而奋斗。这就为吉林省在实际工作中全面贯彻八大会议精神奠定了坚实的基础。

对建设社会主义道路的初步探索

在党的八大精神指引下，中共吉林省委积极贯彻中央关于探索建设社会主义道路的各项决策和部署，取得了初步的成果。

农业合作化运动后期，由于要求过急、改变过快、工作过粗，出现了许多问题。主要是农业社规模偏大，造成穷村与富村、种水田与种旱田农民、种旱田与种菜田农民，以及汉族农民与少数民族农民之间的许多矛盾；农业社偏大也超越了干部领导水平，劳动力的调配和使用计划不周，造成严重窝工和旷工；劳动定额和报酬不能很好体现按劳分配，影响社员劳动积极性的发挥；在处理集体利益与个人利益问题上，对社员家庭副业和个人活动时间限制过死；在领导作风上，民主办社方针贯彻不够，普遍存在家长制和强迫命令作风；还由于家大业大造成严重铺张浪费，等等。基于上述问题，省委根据八大精神，对农村诸多经济关系进行了有效调整。

1956 年 11 月，全省畜牧工作会议召开。会议提出要因地制宜地发展畜牧业，"具备集体饲养条件的农社，要进一步巩固集体饲养业，不具备集体饲养条件的农社，畜牧可委托社员饲养。"月底，省委在下发的《关于印发县人民委员会布告(草案)的通知》中指出，农村实现合作化以后，一般注意了粮食生产，忽视了发展副业、畜牧业等多种经营，注意了合作社集体生产，忽视了社员家庭副业，因而影响了农业合作社和社员收入的增加，影响了副食品的供应和城乡的物资交流[①]。《通知》指出，合理划分合作社经营和社员家庭经营副业生产的范围，鼓励社员经

① 《省委关于印发县人民委员会布告（草案）的通知》（1956 年 11 月 30 日），吉林省档案馆编：《中国共产党吉林省委员会重要文件汇编》第 7 册（1956 年），1983 年，第 621 页。

营分散的副业，有限度地允许社员经营一定数量的家畜，允许社员拣种一定量的撂荒地和生荒地，鼓励社员在房前屋后和自留地地边和地头及农村道路两旁种植零星树木，合理解决合作社集体利益和社员个人利益之间的矛盾。随后省委、省人委结合冬季整顿合作社，于 1957 年 1 月 18 日发出《关于加强冬季生产和整顿巩固农业生产合作社的指示》。《指示》明确指出对大型社，除少数领导骨干较强，办得较好，应该继续巩固外，其他一时不易办好的社，可通过整社在分配结束后，帮助他们合理分为小社，今后对经营方向不同，收入相差悬殊的社，不应再行合并。《指示》还指出，对个别富裕中农坚决要求退社的，应允许他们退社，不要过分勉强把他们留在社内，对尚未要求入社的个别农民也不要急于勉强吸收他们入社。上述精神在 2 月末召开的全省农村工作会议和整顿合作社过程中得到了进一步贯彻，合作社普遍缩小了规模。3 月 18 日，省委在上报中央的《关于农村工作会议的报告》中反映："我省大部分是一村一社，基本上适合目前条件，有一部分社的规模偏大，增加了经营管理和内部团结上的困难，特别是一部分大社和民族联合社，因为原来生产对象不同，并社后收入有增有减，影响到社员团结。"根据这种情况，省委提出："在整社中对于大社要本着有利于生产、有利于团结、适合当前管理水平和便于联系社员的原则解决这个问题，凡是经过整顿能够办好的，应当争取坚持下来，否则应按自然条件和社员意见分成若干自负盈亏、独立经营的分社。"[①]《报告》还针对生产队之间记工标准不统一、收入多少不合理的问题，因地制宜地提出了包工包产、超产奖励，大包干（包工、包产、包消费，有的还包副业），包工数、包产量、包产值，按劳动力、犁杖定产，按产量定工等管理办法。

针对合作社规模过大，不利于发展生产的问题，1957 年 11 月 10 日，省委在《省委批转公主岭地委对社队规模的调整意见》中指出，"关于生产不好，由于社大矛盾又不能解决，社员要求适当划小社的，结合今冬明春整社过程，有计划、有领导地加以处理是必要的。但主要应当根据：(1)生产不能搞好、经营不便、社内矛盾不能解决，将大社适当划

① 《省委关于农村工作会议的报告》（1957 年 3 月 18 日），吉林省档案馆编：《中国共产党吉林省委员会重要文件汇编》第 8 册（1957 年），1988 年，第 549 页。

小，能够易于解决矛盾；(2)社干部领导能力差，一时不能胜任，分开后有利于生产，可以把社办好；(3)社员积极要求分社，不影响社员团结等去加以调整。”[①]省委通过调整社队规模，改善了管理体制和做法，调整了各方面利益关系，进一步调动了广大农民的生产积极性，有力地促进了农业生产的发展。

吉林省关于农业集体经济内部关系调整的尝试，是完全符合中央精神的，体现了党对怎样建设社会主义的探索。

吉林省地处东北中部，三分之二是丘陵和山区，因此合理调整农业产业结构，对全面发展农业生产至关重要，省委、省人委特别重视这方面的问题。尤其是1956年七八月份连降大雨和暴雨，造成新中国成立以来吉林省空前严重的水灾，粮食普遍减产，促使人们认识到发展副业生产的迫切性。地处东部山区的通化地委于10月27日举行扩大会议，讨论发展山区经济和改善山区人民生活问题。会议认为，根据通化地区自然条件和经济特点，除了发展农业和林业生产之外，今后将充分合理地利用和开发山区资源，大力发展土副特产。第一是发展药材生产；第二是发展果树业，培植、保护、采集各种野生果实和蘑菇；第三是发展柞蚕业，饲养猪禽和种植蔬菜，以供应本地区各大工矿林区职工的需要和增加农民的收入。随后，省人委于11月20日批复了省农业厅关于建立左家特产试验站的报告，规定其任务是一方面研究本省现有果树和药用植物栽培技术；另一方面从外省引进各种有经济价值和发展前途的果树、药材与珍贵毛皮动物，进行试验研究，以指导本省特产事业的发展。同月，全省还第一次召开山区生产规划会议，交流了山区生产工作经验，进一步确定了山区生产的方针和任务。1957年2月27日至3月4日，省委在长春召开全省农村工作会议。参加会议的除县委书记、县长外，还吸收一部分乡总支书记和农业社主任参加。省委第一书记吴德在会上作了《千方百计争取今年农业生产大丰收》的报告。会议重申全省农业生产的发展方针是：“以粮食、大豆为重点，有计划地增产其它经济作物，因地制宜地发展畜牧业、林业、副业和山区土产、特产，开

---

① 《省委批转公主岭地委对社队规模的调整意见》（1957年11月10日），吉林省档案馆编：《中国共产党吉林省委员会重要文件汇编》第8册（1957年），1988年，第602页。

展多种经营，迅速改变某些经济作物和副业生产的落后状态，克服片面思想，全面发展农业经济。”[①]会议号召为完成 1957 年 600 万吨粮食（包括大豆和薯类）生产指标，每个农业生产合作社在“三定”的基础上，每公顷地平均增产 250 斤粮；各种作物因地制宜地增产一成；每户平均长年养猪一头半到两头。全省打破了过去只注重粮食生产的单一传统模式，确立了农、林、牧、副、渔全面发展的方针。这说明省委和省人委对调整农业产业结构，全面发展农业生产给予足够的重视。在这一方针指导下，全省上下，特别是山区农民发挥各自的特长，全面发展林牧副渔各业，农业生产稳步提高。

根据党的八大确定的“三个主体、三个补充”[②]的方针和中央领导关于搞活经济的思路，省委积极探索调整国家市场和自由市场的关系。省人委于 1957 年 2 月 18 日召开农村自由市场会议。会议传达贯彻了全国农村自由市场会议精神，讨论研究了全省开放自由市场工作中的问题和改进措施。会议认为，在党和政府领导下，全省农村自由市场开放以后，其发展是正常的、健康的。但是，自由市场开放以后，管理部门对开放自由市场的界限分不清楚，对哪些商品应该开放，哪些商品不该开放还不明确。会议对农村自由市场的管理范围提出了具体建议。副省长杨战韬在会上作了总结讲话。会后，省人委党组向省委作了《关于全省自由市场会议的报告》。《报告》认为，在对私营工商业的社会主义改造取得决定性胜利之后，统一的社会主义市场已经形成，在这种情况下恢复一部分国家市场领导下的自由市场，作为国家市场的补充，对于促进生产的发展、满足人民的需要、活跃城乡的物资交流都是很有好处的。我们所开放的国家统一领导下的、限制在一定范围内的自由市场，是国家统一市场的组成部分，不会引起资本主义泛滥。《报告》根据国

---

① 《吴德同志在省委召开的地（州）、县委书记会议上关于“千方百计争取今年农业大丰收”的报告》（1957 年 2 月 27 日），吉林省档案馆编：《中国共产党吉林省委员会重要文件汇编》第 8 册（1957 年），1988 年，第 525 页。

② 即在工商业经营方面，国家经营和集体经营是主体，附有一定数量的个体经营作为补充；在生产的计划性方面，计划生产是工农业生产的主体，按照市场变化而在国家计划许可范围内的自由生产作为补充；在社会主义的统一市场里，国家市场是主体，附有一定范围内国家领导的自由市场作为补充。

务院《关于放宽农村市场管理问题的指示》和全国农村自由市场会议精神，结合吉林省实际情况，对全省农村自由市场作了规定，并根据商品的不同，将农副业商品分为三类：第一类物资属国家统购物资，包括粮、棉、油，完成国家统购任务后的剩余产品允许农社和农民在市场上自由买卖。第二类物资属于国营商业或委托供销社统一收购的物资，包括生猪、菜牛、大麻等共39个品种，完成交售任务后的剩余产品亦可上市。第三类物资如鸡鸭、蛋、蔬菜、小土产和土产品，以及不属于第一、二类物资的其他产品均列为开放产品，坚决地开放自由市场，允许农社和农民自产自销。《报告》还强调各地要加强对自由市场的领导，要有计划地恢复和建立贸易货栈、交易所和农民贸易市场，以便于农民贸易。省委同意这一《报告》并批转各市、地（州）、县委研究执行。1957年3月16日《吉林日报》发表《开放好国家领导下的自由市场》社论，对开放自由市场的意义作了如下评价：自由市场开放后，对刺激农副业生产的发展，满足消费者需要，活跃城乡物质交流，促进国营商业和供销社合作社改善经营管理，都起到了积极作用。

此外，在企业生产上，省委提出要以销路引导生产，凡有销路有原料的产品，都必须积极地生产，销路有问题的产品，即使原料有保证，设备有潜力也不应盲目生产。这是对社会主义条件下的商品生产作出的新探索。省委在转发长春市委《关于手工业整社工作的报告》中指出，手工业合作社在经济改组中，有些合作社过早过大地集中生产和统一经营，不适当地并、办大社，而忽视了手工业生产带有极大的地方性、分散性与当地人民生活需要密切联系等特点，认为“分散经营户只要便利于为社会服务，没有剥削，应该看作是社会主义性质的。”[①]这是对社会主义经济规律认识的深化。在科学文化方面，省委强调要认真贯彻“百花齐放，百家争鸣”的方针，努力培养建设人才，适应社会主义经济文化发展的需要；必须把工程技术人员看成工人阶级的一部分，而且是重要的一部分，团结他们，信任和使用他们。这就明确了知识和人才在社会主义建设当中的重要作用。

① 《省委批转长春市委关于手工业整社工作的报告》（1957年3月22日），吉林省档案馆编：《中国共产党吉林省委员会重要文件汇编》第8册（1957年），1988年，第516页。

省委对建设社会主义道路的初步探索为全省社会主义建设的全面展开奠定了良好基础，为后来的经济建设提供了宝贵经验。

二、社会主义建设的全面展开

《农业发展规划》的制定和农田水利建设的热潮

社会主义改造基本完成和大规模社会主义建设的全面展开，对农业发展提出了更高的要求。如何站在国民经济的发展全局促进农业的发展，使农业成为工业化的坚实基础，成为中共吉林省委的一项中心课题。

1956年1月，中共中央制定了《一九五六年到一九六七年全国农业发展纲要(草案)》(简称“农业四十条”)，这是农业和农村发展的中长期规划。2月，省委召开农村工作会议，对“农业四十条”进行了学习和讨论，研究制定了《吉林省一九五六年到一九六七年农业发展规划(草案)》(简称《规划》)，部署全年农业增产运动。会议指出，全省基本上实现了社会主义的合作化，当前的主要任务是搞好全面规划，加强领导，将合作化迅速引向高潮，从生产入手，整顿、巩固和提高农业生产合作社。会议批判了“右倾保守思想”和盲目急躁情绪，提出了兴修水利、推广新式农具、开垦荒地、扩大水田和耕地面积等基本措施，提出了实现1956年全省粮食产量达到660万吨的任务。会议确定，在大力发展粮食生产的同时，要相应地增加经济作物的产量。

随着形势的变化和实际过程中经验的不断积累，中共中央对“农业四十条”作了一些必要的修改和补充，吉林省也根据本省新的情况，相应地对《规划》作了修改。1957年12月，中共吉林省第一次代表大会第二次会议讨论和通过了《吉林省一九五六年到一九六七年农业发展规划(修正草案)》。省委书记处书记李砥平在大会上号召全省各地要认真地讨论和学习全国农业发展纲要和全省农业发展规划，结合本地情况，经过调查研究，制定本地农业发展规划，加速农业的发展。

《规划》突出了农业在国民经济中的重要地位，开篇就强调发展农业对于工业发展的重大意义。指出全省商品粮食比重很大，特别是盛产大豆。农业增产不仅可以供应粮食和工业原料，同时也给工业提供了广大的市场。《规划》提出全省农业总的奋斗目标是：所有农业生产合作社，在今后三五年内赶上或超过当地富裕中农再单干时候的生产水平和收入水平；到 1967 年，粮食（包括大豆、薯类）总产量由第一个五年计划期间的平均年产 538 万吨，提高到 1095 万吨，每年递增率为 10.3%。根据全省不同地区的自然条件和经济状况，粮食平均每亩产量，平原区达到 400 斤；山区达到 320 斤；砂荒区达到 250 斤。《规划》认真分析了全省的有利与不利条件，提出巩固农业合作化制度，这是农业和农村副业增产的根本条件。《规划》指出了全省发展农业的方针，即全面规划，综合利用，以提高粮食及其他农作物的单位面积产量为主，有条件地开垦荒地，因地制宜地发展山区多种经济，充分利用西部草原，大力发展畜牧业，按照国家计划，播种工业原料和经济作物，使农、林、牧、副、矿各业相互支援，工、农、商、学各界通力协作，为在 1967 年以前完成全省农业发展规划而奋斗①。《规划》还特别强调：在优先发展粮食生产的同时，发展农业的多种经济，以保证国家工业原料和出口物资的需要。要求到 1967 年甜菜播种 6 万公顷，总产量达到 90 万吨；向日葵播种 6 万公顷，总产量达到 9 万吨；烤烟播种 1 万公顷，总产量达到 1.5 万吨；人参发展到 2800 万平方米，产参 200 万斤；养鹿达到 64500 只，产茸 17.3 万两。

《规划》贯彻了“农业四十条”的基本精神，把握了吉林省的基本省情，兼顾了全省农业、农村建设各方面的关系；反映了在社会主义建设全面展开后，全省人民急切地改变落后面貌，加快发展农业生产的愿望；体现了党对社会主义建设的努力探索，鼓舞和调动了人民群众的积极性。但其中提出的若干指标超越了实际可能性，未能如期实现。

水利是农业的命脉。作为农业大省，吉林省把兴修水利作为发展农业的一项重要措施。《规划》对全省水利建设作出全面部署，指出：“从一九五六年起，在十二年内，全省水利事业的发展，应当是兴利除害并

---

① 《一九五六年到一九六七年吉林省农业发展规划（修正草案）》，吉林省档案馆编：《中国共产党吉林省委员会重要文件汇编》第 8 册（1957 年），1988 年，第 57 页。

重，灌溉、防洪、治涝、防旱、水土保持互相结合，全面规划，综合利用，集中治理，以小型水利工程为主，中型为辅，在必要和可能的条件下举办大型水利工程。”[①]按照《规划》要求，省委确定治河以伊通河、新开河、饮马河、东辽河为重点，治内涝以公主岭专区为重点。到1964年完成新立城、太平池等十处水库和洮儿河分洪工程，完成怀德、长岭等地治涝工程，加上各种中小型防洪、蓄水和治涝措施，基本消灭普通的洪水和内涝灾害。积极发展农田灌溉，防治旱涝灾害，提高单位面积产量。在1967年以前完成前郭尔罗斯蒙古族自治县、洼中高等12处大型灌区的新建、扩建工程和172处中型水库及其他小型水利工程，把全省水田面积由1957年的3.2万公顷扩大到56.5万公顷。

在省委的部署下，全省水利事业蓬勃发展。到1957年底，完成了松花江全面改扩建工程，提高了防洪标准，重点整修了伊通河、饮马河、松花江干流、嫩江、拉林河等主要江河堤防，开始了大岭、二道河子两个大型涝区的综合治理工程。全省修建小型水库545座、塘坝3301座、拦河坝6921座，水田灌溉面积发展到36.9万公顷。省委为了解决人民群众生产、生活上的困难，通过以工代赈项目促进水利工程的修建[②]。

这一时期，全省涌现了许多治山治水的先进人物，其中最著名的是被誉为“当代愚公”的东辽县河源乡农民戴喜禄。东辽县河源乡原是“青山变成秃山头，清水不见浑水流，黑土下山露骨头，年年不见粮丰收”的水土流失严重区。戴喜禄带领全乡群众依靠自己的力量，因地制宜，综合治理，坚持改造穷山恶水。经过十年苦战奋斗，实现绿树满沟，果实遍坡，粮谷丰收，五业兴旺。国务院为表彰戴喜禄的先进事迹，授予他全国治山治水劳动模范称号[③]。

省委号召在全省范围内开展农业社会主义劳动竞赛，以“愚公移山”的精神，加快发展农业生产。在省委的领导下，一个空前规模的广泛群

---

① 《一九五六年到一九六七年吉林省农业发展规划（修正草案）》，吉林省档案馆编：《中国共产党吉林省委员会重要文件汇编》第8册（1957年），1988年，第62、63页。

② 《吉林省将以工代赈修建水利工程》，《人民日报》1956年10月5日第3版。

③ 《当代中国》丛书编辑委员会：《当代中国的吉林》，当代中国出版社1991年版，第298页。

众性的农业生产高潮，在全省范围内形成。

从1956年8月开始，全省各地农村掀起了兴修农田水利的热潮，并取得很大的成绩。截至1957年1月，据30个县的不完全统计，建成水库、塘坝、拦河坝、抽水机站、扩大灌区工程等430处，打水井589眼，可灌溉水田1.9万多公顷。同时，还完成防洪排涝工程600万土方，复堤堵口和加固江、河堤防497公里，使沿江、沿河两岸万公顷良田不再受水涝灾害的影响。九台、舒兰、伊通、东丰等11个县，在1956年底以前完成了1957年开改水田计划的60%左右[①]。据1957年11月末统计，全省每天有81.37万多人参加水利、积肥和副业生产。全省每天参加水利建设的有26.63万多人。水利工程完成5847处，可扩大水田面积36013公顷，可浇旱田2256公顷，两项占计划的38.3%[②]。

全省大规模兴修农田水利，特别是兴修了一大批大中型水库，对全省农业的发展和旱涝灾害的防治起了重大作用，它的效益至今还在继续发挥。为了使农业高潮稳步向前发展，省委决定提高农业技术，发展拖拉机，到1967年拖拉机增加到7750标准台，机耕面积计划达到100万公顷[③]。通过加速全省农业机械化进程，来更好地支持农业发展。

农业的发展和农田水利建设热潮的兴起，极大地支援了全省地方工业的发展。

开展增产节约运动　促进地方工业发展

1956年11月召开的党的八届二中全会，决定在全党和全国人民中开展增产节约运动。中共吉林省委认真落实会议精神，在全省范围内大力开展增产节约运动，加强党对工业工作的领导，努力促进地方工业

---

① 《为增产更多的农产品打基础，吉林安徽大力兴修农田水利》，《人民日报》1957年1月9日第3版。

② 《栗又文同志在中国共产党吉林省第一届代表大会第二次会议上关于"加强领导，争取1958年农业大丰收"的报告》（1957年12月21日），吉林省档案馆编：《中国共产党吉林省委员会重要文件汇编》第8册（1957年），1988年，第81页。

③ 《省委关于讨论全国农业发展纲要（草案修改稿）的情况的报告》（1957年9月20日），吉林省档案馆编：《中国共产党吉林省委员会重要文件汇编》第8册（1957年），1988年，第642页。

的发展。

1956年11月30日,省委发出《关于当前工业生产工作中几个问题的指示》。《指示》提出:“响应二中全会号召,发动群众开展增产节约运动,使之成为工业企业当前的一项政治任务,成为先进生产者运动继续深入开展的中心内容,成为实现‘又多、又快、又好、又省’的全面方针的根本措施。”[①]《指示》要求防止骄傲自满松劲情绪,发动群众深入开展以增加生产、提高产品质量、节约原材料、降低成本和紧缩机构为内容的增产节约运动和先进生产者运动,大力加强国家对地方工业的统一领导和全面安排,争取全面和超额完成全年生产计划。12月10日,省委批转了省委工业部《关于加强县委、镇委对县营工业、手工业、公私合营工业、交通邮电的领导的意见》,要求各级党委加强对地方企业的领导,定期讨论与解决企业生产与政治工作中的重大问题,使其更好地为农业生产服务。为了加强县委、镇委对工业企业的领导,决定在县委设立工业交通部,协助县委管理工业系统干部,检查各企业贯彻执行党的方针政策情况,指导县委直接管理的企业单位的政治思想工作,帮助企业提高领导水平。

1957年1月15日,省委召开党员干部会议,动员广大党员干部深入贯彻党的八届二中全会精神。省委第一书记吴德在会上作了《关于开展增产节约运动的报告》。《报告》阐述了开展增产节约运动对于积累资金、建设社会主义、改善人民生活的重要意义,具体部署了工业、农业、财贸、机关各条战线开展增产节约运动的具体内容和要求。在厂矿企业中,一是要加强对计划工作的领导,加强增产节约的计划性,使增产节约运动成为有计划有领导的运动;二是增产必须从实际出发,以销路引导生产,凡有销路有原料的产品,都必须积极地生产,销路有问题的产品,即使原料有保证,设备有潜力也不应盲目生产;三是要把节约重点放在节约原材料方面,尤其要注意节约钢材、水泥、煤炭、木材等;四是要注意产品质量,产品质量低劣是最大的浪费;五是要正确处理生产与生活关系,认真办好职工的生活福利和安全措施方面的问题;六是

---

① 《省委关于当前工业生产工作中几个问题的指示》(1956年11月30日),吉林省档案馆编:《中国共产党吉林省委员会重要文件汇编》第7册(1956年),1983年,第386页。

进一步推动以增产节约为内容的先进生产者运动，不断扩大先进生产者队伍，充分发挥先进生产者的作用。党政机关首先是省一级机关要精简机构，提高效率，树立勤俭朴素、艰苦奋斗的作风，并具体规定：一不准请客，二不准送礼，三不准迎送，四不准举办堂会，五不准乱发纪念章。会议要求各部门均应根据自己的具体情况，提出增产节约、精简编制的具体方案；要精简机构，紧缩开支，反对浪费，克服官僚主义，树立艰苦奋斗的作风，提高经营管理水平和工作效率；各单位领导人员应亲自负责，加强领导，把运动深入持久地开展下去。

经过约两个月的时间，全省群众性的增产节约运动初步发动起来，并收到了显著成效。据统计，全省工业1月份完成国家计划的103.7%，实际完成数比1956年同期提高30.8%。在节约原材料上，根据7个企业的统计，1月份节约主要原材料费用13.7万多元，约占这些企业一月份需要材料总值的3.5%，对帮助解决原材料不足的困难起到了一定作用①。

2月25日至3月2日，按照省委的统一部署，全省先进生产（工作）者代表大会召开。参加会议的有重工业、轻工业、交通邮电、文教卫生、科学研究等部门14个代表团900多名代表。会上，省委书记处书记赵林作了《大力开展增产节约运动，全面完成1957年的国家计划》的报告，省工会联合会主席王明德作了《响应党的增产节约运动号召，继续开展先进生产者运动》的报告，省长栗又文宣读了吉林省人民委员会关于向本届先进生产者代表会议的全体代表颁发奖章奖状的决定，并向到会的14个代表团的代表颁发了奖章和奖状。赵林在报告中指出：全省自去年12月布置开展增产节约运动以来，在生产上收到了显著的成效，其中一条重要经验，就是把增产节约运动与先进生产者运动和社会主义竞赛运动紧密结合起来，使增产节约成为先进生产者运动和社会主义竞赛运动的中心内容和目的，使先进生产者运动和社会主义竞赛运动成为增产节约的有力手段和方法。他要求各级党委要有最大的决

---

① 《关于“进一步开展增产节约运动为全面完成一九五七年国家工业生产计划和作好第二个五年计划生产准备工作而努力”的报告》（1957年2月），吉林省档案馆编：《中国共产党吉林省委员会重要文件汇编》第8册（1957年），1988年，第480页。

心、毅力和魄力，把运动领导到底，全面完成今年增产节约计划，并为今后经常的增产节约工作打下基础。大会充分讨论了赵林的报告，广泛交流了各单位先进生产者的生产和工作经验，纷纷写倡议书和决心书，表示积极响应省委的号召，大力开展劳动竞赛运动，为圆满完成增产节约计划而努力。大会有力地促进了全省增产节约运动的开展。

在省委和省人委的领导下，全省增产节约运动轰轰烈烈地开展起来。各企业认真贯彻运动精神，充分利用旧厂址、旧厂房、旧有设备与技术条件，办厂建厂，不仅为国家节约了资金和积累了资金，而且促进了地方企业本身的发展。1956 年吉林省耐火材料厂以 30 万元的投资，在废墟上重建工厂，在破窑顶上搭起办公室，宿舍和食堂都很简陋，不仅迅速地投入生产，而且当年为国家上缴了近百万元的利润。绝大多数新建和扩建的企业，都是尽量利用一切可以利用的条件，因陋就简，由小到大发展起来的[①]。各企业在开展运动中，认真总结经验，寻找增产节约方向和深入挖掘潜力，进一步把增产节约运动引向深入。各企业普遍进行了深入的增产节约思想教育活动。长春第一汽车制造厂针对新工人、年轻工人多的情况，请老红军、老工人作报告，进行革命传统教育，组织他们到小厂和农业合作社参观，使他们认识到创业的艰难和勤俭节约的重大意义。蛟河煤矿请以矿为家、先公后私、从不欠勤、九年如一日的老工人张尧向职工进行典型示范教育，大大提高了广大职工的阶级觉悟和主人翁责任感。各企业的思想教育活动都开展得有声有色、生动活泼。在提高思想觉悟的基础上，各企业普遍发动职工群众编制本企业增产节约方案，并动员大家为实现方案而奋斗。同时各企业把增产节约运动和先进生产者运动紧密结合起来，抓住生产中的关键问题搞技术攻关，结果事半功倍，提高了劳动生产率。一时间各企业先进人物成批涌现，合理化建议层出不穷，学技术、学文化、学先进、赶先进蔚然成风。据长春、吉林、四平、辽源等市和地区的 134 个单位第一季度统计，职工提出合理化建议就达 2.98 万件，其中重大发明创造

① 《赵林同志在中国共产党吉林省第一届代表大会第二次会议上“关于吉林省地方工业第一个五年计划基本总结和第二个五年计划的任务”的报告》（1957 年 12 月 21 日），吉林省档案馆编：《中国共产党吉林省委员会重要文件汇编》第 8 册（1957 年），1988 年，第 37 页。

342 件，创造价值 308 万元。第一汽车制造厂青年工人胡年荣首创“挖内眼管刀”技术，提高效率 30 倍。工程师曹纯昌倡导“连锁传授法”，带动全厂 80%以上职工参加连锁学习，市内许多工厂纷纷效仿，大大提高了经济效益。据 1957 年上半年统计，地方工业完成总产值计划的 105.6%，比 1956 年同期增长 8.25%。在成本方面，第一季度地方工业降低 3.44%[①]。据 1957 年 4 月 20 日《吉林日报》报道：全省地方工业在增产节约运动中，节约原料，利用当地资源，突破了原材料不足的严重困难，超额完成了第一季度国家计划。工业总产值完成 106.66%，比 1956 年同期增长 15.98%；主要产品产量，原煤完成 115.1%，耐火砖完成 133.33%，矽藻土完成 120.67%。其他许多产品与 1956 年同期相比，都有不同程度的增加，成本显著降低[②]。在增产节约运动的推动下，到 1957 年底，全省地方工业完成的工业总产值超过“一五”计划 32.3%[③]。

全省通过开展增产节约运动，在资金比较困难的条件下，保证了地方工业的发展，地方工业产品成本有了较大幅度的下降，对于解决全省财政紧张和物资紧张的困难起到了很大作用，为第一个五年计划的胜利完成作出了重要贡献。

1958 年毛泽东视察吉林

社会主义建设全面展开后，毛泽东等党和国家领导人急切地希望中国尽快地改变贫穷落后的面貌，加速社会主义建设。在这种情况下，中共中央主席、中华人民共和国主席毛泽东开始了他的东北之行。“他想更多更快地了解一些实际情况，增加一些感性知识。”[④]

1958 年 2 月 13 日至 14 日，毛泽东视察吉林。13 日下午，他一下飞

---

① 《省委对当前工矿企业增产节约运动情况的检查报告》（1957 年 7 月 21 日），吉林省档案馆编：《中国共产党吉林省委员会重要文件汇编》第 8 册（1957 年），1988 年，第 495 页。

② 《省地方工业超额完成一季度计划》，《吉林日报》1957 年 4 月 20 日第 2 版。

③ 吉林省地方志编纂委员会编：《吉林省志·政府志》，吉林人民出版社 2003 年版，第 693 页。

④ 逄先知、金冲及主编：《毛泽东传（1949—1976）》上，中央文献出版社 2003 年版，第 785 页。

机，就在吉林省委第一书记吴德等陪同下，驱车直奔长春第一汽车制造厂，深入基层车间参观，慰问一线干部和工人。在听取厂党委书记赵明新、厂长饶斌关于生产情况的汇报后，毛泽东视察了铸造、总装配和底盘车间，同干部、工人进行交谈。他每到一个车间，都亲切地询问工人的生产、生活及学习情况，仔细查看工人们生产的产品。当他看到一辆崭新的“解放”牌汽车从总装配线上下来时，非常高兴，指示厂领导抓好政治思想教育，进一步提高职工的劳动积极性，为国家生产更多的汽车。在毛泽东的关怀和鼓舞下，同年5月，一汽生产出第一辆东风牌小轿车。5月21日，在北京中南海怀仁堂的草坪上，毛泽东兴致勃勃地和在场的林伯渠乘坐了东风轿车，绕行两圈后，高兴地说，坐上我们自己制造的小汽车了！8月1日，一汽又制造了第一辆红旗牌高级轿车。根据国防建设的需要，同年，一汽还试制出解放牌军用越野车，向世人展示了中国汽车工业的发展速度。

长春电影制片厂是新中国电影事业的摇篮。2月14日上午，毛泽东来到长春电影制片厂视察工作。他视察了演员休息室、放映室、洗片室，之后来到第六摄影棚。当时，这里正在拍摄故事片《红孩子》。毛泽东和演员们亲切谈话，并合影留念。毛泽东风趣地说，不要把我当戏拍了进去。毛泽东的话，一下子缩短了领袖和人民群众的距离，使在场的人都笑起来，更觉得毛泽东和蔼可亲。在拍摄现场，毛泽东询问了电影设备利用情况，要求在保证艺术质量的前提下，注意勤俭节约。毛泽东视察长春电影制片厂给广大电影工作者带来了巨大的鼓舞，长影广大职工表示要坚决贯彻党的文艺方针，提高影片的思想性和艺术性，为电影事业的更大发展贡献力量。

在吉林期间，毛泽东接见了吉林省党政负责同志。毛泽东和大家一一握手，询问每个人叫什么名字，是哪个地方的人，做什么工作。了解大家的情况后，他高兴地说：好哇，你们这是五湖四海啊，哪省来的都有。做革命工作嘛，不一定都在家门口，可以多跑几个地方，可以多做些工作嘛！毛泽东的讲话，饱含着深深的教育意义。视察期间，毛泽东深刻地总结了社会主义建设的经验，指明了农业在国民经济中的重要地位和作用，对吉林省的农业作了许多重要指示。他强调要搞好农业，农业搞不上去,其他工作都会受到影响。要把农业搞上去,小农经济的办法不行,要搞大农业,要改变生产条件,实现科学种田。毛泽东还和大家讨论了有关农业科学的知识。他说他赞成一位土壤学专家的观点:没有贫瘠的土地,只有拙劣的耕作技术。地薄不打粮,人可以改良土壤嘛,人定胜天嘛!毛泽东提出要加强对农业的研究,给大家讲了土壤的结构,指出要注意研究土和水的关系。他还询问吉林省有哪些肥源,当听到肥源中有草炭时,很感兴趣,详细地打听了草炭的形成和效用,还指示要搞农家肥。毛泽东勉励大家说,你们都是做领导工作的,要注意学习,除了政治理论,还要读一点专业方面的书。针对吉林省的自然情况,毛泽东指出一定要实事求是,调查研究,要从吉林实际出发确定农业发展方针①。在参观一汽总装配车间时,吴德向毛泽东汇报了发动机的生产情况,当得知发动机可用于农机排灌时,毛泽东提出要多生产,支援农业,农业要走机械化发展道路。他一再叮嘱,要苦战三年五载,一定把农业搞上去。毛泽东的重要指示,更加凸显了农业在国民经济中的地位,也极大地鼓舞了全省人民的热情,促进了农业的发展。

毛泽东的关怀和教导,给吉林省广大干部和群众以极大鼓舞和教育,全省广大干部和群众以更加高昂的热情投身到全面建设社会主义的伟大事业中。

三、第一个五年计划时期的建设成就

在党的过渡时期总路线和八大路线的指引下,在党中央和省委的正确领导下,全省人民经过艰苦奋斗,到1957年11月底,胜利完成了第一个五年计划。社会主义改造和社会主义建设取得了伟大的成就,吉林省经济社会面貌发生了巨大的变化。

五年间,国家对吉林省经济和文化教育的基本建设投资达21.7亿元,超过原定计划的4.3%,加上国家投资计划外的基本建设,全省基本建设投资总额达23.2亿元。新增固定资产投资达19.1亿元,其中工业

① 《红日照吉林 千古放光辉》,1977年9月13日《吉林日报》第1、2版。

14 亿元，超过全省 1952 年原有工业固定资产的 49.1%。在工业基本建设投资中，重工业投资占 94.3%，轻工业投资占 5.7%。基本建设计划超额完成，保证了国民经济建设迅速发展和一批重要工程的建成。全省建成投产基本建设项目 1836 个，其中大中型项目 21 个，新增固定资产 20.2 亿元，固定资产使用率达到 88.6%。吉林省过去所没有的一些工业门类，包括汽车制造、铁合金、炭素制品、合成氨、农业化肥、金属切削机床等从无到有开始建立起来。全省新建、扩建了长春第一汽车制造厂、吉林染料厂、吉林化肥厂、吉林电石厂、吉林铁合金厂、吉林热电厂、吉林炭素厂、丰满发电站、长春客车厂、长春机车厂、云丰发电站、辽源中央竖井等一批大型工业企业，使吉林省工业跨越到一个新的水平。“一五”期间工业技术基础得到加强，生产水平有了较大提高。在新增加的工业产值中，一半是由新建企业创造的。全省形成了以行走机械工业、基本化学原料、铁合金、碳素制品、木材采运等为主体的骨干工业，成为东北老工业基地的重要组成部分，为国家实现社会主义工业化奠定了重要基础。

地方工业有了较大的增长。1957 年地方工业总产值比 1952 年增长 123.8%，年均增长 17.5%，提前一年完成了第一个五年计划。1957 年地方投资的工业总产值达 9.6 亿元，比 1952 年增长 95.1%，其中新建了新中国糖厂、通化硫化铁厂、吉林省机砖厂，扩建了和龙煤矿、通化葡萄酒厂等。此外，新建扩建的中小型工矿企业共有 600 多个。为农业服务的地方工业 1957 年比 1952 年增长 174.1%，为人民生活服务的地方工业产值增加 80%，为国营工业生产服务的工业产值，据长春、吉林两市统计，1957 年比 1952 年增加 5 倍。地方工业生产的出口产品产值，1957 年比 1954 年增加 19 倍。地方工业出口产品由 1954 年的 7 种增加到 1957 年的 60 种。一些主要产品技术经济指标已达到或超过了全国先进水平及世界水平。

工业生产迅速发展，工业品产量大幅增长，工业技术水平不断提高。1957 年全省工农业总产值，按 1952 年不变价格计算为 35.8 亿元，比 1952 年增长 40.7%，平均每年增长 7.1%，其中，农业总产值因自然灾害严重降低 15.5%，而工业总产值达到 21.6 亿元，增长 112.7%，年均增长16.3％，超额完成了第一个五年计划。工业的迅速发展，使工业在国民经济中的地位发生了显著的变化。现代工业总产值在工农业总产值中的比重由1952年的26.5％提高到1957年的51.3％。由于贯彻执行优先发展重工业方针，1957年生产资料生产比1952年增长1.5倍，年均增长20.4％，重工业在工业总产值中的比重由1952年的63％提高到1957年的72.5％。在生产资料生产中尤其以机器制造和化学工业发展最快。1957年机器制造比1952年增长14倍，年均增长72％，在工业总产值中的比重由1952年的2.3％提高到1957年的16％，其中为农业服务的机器制造业1957年比1952年增长6倍，年均增长48％。化学工业1957年比1952年增长7倍，年均增长53％，在工业总产值中的比重由1952年的1.2％提高到1957年的4.5％。与此同时，轻工业也有相应的发展。1957年消费资料生产比1952年增长63.2％，年均增长10.3％。1952年主要工业产品产量原煤418.8万吨、原油0.6万吨、发电量13.4亿度，1957年分别增至679.3万吨、3.7万吨、30亿度，分别增长62.2％、517％和123.9％[①]。轻工业产值由1952年的5.89亿元增长到1957年的9.53亿元，增长61.8％。五年间，全省试制成功新产品达600种，其中很多产品是我国过去从未生产过完全依赖进口的，如吉林水工机械厂研制了中国第一台门式起重机。这充分显示了全省工艺技术的新水平和在全国工业生产领域地位的提高。1957年工业在工农业总产值中超过农业总产值，所占比重达61.8％，五年间提高16个百分点。全省工业面貌发生了巨大变化，产业结构有了明显改变。

以铁路运输为中心的交通运输建设取得较大进展，运输能力有较大提高。五年间，全省新建公路4743公里，通车里程增长86％[②]。全省交通运输货运量增长71.4％，客运量增长1.3倍。其中铁路货运量增长66％，旅客运输量增长1.18倍，公路货运量增长77.7％，客运量增长2倍多。五年内全省新建、改建桥梁920座，新建涵洞643洞，改建经济干

---

① 国家统计局国民经济综合统计司编：《新中国五十年统计资料汇编》，中国统计出版社1999版，第304页。

② 国家统计局国民经济综合统计司编：《新中国五十年统计资料汇编》，中国统计出版社1999版，第306页。

线6条,329公里。新建简易公路169条,359公里,重点改建、修建山区和偏僻地区的公路。1957年全省共有营运路线98条,比1952年增加1倍,49个市县全部通汽车,基本形成接连铁路干线的公路网。营运汽车不断增加,货车增加84.9%,客车增加55.6%,汽车运输量的比重由1952年占总运量的13.6%,增加到1957年的33.5%。到1957年底,全省内河运航里程达531公里,比1952年增加2倍,内河运输货运周转量1957年比1952年增加1倍。邮电事业有很大发展,全省邮电线路有很大增长,有84.3%的乡镇通上电话,96%的农社通邮。

农业方面,1957年农副业生产总值达到12.06亿元,比1949年增加46.8%,粮食总产量(包括薯类)达到518万吨,虽未达到丰收的1952年水平,但比新中国成立初期的1949年增加8%。1957年全省耕地面积达到7084万亩,比1952年增加90万亩,其中水稻播种面积452.7万亩,比1952年增加1.5倍[①]。1952年全省有国营和地方国营农牧场100处,其中机械化农场10处,耕地面积48万亩,拖拉机201标准台(按每15马力为一标准台)。到1957年末,共有拖拉机站12处,拖拉机579标准台,机耕面积达到130.5万亩,供应农药1692吨。五年内造林面积达280.5万亩,1957年比1952年增长169.9%。

“一五”期间,农田水利建设取得显著成绩,为而后农业生产的发展奠定了基础。五年来国家对吉林省水利投资达7700万元。全省共建成小型水库545座、塘坝3300座、机电排灌站474处、拦河坝6921座。同时,建成松花江、嫩江、拉林河、伊通河等江河堤防2200多公里,并开始对内涝区的整治。全省有小型水力发电站28处。这些水利工程,在防洪防涝中发挥了并将长期发挥着重大作用,对于改变农村面貌,发展农业生产起到非常重要的作用。

国营商业有了很大发展,保证了生产的发展和市场的供应。1957年社会商品零售额达到12.43亿元,比1952年增加62%。1957年比1952年主要商品消费量增长如下:粮食161.5%,猪肉81.7%,食用植物油128.4%,盐117.9%,食糖216.8%,煤炭214.4%,棉布89%,背

① 吉林省地方志编纂委员会编:《吉林省志·政府志》,吉林人民出版社2003年版,第707页。

心汗衫356.1%，棉毛衫裤430.2%，肥皂244.5%，卷烟150.2%，酒114.1%，机制纸235.1%。全省市场物价基本稳定。为了提高农民生产的积极性，国家适当地提高了若干农副产品收购价格，进一步缩小了工农商品价格的差价，工农业生产比价指数以1952年为100，1957年则下降到83.9。

文化教育、科学技术和医疗卫生事业也有很大发展。到1957年底，全省有综合大学2所（东北人民大学、延边大学），高等师范院校2所（东北师范大学、四平师范专科学校），工科院校2所（长春汽车拖拉机学院、长春地质勘探学院），畜牧兽医院校1所（中国人民解放军兽医大学），共7所大学，招生22935人，相当于1949年学生数的4.6倍，教职工6291名，相当于1949年的7倍多。成仿吾、吕振羽、匡亚明等一批教育家加入吉林高等教育队伍，并担任领导职务。普通中学共招生28.8万人，1957年在校学生比1952年增加1.18倍。与此同时，中等师范教育、中等职业技术教育、中等专业教育也有了很大发展，共招生4.5万人；小学共招生226.5万人，在校学生增加19.3%。五年来高等学校毕业的学生10170人，中等技术专业毕业学生达3.3万余人，通过业余文化学校学习的达到122万人，摆脱文盲的达到72.5万人。中国科学院在吉林省先后建立了长春光学精密机械研究所、长春应用化学研究所、长春物理研究所、长春地理研究所、长春人造卫星观测站；冶金工业部在长春建立了黄金研究所；水利部在长春建立了东北水力勘探设计院等一批水平高、规模大的科研机构。独立研究机构共17个，科技人员达1180人，为吉林省科研工作奠定了坚实基础。五年间，全省医疗床位增长1.5倍，医务人员增长75.3%。出版、戏剧、歌舞及广播等文化艺术活动空前活跃。长春电影制片厂共摄制国产片55部，生产译制片260部。1957年拥有电影放映单位366个（影院62座，放映队206个，电影俱乐部98个）。每个乡、镇建有广播站。报纸、杂志、图书出版发行量1957年比1952年分别增长6.5%、59.2%、705.4%。

"一五"期间，城乡人民生活得到明显改善。1957年全省职工人数达74.4万余人，比1952年增加26万余人。旧中国遗留下来的一部分失业人员基本上得到了安置。全省职工年平均工资达到699元，比

1952年增长45.6%。国家投资新建的职工住宅面积约254.1万平方米。职工社会购买力1957年比1952年增长126.4%,人均193.9元,增长93.9%。在农业生产发展的基础上,广大农民的生活得到了逐步的提高。由于农业税率的稳定和提高农副产品收购价格,1957年全省农民的收入比1952年增加20%以上。人均消费额(不包括非商品支出)由1952年的82元增长到1957年的100元,增长27.8%,年均增长5%强。城乡居民储蓄存款增加11倍。

第一个五年计划的胜利完成,开始改变吉林省经济社会落后的面貌,为社会主义建设事业的进一步发展打下了初步基础。"一五"计划时期,全省国民经济和各方面取得的光辉成就,充分显示了社会主义制度的无比优越性,更加坚定了全省各族人民走社会主义道路的决心和信心。

"一五"时期,是新中国成立后吉林省经济发展的最好时期之一,它为社会主义建设事业积累了宝贵经验。省委、省人委全面地贯彻了党在过渡时期的总路线,既注意社会主义改造,又注意大力发展社会生产力,始终把经济建设摆到重要地位,为社会主义改造创造条件,推动整个社会主义事业的不断发展。省委、省人委在领导社会主义经济建设过程中,以党的八大精神为指导,比较尊重客观经济规律,注意安排和调整发展国民经济的各种比例关系。能够根据吉林省的实际需要和可能,合理地规定了国民经济的发展速度,使计划指标建立在既积极又稳妥的基础之上;正确处理了重点建设与其他建设的关系,在优先发展重工业的同时,对轻工业和国民经济其他部门作了全面安排;正确处理了国家经济建设与地方经济建设的关系,在保证国家重点项目优先安排的同时,也确保地方投资项目的发展,使整个国民经济有计划按比例地协调地向前发展;正确处理了积累和消费的关系,把发展生产与改善人民生活紧密结合起来,从而激发了广大群众社会主义建设的积极性。"一五"计划期间党风和社会风气良好,党对自身建设抓得很紧,党团员模范作用突出,党群关系密切,整个社会进取精神蔚然成风。

第九章
整风运动和反右派斗争

党的八大后，面对新形势的要求，党中央决定在全党开展整风运动。波匈事件发生后，毛泽东提出关于社会主义社会矛盾的学说，正确处理人民内部矛盾成为整风运动的主题。中共吉林省委认真贯彻中央精神，研究处理全省人民内部矛盾问题，开展整风运动。在全党整风过程中，出现了极少数右派向党猖狂进攻的复杂局面，党对阶级斗争形势作了过分严重的判断，导致反右派斗争严重扩大化，造成不幸后果。全省一大批爱国人士、知识分子和党内干部被错划为右派分子，长期蒙受冤屈，造成了不幸的后果，并严重地损害了社会主义民主和法制，影响了社会主义建设的进程。

一、学习贯彻《关于正确处理人民内部矛盾的问题》

人民内部矛盾日益显现

1956 年底，社会主义改造取得了决定性胜利，中国无产阶级同资产阶级之间的矛盾基本解决，几千年来的剥削制度基本结束，社会主义制度基本建立。由于社会主义改造的迅速完成，一些人对社会主义制度还不适应，大量的人民内部矛盾便凸显出来。

1956 年至 1957 年吉林省因连续遭受自然灾害而歉收，市场供应紧张，物价呈现上涨趋势，这就更激化了人民内部矛盾，在农村、工厂、学校都出现了一些闹事情况。据统计，1956 年入秋后，由于对工资、福利待遇问题处理不当，全省工矿、交通运输企业先后发生了 23 起（1456 人次）工人请愿罢工事件。在农村，社员闹事的情况不断发生。由于一些社员入社后收入减少，出现了拉马退社、请愿、告状甚至罢工等情况①。公主岭专区在春耕前后有 778 户社员拉马退社②，辉南县发生了群众骚动和殴打干部事件，全省约有 1.5 万户农民退社单干。由于苏共二十大、波匈事件和国内新形势的影响，学校学生思想比较混乱。有些学生追求“完全自由”，采取签名、请愿、派“代表团”与学校“谈判”等方式给学校提意见；有的学生要搞大民主，甚至秘密成立“社会主义同盟”等团体；有的学生个人主义思想比较突出，贪图安逸享受，一些要求稍不满足，就骂学校领导是官僚主义等③。“百花齐放、百家争鸣”方针提出后，知识分子思想日趋活跃，批评教条主义，在政治、经济、文化、教育、科学等问题上发表各种意见，极端民主、要求自由的现象较为普遍④。有些人对党和政府工作中的缺点以及干部作风上的问题提出批评，其中还有一些尖锐批评，也有一些错误议论。出现这些问题的原因比较复杂，既有实际问题，也有思想问题，更有干部官僚主义作风、不关心群众痛痒的问题。

这些大量显现出来的新情况、新问题是什么性质的矛盾，如何解决这些矛盾？许多党员干部没有思想准备，往往用老眼光来看新问题，凭经验办事。一些干部不是深入了解情况，教育干部、群众合理地解决问题，而是追查谁带头、谁鼓动，查成分、查历史，认为一定有反革命，或者坏分子在进行破坏。对拉马退社现象，不是调查原因，分清是非，进行说服教育，

---

① 《省委关于当前农村人民内部矛盾的报告》（1957 年 5 月 29 日），吉林省档案馆编：《中国共产党吉林省委员会重要文件汇编》第 8 册（1957 年），1988 年，第 575 页。

② 《省委关于当前农业生产和解决农业社内部矛盾问题的报告》（1957 年 6 月 25 日），吉林省档案馆编：《中国共产党吉林省委员会重要文件汇编》第 8 册（1957 年），1988 年，第 581 页。

③ 《省委关于加强学校思想政治工作向中央的报告》（1957 年 3 月 13 日），吉林省档案馆编：《中国共产党吉林省委员会重要文件汇编》第 8 册（1957 年），1988 年，第 374、375 页。

④ 《吴德同志在省委扩大会议上的结论（记录稿）》（1957 年 2 月 15 日），吉林省档案馆编：《中国共产党吉林省委员会重要文件汇编》第 8 册（1957 年），1988 年，第 126 页。

而是要用法院传讯、开批判大会等方法去解决，采取惯用的阶级斗争打击压制的办法，结果反而使矛盾进一步激化。一些党员干部思想落后于形势，对于“百花齐放、百家争鸣”存有怀疑和抵触情绪，认为“百家争鸣”很糟。上述情况表明，当全党和全国工作重心转向经济建设的时候，努力教育广大党员特别是领导干部从习惯于主要搞阶级斗争转变到主要搞经济建设和学会正确处理人民内部矛盾，是必要的。

学习宣传关于正确处理人民内部矛盾的理论

正当中国刚刚由新民主主义社会进入社会主义社会的历史转折时期，广大干部面临大量新情况、新问题而感到困惑的时候，毛泽东于1957年2月27日在最高国务会议上以《如何处理人民内部的矛盾》为题发表讲话。这篇讲话后以《关于正确处理人民内部矛盾的问题》公开发表。毛泽东在讲话中着重指出社会主义社会仍然存在生产关系同生产力之间、上层建筑同经济基础之间的基本矛盾，这些矛盾是非对抗性的矛盾，可以通过社会主义制度本身的不断调整来解决。基本矛盾反映在人与人的关系上，存在着敌我矛盾和人民内部矛盾两类性质根本不同的矛盾，而正确处理人民内部矛盾是我国政治生活的主题。不同性质的矛盾只能用不同的方法来解决，对于人民内部矛盾只能用民主的、说服教育的方法，即“团结——批评——团结”的方法去解决。解决这些矛盾恰恰是推动社会主义不断前进的动力。毛泽东的讲话不仅在理论上填补了科学社会主义理论的空白，更在实践上为广大干部指明了方向。

中共吉林省委非常重视传达、学习和贯彻《关于正确处理人民内部矛盾的问题》的讲话，召开一系列重要会议进行全面部署。3月23日，省委召开书记处和常委会会议，传达毛泽东《关于正确处理人民内部矛盾的问题》的重要讲话以及在党的全国宣传工作会议上关于知识分子问题、准备整风问题和加强思想工作问题的讲话。4月5日、6日，省委举行常委扩大会议，首先在省委领导核心中学习领会毛泽东的两个讲话以及中共中央的有关指示精神。与会人员思想活跃，纷纷结合实际谈体会，认为中央提出正确处理人民内部矛盾问题，是对马列主义与中国革命实际相结合的又一创造性发展；这一问题的提出，将使全党在当前伟大的历史转变时期，明了社会主义社会发展的客观规律，在复杂的新事物面前保持清醒的头脑，有充分精神准备。自觉地学习如何正确地处理人民内部矛盾的问题对于进一步团结全国人民、推进社会主义事业、巩固社会主义制度，意义极为重大。他们认识到剥削阶级基本消灭后的新形势主要是人民内部矛盾，新方法是“团结——批评——团结”，过去用阶级斗争方法解决矛盾，现在用民主方法解决矛盾，要有个转变过程。会议注意到人民内部闹事的问题，在文教方面主要是有些学生不能升学问题；工业方面主要是解决临时工问题；财贸方面主要是副食品供应问题；还有转业军人安排问题；等等，都要很好解决。省委书记处书记李砥平强调对民主党派只注重安排不注重共事不行。省委第一书记吴德在总结讲话时指出，关键是反对官僚主义，联系群众问题。“双百”方针、长期共存都是扩大民主的问题。民主办社、民主办企业、民主办学校，都是解决人民内部矛盾的好办法。他号召大家研究一下如何扩大民主问题，要解决在民主集中制范围内，给民主党派提供活动和讲话的场所，如政协、代表会、代表视察等。4 月 9 日、12 日，吴德主持召开省委书记处会议，针对最突出的人民内部矛盾问题，分别研究了加强中小学毕业生工作问题和本着有错必纠的原则检查了肃反工作。15 日，省委召集市、地、县委书记和直属机关相当于 15 级以上的党内外干部会议，传达了毛泽东的两次讲话，并布置在全省党内外干部中特别是在党内领导干部、党外高级知识分子和民主党派中，要普遍进行传达、学习。22 日，省委发出《关于传达毛主席在最高国务会议和全国宣传工作会议上的讲话的通知》，要求各级党委认真学习毛泽东的讲话，并结合报纸上有关正确处理人民内部矛盾问题的文章，积极组织全体干部进行学习和讨论。吴德在 23 日省委常委会议上，要求大家都动起来，各部门党组组织起来，拿出一周或几周时间好好学习，并强调“这是个路线问题”。

由于省委高度重视和带头学习，在党内外干部和群众中及时进行了传达，从而在全省迅速形成了学习和讨论高潮。省委为了深入学习和贯彻毛泽东的两个讲话，还召开省政协常委扩大会议，民主党派人士、文艺工作者、科学教育人员、工程技术人员和公私合营企业的私方人士等座谈会，召开学生代表会议、财贸工作会议、工业会议等，根据毛泽东和党中央指示精神，结合吉林省的实际，对现实突出的矛盾问题，分别进行了学习和讨论。长春市、吉林市，通化、延边、白城、四平、公主岭等地区也纷纷召开党委会、座谈会，贯彻中央和省委指示，讨论如何正确处理人民内部矛盾问题。

通过传达、讨论，无论是党员干部还是广大群众的思想都空前活跃。这对于提高党内外干部的觉悟，起到了很大的推动作用。“正像团省委扩大会议上到会同志所反映的，听了毛主席的讲话，可以明确了解在我国目前革命大变动时期一条根本路线，这是马克思列宁主义在中国创造性的发展。”[①]各级领导有所震动，思想上豁然开朗，明确了工作方向。他们重视学习，带头发言，联系实际，研究解决具体矛盾问题。广大党员干部思想活跃，开动脑筋，提出许多问题。通过热烈讨论，大家提高了认识。特别是党外人士非常活跃，称颂毛泽东和党中央领导英明，开始吐露真心话。他们说，毛泽东提出了他们平素关心又不敢提出的问题，把这样的大事提出来交给党内外一起讨论，表明共产党“光明磊落”“充满信心”“以德报人，以理服人”。

经过学习讨论，大多数党员干部和人民群众在总的方面是拥护毛泽东的讲话。但也暴露出一些问题。在党内，有些同志思想不通，有抵触情绪，沿用老办法处理新问题。有的党员认为“双百”方针是“党的政策摇摆”，认为“这样无原则的鸣放，势必乱七八糟，混乱人民的意识”；有人认为“长期共存失去基础，民主党派应当取消”；也有人认为“闹事大部分是无理取闹”，“强调说服教育是否是教育万能论”。在党外，许多同志还有顾虑，怕“先放后收”，怕将来“挨整”，还没有做到大胆地毫无顾虑地“放”和“鸣”[②]。还有少数青年则热衷于绝对的“民主”“自由”。这些显然是错误的。有些党外人士在学习和讨论中也有片面理解、各

① 《中共吉林省委采取一连串措施组织党内外干部学习正确处理人民内部矛盾》，《吉林日报》1957 年 4 月 27 日第 1 版。

② 《中共吉林省委采取一连串措施组织党内外干部学习正确处理人民内部矛盾》，《吉林日报》1957 年 4 月 27 日第 1 版。

取所需的情况，有些资产阶级分子欣赏自己属于“人民内部矛盾”，有些民主党派成员强调对共产党“互相监督”。这些情况说明学习有待于进一步深入和提高①。1957年4月29日，《吉林日报》发表《新形势，新问题，必须努力学习》的社论，号召全省各地要进一步学习毛泽东的讲话，并指出：“如何正确处理人民内部的矛盾，这对于我们来说是个新问题，我们必须努力学习。在学习的时候，要注意结合工作，检查和批判领导作风中的官僚主义，广泛听取各方面的意见，凡是可能解决的问题，要采取有效措施加以解决。”

在普遍学习讨论毛泽东两次讲话的基础上，省委书记处和省委其他一些领导表示要以身作则，努力提高自己，领导好学习，同时亲自动手，帮助下面解决一些已经发现的问题。省委认为，要采取有效措施正确解决人民内部矛盾，防止脱离群众。

解决人民内部矛盾问题

省委在领导和组织全省广大干部群众学习毛泽东两次讲话的同时，还根据毛泽东和党中央的指示精神，结合吉林省实际情况，召开扩大会议重点讨论了当前农村与企业中的人民内部矛盾问题，梳理出若干突出的矛盾，提出了解决矛盾的措施。

1957年4月19日，省委召开扩大会议，集中研究了如何正确处理农村人民内部矛盾的问题。会议认为，必须正确地认识矛盾的转化。农业社会主义改造的实现，结束了资本主义和社会主义两条道路的斗争，但又出现了新的矛盾，这就是人民内部矛盾②。农村人民内部矛盾主要表现为集体利益和个人利益之间的矛盾。具体表现在以下几个方面：第一，国家、合作社和社员之间的矛盾。如实现农业合作化以后，曾经单纯强调了国家的需要，忽视农业社的经营独立性，没有认真贯彻因

---

① 《省委关于传达贯彻中央关于“正确地处理人民内部矛盾问题”的指示的报告》（1957年5月5日），吉林省档案馆编：《中国共产党吉林省委员会重要文件汇编》第8册（1957年），1988年，第354、355页。

② 《中共吉林省委举行扩大会议讨论正确处理农村人民内部矛盾》，《吉林日报》1957年4月26日第1版。

地制宜的原则；有些农业社过分强调统一经营和多种高产作物，忽视了农民日常生活所必需的杂粮生产，对社员的劳动时间、家庭副业也限制得过死。第二，这部分社员和那部分社员之间的矛盾。如富裕中农和贫农在互利问题上的矛盾；队与队、穷屯与富屯、经营对象和经济条件不同的生产队之间的矛盾；在分配上超支社员与存款社员之间的矛盾；社与社在草原、牧场、水源和副业条件利用上的矛盾；少数民族与汉族社员之间的矛盾。第三，领导与群众，社干部与社员之间的矛盾。如社干部的报酬问题和是否参加生产劳动的问题；社干部民主作风与社内民主管理制度是否健全的问题；社干部是否关心社员疾苦等所引起的社干部与社员之间的矛盾。第四，先进思想和落后思想、集体主义思想和个人主义思想的矛盾。如对推广先进生产经验、先进管理措施而产生的先进与落后保守思想的矛盾；社员干活只顾数量不顾质量、不爱护公共财产等问题。省委常委就如何正确解决农村人民内部矛盾问题进行了反复讨论，提出四项措施。第一，要克服农村领导的官僚主义作风，切实贯彻民主办社的方针，密切干部与社员的联系，健全农业社的民主管理制度；第二，各级党的组织，要加强对社员的集体利益与个人利益一致性的教育和民主集中制的教育，宣传党的各项方针政策，提高社员的政治思想觉悟；第三，想尽一切办法争取今年农业生产的大丰收，为此要做好生产计划，挖掘生产潜力，因地制宜地发展多种经营，争取完成和超额完成全省生产任务，保证80%、争取90%的社员比上一年增加收入，并且在增产的基础上，做好分配工作；第四，为了从政治、经济上调整国家、合作社、社员之间的关系，要认真执行和检查党在农村的各项政策。会后，省委发出《关于正确处理农村人民内部矛盾问题的指示(草稿)》，强调“在遇有群众闹事的地方，党必须加强领导，充分进行思想政治工作，作为平时思想政治教育缺乏的一种补偿手段。对闹事群众要劝告他们不要采取违法行动(如打人、绑人、破坏公共财物等)。如发生违法行为，应该采取适当方法加以制止，防止扩大。”[①]

为了更好地解决农村人民内部矛盾，全省下派大批干部深入基层，

---

① 《中共吉林省委关于正确处理农村人民内部矛盾问题的指示》，1957年5月16日。

深入农村。1957 年 6 月 25 日,《人民日报》发表了题为《把国家利益和农民利益结合起来,吉林省下放大批干部解决农村矛盾》的报道。报道指出,吉林省 4000 多名干部下派到县、区、乡和农业社,1300 多名乡干部回社参加生产以后,农村工作中的主观主义和强迫命令作风大大减少。通过下放干部,基层领导力量得到加强,干部作风有了显著的转变,农村人民内部矛盾逐步地得到解决。

在着力解决农村人民内部矛盾的同时,省委还着手解决企业中人民内部矛盾问题。4 月 24 日至 30 日,省委召开工业政治工作会议,研究和部署解决企业的人民内部矛盾问题。参加这次会议的有各市、地委工业部长、工会主席、直属厂矿党委书记和省各工业厅局负责人,达 70 多人。会议根据毛泽东《关于正确处理人民内部矛盾的问题》的精神,重点研究了企业内部的各种矛盾。会议指出,自 1956 年以来,由于领导上对工资、福利问题处理不当或不注意听取工人的意见和要求,全省工矿、交通运输企业发生一些请愿罢工事件。会议认为,工人阶级内部矛盾是客观存在的,而领导存在官僚主义、主观主义,忽视思想政治工作使工人阶级内部矛盾更加发展。会议提出,为了解决工人阶级内部的具体矛盾,应加强下列几项工作。第一,健全和扩大企业管理方面的民主,克服官僚主义。第二,加强职工的思想教育工作,提高职工群众社会主义觉悟。第三,目前各工业领导部门和各企业单位,要对工人阶级内部存在的具体矛盾经过调查研究,统筹安排,妥善解决。对企业管理工作上存在的一些不合理的规章制度,必须根据新的精神加以研究,有步骤地加以解决,使之适应生产发展的需要。第四,深入开展增产节约运动,把正确处理人民内部矛盾同发展生产结合起来,努力增加生产。第五,加强党对企业的领导,转变领导作风。其间,省委还于 4 月 29 日召开财贸工作会议,研究解决财贸工作方面的矛盾,作出了《如何正确解决我省财贸工作方面的矛盾》的决定。

5 月 5 日,省委向中央报送了《省委关于传达贯彻中央关于“正确地处理人民内部矛盾问题”的指示的报告》。《报告》强调指出:从省委最近几次工作会议讨论中接触的问题来看,我们有些领导机关和领导干部官僚主义、宗派主义问题很多。省委认为,要抓紧提高和统一党内认识，同时在实际工作中从三个方面贯彻中央指示：第一，扩大民主生活，克服官僚主义，贯彻群众路线；第二，加强政治思想工作，特别注意增强思想战线上的力量；第三，贯彻勤俭建国的方针，努力增加生产，这是解决人民内部矛盾的物质基础。同时，省委还表示要在普遍开展对《关于正确处理人民内部矛盾的问题》学习讨论的基础上，遵照中央指示，立即有计划地进行整风，以改进工作[①]。

毛泽东《关于正确处理人民内部矛盾的问题》在吉林的传达和讨论的进程，也是动员全省各级党组织检查各方面人民内部矛盾是否获得解决的过程。面对党外人士和人民群众要求共产党改进作风的呼声，党中央认为，发动整风运动的时机已经成熟。省委认真贯彻中央指示，在全省范围内开展了以正确处理人民内部矛盾为主题的整风运动。

二、开展整风运动

整风运动的发动

为适应全面的大规模的社会主义建设新形势，提高全党的马克思主义思想水平，改进作风，发扬民主，更好地调动一切积极因素，建设一个伟大的社会主义国家，1957 年 4 月 27 日，中共中央发出《关于整风运动的指示》。《指示》指出，整风运动的主题是正确处理人民内部矛盾。这次整风运动，应该是一次恰如其分的批评和自我批评的运动，应该多采取个别谈心或开小型的座谈会和小组会的形式，一般不要开批判大会或斗争大会。《指示》还特别指出，“非党员愿意参加整风运动，应该欢迎。但是必须完全出于自愿，不得强迫，并且允许随时退出。”[②]5 月 1 日，《人民日报》公布中共中央的整风指示，全党整风由此开始。

---

① 《省委关于传达贯彻中央关于“正确地处理人民内部矛盾问题”的指示的报告》（1957 年 5 月 5 日），吉林省档案馆编：《中国共产党吉林省委员会重要文件汇编》第 8 册（1957 年），1988 年，第 356 页。

② 《中国共产党中央委员会关于整风运动的指示》（1957 年 4 月 27 日），《人民日报》1957 年 5 月 1 日第 1 版。

这次整风运动的一个突出特点是采取“开门整风”的方针。4 月 30 日，毛泽东主持召开最高国务会议第十二次（扩大）会议。党和国家领导人、各民主党派负责人和无党派民主人出席会议。会议主要议题是即将开始的共产党整风。他说：整风总的题目是要正确处理人民内部矛盾，反对主观主义、宗派主义和官僚主义。他希望通过各界人士的批评，使党的作风真正得到改进，也设想通过党的若干领导制度的进一步完善，来妥善解决实际工作中党与民主党派、党与知识分子的矛盾[①]。

中共吉林省委遵照党中央指示精神，积极进行开展整风运动的部署。5 月 4 日，省委召开常委扩大会议。会议传达贯彻中央《关于整风运动的指示》。会议认为，中央决定在全党进行一次反对官僚主义、宗派主义、主观主义，以正确处理人民内部矛盾为主题的整风运动是非常必要的。省委第一书记吴德在会上意味深长地说，我们有些干部最弄不清楚的就是人民内部有矛盾，而且集中在共产党员和干部身上。又说，我们干部现在的架子是不小的，中央说我们是贵族阶级，这够尖锐的了，是向我们敲警钟，我们要很好研究，争取主动。会议决定，在全省县以上党组织及大的厂矿和大专学校党组织中立即开展整风运动，并根据吉林省的情况采取四项措施。一是以省委书记处为核心，成立整风十人领导小组，吴德为组长，领导小组下设办公室（19 日正式成立了以兰干亭为主任的省委整风领导小组办公室）。各地也要由党委第一书记负责成立同样的组织。二是整风要分期分批地进行，先领导机关，后一般机关。基层组织的整风，先搞试点，取得经验后再普遍进行，做到边学习、边检查、边改进工作。三是各级领导干部都要参加生产劳动，要结合整风抓好农业生产。四是第一期整风暂定半年。会议要求，通过这次整风，提高全党的马克思列宁主义水平，克服官僚主义、宗派主义和主观主义思想作风，从思想、政治、组织上进一步加强全党的团结，改善党与党外人士之间、领导与被领导之间的关系，调动一切积极因素，克服一切困难，搞好社会主义建设事业。

5 月 13 日，省委发出《关于开展整风运动的计划》，全面部署全省的

---

① 中共中央党史研究室：《中国共产党历史》第二卷（1949—1978），中共党史出版社 2011 年版，第 440 页。

整风运动。《计划》确定，全省整风运动自上而下分期分批进行，省、市、专区（自治州）的党、政、群领导机关的党组织，省属和市属较大的国营厂矿以及大专学校、科学研究机关的党组织，应立即进入整风。这一批整风的时间暂定为六个月。《计划》指出，整风运动的目的，在于提高全省党员的马克思列宁主义的思想水平，改进作风，以适应社会主义建设的需要。经过整风，党员干部对于当前国内形势和人民内部矛盾问题要有明确的认识，对于当前工作中存在的主要矛盾一般能够给以正确的处理。《计划》要求，党员干部要认真检查自己的思想和工作，认真检查党的方针、政策的执行情况，在少数民族地区和民族杂居区检查民族政策执行情况，反对大民族主义，检查思想、检查工作，克服官僚主义、宗派主义、主观主义的思想作风，突出地解决党和群众的关系问题，明确立场，增强党性，切实地转变作风，改进工作。《计划》指出，为达到上述目标，要正确地贯彻“团结——批评——团结”的方针，采取既严肃认真又和风细雨的方法，开展恰如其分的批评与自我批评。《计划》强调，各级机构根据中央指示规定的整风方针和整风要求，结合本地区、本部门、本单位的具体情况和特点，作好整风计划，采取自上而下的方式开展好整风运动。各级领导机关要采取“内外夹攻、上下督促、左右帮助”的方法。即采取召集党外人士座谈、邀请党外人士参加党内整风会议、与党外人士接触交谈等办法，征求意见，取得助力，促进检查的深入；各级领导人员应通过座谈会、汇报会、机关人员代表会、个别交谈访问、调查等方式，听取下级干部和群众的意见；在干部、党员之间，开展同志式的意见交换和互相批评。认真执行整风与工作两不误的原则，把整风与改进工作、正确处理人民内部矛盾结合起来，边学习、边检查、边改进工作①。

5月15日，省委召开市、地（州）委书记和省直机关干部大会，吴德就整风运动的必要性、内容和安排作了报告，并宣布了全省整风运动计划，动员立即开展整风运动。22日，省委发出《关于征求对省委领导的意见的通知》。此后，全省市、地（州）以上党政机关和较大厂矿企业、大

① 《省委关于开展整风运动的计划》（1957年5月13日），吉林省档案馆编：《中国共产党吉林省委员会重要文件汇编》第8册（1957年），1988年，第414、415页。

专学校和科研机关普遍开始了整风运动。

整风运动的展开

全省整风运动开始后，各级党组织进一步行动起来。省市领导机关及大专学校、新闻出版、文化艺术、科技卫生等部门的党组织，根据中央《关于继续组织党外人士对党政所犯错误缺点开展批评的指示》，分别召开有党外人士参加的座谈会，广泛征求他们对党政工作的批评意见。此后，整风进入集中征求党外人士意见的阶段。

5月6日、9日、13日，省委先后召集在长春市的民主党派和无党派人士座谈，征求对共产党和党的统一战线工作的意见，帮助党开展整风运动。吴德、李砥平分别主持会议，赵林、栗又文、宋任远等出席会议。会上有23人发言。最后，吴德在讲话中希望党外人士给党提意见，帮助中共吉林省委把整风搞好。5月9日至18日，省委召开文艺界座谈会，会上有50人次发言。省人委党组召开座谈会邀请党外负责干部提意见，24位党外负责干部参加，其中14人发言。省委还在延边朝鲜族自治州召开朝鲜族各界人士座谈会，与会者对党和政府的工作提出了一些批评意见和要求。省委统战部和省妇联分别邀请工商界人士与党外各界妇女人士举行座谈会，征求意见，帮助党开展整风运动。《吉林日报》连续转载《人民日报》刊登的中共中央统战部召开的民主党派与民主人士座谈会上的发言，促进了吉林省的整风鸣放活动。

吉林省各民主党派和无党派人士的发言，大多针对各级党政领导干部脱离实际、脱离群众的官僚主义严重的问题。一是批评某些党政领导干部不民主。二是批评某些党员干部存在着严重的宗派主义。三是批评党内有严重的主观主义和教条主义。四是对领导体制方面提出一些意见和建议。有的认为现在是党政不分、以党代政；实行人治，缺乏法制；有的教授主张，高等院校应由教授组成的校务委员会来领导[①]；长影一些著名导演认为“外行不能领导内行”，主张“导演治厂”，并酝酿成立创作集团，成立喜剧社，搞“自由竞争”。这些批评虽然尖锐，但大部

① 《省委关于党提出整风后党内外思想动态的简报》（1957年5月23日），吉林省档案馆编：《中国共产党吉林省委员会重要文件汇编》第8册（1957年），1988年，第417、418页。

分是真挚的、诚恳的，也是切中时弊的，有些甚至是很有远见的，有利于克服党内的不良倾向，密切党和人民群众的关系，推进党的作风建设。但是，随着整风运动的迅猛展开，各方面人士在各种座谈会上和报刊上广泛而集中地对党提出批评意见，其中有一些人提出一些偏激、片面和错误的意见，有些涉及党的领导地位、社会主义基本制度、党的内外方针政策等重大原则问题。这种怀疑、否定共产党领导和社会主义制度的右倾思潮，逐渐引起党中央的关注。

5 月 14 日，中共中央发出《关于报道党外人士对党政各方面工作的批评的指示》，提出：近来许多党报，对于一些反共的言论加以删节，是不妥当的；各地报纸应该继续充分报道党外人士言论，特别是右倾分子、反共分子的言论，必须原样地、不加粉饰地报道出来，使群众明了他们的面貌。此时，北京等外地的右派分子的言论在吉林省得到某种程度的附合和回应，使形势复杂起来。

5 月 16 日，中共中央发出《关于对待当前党外人士批评的指示》，再次指出，“最近一些天以来，社会上有少数带有反共情绪的人跃跃欲试，发表一些带有煽动性的言论，企图将正确解决人民内部矛盾、巩固人民民主专政、以利社会主义建设的正确方向，引导到错误方向去。”《指示》同样要求暂时不要批驳，使右翼分子暴露其反动面目，而各级党组织要“好好掌握形势，设法团结多数中间力量，逐步孤立右派，争取胜利。”① 这些党内指示肯定了党外人士提出批评意见是很好的现象，绝大多数批评意见是善意的和正确的，说明党是诚心诚意希望通过整风，正确处理人民内部包括人民群众同领导者之间的矛盾，克服党内的不良倾向，加强党和人民的团结。5 月 22 日，省委召开书记处会议，研究落实中共中央指示精神，决定在长春市、吉林市文教系统、民主党派基层大鸣大放，但不要在工人学生中点火。同日，省委发出《关于征求对省委领导的意见的通知》，要求各级党委对省委在执行党的方针政策上、领导作风上以及其他方面，提出批评和建议。5 月 30 日，省委根据中央的指示再次发出通知，要求列为第一批整风的党组织，抓住当前有利时机继续

---

① 《中共中央关于对待当前党外人士批评的指示》（1957 年 5 月 16 日），中共中央文献研究室编：《建国以来重要文献选编》第 10 册，中央文献出版社 1994 年版，第 273 页。

征求党外人士意见,鼓励他们大胆鸣放。在上述精神指引下,6月11日至18日吉林省政协和长春市政协联合召开各民主党派和无党派民主人士座谈会,省委书记处书记、省政协主席李砥平在会上讲话。他说,这次会议的目的是希望党外人士继续帮助党整风,像过去一样大鸣大放,给党提意见,这对克服官僚主义、主观主义、宗派主义有很大好处。民主党派成员和无党派人士在会上发表了意见。省政协副主席、省委统战部部长宋任远作总结发言。他鼓励大家继续帮助党整风。

全省广大人民群众、各界人士和广大党员积极响应省委的号召,对党和政府的工作以及党员干部的作风提出了大量有益的批评、建议,对于加强团结,改进工作,极为有利。整风运动取得了初步效果。但是,正当全省整风运动深入发展的时候,出现了极少数右派分子乘机向党向社会主义猖狂进攻的情况,于是在党中央领导下,整风运动转入了反右派斗争。吉林省由此也转入反右派斗争阶段。

三、反右派斗争及其严重扩大化

反右派斗争的发动和展开

1957年五六月份,党的整风运动正在迅速展开的时候,极少数右派分子在波匈事件鼓舞下,乘机鼓吹"大鸣""大放""大民主",向党和新生的社会主义制度发动了猖狂进攻。特别是他们采取派人到各地煽风点火的手段,很快形成一股反党反社会主义的反动思潮,造成全国混乱的局面。这种反常的现象,不能不引起党的高度警觉。于是,从6月8日中央下达《关于组织力量准备反击右派分子进攻的指示》和《人民日报》发表《这是为什么?》社论开始,全国由正确处理人民内部矛盾为主题的整风运动转向了反右派斗争。

在全国右派分子的煽动和影响下,吉林省一些立场不坚定而又有一定影响的人,附和了这股反党反社会主义思潮。首先是一些政治敏感性特别强而又没有政治经验的大专院校学生,他们从报纸上看到或听到外地一些错误言论,便相互影响,秘密串连,在某些不怀好意的人的鼓动下跃跃欲试，助长了这种反动思潮在吉林省的蔓延。6月初，各大专院校“大鸣”“大放”、大字报形成高潮。有的学校个别偏激的学生还秘密成立“知物学会”“行动委员会”之类的组织，鼓动“大鸣”“大放”，写大字报传播右派分子的反动言论，煽动“大民主”，甚至辱骂党员，攻击和揪斗党的基层组织领导干部，完全打乱了正常的教学秩序。这种情况通过串连和大字报很快发展到校外，给社会造成不好影响。

6月7日，省委召开常委扩大会议，传达中共中央在沈阳召开的东北三省省委书记会议精神。会议指出，共产党整风运动的目的，是改正自己的错误，这几年党脱离群众相当严重，这种情况不注意，十年以后有亡党危险；党外同志的批评，对我们很有益处；党外知识分子向我们提意见，应加以分析，大部分是好的；要加强党的领导就是要改正错误，改正了错误才能加强各方面领导。其他方面要稳住，特别是工厂要稳定。省委常委扩大会议根据沈阳会议精神，部署全省整风运动要学生、教授，党内外一起搞，使运动互相推动。6月10日《吉林日报》转载了《人民日报》的社论《这是为什么?》。6月11日，省委再次召开常委会议，学习《中共中央关于组织力量准备反击右派分子进攻的指示》和中共中央书记处关于《抓住敌人，彻底歼灭》的指示，讨论高等院校反右派斗争的情况，并作了布置。从此，反右派斗争在全省范围内逐步展开。

6月21日，省委召开省直机关、长春市委、长春市大专院校负责反右派斗争的领导人员会议，传达贯彻中共中央指示，进一步部署全省的反右派斗争。23日，由省工会联合会出面召开吉林省工人阶级打退右派分子进攻，保卫社会主义大会。会后长春、吉林、四平、辽源、通化、白城、延边等地及各工厂企业也先后召开了同样的大会。26日至28日，省委先后组织召开大专院校部分师生座谈会、省和市文联反右派分子座谈会、各民主党派负责人座谈会，动员开展民主党派整风和反右派斗争。29日，省委召开常委扩大会议，讨论进一步开展反右派斗争问题。会议强调反右派斗争要以理服人，列准名单，开好辩论会，做好分化工作。30日，省委向中共中央上报的《关于高等学校反右派斗争的情况报告》，认为全省高等院校自5月末开展大鸣大放以来，已暴露出不少右派分子，并发动群众对右派进行了思想上的反击。《报告》提出，省委根据“区别对待，集中力量打击右派的骨干分子和代表人物”的方针，制定了下一步工作计划。

进入7月以后，党的整风运动完全转入反右派斗争。7月1日，省委召开常委会议，讨论各民主党派内部反右派斗争问题。2日、3日，《吉林日报》先后报道东北师范大学、东北人民大学全面开展反右派斗争情况，标志着全省反右派斗争进入了新的阶段。9日，省委召开常委扩大会议，讨论省直机关的反右派斗争问题。会议要求，加强领导，发动群众，充分暴露右派，但要纠正斗争右派时的粗暴做法。10日，省委召开省直部委厅局负责人和市地委书记会议，省委第一书记吴德传达了中共中央7月8日召开的各省、市、自治区党委书记电话会议精神，讨论和重新部署大专院校、民主党派和省直机关的反右派斗争。此后，全省由省委统一领导，通过大鸣、大放、大字报、大辩论的方式，展开了猛烈的反右派斗争。各单位主要揭发、批判本单位右派分子的反党反社会主义言论和他们的秘密串连活动，同时回击社会上反党反社会主义的错误思潮。其间，吉林省于7月26日至8月6日召开第一届第六次人民代表大会。大会揭发批判了右派分子的反党反社会主义言行。与此同时，《吉林日报》大量刊登了反右派斗争的情况和批驳右派言论的文章。这些对恢复学校和社会正常秩序、提高广大干部和群众思想觉悟是必要的，坚定了干部、群众特别是青年学生维护党的领导的决心和社会主义制度的信念，同时为党的整风运动创造了条件。

8月1日，中共中央作出《关于继续深入反对右派分子的指示》。《指示》要求，在深入揭发右派分子的斗争中，一方面向地县两级（在城市是向区级和大厂矿基层）展开，另一方面又必须在中央一级和省市自治区一级各单位深入地加以挖掘。2日，省委召开常委会议，听取吴德传达青岛会议关于反右派斗争的精神和毛泽东关于《一九五七年夏季的形势》的讲话。毛泽东在讲话中明确指出，资产阶级右派和人民之间的矛盾是“对抗性的不可调和的敌我矛盾”，强调这是一场政治战线上和思想战线上的伟大的社会主义革命，不打好这一仗就不能继续前进。讲话重申了“我们的目标，是想造成一个又有集中又有民主，又有纪律又有自由，又有统一意志，又有个人心情舒畅、生动活泼，那样一种政治局面。”[①]通过这次会议的传达讨论，全省反右派斗争进一步升级。

会后，反右派斗争向两个方面扩展，一是纵向扩展，由省、地区扩展到县级以下的基层；一是横向扩展，在已开展反右派斗争的地区和单位特别是民主党派中，进行深挖右派分子的斗争。8月6日，省委召开市、地(州)委书记会议，听取各市、地(州)整风和反右派斗争情况的汇报，着重研究了在工矿企业深入反右派斗争和在工人中开展社会主义教育问题。会后，工矿企业也都开展了反右派斗争，据统计，到9月25日，全省工矿企业约20万人参加运动。9月8日至13日，省委再次召开市、地(州)、县委书记会议，除了传达《一九五七年夏季的形势》，还传达了中共中央《关于向全体农村人口进行一次大规模社会主义教育的指示》。会议确定立即在全省农村开展以粮食统购统销、农业合作化问题为中心的社会主义教育运动，分期分批地进行大鸣大放大辩论，开展全民整风运动，提高农民的社会主义觉悟。根据9月4日中共中央《关于在工人、农民中不划右派分子的通知》，省委决定在工厂企业反右派斗争中，只在科室以上的干部和技术人员中可以划右派分子，在工人中不划；在农村中有什么问题解决什么问题，不戴右派分子帽子；在工人、农民中主要是通过鸣放辩论进行社会主义教育。省委相继发出一系列指示、文件，反右派斗争由省市一级发展到县一级，从党政机关扩展到民主党派、工商联，到工交财贸基层组织，由大专院校扩展到中等专业学校和中学教职工，在全省上上下下猛烈地开展起来。

1957年九十月间，党的八届三中全会召开。邓小平代表中央作关于整风运动的报告，对5月份以来的整风运动和反右派斗争作了总结。对于反右派斗争，邓小平要求：凡是在反右派斗争已经取得决定性胜利的单位，应该及时转入以整改为主的第三阶段，同时对资产阶级思想进行系统的批判。中共吉林省委认真贯彻八届三中全会和邓小平讲话精神。全省整风运动在反右派斗争深入发展的同时，进入了着重整改阶段。1957年11月中旬，省委先后召开常委会议和党员干部会议，讨论并动员整风转入着重整改阶段。15日，吴德在省直机关党员干部会议

---

① 毛泽东：《一九五七年夏季的形势》（1957年7月），《建国以来重要文献选编》第10册，中央文献出版社1994年版，第485页。

上作了《关于机关整风问题》的报告。指出，整风经过大鸣大放和反右派斗争两个阶段，反右派斗争已经取得了很大成绩。要求首批整风的单位要在反右派斗争胜利的基础上，分批转入到着重整改阶段。特别强调整改工作和反右派斗争具有同等重要意义。吴德指出，在贯彻中央指示中，根据吉林省情况，整改的重点一是检查贯彻执行中央方针政策的问题，其中主要是有关社会主义改造和社会主义建设的方针政策的执行问题；二是领导与群众的关系问题，包括各级领导机关的组织机构、规章制度、办事效率，党员干部在民主作风、生活福利方面的脱离群众现象和特殊化现象；三是执行党的民族政策问题，特别在有关部门、民族杂居地区和民族自治地区，对于大民族主义倾向和地方民族主义倾向，必须检查纠正。吴德认为，在整改阶段中，贯彻八届三中全会指示，大力紧缩机构，下放干部，对于克服官僚主义、宗派主义、主观主义，是一个极其重要的环节，同时又是贯彻党的干部路线，培养、锻炼和改造干部的长远大计。吴德提出，全省下放10万名干部，参加生产劳动和基层工作，加强农业生产战线。12月20日至28日，中共吉林省第一次代表大会第二次会议在长春召开。吴德代表省委作了《关于"深入全民整风运动，彻底整改，争取全胜"的报告》。《报告》指出，要认真贯彻八届三中全会精神，"根据我省具体情况和实际存在的问题，就全省范围说，主要是从执行方针政策方面和思想作风方面，来检查领导上的官僚主义、宗派主义、主观主义，并从以下几项着手：一、克服右倾思想，鼓起革命劲头；二、整顿领导作风，深入实际，密切联系群众；三、紧缩机构，下放干部；四、从思想上、组织上巩固党的队伍。"[①]吴德要求，各地方、各系统、各单位根据自己的不同情况和存在的问题，提出自己整改的重点。按照省委统一部署，各条战线先后用半年多的时间，结合本单位反右派斗争和干部下放劳动进行了整改工作。全省范围内的反右派斗争到1958年5月基本结束。到1959年5月，历时两年的整风运动，在全省宣告结束。

---

① 《吴德同志在中国共产党吉林省第一届代表大会第二次会议上关于"深入全民整风运动，彻底整改，争取全胜"的报告》（1957年12月20日），吉林省档案馆编：《中国共产党吉林省委员会重要文件汇编》第8册（1957年），1988年，第14页。

反右派斗争的严重扩大化及其后果

诸多事实表明，反对社会主义制度和党的领导的敌对势力确实存在，对极少数右派分子的猖狂进攻坚决予以反击，借以教育广大党员和人民，是正确的和必要的。反右派斗争在全国人民中间澄清了根本的大是大非问题，稳定了新建立起来的社会主义制度。但是，由于党对阶级斗争和右派进攻的形势作了过分严重的估计，并且沿用革命时期大规模的疾风暴雨式的群众性政治运动的斗争方法，对斗争的猛烈发展又没能够谨慎地加以控制，致使反右派斗争被严重地扩大化。

在反右派斗争发动之初，中共吉林省委曾多次开会，发出指示，对反右派斗争的方针、政策和应注意事项作出一些比较慎重的具体规定。1957年7月23日，省委在《关于审批右派分子名单问题的规定》中指出，为了更准确地打击右派特别是极右分子和不误伤不应打击的人，根据目前在审批右派分子名单中存在的问题，必须严格审批权限。8月4日，省委在向中央上报的《关于民主党派整风运动情况的简报》中表示，要加强党的领导，由民主党派自己领导自己的整风运动，斗争深入后，要注意和纠正偏向，防止粗暴。21日，省委又作出《关于划分右派骨干分子的标准的规定》。27日，省委在《关于在省、地属七个市和地委所在地的中等学校开展整风运动和反右派斗争的通知》中指出，为使运动健康、胜利地发展，必须注意加强领导；主要根据毛泽东提出的六条标准，注意划清中右和右派的界限；右派与右派骨干的界限；一般错误意见和不满与右派言行的界限。这个通知对减轻反右派斗争扩大化错误起了一定的作用。11月12日，省委召开常委会议。会议认为全省总的看反右派斗争已取得了决定性的胜利，50％的单位转入了整改阶段，长春市12月可基本结束。会议强调对高级知识分子，有真才实学的人批判后态度好的可给行政处分，不戴右派分子帽子，继续发挥其一技之长，从事技术职务工作。可是，这些力图把斗争限制在较小范围内和较短时间的最初设想，很快就被突破了。

反右派斗争开始以后，在报纸上被指名为右派分子的人数迅速增加，他们大多集中在学校、文艺界和科学技术界。吉林省各民主党派一些负责人及成员在反右派斗争中也受到很大冲击。8月6日，省委召开市、地(州)委书记会议，贯彻中央关于深挖右派的指示，部署深入开展反右派斗争。到8月下旬，全省共划定右派分子627人。随着形势的发展，有些基层党组织，违背省委制定的划分右派分子标准，向下属组织下达抓右派数量指标，造成越来越多的人被划为右派。全省在反右派斗争中，共揭发确定右派分子9962人①。

造成反右派斗争严重扩大化的主要原因之一，是混淆了敌我矛盾和人民内部矛盾的界限。由于党内从上到下形成“左”的指导思想，把阶级斗争形势估计得过分严重，又由于有些基层党组织和负责人把握政策的能力不强，造成了严重混淆两类不同性质矛盾的不幸后果。如把给本单位个别领导人或党员提意见，看成是反对党的领导；把对具体体制的意见或建议，看成是反对社会主义的根本制度；把并无恶意但有错误的言论和其家庭出身、历史上的污点联系起来看，混淆问题的性质，等等。特别是反右派斗争向下扩展时，某些单位党的领导干部或基层党组织，把抓出右派分子越多看成是工作成绩越大，这就使反右派斗争急剧升级，造成反右派斗争严重扩大化。

反右派斗争严重扩大化错误的直接后果，是把一批知识分子、爱国人士和党内干部错划为右派分子，调离原工作岗位，强制进行劳动改造，这不仅是他们个人和家庭的不幸，也是整个国家和党的事业的严重损失。反右派斗争严重扩大化的错误在一定程度上压抑了广大知识分子的积极性，影响了社会主义民主的发扬，助长了“宁左勿右”思想和党内盲目服从的风气，教训是极其深刻的。

---

① 《省委批转省委七人小组关于第一批摘掉确实悔改的右派分子的帽子的工作情况的报告》(1959年10月24日)，吉林省档案馆编：《中国共产党吉林省委员会重要文件汇编》第10册(1959年)，1989年，第1192页。到1979年11月，全省基本结束了全部摘掉右派分子和改正被错划为右派分子的工作，给被错划为右派分子的同志恢复了名誉，对他们的工作、生活待遇，也都根据政策作了妥善安排。

第十章
“大跃进”和人民公社化运动

经过社会主义改造和全党整风、开展反右派斗争，党中央认为，经济战线上的社会主义革命和政治思想战线上的社会主义革命都已取得胜利，广大人民群众热情高涨，经济建设应该搞得更快一些。在这种情况下，党中央制定了社会主义建设总路线，并相继发动了“大跃进”和人民公社化运动。按照中央的部署，吉林省广大干部和群众，积极投入到“大跃进”和人民公社化运动中。在这个过程中，省委号召破除迷信，解放思想，不切实际地提出了一系列高指标，片面追求工农业生产建设的高速度，助长了浮夸风。结果事与愿违，“大跃进”和人民公社化运动打乱了全省国民经济发展的秩序，造成国民经济严重困难的局面，使全省在探索建设社会主义道路过程中遭受严重挫折。

一、“大跃进”运动的发动和展开

“大跃进”的发动与农业“大跃进”的开展

“大跃进”运动，是在批评反冒进和酝酿、制定社会主义建设总路线的过程中发动起来的。在吉林省，首先是从农业开始的。1957 年吉林省胜利完成了第一个五年计划。“一五”计划的完成，改变了全省经济文化极其落后的局面。同时，极大地激发了全省各族人民建设社会主义的积极性和创造性，各条战线都出现了蓬勃发展的大好局面。

1957年10月25日，中共中央正式公布党的八届三中全会通过的《一九五六到一九六七年全国农业发展纲要（修正草案）》。10月27日，《人民日报》为此发表题为《建设社会主义农村的伟大纲领》的社论。社论要求"有关农业和农村的各方面的工作在十二年内都按照必要和可能，实现一个巨大的跃进"[①]，从而吹响了农业"大跃进"的号角。12月，中共吉林省委召开一届二次会议，传达党的八届三中全会精神，部署掀起农业生产高潮和贯彻全国农业发展纲要（修正草案）等工作。会议确定坚决克服右倾保守思想，鼓足革命干劲，推进工农业生产的高潮，组织生产建设的"大跃进"。会后，全省各地开展了以大鸣、大放、大辩论、大字报为武器，批判"右倾保守"思想的运动。在农村开展社会主义大辩论，层层落实农业发展纲要四十条，掀起农田水利建设新高潮。在尽快改变贫穷落后面貌的精神鼓舞下，广大农民群众和基层干部起早贪黑，在零下二三十度的严寒中苦战奋斗，创造出巨大成绩。据1958年初统计，全省新建、修建水库、塘坝2630座，拦河坝701处，积肥6500万吨，植树造林19431公顷[②]，增加农田灌溉面积9.66万公顷，治理涝洼地3533公顷，每天全省投入的劳动力达120万人，春节过后达到150万人。蓬勃兴起的农田水利建设为农业生产的发展创造了有利条件，但同时也出现一些浮夸和蛮干的现象。这场以兴修农田水利为中心的农业生产高潮，拉开了全省"大跃进"的序幕。

1958年1月和3月，党中央先后召开南宁会议和成都会议，进一步批判反冒进。南宁会议提出"苦战三年，使大部分地区的面貌基本改观"的不切实际的口号，还提出实行两本账制度，中央和地方各有两本账，中央一本账是必达指标，另一本账是争取指标。地方第一本账是把中央争取指标作为必达指标，第二本账是地方争取指标，各级的计划指标层层加码。

---

① 《建设社会主义农村的伟大纲领》，《人民日报》1957年10月27日社论。

② 中共吉林省委党史研究室、吉林省档案馆编：《"大跃进"运动（吉林卷）》，2003年，第4页。

根据南宁会议精神，省委多次召开会议，使经济计划一变再变，各项指标一提再提。2月12日至15日，省委召开扩大会议，传达南宁会议精神，学习讨论《工作方法六十条(草案)》。会议批判了对“大跃进”的怀疑态度和信心不足的“右倾保守”思想，修改了省委原定的工农业生产发展规划，把总的目标改为：苦战三年五载，七年实现农业纲要指标，力争五年基本完成农田水利化、农业机械化、全省绿化的任务。4月，省委召开常委扩大会议，传达贯彻成都会议精神，认为目前全省已经出现工农业生产建设的新高潮，实现“大跃进”的必要性和有利条件已经具备。因此，省委又进一步提出：吉林省力争农业一年翻身，三年基本改变面貌，五年实现水利化、机械化、绿化、电气化的目标。实行工农业同时并举的方针，全党办工业，各级办工业，全民办工业，使地方工业总产值在三年内超过农业总产值。农业方面，1958年原定全省粮食产量600万吨，后提出700万吨，又提出800万吨，人均粮食产量由2000斤提高到3000斤。工业方面，全省工业总产值以1957年21.5亿元为基数，预计1958年达到31.26亿，比1957年增长45.4%；铁1958年预计38万吨，1959年达到200万吨，1962年达到1000万吨；钢1958年预计生产10万吨，1959年达到60万—100万吨，1962年达到600万—900万吨。这种急于求成的思想导致高指标、浮夸风等“左”倾思想在全省泛滥开来。全省各地相继召开干部会议和群众誓师大会，通过比干劲、比指标、比措施，批判“右倾保守”思想，修订本地农业发展规划，确定提前三年或五年完成规划。吉林市提出十年指标一年完成，三年实现农业纲要四十条。四平市、辽源市提出十年指标两年完成。一向低产的白城镇赉县原计划五年实现吉林省的十年规划，每公顷年产粮食3800斤，经过批“右倾保守”思想，竟提出当年实现全国农业发展纲要的指标，每公顷年产粮食达6000斤。白城提出学徐水，苦干、猛干、大干20昼夜实现全地区水利化、满粪化[①]。为促进农业生产“大跃进”，1958年3月，全省农业先进生产者代表会议召开。省长栗又文作了题为《苦干、猛干、实干，超额完成今年粮食生产任务，为五年实现规划而奋斗》的报

① 中共吉林省委党史研究室、吉林省档案馆编：《“大跃进”运动(吉林卷)》，2003年，第6页。

告。会议邀请了河北省徐水县委负责人介绍他们实现农业“跃进”、向“共产主义过渡”的经验。会议代表听了徐水县“大跃进”的形势，感到振奋，认为他们能办到的，我们也能办到。于是代表们在大会小会上纷纷登台打擂，比“跃进”计划，比增产措施，比革命干劲，提出了一些浮夸的口号，提出五年或更短的时间达到全省农业发展规划的主要指标。为“开阔眼界”，“跟上形势”，省委又组织各市、地、县领导干部分赴山东、河南、河北等地学习“跃进”经验。全省各地区、各部门还通过多种形式，批判增产到顶、靠天吃饭的落后保守思想，要求树立人定胜天，依靠群众的思想。许多农业社提出“吃上一年苦，换来万年福”，“拿黑天当白天，一天当两天，今年跨黄河，三年到江南。”在这期间，广大干部群众精神振奋，春节不休息，除夕之夜有的还奋战在水利工地上。广大群众这种迫切要求改变贫穷落后面貌的愿望是好的，但光凭政治热情和主观意识的蛮干只能是事与愿违。

1958年5月，党中央召开八大二次会议，正式制定了“鼓足干劲、力争上游、多快好省地建设社会主义”的总路线。这次会议肯定了已经出现的“大跃进”形势，强调“用最高的速度来发展我国的社会生产力”是“总路线的基本精神”，而“速度是总路线的灵魂”，“快，这是多快好省的中心环节”[①]。

为全面贯彻八大二次会议精神，省委先后召开全委会议、省直机关干部大会和省电话会议，并于6月11日发出《关于宣传、贯彻八大第二次会议的精神和社会主义建设总路线的通知》。《通知》要求：在全省范围内开展一个大张旗鼓地宣传八大二次会议精神和社会主义建设总路线的运动；各级党委和广大干部群众，要破除迷信，解放思想，开展技术革命和文化革命，把推动工农业生产和全民建设工作的“大跃进”作为当前最重要的任务；全省要掀起一个学习、宣传、贯彻总路线的高潮，做到家喻户晓，人人皆知。据当日的《吉林日报》报道，全省各地出动了20万宣传人员，直接听到总路线宣传的达300余万人次。总路线的宣传，鼓舞了全省人民为改变贫穷落后面貌而苦战奋斗的决心和干劲，全省

---

① 《力争高速度》，《人民日报》1958年6月21日社论。

各条战线迅速掀起了“大跃进”高潮。

在农村开展了大规模的农田水利建设运动。当时正值大旱，全省出动400万抗旱大军，提出“天大旱，人大干”的口号，日夜奋战在抗旱第一线。省委第一书记吴德、书记处书记李砥平、省长栗又文、副省长周光等也和农民一起浇地抗旱。在工矿企业开展了以技术革新为中心的社会主义竞赛，比学习、比先进、赶先进成为广大职工的行动口号，涌现出一批积极改进工艺，提高工作效率的先进人物和先进集体，新产品不断创造出来。1958年8月，中国科学院光学精密机械仪器研究所生产出第一台电子显微镜。农具改革也有新发展，全省生产各种改良农具5000多种，推广286万件。商业和文教卫生等各条战线也同样开展了群众性的社会主义劳动竞赛。与此同时，全省城乡出现了全党办工业，各地办工业的热潮。在地方工业为农业生产服务的方针指导下，全民动手，自力更生，因陋就简，大办小煤矿、化肥厂、农具厂、砖瓦厂、铁工厂等。据《吉林日报》1958年7月15日报道，全省建成3万余个小厂矿，正在筹建的有1.2万多个厂矿。工农业生产和各条战线出现的新气象，显示了全省人民高度的社会主义积极性和创造性，但同时也将全省“大跃进”运动推向了更高阶段。

1958年夏季，全国各协作区纷纷召开农业会议，竞相抬高指标，全国各地出现了许多“奇迹”。同时《人民日报》不断报道粮食亩产“放卫星”的浮夸消息，小麦亩产从2000多斤、3000多斤一路攀升至8000多斤，稻谷亩产几万斤。这些虚假浮夸的消息把解放思想、破除迷信搞到胡思乱想、随心所欲的程度。这些关于全国高产卫星和大面积丰产田层出不穷的报道，给吉林省农业“大跃进”造成一定压力。特别是1958年11月吉林省委召开全省农业工作会议，传达贯彻10月在西安召开的九省市农业协作会议精神，使高指标风达到顶点。会议介绍了九省市开展“大跃进”的经验，指出粮食增产最高的河南、山东，亩产由100多斤提高到1000多斤，使中国粮食产量打了一个翻身仗。会议认为在全国农业普遍增产100％的情况下，全省粮食只增产40％，是一个“小跃进”，全省农业还没有翻身，没有放出大面积的高产卫星，在参加全国会议时吉林省总是挨批评，说有靠天吃饭的思想。因此，只能检讨吉林跃进不够，落在全国的后面了，无论是农业还是钢铁生产都是处在下游[①]。在这样的压力下，会议又重新修订和提高了原定的农业生产指标，提出1959年粮食产量要达到1500万吨，实现每人平均3000斤，每人农副业收入300元的指标，并提出要培养大面积的高产“卫星田”，要改变广种薄收的耕作习惯，实行少种、高产、多收的农业生产方针，并要求“卫星田”的产量要达到亩产5000斤到1万斤，还确定了一般农田的产量指标。为了完成粮食生产的“跃进”指标，会议提出要抓深翻地，要求卫星田深翻3尺以上，基本田1尺以上，一般田7寸以上，同时改良土壤，大积农家肥，解冻前大修水利工程。

这次农业工作会议是吉林省发动“大跃进”运动的一次重要会议。面对全国的“大跃进”形势，迫于压力，省委将原定的工农业发展指标又大幅提高。省内各地区各部门也纷纷修订生产计划，制定新的“大跃进”指标。这种层层加码的做法，使原定的国民经济计划成为一纸空文，而新的指标提高到脱离实际，根本无法完成的程度。对于会上提出的这些不切实际的指标，吴德曾表示怀疑，主张“不要公布”，并且提出要讲实事求是的精神，不要浮夸，适当地压缩空气[②]。但是在当时全省乃至全国一片“跃进”声中，这些中肯的意见已不能对整个局面产生影响。“高指标”风迅速蔓延，波及全省，加上“跑步进入共产主义”的宣传鼓动，助长了农村“一平二调”（在公社范围内实行贫富队拉平、平均分配，对生产队的某些财产无代价地上调）的“共产风”和深翻地等方面的瞎指挥，给农业生产造成了严重的困难。

1958年10月8日至18日，省委接连召开电话会议，要求各级党委充分发动群众，破除“条件论”“习惯论”“特殊论”，把深翻地运动推向高潮。在大搞深翻地运动中，全省各地动员农村男女劳动力组成战斗兵团，实行劳动组织军事化、行动战斗化、生活集体化。出现了“家家闭

① 《李砥平同志在省委农业会议上关于“鼓足干劲、贯彻执行农业宪法，为保证明年实现每人三千斤粮食而奋斗”的报告提纲（修正稿）》。吉林省档案馆编：《中国共产党吉林省委员会重要文件汇编》第9册（1958年），1988年，第46页。

② 《当代中国》丛书编辑委员会：《当代中国的吉林》，当代中国出版社1991年版，第120页。

户、户户无人，到处是营寨、遍地是人群”的场面。以吉林市永吉县最为典型，当时全县48万人口，有30万男女老少参加了秋翻地运动，参加深翻地的上至80岁的老人下至8岁的儿童，组成2780个战斗营。他们提出的口号是：“全党全民总动员，拿黑天当白天，昼夜兼程搞深翻”，“两头见星星，黑夜走马灯，寒冬腊月不嫌冷，地冻三尺不收兵。”[①]连续40多天，每天劳动时间都在十几个小时。到年底，永吉县将全县225万亩地全部深翻一遍。进入11月份以后，天气越来越冷，为加快深翻地进度，省委提出全省每天要翻地15万公顷，并规定深挖3尺以上为“卫星田”，号召大放卫星。人力不够，就组织机关、企业、学校停工、停产、停课参加深挖地运动。面对冻土层，白城地区在洮安县采用炸药翻地的办法并在全省加以推广，仅扶余就建起50多个火药厂生产炸药。经过两个多月的全民总动员，日夜奋战，到11月26日为止，全省共深翻地5092.5万亩[②]。

在浮夸风和瞎指挥风的影响下，全省深翻地运动造成了人力、物力的极大损失。在深翻地中单纯追求深度，不顾自然规律，盲目深翻，仅吉林地区3尺以上的卫星田就有2.2万公顷。由于违反科学规律，破坏了土层营养结构，许多地第二年撂荒，耕地面积减少，使第二年的粮食产量受到严重影响。又由于当年秋收未完就进行深翻，许多庄稼被埋在地里，没有及时收回，造成很大浪费。1958年本来是个丰收年，但由于农村工作的混乱，秋收没有搞好，粮食损失严重。当年预测全省粮食总产量达600万吨，实收仅有528.84万吨，损失约11.2%。

农业“大跃进”违背了农业生产的规律，搞乱了农业生产秩序，挫伤了农民生产的积极性，使农业生产遭到严重破坏。

“以钢为纲”的工业“大跃进”

1958年初，随着农业“大跃进”号角的吹响，工业战线也开始全面“跃进”。

---

① 中共吉林省委党史研究室、吉林省档案馆编：《“大跃进”运动（吉林卷）》，2003年，第222页。

② 张士英：《突破农业翻身的第一关》，《人民日报》1958年11月30日第5版。

尽管“一五”时期，经过全省人民的努力和各地的支援，国家在吉林地区的各项重点建设工程相继完成，但由于整体发展水平较低，在“大跃进”发动之前，吉林省的工业还是比较落后的。因此在制定1958年工业计划的时候，省委从吉林省是以农业为主的实际情况出发，提出把“为农业生产服务”作为指导地方工业发展的根本方针，从而确定吉林省地方工业在第二个五年计划期间的主要发展方向和重点是：积极发展为农业生产服务的机械行业、化学工业及农、副、土特产加工工业。从这一原则出发，提出办小型的联合企业，直接支援农业生产的工业；同时提出办工业，不能忽视农业，农业搞不好要追究领导责任。从全省的实际情况看，省委制定的这个地方工业发展方针以支援农业为主的方向是正确的，而且在具体实施过程中对推动农业生产发挥了积极的作用。但这一方针没有很好地坚持下去。1958年8月，中共中央政治局在北戴河举行扩大会议，认为全国农业的问题已经解决，党的工作重心要转移到大炼钢铁上来，提出1958年钢产量要翻一番，达到1070万吨，号召全党为实现1070万吨钢而奋斗，确定了由第一书记挂帅，大搞群众运动，全党全民办钢铁工业的方针。会后，一场全民大炼钢铁的群众运动被迅速推向全国。这种形势改变了省委的初衷，省委只能是积极响应号召，组织力量投入到大炼钢铁中来。实际上，1958年以前，吉林省尚无钢铁企业，所需钢铁全部由国家调拨。在制定第二个五年计划和长远发展规划时，省委曾提出为改善工业布局，有效地促进工农业生产发展，决定利用本省丰富的矿产资源，在通化二道江建设一座现代化的钢铁厂。1958年6月20日通化钢铁厂刚刚破土动工，在北戴河会议召开时，还没有形成生产能力。在全省钢铁生产一片空白的情况下，中央给吉林省下达的任务为：铁40万吨、钢10万吨[①]。

为了完成钢铁生产的高指标，省委迅速召开全省冶金工业会议，成立钢铁跃进办公室，层层分解指标，交待任务。接着于8月下旬召开全省钢铁工业会议，要求书记动手，全党动员，迅速掀起一个群众性的炼钢热潮，并发出了关于大力发展钢铁生产的指示，要求把当年的钢铁生

---

① 吴德：《在省委扩大会议上的总结》（1958年9月11日），吉林省档案馆编：《中国共产党吉林省委员会重要文件汇编》第9册（1958年），1988年，第53页。

产任务当作重要的政治任务和战斗任务，保证完成。凡是有铁矿资源的地区，无论工厂、农村人民公社、学校、机关都要调动一切力量，排除一切障碍，确保超额完成中央下达的钢铁生产任务。

为加速钢铁生产的发展，省委由第一书记挂帅组成四个检查团，分别到长春、吉林、四平、通化四个地区分片包干，亲临钢铁生产现场解决问题。省委提出为了完成钢铁生产任务，要把工作重心迅速转移到大炼钢铁上来，要树立以钢为纲、首先为钢的全局观点，全省各单位都要为“钢铁元帅”升帐出力、让路，不惜一切代价确保完成。为进一步发动群众，从8月中旬到年底的4个月时间里，省委多次召开常委扩大会议，各种形式的誓师会、电话会、经验交流会，部署落实大炼钢铁任务。与此同时，全省报纸广播不断宣传大炼钢铁的重要性，激发人们的工作热情，营造全民大炼钢铁的声势。全省城乡迅速行动起来，大搞“土洋结合”“大中小结合”的大炼钢铁运动。当时建起的小高炉和小土炉叫“一脚踢”，三五天坏一个，寿命长的也只能出几炉铁。许多从未见过高炉的农民当上炉前工，由于不懂技术，经常发生事故。因此，表面上建炉工作热火朝天，但能够正常生产的炉子并不多，全省日产钢铁仅有几百吨。

为了扭转钢铁生产的被动局面，8月26日，省委召开紧急电话会议，作了进一步的部署。一是发动一切力量开展炼钢红旗竞赛，争取放出更大的卫星；二是搞突击，集中人力、物力，保证重点；三是突击矿石的生产，加快小高炉建设，增加耐火材料和焦炭的生产。9月初，省委又提出大战120天，要求步步落实，时时高涨，人人为钢，分秒必争。全省闻风而动，城市、乡村到处摆开大炼钢铁的战场，工厂、农村、机关、学校、街道都落实了建炉指标。小高炉、小土炉的数量由几百座、上千座猛增到几万座。为进一步加快钢铁生产步伐，从9月中旬开始，全省开展钢铁生产大会战，用组织“高产日”和“高产周”的办法来推动钢铁生产的发展。在10月15日第一个“高产日”里，全省组织130多万人，昼夜突击开矿、挖煤、烧炭、运输，使上万座土、洋高炉一起运转，全省钢铁日产量终于突破千吨大关。随着钢铁指标的不断攀升，炼铁的原料、动力、运力急剧紧张起来。为解决钢铁生产原料问题，全省开展了全民办地质、全民找矿源的群众运动。通化县委第一书记崔雨相亲自带队进山找矿，最多时曾组织 8 万人上山开采矿石，集中开采了 9 个重点矿。没有矿源的城市如长春市、四平地区提出开展“工业抗旱运动”，动员城市人口每人捐献 1000 克废钢铁，有的家庭实在完不成任务，就把铁锅、铁勺都拿去上缴了。吉林市抽调大量农村劳动力，收集农民铁制的生产、生活用具做炼铁原料。为使“钢铁元帅”升帐，全省与之相适应地掀起了各式各样的大办热潮，发动全民大办运输，大办电力。

在“钢铁元帅”上马后，煤炭的需求量激增，于是又大办小煤窑。吉林省是煤炭缺乏省，1957 年生产能力仅为 679 万吨，1958 年生产指标猛增到 1080 万吨。当时全年已过去 9 个月，煤炭生产仅完成 600 万吨，要在剩下的 3 个月时间里完成 480 万吨的任务，显然大大超过当时煤矿的实际生产能力。煤炭不足是一个突出问题，尽管吉林、通化每天都出动几十万人挖煤，仍是供不应求。为全力保钢，省委于 10 月发出大办小煤窑的指示，很快小煤窑遍地开花。据 11 月 9 日《吉林日报》报道，省钢铁办公室从榆树、怀德、扶余、永吉等 15 个县抽调 2.7 万人，组成“远征军”，开赴通化地区支援采煤炼焦。通化地区在“家家建窑，人人炼焦”的口号下，大搞炼焦群众运动①。全省有 28 个市、县，共开办小煤窑 567 处，生产原煤 136.46 万吨②。小煤窑上马后，虽然缓解了煤炭需求之急，却造成乱采滥掘现象和煤炭资源的大量浪费。

在轰轰烈烈的大炼钢铁运动中，全省人民都积极行动起来，各行各业全力支持钢铁战线。然而吉林省原是个钢铁空白省，当时的钢铁生产主要是土法上马，效率很低。到 11 月 10 日，全省才累计完成钢 8051 吨，占年计划 5 万吨的 16.1%，完成铁16041吨，占全年计划 30 万吨的 5.35%③。眼看计划有落空的危险，省委于 11 月 11 日发出《关于苦战一个月，保证完成钢铁生产任务的紧急通知》，要求党委第一书记亲自

---

① 《吉林日报》1958 年 11 月 9 日第 2 版。

② 中共吉林省委党史研究室、吉林省档案馆编：《“大跃进”运动（吉林卷）》，2003 年，第 198 页。

③ 《省委关于苦战一个月保证完成钢铁生产任务的紧急指示》（1958 年 11 月 11 日），吉林省档案馆编：《中国共产党吉林省委员会重要文件汇编》第 9 册（1958 年），1988 年，第 346 页。

挂帅，苦战一个月，力争12月10日前完成全年钢铁生产任务。于是，全省各行各业紧急动员，近百万人投入炼钢运动中。运力不足，就采取歇人不歇车的办法，昼夜兼程，多班作业；电力不足，就动员全民办电，并将农村排灌动力全部调来投入钢铁生产；人力不够，一部分机关干部停止办公参加钢铁生产，大专院校的师生停课参加大炼钢铁劳动。尽管全省人民发挥了冲天干劲，流了大量汗水，但由于钢铁生产指标大大超过了客观实际的可能性，到年底全省仅完成钢2万吨，生铁5万吨。而且，因仓促上马，设备简陋，技术落后，收效甚微，有些土铁炉用风箱助燃温度不够，生产出来的铁质量很差，达不到冶炼要求，造成严重浪费。由于全力保钢，不惜财力、物力消耗，成本高得惊人。全省所炼土铁每吨成本高达1837元，而国家调拨价每吨150元；土钢每吨成本841元，而国家调拨价每吨为250—370元。据统计，1958年在大炼钢铁中全省共亏损9593万元，加上建炉费共计1.69亿元①。

“以钢为纲”的工业“大跃进”运动引发了高指标、浮夸风、瞎指挥等“左”倾思想和作风的严重泛滥。不仅严重破坏了矿产、森林等自然资源，而且造成国民经济比例失调，致使基本战线过长，规模过大，职工队伍急剧膨胀，形成全局吃紧，上下混乱的局面。1958年全省基本建设战线投资额增加77.4%，积累率猛增到32.4%，职工增加66%。大炼钢铁不仅挤占了轻工业生产，也影响了农业生产，造成丰产不丰收，严重地影响了人民生活，给全省国民经济造成重大损失。

科教文卫领域的“大跃进”

在工农业“大跃进”的形势下，吉林省科技界、教育界、文化界、卫生界也不甘落后，纷纷提出各自的“跃进”计划，掀起了“大跃进”的高潮。

在科技界，1958年7月，中国科学院吉林省分院举行成立大会。大会要求全省科技工作者解放思想，破除迷信，批判“右倾保守思想”，坚持走群众路线，学习先进的科学技术经验，大兴科学技术革命，更好地为生产为政治服务，使中国科学技术迅速赶上和超过资本主义国家。

① 王季平主编：《吉林省编年纪事（1949—1985）》下编，吉林人民出版社1989年版，第592页。

11 月，吉林省科学技术协会第一次代表大会召开。大会不切实际地提出，提前 5 年实现 12 年科学技术规划，建成全省完整的科学技术体系，加速社会主义建设。科技界“大跃进”最主要表现是大闹技术革命，大搞群众性的技术革新运动。面对“大跃进”的形势，1958 年 1 月，毛泽东在《工作方法六十条（草案）》中认为现在要来一个技术革命，把党的工作重点放到技术革命上去。5 月，中共八大二次会议确定了以社会主义建设总路线为核心的技术革命和文化革命的发展目标，号召向技术革命、文化革命进军，强调要破除迷信，解放思想，发扬敢想敢说敢做的创造精神。按照中央的部署和要求，吉林省广泛开展了技术革命与技术革新运动。

群众性的技术革新运动主要集中在改革工具上。由于空前规模的水利建设，农村劳动力普遍不足，农民自发地进行农具改良，提高劳动效率。这些改良措施经过宣传，引起中央的重视。1958 年 3 月，毛泽东在成都会议上指出，“改革农具运动应推广到一切地方去”，它“是个伟大的革命，是技术革命的萌芽。”[①]5 月 24 日，省委第一书记吴德在《人民日报》发表题为《解放思想，迎接技术革命》的文章。文章指出，在吉林省的农业战线上和工业战线上，群众性的技术革新运动都已出现。在农村，掀起了一个改良农具运动。群众制造了成千上万件改良农具，采用了许多先进技术，大大提高了劳动效率。在一些手工业企业里，群众提出“以土办法、穷办法大闹技术革新”的口号。吴德对这场运动给予很高的评价，认为这是一个广大群众性的、富有思想活力的、充满革命创造精神的、推动生产力大发展的技术革新运动，是伟大的技术革命的开端。此时，全国各地掀起了大搞农具改革的热潮，农具改革逐渐发展到滚珠轴承化。8 月，省委、省人委在白城召开滚珠轴承化现场会议。会议要求，政治挂帅，书记动手，发动职工和农民群众，采取“边试制、边生产、边改革、边安装”的办法，土法上马，争取在 8 月 20 日前，全省所有城镇的农具厂、机械厂和手工业合作社大部分都能生产滚珠轴承，8 月末全部实现水利施工工具、水利排灌工具和运输大车滚珠轴承化，9 月

① 薄一波：《若干重大决策与事件的回顾》下，中共中央党校出版社 1993 年版，第 684 页。

份一切运作工具全部实现滚珠轴承化。8月18日，省委向中央上报的《关于农具改革运动情况的报告》提出，全省的农具改革自6月中旬以来有了新的发展，已创造、改良和仿制各种农具5000多种，推广286万件。

随着运动的推进，1960年1月，省委在长春市召开全省技术革新现场会议，推广长春第一汽车制造厂和长春市二道河子区深入开展技术革新和技术革命运动的经验。会议要求，全面规划，重点突破，采取群众路线、大搞群众运动的方法，积极提高机械化、半自动化生产水平，把技术革新和技术革命运动推进到以机械化、半机械化、自动化、连续化为中心的新阶段。会议不切实际地要求全省工业、交通企业在当年内基本改变手工操作和笨重体力劳动，一般企业的机械化和半机械化程度到年底达到90%以上，提高劳动生产率35%—40%。2月26日，省委向中央上报的《关于吉林省技术革新和技术革命运动情况的报告》提出，在吉林省以机械化、半机械化、自动化、半自动化、连续化为中心的技术革新和技术革命运动，迅猛开展起来，已由工业、基本建设、交通运输部门扩展到金融、贸易、商业、服务行业、饮食业以及文教卫生部门，并正从全面发展向更加深入的阶段发展。《报告》强调，开展设备翻新、生产能力翻番运动，使技术革新和技术革命向更广泛、更高级方向发展。3月3日，毛泽东看到这个报告后，十分欣喜，要求立即转发各地，并作出批示：“希望各省、市、区党委在这个重大问题上都能迅速总结自己的经验，并写一个报告给我们，同时通知你们的下级一体知晓和遵行。”[①]

毛泽东的批示极大地振奋了吉林人民开展技术革命和技术革新运动的热情。但在当时的情形下，运动在发展过程中不可避免地犯有急躁冒进的错误。正如吴德在1962年4月11日省委扩大会议上作的《关于省委四年来工作的检查和当前我省的工作任务的报告》所指出的那样，技术革命和技术革新运动存在着“指标要求是高了、急了，一些口号

① 逄先知、金冲及主编：《毛泽东传（1949—1976）》下，中央文献出版社2003年版，第1056页。另见《中央转发吉林省委关于技术革新和技术革命运动情况报告的批语》（1960年3月3日），《建国以来毛泽东文稿》第9册，中央文献出版社1996年版，第47页。

不近乎实际”,“某些技术措施违反科学,引起管理秩序混乱”,“或者在技术措施上持有不同意见的人,说成是右倾”[①]等错误。技术革命和技术革新,反映了广大人民群众在党的领导下迫切要求提高生产技术、推动生产力快速发展的愿望,对于发展生产力,提高劳动生产率,无疑起着重大作用。但在“大跃进”“反右倾”的思想指导下,用群众运动的办法去搞技术革命与技术革新运动一定程度上助长了形式主义和浮夸作风,违背了科学规律,尽管取得一些科技成果,但总体说来,付出的代价是很大的,许多工具没有使用价值和推广价值,造成了极大的浪费和损失。

教育界的“大跃进”首先表现在中小学教育的普及和扫盲运动上。1958 年 2 月 10 日,省委文教部召开省直和长春市文教界干部大会,动员实现文教工作“大跃进”。省委文教部部长宋振庭在会上作了《克服右倾保守思想,鼓起革命干劲,掀起我省文教工作的大跃进》的报告,要求全省文教战线在事业、水平、劳动、队伍、作风五个方面实现“大跃进”。3 月 10 日,吉林省教育“大跃进”誓师大会召开。会议提出,一年完成三件大事:扫除文盲;普及小学教育,达到乡乡有中学;在提高教育质量的前提下,教育经费做到基本自给。会后,全省教育事业立即进入新的“跃进”高潮,订出了一年普及小学和初级中学的“跃进”规划,同时下放办学权力,鼓励群众办学。4 月 1 日,省委在给中央的报告中提出,延边朝鲜族自治州,按照关于扫盲决定的要求,基本上扫除了文盲,成为“文化州”。6 月 24 日,省委在召开文教工作会议时指出,全省科学、教育、文化、卫生工作开始出现了“大跃进”的形势,出现了“乡乡办中学”“乡乡办卫生所”“人人识字、户户读书”的新气象,全省基本扫除了文盲,一个从小学、中学到大学的工农教育体系基本形成;全省将于下半年新办大、专院校 30 所、招生 4000 名。8 月 4 日,《吉林日报》报道,全省已普及初中、小学教育,适龄儿童入学率达到 96.4%,平均每个乡有 11 所小学、3 所中学。根据当时的统计,全省有小学 13386 所(其中民办小学占 49.2%),比 1957 年增长近 1 倍。普通中学由 1957 年的

---

① 中共吉林省委党史研究室、吉林省档案馆编:《“大跃进”运动(吉林卷)》,2003 年,第 141、144、155 页。

226所猛增到396所，增长75%，在校中学生共增加38157名。此外，民办中学由14所增加到86所，在校学生达28884名。

教育“大跃进”的另一重要表现是工厂企业办教育，群众办教育。党的八大二次会议后，省委贯彻“教育必须为无产阶级政治服务，必须与生产劳动相结合”和“应该使受教育者在德育、智育、体育几方面都得到发展，成为有社会主义觉悟有文化的劳动者”的教育方针，解决学习苏联教育经验出现的问题，探索适合中国国情的社会主义教育制度。全省各级各类学校开展以教育与生产劳动相结合和教学改革为中心的教育革命，掀起大办工厂、农场、大搞勤工俭学的高潮，涌现出一批先进的典型，为以后勤工俭学的发展打下了基础。长春市各工厂企业掀起大办学校的热潮。截至9月20日，全市各工厂共办起158所各种职工学校，入学职工72384人。恒利棉纺厂办的工人半工半读学校，有350名职工参加半工半读，占该厂职工总数的80%以上。许多工厂办起了大学，继煤气公司创办化工学院之后，全市又有14家工厂在原有职工业余文化技术学校的基础上，成立了各种专业性质的大学，如造纸学院、机械学院、电机学院、电气机械冶金学院等。这类学校业余和半工半读同时并存，强调生产、教育、科学研究三方面结合，理论和实践结合[①]。

在工厂办教育的同时，群众也积极参与办教育。群众自办学校的高潮汹涌澎湃，许多地方各类学校纷纷举行开学典礼，有的地区十天半月之内，甚至有的地区三五天便普及了中、小学教育。5月1日，吉林省第一所业余农民大学——黎明业余农民大学在延吉县东盛乡成立。全省全年共办农业中学1889所，创办职业中学325所，在校学生达117463人。

在“大跃进”中，高等教育的发展更是突飞猛进。1958年，中国人民解放军第一军医大学移交给吉林省，易名为“吉林医科大学”(曾改名为“白求恩医科大学”，现并入吉林大学)。同年，经国务院批复，北安农学院和长春畜牧兽医大学及长春农学院筹备处合并成立长春农学院(1959年6月改名为“吉林农业大学”)。全省高等学校由7所增至120

① 《人民日报》1958年9月24日第7版。

所。全省新建理工科高等院校20所，医科院校4所，农科院校4所，师范院校6所，财贸、艺术、体育院校各1所，为吉林省建立比较齐全的高等教育体系奠定了基础。但因发展速度过快，超越了当时财力、人力，大多数院校缺乏师资和领导干部，经费不足，很难进行正常教学。1959年全省高等学校调整为34所，1960年在“反右倾”的影响下，又新建了12所高等学校，全省高校总数增加到46所。

教育事业的“大跃进”顺应了当时工农业发展的形势，反映了广大干部、群众提高文化技术的要求，但违背了教育发展和人才培养的规律，打乱了正常的教学，浪费了很大的物力和人力。

文化界同样掀起了“大跃进”的高潮。1958年6月，省委召开文教工作会议，提出“大兴文化革命”的号召。全省在“书记挂帅，全党动手，全民动员，大兴文化革命”的口号下，开始搞文化“大跃进”。

6月和11月，吉林省先后召开文化工作会议、全省文化工作“大跃进”现场会(在农安县永安乡)、全省文化工作现场会(在农安县巴吉垒乡)，提出“全党办文化，全民办文化”的口号，要求“积极培养和建设一支又红又专、智力劳动与体力劳动相结合的群众文艺大军”，“组成群众性的文化艺术辅导网”，形成“文化大普及”的形势，全省城乡“人人做诗、人人画画、人人唱歌、人人演戏”。在“大跃进”的形势下，各行业、各部门纷纷举办赛诗会、文艺汇演、作品展览；在城市里大量涌现街头诗、街头画、油印小报；大炼钢铁工地、水利工地、深翻土地现场，时时出现赛诗打擂放“文化卫星”等情景。各市、县、乡争办文化事业，全省农村的“业余剧团”发展到4246个，“业余文艺骨干”多达20多万人。据1958年底省文化局统计，全省建立起业余文艺创作组1.1万多个，各种文化组织编印的诗画等作品达340多万件。长春市在人民广场连续4次举办全市性大型歌咏比赛会，参加比赛的有工厂、企业、机关、部队、学校和街道近百个单位，观众达4万多人次。

卫生工作也被卷入“大跃进”中。1958年1月10日，省委、省人委发出《关于开展冬季爱国卫生运动的指示》，决定在全省开展一次声势浩大的、广泛深入的以灭鼠灭雀和打扫室内外环境为主要内容的冬季爱国卫生突击运动。13日全省冬季爱国卫生运动动员大会召开。省长栗又文在会上讲话，要求全省人民在搞好工农业生产的同时，为增进人民健康，为促进生产跃进，迅速掀起卫生运动的高潮。一场声势浩大的爱国卫生运动在全省兴起。2 月 12 日，省委传达贯彻中央南宁会议精神，提出在二三年内基本变为“四无”（无鼠、无蝇、无蚤、无麻雀）省。20 日，省委向中央报告关于开展灭鼠灭蚤爱国卫生运动情况。报告表示，在全省曾发生鼠疫的 18 个市县，开展了以灭鼠灭蚤、消灭鼠疫为重点的卫生运动，出现了 1476 个无鼠村镇，根除了 40 余年来从未间断过的因染鼠疫而死亡的现象，第一次出现了连续两年（1956、1957 年）无鼠疫的新局面。

吉林省科教文卫领域的“大跃进”反映了广大干部群众急切改变落后面貌的愿望，他们以满腔的热情投入到运动中，为全省科教文卫领域的进步付出了巨大心血和汗水。但由于科教文卫领域的一些做法违背了客观规律和实事求是的精神，在一定程度上产生了大量浮夸现象。

“大跃进”运动一定程度上反映了人民群众迫切要求改变“一穷二白”面貌的良好愿望。全省人民意气风发，艰苦奋斗，要为民族振兴和社会主义事业发展有所作为，这种精神是可贵的，所付出的辛勤劳动也取得了一定成果。其中，兴修农田水利等举措，为全省经济发展奠定了一定的基础。全省的科教文卫事业在此期间也取得了一些成就。但是，一哄而上，盲目蛮干，在建设速度上急于求成的做法，对社会生产力造成了极大的破坏，给全省经济社会发展带来了灾难性的损失。

二、农村人民公社化运动

人民公社化运动的兴起

人民公社化运动最初是由高级农业合作社的小社并大社引起的。这原是出于兴修水利、搞农田基本建设的需要，但随着“大跃进”的开展，演变成不顾客观条件、争相推动农业集体生产组织向所谓更高级形式过渡的一场普遍的群众性运动。

1957 年冬至 1958 年初，全国农村大规模兴修水利，需要土地连片和人员集中管理，许多地区为了解决社与社之间出现的人力、物力上的矛盾，开始出现一股小社并大社的热潮。1958 年 4 月，中央政治局会议批准了《中共中央关于把小型的农业合作社适当地合并为大社的意见》。《意见》指出，“我国农业正在迅速地实现农田水利化，并将在几年内逐步实现耕作机械化，在这种情况下，农业生产合作社如果规模过小，在生产的组织和发展方面势将发生许多不便。为了适应农业生产和文化革命的需要，在有条件的地方，把小型的农业合作社有计划地适当地合并为大型的合作社是必要的。”[①]根据中央精神，中共吉林省委开始了并社工作，开始时步子还是比较小的。7 月初，省委农村工作部召开地、市、县委农村工作部部长会议。会议提出，随着农业机械化、水利化和生产发展需要，可以逐步地把小社并大社，并提出小社并大社必须按照中央提出的几个条件进行，即在生产发展上有需要，绝大多数社员确实赞成，地理条件适合大社的经营，合作社的干部有能力办好大社。具体要求是规模不能强求划一，要因地制宜。平原地区一般 300 户到 500 户，直径 10 里，耕地 5000 亩左右为宜，山区合作社的户数应小于平原地区。经过试点，再分期分批开展并社工作。但这时，一些省份已出现建立人民公社的先例，于是省委农村工作部在扶余县弓棚子、怀德县刘房子、永吉县江蜜蜂三个乡进行试点。在试点过程中，普遍开展了“要不要建立人民公社”“建立人民公社有什么优越性”等问题的大鸣大放大辩论。当时，宣传报道也对建立人民公社的作用作出了极为夸大的评价：认为人民公社能够更加多快好省地发展生产；人民公社规模大，人多地多，资金充足，不仅能大办农业还可以大办工业；人民公社大，生产发展快，能更快地扩大公有经济；人民公社有利于进行农田基本建设和农业机械化、电气化；等等。对人民公社各种优越性的报道，造成人们思想的偏颇，认为只要成立人民公社，一切都会好起来，我国很快就会进入共产主义社会。这些正符合广大人民群众对未来美好生活的向往，因此在办社初期没有太大的阻力。

---

① 《中共中央关于把小型的农业合作社适当地合并为大社的意见》（1958 年 3 月 20 日成都会议通过，同年 4 月 8 日政治局会议批准），中共中央文献研究室编：《建国以来重要文献选编》第 11 册，中央文献出版社 1995 年版，第 209 页。

8月13日，《吉林日报》转载了毛泽东视察山东时的讲话，毛泽东说“还是办人民公社好，它的好处是，可以把工、农、商、学、兵结合在一起，便于领导。”这一消息的广泛宣传大大加快了吉林省建立人民公社工作的进度。全省由原来的并大社转为建立人民公社试点。8月22日，省委书记处会议讨论同意省委农村工作部起草的《关于建立人民公社运动的请示》。《请示》指出，连日来《人民日报》不断报道外省成立人民公社的消息，使各地群众欢欣鼓舞，纷纷向县委申请，要求迅速成立人民公社，有些县已作了一乡一社、数乡一社的并社规划，同时涉及一些问题，认识不一。为稳妥起见，省委召开常委会议，提出为了取得经验，各县可先试点，然后分期分批建立，在年底前搞完，并对人民公社体制、生产管理、分配和具体经济问题的处理提出了要求。然而在全国人民公社化运动的推动下，吉林省公社化运动的发展要比预计的时间快得多。8月20日，全省第一个人民公社——海龙县曙光人民公社诞生。该社由六八石、李炉沟、建设、四八石4个乡20个农业合作社合并而成。全社共有7673户，3.3万余人，耕地面积11871公顷[①]。全省人民公社化运动，从7月中旬开始试点，到8月24日，长春、吉林、永吉、榆树、怀德、开通、海龙等20个市县建立了28个人民公社[②]。到8月底，在短短的十多天时间内，全省各地建立起37个人民公社。

在此期间，在北戴河召开的中共中央政治局扩大会议通过了《中共中央关于在农村建立人民公社问题的决议》。《决议》认为，“在目前形势下，建立农林牧副渔全面发展，工农商学兵互相结合的人民公社是指导农民加速社会主义建设，提前建成社会主义并逐步过渡到共产主义所必须采取的基本方针”，号召各地要高举人民公社的红旗前进，先把人民公社的架子搭起来，使运动进入高潮。9月上旬，省委召开扩大会议传达《决议》精神后，全省各地掀起了建立人民公社的高潮。许多地方采取上动下不动的“搭架子”办法，几个农业社联合召开大会，群众举手表决，然后取个名字，换块牌子，人民公社便宣告成立。这种简单草率的办法大大加快了人民公社化的进程。到9月末，全省农村实现了人

---

① 《吉林日报》1958年8月23日第1版。

② 《吉林日报》1958年8月24日第1版。

民公社化。全省由原来的7324个农业生产合作社合并建成361个大型人民公社，加入农户数为1984235户，占全省总农户数的99.95%。在短短两个多月的时间里，全省农村一哄而起建立起300多个人民公社，实现了人民公社化。由于人民公社化运动来势迅猛，完全打乱了农村原有的生产秩序，因而出现了不少问题。

人民公社的“一大二公”

毛泽东在中央政治局北戴河会议上对人民公社作出的“一曰大二曰公”[①]的概括，揭示了人民公社的最主要特征。当时人们认为人民公社的优越性是公有制水平越高越公越先进，越便于集体所有制向全民所有制过渡。

所谓“大”，就是规模大；所谓“公”，就是生产资料公有化程度高。吉林省人民公社规模，平均每社为6086户，平原地区一般为6500户左右，山区半山区一般为3000户左右。到1959年初，全省以市、县为单位成立总公社的有四平、公主岭、蛟河3个市县，以县为单位成立联社的有24个市、县[②]。全省最大的社12万多户，最小的一两千户。公社化后，全省农村实行了政社合一的体制和公社集体所有制，实行一级管理[③]。

人民公社成立后普遍实行了一套政社合一的管理体制。人民公社既是一级政权，又是一级经济组织。公社统一管理全社的生产安排、劳力调配、物资调拨和产品分配，这种管理体制为用行政手段管理经济提供了组织保障，也为当时“左”的政策的推行带来了方便，助长了命令主义和瞎指挥的歪风。农安县1958年秋为了大办钢铁、大办水利、兴修塘坝，仅鲍家公社一年就调走劳动力1200人，占劳动力总数的16%。柳河县柳河镇公社在春耕期间，有些地方水田还没有打好池埂子，耙好

① 逄先知、金冲及主编：《毛泽东传（1949—1976）》上，中央文献出版社2003年版，第831页。

② 吉林省地方志编纂委员会编：《吉林省志·政府志》，吉林人民出版社2003年版，第718页。

③ 《吉林日报》1958年9月30日第1版。

地，公社就让把稻种一律泡上，钓鱼台生产队稻种泡好后，地没整好，结果白白浪费1万多斤稻种。敦化县官地公社社员被命令在泥地打豆子，把豆子都压到泥里了，豆子损失2000多斤[①]。

人民公社大力推行"组织军事化、行动战斗化、生活集体化"的劳动组织方式和生活方式。为了强调统一性，在一段时间里实行了一套高度集中的管理制度，要求把从事生产劳动的各类人员按年龄、性别编成班、排、连、营、团等作战单位，实行统一指挥和大兵团作战，将劳动力在全公社甚至全县范围内随意调动。1958年秋，为了搞好深翻地，农安县全县17个人民公社247个管理区，凡是能够参加劳动的人几乎全员出动，在野外扎大营，吃住在地里，还成立了"老黄忠队""武松队""穆桂英队"。每天早起后必须站队喊口号，一切都是军事化管理。一些地方还大搞疲劳战术，动辄苦战、夜战，甚至对社员搞体罚，不关心群众生活等。这种强迫命令和瞎指挥风，使广大社员和基层干部丧失了经营自主权，社员的主动性和积极性被扼杀，大大降低了劳动效率。群众把这种统一集体劳动的方式称为"大呼隆"，意思是出工不出力。

人民公社的特点是"一大二公"，在分配制度上实行工资制和供给制相结合的制度。1958年10月，吉林省委在《关于做好人民公社秋收分配工作的指示》中提出要扩大集体经济，缩小个体经济，尽量多积累，即公积金占农副业总收入的25%—30%，生产队集体留粮，社员在公共食堂吃饭，实行口粮供给制。在11月发出的《关于巩固人民公社的若干问题传达提纲》中，又提出供给制与工资制的比例各占一半，同时提出有条件的地方可以实行"吃饭不要钱"。在这之前，全省大部分地区，只实行了吃粮和烧柴不要钱，在食堂用餐凭票吃饭，这之后有些地方学习外地经验，在理发、洗澡、医疗、小学学费等方面都由公社包干供给。全省大部分公社实行了供给制和吃饭不要钱的公共食堂制度后，社员只能分到很少现金，有的无现金可分。这段时间，由于刮"共产风"和受"鼓足干劲搞生产、放开肚皮吃饱饭"的影响，加上想当然地认为当年粮食获得大丰收，已经到了多得吃不完的地步，有些食堂损失浪费严重。同

① 《吉林省关于整风整社的报告》，1960年12月28日。

时，由于高征购和非农业人口的增加，粮食出现短缺，有些食堂办不下去，名存实亡。

人民公社的“共产风”

人民公社化运动来势凶猛，造成了许多弊端，“共产风”、浮夸风、干部瞎指挥风、强迫命令风和特殊化风愈演愈烈。

在人民公社化运动的高潮中，各地大刮“共产风”，在所有制上出现了急于向共产主义过渡的倾向和大搞“一平二调”。当时，许多领导干部滋生“跑步进入共产主义”的思想，认为“人民公社化，就是实行共产主义”，“既然是共产主义，就应该贫富拉平”，“实行供给制，还分什么你的他的”[①]。在这种思想的影响下，“共产风”泛滥开来，主要表现是：人民公社无偿抽调生产队的劳动力、运输工具及物资、器材；从管理区平调财物，要求管理区以生产资料和实物向公社顶缴公积金；在办公共食堂和福利事业时没收社员的自留地，无偿占用社员的房屋、家具等[②]。1958 年 9 月 29 日至 10 月 4 日，省委农村工作部在召开全省农村工作部部长会议讨论人民公社的经济政策和体制等问题时提出，各地在处理建社时遗留的经济问题，可用消灭生产资料私有制的办法来解决两条道路问题；社员的自留地和开的小片饲料地应当收归集体所有，自养牲畜、成片林木、果树、山场、蜂、兔、自种的人参药材，以及大型农副业生产工具、运输工具作价归公；房屋一般归社员私有，有的地方也可试行公有；社员的股份基金转为公社所有，多者不退，少者不补。不久省委又提出，在公社内部少数残留的个体所有制要逐步地消灭，社员的房屋可根据福利事业的需要，由公社统一调剂；社员私有猪，应收归公社所有。这种所有生产资料统统归公的做法，导致“共产风”大肆泛滥起来。当时全省 361 个人民公社是由自然条件、贫富程度不同的农业社合并的，许多公社都是白手起家，无偿调拨生产队的车马、房屋和土地，使

---

① 吉林省地方志编纂委员会编：《吉林省志·政府志》，吉林人民出版社 2003 年版，第 718 页。

② 《当代中国》丛书编辑委员会：《当代中国的吉林》，当代中国出版社 1991 年版，第 123 页。

穷社共了富社的产；消灭所谓的残存个体所有制，使集体共了个人的产；把全民所有制的部分企业下放给人民公社，使公社共了国家的产。在通化地区“一平二调”搞得比较严重的海龙县，全县平调的物资有300多种，仅县、社两级平调的生产、生活资料就达99.5万元。其中，耕地7329.9亩，人车45台，牲畜309头，劳动力1046人，大型农具3182件，房屋98.5万间。由于政府和公社无偿调用生产队和个人的生产、生活资料，引起农民思想上的极大混乱和恐慌。长春、白城地区有些公社低价强行收买农民自养的家畜、家禽，造成有些村庄鸡犬无声的景象。1958年11月13日至15日3天内，长春市郊区农民就屠宰或出卖猪700多头，鸡3300多只①。1959年2月，全省生猪饲养量由1958年6月的230万头，下降到75万头。家禽由1000多万只，下降到400多万只，下降幅度分别为67.4%和60%②。广大农民对“一平二调”强烈不满，用消极怠工来抵制，有些地方的出勤率不到50%。

总的来看，人民公社制度初创时带有浓厚的平均主义和军事共产主义色彩。大办人民公社的过程，实际上成为大刮“共产风”的过程。以“一大二公”为主要特征的人民公社化运动，严重地违背客观经济规律，违背农民群众的根本利益和愿望，极大地挫伤了农民的生产积极性，破坏了农业生产力，使农业生产出现了大幅下降。

① 吉林省地方志编纂委员会编：《吉林省志·政府志》，吉林人民出版社2003年版，第719页。

② 吉林省地方志编纂委员会编：《吉林省志·总述》，吉林人民出版社2004年版，第370页。

第十一章

初步纠“左”和纠“左”过程中的探索与曲折

1958 年秋冬之间，党中央逐渐认识到“大跃进”和人民公社化运动中的一些问题，并在实际工作中着力纠正“左”的错误。中共吉林省委贯彻中央纠“左”精神，采取措施整顿人民公社，调整公社管理体制，压缩工农业生产的过高指标，并对建设社会主义问题作了一些新的探索。经过几个月的努力，“左”的错误得到初步遏制，形势开始向好的方面转变。但是 1959 年庐山会议后，全党掀起反对“右倾机会主义”的斗争，发生了从纠“左”到反右的逆转。吉林省在全省开展“反右倾”斗争，“大跃进”运动再次高涨起来，全省国民经济陷入严重困难局面。

一、“左”倾错误的初步纠正

传达贯彻中央纠“左”精神

对于“大跃进”和人民公社化运动中出现的以盲目冒进，急于求成，急于过渡和高指标、瞎指挥、浮夸风、“共产风”为主要标志的“左”倾错误，党中央和毛泽东已逐渐有所觉察。为了领导全党纠正已经觉察到的错误，从 1958 年 11 月到 1959 年 7 月，中共中央多次召开政治局扩大会议和中央全会，制定了一系列方针政策，并采取措施纠正“左”的错误。

1958年11月15日至18日，省委召开常委扩大会议，传达贯彻中共中央工作会议（即第一次郑州工作会议）精神，学习毛泽东给县以上各级党委委员《关于读书的建议》的信。会议学习了斯大林的《苏联社会主义经济问题》一书，在肯定总路线、“大跃进”和人民公社化运动的前提下，批判了有些地方企图过早实现共产主义的想法和做法，讨论了关于改进干部作风、关心群众生活、钢铁生产等问题。会议强调，要划清集体所有制和全民所有制、社会主义和共产主义两种界限，坚持人民公社的集体所有制，不要急于向全民所有制过渡；否定商品生产和商品交换是错误的，不能搞无代价的平调，更不能剥夺农民；坚持按劳分配原则，实行劳逸结合，保证社员有休息时间；改进作风，反对浮夸虚报、隐瞒缺点，不准用行政命令的办法处理有关群众切身利益的问题。会后，省委着手纠正实际工作中发生的一些“左”的错误。

12月，党的八届六中全会召开后，省委发出《关于认真学习讨论和宣传中共八届六中全会文件的通知》，要求各级党委结合当前任务，联系思想、工作实际，学习和领会文件的精神，开展各种形式的宣传活动，提高干部和群众的思想政治水平，整顿和巩固人民公社，修改1959年生产规划。《通知》特别强调：既要持续跃进，又要切合实际；既要反对保守，破除迷信，鼓足干劲，力争上游，又要提倡实事求是，坚持群众路线，反对强迫命令作风，反对浮夸和隐瞒缺点。“总之，必须把八届六中全会文件的精神和实质，贯彻到当前各项实际工作中去，作为推动各方面工作的动力。”[①]

1958年12月22日至1959年1月7日，省委召开全委扩大会议，传达贯彻中共中央政治局武昌扩大会议精神和党的八届六中全会《关于人民公社若干问题的决议》，分析全省“大跃进”以来特别是人民公社化以后的农村形势，总结经验教训，部署1959年的工作。省委第一书记

① 《省委关于认真学习讨论和宣传中共八届六中全会文件的通知》（1958年12月22日），吉林省档案馆编：《中国共产党吉林省委员会重要文件汇编》第9册（1958年），1988年，第170页。

吴德在会上传达了八届六中全会的决议和毛泽东的指示，并就如何贯彻全会精神发表讲话。会议认为，全省在工作中存在着急于向全民所有制、向共产主义过渡和强迫命令、浮夸虚报等问题。会议着重讨论了整顿人民公社问题，并通过了关于整顿、巩固和提高农村人民公社的五个具体规定。规定要求，以社会主义、共产主义教育为纲，采取大辩论的方法，解决公社中的生产、分配、生活、管理、组织领导等方面急需解决的问题；关心群众生活，注意社员的休息和安全，办好集体福利事业；公社要实行统一领导，分级管理的制度；生产队普遍推行"六定一包"（固定耕地、劳力、耕畜、农具、产量、措施，实行财政包干）的办法，改善经营管理，建立健全各种制度，认真执行民主办社的原则等。会议强调，搞好整风整社，贯彻党的政策，端正某些不适当的做法，把革命热情和科学精神结合起来，反对浮夸，反对谎报成绩、隐瞒缺点的恶劣作风，实现更大更好的跃进。这次会议积极引导全省人民对什么是社会主义、如何建设社会主义问题进行再认识，批判了急于过渡的思想，强调生产关系一定要适应生产力的发展，指出"归根结底是发展生产力问题，没有这个基础，办什么共产主义好事，恐怕都办不到。"[①]"人民公社化运动中某些问题的产生，主要是由于有些同志忽视了当前生产发展的水平，而只在生活和分配方面打圈子，例如企图立即实行全民所有制、取消商品生产、实现共产主义分配原则等等，因此引起若干混乱。"[②]这就在一定程度上纠正了"大跃进"以来"左"的错误，使生产的发展建立在稳妥可靠的基础上。但会议同时强调要顶住观潮派、促退派的反攻，这说明纠"左"还只是初步和不彻底的。

1959 年 2 月下旬，中共中央召开政治局扩大会议，即第二次郑州会议。着重研究人民公社体制问题，确定了整顿和建设人民公社的方针：统一领导，队为基础；分级管理，权力下放；三级核算，各计盈亏；分配计划，由社决定；适当积累，合理调剂；物资劳动，等价交换；按劳分配，承

---

① 《吴德同志在省委扩大会议上的总结》（1959 年 1 月 7 日），吉林省档案馆编：《中国共产党吉林省委员会重要文件汇编》第 10 册（1959 年），1989 年，第 9 页。

② 《省委关于传达和贯彻党的八届六中全会决议的情况的报告》（1959 年 1 月 17 日），吉林省档案馆编：《中国共产党吉林省委员会重要文件汇编》第 10 册（1959 年），1989 年，第 19 页。

认差别。3月10日至21日，省委召开省、市（地、州）、县、公社、管理区、生产队六级干部会议，传达贯彻第二次郑州会议精神和毛泽东给各省、市、自治区党委第一书记的信（党内通信），讨论进一步整顿和建设人民公社问题，开始纠正“一平、二调、三收款”、平均主义和“共产风”的错误。这是一次心情舒畅、生动活泼的会议，参加会议的共计4865人。会议采取大中小会结合、会内会外结合的方法，重点研究了农村人民公社的管理体制、收益分配、劳动力安排使用、社员的生活资料和生产资料等具体政策问题。会议确定，对农村人民公社管理体制进行适当调整，以管理区（生产大队）为人民公社的基本核算单位，实行三级管理、三级核算；正确处理积累和社员分配的比例关系。接着，省委又按照中共中央上海政治局扩大会议《关于人民公社的十八个问题》的会议纪要精神，决定对人民公社成立以来的各种账目进行认真清理，各级无偿征调生产队的财物要退赔。各市、地（州）按照省委的部署，相继召开五级干部会议，在农村开展了以解决人民公社所有制和纠正“共产风”等“左”倾错误为主要内容的整社、整风工作。

第二次郑州会议精神和毛泽东的指示向全省广大干部和群众进行传达后，群众十分兴奋。社员们说：“毛主席的话，句句说在我们农民的心坎上，毛主席的心，就是我们的心。”①全省各地召开了四级或五级干部会议。会议开得极为热烈。不少干部对公社化运动的许多做法想不通，听了中央和毛泽东的指示以后，“像得了一场透雨一样”②，思想一下子就通了。与会者畅所欲言，有的干部说：“这真是级级高兴，皆大欢喜”③，说出了广大干部群众的心声和对中央及省委纠“左”的拥护。

中央一系列纠“左”会议精神的传达和贯彻，有力地推动了全省各地纠“左”工作的开展，省委领导全省人民着重对人民公社管理体制、工业和生产领域的一些高指标问题进行了调整和整顿。

---

① 《吴德同志在吉林省六级干部会议上的总结》（1959年3月21日），吉林省档案馆编：《中国共产党吉林省委员会重要文件汇编》第10册（1959年），1989年，第735页。

② 《省委关于县的五级干部会议开会的简报》，吉林省档案馆编：《中国共产党吉林省委员会重要文件汇编》第10册（1959年），1989年，第740页。

③ 《德惠县委五级干部会议简报（第四号）》，吉林省档案馆编：《中国共产党吉林省委员会重要文件汇编》第10册（1959年），1989年，第737页。

农村人民公社的初步整顿

中共中央、毛泽东对“左”倾错误的初步觉察，是从发现农村人民公社存在的问题开始的。根据中央和毛泽东提出的关于整顿和建设人民公社的方针，省委先后召开一系列会议，发出指示，逐步对农村人民公社中的“左”的错误进行了纠正。在这之前，中央政治局常委、中共中央总书记邓小平视察吉林，对吉林省农业工作和人民公社问题作了重要指示，在一定程度上纠正了农业发展中的“左”的偏差。

1958 年 9 月 20 日，邓小平在省委领导陪同下，到永吉县了解农业生产情况。他在岔路河公社的一块水稻田旁边停下来，问随行的生产队干部：试验田亩产多少斤？当听到回答 4 万斤时，他吃惊地说：“能有这么高吗？能打十分之一，就已经很了不起了。”接着，他对陪同的省市领导同志说：“广大群众建设社会主义的积极性很高，精神很可贵。但是，指标要实际一些。这块试验田的产量能否兑现，咱们秋后可算账哟！”这番话，既肯定了群众的生产积极性，又强调了实事求是的思想原则，给人们留下了冷静和深刻的思考。在听取省委领导同志关于农业工作汇报后，他强调指出：发展农业生产，必须充分运用现有条件，不能单靠拖拉机。拖拉机将来是要有的，农业必须实行机械化，这是农业技术改革的方向，但是单指靠拖拉机，一二年内是做不到的。必须从现有的基础出发，想出各种各样的办法，力争高产；要注意改革耕作制度，改变广种薄收、耕作粗放的习惯；要合理利用土地，集中力量提高单位面积产量；农村只靠粮食摆脱不了贫困，要发展多种经营，坚决搞一批相信这个道理的人去试验。在谈到人民公社情况时，他指出：“公社组织起来要注意骨干。选举骨干是个基本问题，至少两个人要选了又选，一个是社长，一个是党委书记，标准就是共产主义思想多的人。必须要有核心，有了核心，就把别的人带动起来了。”[①]邓小平的这种实事求是精神，在一定程度上纠正了当时存在的不顾客观实际、急躁冒进的“左”的做法。

---

① 中共中央文献研究室编：《邓小平年谱（1904—1974）》下，中央文献出版社 2009 年版，第 1454 页。

按照省委的部署，从1958年底开始，全省普遍开展对人民公社的初步整顿工作，纠正了人民公社化运动初期混淆集体所有制和全民所有制、社会主义和共产主义界限的错误，遏制了急于向全民所有制和共产主义过渡的势头。

党的八届六中全会后，省委作出《关于整顿农村人民公社的决定》。1959年1月，省委先后下发《关于整风整社问题的指示》《关于农村人民公社生活若干问题的规定》《关于人民公社发展生产的指示》《关于加强人民公社经营管理工作的指示》《关于贯彻执行中共中央、国务院〈关于适应人民公社化的形势改进农村财政贸易管理体制的决定〉的指示》等文件。据统计，到1月21日，全省47个市、县有68个人民公社（占全省公社总数的17%）和4个管理区进行了整社试点工作[①]。为了搞好整社工作，全省抽调1.1万名机关干部、工作人员下乡，宣传党的八届六中全会精神，帮助各地开展整党整社工作，取得了农民比较满意的效果。

首先，整顿农村人民公社，纠正“共产风”、浮夸风和瞎指挥风，积极探索农业生产责任制。根据党的八届六中全会精神，在整社过程中，省委对农村人民公社的管理体制进行了调整，下放了权力，实行三级管理，三级核算，以管理区（即生产大队）为基本核算单位；对规模过大，生产队之间经济条件相差悬殊的管理区，适当划小基本核算单位。在农业生产责任制上，1959年5月，省委批转永吉县委《关于加强生产责任制意见的报告》，要求参照永吉的经验，实现“四到田、一到人”（作物、指标、措施、用工到田，责任到人），建立生产责任制[②]。在收益分配方面，贯彻“按劳分配、多劳多得”的原则，改变过去积累比例过大的做法，由25%至30%压低到15%，并适当降低供给制部分比重，按劳分配部分由原来的40%提高到52.7%，使每个劳动力多收入42.54元。对劳动报酬采取了“死等级活工资”和统一劳动定额，评工记分、包工包产、超产奖励的办法。对公共食堂强调自愿参加的原则，把常年食堂变为季节性的劳动力食堂，全省公共食堂由44849个下降到38372个，参加户

---

① 《吉林日报》1959年1月26日第2版。

② 《省委批转永吉县委“关于加强生产责任制意见的报告”》，吉林省档案馆编：《中国共产党吉林省委员会重要文件汇编》第10册（1959年），1989年，第767页。

数由96.3%下降到84.7%。在处理国家、集体、个人的关系上提出大集体下的小自由原则，在人民公社的体制内充分调动个人的积极性。在经营管理上，分配给社员1分到2分自留地，全省共划300万亩自留地、饲料地；允许社员经营少量的自留地和小规模家庭副业，允许社员饲养家畜家禽，鼓励社员充分利用零散地和房前屋后种植零星树木，不征公粮，不归公有。同时明确提出，这种大集体当中的小私有，在一个长时间内是必要的。在农业生产上，纠正"以粮为纲"的片面观点，制定积极发展多种经营的方针和相应的政策措施，扭转了单纯追求提高单位面积产量，而大量减少耕地的做法，明确提出广种薄收和扩大耕地面积相结合的方针；改变了田间耕作"绳索牵引化"等一些脱离实际的做法，提出在发展农业机械化的同时，实行"机、马、车"相结合等两条腿走路的方针。

其次，对人民公社化运动中出现的所谓新事物本着"摸着石头过河"的精神，先试验，再看是否可行。比如，耕地面积的缩小问题，当时省委"书记处的同志商量了一下，要本着'摸着石头过河'的精神，不要滑倒了……还是有步骤的来搞。"①对于密植，当时省委第一书记吴德指出："要密植，密植多少，我们这里没有经验。一垧地种1万2千斤，到底行不行，我们没有多少经验，反正是我觉得不太行。是不是可以试一下，搞一小块试一试，多搞一点种子，这也可以，但那只能当试验田，如果普遍都种1万2千斤，那还说不定要减产。"②对于人民公社，"那时省里也在摸索，比如联社好，还是一县一社好，我们的态度是试试看，供给制、工资制问题也是试试看。"③

最后，清理账目，算账退赔，解决"一平、二调、三收款"问题。对在"大跃进"中以各种名目无偿调拨生产队和社员的粮食、现金、牲畜、劳力和其他物资，强扣贷款以及巧立名目进行摊派的问题，进行认真清

① 《吴德同志在市、地委书记会议上的总结》（1959年2月16日），吉林省档案馆编：《中国共产党吉林省委员会重要文件汇编》第10册（1959年），1989年，第28页。

② 《吴德同志在市、地委书记会议上的总结》（1959年2月16日），吉林省档案馆编：《中国共产党吉林省委员会重要文件汇编》第10册（1959年），1989年，第29页。

③ 《吴德同志在省委扩大会议上的总结》（1959年1月7日），吉林省档案馆编：《中国共产党吉林省委员会重要文件汇编》第10册（1959年），1989年，第5页。

理，反对以借“共产主义大协作之名”无偿剥夺农民。1959 年初，省委发出《关于人民公社算账问题的指示》，要求各地下决心算清账目；要以算账问题为核心彻底解决干部作风和改善干群关系；要采取充分发动群众与组织专门小组相结合的方法，边算账，边处理，边分配，使人民群众尽快得到实际利益。省委纠正“左”倾错误的方针，得到广大基层干部和农民的热烈拥护和支持，全省上下广泛开展了群众性的算账运动。通过自上而下层层算账、层层处理，先党内解决思想问题、后党外解决具体问题的办法，逐步算清了“大跃进”和人民公社化运动以来“一平、二调、三收款”的旧账，使国家、集体、个人的矛盾得到初步解决。

通过算账，各级政府返还给公社、管理区（生产大队）4200 万元；县、公社退回给管理区的约有大牲畜 9.47 万头、农具 5.57 万件、粮食 2.7 万吨、工厂 1980 个、现金 1657 万元、劳动力 13.68 万人①。通过算账，全省还发现有贪污、挪用和私分公款的干部 70862 人，金额达 478 万余元，对这些违法乱纪、有贪污行为的干部给予了组织处理，有的还追究刑事责任，对强迫命令搞浮夸风的干部进行了教育。

6 月 16 日，中共中央副主席、全国人大常委会委员长朱德，中共中央政治局委员、中华人民共和国副主席董必武，中共中央委员、全国人大常委会副委员长林枫等到吉林省视察。朱德等视察了长春第一汽车制造厂、长春电影制片厂、长春地质学院、长春光机研究所、长春市银行、净月潭水库等。朱德对农村办公共食堂问题作了重要指示：“吃饭不要钱不行。要把粮食分给个人，由个人负责调剂，加点菜和薯。办食堂会造成很大的浪费。只有生活资料归个人所有，归个人支配，才能调动社员的积极性。群众的生活应该是越富越好。”②

6 月 30 日，省委进一步发出《关于调整农村人民公社工资制与供给制的比例和整顿公共食堂的指示》，要求供给制部分所占比重过大的地方应进行调整，公共食堂要坚持自愿参加的原则，要求退出食堂的应该允许。至此，农村公共食堂得到一定程度上的纠偏。

---

① 《省委关于整社算账工作的总结》（1959 年 11 月 9 日），吉林省档案馆编：《中国共产党吉林省委员会重要文件汇编》第 10 册（1959 年），1989 年，第 925 页。

② 中共中央文献研究室编：《朱德年谱》，人民出版社 1986 年版，第 450 页。

1959年6月，吴德在市、地（州）委书记会议上讲话指出："几个月来，根据中央和毛主席的历次指示，我们在全省干部中提倡革命热情与科学分析相结合，提倡实事求是和走群众路线，提倡讲真话、讲真理，广大干部的思想作风大有转变。"[①]

通过几个月的纠"左"努力，农村人民公社整顿取得一定成效，党的农村政策得以正确贯彻，盛行一时的"共产风"得到一定程度的遏制。

工业领域的调整

在纠正农村工作中"左"倾错误的同时，中共吉林省委抓紧解决工业方面存在的问题。1958年12月，毛泽东在武昌会议上提出要压缩空气，要求把根据不足的高指标降下来。根据中央精神，1959年1月23日，省委召开全省工业会议。会议指出由于大炼钢铁运动造成的国民经济比例失调，工业总产值下降，原材料和人民生活必需品短缺，市场供应紧张。要求注意掌握国民经济按比例发展的法则，把热和冷、干劲和条件、需要和可能更好地结合起来。会议按照中央的指示，仍坚持"以钢为纲，全面跃进"的方针，提出1959年要完成铁50万吨、钢30万吨、纯钢材15万吨等不切实际的高指标。

1959年4月2日至5日召开的中共八届七中全会对国民经济的高指标进行调整。根据这次全会精神，省委采取了如下几项措施。

第一，对1959年国民经济的高指标进行了调整压缩。全省工农业总产值由76亿元降到59亿元，钢产量由30万吨降到4.5万吨，原煤由1700万吨降到1300万吨，生铁由50万吨降到18万吨，基本建设投资由8.8亿元降到4.3亿元，再降到3.5亿元，并停建了一些建设项目。同时，对钢铁生产进行整顿，缩短战线，关停一些"小土炉"，减少生产人员。为提高炼钢质量，开展了以"四高"（高产、高质、高效率、高进度）、"两低"（原材料和燃料低、成本低）为内容的提高钢铁生产水平的红旗竞赛活动。煤、电、运的紧张状况有所缓解，工业生产秩序开始有所好转。

---

① 《吴德同志在市、地（州）委书记会议上的讲话（记录稿）》（1959年6月15日），吉林省档案馆编：《中国共产党吉林省委员会重要文件汇编》第10册（1959年），1989年，第40页。

第二，加强企业管理。“大跃进”以来，由于片面强调破除迷信敢想敢干，致使许多必要的规章制度被废除，正常的指挥系统被打乱，造成产品质量下降，品种减少，劳动生产率低，事故多，浪费大。在分配上，取消了计件工资，有的企业任意要求工人加班加点而不付报酬，严重地挫伤了工人生产的积极性。针对这些问题，在整顿企业的过程中，省委提出一定要坚持四条原则：一是建立党委领导下的厂长负责制，建立生产、技术、行政管理工作各负其责的指挥中心。二是大力整顿劳动组织，按劳动生产率要求控制生产人员，以后增添人员必须经当地劳动部门批准，不得盲目招收农民工。三是恢复合理的规章制度，把多年来行之有效的规章制度恢复过来，不合理的规章制度经过讨论后重新修订，做到有章可循。四是企业管理要走群众路线，充分相信和依靠群众，对群众的合理建议必须采纳。

第三，开展增产节约运动。“大跃进”发动后，由于各条战线都争着大办快上，加上损失浪费，原材料紧缺成为突出矛盾。为此，省委号召，在冶金、煤炭、森工、重化工、原油、建筑材料等企业大力开展增产节约运动，大力挖掘企业的潜力，开展技术革命和技术革新运动，以此来推动增产节约运动更有效地开展。

第四，精简多余职工，提高劳动生产率。1959 年 6 月，省委发出《关于整顿劳动组织的通知》，要求加强劳动力调配管理，停止招收新职工和固定临时工。10 月，省委批转省劳动厅《关于精减职工情况的报告》，指出整顿劳动组织，精减多余人员，是提高劳动生产率、进一步缓和市场供应紧张和支援农业的一项极其重要的措施，同意省劳动厅提出的 1959 年精减 11 万职工的计划。

第五，强调农村工业要为农业服务，理顺工农业关系。针对在“大跃进”和人民公社化运动中，各地手工业出现的大量转产，片面追求“高、精、大”产品的情况，省委决定凡是为人民生活所必需而当前又有材料生产的产品，凡是采用本地农副产品为原料、机械不能代替生产的产品，凡是利用大工业边料、废料生产的手工业产品，都应恢复和发展；服务行业和特种工艺品都应大力发展；要求农村公社工业必须贯彻执行为农业服务、为社员生活服务、为大工业服务的方针。以上措施初步纠正了“大跃进”以来的混乱局面。

经过8个多月的整顿，全省农村和工业战线取得了一定的成效。虽然没有从根本上解决“大跃进”产生的负面问题，但全省国民经济向着好的方向转变。

省委领导全省各级党组织纠正“大跃进”的“左”倾错误，是在肯定“三面红旗”的前提下进行的，因此这种纠正是不彻底的，也不可能彻底。如：虽然提出要压缩空气，也降低了某些脱离实际的高指标，但在经济工作中又制定一些偏高的指标；虽然批评了平均主义倾向和“共产风”，但仍在农村中保留了损害农民利益的公共食堂、供给制等平均主义的东西，并认为这是共产主义因素，绝不能动摇；虽然放慢了集体所有制向全民所有制过渡的步伐，但仍强调要用10年的时间完成这个过渡，并把这作为建成社会主义的头条标准；虽然提倡实事求是，批评头脑发热，却又反对“右倾保守”，要求实现更大“跃进”。由于没有从根本上解决问题，当“反右倾”斗争来临时，刚刚好转的局面又急转直下，“大跃进”高潮再起，“左”倾思想又严重泛滥开来。

二、“反右倾”斗争和中共吉林省第二次代表大会

“反右倾”斗争的开展

1959年七八月间，党中央在庐山召开政治局扩大会议和八届八中全会（合称庐山会议）。会议原定的议题是继续总结1958年“大跃进”以来的经验教训，纠正“左”倾错误。但是由于会议后期错误地发动了对彭德怀等人的批判，由纠“左”转向反右，进而错误地开展了反对“右倾机会主义”的斗争。会议通过了《为保卫党的总路线、反对右倾机会主义而斗争》的决议，并向全党发出了《关于反对右倾思想的指示》，错误地认为“现在右倾思想，已经成为工作中的主要危险”，“保卫总路线，击退右倾机会主义的进攻，已经成为党的当前的主要战斗任务”，要求在全党开展一场“反右倾”斗争。在运动中一切被认为是右倾思想和言论，都必须自觉地检查、批判。对“大跃进”以来有“严重右倾”思想的人

作为重点批判对象。为了肃清“右倾机会主义”的影响，中央提出要深入开展党内反右整风运动，采取先党内后党外，层层发动的办法，揭发批判“右倾机会主义”，以鼓起革命干劲，实现更大“跃进”。

1959年8月至12月期间，中共吉林省委接连召开第一届第十二次和第十三次全委(扩大)会议，传达庐山会议精神。两次会议错误地揭发批判了原公主岭地委书记李树仁、通化地委书记处书记李晨等同志的所谓“右倾机会主义”错误和部分同志的“严重右倾”思想，将他们提出的正确意见说成是反对人民公社、反对“大跃进”、反对党的领导、不要共产主义因素、反对大搞群众运动等“右倾思想”和“右倾行动”。省委第一届第十三次全委(扩大)会议，错误地将李树仁等14名干部分别定为“右倾机会主义反党分子”“右倾机会主义分子”和“资产阶级个人主义野心家、反党分子”，将30名干部定为犯有“严重右倾错误”。会议通过了《关于李树仁、李晨等同志和崔智等人所犯错误的决议》《关于深入进行党内反右整风运动的决议》。会后，一场“反对右倾机会主义”的斗争在全省，首先在党内干部中迅速开展起来。

在省委扩大会议进行当中，省委还不断下发文件，推广经验，对各地“反右倾”斗争进行督促检查，同时在舆论宣传上不断造成“反右倾”的强烈氛围。8月26日和9月11日，省委分别通过《关于执行中央关于反对右倾思想的指示，进一步开展增产节约运动的报告》《高举总路线的旗帜进一步开展增产节约运动，为超额完成1959年跃进计划而奋斗的报告》。省委要求在各人民公社、工厂、矿山、交通、财贸、国家机关等单位都应举行群众大会，“反右倾”、鼓干劲，彻底批判和清除“右倾机会主义”的严重影响，掀起工农业生产的更大“跃进”。同时，《吉林日报》连续转载《人民日报》的《人民公社万岁》《得不偿失论可以休矣》等社论。在这种氛围下，“反右倾”运动从上到下，不仅在党政军各级领导机关中进行，而且深入到工厂、农村、学校的一般干部和群众当中，造成了严重后果。

历时半年的“反右倾”运动，错误地批判和处理了一批干部。据统计，到1960年5月“反右倾”整风结束时，全省共有省、地(市、州)、县、公社四级机关党员干部92883人参加运动，占党员干部总数的

93.13%。其中确定为重点批判对象的1071人，占参加运动党员干部总数的1.15%；一般批判对象1955人，占2.1%；定为所谓“右倾机会主义”“右倾机会主义反党错误”的223人，占0.24%；定为“严重右倾错误”的1157人，占1.2%[①]。这些党员干部分别受到不同程度的批判和处分。

“反右倾”斗争造成了严重的消极后果。在政治上使党和国家的民主生活遭到严重损害，错误地打击了一批敢于实事求是向党反映实际情况、敢于提意见的同志，破坏了民主集中制的原则；在思想上破坏了实事求是的思想路线，产生了“宁左勿右”的错误思想；在经济上中断了纠正“左”倾错误的进程，使“大跃进”和人民公社化运动中已被纠正的错误重新泛滥开来。

继续“大跃进”

由于“反右倾”斗争打断了纠“左”的进程，“大跃进”运动再次掀起高潮，经济建设中曾经有所收缩的高指标、瞎指挥、浮夸风再度泛滥。

高指标回升，国民经济全面紧张。1958年和1959年出现的一些过高指标，因无法达到或牵动面太大，实际上行不通，在1959年上半年有所调整。“反右倾”后，一度下调的指标又转而回升。1959年8月24日至9月13日召开的省委第一届第十二次全体（扩大）会议提出，1959年工业计划总产值为41亿元，比1958年增长28%；粮食大豆产量增长10%左右[②]。一个多月后，省委向中共中央上报的《关于大搞增产节约的群众运动和提前完成一九五九年国家计划的报告》将1959年工业产值计划从41亿元增加到43亿元，农副业收入平均每人增加6元至10

① 吉林省地方志编纂委员会编：《吉林省志·中国共产党志》，吉林人民出版社1997年版，第135页。

② 《关于“高举总路线的旗帜，进一步开展增产节约运动，为全面完成和超额完成1959年的跃进计划而奋斗”的报告》（1959年9月11日），吉林省档案馆编：《中国共产党吉林省委员会重要文件汇编》第10册（1959年），1989年，第64页。

元，并提出争取提前15天至20天全面完成国家计划[①]。年底，吉林省确定的1960年国民经济计划任务是：在1958年和1959年"大跃进"的基础上，努力争取1960年国民经济继续"大跃进"，并为以后二三年内建立全省初具规模的工业体系和基本实现农业现代化首先是机械化、水利化创造有利条件。1960年，在国家规定的指标外，吉林省又规定了增产指标。国家下达工农业总产值为78.3亿元，省定为80亿元，比上年增长28.9%；基本建设摊子铺得很大，安排基本建设项目989项，总投资为12.5亿元，比上年实际完成数增长40.3%，安排"小洋群""小土群"[②]项目529项，投资1.11亿元。

1960年的继续"跃进"突出表现在工业方面。围绕"以钢为纲"提出了一些过高的指标，煤炭由上年的1376万吨增加到1600万吨，生铁由17.3万吨增加到40万吨，后调整为35万吨。5月，又提出工业产值翻番，各地上报的产值数量总计为120亿元，后来定为70亿元至88亿元。1959年第四季度工业形势已很吃紧，但1960年又提出"开门红""月月红""红到底"的口号。企业天天苦战，月月会战，搞得人困马乏。机器带病运转，造成设备损坏，许多企业处于停产半停产状态。为了完成钢铁指标，中央和有关部门多次召开会议发出指示，要求采取削基建、保生产，削一般、保重点的方针，全力支持和保证钢铁生产。由1958年"小土群"发展而来的"小洋群"，被认为是实现钢铁生产"大跃进"的有效途径，要求大办。1960年5月，省委作出《关于大搞综合利用，开展多种经营，大办小土群、小洋群的决定》，要求继续贯彻"以钢为纲"的方针，在尚未有钢铁工业的白城地区立即着手发展"小洋群"，已有钢铁工业的其他地区都要向炼铁、炼钢、轧钢的联合企业发展。各地纷纷行动，按照就地取材、因陋就简的原则，兴办"小洋群""小土群"，重点放在钢铁、煤炭、水泥、化工、石油等方面。全省仅二季度施工的就有266

① 《省委关于大搞增产节约的群众运动和提前完成一九五九年国家计划的报告》（1959年10月24日），吉林省档案馆编：《中国共产党吉林省委员会重要文件汇编》第10册（1959年），1989年，第192页。

② "小洋群"，指小（小型企业）、洋（现代化生产方法）、群（群众路线）；"小土群"，指小（小型企业）、土（土办法）、群（群众路线）。

项,投资额为8000多万元。在此期间,已暴露出原材料供应和交通运输紧张的问题。1960年1月至4月,全省生铁仅能满足需要量的73%,钢材为需要量的21%,焦炭为需要量的78%,原煤为需要量的82.6%,铁路运输能力为需要量的74%①。在这种情况下,理应冷静下来进行调整,但是全省又作出全面开展保高产大会战的部署。中共通化地委和中共吉林市委提出"千厂运动""十小成群"的口号。短短几个月时间,全省办起的"小洋群""小土群"式的小企业达4200多个。全省的工业生产秩序更加混乱。继续"跃进"使国民经济比例失调更加严重,经济形势进一步恶化。

伴随着工业生产继续"大跃进",农村的"共产风"、浮夸风、命令风再次抬头。1959年10月,中共中央召开全国农业书记会议,提出积极发展社有经济,为人民公社从基本队有制过渡到基本社有制准备条件,并提出穷队先过渡的意见。中央政治局在上海会议上又提出八年内完成人民公社由基本队有制向公社所有制及全民所有制过渡的设想。根据中央的精神,吉林省委要求各地大办工业、大办水利、大办养猪场、大办交通、大办文教,在分配制度上逐步增加共产主义按需分配的因素。此后,各地为了"大办",又开始无偿征调生产队的劳力、财力、物力。1960年三四月间,省委召开全省六级干部会议,讨论关于人民公社由基本管理区所有制向基本公社所有制过渡,发展社有经济及公共食堂等问题,认为公共食堂是"农村社会主义的阵地",还要坚持办下去。这次会议后,全省不少地方大搞社有经济,刮起了"共产风"。到年底,全省作为试点而过渡为公社基本所有制的,虽然只有16个公社,但是在农村中影响很大。有些大队改为公社直属队,目的是把一个一个的大队直接过渡为公社所有制。此外,还有86个大队、186个生产队直接"过渡为全民所有制"。这次会议不适当地提出发展全民食堂,强调把办好全民食堂当作组织城乡人民经济生活的一个中心内容,并且要求"当年

① 《当代中国》丛书编辑委员会:《当代中国的吉林》,当代中国出版社1991年版,第126、127页。

在食堂就餐的人数要达到农村总人口的90%以上”[①]。急于向基本社有制过渡和推行全民食堂，使全省农村又发生了一次严重的“一平二调”的“共产风”。到1960年4月，全省农村共办公共食堂4.54万个，就餐人数279万人；办托儿所、幼儿园4.09万处，收托儿童46万名[②]。这种集体生活严重违背群众的意愿和生活习惯，并导致粮食的严重浪费。

1958年在个别省市建立的城市人民公社，也被要求推广。1960年3月9日，中央发出指示，要求各地放手发动群众，组织实验各种形式的城市人民公社，可以以大型厂矿和机关学校为中心，也可以以街道居民加一部分农村居民组成。4月，根据中央《关于城市人民公社问题的指示》精神，长春市宣布实现了城市人民公社化。此间，全省各城市也掀起了大办城市人民公社的高潮。到5月30日，长春、吉林、四平、通化、辽源、延吉、白城、浑江等8个城市都建立了人民公社[③]，但一般都有名无实。随着国民经济出现严重困难局面，城市人民公社也难以为继。

吉林省第二次党代会的召开

在“反右倾”、继续“大跃进”的形势下，1960年3月18日至24日中共吉林省第二次代表大会第一次会议在长春市召开。出席会议的正式代表500名、候补代表50名，列席会议的党员干部131人。按照1959年6月末的统计，全省党员总数为29.2万名，每520名党员选举一名代表，不足520名党员的选举单位也选一名代表[④]。全省43个选举单位，除省军区党委选派代表外，均由各级党的代表大会或党员大会选举产生代表。

会议的主要议程是听取和审查中共吉林省委员会的工作报告；选举

---

① 吴德：《关于省委四年来工作的检查和当前我省的工作任务》（1962年4月11日），中共吉林省委党史研究室、吉林省档案馆编：《“大跃进”运动（吉林卷）》，2003年，第139页。

② 《当代中国》丛书编辑委员会：《当代中国的吉林》，当代中国出版社1991年版，第123页。

③ 《我省各城市普遍建立人民公社》，《吉林日报》1960年5月30日第1版。

④ 吉林省地方志编纂委员会编：《吉林省志·中国共产党志》，吉林人民出版社1997年版，第718页。

中共吉林省第二届委员会。省委第一书记吴德传达了中共中央在上海召开的政治局扩大会议精神，传达了中共中央提出的关于1960年及其后三年的国民经济计划。省委书记处书记赵林代表省委作了工作报告。

会议认为，1956年基本完成了对农业、手工业和资本主义工商业的社会主义改造。1957年的全党整风运动，提高了广大党员、干部和群众的社会主义觉悟，通过反右派斗争维护了党的领导，巩固了社会主义制度。1958年，贯彻党的社会主义建设总路线，开展了“大跃进”和人民公社化运动，在全省7000多个农业生产合作社的基础上，建立494个政社合一的人民公社。在党的建设和干部队伍建设上，取得很大成绩。自第一次代表大会以来，全省发展了10万名新党员，扩大了党的队伍；培养、提拔、调整了一批干部，充实了各级领导骨干；下派7000多名干部到公社担任领导职务；全省有了一支相当数量的技术干部队伍。

会议讨论并一致通过了《中国共产党吉林省第二届代表大会第一次会议决议》，提出吉林省的社会主义建设出现了新局面，已经进入了持续“跃进”的阶段。全省人民今后的任务，就是要更坚决更全面贯彻执行党的社会主义建设总路线和一整套“两条腿走路”的建设方针；以农业为基础，按照优先发展重工业和迅速发展农业相结合的原则，更好地处理农业、轻工业、重工业各部门之间的关系；要全面贯彻执行农业“八字宪法”，加速进行农业的技术改造，加速进行农田水利建设，以粮豆为纲，多种多收和高产多收同时并举，以林牧为特点，大力发展以养猪为首的畜牧业生产，大力发展多种经营，促进农林牧副渔全面“跃进”，不断提高粮食总产量和农业总产值；要以钢为纲，进一步发展工业，加快建设采掘、机械、石油等重点工业，加强交通运输、原材料工业等薄弱环节，补齐轻工业这条“短腿”，力争在三年左右的时间内，把全省建设成为一个以重工业为中心、以大型工业为骨干、大中小相结合、具有相当规模的工业基地，大大增加工业的生产能力，增加工业产品的品种、产量和产值；要使工业和农业高速度、按比例地发展，带动全省国民经济更好更全面地持续“跃进”，从而使吉林省在建设东北地区的经济体系和支援全国建设的光荣任务中作出更大的贡献，同时使全省人民的物质文化生活水平，能在生产不断发展的基础上，得到进一步的提高[①]。

为了实现上述任务和奋斗目标，《决议》提出必须坚持政治挂帅，坚持群众路线，大搞群众运动，充分发挥广大群众的积极性和创造性。为此要大兴共产主义协作之风，深入持久地开展技术革新和技术革命的全民运动，实现“五化”（即机械化、半机械化、自动化、半自动化、连续化）、“双翻”（即生产技术设备翻新、生产能力翻番）、“三提高”（即提高思想水平、提高技术和文化水平、提高企业管理水平），厉行增产节约，发展综合利用，挖掘一切潜力，不断提高劳动生产率和生产能力；积极有步骤地继续进行文化革命和教育革命，大力发展科学文教事业，大力培养人才，建立强大的工人阶级科学技术队伍和马克思列宁主义的理论队伍，努力攀登科学高峰。必须进一步巩固和提高人民公社，充分发挥人民公社的优越性，积极发展生产，做好收益分配工作，不断提高社员的觉悟，在充分发展管理区经济的基础上，积极发展社有经济，发展社办工业，增加公社积累，为将来逐步由管理区基本所有制过渡到公社基本所有制创造条件。必须从组织生产入手，大力组织城乡人民经济生活，积极扩大并努力办好公共食堂、托儿所、敬老院等集体福利事业和各项服务事业，以建立和发展与社会主义生产方式相适应的社会主义生活方式。必须加强工业和农业的互相支援，特别是加强工业对农业、城市对农村的支援，在逐步实现农业技术改造的基础上，进一步巩固工农联盟。必须继续发展人民民主，进一步巩固人民民主专政，把社会主义革命进行到底。必须继续动员全省人民，积极支援国防建设，发展壮大民兵组织，保障社会主义建设事业的安全。

会议认为，党的领导是社会主义建设胜利的根本保证。为了进一步加强党对社会主义事业的领导，必须加强党的思想建设和组织建设，不断巩固和壮大党的组织，不断提高党员、干部的政治水平、理论水平和业务水平。要在全省党员和干部中掀起一个更大规模的学习毛泽东思想运动，以马克思列宁主义武装党员和干部，使他们既有把中国建设成为一个伟大、强盛、繁荣、高尚的社会主义、共产主义国家的雄心大志，

---

① 《中国共产党吉林省第二届代表大会第一次会议决议》（1960 年 3 月 24 日），《吉林日报》1960 年 3 月 26 日第 1 版。

又有冷静的头脑和科学分析的态度，既有敢想、敢说、敢做的共产主义风格，又有实事求是、联系群众、艰苦朴素的工作作风，以适应社会主义事业发展的要求。

这次大会继续批判“右倾思想”，认为“右倾”是领导工作中的主要危险倾向。要求各级领导者破除僵化思想，要掌握不断革命论和革命发展阶段论思想，把社会主义和共产主义两个阶段密切地联系起来，要在社会主义阶段，注意发现和支持新生的共产主义萌芽，为逐步过渡到共产主义准备各种必要的条件。

大会根据党章规定的选举办法，以无记名投票的方式，选举省委委员 42 名、候补委员 16 名，组成中国共产党吉林省第二届委员会。25 日，经过省委二届一次全体会议选举，吴德、李梦龄、赵林、李砥平、富振声、栗又文、关山复、阮泊生、于毅夫、于克、徐元泉、张士英、兰干亭、刘慈恺、宋任远、萧靖、宋洁涵为常务委员；吴德为省委第一书记，李梦龄、赵林、李砥平、富振声、栗又文、关山复、阮泊生、于毅夫为书记处书记。经过省委监察委员会全体会议选举，李砥平兼监委第一书记，岳林为第二书记，蔡毅、戴峻为副书记。同年 12 月，中共中央批准，赵林任省委第二书记。

这次大会的报告和决议，是根据党的八届八中全会和中央政治局（扩大）上海会议精神，在“反右倾”形势下作出的。大会对于鼓舞人民群众斗志，增强人们建设社会主义信心以及加强党的建设等方面起到了积极作用。但在当时的背景下，大会的消极作用也是明显的。在贯彻社会主义总路线中，只求多快好省，对“大跃进”中的盲目性，对人民公社化中出现的急于从集体所有制向全民所有制过渡的倾向等问题，难以引起足够重视。这次代表大会在对一些重大问题的认识上显然脱离了实际，错误地估计了全省形势，违背了客观经济发展规律。在领导方法上，强调政治挂帅，大搞群众运动，片面宣传“人定胜天”的口号，忽视了科学管理在经济建设中的作用。这次会议要求人民公社由管理区的基本所有制，逐步向公社基本所有制过渡，助长了“共产风”、浮夸风和瞎指挥风的泛滥，同时又提出持续“跃进”的口号，将全省“大跃进”推向了新的阶段。

三、国民经济的困难局面

国民经济出现困难局面

1958年至1960年的三年“大跃进”运动，严重违背了经济规律，脱离了客观实际，使以“共产风”为主要特征的“五风”（“共产风”、浮夸风、强迫命令风、瞎指挥风、特殊化风）盛行，加上自然灾害和苏联政府背信弃义撕毁合同，中国国民经济出现了严重困难。吉林省经济也出现了严重困难局面。生产力遭到破坏，工农业生产急剧下降，人民生活发生严重困难。

全省国民经济主要比例严重失调，重工业畸形发展。首先是工农业比例失调。“大跃进”中片面强调发展工业，大办钢铁，大办水利，大办煤炭，各种大办都是以牺牲农业为代价的。其结果是农业生产下降，工业生产增长无力。从1957年到1960年，工农业总产值的比重分别是63.4%：36.6%；68.3%：31.7%；71%：29%；83.1%：16.9%。工农业的这种比例关系，反映工业生产的过快发展和农业的萎缩。其次是积累和消费比例失调。由于盲目扩大基本建设规模，投资量大幅度上升。1958年到1960年，全省基本建设投资总额比“一五”时期还多2.4亿元，使积累和消费极不协调。再次是工业内部比例关系失调。由于工业“以钢为纲”、持续“跃进”，1960年全省工业总产值达到58亿元，为1957年的2.7倍。其中，重工业产值达到39.6亿元，为1957年的3.4倍。[①] 由于重工业发展过快，原材料、运输和动力更加紧张，部分轻工业工厂陷于停产和半停产状态。农业的减产破坏了轻工业的生产条件。仅油料作物产量就由1958年的6.91万吨下降到1960年的2.19万吨。轻工业生产大幅度下降，又造成市场供应的紧张。1960年轻工业产品只能满足需要的40%左右。这样就严重影响了国民经济的发展

① 吉林省地方志编纂委员会编：《吉林省志·政府志》，吉林人民出版社2003年版，第721页。

和人民生活的需要。在重工业内部，为保证钢铁产量翻番，要求增加更多的生铁、煤、运力和劳动力，造成其他重工业部门无法生产。吉林省是煤炭短缺省，1958 年伴随工业“大跃进”运动，钢铁用煤急剧增长，煤炭供应情况更加紧张。尽管从 1958 年到 1960 年全省煤炭增加了 1 倍多，但仍然挤占了工业和人民生活用煤。为了以煤保铁，以铁保钢，全省煤炭战线开展了夺高产、放卫星运动。各地大办小煤窑，使小煤窑遍地开花。乱采乱掘的短期行为造成“三量”（煤量、准备煤量和开采煤量）不足，使煤炭生产逐年下降。到 1960 年 10 月，煤炭产量下降 11.2％，致使钢铁企业全部停产。1961 年初，由于煤炭严重不足，全省有 45％的企业被迫停产和半停产。时值严冬季节，人民生活用煤、机车用煤和国防用煤必须保证，致使工业用煤更加不足，全省有 508 个企业因缺煤无法正常生产。1958 年 9 月网内供电量减少到 461 万度，比正常需要量少 213 万度，只能满足需要的 68％，对城市居民只好拉闸限电。12 月，由于大炼钢铁，货运量增加，铁路运输十分紧张，积压各类物资 271 万吨，严重影响了市场供应，一些地方烧柴、饲草脱销。一些企业为增加生产，违反科学，不顾设备条件限制，使设备超负荷带病运转，造成设备大量损坏，产品质量不断下降。

农村生产遭到破坏。1959 年“反右倾”斗争以后，农村中的“左”倾思想进一步发展，虽然对其多次纠正，但因一直急于向共产主义过渡的指导思想、“一平二调”的“共产风”始终没有解决，造成了对生产力的破坏。“大跃进”中，伴随着“浮夸风”而来的是高估产、高征购。全省在粮食征购中，许多地方购了过头粮。1961 年是最困难的一年，农村人均留量不足 300 斤，城市人口每人每月 26—27 斤，许多人患上浮肿病。粮食的紧缺，不仅造成人的体力下降，而且畜力大大减弱。全省瘦弱牲畜有 33 万多头，占总数的 18％左右，趴窝不能使役的有 3 万多头，并且发生非正常死亡，严重影响了生产。同时，由于农村搞“一平、二调、三收款”，许多农民不安心农业生产，纷纷涌向城市，加之城市工矿、企业盲目上马，大量招收农民工，造成农村人口大量外流，农业劳动力减少很多，1958 年至 1960 年农村劳动力流出约 80 万人。1960 年全省农业劳动力只有 241 万人，占社会总劳动力的比重由 1958 年的 63.7％下降为

56.2%，其中参加农业生产第一线的劳动力只有215万人，平均每个劳动力负担耕地36.5亩，比1958年增加10亩，提高负担率38.3%。留在农村的劳动力不仅数量少，质量也下降，大部分青壮年被抽走，留下的多是老人、妇女。榆树县五棵树公社垄家管理区5队，三年间外流劳动力21名，留在农村的劳动力平均年龄52岁。社员群众形象地说：我们队尽是老黄忠，就是缺少青年武松①。由于劳动力不足，农业生产经常处于突击紧张的状态，农活粗糙现象十分普遍。1960年由于播种、插秧、违误农时和铲趟不及时，影响粮食产量。当年夏锄时发生严重草荒，这一年又遭受了严重的自然灾害，受灾面积达165万公顷，占粮食作物播种面积的43%左右，粮食总产量锐减到394.7万吨，比上年下降25%，降到新中国成立以来的最低水平。国家征购以后，农村全部留量只有277万吨，人均口粮标准降到320斤。农业减产，农村留量降低，直接影响第二年的农业生产和农民生活。1957年全省粮食总产量429.5万吨，养活着376万城市人口，而1960年在粮食减少35万吨的情况下，却养活561万城市人口，粮食供应极度紧张。据统计，截至1959年7月，全省库存粮食仅为23.3万吨，扣除死角粮，可作为供应的粮食只有13.3万吨，不足全省20天的销量。长春、农安、双阳粮食供应告急，到了随到随销的地步。

市场供应紧张，物价上涨，人民生活水平下降。由于农业、轻工业大幅度减产，市场商品可供量下降。1960年，在挖掘了大量库存的情况下，全省商品货源仍比社会购买力少1.1822亿元。特别是人民生活必需的消费品不能保证基本需要。1961年上半年，全省生活商品零售商品总额比1960年同期减少12%，主要副食品减少42.8%，穿的减少65.5%，用的减少18.7%，城乡每人只发给2.7尺布票。全省零售物价指数1960年比1959年提高8.1%，1961年比1960年提高12.6%。由于物价上涨，1961年全省居民增加支出2.68亿元，平均每个居民增加

① 《关于当前农村生产力和农业生产关系的情况和问题及处理意见的报告》，1960年10月28日。

17.39元。全民所有制单位职工平均工资，1961年比1958年下降6.9%[①]。

克服粮食困难和粮食外调

城乡经济的紧张给人民生活带来了严重困难。最大的问题是缺粮。一方面粮食大幅度减产，另一方面粮食销售量却因城镇人口的剧增而不断增加。粮食征购量有增无减，粮食征购占粮食产量的比例不断提高，吉林省在粮食产量最低的1960年，竟高达60.5%。城镇和农村都面临粮荒的危险。

为了克服粮食不足的严重困难，省委、省人委采取一系列应急措施，努力安排好人民生活，保证生产，稳定形势。一是高度重视办好粮食、抓好生活工作，将其排到党委的议事日程上来。第一书记挂帅，深入一线，提倡扎扎实实的工作作风，反对浮夸，把安排好人民生活作为中心工作来抓。二是根据中央提出的"低标准、瓜菜代"的方针，一方面发动群众大搞代食品，适当扩大自留地，开垦小片荒，多种早熟作物；一方面开展思想工作，提出"保证不饿死一人"的口号，消除了群众的思想顾虑。采取以人分等，以等定量，分段安排口粮，把口粮标准层层落实到户；根据忙时多吃，闲时少吃，干稀调剂的原则，安排好粮食用量。三是压缩城市人口，精简职工，减少城镇粮食销量。1960年全省精简职工9万名，使城镇人口比例下降，增加了农村劳动力。四是及时和中央保持联系，及时反映本省的粮食状况。

1960年2月，省粮食厅印发中共中央《关于安排农村人民生活的八条标准》；5月，下达《吉林省粮食销售出库命令实施办法》，使粮食出库严格执行了定额支票制度，有力地制止了超销现象。八九月间，省委召开有市、地(州)、县委第一书记和主要厂矿企业负责干部参加的工作会议，传达中央北戴河会议精神。会议根据中央《关于全党动手，大办农业，大办粮食的指示》和《关于开展以保粮、保钢为中心的增产节约运动的指示》精神，以保粮、保钢为中心，讨论了工农业生产、外贸收购、劳动

① 《中共吉林历史概要》编写组：《中共吉林历史概要》，吉林教育出版社1991年版，第275页。

力安排、生活安排等问题。会议要求，深入开展以保粮、保钢为中心的增产节约运动，大办农业、大办粮食。10日，省委发出《关于增强农业劳动力的十五项规定》，要求在二三年内，一般不再从农村抽调劳动力，而且要从城乡、从各行各业中挤出一切可能挤出的劳动力，充实农业战线，特别要充实粮食生产战线。同日，省委发出《关于贯彻执行中央〈关于全党大搞对外贸易收购和出口运动的紧急指示〉的决定》，要求大抓收购、出口、调运，保证完成外贸收购和出口计划。10月，省委、省人委又发出《关于收割后期掀起拣粮高潮的紧急通知》，并召开市、地(州)、县委第一书记会议，在全省开展了以增产粮食为中心的增产节约运动。省委、省人委提出执行“低标准、瓜菜代(代食品)、办好食堂、管好粮食、劳逸结合”的方针，强调抓好“收、管、用、种(春菜、早熟作物)、压(消费标准)”五项工作。确定全省农村口粮标准为400斤左右，丰收地区最高不超过430斤，灾区不低于380斤，把保人、保畜、保护生产力作为农村的中心工作；在城镇，认真做好粮食调拨摆布，大力整顿粮食统销，核实人口和工种，取消补助粮，居民每人每月节约1斤到2斤粮食。从1961年开始，全省调整了农村粮食征购政策，实行定产、定购、定留量，一年一定，春定秋调(俗称“新三定”)，贯彻了少购少销的方针，实行“增产不增购，多产可以多留”，克服粮食分配上的平均主义。在1960年至1963年间，先后采取了对超售粮食的生产队给予加价10%奖励，提高油脂、油料的统购统销价格和粮食的统购价格，对社队交售粮食奖售工业品，以工业品向农民等价换购粮食等措施。1964年开始逐步建立起社队集体粮食储备。

在国民经济陷入困难时期，中共吉林省委一方面为克服粮食困难作出了不懈努力；另一方面为支援灾区，解决全国粮食危机作出了贡献。省委始终贯彻全国一盘棋的思想，教育全省人民以大局为重，以国家为重，号召全省人民勒紧腰带，省出粮食支援更困难的地区。1960年10月，省委召开市、地(州)、县委第一书记会议，讨论粮食问题。省委书记处书记富振声在会上作了关于大办农业、大办粮食宣传工作的报告，强调指出：“从我们外调的商品粮来讲，我们还是占全国第三位，在全国粮食紧张的情况下，我们必须支援全国、支援灾情更严重的兄弟省份。”[①]“今年全国粮食减产很多。为了服从整体，在我省自己也遭到了严重灾害的情况下，还要支援受灾更加严重的兄弟省份，支援全国，支援出口，这是光荣的任务，必须努力完成。”[②]从 1958 年到 1961 年，吉林省每年平均纯征购粮食 41.54 亿斤，比第一个五年计划期间每年平均增长 12.7%，而农村留量每年平均减少 21.7%[③]。1960 年，全国各地遭受严重的自然灾害，吉林省的灾情也十分严重，颗粒无收的就达 27 万公顷，粮食产量降到新中国成立以来的最低水平。9 月份库存由上年同期 22.5 万吨下降为 16.7 万吨，减少 26%。在粮食极度紧张的情况下，1960 年吉林省纯调出 59.5 万吨。省委第一书记吴德指出：“1961 年的征购任务也是比较重的。第一个五年计划期间平均每年纯征购占分配产量的 37.5%，而 1961 年则达到 46.5%，增加了 9%。1961 年纯上交 8 亿斤，同样是由于国家需要。”[④]在困难的情况下，吉林省为全国作出了积极的贡献。

由于采取和实行多种有力措施，广大干部群众同舟共济，共渡难关，全省人心稳定，社会秩序良好。在严重困难面前，中共吉林省委带领全省人民经受住了考验，粮食紧张状况从 1962 年开始逐步得到缓解，农业生产得到了逐步恢复和发展。

---

① 《富振声同志在市、地（州）、县委第一书记会议上的报告（摘要）》（1960 年 10 月 29 日），中共吉林省委党史研究室、吉林省档案馆编：《“大跃进”运动（吉林卷）》，2003 年，第 112 页。

② 《富振声同志在市、地（州）、县委第一书记会议上的报告（摘要）》（1960 年 10 月 29 日），中共吉林省委党史研究室、吉林省档案馆编：《“大跃进”运动（吉林卷）》，2003 年，第 114 页。

③ 吴德：《关于省委四年来工作的检查和当前我省的工作任务》（1962 年 4 月 11 日），中共吉林省委党史研究室、吉林省档案馆编：《“大跃进”运动（吉林卷）》，2003 年，第 151 页。

④ 吴德：《关于省委四年来工作的检查和当前我省的工作任务》（1962 年 4 月 11 日），中共吉林省委党史研究室、吉林省档案馆编：《“大跃进”运动（吉林卷）》，2003 年，第 151 页。

第十二章
国民经济和社会政治关系的全面调整

进入20世纪60年代，面对国内日益严峻的经济形势和困难局面，党中央认真调查研究，纠正错误，调整政策，决定对国民经济实行“调整、巩固、充实、提高”的方针(简称“八字方针”)。经过两年调整，到1962年底，国民经济逐渐复苏。党中央从实际出发，决定在接下来的三年继续贯彻八字方针。中共吉林省委面对全省经济的困难局面，认真贯彻八字方针，在全省大兴调查研究之风，对国民经济进行全面调整。在调整经济的同时，对政治、科技、教育、文化、卫生等方面也进行了调整。到1965年，全省国民经济调整任务胜利完成，经济和社会建设取得了很大成绩，人民物质生活普遍得到改善。

一、大兴调查研究之风与农村经济的调整

传达贯彻中央《紧急指示信》精神

1960年下半年，中国国民经济遭受到最严重的困难。11月3日，党中央发出周恩来主持制定的《关于农村人民公社当前政策问题的紧急指示信》(简称《紧急指示信》，即“十二条”)；1961年1月，党的八届九中全会决定对国民经济实行“调整、巩固、充实、提高”方针，这是一个关

系全局的战略转变。从此，全国进入以停止“大跃进”、纠正“共产风”为中心的调整党的方针政策的时期。

根据中央的指示精神，中共吉林省委下发了《贯彻执行〈紧急指示信〉的指示》，并立即组织传达贯彻。省委先后召开省委常委会议，省、地、县三级干部会议以及市、地(州)、县委第一书记会议，认真学习和讨论《紧急指示信》以及中共中央和毛泽东关于纠正“共产风”的历次指示，对全省农村形势进行了详细的分析，总结了工作中的经验教训，检查了“共产风”和干部作风方面存在的问题。省委具体研究部署了贯彻中央《紧急指示信》的方法、步骤，要求各地党委迅速将中央的精神传达下去，做好贯彻执行中央《紧急指示信》的试点工作，在保证完成粮食征购、外调任务和安排好人民生活的基础上，以贯彻《紧急指示信》为中心，彻底纠正“共产风”，搞好整风整社运动。贯彻《紧急指示信》要求发出后，全省各级领导干部深入农村，纠正错误，落实政策。省直机关抽调2500多名干部，组成6个工作团，分赴省内各地，宣读和讲解《紧急指示信》，协助基层党组织发动群众，积极完成农村各项工作，做好生活安排。12月，中央直属机关选调302名干部，到吉林省参加农村工作，加强农业生产第一线。他们深入怀德、永吉、农安、扶余、梨树、伊通等县参加当地农村工作，支援农业生产。

省委针对全省“大跃进”中存在的问题，严格遵循《紧急指示信》所重申的各项原则，结合全省实际情况，于1960年11月18日发出《关于执行中共中央〈关于农村人民公社当前政策问题的紧急指示信〉的补充规定》。《补充规定》确定：农村人民公社实行以管理区为基础的三级所有制，坚持生产队的小部分所有制，生产队包产以外的生产收入，要保证80%以上分给本队社员；坚持各尽所能，按劳分配的原则；正确处理积累与消费的比例关系，实行少扣多分，尽量做到90%以上的社员增加收入；允许社员经营少量的自留地和小规模的家庭副业；采取坚决措施，保护耕畜；大力压缩城镇人口，精简职工，调整公社内部生产力，加强农业生产第一线；有领导有计划地恢复农村集市贸易，活跃农村经济；开展整风整社，认真解决对农业生产破坏极大的“五风”，改进干部作风，促进农村生产力的发展。《补充规定》的发表大快人心，起到稳定和促进农业生产的积极作用。

《补充规定》为纠正“大跃进”中出现的问题提供了政策保证。全省各地按照省委的部署和要求，相继召开地、县、公社、管理区、生产队五级干部会议，传达贯彻中央《紧急指示信》和省委《补充规定》精神，彻底揭露县、社两级的“五风”问题，在此基础上分期分批开展整风整社运动。

中共长春市委与长春市郊区区委派出工作组，紧紧抓住纠正“共产风”这个核心问题，到试点单位摸索贯彻“十二条”政策的经验。工作组对大屯公社“共产风”问题进行了详细调查，并于12月10日联合向省委上报《关于城市各单位在大屯公社平调土地劳力和物资情况的报告》。《报告》反映，省、市、区属116个单位在大屯公社平调过土地劳力和物资，“群众意见颇多，亟待解决”。27日，省委即作出批示：“国家机关、学校、部队、工厂、企业等一百多个单位在大屯公社刮‘共产风’，问题十分严重。这种情况不仅大屯公社存在，全省各地也不同程度地存在。”省委要求各机关单位领导“应当以严肃认真的态度对待中央十二条指示，对无偿抽调公社的土地、车马、劳动力和其他物资，要立即到公社主动进行退赔”，同时要赔礼道歉，“对那些在平调当中为非作歹、欺压群众的干部，要向群众作检讨，并应根据情节给予纪律处分。”东北局于1961年1月27日转发了吉林省委批转长春市委的报告。东北局在批示中明确指出：这种情况说明“共产风”涉及面很广，如果只有公社内部实行清算赔退，而各有关的机关、企业、学校、部队等单位不坚决实行赔退，“共产风”就不可能得到彻底纠正，党的政策就不可能完全兑现，取信于民。东北局严令各机关单位必须自觉地积极主动地坚决执行中央《紧急指示信》的规定，随清随退，及时兑现，作出示范，并且保证以后不再犯“一平二调”错误①。

为继续推动《紧急指示信》的贯彻，11月15日，毛泽东起草了《中共中央关于彻底纠正五风问题的指示》，要求各地党委“必须在几个月内下决心彻底纠正十分错误的共产风、浮夸风、命令风、干部特殊风和对

① 《东北局转发吉林省委批转长春市委“关于在大屯公社试点工作中退赔问题的报告”》，1961年1月27日。

生产瞎指挥风，而以纠正共产风为重点，带动其余四项歪风的纠正。”为彻底纠正以“共产风”为核心的“五风”，1960年12月12日，省委召开整风整社试点工作座谈会，省委书记处书记于毅夫作了会议总结。他总结概括了全省刮“共产风”的特点和危害，强调整风整社要以纠正“共产风”为重点，并提出搞好整风整社的四条标准：一是“一平二调”的遗留问题全部解决；二是干部的思想水平和工作作风显著改进；三是群众真心满意，情绪高、干劲足；四是农业生产出现新的面貌。他还具体部署了全省的整风整社工作，强调各县要开好五级干部会，加强对运动的领导，学习、讨论中央“十二条”指示，树立政策观念，发动和依靠群众解决“五风”问题。1961年1月14日，省委发出《关于整风整社必须保证质量的通知》，要求加强力量，包干负责，以“破产还债”的精神，坚决搞好退赔兑现，彻底纠正“一平二调”的“共产风”，从安排生活、组织生产入手，把整风整社搞好。省委同时发出《关于有些地方违反中央指示重犯“一平二调”错误的通报》，要求各市、地（州）、县委，帮助公社党委认真改正平均主义、无偿占有生产队和农民人财物的错误。2月12日，省委发出《关于执行中共中央〈关于农村人民公社当前政策问题的紧急指示信〉的补充规定》，再次强调彻底纠正“一平二调”的“共产风”，允许社员经营自留地和家庭副业，并明确指出“不应把他们当作资本主义自发势力”。按照省委统一部署和要求，各地相继召开五级干部会，贯彻落实中央《紧急指示信》，围绕纠正“共产风”这个核心，彻底揭发县社两级的“五风”问题。在贯彻中央《紧急指示信》过程中，全省先后向生产队和社员退赔价值2亿元的财物。这既教育干部懂得了不能无偿剥夺农民的道理，又对稳定农村形势、调动农民积极性、恢复农业生产起了重要作用。

党的八届九中全会决定对国民经济实行“调整、巩固、充实、提高”方针后，1961年1月28日至2月7日，中共吉林省委召开第二届第三次全体（扩大）会议。会议传达了党的八届九中全会精神，总结全省的“一平二调”“共产风”、高指标、急躁冒进的教训，讨论调整国民经济各部门的发展速度和加强农业战线问题。会议通过《关于加强调查研究工作的决定》，要求县以上党委领导必须亲自深入基层，进行典型调查，了解实际情况，解决具体问题。此后，全省进入国民经济的调整阶段。

大兴调查研究之风

面对严重的经济困难，毛泽东在党的八届九中全会上号召全党大兴调查研究之风，一切从实际出发。毛泽东和党中央重新倡导调查研究，端正思想路线，成为纠正错误、调整政策、转变党的指导思想的先导。1961年3月23日，党中央发出《关于认真进行调查工作问题给各中央局，各省、市、区党委的一封信》。信中要求县以上各级领导机关干部，首先是第一书记，要认真学习毛泽东注重调查研究的思想方法和工作方法，把深入基层，蹲下来亲自进行系统地典型调查，当作工作的首要任务。信中强调："一切从实际出发，不调查没有发言权必须成为全党干部的思想和行动的首要准则。"

为了总结1958年"大跃进"以来的工作，更好地贯彻调整国民经济的八字方针，1961年1月27日中共吉林省委召开常委会议，传达党的八届九中全会和中共中央关于调查研究的精神，号召大兴调查研究之风。1月30日，《吉林日报》转载《人民日报》社论《大兴调查研究之风》。2月6日，省委发出《关于加强调查研究工作的决定》。《决定》要求，各级领导要注重调查研究，密切联系群众，深入了解情况，把理论同实际结合起来，踏踏实实地把工作做好，不犯或少犯错误。《决定》规定，省委委员每半年之内，应就某个单位或某个问题作深入的调查研究，并向省委写出有材料、有分析、有见解的调查报告。省委各部委、各厅局，各市、地(州)、县委要根据工作需要，制订调查研究计划，组织力量，付诸实施。4月3日，省委向东北局上报《关于调查研究工作部署情况的报告》。《报告》向东北局汇报了吉林省部署调查研究的具体做法，即省委书记处人员依托各有关部委厅局，组成十几个调查组，其中农村3个，工业4个，交通运输业1个，手工业4个，商业、财经2个至3个。省委第一书记吴德亲自抓3个组，即农业方面的怀德烧锅公社、工业方面的吉林化学工业公司、手工业方面的长春市南关区手工业社；第二书记赵林抓长春机车厂的调查研究；书记处书记、省长栗又文抓吉林市手工业及其他各手工业调查组的调查。17日，根据东北局对吉林省工业方面调查题目的建议,省委在原计划基础上调整了有关领导的分工:吴德主持调查吉林化学工业公司,赵林主持调查长春第一汽车制造厂,吉林市委负责调查吉林热电厂,其他人员也作了具体分工。

与此同时,《吉林日报》从4月2日至6月2日,开辟了《大兴调查研究之风,发扬实事求是精神》专栏,报道坚持实事求是原则的模范党支部书记和基层干部的先进事迹,指导广大党员干部搞好调查研究,大大推动了全省的调查研究工作。

根据省委的统一部署,4月初各调查组基本进入调查地点,5月上旬写出第一批调查报告。到6月初,省委各调查小组和省委与市、地(州)、县委联合调查组写出调查报告近百篇。由于此次大兴调查研究是伴随着贯彻中共中央《紧急指示信》、党的八届九中全会精神和《农村人民公社工作条例(草案)》(简称“农业六十条”)展开的,因此调查报告的大多数内容是关于农村人民公社政策方面的。

通过系统的社会调查,省委了解到人民公社化运动中的许多问题。第一,关于粮食与公共食堂问题。当时农村人口1月至3月份每天人均只有3两粮,而且就连低标准、瓜菜代也难以为继,不少人得了浮肿病。大办公共食堂是粮食极度紧张的重要因素。省委调查组通过对农安县合隆公社两个大队、蛟河县白石山公社两个大队的调查以及吉林市委对红旗大队的调查了解到,社员绝大多数不同意继续办公共食堂,认为办食堂浪费大、屋子冷、费工多、群众不方便,不利于饲养业的发展,特别是造成社员与社员之间的平均主义,不利于调动社员的生产积极性。因此社员普遍要求解散食堂,回家做饭。第二,关于工资制与供给制相结合的分配制度问题。部分供给制是人民公社化运动中产生的新的分配原则,时称“共产主义因素”,实际是产生社员与社员之间平均主义的经济根源,是阻碍和破坏生产力发展的因素。省委与蛟河县委联合调查结果表明,蛟河县白石山公社柳树河子生产大队地处山区,又是火车站所在地,自然条件好,原本收入比较高,但是人民公社化以来,实行供给制与工资制相结合的分配制度,而且供给部分的比例越来越高(1959年、1960年均占30%左右)。据统计,该大队8口之家1个劳动力的社员,比按劳分配多得33.7%,一个单身汉社员却比按劳分配少得41%,

极大影响了社员的生产积极性，使全大队1960年的总收入骤减15%。有的生产队供给制所占的比例更高，结果造成勤的变懒，懒的更懒，大家共同受穷的局面。因此社员普遍要求取消供给制。第三，关于评工记分不合理的问题。社员反映评工记分没有体现差别，不论工种、体力强弱和技术高低，一律“老八分”或“老十分”。社员评论说：论干活，打头的顶大半拉子一个来回，可是工分不差上下，非常不合理，以后谁还出力干活！可见，评工记分不合理是造成惰性和人与人之间平均主义的又一根源。第四，关于农村人民公社基本核算单位的问题。基本核算单位放在哪一级实际上是集体所有制规模和人民公社体制问题。“农业六十条”草案规定以生产大队为基本核算单位，对克服大队与大队之间的平均主义是有效的，但它是造成生产队与生产队之间平均主义的体制根源。广大干部和群众普遍要求以生产小队为基本核算单位。他们说土地、牲畜、农具归生产队所有，“老骡子老马也能多活几年”。第五，关于自留地与家庭副业问题。自留地与家庭副业直接关系农民的切身利益。1958年在人民公社化运动中，随着大办食堂的展开，农民的自留地归了集体，家庭副业也随着被取消，使社员减少了收入，市场减少了农副产品的供应，极大地伤害了社员的感情，社员普遍要求恢复自留地和家庭副业。

省委在深入地调查农村人民公社的同时，对长春第一汽车制造厂、吉林化学工业公司、吉林热电厂、蛟河煤矿等工矿企业，一些重点城区、集镇的手工业，以及商业体制等方面问题也展开了详细调查，并写出调查报告。通过对工矿企业的调查研究，省委发现了存在的主要问题。第一，在领导体制上贯彻党委领导下的厂长负责制不全面，党政不分、以党代政的问题严重。如吉林某大厂党委办公室主任在一年多时间里代替厂长、总工程师行使指挥权，从发电负荷的升降、优劣煤混烧配比、机炉的启停等重大问题，直到劳保用品、自行车、粮票、饭票等日常具体行政事务无所不包，无所不管。厂长说：“我们这名义上是厂长负责，实际我说了不算。”[①]以厂长为首的生产行政指挥系统被削弱了打乱了，总

① 《吉林热电厂调查报告》，1961年6月28日。

工程师的技术领导权没有了，上级经济机关的调度指挥失灵了，导致1960年成为该厂五年来事故最多的一年。第二，工资奖励制度上的平均主义严重，影响了广大工人生产积极性。强调政治挂帅，却忽视了物质鼓励；取消了记件工资制，平均摊派奖金，造成一线工人生活水平下降；加上住房分配、劳保待遇、粮食分配不合理，严重影响了工人的生产积极性。第三，对工程技术人员重视不够，不能充分发挥技术骨干作用。省委调查组在吉林某工业公司调查了解到，该公司有工程技术人员1401人，其中专职技术人员988人，仅有工程师7名、助理工程师41名，其余均为一般技术员。工程技术人员的力量还没有充分发挥出来，原因是领导认识片面、使用不当、照顾不周。有些领导笼统地把工程技术人员看成是资产阶级知识分子，动不动就说他们是“臭知识分子”，是技术革命的“保守分子”，是“观潮派”，还说没有技术的“白帽子”也一样办工厂。在这种思想指导下，甚至存在把技术人员当成下放对象的情况。在生活待遇上不照顾知识分子的实际困难，对于重要合理化建议和发明创造没有必要的物质奖励和精神鼓励，当然调动不了他们的积极性。第四，规章制度不健全，岗位责任不明确，管理混乱。“大跃进”运动造成许多行之有效的规章制度被破坏，靠群众运动搞生产。有些工厂一度取消了技术监督科和化验室，不少工艺规程破而无立。不少技术人员职责不明，权限不清，有职无权。管工艺的技术人员对违反工艺规程现象无权干涉，管设备的技术人员对损害设备的现象无可奈何。这些情况造成工厂管理的混乱。第五，党的领导不民主，政治思想教育工作被忽视。

关于手工业的调查研究。根据省委统一部署，从4月5日至30日，三个调查组分别到长春、吉林、四平三个市和桦皮厂、郭家店、三岔河三个集镇对手工业生产情况进行了调查。调查组了解到，全省手工业大体经过了1956年由个体到集体、1958年再经过由集体到地方国营的变化升级过程。升级后，虽然产值有所增加，但有些小商品和农具名牌没了，品种少了，产量和质量都下降了。通过对上述三市三镇696种可比商品的调查了解到，1960年比1957年减产的品种285种，占总产品的41%；停产和丢掉的品种225种，占总品种的32.3%。其中丢掉的名牌就有四平的“单葫芦”板锹、吉林的“宝石牌”木工锯、长春的“赵九德钢叉”。另据郭家店手工业调查组对124个可比品种的调查，1960年比1957年减产的有25种，占20%；丢掉的63种，占51%；1960年供应的33种小农具中，只有6种能满足供应，27种严重脱销；供应的34种炊具中，只有1种能满足要求，其余如锅、菜刀、剪刀等30个品种长期无货。产生上述问题的根本原因是手工业合作社连续升级，企业转产，技工转业，生产与销售脱节，职工“吃大锅饭”，缺乏生产责任心和积极性。用工人的话来说，就是吃官饭、摇官船，赔赚也找不到工人身上。再加上管理机构单一，工作人员缺乏经营管理经验，只顾追求产值，不知或不顾群众需要。

关于商业和服务业体制问题。省委财贸部工作组、省委与农安县委联合调查组通过对永吉县口前人民公社、农安县合隆人民公社的调查了解到，被调查地1958年以前商业体制有国营经济、集体经济、个体经济（包括游商“货郎”）三种所有制，国营商店、供销合作社、自由市场三条渠道，基本形成了国营经济领导下的城乡物资交流畅通、能够促进工农业生产、满足人民生活需要的商业体制。1958年人民公社化后，整个商业变成了“清一色”的单一所有制经济，流通渠道也变成单一的渠道。改制后的单一性弊病很多。第一，商业网点太集中，素质比较低的新从业人员比较多，群众很不方便。群众反映说，过去买东西在家门口就能买到，现在买个发卡也得跑四五里路。第二，供销社失掉了群众基础。以往的供销社是社员自己集资的集体经济性质组织，已形成定期召开社员代表大会、监事会、理事会等一套监督管理体制，年终社员参加分红，所以社员非常关心供销社经营的好坏。现在变成了“官买卖”，广大群众既不分红，也无法监督，自然也就疏远了。第三，除个别工种保留计件工资外，其他一律实行计时工资制，不能调动职工的积极性，服务态度变差了。

这次大兴调查研究之风，对推进全省工作意义重大而深远。省委通过系统调查研究进一步确立了党的实事求是的思想路线。通过系统的调查研究，省委和各级党组织检讨和总结了“大跃进”和人民公社化运动中的经验教训，为全面贯彻党的八字方针做好了铺垫。通过系统调查研究,锻炼了队伍,提高了干部素质。更为关键的是,省委在对农村人民公社进行调查研究的过程中,根据中央《紧急指示信》和“农业六十条”精神,针对各调查组在调查中发现的问题、提出的大量好的建议和解决问题的对策,因地制宜调整农村经济政策,恢复和发展了农业生产。

周恩来在吉林调查研究

为了克服经济困难,推动八字方针的贯彻落实,在全党大兴调查研究之风氛围中,1962 年五六月间,周恩来到东北进行调查研究。东北是重工业区,大型企业多,情况复杂,是困难特别严重的地方。因此,他主动提出到东北来。6 月 16 日至 17 日、22 日至 24 日,他来到吉林省进行调查研究。

16 日上午,他视察了正在建设中的长春拖拉机制造厂。他亲临车间观看了生产过程和试制出来的拖拉机样机,听取了该厂技术人员关于“铁牛—40 型”拖拉机的动力性能、经济性能、使用范围等情况的介绍。他在视察和听取汇报后,了解到该厂建厂不久,有许多困难一时无法解决,当即指示一机部、五机部和一汽的领导,要帮助拖拉机厂解决建厂中的困难。在谈到由一汽协助长春拖拉机制造厂试制拖拉机时,他特别强调“要实用”,“在材料供应上必须是国内能保证的。”他这种深入基层深入群众,亲自调查研究的实事求是精神和发现问题就地解决问题的工作作风,给全省广大干部群众留下了难忘的印象。

当天下午,周恩来来到第一汽车制造厂。他视察了铸造分厂和发动机、冲压、总装配车间,观看了越野汽车和红旗牌轿车等产品,与职工亲切握手、交谈,询问工人们的工作、生活和学习情况。他在听取厂领导汇报汽车生产任务时说:工厂除了生产汽车外,同时还要有两个任务,一是支援农业,一是支援国防。此外,还担负援外任务。他还提出了把工厂的后勤服务工作交给地方管理的设想和具体意见。

吉林省地方工业研究所(现为省石油化工设计研究院)担负着研究、实验和试制维尼纶的任务。这是一项解决全国人民穿衣的重大课题。周恩来对这个项目十分关心,17 日上午视察了研究所的实验车间,听取了关于维尼纶研究和试制情况的汇报。他详细观看了试验纺出的维尼纶合成纤维及其混纺织物样品，最后又要了一本该所编印的关于发展维尼纶合成纤维的介绍资料，说要带回去详细看看。

17日下午，周恩来来到长春电影制片厂。他对厂长亚马说："对演员要长期培养，演员也必须长期锻炼。"在接待室，他接见了部分导演、演员和编剧，同他们握手、亲切交谈。他对创作人员说：电影音乐不能喧宾夺主，影片要突出主题、人物形象和语言；作为一个电影工作者，一定要认真学习毛主席《在延安文艺座谈会上的讲话》，努力为工农兵服务。他就电影的主题、人物、音乐及文艺工作者世界观改造作了重要指示。

22日，周恩来抵达延吉。下火车后，他接连参观延边农机厂、延边大学和延边医学院。在农机厂，当听说生产一副五铧犁需要一吨半钢材时提出，能不能改革？要大胆设想，生产出更多更好的农业机械来支援农业，要开展技术革新和技术革命。在延边大学，他走进学生宿舍了解学生的生活、学习环境和学习进展等情况。在延边医学院，他详细察看了实验设备，到教室观摩教师授课。23日，在去延边农学院视察路上，他说：千万要保护好森林，这是关系到国计民生的大问题，森林保护不好，子孙后代要骂我们的。水利是农业的命脉，修水库要好好勘察，切实计算一下，提个计划，一个一个地搞。他还叮嘱有关人员，要与农民商量如何搞好水土保持问题。在延边农学院的果树苗圃，他在听了关于建校的汇报后说，你们要继续把教学与生产劳动结合起来，更多地培育出适合当地的苹果梨树苗，栽遍沟坡山岭。他要求校办农场要搞好，要起到示范作用。他在中共延边州委常委会上指出：军队修工事、修营房、修公路、开荒、打靶五件事，都要保护好森林；城镇人口太多，要让职工家属搞农业，这是一条出路。他还走进长白公社新丰大队朝鲜族社员家中，了解队里的土地、人口、水稻、饲养、粮食和燃料等情况。

24日凌晨，周恩来一行抵达吉林市。为了不惊动当地干部群众，他在列车上休息。清晨下车后，由省委第一书记吴德、吉林市委第一书记刘慈恺陪同视察了丰满发电厂。在堤坝上他若有所思地提出：这个堤坝的承受能力多大？一旦洪水来袭，需要多少时间把水泄到安全位置？

他边走边算，最后指示在坝的两头加修溢洪道，既延长大坝的寿命，又保护人民生命财产的安全。他尤其关心国产发电机的运行情况，嘱咐陪同的省领导，发展国民经济要坚持独立自主，自力更生，立足本国。对外国先进的东西，要学习，但不要迷信，不要照搬。他强调指出，要取长补短，改造洋设备，赶超世界先进水平。当他在中央控制室发现运行系统的模拟图上的设备符号都是外文时，指示要换成我们自己的文字。

当天下午，周恩来来到吉林化学工业公司，视察了化肥厂的空气分离、压缩、合成、硝铵四个主要生产车间。视察中，他详细观看了生产过程及化肥生产的技术细节，详细询问了合成氨生产工艺流程、设备状况。当听工人们介绍说，有一台压缩机是中国自己制造的，他非常高兴，立即问："哪一台？"随后，到工人们引以为自豪的九号压缩机旁，仔细观察，并同这个岗位的操作工人亲切握手交谈。他勉励工人们发扬独立自主、自力更生的精神，多快好省地发展化肥生产，为国家分担压力，战胜暂时困难。他还和工人、技术人员、干部一起探讨了综合利用、扩建化肥厂、增产化肥、支援农业等问题。在谈到生产尿素、扩建化肥厂时，从需要增加的投资、设备、能源，到能出多少产品，收到多大的经济效益，他都一一进行详细询问，包括搞扩建需要多少投资、需要什么设备、需要多少煤等，并要秘书把这些问题记下来，以便回北京后研究解决。周恩来告诫陪同视察的同志在财政开支上要精打细算，勤俭建国，厉行节约。他对把服务性工作交给地方管理的问题提出了更加明确和具体的意见。晚上，他观看了永吉县剧团演出的《西厢记》，并对剧情和表演提出了意见。

周恩来在吉林省的调查研究宣传了党的调查研究、走群众路线的工作方法，给全党做出了表率，也有力地推动了吉林省对八字方针的贯彻落实。

农业和农村政策的调整

党的八届九中全会后，为系统解决农村人民公社的各种问题，党中央于 1961 年春在广州召开工作会议。会上，毛泽东主持起草了《农村人民公社工作条例(草案)》。为贯彻广州会议精神，中共吉林省委于 4

月 1 日至 16 日，召开有省、地、市、县、公社主要领导干部参加的工作会议，讨论《农村人民公社工作条例（草案）》，决定对规模过大的公社、生产大队和生产队进行适当调整，加强党对人民公社的领导，克服生产队与生产队、社员与社员之间的平均主义，把春耕生产搞好。4 月 5 日，省委发布《关于调整农村人民公社各级组织规模的规划》，要求对全省规模过大的公社（占 46.8%），生产大队（占 11.4%）和生产队（占 8.2%），进行适当调整，缩小规模，克服平均主义，调动农民生产积极性。经过一段时间的调整工作，截至 5 月份，全省 476 个公社调整为 764 个，增加 288 个；6139 个生产大队调整为 7142 个，增加 1003 个；38167 个生产队调整为 42350 个，增加 4183 个。调整后的生产大队和生产队，基本上相当于原来高级和初级农业生产合作社的规模。

为了解决农村生产关系方面的问题，全省各级党政机关的领导干部亲自率领调查组，深入基层进行系统的调查研究。5 月 9 日和 10 日，省委第一书记吴德在调查研究的基础上，两次给毛泽东写信，报告他和省委书记处同志在农村调查关于粮食、公共食堂、供给制、提高劳动工分值等问题的情况，提出在现有的条件下，全民食堂行不通，供给制不讲按劳分配，应该改变。5 月 25 日，省委下发《关于吉林省农村人民公社和农业生产的若干问题（草稿）》，对调整人民公社组织规模、公共食堂、供给制、实行“三包一奖”、恢复供销社等问题作了明确规定。从 6 月下旬开始，省委根据中央《农村人民公社工作条例（修正草案）》，经过讨论和试点，取消了部分供给制，停办了公共食堂，扩大了自留地和家庭副业。随后，省委在长春市郊区兴隆山人民公社开始了以生产队为基本核算单位的试点工作。10 月，中共中央根据毛泽东的建议正式发出《关于农村基本核算单位问题给各中央局、省、市、区党委的指示》。11 月 6 日至 10 日，省委召开农村人民公社以生产队为基本核算单位试点工作的座谈会。会议认为，根据省、市两级在 17 个生产大队的试点，把基本核算单位放到生产队，土地、耕畜、农具归生产队所有，能够克服生产队与生产队之间的平均主义，进一步调动农民生产积极性，促进农业生产发展。随后，在以省委和吴德名义分别给东北局和中共中央的报告中进一步提出：把基本核算单位放到生产队是“人心所向，大势所趋”。这样做有四大好处，即可以彻底克服生产队与生产队之间的平均主义，可以使生产资料所有权与使用权统一起来，可以把生产和分配统一起来，便于民主监督和民主管理。12月6日至15日，省委召开市、地(州)、县委第一书记会议，讨论和部署了改变农村人民公社基本核算单位、整风整社等工作。会后，全省很快将人民公社基本核算单位由生产大队放到生产队。1962年3月16日，省委发出《贯彻执行〈中共中央关于改变农村人民公社基本核算单位问题的指示〉的通知》，要求各级党组织向农村干部和群众反复说明以生产队为基本核算单位至少30年不变的精神，并对改变基本核算单位的工作进行一次检查，妥善解决遗留问题。

为加强农业生产第一线，落实中央《紧急指示信》和省委《补充规定》的要求，1960年12月29日，省委发出《关于精简职工、调整安排劳动力和压缩城市人口支援农业生产战线的意见》。从1961年初开始，全省大力压缩城市人口，精简职工，调整人民公社内部劳动力。到1963年底，精简职工回农村38.8万人，压缩农村非农业人口33.5万人。全省农村劳动力由1961年的207万人增加到1963年的267万人。这在当时农业生产力水平很低的情况下，是恢复和发展农业生产的一项重大措施。此外，还有大量下放干部以及人民公社内部调整到第一线的干部，大大充实了基层领导力量，增加了农业生产第一线的劳动力。"大跃进"引起的大量人口盲目流入城市、农村劳动力不足、商品粮销量过大、农民负担过重的局面得以扭转。与此同时，1961年4月，省委在省、地、市、县主要领导干部会议上，号召"各行各业大力支援农业，把春耕生产搞好"。21日，省委发出《关于各方面劳动力、畜力、运力支援农业的通知》，要求机关、学校、工厂、企业等单位，集中一切力量，投入春耕、夏锄、秋收三大农忙季节的生产，以缓和农村劳动力不足的困难。在解决农村劳动力不足的同时，省委还在财力方面帮助农村渡过难关。一方面，通过"破产还债"向农民退赔。退赔款达2亿元。提高农副产品价格，仅1961年提价幅度就达25.35%。另一方面，通过银行增发农业贷款，1962年比1961年增加3279万元。同时，纠正高征购错误，使1962年粮食征购量占总产量的比重由1960年的60.5%降到1961年的40.3%。

上述政策的调整，使吉林省农业得到充分的休养生息，生产状况逐步得到恢复。到 1962 年，农业总产值基本恢复到 1957 年的水平。1963 年，农业开始全面好转。

二、贯彻七千人大会精神和八字方针的全面落实

贯彻七千人大会精神

经过一年多的调整，国民经济严重困难局面开始有了转变，但整个形势依然十分严峻。为进一步总结经验教训，战胜严重困难，1962 年 1 月 1 日至 2 月 7 日，中共中央在北京召开扩大的中央工作会议。参加这次工作会议的有中央和省、地、县委四级主要负责人以及部分大厂矿和军队的负责人，共 7118 人，通常称七千人大会。这次大会总结了“大跃进”的经验教训，统一了对严重经济困难形势的认识，加强了党的民主集中制，增强了贯彻调整国民经济方针的自觉性。会议期间，国务院总理周恩来，副总理李富春、李先念，东北局第一书记宋任穷一同到参加大会的吉林省成员驻地，看望和问候吉林省党政干部。周恩来还特别赞扬了农安县人民在国民经济困难时期超额完成向国家交售粮、油、糖、菜，主动为党和国家分担困难过程中所作出的贡献。

2 月 13 日，省委召开书记处会议，传达七千人大会关于总结经验，统一认识，加强党的民主集中制，贯彻调整国民经济的方针，迅速扭转国民经济困难局面的精神。22 日至 24 日，省委召开二届五次全体(扩大)会议，传达七千人大会精神和毛泽东以及中央其他领导的讲话，听取省直部门对全省工作和省委领导的批评意见。

2 月 26 日至 4 月 11 日，省委陆续召开常委扩大会议，继续传达贯彻七千人大会精神，着重检查 1958 年至 1961 年省委的工作。会议开展了批评与自我批评，采取总结工作经验教训与研究当前工作交叉进行的方式，半天开会，半天工作。会议着重讨论了压缩城镇人口、机关精简、工业调整、基本建设、财政金融、市场、粮食、生活安排、春耕生产等问题。会议对四年间全省的工作和省委领导提出了三个方面的批评意

见。第一，在贯彻中央方针政策上，总体是比较坚决、稳妥的，取得很大成绩，但也发生不少问题。如农业上的高指标、高征购，造成返销；人民公社急于过渡，带来“一平二调”“共产风”，农村“四力”（人力、地力、畜力、运力）遭破坏；盲目推广了一些不切实际的外地经验。工业上的高指标，基本建设战线太长；提出一些不适当的“大办”，造成追求高产值；规章制度破多立少，企业秩序不正常。第二，分散主义。在有些事情上考虑本省需要多了些，计划外项目搞得多了些，对全局考虑不够，执行国家统一计划不够。第三，在领导作风上，党内生活不正常。不少干部思想上有压力，不敢如实反映情况；“反右倾”扩大化；省委有的领导民主作风不够；深入调查研究少；政出多门，发挥政府作用不够。会议强调，要集中力量增加农业生产和日用品生产，解决吃、穿、用问题，保证市场供应。会议要求，加强党的集中统一领导，贯彻执行民主集中制，健全党的生活，加强组织纪律性，加强政权工作，充分发扬人民民主，加强政治思想工作，团结一切可以团结的力量，调动一切积极因素，把各方面工作做好。根据讨论和大家提出的批评意见，省委第一书记吴德作了《关于省委四年来工作的检查和当前我省的工作任务》的总结讲话。讲话回顾了四年来省委的工作，总结了经验教训。讲话提出接下来的主要任务是，大力恢复农业生产，做好工业调整工作，压缩基本建设战线，厉行节约，稳定市场，整顿科学、文教工作，争取财政经济状况的基本好转。

省委常委扩大会议，认真总结 1958 年至 1961 年工作中的经验教训，对工作指导上的失误和经济困难的形势作了比较实事求是的分析，使全省党员干部对国民经济困难的严重性和调整的紧迫性有了更加深刻的认识。在此基础上，制定了一系列正确的政策和措施。上述举措推动了全省八字方针的全面落实和国民经济的复苏。

全省地方各级党组织纷纷召开会议，传达贯彻七千人大会精神。各级党组织勇于开展批评与自我批评，认真检查“大跃进”工作中的缺点与错误。各级党政主要负责同志主动承担责任，大家各抒己见，坦诚相待，分析产生缺点、错误的原因。中共通化地委全体（扩大）会议于 3 月召开，到会同志一致认为七千人大会“是适时的，是完全正确的”，表示在今后实际工作中认真贯彻执行。同月，中共四平地委召开有710人参加的工作会议。会议根据七千人大会精神，联系实际总结了工作中的经验教训，大家敞开心扉，对四平地委提出了许多有益的批评和建设性的意见。

七千人大会精神的深入传达贯彻，使全省上下统一了思想，增强了全省各级党组织战胜困难的决心和勇气，加快了国民经济和社会政治关系全面调整的进程。

经济的全面调整和复苏

1962年6月，中共吉林省委召开二届六次全体扩大会议，传达贯彻5月中央工作会议（通常称五月会议）精神，在充分认识国民经济存在严重困难的基础上，部署落实五月会议提出的大幅度调整国民经济的重大决策。在贯彻中央一系列会议精神的过程中，省委对全省经济进行了全面调整。

大力精简职工，减少城镇人口。与调整国民经济相适应，全省各地、各部门按照省委的统一部署和要求，大抓精简职工和减少城镇人口的工作。精简的主要对象是1958年以后来自农村的新职工，也有部分老职工。同时对国家机关和各级行政、事业单位，科研、文教部门进行了人员精减和机构裁并。从1961年到1963年，在两年多的时间里，全省共精简职工46.5万人，减少城镇人口139.5万人，从而有力地加强了农业生产战线，减轻了财政负担，缓解了粮食和市场供应紧张的状态。经过充分的发动和细致的思想工作，到1963年，精简任务基本完成。

压缩基本建设规模，缩短基本建设战线。从1961年下半年开始，省委对基本建设投资规模作了大幅度缩减，停建缓建了一批建设工程。1961年全省基本建设投资比1960年减少60.1%，1962年又比1961年减少36.3%。同时，省委明确规定，削减后的基本建设投资，首先保证国家和省重点工程，主要用于发展农业生产的重点项目和续建、结尾工程项目，不再搞新建项目，计划外项目一律停建。基本建设战线的缩短，使国民收入使用额中的积累率从1960年的30.4%，下降到1961年的19.7%，1962年下降到9.3%。这不仅缓和了财政、物资供应的紧张情况，而且腾出了更多的人力、物力、财力去加强农业和轻工业等薄弱环节，改善人民的生活，使失调的比例关系逐步协调起来。

缩短工业战线，实行必要的关、停、并、转。省委根据《中共中央关于当前工业问题的指示》精神，按照农、轻、重为序，调整工业内部比例关系。在调整过程中，除采掘、采伐、交通运输和原材料、燃料等薄弱环节得到进一步充实和加强外，钢、铁、机械等工业部门的生产都有计划地降低了发展速度。同时，充实以工业品为原料的轻工业和手工业生产，发展塑料、化纤、合成洗涤剂等新兴工业。1962 年与 1960 年相比，全省重工业产值下降 56.9%，它在工业总产值中的比重由 68.2%降为 60%。许多主要重工业产品的生产都大幅度地削减下来，如生铁由 28.3 万吨削减到零，钢由 11.3 万吨削减到 1.2 万吨。

稳定市场，回笼货币，增加财政收入。1961 年，全省财政收入急剧下降，出现货币发行过多，市场不稳定的现象。为稳定市场，增加财政收入，省委、省人委采取一系列措施。一是加强财政、金融、物资的集中统一管理，压缩社会集团购买力，减少财政支出。二是努力增加商品供应，增加财政收入。三是清仓核资，把库存积压的物资投放到市场。四是在保持粮、油、盐、肉、菜等 18 类生活必需品价格基本稳定的同时，对针织品、自行车、酒和某些糖果、糕点等消费品实行高价政策，以回笼货币。五是加强对农贸市场的管理，打击投机倒把活动，稳定自由市场价格。由于采取上述措施，货币回笼增加，市场供应有所改善。

在经济调整过程中，省委按照"集中领导，分级管理"的原则，加强对国民经济的集中统一领导，适当调整工业企业的隶属关系，加强经济协作，保证把有限的资金和物资集中于发展薄弱环节，促进了各项调整措施的顺利实施，对迅速扭转国民经济的困难局面起到重要作用。

由于省委措施果断有力，工作扎实有效，全省广大干部和群众同心同德，共克时艰，经济调整工作取得显著成绩，国民经济开始出现复苏局面。到 1962 年，农村生产关系调整取得重要进展，人们的生产积极性逐渐调动起来。农业生产改变了前两年连续下降的状况，并开始回升。工业生产特别是轻工业生产也出现转机。随着工农业生产的恢复，加上各项开支的压缩和控制，财政保持了收支平衡、略有结余。商品供应量增加，市场价格下降，城乡人民生活有所好转。省委号召各级党委努力改善人民群众生活，把搞好群众生活作为一切工作的基础。1961年12月2日，《人民日报》发表了题为《搞好新兴工业城市的群众生活》的文章，介绍了吉林市改善群众生活的经验和做法，体现了党对人民群众生活的关心，坚定了人民群众战胜困难的决心。

总之，国民经济最困难的时期已经过去，许多方面出现了迅速恢复的良好态势。但是，在经济生活领域中，还存在诸多亟待解决的问题，经济状况尚未根本好转，困难时期还没有完全过去。

工业调整的展开

根据中央调整国民经济的八字方针，中共吉林省委自1961年初开始抓工业调整。1月3日，省委批转省委工业部《关于小商品生产安排情况的报告》，要求各级党委抓紧轻工业和小商品生产，保证人民生活的需要。接着省委召开一系列会议，深入贯彻党的八届九中全会精神，开始进行工业调整。1月28日至2月7日，省委召开二届三次全委(扩大)会议，传达中央工作会议和党的八届九中全会精神。省委第二书记赵林代表省委就工业支援农业，贯彻“调整、巩固、充实、提高”方针，搞好企业管理和整风等问题发表讲话。4月，省委发出《关于讨论和试行〈国营工业企业工作条例(草案)〉的意见》，要求加强企业管理，解决生产和财务混乱的问题。8月，省委发出关于认真实施中央《关于城乡手工业若干政策问题的规定(试行草案)》的通知，要求逐步恢复手工业社，发展手工业生产。同月，省委又发出《关于进一步坚决贯彻执行农轻重方针的意见》，具体部署将21个厅局所属的2130个地方工业企业减少到1897个，其中继续生产的1848个，保留但暂时停产的49个，在拟减的233个企业中，关闭188个，合并45个。但是，在贯彻调整国民经济方针的初期，省委主要是围绕纠正“大跃进”中的“左”倾错误，特别是农村工作中的错误做了不少工作，而对于工业经济中“急于求成”错误带来的严重后果认识不足。不少干部还禁锢在“大跃进”思维之中，“大跃进”的惯性还在起作用。全省没有全力抓好工业调整工作，特别是没有果断地把基本建设规模和重工业规模压缩到切实可行的程度。

直到1961年10月5日至20日，省委召开二届四次全委(扩大)会议，传达中央9月发出的《中共中央关于当前工业问题的指示》，才对工业调整有了进一步认识。10月30日，省委发出《关于调整地方工业企业的指示》，要求各级党委认真领会中央关于“不要再犹豫了，必须当机立断，该退就坚决退下来”的指示精神，切实做好全省的工业调整工作。《指示》确定全省应以增产煤炭为中心，加强采掘、采伐、原料、材料、燃料工业，压缩加工业，逐步恢复钢铁工业，加强轻工业和手工业。对骨干企业充实加强，对质量低、成本高、长期亏损、原料燃料供应不上、简易投产、技术不过关的企业，分别实行关、停、缩、转、迁。调整地方工业管理体系，将权力适当集中。到1962年4月，全省关闭了地方国营企业156个，暂停54个，合并75个，缩小规模99个。全省缩短了重工业战线，加强了轻工业和手工业，充实了薄弱环节。

七千人大会后，根据中央五月会议大幅度调整国民经济的精神，省委决定对工业进行彻底调整。

省委于1962年3月6日发出《关于1962年基本建设问题的几项规定》，要求各区各单位不许再搞计划外项目和扩大计划内项目投资，没列入计划的项目，不论是续建、新建或结尾工程，都一律停止施工。4月18日，省委在向中共中央、东北局报送的《关于当前工业调整情况的报告》中，进一步提出新的调整计划，将1549个企业再减少28.1%，即再关闭167个，暂停26个，转产53个，合并85个，缩小生产规模210个，拟上交中央管12个，收回省管15个。调整的重点是减少钢铁、机械工业，加强轻工业、手工业，充实煤矿、林业、交通行业的维修力量。同月，决定通化钢铁厂停产。中央五月会议之后，5月28日省委即召开常委会议，传达该会和东北局全委扩大会议关于正确分析财政经济形势，全面贯彻八字方针，对国民经济进行大幅度调整的精神。6月28日至7月7日，省委召开二届六次全委(扩大)会议，贯彻中央和东北局会议精神。到1962年末，全省地方国营工业企业从1961年末的1850个，减少到521个，减少71.8%。

企业调整坚持五个原则。第一，坚决压缩重工业生产建设战线。通化钢铁公司全部停产，全省黑色金属工业只保留6个，从事薄板及钢管加工、机械工业企业由85个压缩到37个。第二，充实轻工业、手工业，以农、轻、重为序安排经济。在调整中适当保留与加强轻工业、日用工业、手工业企业的生产。调整后全省小农具、小商品的生产能力比1957年提高50%左右。在调整中对人造纤维、合成纤维以及塑料制品等进行新工业产品试验。注意了合理布局，照顾少数民族地区。第三，加强农机的维修力量。县营的11个机械厂都转为农机修配厂，并调动了一批技工充实农机企业。第四，大力压缩、整顿社办工业。全省社办工业企业城市压缩了54.7%，农村压缩了47.7%。第五，按行业归口，对全省非工业系统工业统一规划，全面调整。第六，保证中央工业配套协作。如对汽车配件、化工容器等，根据中央企业需要进行调整，固定了企业间生产协作关系。1963年3月3日至10日，省委召开第二届代表大会第二次会议，审查了省委《关于1958年到1961年工作的检查》，总结了贯彻八字方针的成绩，部署了此后的工作。

省委还着力整顿工业企业内部的生产秩序。1961年8月23日至9月16日，中共中央在庐山举行工作会议，针对"大跃进"中的问题，作出《中共中央关于当前工业问题的指示》，通过了《国营工业企业工作条例(草案)》(简称"工业七十条")。10月5日至20日，省委召开二届四次全委(扩大)会议，传达中共中央工作会议精神，讨论上述《指示》和"工业七十条"。会议期间，省委提出贯彻"工业七十条"的《关于试行"五定五保"情况和对今后工作的意见(草稿)》。《意见(草稿)》指出，全省从7月下旬或8月上旬开始，在8个厂矿企业(吉林化学工业公司、吉林热电厂、辽源矿务局、第一汽车制造厂、长春橡胶八厂、长春机床厂、三岔子森工局、通化矿务局砟子煤矿)进行"五定五保"试点工作。"五定五保"是"工业七十条"规定的内容，即定、保产品方案；定、保人员机构；定、保原料、材料、燃料、动力、工具消耗定额和供应来源；定、保固定资产和流动资金；定、保协作关系。"五定五保"是摸清和核定企业综合生产能力的有效办法，是整顿和改进企业管理工作的基础，也是贯彻"工业七十条"的切入点。省委在试点企业中采取领导与群众相结合的方法，经过初步摸底，到8月末提出了"五定五保"的初步方案，之后经过深入调查研究，修订方案，并把"定保"指标落实到车间(坑口、林场)和班、组。

《意见(草稿)》对全省实行“五定五保”或“小定小保”作出具体部署，全面落实以岗位责任制为核心的“工业七十条”，以改变企业生产管理混乱的局面，促进工矿企业的生产。到1965年底，全省工业企业全面完成了国民经济“调整、巩固、充实、提高”的任务，国民经济得到协调发展。

三、各种政治关系的调整

在全面调整国民经济的同时，中共吉林省委根据中央有关指示，在政治关系方面进行了积极的调整。

为在“大跃进”“反右倾”运动中被错误批判和处理的干部和群众甄别平反，是调整政治关系的一项重要内容。根据1961年6月15日《中共中央关于讨论和试行〈农村人民公社工作条例〉(修正草案)的指示》中有关甄别工作的规定和要求，省委于7月31日发出《关于对最近几年来受过批判和处分的干部和党员进行甄别工作的指示》，要求对1958年人民公社化后，在“拔白旗”、整党整社、反右整风、整顿落后县社等政治运动中受过批判和处分的干部和党员，都要进行甄别，以便发扬党内民主，增强团结，充分调动干部和群众的积极性。《指示》对甄别、处理政策作了原则规定：经过甄别，对过去批判和处理正确的，应加以肯定，不再变动；过去批判和处理完全错误的，应改正过来，恢复名誉，恢复职务；部分错了的，要改正这一部分结论；处分畸重的，重新处理；对不脱产的干部和社员群众，带了“右倾机会主义分子”和“白旗”帽子的，一律摘掉。8月8日，省委发出《关于成立甄别委员会的通知》，确定由省委书记处书记、省监察委员会第一书记李砥平任主任，省监察委员会第二书记岳林、省委组织部长雷鸣玉任副主任，下设省委甄别委员会办公室。各市、地(州)、县委，省直机关党委，各大厂矿企业党委和各大专院校党委也分别成立了以监察委员会为主体的甄别委员会，负责本地区、本部门的甄别工作。从8月下旬开始，省委甄别委员会办公室抽调一部分省直机关干部，组成三个甄别工作组，协助吉林、四平、白城三个地区选定的吉林化学工业公司肥料厂、梨树县夏家堡大队以及长岭县直属机关做甄别的试点工作。试点工作取得经验后，甄别工作于12月在全省分期分批展开。

1962年6月8日，省委召开省直机关各党组、党委书记会议，贯彻中共中央4月27日发出的《中共中央关于加速进行党员、干部甄别工作的通知》。省委甄别委员会主任李砥平、副主任雷鸣玉在会上讲话。会议要求加强对甄别工作的领导，认真迅速地把几年来特别是1958年以来，被错误批判、错误处分的同志的问题纠正过来，恢复党内民主生活，调动党员和干部的积极性。据8月中旬统计，全省结束甄别工作的农村公社占公社总数的84.5%，甄别结束的案件占农村需要甄别案件总数的96.9%。但是，由于长期受到"左"倾错误的影响，各地在划分错与非错的界限时，仍然把认为"人民公社办早了"等正确言论当作攻击"三面红旗"的错误言论，应予平反而没给平反。有的虽然平反了，仍留有不同程度的"尾巴"。省委甄别委员会办公室对1959年省委第一届第十三次全委(扩大)会议上，被错误批判和处分的李树仁等12名同志进行甄别，4人彻底平反并恢复原职，8人部分平反纠正。这次甄别平反解放了一大批党员干部和群众。据1963年3月统计，1958年至1961年，在各种政治运动中共处分党内外干部和群众129687人，已经甄别结束129489人，占总数的99.85%。其中，认定批判、处分正确的64846人，占甄别数的50%；认定批判、处分错了而作彻底纠正的46631人，占36.1%；作了部分改正的有18012人，占13.9%。在上述被批判、处分的人员中，党员干部(不包括一般党员)30912人，占受批判、处分人员总数的24%。其中受党纪、政纪处分的党员干部有22850人，占受批判、处分全部党员(包括党员干部)总数的73%。在这些受批判、处分的党员干部中，经过甄别查证，认定原批判、处分正确不予平反改正的有15985人，占51.7%；认定部分错误部分平反的5147人，占16.66%；认定批判、处分全错给予改正的有9780人，占31.64%。这次甄别工作虽然是在维护"三面红旗"前提下进行的，很不彻底，但毕竟是在组织上为纠正"左"倾错误而采取的重大举措，对调整党内外关系起到了积极的作用。

从1959年中共中央发出《关于摘掉确实悔改的右派分子帽子的指

示》后,省委从1959年9月到1964年,先后分五批给被划为“右派分子”的多数人摘掉了帽子。但在当时“左”的思想影响下,还不可能进行彻底的甄别改正工作。

与此同时,省委根据中央指示,进一步调整统一战线内部各种关系。1962年8月7日至11日,全省民族工作会议召开,传达4月21日至5月20日召开的中央民族工作会议精神,调整民族关系,加强民族团结。中央民族工作会议确定民族工作的方针是:调整民族关系,加强民族团结,加强同一切爱国民主人士团结,以推动和发挥各少数民族人民的积极性,恢复和发展经济,改善人民生活。根据上述会议精神,省委统战部部长宋任远在全省民族工作会议上发表讲话,要求正确贯彻党的民族政策和宗教政策,尊重少数民族的平等权利和自治权利,尊重少数民族的风俗习惯和宗教信仰,加强各民族间的团结,为社会主义建设事业作出贡献。8月8日至15日,省委召开全省统一战线工作会议,传达贯彻4月召开的全国统战工作会议精神,即以“发扬民主,调整关系,充分使用,耐心教育为当前统战工作的基本任务”,纠正统战工作中的“左”倾错误。省委书记处书记李砥平、省委统战部部长宋任远在会上讲话。会议要求,进一步加强全省统战工作,克服忽视统一战线工作的倾向,调整统一战线内部阶级关系、民族关系、宗教关系和侨务关系,改善党与非党民主人士的合作共事关系,团结一切爱国人士,充分调动一切积极因素,为社会主义建设事业贡献力量。在1963年12月19日至28日召开的吉林省第三届人民代表大会第一次会议上,对各民主党派、工商界、无党派民主人士作了安排。在395名代表中,党外人士119名,占代表总数的30%。在民主产生的41名省人民委员会成员中,有20名成员是非党人士,占委员会总人数的48.6%。其中民盟成员徐寿轩当选为副省长,民主人士马宜麟当选为吉林市副市长。担任厅长、副厅长的非党人士9人。在1964年9月召开的吉林省第三届人民代表大会第二次会议上,工商界代表人士成盛三再次当选为吉林省出席第三届全国人民代表大会代表。吉林省政协第三届委员会有委员285名,其中民主党派和无党派民主人士202名,占委员总数的70%。

各种政治关系的调整,对于加强党内团结、密切党群关系、密切党同各民主党派之间的关系和巩固民族团结起到了积极作用，从而在政治上保证了国民经济调整工作顺利进行。

四、知识分子政策和科学、教育、文艺政策的调整

吉林省是科学教育事业比较发达的省份之一。全省在调整国民经济的同时，对知识分子政策和科学、教育、文艺事业也进行了相应的调整。

1957 年反右派斗争扩大化后，党的知识分子政策存在着很大的片面性，对知识分子在政治上的进步和社会主义建设中的作用估计不足。知识分子一直承受着“资产阶级知识分子”帽子的压力，许多知识分子受到了不公正的待遇，没有能够很好地发挥作用。1962 年 3 月，周恩来在广州发表《论知识分子问题》的讲话，指出：“不论是在解放前还是在解放后，我们历来都把知识分子放在革命联盟内，算在人民的队伍当中。”[①]在同月召开的全国人民代表大会二届三次会议上，周恩来郑重宣布：“知识分子中的绝大多数，都是积极地为社会主义服务，接受中国共产党的领导，并且愿意继续进行自我改造的。毫无疑问，他们是属于劳动人民的知识分子。我们应该信任他们，关心他们，使他们很好地为社会主义服务。如果还把他们看作是资产阶级知识分子，显然是不对的。”[②]中共吉林省委根据这一精神，进一步贯彻和落实了党的知识分子政策，纠正了政治运动和学术批判中“左”的做法，给被戴上各种政治帽子的知识分子摘掉了帽子，并安排工作，使他们重新回到专业队伍；对知识分子在工作上大胆使用，同工同酬，改变歧视知识分子的态度；在学术上贯彻“百花齐放，百家争鸣”的方针。划清学术问题、思想认识问题和政治问题的界限，清除了知识分子心里的隔阂，密切了知识分子与党的联系，重新调动起广大知识分子的积极性，使知识分子在各个领域

---

① 周恩来：《论知识分子问题》（1962 年 3 月 2 日），《周恩来选集》下卷，人民出版社 1984 年版，第 358 页。

② 周恩来：《国内形势和我们的任务》（1962 年 3 月 27 日、28 日），中共中央文献研究室编：《建国以来重要文献选编》第 15 册，中央文献出版社 1997 年版，第 309—310 页。

中发挥积极作用，取得了一系列显著成就。

1961年，中央下发《关于自然科学研究机构当前工作的十四条意见（草案）》（简称“科学十四条”），对科技工作调整作出部署。省委按照“科学十四条”对科研工作进行了调整。省委、省人委作出决定，撤销中国科学院吉林分院的机构，其工作由省科学技术委员会接管，将原分院的9个研究所合并为吉林数学研究所、吉林物理研究所、吉林化学研究所、吉林地质地理研究所、吉林固体物理研究所和吉林省科学技术研究所，并保留吉林省科学技术情报研究所；将其所属的哲学、语言文学、经济、历史4个研究所合并为吉林省哲学社会科学研究所。经过调整，理顺了科研机构，建立起正常的科学技术工作秩序，加强了党对科学研究工作的领导。同时，省委纠正了过去那种“抓辫子、扣帽子”的错误做法，鼓励不同学派和不同学术观点之间的自由讨论、自由辩论、自由竞赛，极大地激发了科学技术人员的积极性和创造性，科技战线出现了新起色。

1961年8月21日至9月5日，省委召开全省教育工作会议。会议的主题是传达全国教育工作会议纪要，讨论实行高等学校、中小学工作条例，检查总结全省教育工作。省委书记处书记富振声在会上作了报告。会议认为，全省教育工作有很大发展，但存在速度过快、规模过大、要求过急，以及过多地组织学生参加生产劳动、教学质量下降、思想政治工作简单粗暴等问题。会议要求，认真贯彻“调整、巩固、充实、提高”的方针，缩短教育战线，压缩教育规模，合理布局，充实提高，减少城镇中等以上学校，加强农村中学的建设；充实教师队伍，提高教师水平，坚持以教学为主，积极提高教育质量；加强党对教育工作的领导，加强政治思想工作，建立学校正常秩序。会后，省教育厅积极落实会议精神，缩短了教育战线。全省46所高校调整合并为33所，1962年进一步调整合并为20所，1963年调整为16所。它们是：吉林大学、延边大学、吉林工业大学、长春地质学院、长春光机学院、吉林电力学院、吉林工学院、吉林农业大学、延边农学院、吉林医科大学、延边医学院、长春中医学院、吉林医学专科学校、吉林师范大学、四平师范专科学校、吉林财贸学院。调整后，高等学校总数比1957年增加9所，专业设置增加了过去短缺的医、农、财经等科类。各高校通过贯彻《教育部直属高等学校暂行工作条例(草案)》(简称“高教六十条”),针对“大跃进”时期搞政治活动和社会活动过多的问题,强调高等学校以教学为主,保证有六分之五的时间搞业务,把高等学校变为教学、科研的基地,从而大大提高了教学质量。全省中小学也作了相应的调整,在贯彻《全日制中学暂行工作条例(草案)》(简称“中教五十条”)和《全日制小学暂行工作条例(草案)》(简称“小教四十条”)过程中,教学质量也有很大提高。特别是少数民族地区教育事业有了较快发展。1965年,全省少数民族中、小学由1953年的625所发展到966所,少数民族学校教师由4500人增加到10224人,在校学生数由15.1万人增加到25.2万人。1964年,根据刘少奇关于实行“两种劳动制度和两种教育制度”的指示,在全省试办各类半工半读学校。到1965年,全省农村有耕读小学10379所,学生71万人;中等技术学校53所,学生8700人;半农半读(耕读)大学9所,学生1888人。

1961年8月3日至4日,吉林省文艺工作会议召开。会议传达贯彻全国文艺工作座谈会的精神,检查几年来省文学艺术工作中的问题,讨论提高文艺工作质量和改进党对文艺工作的领导问题。会议听取了省委书记处书记富振声、候补书记郑季翘、宣传部部长宋振庭等人的讲话。会议着重指出,“百花齐放、百家争鸣”和“推陈出新”,是促进社会主义文艺的最根本、最正确、最富于创造性的政策。会议要求改进党对文艺工作的领导,认真贯彻党的文艺工作方针,提高文艺工作中的政治思想水平和文艺素养,创作出更多更好的文艺作品,为工农兵服务,为社会主义服务。

1962年二三月间,在广州同时举行两个会议,即国家科委召开的全国科学工作会议,文化部、全国剧协召开的全国话剧、歌剧和儿童剧创作座谈会,这两个会议给广大知识分子以极大鼓舞。在这次会议上,周恩来重新肯定了知识分子绝大多数已经属于劳动人民知识分子的论断。陈毅郑重宣布,为知识分子“脱帽加冕”(脱“资产阶级知识分子”之帽,加“劳动人民知识分子”之冕)。广州会议推动了科技和文教各项事业的发展。省委认真贯彻这两个会议精神,于5月23日至30日召开第三次文学艺术工作者代表会议，贯彻中央《关于当前文学艺术工作若干问题的意见(草稿)》(简称“文艺八条”)，总结和部署工作。省委宣传部部长宋振庭作总结报告，再次检查几年来文艺领导工作中的错误，并代表文艺界向受伤害的同志表示道歉。会议要求，进一步贯彻为工农兵服务、为社会主义服务方向下的“百花齐放、百家争鸣”的方针；正确开展文艺批评，批判地继承民族遗产和吸收外国文化；坚持深入生活，同工农兵结合；加强马列主义毛泽东著作的学习；提高艺术修养，加强团结，创造出更多更好的为人民群众所喜闻乐见的作品。

吉林省广大文艺工作者在会议精神鼓舞下，克服各种困难，积极创作，给文艺园地和人们的精神生活增添了浓浓的春天气息。文艺工作者创作了一批在国内外具有一定影响的文艺作品。

此间，吉林省文化事业机构得到相应的调整和发展。1965 年全省有公共图书馆 18 个，比 1957 年增长 63.6%；电影院 106 个，增长 71%；电影放映队 478 个，增长 1.32 倍；艺术表演团体 91 个，增长 97.8%；艺术表演场所 57 个，增长 54%。广播、电视也有发展。1965 年全省有广播电台 7 座，增长 75%；1959 年设立电视中心台 1 座，市、县广播站 44 个。

卫生事业也有很大发展。到 1965 年，全省医院达到 344 所，比 1957 年增加 233 所，增长 2 倍；医院病床数达到 23599 张，增加15045 张，增长 1.7 倍；卫生技术人员达到 48404 人，增长 55.8%。其中，医生 24269 人，增长 66%。

五、国民经济调整任务的完成

国民经济调整的继续和完成

经过将近两年的调整，到 1962 年底，吉林省国民经济形势开始好转，但仍然存在一些问题。农业生产水平还很低，工业内部关系尚需进一步调整和整顿，市场供应紧张，人民生活困难，国民经济其他方面也需要继续调整。1963 年 9 月召开的中央工作会议决定从 1963 年起，再用三年时间，继续进行调整工作，作为第二个五年计划（1958—1962 年）到第三个五年计划（1966—1970 年）之间的过渡阶段。

根据中央关于继续调整国民经济的部署和要求，中共吉林省委决定从 1963 年到 1965 年继续对国民经济进行调整，进一步贯彻以农业为基础，以工业为主导发展国民经济的总方针，进一步调整国民经济各部门的主要比例关系，大力提高工农业生产水平，争取全省国民经济情况的根本好转。

在三年继续调整国民经济的过程中，全省农村继续贯彻执行中共中央关于农村人民公社的各项方针政策，较好地处理了国家、集体、个人三者关系，同时加强了全社会对农业生产的支援，进一步促进了农业生产的恢复和发展。工业方面，全面贯彻"调整、巩固、充实、提高"方针和"工业七十条"，进一步加强支农工业和轻工业，理顺了厂矿企业内外关系，并在设备更新和技术改造、提高劳动生产率等方面做了大量工作。经过全面调整，1963 年全省国民经济开始好转，工农业总产值比 1962 年增长 16.3%；在自然灾害比较严重的情况下，粮食产量比 1962 年增长 14.8%；财政收入增加 22%。1964 年，全省经济基本好转，工农业总产值比 1963 年增长 10.6%，财政收入增加 12.3%。1965 年国民经济全面好转，并出现了新的发展势头：工农业总产值比 1964 年增长 17.8%；粮食产量增长 6.7%，达到 525 万吨，恢复到大丰收的 1950 年水平；财政收入增加 7.7%，达到 7.26 亿元，财政支出为 5.34 亿元，结余 1.92 亿元，实现了收支平衡。

从 1963 年到 1965 年的三年间，全省工农业总产值平均每年增长 14.8%，国民收入平均增长 11.8%，超过了"一五"和"二五"时期的平均增长速度。粮食年均产量比"二五"时期年均产量增长 10.7%，轻工业产值年均增长了 7.4%，工农业生产接近或达到历史的最高水平。企业经济效益明显提高，1965 年全民所有制独立核算工业企业百元资金提供的利税比 1962 年提高 3.7 倍。财政收入 1965 年比 1962 年增加 47.5%。其间，少数民族地区经济有了长足的发展。据统计，延边朝鲜族自治州、前郭尔罗斯蒙古族自治县、长白朝鲜族自治县 3 个少数民族自治地方的工农业总产值，1965 年比 1949 年增长 2.57 倍，其中工业总产值增长5倍，农业总产值增长1.4倍。

国民经济发展速度之所以稳步上升，一个重要原因是经过全面调整，进一步理顺了国民经济比例关系，实现了国民经济的协调发展。由于坚决压缩基本建设和重工业生产，加强了农业生产，加速了轻工业的发展速度，农业、轻工业、重工业之间的比例关系趋于合理。到1965年工业总产值占工农业总产值的比重，由1960年的81.6%下降到72.8%，农业总产值则由18.4%上升到27.2%；轻工业总产值占工业总产值的比重，由1960年的33.1%上升到40.9%，重工业的比重则由1960年的66.9%下降为59.1%。积累和消费比例关系基本恢复正常。1965年的积累率为24.4%，低于1960年的30.4%和1957年的26.9%，基本恢复正常比例关系。与此同时，工业内部与农业内部的产业结构也发生了变化，支农工业、轻工业和原材料、动力工业等薄弱环节得到加强。农田基本建设成绩显著，现代化水平提高，全省农业拖拉机数量和化肥施用量、农村用电量明显增加。工业支农产品和日用工业品的产量大幅度增加，质量也大大提高，市场供应显著改善。对外贸易有较大发展。全省社会商品零售总额增加，1965年比1957年增长61.2%。各种副食品、日用品和人民生活必需品供应比较充足，渠道畅通，物价稳定，市场繁荣。货币流通量也恢复了正常。

随着工农业生产的发展和积累与消费关系的改善，国民收入明显增长，1965年比1962年增长39.6%，人民生活水平有所提高。1965年全省全民所有制职工平均工资比1960年增长21.1%，农民收入显著增长，粮食、棉布、食油、猪肉等主要消费品的消费量明显提高。

总之，到1965年底，吉林省国民经济调整任务胜利完成，为实施第三个五年计划打下了坚实基础。吉林省国民经济调整任务之所以能够胜利完成，首先，是因为省委坚决贯彻执行党中央“调整、巩固、充实、提高”方针，理顺经济领域各种关系，整顿经济秩序，加强科学管理；认真贯彻党对民主党派、知识分子、少数民族和宗教界的各项政策，平反“大跃进”时期“反右倾”“拔白旗”等错案，理顺社会各方面政治关系，增强了全社会各族各界人民的大团结。其次，是这个时期省委特别重视党的自身建设，特别是党风建设。省委大规模地轮训党员干部，持续开展学习马克思主义理论、毛泽东思想活动，广泛开展“五好”支部评比竞赛活动[1]，狠抓党员干部的模范带头作用，不断清除党内腐败分子，党组织的凝聚力、战斗力不断增强。最后，是全省广大党员干部和群众，在党中央和省委的领导下，牢固树立社会主义信念，具有高度的组织纪律性，万众一心，同心同德，从而战胜了新中国成立以来最严重的经济困难，使全省国民经济迅速恢复和发展。

试办托拉斯

在国民经济继续调整的三年，党对经济管理体制改革进行了有益的探索。比较突出的是试办托拉斯，用经济的办法来管理企业，改变了以往单靠行政办法管理企业的做法。1964 年 7 月，在反复调查研究的基础上，国家经委党组草拟了《关于试办工业、交通托拉斯的意见的报告(草稿)》。8 月 17 日，中共中央、国务院批转了这个报告，并在批语中强调：“用托拉斯的组织形式来管理工业，这是工业管理体制上的一项重大改革。”按照中央的安排，工业交通各部门先后试办了 12 个托拉斯。其中，由国家各部创办的涉及吉林省的有 3 个，即中国汽车工业公司长春汽车分公司、化工部化工原料工业公司(以吉林化学工业公司为班底组建)、中国医药工业总公司沈阳分公司。

1964 年 9 月 11 日，国家经委批准成立中国汽车工业公司，东北地区以一汽为主成立长春汽车分公司。黑龙江、辽宁、吉林三省共13 个企业成为公司分厂，包括吉林省的长春配件厂、随车工具厂、坐垫靠背厂和辽源制泵厂。1964 年 9 月，国家成立中国医药工业总公司，对全国化学制药工业试行托拉斯管理体制。中国医药工业总公司沈阳分公司于1965 年先后接管长春制药厂、吉林市制药厂、辽源制药厂、红光制药厂、延吉市制药厂、洮南制药厂等单位。

根据中央关于以托拉斯形式用经济工作方法管理企业的指示精神，

---

① 1963 年 2 月，全省组织工作会议提出在全省开展“五好”支部评比竞赛活动。“五好”条件是：领导核心坚强，集体领导作用好；学习毛泽东著作，思想政治工作好；贯彻执行党的政策，完成各项任务好；坚持“三会一课”制度，党员模范作用好；依靠贫下中农，各种群团组织作用好。

结合吉林省具体情况，1964 年 3 月，吉林省人民委员会发出《关于在地方工业企业中试行以“托拉斯”形式管理企业的通知》，决定在地方轻、手工业系统中的部分行业成立专业公司和专业联社，先行试点，以取得经验。在省轻化工业厅和中国皮革工业公司的双重领导下，成立吉林省皮革工业公司，将市、县属地方国营制革、制鞋、革制品加工的 10 个企业划归该公司直接管理。手工业系统的两个鞋厂，由公司负责归口安排生产计划和进行生产技术指导。在省轻化工业厅领导下，成立吉林省造纸工业公司，将省、市、县属地方国营的 18 个造纸厂和王府造纸林场划归该公司直接管理。在省轻化工业厅领导下，成立吉林省食品工业公司，将省管的 3 个糖厂和吉林市、通化市的两个葡萄酒厂划归该公司直接管理。各市、县属的 42 个酒厂和粮食厅所属的 4 个油酒厂的制酒部分，由省公司负责归口安排生产计划和进行生产技术指导。这 3 个公司，均为一级企业管理机构，作为独立的经济核算单位，实行党委领导下的经理负责制，并建立政治工作机构，对直属企业实行集中领导和统一管理，对大宗原料统一组织收购。截至 1965 年初，3 个公司共有直属企业 39 个，职工 14406 人。1964 年，公司直属企业共完成工业总产值 1.2 亿多元，占全省轻工业总产值的 51.43%。1966 年“文化大革命”开始，公司管理被批判为“条条专政”，1969 年末撤销，所属企业先后下放给所在地方。

吉林省在轻工业系统试办的托拉斯都是按行业组织起来的专业性的联合企业，改变了过去由各级、各部门多头领导的办法，实行了由托拉斯一个头统一领导的办法；改变了过去以单个企业为主的分散经营的办法，实行了以托拉斯为单位的集中经营。精减了企业管理人员，统一了生产计划、设备、生产技术和大宗原材料的管理，促进了生产的发展。托拉斯成为独立的经营管理单位，改变了过去用行政办法管理企业的不科学状况。

托拉斯的试办在管理体制方面呈现出自己的优势。吉林省食品工业公司按照中央用经济办法管理企业的指示，努力提高生产水平，以求取得更大的经济效益，同时借鉴发达国家的经验，从中国的实际情况出发，实行政治、经济、技术，人、财、物，产、供、销三个“三结合”。三个“三结合”的中心是提高劳动生产率，一年创利润 1480 万元。吉林省造纸工业公司成立后，管理水平、产品质量迅速提高，品种增加，效益增长，产量年均增长 1.73 万吨，步入稳步协调发展阶段。吉林省各制药企业归中国医药工业公司沈阳分公司统管后，按照专业化协作原则调整产品结构，有计划地组织原料药和制剂品种生产。延吉市制药厂重点生产右旋糖酐，用以配套生产糖酐输液，以满足东北地区市场需要。辽源制药厂重点生产无味氯霉素、无味合霉素等原料药，基本改变了“大而全”“小而全”的不合理结构，提高了生产能力、产品质量和技术水平，使吉林省化学制药工业有了新发展。实行托拉斯的第一年，吉林省化学制药工业产值比 1964 年增长 29.6%，1965 年实现利润 58.8 万元，比 1964 年增加 1.7 倍，1966 年利润额又比 1965 年增加 1 倍。

虽然由于“文化大革命”的到来中断了试办托拉斯的探索，但试办托拉斯毕竟是经济体制改革的一个尝试。吉林省试办托拉斯的尝试培养了大批管理现代工业的干部，积累了宝贵的管理经验，对促进国民经济的调整和发展起了积极作用，为以后的经济体制改革提供了借鉴，也加深了对建设社会主义的认识。

1964 年邓小平视察吉林

在全省人民为继续调整国民经济而努力的时候，1964 年 7 月 5 日至 11 日，中共中央政治局常委、中共中央总书记邓小平，中共中央政治局委员、国务院副总理李富春，中共中央政治局候补委员、国务院副总理薄一波到吉林省视察。这是邓小平第二次到吉林。他先后视察了长春第一汽车制造厂、吉林化学工业公司、丰满发电厂和左家特产研究所，察看了野生经济动物场、果树场、药草场等地。

7 月 10 日，邓小平、李富春、薄一波在中共中央东北局第一书记宋任穷和中共吉林省委第一书记吴德陪同下，视察了长春第一汽车制造厂发动机厂和总装配厂。邓小平针对如何改进和提升企业的问题提出了明确意见，强调要积极引进世界先进技术，用现代化、标准化的管理组织企业生产。他在听取厂长郭力的汇报时说：我们有些搞工业的人总以为厂子越大越光荣，工人越多越光荣。不和其他国家比，还觉得挺光荣，一比就知道落后了。我在大连造船厂看到铁链子都是他们自己生产，那怎么行！现在，全国汽车行业有16万人，相当于美国福特汽车厂的一半。人家一年生产300万辆汽车，我们只能生产几万辆，这说明我们的水平落后！我国至少应该每年生产100万辆汽车，汽车的价格才能降下来，大家才能用得起！今后对一个厂子进行评定不能根据职工人数的多少，占有地盘的多少。原子能发电厂人少但发电却多。要下决心搞出一个革命性的方案，对汽车厂进行改造，包括对北京、上海的汽车厂进行改造。改造的内容应包括生产、科学实验和设计等方面的问题。要用革命的方法，不能用改良的方法。宁可减少产品，也要利用这个时间完成对企业的改造。用两年的时间来搞调整，是增加生产的好办法。规模大的企业，比如鞍钢，现在要改组就难了。汽车工业还很年轻，汽车厂只有几家，现在进行改组，是最后的机会。不搞，就永远落后。类似的还有造船工业，这两个行业要起示范作用。汽车生产，要实现标准化、系列化。不然成本不能降低，产量上不去，品种也单调。大厂、分厂可以独立经济核算，自负盈亏。可以买一些外国的技术，来搞标准化、系列化。要考虑怎样吸收世界上的先进经验，美国、日本、西德的汽车工业都很先进。他还指出：第一汽车制造厂的工具分厂可以独立出去，组建成一个为汽车、拖拉机服务的综合工具厂，以增加品种，增加产量，提高技术水平。工具厂搞好了，不仅自己的生产有保证，还可以为国家创造更多的财富，为全国解决一些困难。办企业不能关起门来，要做广告，做宣传，要扩大服务范围，让大家都来买你们的产品。

11日，邓小平在南湖宾馆听取了吴德、赵林等省委领导的工作汇报后指出，要把发展生产力放在各项工作的首位，管理要改善，生产要增加，包括技术革命，发挥生产积极性。要以农业为基础，工业为主导。针对有的企业非生产人员比例大、企业效率低的问题，他强调指出，把编外人员统统减下去，可以建立正常的生产秩序，提高劳动效率。不搞这一条，经济核算没有办法搞。宁肯把那些人集中起来学习或养起来，也比混在那里强。当了解到全省轻工业系统搞了食品、造纸、皮革三个托拉斯，名义上不增加编制，事实上增加了人员时，邓小平明确指出，托拉斯本身是搞经济的，不能用行政方法管理。我们现在搞的，有些不是用经济方法管理经济，而是用行政方法管理经济。他还针对当时一些不切实际的做法，严肃地指出，托拉斯是合同订货关系，把别的厂子并到你那里去，那叫什么托拉斯？有好几万人，成本核算更困难了，经济核算更不合理。

在谈到综合利用问题时，他说：先搞收益大、可以积累资金的。投一笔钱，不动它，专款专用。省里投的钱，赚回的钱归省，一两年就把投下去的钱拿回来了，用这个钱又去搞综合利用，搞第二个第三个，搞"驴打滚"的办法。省里专列项目，这笔钱不派别用。这个问题谈了几年了，完全指望中央投资不可能。要选容易搞、收益大、又能尽快收益的，投一笔钱，就用这个钱去滚。先选一项，搞这一项就准备搞第二项，要有规划有设计。

邓小平这次到吉林省视察，对农业、工业、教育、科技和党的建设等工作都作了重要指示，特别是他关于发展生产、注重运用先进科技、注重提高劳动生产率、注重采用托拉斯提高经济效益的思想，对吉林省经济工作发挥了重大的长期的指导作用。

第十三章
60年代前期的主要成绩和良好社会风貌

20世纪60年代前期，面对国民经济出现的困难局面，吉林省广大人民群众始终团结在党的周围，不畏困难，团结一致，共克时艰，做了大量卓有成效的工作，社会主义建设取得了突出的成绩。在战胜困难中，社会各界涌现出许多英雄模范人物，他们以祖国和人民利益为重，不计名利、甘于奉献，展现出那个时代艰苦奋斗的精神和良好的社会风貌。

一、60年代前期社会主义建设的主要成绩

吉林油田[①]的开发

中国在近代历史上曾被认为是贫油国家。新中国成立后，国家投入大量人力物力进行石油勘探和开发。1955年秋天，地质部和石油部提出“三年攻下松辽”“尽快在东方找出油田”的号召。1958年春，松辽平原被列为全国石油普查的重点区域。4月27日，地质

① 该企业名称曾先后为吉林省扶余油矿、吉林省扶余油化厂、吉林省扶余油化厂革命委员会、吉林省七〇油田革命委员会、吉林省石油会战指挥部、吉林省油田管理局、吉林石油集团有限责任公司、中国石油吉林油田分公司，现为中国石油天然气股份有限公司吉林油田分公司。为了叙述方便，本书将该企业统称为吉林油田。

部松辽石油普查勘探大队501号钻机在前郭县达里巴屯南17井，首次钻遇松辽盆地的油砂岩，证明松辽平原深处有很多石油集潴。1959年9月，在国家提出的“揭开扶余、钓鱼台，大战大同镇”“猛攻出油关”号召下，地质部松辽普查勘探大队在扶余3号构造扶27井喜获工业油流。扶27井成为吉林油田第一口出油井。以扶余为中心，吉林油田开始开发。

伴随着新中国成立十周年的隆隆礼炮，吉林省石油工业迈出了创建步伐。从1959年9月至1960年9月中旬，工作在扶余境内的地质部松辽石油普查大队的干部和工人发扬自力更生精神，克服重重困难，先后在14口井上获得工业油流，取得了十分宝贵的资料。在此后的几年里，他们用自己仅有的4部钻机，基本查清了扶余Ⅲ号构造的含油情况，证实了吉林油田确实是一个储量比较多、油层连通性比较好的浅层油田。其后，通过全面开发证实，吉林油田含油面积为84平方千米，地质储量上亿吨。

1961年1月17日，经过一年多的论证与筹备，吉林油田正式建矿，对外称扶余油化厂，对内称扶余油矿，开启了吉林油田的开发史。在石油部、地质部和吉林省的大力支持下，吉林油田设备规模和人力资源不断增强，并陆续从玉门、新疆、青海等油田调来一批技术干部。到1961年末，全厂职工达2739人，当年完成生产井31口，生产原油7500吨。从此，吉林油田开发建设的序幕拉开了。

建矿伊始，正值国民经济严重困难时期。1962年，国民经济调整，吉林油田被定为缓建项目，国家完全停止了对油田的投资。油田面临“关、停、并、转”的严峻考验。面对困难，油田党委及时提出“发奋图强、大抓生产、以矿养矿、准备发展”的口号。在国家没有任何投资的情况下，石油职工喊出“挺起腰杆，站稳脚跟，宁可不要工资，也要开发油田”的口号。全矿上下憋足一股劲，拧成一股绳，同心同德，艰苦奋斗。他们一方面集中主要力量突击抢建原油储运工程，发展原油生产；一方面组织职工大搞农副业生产，进行生产自给。经过一年的艰苦奋斗，终于战胜困难，渡过难关，保住了油田，迈出了吉林油田发展史上的关键一步。当年生产原油 29749 吨，超计划 9749 吨。在此后的几年里，吉林油田一直坚持自力更生，艰苦创业，扩大规模，发展生产，用实践彰显了石油工人的艰苦创业精神。油田原油产量逐年上升，1965 年达到 52022 吨。原油产量大幅度增加，原油外运遇到了困难。1966 年之前，油田的原油外运必须经松花江装船运到前郭火车站附近的油库，在开江和封江期，油井常常被迫停产。为了解决这个难题，在吉林省委和石油部的支持下，吉林油田决定架设一条横跨松花江的输油管道。1966 年 1 月，正是滴水成冰的严冬季节，跨江管道工程开始打桩施工。工人们日夜奋战在江心岛上，连春节都是在机台上度过的。架设这条管道需要钢材等各种物资近千吨，江面浮桥只能走人，不能行车，把物资运到现场，只能靠人拉肩扛。经过广大工人努力拼搏，11 月 14 日，一条长 9.7 千米、跨江部分 2.5 千米、塔高 34.9 米的输油管道建成。该条管道在当时是亚洲第一、世界第三、国内唯一的一条应用钻孔固桩的跨江输油管线。其竣工投产，不仅解决了封江期间的原油运输问题，也为以后扩大生产创造了条件。1966 年，油田原油产量实现 107129 吨。在物质条件非常匮乏的情况下，吉林石油工人凭着一种不屈不挠的精神，解决了生产问题，解决了原油外运问题，解决了油田的生存问题。

吉林油田的开发为全省经济建设奠定了重要物质基础，也为后人留下了宝贵的精神财富。

吉林省“三五”计划的制定

在三年继续调整的后期，中国经济建设战略重点发生了向战备倾斜的重大转变。虽然这一转变对 1965 年前的调整未发生根本性的改动，但对 1966 年开始的第三个五年计划的制定和后来的国民经济发展产生重大影响。

吉林省第三个五年计划的编制工作从 1963 年初开始。根据省人民委员会下发的《关于编制十年国民经济规划的通知》和国家计划委员会印发的《关于颁发第三个五年计划表格和十年计划轮廓表格的通知》，省计划委员会编制出《吉林省第三个五年计划主要指标初步设想意见》，于1964年1月报送省委和省人委。1964年2月，省计委提出《关于吉林省第三个五年发展国民经济计划主要指标的一些意见（草稿）》《吉林省第三个五年工农业生产、基本建设计划主要指标的初步设想》和工业交通支援农业规划。同年9月，全国计划会议提出第三个五年计划方针是：要更好地贯彻执行“鼓足干劲、力争上游、多快好省地建设社会主义”总路线和以农业为基础、以工业为主导发展国民经济总方针，贯彻执行毛泽东关于调整一线、集中力量建设三线和“一个屁股、两个拳头”①的思想。按照这一精神，省计委会同有关部门对原编制的“三五”计划稿进行了修改。1965年9月，提出修改后的《吉林省发展国民经济第三个五年计划纲要（草稿）》。后因“文化大革命”的干扰，计划的修订工作没有再继续进行。这成为“三五”计划的最后一稿。

吉林省“三五”计划的方针任务是：贯彻执行社会主义建设总路线，贯彻发展国民经济的总方针和“自力更生、勤俭建国”“边备战、边建设”的方针，充分考虑人民、战争、灾荒三个因素，突出政治，深入开展社会主义教育运动，做好战争准备，打好生产仗。要立足战争，从战争出发，全力支援大三线，加速建设小三线，调整工业布局，加强战备。大力发展农业，发展支援农业的工业、纺织工业和轻工业，大体解决吃穿用。在发展生产的基础上，活跃城乡经济，适当改善人民生活。发挥工业潜力，发展新技术，增加产品品种，提高产品质量。积极试行半工半读和亦工亦农制度。要厉行节约，精兵简政。具体部署包括以下几个方面。

第一，加速以地方军工为中心的后方建设。按照依托山区，坚持平原，独立作战，两面作战的方针，从准备早打、大打出发，加快后方小三线建设。总的要求是：以蛟河、桦甸、辉南、磐石、敦化、安

---

① 基础工业是屁股，农业是一个拳头，国防工业是一个拳头。

图等县以及通化一带山区作为后方，力争在较短时间内，把这一地区建成一个有独立活动能力、在战时能够做到地方需要的武器和一般物资器材基本自给的后方基地。军工配套工业的重点是续建通化钢铁厂，年产生铁10万吨、钢7万吨、钢材5万吨；新建通化有色金属冶炼加工厂；扩建浑江、集安铅锌矿；相应地建设发电、煤炭、机械、制药、纺织、轻工、建筑材料等工业。同时，从城市搬迁一些为军工配套的小企业到后方基地去。规划搬迁和分散柴油机、机床、配件、医疗器械、火柴等19个企业。

第二，大力增产粮食，积极发展多种经营。按照以粮为纲，多种经营，农、林、牧、副、渔综合发展的方针，加快发展农业，藏富于民，藏粮于民。1970年粮食总产量计划达到650万吨，比1965年增加125万吨，平均每年增长4.4%。多种经营产值五年增长50%以上。农副产品收购总值（不包括粮豆）五年增长55%。

第三，发挥地方工业潜力，重点发展支援农业工业和纺织工业，并适当加强交通运输业。充分发挥现有工业潜力，发展新技术，增加新产品，提高产品质量，降低成本，要求产品品种增加1/3，并有20种主要产品达到国内先进水平。重点建设梅河口矿区，扩建白城、延边煤矿以及建设后方山区小煤矿。重点建设吉林油田。建议国家在通化、延边、白城以及吉林、四平、辽源等地区建设或改造输电线路，增装发电机组，以增加电力供应能力。重点建设吉林—图们、四平—集安、图们—牡丹江、梅河口—北安等13条干线公路的桥梁和薄弱路段。

第四，加强财贸工作，支援和促进生产，安排好人民生活。根据“发展生产，保障供给”的财政经济工作总方针，财贸工作应当坚持政治观点、生产观点、群众观点，活跃城乡经济，繁荣市场，安排好人民生活，支持和促进工农业生产的发展。特别要面向农村，为农业生产、为贫下中农服务。同时，加强对小商贩的社会主义改造，打击投机倒把活动。五年计划，农副产品收购总值由1965年的2.7亿元增加到1970年的4.2亿元，增长55%，平均每年增长

9.2%；社会购买力由 19.5 亿元增加到 24 亿元，增长 23%，平均每年增长 4.2%；财政收入由 7.3 亿元增加到 9.5 亿元，增长 30.1%，平均每年增长 5%。

此外，还提出加大对教育的投入，积极试办半工半读、半农半读学校，重点发展农村卫生事业，加大地方基本建设的投资，提倡计划生育，控制人口增长等目标任务。

吉林省第三个五年计划的制定充分体现了当时党中央和毛泽东的“备战、备荒、为人民”的思想。根据计划，通钢得以恢复建设，吉林油田得以实现重要发展，全省国民经济结构和经济布局得以改善，对于促进吉林省东、中、西部经济平衡发展起到重要推动作用。

小三线建设的初步开展和通钢建设的恢复

60 年代前期，国际形势出现新的动荡，中国周边形势也逐渐紧张。在这种情况下，经济工作中备战的问题被提到重要议程上来。党中央从备战的需要出发，决定从 1965 年起集中力量进行三线建设，将全国划分为一、二、三线地区，吉林省被划为一线建设地区。中央提出，各省要建立自己的战略后方，也要划分三线。这样，吉林省根据国家关于三线建设的总体规划和各省加强小三线建设的有关指示，开始对全省的三线建设进行部署。

1964 年 8 月，省委向中央报送了《关于抓军事工作和地方武装建设问题的报告》，就一、二、三线布局问题，加强武装建设问题和有计划有步骤地筹建民兵武器、弹药工厂等问题，提出意见。11 月，省委召开常委会议，讨论三线建设规划问题。会后不久，发出《关于成立省委国防工业领导小组的通知》，决定赵林为组长，周光、罗坤山为副组长。12 月，省委向中共中央、东北局上报了《关于三线建设和战备工作规划的报告》。《报告》提出，吉林省三线地区的划分，以张广才岭和长白山为依托，蛟河以南，辉南以东，安图、和龙以西为三线地区，其他地区为一、二线。第三线建设的安排是:加速地方军工厂建设,在辉南、桦甸等地建设八个军工厂;从长春、吉林等市往三线地区搬迁一些战时供应配套的工厂;开采小煤矿,建立小型火力发电站;加速三线的交通、通讯建设;搞好物资储备和仓库建设;发展三线文教卫生医疗事业建设。1965 年 1 月,省委发出《关于转发〈吉林省 1965 年国民经济计划纲要〉的通知》,确定加强后方建设,调整工业布局,为第三个五年计划做好准备。4 月,省委召开常委会议,对第三个五年计划、三线建设、防空措施等作了安排,拟定了具体计划。7 月 10 日,《吉林省后方建设规划纲要》制定完毕。《规划纲要》对吉林省三线建设的指导方针、三线地区布局、军工建设步骤、军工配套建设措施及城市工业企业搬迁等问题都作了具体规定。

6 月 25 日,省委决定成立省委战备工作领导小组,富振声任组长,赵天野、严子涛、杨战韬任副组长。8 月 4 日,成立吉林省山区建设指挥部,加强对山区建设的规划和领导。

根据国家有关方针,吉林省提出进一步调整工业布局,加强山区建设,工业建设的重点由集中转为分散,由大中城市转到山区,山区建设要贯彻"靠山、分散、隐蔽"的原则,逐步把山区建设成为城乡结合、工农结合、厂社结合、劳武结合、平战结合的战略后方。山区建设要自成体系,战争爆发后能够独立作战。

1965 年 12 月,省委确定 1966 年全省计划工作要从备战、备荒、为人民出发,积极备战,支援大三线,加快小三线建设。

省委根据中央关于要加速三线建设的战略部署,计划到 1970 年底完成三线军工企业建设任务。军工配套建设的主要计划有:原材料工业,续建通化钢铁厂,新建钢锌铝冶炼厂;电力工业,新建桦甸电厂,建设磐石至石道河子、石山至漂河、桦甸至五道沟 4 条输电线路;煤炭工业,新建桦甸五道沟煤矿;交通运输,建设吉林至敦化、蛟河横道子至辉南石道河子、桦甸红石至靖宇、桦甸夹皮沟至安图松江 4 条公路及桥梁;通讯设施方面,新建永陵—岔路河—玉泉等 6 条通讯线路,全长 800 公里。

1965年到1967年期间，全省要完成部分工厂或车间搬迁工作。搬迁的工厂或车间主要是：纺织工业部门的吉林市麻袋厂的棉纺车间和吉林市线带厂的部分设备和人员迁到舒兰县。轻工业部门的长春市铝制品厂部分设备和人员迁并到三线子弹厂，长春被服厂皮件车间迁到蛟河县，吉林橡胶厂的部分设备及人员迁到桦甸，吉林火柴厂的部分设备及人员迁到敦化县。机械电子工业部门的长春机电厂电动工具车间、长春医疗器械厂部分设备及人员、长春无线电厂报话机的设备及人员迁到桦甸县，长春半导体厂迁到磐石县。建材工业部门的吉林省石棉制品厂石棉橡胶制品车间迁到柳河县。1966年8月8日，第四机械工业部召开小三线规划会议，提出将吉林市无线电厂、通化市电子仪器厂、吉林省无线电厂的一部分，搬迁到小三线地区。

从1965年到1967年，通化市先后接收了从大、中城市疏散来的军工企业，重新建立了向阳仪表厂、前锋机械厂、长白机械厂、东风化工厂、永安电动工具厂、东北齿轮厂、通用机械厂、光明仪器厂、通化冶炼厂9户中央、省属三线军工企业。

这些企业的大部分都选在通化市、辉南县的深山老林里。这里人烟稀少，条件艰苦，交通不便。2万多名从大中城市来到这里的青年、知识分子、老工人怀着快建工厂、多产武器、支援国防、保卫祖国的决心，仅用两年多一点的时间，就建成一座座美丽的厂区。当时生产的军工产品源源不断地运往军队。

为建设东北地区的战略后方，根据中央关于“备战、备荒、为人民”“要准备打仗”的精神和加强小三线建设的指示及东北小三线建设规划，1965年4月，通化钢铁公司（简称通钢）作为小三线项目正式恢复生产建设。建设方针为：投资少、建设快、收效大、经济合理、缩小目标、逐步建设成为分散隐蔽、小而全的钢铁化工联合企业。7月15日，恢复通化钢铁公司生产建设动员大会召开。包括18立方米烧结机、板石沟选矿车间在内的全部恢复工程相继施工。

1965年8月，东北局批复吉林省关于恢复建设通化钢铁厂设计任务书，批准通钢建设规模为年产铁10万吨、钢7.2万吨、钢材5.4万吨。续建和新建与冶炼需要相适应的矿山、选矿、烧结、焦化等车间，投资额为3800万元。在加快小三线建设的背景下，要求三年建成。1966年4月，省委为加强对通钢建设的领导，成立了由9名主要负责干部组成的领导小组，省委书记处书记富振声为组长，副省长严子涛、周光为副组长，并成立了以省重工业厅厅长洪学智为主任的前线指挥部。在省委领导的支持下，通钢的初期建设者们从各地陆续调回，重新建设通钢。经过积极的恢复建设，小型轧钢首先于1965年下半年投入了生产，到年末共生产钢材4589吨，超额10%完成了调整后的国家计划。1965年8月新建成的5吨电炉，于1966年9月正式投产，到年末生产电炉钢1316吨。通化钢铁公司的建成，使得通化成为全省重要的钢铁基地。

吉林省三线企业的广大职工以扎根山区、建设山区、献身军工事业为荣耀，生产出大量军械，武装了人民军队。小三线建设贯彻了中央的部署，支援了国防和军队建设，维护了国家的大局，一定程度上也促进了小三线建设地区的发展。但由于要求过急，小三线建设也造成了不少浪费，分散了省内财力、物力、人力，影响了其他工业部门和整个国民经济发展；厂点布局过于分散，建设速度过急过快，重复建设严重。

乾安的防氟改水

中华人民共和国成立后，中共吉林省委把全省地方病防治工作作为关心群众疾苦，保障人民生命安全，发展生产，繁荣经济，提高病区人民身体素质和生活水平，促进社会主义建设的一项重要任务。全省相继成立了地方病防治机构，形成了管理、防治、科研体系，取得了重要成绩。对吉林省的地方病防治工作，周恩来非常关心，并给予重要帮助。

乾安县氟中毒病由来已久。60年代，防疫人员深入农村、街道，发现患严重腰腿痛、弯腰驼背、瘫痪、黄黑斑牙的人非常多。老百姓称此病为“水土病”，但病因一直没有查明。直至1963年5月，乾安县委向白城地委作了详细汇报，引起地委重视，并向省委作了书面报告。省委第一书记吴德批示，责成省卫生厅组织吉林医科大学、省医院、省卫生防疫站组成调查组，于1964年5月深入乾安县病区。在乾安县卫生防疫站、医院的配合下，以前郭县平凤乡为对照，深入到5个公社、15个重病区屯进行了半年多的调查。经过临床检诊、水质化验和流行病学调查，又进行反复研究分析，确认这是一种慢性氟中毒病，病因是由于当地浅井水含氟量大大超标，人们长期摄入过量的氟所致。

因为氟中毒是饮用高氟水所致，所以有关部门决定把防治氟病的主攻方向放在打深井改水上。为了解决这个问题，1965年国家投资3万元，从白城请来专业打井队，在让字公社尔字井打了第一眼深层试验井。经过水质化验，每升水含氟0.7毫克，符合国家规定标准。1966年春，在省委支持下，又在赞字公社前洁字井，所字公社令字井、忠字井和安唱公社东下字井4个自然屯打了四眼试验井，化验结果，也完全符合食用标准。群众吃上了低氟水兴高彩烈，群情振奋。但由于受经济条件的限制，普遍采取打深水井还有许多困难。

1966年，国家计委一位负责同志到白城视察，白城地区的领导反映了乾安县氟病的危害和防氟打井面临的困难。他回到北京后，及时向周恩来作了汇报。周恩来对病区人民非常关怀，批示中央拨款50万元，帮助乾安县病区人民打好深井，消除氟害。消息传到乾安，广大干部和群众受到极大鼓舞，决心以防氟改水的实际行动报答党中央和周总理的亲切关怀。

资金到位后，乾安县委成立打井防氟办公室，由1名副县长挂帅，抽调17名干部，带领全县人民，组织各方面力量，展开了一场打深井除氟害的斗争。他们自制32盘人工打井机，以马拉、人推作动力打防氟深水井。一些党员、干部和医务工作者不顾各种困难，和病区群众一起战斗在防氟改水第一线，先后有5人献出了宝贵生命。在省委的关怀和支持下，经过乾安县党员干部和群众的努力，防氟改水工作取得了阶段性胜利。

二、艰苦奋斗精神和60年代前期的社会风貌

苦战奋斗的榆树小乡

在60年代的经济困难时期，广大干部群众发扬自力更生、艰苦奋斗精神，向自然灾害和物质匮乏宣战。在吉林省，“学大寨、赶小乡”的口号使得榆树县小乡生产队闻名全国。

小乡所在地丘陵起伏，沟壑纵横，岭上土质瘠薄，草木稀疏；沟底常年浸水，荆棘丛生。当时流传着这样一句话：“白头沟，白头沟，小雨扒层皮，十年九不收”，这就是小乡当年的地况。1962年，小乡生产队成立时，全队只有19个劳动力，全部家底是6头老牛、2头毛驴和1辆破车。生产队拥有208亩耕地，亩产只有130斤左右，粮食不能自给，是全县有名的穷队。

在严重困难面前，女共产党员、政治队长齐殿云把全队人召集到一起，反复学习毛泽东《愚公移山》文章和关于自力更生、艰苦奋斗的教导。齐殿云说：“现在，我们紧跟毛主席靠‘苦战奋斗’，也一定能克服困难，在这穷山沟里斗出一个社会主义新农村！”她的话语激励了小乡人，提高了人们战胜困难的勇气。小乡人怀着改变贫困面貌的决心，迎着困难一步一步向前进。为了改造瘠薄地，1963年冬天，全队男女老少不畏天寒地冻，大搞积肥运动，两个月积肥800多车。小乡全是山坡零散地，送一趟粪，远的要过六道岭，近的要爬三道坡。春节已过，靠一副驴爬犁和一台老牛车，粪还没送出一半儿。看到这种情况，齐殿云第一个挑起扁担。她说，老愚公能靠双手刨土搬山，咱要靠双肩挑粪改田，决不让一挑粪剩在家里。全队男女老少齐动手，40多天时间把全部粪肥送到地里。齐殿云还带领群众起早贪黑在山上山下拣柴、搂草，拣回2万多斤

干树枝，卖了钱解决生产费用；搂了 9 车草，解决了牲畜饲草，为适时播种创造了条件。为了多打粮，他们一面抢时间播种，一面抢时间治山治水。畜力不足，他们就用镐培地，208 亩耕地，用镐头培了 40 多亩。齐殿云带领 7 名妇女，发扬勇敢战斗、不怕疲劳和连续作战的精神，苦战 45 天，挖出排水沟 11 条，顺水壕 45 条，长达 1650 米，做到了块块地边、地头都有排水沟、顺水壕。经过苦战奋斗，1963 年小乡获得了大丰收，平均亩产 407 斤。小乡第一次向国家交售 1.6 万斤商品粮。

胜利鼓舞了小乡人。他们不断总结经验，苦战奋斗，坚持不懈地修田造田，改良土壤，增强地力。排水沟、顺水壕不断加深延长。坡田防止了水土流失，洼地免除了水冲泥淤。荒山上栽起了 15 亩用材林，秃坡上培植了 4000 多棵果树。小乡的面貌改变了。五年规划三年完成，穷队变成了富村。社员收入逐年增加，生活也有很大改善，家家有余粮，户户有存款。粮食亩产连续四年超过 500 斤，向国家交售粮食逐年增加。小乡由此成了全省的先进典型，受到全省各级党委政府的高度重视和评价。

以齐殿云为代表的小乡人发扬苦战奋斗精神，一心想着为国家多作贡献，改变了“一穷二白”的贫困面貌，成为吉林省农业战线的一面旗帜。

艰苦创业的吉林市油脂厂

吉林市油脂厂是由特等残废军人、共产党员刘声带领 12 名烈军属和街道居民，用三口大锅炼废油起家的。

建厂初期，困难重重。有人怀疑：“一个残废，一群婆婆娘娘，12 个半人，能办起啥工厂?”刘声却坚定地回答：“我身残志不能残，没有双脚也要走革命路，没有双手也要开顶风船。”刘声号召职工坚持自力更生，艰苦创业，勤俭办厂。他们自己动手，七拼八凑，用破席片、碎木板搭起了不遮风、不挡雨的席板棚，拣来砖头、石块垒起了锅台，到大工厂搜集废油作原料，“三口大锅闹革命”的火焰就这样点燃了。由于资金少，再有几天就连这三口大锅也要断烟火。工人们从家里拿引柴，到外边捡煤渣，硬是坚持着把工厂办下去。

开始创业的油脂厂工人没有进过工厂，更不懂炼油技术。全厂职工刻苦钻研，用手摸、眼睛看、鼻子闻、舌头舔的办法，检验产品质量，边干边学，逐步掌握了技术。他们在生产中，不断总结群众的实践经验，土洋结合，创立了一套科学、合理、符合实际的工艺流程和生产设备。经过两年不懈努力，从直火加温到蒸汽加温，从单层釜到双层釜，从人工搅拌到机械搅拌、双向搅拌，生产实现了机械化、管道化。短短几年，油脂厂在产品试制、工艺设计、建筑安装等方面，培养起一支技术队伍。

企业办起来了。1962 年，工厂改为地方国营。全厂职工以蚂蚁啃骨头的精神，没有向国家要投资，建成了一个可以年处理 2500 吨的废油再生产车间。他们还自己设计修建厂房、仓库，在兄弟厂的支援和帮助下，制造、改制了 68 台主要设备，自己动手安装了全部设备，为国家节省了大量的资金和钢材。

哪里有需要，哪里就是油脂厂发展生产的方向。当时农村迫切需要大车油，可油脂厂每生产一吨要亏损几十元。刘声和工人们商量：党中央号召我们支援农业，我们一定要干，亏损是可以解决的。他们承担了生产全省农村所需大车油的任务。在生产过程中，油脂厂加强管理，降低成本，很快扭转了亏损局面。大车油每吨成本由 530 元降到 355 元，售价也大大下降，深受农民的欢迎。一个发电厂为了攀登一项技术高峰，急需少量的导轨油，油脂厂的工人们知道后，立即接受了这项任务，他们克服了很多困难，在较短的时间内就试制成功了。到 1965 年，油脂厂已有 150 多名职工，年创产值 380 万元，被省人民委员会命名为“大庆式企业”。

吉林市油脂厂发扬自力更生、艰苦创业的精神，使工厂由小变大，逐步发展成为生产多种油脂产品，初具规模的地方化工企业。油脂厂的先进事迹在全省产生了深刻影响。在“远学大庆，近学油脂厂”的口号鼓舞下，全省涌现出一批“工业学大庆”的先进典型。吉林市油脂厂这种自力更生、艰苦奋斗、奋发图强的精神永远值得后人学习。

开展向先进人物学习活动

60 年代，在党领导人民战胜严重经济困难的过程中，社会各界涌现出许多英雄模范人物，雷锋、焦裕禄是他们的杰出代表。吉林省在开展学习雷锋、焦裕禄等先进人物的活动中，也涌现出一批英雄模范。学习刘英俊、学习红九连成为那个时代的强音。通过开展学习先进人物活动，全社会形成了好人好事层出不穷、助人为乐蔚然成风的良好社会风尚。

1963 年 2 月，吉林省开始了对雷锋事迹的宣传。毛泽东题词“向雷锋同志学习”发表后，全省掀起学习雷锋高潮。各地区各单位通过举行报告会，成立读报组，举办展览，演出戏剧、曲艺、歌舞等多种形式，宣传雷锋事迹。从 2 月至 5 月，全省有 70％的职工和 40％以上的农民聆听了雷锋事迹的报告。据 1963 年 6 月 25 日统计，仅吉林、榆树等 12 个市县，就组织了 3900 多场报告，听众达 120 多万人次。四平市有 70 多个单位举办了雷锋事迹展览，观众达 10 万多人次。通过广泛宣传，雷锋的共产主义思想品格影响遍及全省各个角落。“向雷锋那样工作、学习和生活”，成为全省青年的行动口号。在雷锋精神感召下，全省好人好事层出不穷。《吉林日报》5 月 4 日报道了省石棉制品厂工人学雷锋的事迹：过去没人打扫的职工家属厕所，忽然变得干干净净，人们不知道谁打扫的；有些车间小组不到仓库领擦机器布了，有人把使过的擦机器布洗得干干净净放在那里；许多扔在院内的破板子，忽然在一个早上变成了完美的包装箱。这种不声不响为工厂增产节约创造条件的事情，一宗接一宗，一件连一件。8 月 1 日《吉林日报》报道，吉林省驻军普遍开展了学习雷锋和好八连的活动，几个月里涌现出大批好八连式的“四好”(政治思想好、三八作风好、军事训练好、生活管理好)连队和雷锋式的“五好”(政治思想好、三八作风好、完成任务好、军事训练好、锻炼身体好)战士,艰苦奋斗的光荣传统得到发扬光大。1964 年学习雷锋活动进一步与学习吉林省驻军某部三连副指导员、学习毛泽东著作标兵廖初江相结合。雷锋事迹的宣传活动,给广大群众特别是青年上了一次十分生动具体的共产主义思想教育课。学习雷锋的热潮,极大地激发了广大群众建设社会主义的积极性,推动了全社会良好道德风尚的形成。

河南兰考县委书记焦裕禄心中始终装着百姓。他积劳成疾,在晚期肝癌的病痛折磨下,仍带领群众坚持在治沙的第一线。焦裕禄逝世后,新华社播发了长篇通讯《县委书记的榜样——焦裕禄》,《人民日报》等全国各家报纸全文刊发,在全国引起强烈反响。1966 年 2 月 10 日,省委发出通知,要求各级党委认真组织全体党员、干部,特别是公社党委书记以上领导干部向焦裕禄学习,认真学习焦裕禄为人民服务的共产主义世界观,学习他不为名、不为利、不怕苦、不怕死、热爱人民、专门利人的共产主义品德,学习他永远和群众打成一片的深入实际、调查研究、艰苦奋斗的优良作风。

在学习雷锋活动中,长春籍解放军战士刘英俊是社会各界涌现出许多英雄模范人物的杰出代表。1966 年 3 月 15 日早晨,黑龙江省佳木斯市驻军某部炮连三班战士刘英俊为保护六名儿童的生命,用肩膀猛扛惊马的脖子,迫使惊马拐上公路左侧的小道而光荣牺牲,避免了一次严重事故。刘英俊热爱人民,为当地的职工、居民做过许多好事,和人民群众建立了深厚的感情。他生前曾经在一封信里写道:“一个人无论是活多长时间,他的死,只要是献给党的壮丽的共产主义事业,那就是无限光荣的,有价值的。雷锋能,我也能,请相信我吧,一百个能!”[①]刘英俊牺牲后,部队党委追认他为中共党员,追记一等功。《人民日报》发表题为《人民的好儿子》

① 《人民日报》1966 年 7 月 14 日第 1 版。

的社论,全国很快掀起了学习刘英俊的热潮。中共中央东北局发出通知,要求全区广泛深入地开展向刘英俊学习的活动。通知指出:学习刘英俊同志,就要像他那样,全心全意为人民服务,时时刻刻密切联系群众,克服一切私心杂念,在任何情况下,都能自觉地把党和人民的利益摆在第一位,“生为革命生,死为革命死”,为保卫人民的利益,毫不犹豫地献出自己的一切,直到献出自己的生命[①]。7 月 14 日,长春市召开万人参加的向刘英俊学习动员大会。省委代理第一书记赵林[②]在讲话中要求,在全省范围内开展一个大规模的学习和宣传刘英俊同志先进事迹的活动。用刘英俊学习雷锋的精神学习刘英俊,使学习英雄活动扎实持久地向前发展。英雄模范的高尚精神更加深入人心,“大公无私”“全心全意为人民服务”的口号成为时尚。

在向雷锋同志学习的活动中,全省各地随之形成了极其广泛的学习毛泽东著作的高潮。全省广泛开展学习毛泽东著作活动早在 50 年代初就已开始。1958 年,省委发出《关于加强理论建设工作问题的决定》,要求在全省范围内,广泛开展一个学习毛泽东著作、学习马克思列宁主义的思想方法和工作方法的运动。1960 年,《毛泽东选集》第四卷出版发行。省委提出要在全省范围内立即开展一个宣传活动,从而把全省学习毛泽东著作的运动推向一个新高潮。1964 年 1 月,省委结合学习雷锋活动召开了全省学习毛泽东著作积极分子代表会议。在学习毛泽东著作活动中,解放军涌现出一批模范连队。驻长春部队红九连是毛泽东创建的中央红军模范红五团的一个主力连。该连经过千百次战斗,在各种严峻的考验中,发扬井冈山坚定彻底的革命精神,屡建战功,不断前进,曾多次获得荣誉称号。1960 年以来,广大指战员坚持不懈地活学活用毛泽东著作,干部和战士方向明,立场稳,斗志高,各项任

① 《人民日报》1966 年 7 月 16 日第 1 版。

② 1966 年 5 月 31 日,中共中央调吉林省委第一书记吴德任北京市委第二书记。7 月 3 日,经中共中央同意,省委第二书记赵林任代理第一书记。

务完成得好。国防部于1964年8月授予红九连"学习毛主席著作的模范红九连"称号。

向先进人物学习的活动在全社会弘扬了全心全意为人民服务的奉献精神和大公无私的集体主义精神，进一步提高了广大干部和群众的思想觉悟，极大地鼓舞了人们战胜国民经济困难的热情。良好的党风民风、和谐的人际关系、奋发向上的精神面貌，成为完成调整国民经济任务的巨大精神力量。

电影、吉剧等文艺事业的繁荣

经过1962年前后党对文艺政策的调整，文学艺术工作者的积极性被调动起来，文学艺术的发展出现生机。中共吉林省委对文学艺术工作的重视和一系列工作，极大地提高了全省文艺工作者的社会主义觉悟，文艺工作者的思想水平和艺术水平得到提高，文艺事业呈现繁荣发展的崭新局面。一些优秀的电影、文学、戏剧、美术、音乐作品，生动地反映了广大劳动人民的雄心壮志和革命精神，歌颂了蓬勃发展的社会主义事业，提高了群众的社会主义觉悟和共产主义品德，鼓舞了群众的革命干劲和劳动热情。

60年代前期，党和国家领导人多次视察长春电影制片厂，关怀指导长影的发展。长春电影制片厂创作了许多优秀电影作品，塑造了众多鲜活丰满的人物形象。影片《革命自有后来人》《甲午风云》《冰山上的来客》《英雄儿女》《达吉和他的父亲》等，主题鲜明，以各自不同的内容、形式和风格，有力地鼓舞和教育了群众，深受群众喜爱，在全国赢得了广泛好评，对于建立良好社会风尚，培育一代社会新人，发挥了不可替代的教育作用。长影这段时间创作的很多优秀作品经受住了时间的考验，至今仍留在人们的记忆中。

吉林省文艺创作努力反映现实生活，进入了一个新的繁荣时期，特别反映在戏剧创作方面。1964年和1965年全省现代戏会演，共有16个文艺表演团体参加，演出了32个现代剧目，其中京剧《天天向上》《一路平安》《五把钥匙》，吉剧《会计姑娘》，歌剧《梅河两岸》,话剧《小足球队员》等,受到观众的欢迎。话剧《两个心眼》《关不住》参加第一届全国话剧会演,并获得奖励。

这一时期,富有吉林地方特色的戏曲歌舞也进入繁荣期。

二人转在群众中深受欢迎,广为流传。从1954年开始,吉林省组织人力,挖掘整理了二人转传统曲(剧)目,编印出版《二人转传统剧目资料》。1961年至1962年,省文化局召开两次二人转工作者座谈会,提出“深入挖掘,大胆革命,在继承优秀传统的基础上,创造新型二人转”的口号,二人转艺术在曲折的发展过程中获得了很大的成绩。1965年长影把吉林省二人转《双比武》《小老板》《送鸡还鸡》《闹碾坊》拍摄成舞台纪录片《白山新歌》,在二人转艺术史上留下了光辉一页。

吉剧是在省委的关怀下,在二人转基础上发展起来的地方剧种。吉剧艺术的出现,为新中国剧坛增添了一颗耀眼明珠。1958年,省委建议创建吉林省自己的剧种。省文化局组建了新剧种创作组,并很快拿出一个实验剧目《蓝河怨》。1959年12月,新剧种实验剧团演出大型喜剧《桃李梅》。1960年2月,省人民委员会正式命名新剧种为“吉剧”,同时将新剧种剧团改名为“吉林省吉剧团”,吉林省从此结束了没有自己地方戏曲剧种的历史。1961年4月,省委书记处候补书记郑季翘和省委宣传部部长宋振庭综合大家意见,为吉剧团确定的发展方针是“不离基地,采撷众华,融合提炼,自成一家”。在这个创作方针指导下,吉剧迅速发展起来,继《桃李梅》之后,又创作出《搬窑》《燕青卖线》《包公赔情》等几出好戏。1962年,吉剧开始反映现实生活,通过创作演出现代戏,进一步形成了吉剧唱腔、行当和表演程式。同年6月,周恩来在长春观看了《桃李梅》,高兴地接见了演员,回京后赞扬了吉剧。这个时期先后排演了《争儿计》《会计姑娘》《红旗飘飘》等。1965年现代戏《江姐》的创作演出成功,把吉剧建设推向了一个新阶段。这出戏在长春市演出了118场,吸引了10余万观众,创造了吉剧演出场次的最高纪录。这些吉剧现代戏不仅使吉剧在群众中扩大了影响，而且在剧本、音乐、表演等方面为吉剧反映现实生活进行了有价值的实验，使吉剧建设向前跨进了一大步。为了更好地推动吉林地方文艺的发展，1964 年 10 月，组建了吉林省地方戏曲剧院。将吉林省吉剧团、吉林省二人转实验队、吉林省赣剧团归并到剧院统一领导。

在吉剧诞生的同时，农安县的黄龙戏和扶余县的满族新城戏也相继诞生。扶余新城戏以满族八角鼓音乐为基调，农安黄龙戏以东北皮影为基调，流行于扶余、农安一带，为当地人民所熟悉。黄龙戏《魂系黄龙府》获文化部第一届文华新剧目奖。

延边歌舞是在朝鲜族民间歌舞的基础上发展起来的。在不断发展中，一大批具有民族特色的歌舞节目被创作演出。1964 年 12 月，吉林省延边朝鲜族业余艺术团赴北京参加全国少数民族群众业余艺术观摩演出会，演出《顶水抗旱》《老人读报组》等节目，受到毛泽东、周恩来等党和国家领导人的接见。

电影、吉剧等文艺事业的繁荣极大地丰富了人们的精神生活，给人们带来美的感受，也反映了那个时代良好的社会风貌。

自力更生艰苦奋斗的社会风貌

60 年代前期，吉林人民在省委领导下，工业学大庆、农业学大寨，自力更生、艰苦奋斗，各行各业涌现出许多先锋模范人物。全省呈现出一片生机盎然、奋发图强的社会风貌。

经过国民经济调整，工业战线逐步恢复生机和活力。大庆油田坚持“高度的革命精神和严格的科学态度相结合”的原则，创造出工人和基层单位的“五好”①标准、干部“三定一顶”②的劳动制度。这些标准和制度，在全国工业学大庆的运动中被推广开来，形成了工业战线上声势浩大的群众比学赶帮浪潮，从而极大地促进了生

① “五好”即政治思想好、劳动生产好、作风好、技术学习好、团结互助好。

② “三定一顶”即干部参加劳动“定岗位、定时间、定职责，顶替定员”。

产。1963年12月，省委召开第二届第十三次全体委员会议，号召学习大庆经验，在全省开展一个比学赶帮竞赛运动。1966年4月，大庆油田“铁人”王进喜到长春市作开发建设大庆油田先进事迹的报告。全省各地掀起了学大庆的热潮。在辽源市，各厂以“五好”为标准，大力推进比学赶帮运动，努力学习上海、苏州等地先进经验，有八种产品的主要技术指标接近了先进水平。辽源市发电厂干部职工勤俭节约，使得这个工厂每度电耗煤量，从1949年的760克，下降到1965年的492克，16年来共为国家节约近百万吨煤炭。

全省广大职工以高昂的生产热情，为国家建设贡献力量。吉林省无线电厂职工克服“质量到顶了”“无所作为了”等思想，不断提高产品质量，所生产的梅花鹿牌袖珍式半导体收音机，深受广大用户的喜爱和欢迎，曾先后在6个国家和地区展销，被誉为“袖珍之冠”，产品远销东欧、东南亚、中国香港等国家和地区，得到国际市场的好评，为吉林省电子工业赢得了荣誉。吉林省农机厂广大职工艰苦奋斗、奋发图强，在7个月的时间里，试制成功我国第一台自走式联合收割机，填补了国内收割机的空白。长春第一汽车制造厂广大职工发扬自力更生精神，深入开展以创造和采用新技术、新工艺、新材料、新设备为主要内容的技术革新和技术革命运动，促进了生产的发展。“动平衡机”的制造成功，就是自力更生的丰硕果实之一。这种检验设备，我国过去没有制造过，如果进口，需要支出很大一笔外汇，而且到货时间毫无把握。工程师、设计师和工人们在党委领导下，决心自己设计自己制造。他们争分夺秒，大干4个月，终于制造出自己的“动平衡机”。因创造“李川江大豆榨油操作法”而享誉全国的先进生产者四平植物油厂李川江，为摘掉中国油脂工业落后的帽子，实现“甩掉大油杠，实现机械化”的目标，不畏艰难，同工人一起昼夜突击。经过9个多月的奋战，终于在1960年初建成一座罐组式的浸出油车间，使大豆的年加工量由过去的40吨增加到100吨，出油率由过去的14.23%提高到17.8%，使榨油工序生产工人由102人减少到36人。从此，结束了笨重体力劳动的螺旋榨油的历史。1960 年 3 月，吉林省政府命名李川江为工人工程师，其先进事迹被录制新闻纪录片在国内发行。一汽底盘车间成长起来的工人工程师张国良刻苦钻研，不断推动金属切削技术的革新，为一汽作出了重大贡献，被誉为“刀具大王”。广大工人阶级发扬主人翁精神，无私奉献，促进了全省工业经济的恢复和发展。

吉林省作为农业大省，在农业学大寨运动和农业科学实践中，涌现出许多先进模范和典型。1965 年 4 月 30 日，《人民日报》报道，群众性的比学赶帮运动在我国农村普遍兴起，农业战线涌现出大批先进典型，在东北地区，根据各地不同情况，分别树立了一批不同类型的旗帜。在改造低洼易涝农田方面，推广吉林省怀德县大岭公社的经验；在机械耕作方面，推广吉林省九站农业科学研究所的经验；等等。吉林省农业科学研究院九站农业科学研究所的科技人员，同群众相结合，在大田作试验，不仅在试验区内实现了多年的稳产高产，而且取得了一批很有价值的科学研究成果，为农业生产的发展作出了贡献。洮安县兴顺大队农民于江连续 11 年坚持科学实验，成功地培育高粱新品种“兴顺红”，引进许多适应当地土质气候条件的耐旱早熟玉米、谷子等优良品种，使整个大队实现良种化，实现了连年稳产增产。延吉市新丰大队崔竹松实验小组紧紧围绕大队增产的技术关键，逐步试验研究了合理密植、改良土壤、防治病虫害、合理施肥、合理用水和采用优良品种等综合性增产措施，1962 年水稻试验田亩产达到 884 斤，1963 年进一步提高到 933 斤。1961 年吉林省农业科学院组成崔竹松水稻高产经验综合研究组，在新丰大队设立基点，开展综合研究。经过三年研究，省农科院基本总结出崔竹松的经验，掌握了获得高产的主要措施和科学依据，并在吉林省水稻区有步骤地推广，获得显著增产效果。全省广大农村和农民积极参与到农业学大寨运动中。1965 年 11 月，在全国大寨式农业典型展览上，延吉市长白公社新丰大队和扶余县被树立为“大寨式农业典型”。全省广大农民植根农村，积极参与科学实验活动，不但提高了生产技术水平，而且有些人成长为农业技术专家，如崔竹松、柳昌银等，他们以自己的智慧为吉林省农业发展作出了贡献。

在农村，全省在基层干部中推广了“好头行人”活动。1963年3月，省委书记处书记阮泊生在吉林人民广播电台发表讲话，号召农村进一步开展“好头行人”运动。《吉林日报》先后发表了一批生产队的“好头行人”，如通化县刘希廷、东丰县王喜、长春市郊区李素兰、通榆县石维普、榆树县王永生等，他们以自己的模范行动带动了农民艰苦奋斗、勤俭致富。

青年是社会中最富进取精神和积极进步的力量。50年代和60年代前期，广大青年响应党的号召，“到农村去，到边疆去，到祖国最需要的地方去”，同祖国同呼吸、共命运，积极参加社会主义建设，涌现出一批先进人物。吉林省的知识青年吕根泽、吕向阳、栗心河等就是其中的代表，他们的行动激励了广大知识青年上山下乡，参与农村建设。知识青年上山下乡，为农村带来了活力。第一批进入“洼中高”草原农安县裴家屯集体插队的十名城市知识青年，落户农村后，坚持走同农民相结合的道路，苦练劳动本领，大搞科学实验，对促进农业生产，改变当地落后面貌作出了很大贡献，被评为吉林省青年社会主义建设先进集体标兵。广大知识青年还积极投身到三线建设中，他们在荒僻的土地上，坚持为祖国建设添砖加瓦的理想信念，默默奉献自己的青春年华。后来，他们中的许多人成为国家的栋梁之材。

60年代前半期是一个英雄模范涌现的时代，是一个奋发图强的时代。全省广大人民群众紧密团结在党的周围，树雄心，立壮志，以艰苦奋斗、自力更生的精神，努力改变贫穷落后面貌，建设美好吉林，建设伟大祖国。

第十四章

政治和思想文化领域“左”的错误的发展

随着对国民经济全面调整的实施，吉林省经济工作逐步趋于好转。但是，在政治思想领域中，“左”的错误倾向并没有消除。随着国际形势出现一定程度的紧张局面和中苏论战的进一步升级，党内对形势估计和工作指导上的分歧逐渐发展起来，在政治和思想文化领域“左”的错误进一步发展，党对社会主义建设的探索出现了严重曲折。吉林省同全国一样，在政治和思想文化领域出现了较为严重的“左”的错误。

一、贯彻党的八届十中全会精神

1962年9月24日至27日，中国共产党八届十中全会在北京召开。毛泽东在会上作了关于阶级、形势、矛盾和党内团结问题的讲话，把社会主义社会一定范围内存在的阶级斗争作了扩大化和绝对化的论述，断言在整个社会主义历史阶段中资产阶级都将存在，并存在资本主义复辟的危险，强调阶级斗争必须年年讲、月月讲、天天讲。后来这个论断被称作党的“基本理论和基本实践”，在“文化大革命”中被确定为“我党在整个社会主义历史阶段的基本路线”，标志着党在指导思想上“左”倾错误的严重发展，直接影响着探索中国社会主义建设道路的发展方向。这次全会也讨论了继续坚持国民经济调整的方针，确定全国人民的迫切任务是贯彻执行以农业为基础、以工业为主导的发展国民经济的总方针，通过了《关于进一步巩固人民公社集体经济、发展农业生产的决定》《农村人民公社工作条例修正草案》等文件。毛泽东提出不要因强调阶级斗争而放松了经济工作，要把经济调整工作放在第一位。会后，一方面，国民经济的调整得以继续；另一方面，阶级斗争的弦绷得越来越紧，把对社会主义建设道路的探索，逐步引向了以阶级斗争为纲的“左”倾错误方向。

中共吉林省委传达贯彻八届十中全会精神，是从部署经济工作开始的，同时积极准备开展社会主义教育运动。省委于 10 月 4 日至 11 月 6 日先后召开了书记处会议、常委扩大会议和二届七次全委（扩大）会议。会议的范围越来越宽，出席的人数越来越多，影响面也越来越大。出席 10 月 25 日召开的省委二届七次全委（扩大）会议的有：省委委员、候补委员，各市、地（州）、县委第一书记，省直各部委、厅局党组的负责人，工矿企业、高等院校的党委书记，共 1012 人。会议在听取省委第一书记吴德的传达报告后，着重学习了毛泽东关于阶级、形势、矛盾和党内团结问题的讲话。会议结束时，吴德就形势和主要工作、巩固农村人民公社集体经济、民主集中制和党的知识分子政策等问题作了总结报告。他一方面强调反修斗争和阶级斗争，另一方面又强调“目前我们是着重抓当前工作”。他认为只有把当前工作做好，反对帝国主义、修正主义、反动的民族主义和反击资产阶级的进攻才更有力量，所以“我们还是集中力量把当前工作做好”。会议认为，全省的形势是好的，虽然受灾严重，粮食没有去年产量高，困难很大，今后一个时期任务相当艰巨，但是我们已经有了克服困难的经验和条件。会议强调，“既不要因为全局好转和本省本地区的经济形势总的还好而忽视当前实际存在的困难，也不要因为部分地方灾情严重、某些方面困难尚多而悲观失望。”①会议确定，在全省进行一次国际主义、爱国主义和社会主义教育，开展一个扎扎实实的增产节约运动。会议要求，认真开展灾区生产自救工作，抓紧完成粮食征购任务，制定 1963 年农业生产计划；认真抓好城市工作，进

① 吴德：《省委二届七中全会总结》，1962 年 11 月 6 日。

一步搞活城市经济，安排好市场和职工生活，解决工商业亏损问题；切实地把发展农业放在首位，把工业和其他各行各业的工作，坚决地转到以农业为基础的轨道上来。会议确定，要进一步贯彻巩固农村集体经济、发展农业生产的政策，既要克服单干的思想倾向和片面强调生产责任制的现象，也要严格按照“农业六十条”的规定，正确处理大集体和小自由的关系；贯彻执行党的民主集中制，达到又有集中又有民主，又有纪律又有自由，又有统一意志又有个人心情舒畅，生动活泼的局面；要认真贯彻党的知识分子政策，在工作上要信任和使用，要同工同酬，不能歧视，在学术上要贯彻“百花齐放、百家争鸣”的方针，在政治上要同他们讲民主。会议号召，要踏踏实实地把各项工作做好，多快好省地把社会主义伟大建设事业推向前进。

11 月 10 日，省委根据中共中央《关于进一步巩固人民公社集体经济，发展农业生产的决定》精神，发出省委二届七次全会通过的《关于进一步巩固人民公社集体经济几个问题的指示》。《指示》要求纠正“包产到户”、单干和划小生产队的做法，检查和改善公社、大队、生产队三级管理，增加社员收入，加强农村党的基层组织建设，巩固人民公社集体经济。同日，还发出《关于保护和发展大牲畜的规定》《关于社员耕种自留地和垦种小片荒地的规定》。这些《规定》要求严格按中央八届十中全会通过的“农业六十条”修正草案办事，即把大牲畜（包括牧畜）下放给生产队所有，长期不变；自留地一般占生产队耕地面积的 5%—7%，垦种的小片荒和自留地加起来不得超过耕地面积的 10%—14%。同日，省委还发出《吉林省 1963 年农业增产措施和今后五年产量指标的设想（草案）》，提出今后农业生产的方针是：集中力量增产粮食，合理安排经济作物的生产，积极恢复和发展畜牧业以及林业、副业和渔业。全省粮食总产量，年内要达到 88 亿—93 亿斤，到 1967 年全省农业全面恢复到或超过第一个五年计划期间的年均水平。

1963 年 1 月 4 日至 2 月 20 日，省委召开党员干部会议，深入学习党的八届十中全会精神和毛泽东关于阶级、形势、矛盾和党内团结问题的讲话。参加会议的有市、地（州）、县委第一书记，省直部、委、厅、局的主要负责人，厂矿企业、高等院校的党委书记，共 242 人。会议在八届十中全会"左"倾方针指导下,在党员干部中贯彻"反对现代修正主义"、开展"国内阶级斗争和党内斗争"、加强党的建设和开展当前各项工作等内容。会议的基本精神是强调用反对现代修正主义和阶级斗争的观点去分析和对待一切问题。这样,就把大量的经济领域、思想领域的矛盾,大量的人民内部矛盾都当成阶级斗争来看待,把党内矛盾都看成社会上阶级斗争在党内的反映,使阶级斗争的理论与实践越来越升级。为了进一步贯彻党的八届十中全会精神,省委还召开全省组织工作会议。会议认为,中央关于加强执政党建设,认真贯彻民主集中制,对干部和党员提出更高更严要求,对于社会主义建设和党的建设具有深远的意义。会议强调,要加强对干部的管理和监督,精干和纯洁干部队伍,坚持干部参加体力劳动的制度,有计划地进行干部交流和下派锻炼;要有步骤地整顿党的组织,进行党员登记,纯洁党的组织,提高党的战斗力;要加强党的监督工作,打击邪气,伸张正气。会议的主要精神就是用八届十中全会确定的反修斗争、阶级斗争和党内斗争的路线,重新整顿党的组织,为大规模地开展社教运动和政治思想领域的反对修正主义斗争做好组织准备。

上述一系列会议的决议、决定和基本要求,为吉林省全面贯彻党的八届十中全会精神作出了部署。全省在抓经济工作和抓阶级斗争的两种发展趋向中,抓阶级斗争的趋向逐步处于主导地位,社会主义建设道路探索的方向开始转向以阶级斗争为纲的错误轨道上去。

二、城乡社会主义教育运动

农村的社会主义教育运动

在对国内外阶级斗争形势估计越来越严重的情况下,党中央决定在全国城乡发动一次普遍的社会主义教育运动(简称社教运动),开展大规模的阶级斗争。

社会主义教育运动最初称“四清”运动[1]，重点是在农村进行。1963年2月21日至28日，中共中央在北京召开工作会议。毛泽东批示将湖南开展农村社会主义教育运动和河北保定地区清理账目、清理仓库、清理财务、清理工分(简称“四清”)的经验印发会议讨论，并在讲话中提出了出不出修正主义的问题，强调只有抓好社会主义教育，才可以防止出修正主义；提出“阶级斗争，一抓就灵”，督促各地抓紧开展社会主义教育。会议决定以抓阶级斗争为中心，在农村开展以“四清”为主要内容的社会主义教育运动，在城市开展反对贪污盗窃、反对投机倒把、反对铺张浪费、反对分散主义、反对官僚主义的“五反”运动。

为贯彻中央二月工作会议精神，3月3日至10日，中共吉林省第二届代表大会第二次会议召开。会议实际上是开展阶级斗争和城乡社会主义教育运动的总动员。出席会议的正式代表455人、候补代表25人，列席会议的198人。会议的主要任务是贯彻落实中央二月工作会议精神，讨论阶级和阶级斗争、增产节约和城市“五反”运动、农村社会主义教育运动和加强党的建设问题。省委第二书记赵林代表省委就形势、任务和加强党的建设问题作了工作报告，有81名代表围绕报告发言。会议通过《中国共产党吉林省第二届代表大会第二次会议决议》。会议充分肯定了1962年以来吉林省国民经济调整工作的成就，指出全省经济情况正在一天天好起来。全省党组织和全省人民的迫切任务是，坚决贯彻执行以农业为基础、以工业为主导的发展国民经济总方针，争取1963年农业丰收，全面完成国家计划。会议强调要深入开展农村社会主义教育，克服资本主义自发势力，巩固和发展人民公社集体经济，引导农民坚决走社会主义道路；同时在机关、企业、学校、街道职工和广大人民群众中，深入进行社会主义、爱国主义、国际主义教育，进一步开展

---

① 八届十中全会后，一些地区（如湖南、河北等地）进行了整风整社和社会主义教育。河北保定地区进行了“小四清”（即清理账目、清理仓库、清理财务、清理工分）。1963年2月召开的中央工作会议，推荐了湖南省委开展社会主义教育运动和河北保定地区“小四清”的经验。1964年底至1965年1月中央工作会议制定的《农村社会主义教育运动中目前提出的一些问题》（即“二十三条”）规定：全国城乡的社教运动一律以“清政治、清经济、清组织、清思想”为内容，城市社教的“五反”（即反对贪污盗窃、反对投机倒把、反对铺张浪费、反对分散主义、反对官僚主义）也改称“四清”。

增产节约和“五反”运动，克服和防止资产阶级思想的影响和侵蚀，保证社会主义建设事业的顺利发展。

吉林省农村的社会主义教育运动从1962年秋开始，大致分为两个阶段。从1962年党的八届十中全会之后到1963年4月为试点阶段。这期间全省进行了两批试点工作，参加单位共计54个公社又23个大队，占全省865个公社的6.3%。这个阶段社教运动是在省委直接领导和部署下开展的。1962年11月17日，省委农村工作部根据省委的决定，召开社会主义教育试点座谈会，讨论社教的目的、内容、政策界限和领导问题，部署全省的社教运动。会议认为，农村社会主义教育，实质是一次整风整社运动，目的在于提高干部、社员的社会主义觉悟，明确社会主义方向，贯彻党在农村的各项政策，巩固集体经济，发展农业生产。运动的主要内容是进行形势、阶级、社会主义方向、政策教育，解决社会主义发展方向问题，整顿党的基层组织，改善生产队的经营管理。会议强调，要放手发动群众，依靠当地党支部，密切结合生产和安排生活。由于“大跃进”时期人民公社运动来势迅猛，盲目扩大集体所有制的规模和范围，大大超出干部的觉悟水平和管理水平，当时不少生产队账目、财务不清，管理制度不健全，干部多吃多占、强迫命令作风普遍存在，甚至贪污公款、欺压群众等不法行为也时有发生，少数坏人投机倒把、破坏集体经济的犯罪活动也屡屡出现，因此按照不同情况，通过社会主义教育、开展整风整社等不同途径解决上述问题是必要的。试点阶段的社教运动紧紧依靠当地党支部，密切结合生产，放手发动群众，清理出贪污盗窃、多吃多占、铺张浪费的一些问题，在一定程度上解决了“大跃进”以来的遗留问题，效果比较明显。

从1963年5月开始，社教运动进入全面铺开阶段。省委按照中央统一部署，调整了吉林省农村社教运动的做法，重新训练干部，进行试点，为大规模开展社教运动做准备。6月，省委召开全省“四清”试点座谈会，根据中央发出的《关于目前农村工作中若干问题的决定（草案）》（简称“前十条”）精神，讨论了全省农村社教运动问题。会议认为农村干部铺张浪费、多吃多占、贪污盗窃、投机倒把的问题是普遍而严重的。会议充分肯定了前一阶段社教运动的试点成绩，要求在全省农村分期分批地开展社会主义教育运动。采取的方法，一般应当先党内后党外，先干部后群众，先解决人民内部矛盾，然后解决敌我矛盾；从进行阶级教育入手，结合生产进行，最后落实到进一步发展集体生产、增加社员收入上。会后，从6月下旬开始，在13个公社、40个大队试点。9月，省委又根据中央新发布的《关于农村社会主义教育运动中一些具体政策的规定（草案）》（简称“后十条”），制定了《关于开展农村社会主义教育运动的规划》，于10月19日下发。《规划》提出，农村社教的主要内容是进行阶级、阶级斗争和社会主义教育，建立贫农、下中农组织，开展“四清”，干部参加劳动；运动的目的是提高干部和群众的阶级觉悟，打击社会主义的敌人，进一步巩固农村集体经济，发展农业生产；运动的基本方法是必须自始至终依靠党的基层组织，放手发动群众，集中力量开展对敌斗争，同时解决发展生产中的两条道路斗争的问题。《规划》要求，以公社为单位，分期分批开展运动，争取二三年内全部完成。12月22日，省委召开面上社会主义教育试点座谈会，交流经验，检查工作中的问题。省委第一书记吴德就社会主义教育中应注意的问题作出指示。会议认为，面上社教的内容和要求是普遍抓五个要点（阶级斗争、组织贫下中农阶级队伍、“四清”、社会主义教育、干部参加劳动），突出地解决两个问题（干部参加劳动、发展农业生产），严格掌握三条界限（不发动群众斗争“四类分子”、暂不发动干部“洗手洗澡”、暂不建立贫下中农组织），主要依靠公社的力量去进行面上的工作。全省农村分期分批地进行了社会主义教育运动试点。

1964年9月18日，中央发出《关于农村社会主义教育运动中一些具体政策的规定（修正草案）》（简称“后十条”修正草案），对形势估计更加严重，提出敌人拉拢腐蚀干部“建立反革命的两面政权”，是敌人反对我们的主要形式；认为“这次运动，是一次比土地改革运动更为广泛、更为复杂、更为深刻的大规模的群众运动”；强调“有些地区还要认真地进行民主革命的补课工作。”“后十条”修正草案，改变了过去依靠基层组织和基层干部的做法，强调把放手发动群众放在第一位，首先解决干部中的问题，并规定整个运动都由工作队领导。“后十条”修正草案，对吉林省的社教运动影响很大。9月12日省委发出通知，决定集中力量在重点县、社打歼灭战。随后，省委于9月30日召开常委会议，具体确定全省农村社会主义教育运动先在梨树、柳河、珲春三县和长春市郊区城西公社进行，并制定了《关于集中力量在梨树、柳河、珲春开展城乡社教运动的规划》。10月6日至31日，省委举办社会主义教育工作队骨干训练班，集中训练生产大队工作组长骨干1500多人。10月22日，省委在《关于集中力量在梨树全县进行城乡社教运动的规划(初稿)》中进一步提出，必须放手发动群众，重新组织阶级队伍，彻底解决民主革命、社会主义革命不彻底的问题，纯洁党的队伍，改选基层领导班子，从根本上改变生产落后状况。10月28日，省委决定，梨树、柳河、珲春三个社会主义教育试点县的工作团成立党委，分别由阮泊生、雷鸣玉、于克任书记，直接领导运动。与此同时，根据集中力量打歼灭战的精神，省委从各地区和省直机关抽调各级干部、大专院校师生、军队干部，加上东北局和中央机关派来的干部共2.3万人，混合编队，组成4个工作团、88个工作队(农村65个、城镇23个)，从11月开始陆续进入开展运动的地区。工作队基本上是按“后十条”修正草案精神开展运动的，进点后一般是抛开基层干部，直接通过与社员“三同”(即同吃、同住、同劳动)，搞“扎根串连”，组织阶级队伍，对干部“四不清”问题进行背对背地揭发，然后在收集各种材料的基础上搞面对面的大揭发、大批判斗争，并立即逼迫退赔；个别地区甚至出现了批斗基本群众的状况，造成了对基层干部和基本群众打击面过宽、打击过重，以致出现混淆敌我界限、违反政策等“左”的错误。这是吉林省社教运动中“左”倾错误最严重、危害最大的时期。

正在这时，中共中央于1965年1月14日下发了《农村社会主义教育运动中目前提出的一些问题》(即“二十三条”)。“二十三条”取代了1963年11月中央发出的“后十条”以及1964年9月中央下发的“后十条”修正草案，成为指导“四清”运动的工作文件。“二十三条”纠正了前一阶段社教运动中的某些“左”的偏向，重新强调团结两个95%，实行群众、干部、工作队“三结合”；反对搞秘密地“扎根串连”，把运动搞得冷冷清清的做法，强调工作队一进点就要向干部和群众说明来意，把政策交给他们；明确宣布不论在什么社队，不论在运动中或运动后，都不许用任何借口，去反对社员群众。这对吉林省纠正前一阶段运动中的“左”倾错误是有益的。但“二十三条”强调运动的性质是解决“社会主义和资本主义的矛盾”，提出运动的重点是“整党内那些走资本主义道路的当权派”的更“左”的口号。省委于1月4日至10日召开工作会议，学习讨论“二十三条”。26日省委发出《关于宣传〈二十三条〉具体做法的通知》，要求各地党委向全体党员和党内外干部宣传，并指定专人向贫下中农和其他群众宣讲，进一步搞好社会主义教育，调动干部和群众的积极性，发展农业生产。各地特别是社教重点县接到省委通知后，大量张贴或宣讲“二十三条”，基本上做到了家喻户晓，使党的政策迅速与全体干部和广大群众见面。同时，社教工作队集中整训，学习“二十三条”，总结工作，统一认识。2月6日，省委批示下发柳河县工作团党委《关于两个公社在社教运动中违反政策违反纪律的检查报告》，纠正前期社教运动中出现的扩大打击面，用打人、骂人、体罚办法追逼退款，甚至批斗社员群众等“左”的错误，要求工作队在社教运动中，必须按照中央所规定的方针、政策办事，不能违反政策，乱提口号，随意扩大打击面；不许用任何借口反对社员群众；严禁打人、骂人和变相体罚。3月18日至24日，省委召开农村点上社教工作会议，深入贯彻“二十三条”，部署今后工作。省委第一书记吴德在会上就运动的形势、工作部署等问题作了总结发言。他在总结前一阶段工作时指出，前个阶段，由于对“四清”运动性质、重点认识不够明确，“对问题看得过了些，对干部的工作做得不够。”他认为，“二十三条”发布后，经过广泛的宣传，同时工作队经过整训，对运动的性质明确了，重点突出了，方法比较对头了，犯错误干部在党的政策感召下，在群众革命形势促进下，主动地交代问题，所以运动进展很快。他在部署下一阶段工作时提出，要进一步做好解放干部的工作，进一步加强对群众的教育，在提高觉悟的前提下，转入对敌斗争。他指出，对敌斗争包括对党内极少数顽固不化的、坚决走资本主义道路的当权派和支持他们的幕后人及有破坏活动的“四类分子”（地主分子、富农分子、反革命分子、坏分子）的斗争。他还说明，“有的单位，顽固不化的坚决走资本主义道路的当权派也可能没有，没有就不能硬找”，对幕后的人要深挖，只要工作做到了，有几个算几个，不要拿没有破坏活动的、不应该列为斗争对象的"四类分子"凑数。为了确保"四清"运动的质量,省委于 4 月 24 日发出《关于四清工作队要注意进行调查研究工作的通知》,要求各工作队要尽可能深入地搞一些比较系统的调查,作为研究改进工作和更好地贯彻政策的依据。省委及其主要领导人这种比较实事求是的态度,对减少吉林省社教运动造成的不必要损失起了一定作用。按照省委的统一部署,各重点县先后开展了对敌斗争、核实定案和组织建设工作,到 1965 年 7 月下旬,全省第一批三个县一个公社的社会主义教育运动结束。

第一批重点县的社教运动解决了一些干部在经济方面的"四不清"问题。据统计,三个县共查出贪污盗窃和投机倒把金额 300 万元、粮食 160 万斤,多吃多占金额 150 万元。其中退赔贪污盗窃、投机倒把金额 160 万元、粮食 64 万斤,多吃多占款额 55 万元。这对整顿干部作风、改善干群关系、调动农民生产积极性、巩固和发展集体经济是有益处的。但是整个运动是在阶级斗争扩大化思想指导下进行的,许多问题被严重扩大化了,有些问题甚至是无中生有的。在试点县新挖出"四类分子"679 人,并笼统地认为,广大干部中的问题都是由于阶级敌人的拉拢腐蚀造成的,都是通过"懒、馋、占、贪"的路子走向变质的。而且不管基层干部有无问题和问题大小,开始时一律靠边站,当成揭发和批判的对象,就是社员群众也同样得"过筛子",查阶级和在阶级斗争中的表现,因此,伤害了不少基层干部和群众。省委 1965 年 8 月 29 日所作的《关于第一批重点县的社会主义教育运动的总结》完全错误地认为"在阶级敌人的猖狂进攻之下,三个县大约有百分之三、四的干部被阶级敌人'演变'过去,坚持走资本主义道路;大约有百分之十三的党的基层组织的领导权被阶级敌人所篡夺",从而,更加确认"以阶级斗争为纲"路线的正确性。

1965 年 5 月,省委发出《关于第二批农村社会主义教育运动的规划》,确定第二批社教运动每个市、地(州)各搞一个县。第二批社教运动,由于中央的方针政策比较稳定,有了第一批社教运动的经验,又是依靠所在地方干部领导,所以运动进展得比较快。到 11 月底,多数地区完成了"四清"任务,有些地区搞了"夺权斗争"。到 1966 年 5 月,第二批农村社教运动结束。7月12日，省委在上报给中共中央和东北局《关于农村第二期社教运动的基本总结和第三期社教运动的安排》的报告中，对第二期社教运动作了完全肯定的总结，并部署了第三批社教运动的安排。后来由于“文化大革命”的冲击第三批社教运动中途停止。

总的来看，吉林省农村社教运动是在党的八届十中全会阶级斗争扩大化思想指导下进行的。由于把各种不同性质的问题都认为是阶级斗争或阶级斗争在党内的反映，伤害了不少基层干部和群众，犯了阶级斗争扩大化的错误。但是由于农村社教运动只是在局部地区开展的，省委在领导农村社教运动过程中，在具体做法上强调领导干部蹲点，严格社教工作队员纪律，比较注意贯彻“农业六十条”的各项规定，在定案过程中比较注意调查研究，因此在一定程度上减轻了运动所造成的损失。

城市的“五反”和“四清”运动

吉林省在农村开展社会主义教育运动的同时，在城市开展了以增产节约为中心、以“五反”为内容的社会主义教育运动。

1963年3月1日，中共中央发出指示，要求城市开展反对贪污盗窃、反对投机倒把、反对铺张浪费、反对分散主义、反对官僚主义的“五反”运动。中共吉林省委在二届二次党代表大会上，传达了中央工作会议精神和“五反”运动指示。4月3日，省委决定成立以省委书记处书记李砥平为组长的增产节约和“五反”运动领导小组。此后，全省大中城市的社会主义教育运动逐步展开。城市“五反”运动情况比较复杂，有党政机关、工商企业、文教科卫各行业，党政机关除了前“三反”，主要是反官僚主义、分散主义的问题，工商企业主要是前“三反”、两条道路斗争和增产节约问题，文教系统主要是办事业方向、走什么道路问题。6月14日，省委召开市、地(州)和省直机关“五反”座谈会，认为在前一阶段各地对前“三反”，即反对铺张浪费、多吃多占、生活特殊化问题揭露得比较深刻，反得比较彻底，对后“两反”即反对官僚主义、反对分散主义搞得不深不透。会议要求，充分利用当前有利时机，抓住反官僚主义这个核心，集中力量把主要领导干部的“洗澡”(指干部围绕“五反”内容所作的自我检查)和后“两反”搞深搞透。会后，省直机关马上行动起来。29日，省委召开省直机关17级以上党员干部会议，动员深入开展“五反”运动。省委书记处书记李砥平在会上强调，提高认识，加强领导，帮助领导“洗澡”，把官僚主义反深反透。省委常委于7月9日至16日、22日至23日先后两次召开会议，根据中央“五反”运动的指示，进行自我检查和集体“洗澡”，开展批评与自我批评，解决官僚主义、分散主义、铺张浪费和个人思想作风方面的问题。12月10日至12日，省委再次召开常委会议，进行自我检查，开展批评与自我批评，并于随后召开的第二届第十三次全体省委委员会议上，就省委常委的“三反”检查作了专门讨论。随后，省委第一书记吴德代表省委在省直机关17级以上党员干部大会上作了《中共吉林省委“三反”检查》的报告。在省委领导的积极带动下，全省的增产节约和“五反”运动迅速展开。据统计，到1963年9月，省直机关厅局级以上干部有92.4%的人(207名)参加了“洗澡”，其中有90%以上的人已“下楼”(指检查合格、过关)；市、地(州)多数干部“洗完澡”，转入后“两反”。为了深入开展后“两反”，1964年2月省委再次召开市、地(州)委第一书记和省直厅局党组书记会议，强调加强领导、掌握政策，对犯错误的干部要贯彻挽救、改造、争取和过去从宽、现在从严，坦白从宽、隐瞒从严的方针，把后“两反”搞好。到1964年7月，全省县以上党政机关和工交、财贸、农林水、文教等企、事业单位有3666个单位结束了“五反”运动。

1964年5月，中共中央在北京召开工作会议。在讨论社会主义教育运动时，会议认为全国基层政权有三分之一不在马克思主义者手里。省委根据北京工作会议精神，决定城市“五反”运动重新开始。8月开始抽调工作队员，总人数为5682人，分赴工交、财贸、文教、机关各口，共搞34个点。此次运动搞得十分紧张。在运动中不仅领导干部人人过关，就连普通党员和群众，特别是剥削家庭出身或有一些历史问题的人、犯过小毛病小错误的人也都搞得相当紧张。在揭发批判过程中，把许多问题甚至是正确的主张，如办企业要讲经济效益、严格管理制度、困难时期为职工谋福利、参与自由市场活动等，都当成走资本主义道路来批判；把重用有才华有技术但家庭出身不好或有一般历史问题的人，叫作阶级阵线不清或包庇坏人，有的领导干部甚至因此而被打成“走资派”或阶级异己分子，从而伤害了不少基层干部和群众。

1965 年 6 月 7 日，省委发出《关于城市社教运动第二批规划》，规定城市第二批社教运动重点是大的骨干企业、战备要害部门、问题严重的较大单位、各县的大企业，共计 277 个单位。《规划》要求第二批城市社教运动七八月份全面铺开，争取年末前结束。第二批城市社教同第二批农村社教一样，依靠基层党组织，放手发动群众，实行群众、干部、工作队“三结合”的办法，内容是大揭两条路线斗争的盖子，斗争“走资本主义道路当权派”，整顿领导班子，搞好生产建设。在运动中穿插开展学习毛泽东著作，工业学大庆、全国学习解放军，争当“五好企业”（政治工作好、完成计划好、企业管理好、生活管理好、干部作风好）、“五好职工”（政治思想好、完成任务好、遵守纪律好、经常学习好、团结互助好）活动。到 1966 年 7 月，运动结束。1966 年 8 月，根据省委的部署，第三批城市社教运动在 436 个单位展开，后因“文化大革命”的冲击而中断。

1963 年开始的城市社会主义教育运动，对克服干部官僚主义、贪污浪费、多吃多占、违法乱纪行为，改善和加强经济管理等起到一定的作用。但是，由于运动被纳入阶级斗争扩大化和绝对化的轨道，整个运动的指导思想越来越“左”。“二十三条”发表后，各社教点大抓“走资本主义道路当权派”，不少基层干部和群众受到了不应有的打击。由于省委在定案处理阶段比较谨慎，没有一人被定为“走资本主义道路当权派”。当时社会主义教育运动只是在部分城市的企事业单位开展，对全省国民经济的调整工作和国民经济的恢复和发展没有产生太大的影响。然而这种越来越“左”的指导思想，却使社会主义建设道路的探索偏离了正确轨道。

三、思想文化领域的批判运动及其严重后果

吉林省是文化大省，是科教文系统知识分子比较集中的地方。自 1957 年反右派斗争严重扩大化后，思想领域的政治批判运动不断扩大。思想领域的政治批判运动主要是围绕反对现代修正主义这个中心内容展开的。特别是 1960 年的学术批判、1964 年政治理论课会议的批判，

波及面之广、影响之大更是空前的。

1960年3月中旬，吉林省根据中央3月文教书记会议精神，在长春哲学社会科学界和文艺界进行动员和布置。各有关单位成立了学术批判领导小组及办公机构，制定了规划，积极发动群众寻找“由头”(即当时认为的“修正主义观点”)。长春市在学术界以吉林大学哲学系系主任、教授刘丹岩的某些哲学观点，在文艺界以长春电影制片厂总编辑纪叶的所谓修正主义观点为靶子，多次开展了全市性的批判活动。批判会断言刘丹岩的主要错误是：“抹煞唯物主义和唯心主义、辩证法和形而上学、马克思主义哲学和旧哲学的根本区别”，“集中地攻击了马克思主义哲学的党性原则”[①]。认定纪叶的主要错误是“宣传资产阶级的人道主义、人性论，模糊阶级界限，反对阶级斗争”，“反对文艺为政治服务”，主张“艺术第一”，强调“写真实，揭露黑暗面”，“鼓吹创作自由，反对党对文艺的领导”[②]。此外，各单位还开展了小型批判活动，在政治经济学领域批判了“生产力落后论”(即认为中国生产力落后，不应过早向社会主义过渡)，在科学社会主义领域批判了“和平过渡论”，在历史学领域批判了“国粹论”、贬低农民起义作用论，在教育学领域批判了有人用夸美纽斯“量力论”抵制教育革命的思想等。总之，各单位都抓本校或本单位的“由头”，展开批判运动。这场批判运动批判的“由头”，绝大多数属于学术观点问题。这些学术观点问题本来是可以自由讨论的，而且有些观点今天看来还是正确的。政治批判会只允许批判者批判，不允许被批判者辩争，完全违背了“百花齐放、百家争鸣”的方针，极大地扼杀了学术自由讨论精神，妨碍了学术发展。

1962年9月党的八届十中全会概括了现代修正主义产生的根源，更加强调反对现代修正主义的斗争。年末从《人民日报》发表《陶里亚蒂同志同我们的分歧》评论员文章开始，展开了关于国际共产主义运动的大论战。在这种形势下，省委于12月30日发出通知，要求贯彻中央《关于向党内外进行反对现代修正主义的教育工作的通知》。1963年1月初，在党内外干部中普遍掀起反对现代修正主义学习热潮。反对国

---

① 《中共吉林省委宣传部关于学术批判的情况今后意见的报告》，1960年5月7日。

② 《中共吉林省委宣传部关于学术批判的情况今后意见的报告》，1960年5月7日。

际上的现代修正主义,逐步扩展到反对国内的修正主义。随后在省委统一部署下,机关、高等院校、厂矿企业广大党员干部普遍进行了深入的反修学习活动,并对照检查知识分子在教学和科研工作中的“修正主义观点”,加以批判。

1963 年 12 月 10 日至 24 日,全省召开哲学社会科学工作者会议,传达中国科学院哲学社会科学部委员会第四次扩大会议精神。会议强调反对现代修正主义的斗争是当前哲学社会科学工作者的头等大事。会议要求在学习和研究工作中,要以反对现代修正主义为纲。在哲学社会科学战线上,必须坚持为无产阶级政治服务的方针,在当前国际共产主义大论战中,必须粉碎现代修正主义的猖狂进攻,全面地捍卫马克思主义的纯洁性。会议决定成立省哲学社会科学联合会,郑季翘任主席。

1964 年 8 月 14 日至 9 月 26 日,根据在北京召开的全国高等学校中等学校政治理论课工作会议精神,省委召开吉林省高等学校中等学校政治理论课工作会议。这次全省政治理论课工作会议,是在国内一片反修声中,在“左”倾思想指导下召开的一次会议。会议错误地分析了知识分子的阶级属性和高等院校阶级斗争形势,认为在文教战线、学校领域里,起码有 1/3 以上我们没有掌握领导权,不加以革命的改造是不行的。

会议坚决贯彻以阶级斗争、大反资产阶级、大反修正主义为纲,要求通过基层党委层层布置,“左”派骨干分子带头,大会简报督促,形成强大的政治压力,搞面对面的火药味十足的大揭发、大批判。批判完全是按照阶级斗争和路线斗争的需要,无限地上纲上线,根本不容许被批判者反驳。会议的内容主要是围绕三个方面展开的。第一,批判“歪曲、贬低、抵制毛泽东思想”。吉林大学哲学系主任、教授刘丹岩,在党的八届十中全会公报发表时,对公报中阶级斗争提法发表个人见解,被批判为歪曲、抵制毛泽东思想。东北师范大学两位中年讲师撰稿,讨论毛泽东从革命的民主主义者到成熟的马克思主义者转变的标志,被批判为贬低和攻击毛泽东和毛泽东思想,并当成重大政治问题上报到中宣部。第二,批判“追求个人名利,走资产阶级专家道路”。吉林大学党委 1962

年通过一项培养重点教师的决定，即从全校选拔出40多名政治理论课优秀教师加以重点培养，给他们创造各种优越条件，要求他们10年之中达到国际一流教授水平。这一重大举措被批判为倡导资产阶级专家路线。还把扎扎实实研究资料、搞学问、争当教授的老师，批判为走"白专道路"、资产阶级专家道路。第三，揭发批判"教师队伍不纯"的组织路线。认为教师队伍不纯的主要表现是，党委重用的干部和教师中剥削阶级家庭出身的多，有历史污点问题的人多。会议围绕上述内容，批判的对象多半是原来在批判运动和反修斗争中抓出的"由头"和作者特别是中年骨干教师。会议批判他们公开（表面）一套，背地（内心）一套，成为双重性格、两种面孔、两种手法的人；一遇到政治波浪，就活跃起来，散布对党不满的言论，甚至公开攻击党的方针政策；政治运动一来，"善于识别方向"，积极检讨，适应政治气候，而且一次比一次世故。会议认为"揭出了这些人的特点，对他们的内心活动有了接近本质的了解，是这次会议的一个很大收获。"①

这次会议虽然在客观上对克服政治理论课普遍存在的教条主义倾向，倡导理论联系实际学风有一定作用，但总的来说从指导思想到方式方法都是错误的。它使许多学有所长的中年骨干教师蒙受不白之冤，会后被批判的教师、出身剥削家庭或有一些历史问题的教师，均被列为逐步清理的对象；许多中年和青年教师不敢钻研业务，不敢大胆地开展教学和科研活动。这些后果直接影响了高校政治理论课教学质量的提高。

与此同时，在文艺界和其他学术领域开展了更加广泛的政治批判运动。1963年，毛泽东批评文化部是"帝王将相部""才子佳人部""外国死人部"。当年12月12日与翌年6月27日，毛泽东先后对文学艺术界作了两个批示，断言文艺界"各种艺术形式——戏剧、曲艺、音乐、美术、舞蹈、电影、诗和文学等等，问题不少，人数很多，社会主义改造在许多部门中，至今收效甚微。许多部门至今还是'死人'统治着"，"这些协会和他们所掌握的刊物的大多数（据说有少数几个好的），15年来，基本上

① 中共吉林省委宣传部：《关于吉林省高等学校中等学校政治理论课工作会议的报告》，1964年11月15日。

（不是一切人）不执行党的政策”，“最近几年，竟然跌到了修正主义的边缘。如不认真改造，势必在将来的某一天，要变成像匈牙利裴多菲俱乐部那样的团体。”根据批示，文化部、文艺界各协会和文化部直属单位普遍开展了整风运动，同时全国各大报刊对文艺界一批代表人物以及电影、戏剧、小说等文艺作品展开了大规模的政治批判。吉林省文艺界和学术界也比照全国的批判内容，检查和批判本省、本地区、本部门的代表人物和作品。小说《邻居》《蓝痣》《紧要关头》等被点名批判。长春电影制片厂摄制的影片《兵临城下》也遭到批判。这些在“左”倾思想指导下的批判破坏了党的“百花齐放、百家争鸣”的方针，混淆了学术问题与政治问题的界限，混淆了两类不同性质的矛盾，伤害了不少好同志，严重影响了社会主义文化事业的发展。

第 十 五 章

十年探索的成就和经验教训

1956 年 9 月党的八大到 1966 年 5 月“文化大革命”前的十年，是党领导全国各族人民开始全面建设社会主义的十年，是党对中国自己的建设社会主义道路进行艰辛探索的十年。这十年，吉林省虽然经历曲折，但在省委领导下，全省人民同心同德，经过艰苦奋斗，战胜了各种困难和挫折，全省社会主义建设仍然取得很大成绩。这十年，也给我们留下了深刻的经验教训。

一、十年探索的成就

全省农业基础地位的增强

吉林省是农业大省，农业的基础地位尤为重要。在开始全面建设社会主义的十年间，全省对农业投资增长 116.2%，年均增长 8%。在“大跃进”方针指导下，农业基础建设规模过大，占用人力物力财力过多，在一定程度上影响了农业生产，造成了一些经济损失，但为后来农业的可持续发展打下了根基。在农田水利建设方面，全省在 1957 年水利建设的基础上修建了石头口门、海龙、新立城等大型水库，完成了丰满水库加固改建工程和二龙山、太平池水库的扩建整修工程，同时修建一批中小型水库、江河堤防、拦河坝和电力排灌站等。到1965年,全省有水库486座、塘坝2420座、机电排灌站1050处、机电井1417眼、拦河坝4996条、堤防3492公里、小水电站43处、装机3044千瓦,水田面积达到17.6万公顷。这些水利设施在以后农业生产中发挥了巨大作用。

农业机械化有了长足的进步。由于加大投资力度,1965年,全省农业机械总动力由1957年的3.6万马力增加到1965年的32.4万马力,增长8倍;每万亩耕地拥有的机械化动力由1957年的5.2马力增加到1965年的49.8马力,增长8.5倍;大型拖拉机数量由1956年的481混合台增加到1965年的3468混合台,增长6.2倍;机引农具从无到有,1965年达到1.2万部;排灌动力机械由1957年的1万台增加到1965年的4万台;农用载重汽车1965年达到290辆,比1957年增长12.8倍;机耕面积1965年达728.8万亩,比1957年增长4.5倍,占耕地总面积的比重由1957年的1.9%扩大到1965年的11.2%。农村用电量从1963年开始明显增加,1963年为0.6亿度,1964年为0.8亿度,1965年达1亿度,平均每年以18.6%的速度增长,1965年平均每亩耕地用电量由1963年的0.9度提高到1.5度。化肥施用量1965年达到5.57万吨,平均每亩耕地施用化肥1.2千克。

农业科学技术研究机构和农业教育发展较快。全省先后办起了吉林农业大学、延边农学院、左家农业特产学院等。到1965年,全省独立农业科研机构发展到10个,基本形成了以中部平原区的吉林省农业科学院为中心,按东部山区、半山区和西部干旱地区等自然区域设立地区农科所的体系完整、分工合理的农业科研体系。植树造林、改良土壤、推广优良品种、改良耕作技术等方面也取得了显著成绩。全省建立农业科学试验站500多个,推广了玉米、高粱、大豆、水稻等作物的优良品种和泥炭土利用、白僵菌预防玉米螟等科技成果。全省农业技术推广工作以低成本、高产出、高效益为目标,着力在作物品种、耕作栽培技术、土壤肥料和植物保护等方面大力推广和应用新的科研技术成果,为发展粮食生产,繁荣农村经济,发挥了巨大作用。

农业总产值和产品数量明显增长。到1965年末,吉林省农业主要产品产量大都超过1957年水平。农业总产值按1957年不变价格计算,

1965年达到14.2亿元，比1957年增长34%；粮豆总产量由1957年的430万吨增长到1965年的525.1万吨，增长22.1%；甜菜35.7万吨，增长64.5%；烤烟1.5万吨，增长66.7%；大牲畜年末存栏数由170.9万头增长到214.2万头，增长25.3%；生猪年末存栏数由206.7万头增长到240.8万头，增长16.5%；造林面积由1957年的75.5万亩增加到1965年的147.7万亩，增长近1倍。经过十年努力，全省农民收入明显增加，农民生活有了一定改善。

行走机械工业体系的形成和石油化学工业基地的确立

全省工业生产水平明显提高。固定资产原值增长137.4%，平均每年增长9%。不仅原有的煤炭、电力、汽车、化工、森工、造纸等工业得到进一步发展壮大，而且新建了钢铁、石油、铁路客车、农业机械、光学机械、电子等一大批基础工业和新兴的工业部门，填补了吉林省的空白，使全省初步具有一个门类比较齐全、有相当生产规模和一定技术水平的、比较完整的工业体系。特别是重点建设项目成就更加显著，全省十年间基本建设投资达60.26亿元，平均每年6.026亿元，比“一五”期间年均4.5648亿元提高32%。虽然“大跃进”运动中由于基建规模过大，造成很大损失，但经过调整和充实提高，很多留下来的项目成为后来工业发展的骨干力量。全省新增固定资产50.65亿元，比“一五”时期增长150.5%。“一五”计划时期开始建设的属于全国156项重点工程项目，如第一汽车制造厂、吉林三大化工厂（染料厂、化肥厂、电石厂）、吉林热电厂、吉林铁合金厂、吉林碳素厂等，又进行了改造和扩建。特别是第一汽车制造厂，1958年先后制造了东风牌轿车和红旗牌高级轿车，改变了中国不能生产轿车的历史。全省还新建了一些重点项目，建成投产的大中型项目就有50个。长春客车厂1954年开始筹建，1957年破土动工，1959年春季和秋季，先后试制出第一辆货车和客车。在国民经济严重困难时期，全厂职工自力更生，完成了生产投资和续建工程，1963年开始盈利，1965年已成为全国铁路客车、货车和地铁电动客车、国际列车的主要生产基地。1958年吉林省还筹建了长春机车厂，于1959年投产。长春拖拉机制造厂于1958年6月动工，1959年12月投产。围绕汽车厂、客车厂等大厂兴建了一批卫星厂，带动了全省工业的发展。这样，吉林省初步形成了以长春市为中心的行走机械工业的生产体系，成为全国铁路、公路交通运输车辆的主要生产基地。

在化学工业方面，以吉林市为中心的化学工业基地初步确立。1958年1月1日，经化工部批准，正式成立了吉林化学工业公司，其下属单位有：染料厂、肥料厂、电石厂、机械厂、化工建设公司、钢材厂、建筑材料厂、设计研究院、化工学院等，成为化工联合企业。经过1961年到1963年的调整、充实和提高，1964年至1965年，吉林化工区的建设出现了第二个高潮。截至1965年，共计完成扩建项目20个，新增固定资产1.4亿多元。主要产品产量比第一期工程增长情况分别为：染料增长1.9倍，硫酸增长1.54倍，合成氨增长4.5倍，硝铵增长1.23倍，电石由5吨增至7.5吨，冰醋酸增长6倍。产值1962年比1958年增长36.3％，1965年更比1962年增长139.2％，成为全国化学工业的龙头。吉林化学工业公司生产出100多种化工新产品，并研制成功有机硅单体及合成橡胶、氯磺化聚乙烯橡胶、丁烯醛加氢制丁醛催化剂等具有国内外先进水平的新产品。

全省有85项新产品通过省级鉴定并投入生产，其中接近国际先进水平的7项，达到国内先进水平的23项。此外，以松花江为动力中心的电力工业基地，以辽源、通化为中心的煤炭工业基地和以白城地区为中心的中国最大最好的浅层油田——吉林油田工业基地，以长白山区为中心的森林工业基地初步形成，全省的工业生产能力和经济实力有了较大的增长。

到1965年，全省工业总产值达到46.6亿元，比1957年增长1.16倍，平均每年增长12.3％。其中轻工业产值达到18.4亿元，增长85.9％；重工业产值达到28.2亿元，增长1.4倍。主要工业产品产量都有较大幅度的增长。到1965年，原煤达到1028万吨，比1957年增长51.3％；原油5.4万吨，增长46％；发电量58.2亿度，增长93.7％；汽车34155辆，增长3.3倍；木材392.6万立方米，增长77.3％；机制纸及纸板17.7万吨，增长16.5％；卷烟15.05万箱，增长39.6％；棉布2720万米，增长34.5％；自行车、缝纫机、钟表以及其他工业产品也有不同程度的增长。上述产品除满足本省需要外,不少产品特别是重工业产品还调出省外支援全国经济建设。经济效益也有明显提高,1966 年全民所有制独立核算工业企业每百元资金实现利税比 1956 年增长 70.5%,全员劳动生产率比 1956 年增长 60.5%。

十年间,全省不少工业门类和产品从无到有。如通化钢铁公司的建成投产,结束了吉林省寸铁不产的历史,对于改变全省原材料工业薄弱的状况,改善地方工业结构,支援全省经济建设,起到了一定的作用。

教育事业和以光学、应用化学为龙头的科研事业的发展

十年间,在省委、省政府的领导下,吉林省教育和科研事业有了长足发展。

首先是教育事业的大发展。全省在普及中小学教育的基础上,扩大了高等教育和中等教育规模。1966 年和 1956 年相比较,高等院校由原有的 7 所增加到 16 所,在校学生 25987 人,比 1957 年增加 42.8%;中等专业学校由 33 所增加到 127 所,增长 2.8 倍,在校学生 45504 人,增长 68.7%;普通中学达到 579 所,增长 1.6 倍,在校学生 35.87 万人,增长 91.2%;小学达到 21193 所,增长 2 倍,在校学生 303.2 万人,增长 1.1 倍。全省平均每万人中在校学生数分别为:大学生由 195 人增加到 364 人,中学生由 1139 人提高到 1850 人。高等学校毕业生合计 49080 人,中等专业学校毕业生合计 67557 人,分别为前 9 年毕业生总数的 3.99 倍和 1.69 倍。经过调整和整顿,各级各类学校的教学水平、教育质量都有很大提高。

随着教育事业的发展,科技队伍迅速壮大,科研成果大量产生。1965 年,全省拥有独立科研能力的科研机构 76 个,科技人员 4349 人,分别比 1949 年增长 14.2 倍和 12.9 倍。这一时期成立的科研机构有中国科学院长春物理研究所、中国科学院长春地理研究所、中国科学院长春人造卫星观测站、国家机械工业委员会第九设计研究院、吉林省化学工业公司研究院等。科研学科和专业不断扩大,科研水平显著提高,吉林省科技事业进入了一个新的发展阶段。在应用化学、光学精密机械、资源勘探和农业科研成果方面都非常显著,计算机、光学、应用化学的

研究成果尤为突出。1957年9月25日,中国科学院长春机械电机研究所研制成功大型交流计算机,这是中国首次研制的大型计算机。1959年吉林省着手电子计算机软件的研究工作,吉林大学等单位研究出专用计算机编制程序,60年代初期,又为用户进行了AL—GOL—60编译程序的配置。50年代末起,长春光学精密机械研究所在著名光学专家王大珩的带领下,相继成功研制了中国第一台中型电子显微镜、高精度经纬仪、高温金相显微镜、特宽度多倍投影仪等一系列精密仪器和多种光学玻璃,其中第一台大型光谱仪、第一台晶体谱仪,第一台红宝石激光器等一批高水平、高效益的科研成果,达到或接近国际先进水平。在应用化学方面,吉化公司研究院先后研制出原子反应堆的优良减速剂和冷却剂,各种导弹和火箭用的液体化学推进剂、特种纤维、特种气体,核爆炸自动观测仪等尖端产品,为发展中国核工业、航天工业、航空工业作出了历史性的贡献。此外,在工业方面,长春客车厂研制出第一代铁路客车和地铁电动客车。1958年7月30日,白城发电厂修复了外国专家未能修复的汽轮发电机,毛泽东得知情况后回复:"努力钻研政治理论、科学技术,让电力工业提早赶上或超过英国。"轻工业领域试制成功人造毛皮、维尼纶、提花毛毯等85种省级新产品,并投放市场。1965年4月30日,我国第一座维尼纶工厂四平维尼纶实验厂一期工程建成投产。在农业方面,完成了全省农林牧副业用地的土壤普查和土地利用规划工作,开展了大规模的低产土壤改良工作;培育成功并推广了玉米双交种、高粱三系杂交种等一批优良品种;培育出甜菜、烤烟、向日葵等经济作物新品种和吉林红牛、东北细毛羊等畜牧新品种。所有这些都促进了吉林省经济的发展,改善了人民生活。

在社会科学方面,1962年中共中央东北局在长春市成立东北文史研究所。同年,中国科学院吉林分院撤销后,原哲学、经济、文学、历史四个研究所合并,成立吉林省哲学社会科学研究所。1964年,吉林大学成立日本、朝鲜、印尼史研究所(室);吉林师范大学(现东北师范大学)成立外国问题研究所。延边朝鲜族自治州成立了语言文字研究委员会。这些研究机构研究出许多有价值的成果。

培养选拔新生力量促进干部队伍的进一步发展

随着党员队伍的扩大和社会主义建设事业的不断发展,党的干部队伍迫切需要充实新生力量。在这种情况下,1963 年 9 月,中央组织部经过调查研究,给中央政治局常委会写出报告。报告分析了当时的干部队伍现状,建议有计划地注意培养第一把手的接班人。1964 年 6 月,毛泽东提出培养和造就革命事业接班人的问题后,中央组织部提出培养提拔新生力量的四项工作,即将优秀的知识青年干部分批下放到基层锻炼,将理论水平较低但有培养前途的干部送到各级党校学习,对文化水平较低的工农干部帮助他们提高文化,领导干部搞好传、帮、带。

1955 年底,全省共有党员 195720 名,到 1965 年底,党员发展到 377817 名,增长 93.04%。1964 年 3 月,省委组织部召开市、地(州)委组织部长座谈会,要求大胆破格提拔新生力量。5 月,省委制定了《1964 年至 1965 年培养提高干部与选拔新生力量的规划(草案)》,并发出《关于讨论并试行〈1964 年至 1965 年培养提高干部与选拔新生力量的规划(草案)〉的指示》。省委在指示中指出,培养选拔新生力量是党的建设中一个带有根本性、战略性的问题,具有深远的重大的长远意义和现实意义。省委认为,新中国成立 15 年来,在社会主义革命和社会主义建设中,各条战线涌现出大量的年轻优秀人才,培养新生力量的潜力是很大的。但是当前培养提拔新生力量最大障碍是保守思想和习惯势力,必须用革命精神打破保守思想和习惯势力。培养提拔新生力量要反对论资格、比级别、排辈数,要根据工作需要有计划地大胆地破格提拔那些德才兼备、年轻有为的干部到各级领导岗位上来,以适应党的事业发展的需要。

全省各级党组织认真贯彻执行中央的指示和省委的要求,积极大胆地选拔了一批年轻干部担任各级领导职务。全省从省直机关和市、地(州)机关选拔一批优秀年轻的中层(处级)干部下放到县和工矿企业担任领导职务,进行锻炼。全省还挑选了 2000 名有培养前途的年轻干部和一批应届大学毕业生中的党团员到基层锻炼。后来,他们中的许多人成了各级骨干,有的还担任了各级领导职务和部门负责人。同时,全省建立了1622名预备干部队伍，为日后提拔新生力量奠定了基础。

1965年6月，省委批转省委组织部《关于执行省委〈1964年至1965年培养提高干部与选拔新生力量的规划〉的情况的报告》。《报告》指出，一年来，全省共提拔3716名干部担任公社副社长、县级机关副科长以上领导职务，其中30岁以下的年轻干部604名，占16.25%；担任县委书记、副书记和企业领导职务的36人。新提拔的这些年轻干部工作积极热情，干劲足，有朝气。

12月，省委制定了1966年至1970年培养提拔新生力量参加各级领导工作的规划。后来，由于“文化大革命”的发生使得这些措施没有贯彻落实。选拔和培养新生力量这项战略性任务的提出和初步实施，对于党的干部队伍建设、党的事业的兴旺发达和国家的长治久安，具有重大而深远的意义。

二、吉林省十年探索中的经验教训

在开始全面建设社会主义的十年中，党的指导思想有正确与错误两种趋向，这两种趋向往往是相互交织在一起的。这种情况不能不对中共吉林省委产生直接的影响。吉林省在探索社会主义建设道路过程中，同全国其他各省一样，有成功的经验，也有失误的教训，概括起来其主要经验教训包括以下方面。

第一，是否坚持党的实事求是的思想路线，是探索成功与失误的前提条件。实践证明，作为地方党的组织，能否坚持党的思想路线，一切从实际出发，直接关系对党的路线方针政策的贯彻执行效果。在十年探索中，省委凡是比较注重调查研究，做事比较务实的时候，贯彻党的路线方针政策就比较符合实际，社会主义建设事业成效就比较明显；反之，社会主义建设事业就会遭受严重挫折。省委坚持实事求是思想路线，调查研究搞得最好、最集中、最有成效的时期，是1961年在党中央和毛泽东号召下，省委主要领导分工蹲点，带领工作组到农村、工厂企业、商店等大搞调查研究，几个月就写出上百篇有分量的调查报告，认真总结“大跃进”和人民公社化运动中的经验教训。其间，省委第一书记吴德先后两次给毛泽东写信，报告他和书记处同志在农村调查中了解到的关于粮食、公共食堂、供给制、提高劳动工分比例等问题的真实情况和主张，反映了广大人民群众的呼声。省委在社教运动中特别是在处理干部具体问题时，比较注意实事求是，发出了《社教工作队要注意调查研究的通知》，强调做好材料核实工作，按政策办事，不能冤枉基层干部，这在很大程度上减少了损失。与此相反，省委在 1957 年反右派斗争、1958 年“大跃进”和 1959 年的“反右倾”运动以及后来政治思想领域的反修斗争中，由于头脑发热，违背了实事求是的思想路线，因而给事业造成很大损失。实践证明，地方党组织能否坚持实事求是的思想路线至关重要，如果经常注意调查研究，贴近基层群众、时时了解下情，事事从本省省情出发，就能取得事半功倍的效果。

第二，能否注意抓住经济建设这个中心，关系吉林省发展得快与慢、好与坏。党的八大政治路线的核心是在正确分析社会主义改造基本完成后中国社会主要矛盾的基础上，确定了在新的生产关系下保护和发展生产力的中心任务。省委对这一问题的认识比较明确。早在党的八大之前，于 1956 年 6 月召开的中共吉林省第一次代表大会便指出：“必须以发展工农业生产作为党的领导工作的中心”，“其他工作都要围绕发展工农业生产这个中心去进行”[①]。虽然在党的八大之后，省委同样犯了许多“左”的错误，但是对经济建设这个中心任务始终没有放松。1958 年到 1960 年的“大跃进”运动的错误并不是偏离经济建设这个中心，而是在经济建设中急于求成。省委后来经过努力实现了国民经济的调整、恢复和发展。省委在付出很大精力领导社教运动搞阶级斗争时，没有忽视对工农业生产的领导，还特别强调在搞好运动的同时发展生产力。正因为省委对以经济建设为中心贯彻得比较自觉和坚决，所以吉林省在国民经济调整时期生产力的恢复和发展比较快，人民生活得到了改善，在粮食方面对国家作出了较大贡献。实践证明，在社会主义初级阶段，党必须以经济建设为中心，这样经济与社会才能得到迅速发展。

① 《中国共产党吉林省第一次代表大会决议》，《吉林日报》1956 年 7 月 13 日第 1 版。

第三，是否能从省情出发，正确确定经济发展方针，关系能否发挥地方优势，加快振兴地方经济。吉林省地处松辽平原的中部，是农业大省。省委注意从省情出发，注意把农业放在首位，同时注意工业对农业的主导作用。早在1956年，中共吉林省第一次代表大会便确定了“从全省来说，领导重点应继续放在农村工作方面，同时必须加强对工业工作和城市工作的领导”的方针。1957年2月省委召开农村工作会议，进一步确定发展全省农业生产的方针是：以粮食、大豆为重点，有计划地增产其他经济作物，因地制宜地发展畜牧业、林业、副业和山区土特产，开展多种经营，迅速改变某些经济作物和副业生产的落后状态，克服片面思想，全面发展农业经济。实践证明，上述方针是符合吉林省情的，是完全正确的。“大跃进”时期，吉林省同全国各地一样，头脑发热，脱离全省工业经济比较落后、农业生产力水平比较低的实际情况，违背了把农业放在首位的方针，全民大炼钢铁，片面发展重工业，结果影响了农业和轻工业的发展。虽然全省正是在“大跃进”时期填补了工业的空白，许多重要工业部门是这个时期开始布局的，但毕竟造成了国民经济比例严重失调和国民经济严重困难的局面。在国民经济调整时期，省委认真贯彻“调整、巩固、充实、提高”的方针，克服了片面抓工业的错误做法，重新把农业放在首位，从各方面加强对农村和农业工作的领导，比较顺利地恢复和发展了农业生产。同时，对工业进行了调整、巩固、充实和提高工作，打下了吉林省工业发展的重要基础，为工业支援农业和农业的可持续发展创造了必要的条件。正反两个方面的经验告诉我们，吉林省的社会主义建设必须从省情出发，既要把农业摆在首位，又不能忽视工业的主导作用；既要有社会主义建设的高度积极性，又要从经济比较落后的实际情况出发，按照客观经济规律办事，否则欲速则不达。

第四，根据社会生产力发展的需求，适当变革生产关系，是保护和发展社会生产力的必要条件。1955年夏季社会主义改造高潮到来之后，农业合作化搞得过急过快，集体所有制规模远远超过干部和群众的觉悟水平和经营能力，影响了农业生产力的发展，以致有的地方出现富裕中农拉马退社的现象。党的八大之后，省委比较注意协调生产关系与生产力状况之间的关系。1957年4月，省委及时召开常委扩大会议，确定绝不能用处理敌我矛盾的方法来处理社员要求分社、退社和闹事问题。随后省委批转公主岭地委关于富裕中农拉马退社出卖牲畜的报告，明确指示，凡已经被退还牲畜或钱款的社员，不要歧视；对坚持退社的社员，可以允许退社。这在一定程度上解决了农业合作化高潮遗留的问题。但1958年全国兴起的人民公社化运动，违背了生产关系要适合生产力状况的规律。吉林省也不例外，一哄而上，几个月就实现了人民公社化，严重影响了农民的生产积极性。但很快这一问题得到了纠正，1959年5月，省委便批转永吉县委《关于加强生产责任制的报告》，指出实行“四到田，一到人”（作物、指标、措施、用工到田，责任到人），耕地按户分块责任制，对消除干部和社员不关心生产和生产中无人负责的现象，具有极其重要的意义，各地可参照永吉的经验，建立生产责任制。随后在国民经济调整时期，集体所有制规模经过调整，大体相当于初级社规模，并较早地解决了以生产队为基本核算单位问题。1962年6月吴德在省委召开的二届六次全委（扩大）会议的报告中指出，农村人民公社集体经济是巩固的，单干户、自给户是个别的，有的在山区居住分散，情况特殊，包产到户有利生产，是允许的。此外，吉林省在纠正“共产风”的过程中，坚决贯彻毛泽东关于“旧账一般要算”的指示，算账退赔比较彻底。1959年6月，省委发出《关于调整农村人民公社工资制与供给制的比例和整顿公共食堂的指示》，明确指出“公共食堂要坚持自愿的原则，要求退出食堂的应该允许”，这个决定也早于其他省份。实践证明，根据生产力状况和广大群众的要求，不断调整不适合甚至阻碍生产力发展的生产关系，是生产力发展的客观需要，符合这一规律就会促进生产的发展，就能得到人民的拥护，否则就会影响生产的发展。国民经济调整时期，全省农业经济的恢复和发展比较好些快些，是与省委比较注意这一规律有直接关系的。

第五，能否正确地贯彻党的群众路线，是各项建设事业成败的基础。党的群众路线是党根本的政治路线和组织路线，也是党根本的领导方法、工作方法。在十年社会主义建设时期，省委把广大人民群众视为创造历史的主人，在各项建设事业中放手发动群众、依靠各族人民创造一个又一个奇迹。吉林广大人民群众由于对社会主义和共产主义幸福生活的无限向往,迸发出空前的社会主义积极性。尤其在“大跃进”和人民公社化运动中,人民群众所表现出来的冲天干劲和集体主义、爱国主义精神,都不亚于革命战争年代。不少水库、水利设施和一批中小型工厂企业都是这个时期开始修建的,这些体现了社会主义能集中力量办大事的优越性和共产党的崇高威望与强大的凝聚力。但是,由于党在当时还缺乏社会主义建设经验,忽视经济建设的客观规律,大刮“共产风”、强迫命令、瞎指挥,违背了人民的愿望和党的群众路线,结果造成人力、物力、财力资源的极大浪费,极大地伤害了人民群众的积极性,破坏了生产力,造成了国民经济的严重困难局面。从1961年党的八届九中全会开始,在省委的统一领导和组织下,全省各级领导干部大兴调查研究之风,端正思想路线,真正了解人民群众的愿望。省委通过对“大跃进”中各项工作的深刻反思和总结,认识到违背客观规律的主观主义的危害性,因而从实际出发,重新调整了生产指标、人民公社规模,正确贯彻党制定的各项工作条例和各项方针政策,重新调动起人民群众的积极性,顺利地完成了全省调整国民经济的任务,奠定了社会主义工业化的物质基础和人才技术基础。正反两方面的经验说明,只有正确地贯彻党的群众路线,才能激发人民群众的积极性,也只有爱护和引导人民群众的这种积极性,才能成就社会主义各项建设事业。

第六,执政党党风建设的好与坏,关系社会主义事业的成败。十年中,省委比较注重党风建设。省委对自身和各级党组织以及广大党员干部思想作风、工作作风、生活作风的监督和要求非常严格。1962年七千人大会后,省委常委带头检查1958年到1961年省委的工作,并由省委第一书记吴德代表省委在1963年3月召开的中共吉林省第二届代表大会第二次会议上作了认真检查,接受代表们的审查。同年12月在城市“五反”运动中,省委常委再次召开会议,根据“五反”内容作自我检查,开展批评与自我批评,解决官僚主义、分散主义和生活特殊化等问题,并作出《改进工作的二十条规定》。领导率先垂范,严格要求自己,带动了党风的好转。全省涌现出大批大公无私、艰苦创业、全心全意为人民服务的好党员、好干部,评选出大批劳动模范和先进集体。同时,为了更好地接受人民监督，保持党的优良传统作风，省委按照中央的部署认真开展整党整风运动。对少数党员特别是各级领导干部违背人民群众根本利益的问题，全省党的各级组织非常重视，凡是群众揭发检举党员干部的问题，都要经过严格地核实。对以权谋私、贪污盗窃、多吃多占、铺张浪费等腐败行为坚决惩处，决不手软，不论是哪一级别的领导干部，只要事实确凿，一律给以相应的处分，直至开除公职和党籍。省委及时清除党内的各种消极腐败现象，维护了群众的根本利益，维护了党的形象和战斗力。这个时期是新中国成立后吉林省党风民风和社会风气最好的时期。

在这十年间，吉林省同全国一样存在两种发展趋向。一方面，社会主义经济建设取得了相当的成就，奠定了社会主义现代化建设赖以继续发展的物质基础，为经济文化的全面发展培养了一批骨干力量，积累了社会主义建设正反两个方面的经验，这个时期所取得的成就是党的工作的主导方面。另一方面，吉林省同样犯了经济建设上急于求成和急于过渡、政治思想领域阶级斗争扩大化的错误，给社会主义建设事业带来严重危害。在两种趋向的矛盾和斗争中，阶级斗争扩大化的“左”倾错误逐步占了上风，导致了吉林省在后来的“文化大革命”中产生了灾难性的后果。

第　三　编

“文化大革命”的内乱和吉林人民的抗争

（1966年5月—1976年10月）

1966年5月，正当国民经济调整基本完成，全国人民满怀信心执行发展国民经济的第三个五年计划时，一场长达十年之久的“文化大革命”发生了。这场由文化领域批判开始的“文化大革命”根本不是任何意义上的革命或者进步。它是由领导者错误发动，被反革命集团利用，给党、国家和各族人民带来严重灾难的内乱，使党、国家和人民遭到新中国成立以来最严重的挫折和损失，使全国人民艰苦创建的社会主义事业遭到前所未有的浩劫。运动之初的中共吉林省委在对“文化大革命”完全不理解的情况下，试图对运动加以引导和领导，但“夺权”之风很快冲击全省。“文化大革命”时期，吉林省经济和社会发展经历了艰难而曲折的过程。国民经济虽然遭到巨大损失，但仍然取得了进展。在此期间，虽然“左”倾错误占据主导地位，但全省广大党员、干部和各族人民群众在极端困难的情况下，对“左”倾错误和极左思潮不同程度、不同形式的抵制和抗争始终存在并不断发展。正是由于全省广大党员和人民群众的共同斗争，使“文化大革命”对各项事业的破坏受到一定程度的限制，并为后来结束“文化大革命”奠定了群众基础。

第十六章

“文化大革命”的发动和吉林省革命委员会的成立

1965年11月《文汇报》发表的《评新编历史剧〈海瑞罢官〉》成为“文化大革命”的导火线。经过1966年5月中央政治局扩大会议和8月党的八届十一中全会,“文化大革命”开始全面发动起来。运动之初的中共吉林省委虽然对中央发动“文化大革命”缺乏充分的理解,但是对于中央的部署还是认真执行的,并力图将运动置于省委的领导下。随着混乱的不断升级,到1966年底,全省各级党政机关陷于瘫痪。1967年1月,在上海“一月夺权”的影响下,“夺权”之风猛烈地冲击全省。为稳定和控制局势,驻吉部队奉命“三支两军”。1968年3月6日,吉林省革命委员会宣告成立,结束了一年多的无政府状态。

一、“文化大革命”的发动

“文化大革命”序幕的开启

“文化大革命”运动以1966年5月16日中共中央下发“五一六通知”为起点。但实际上,早在1965年11月10日姚文元的文章《评新编历史剧〈海瑞罢官〉》在上海《文汇报》发表,就已经拉开了“文化大革命”

的序幕。这篇文章点名批判了《海瑞罢官》的作者、北京市副市长、明史专家吴晗，把《海瑞罢官》剧中所写的“退田”“平冤狱”同1962年的所谓“单干风”“翻案风”联系起来，说这是作者“要拆掉人民公社的台，恢复地主富农的罪恶统治”，是代表敌人的利益，“同无产阶级专政对抗，为他们抱不平，为他们‘翻案’，使他们再上台执政。”因此，“是一株毒草”。姚文元的文章引起学术界普遍反感，北京和全国大多数地区的报刊未作转载。但是，由于“毛泽东准备以批评《海瑞罢官》为切入点，全面开展‘文化大革命’”[①]，因而支持姚文元的文章。

中央书记处在大体了解姚文元文章发表的背景后，指示北京的报纸予以转载。根据周恩来和彭真的意见，《人民日报》在1965年11月30日第五版“学术研究”专刊上加以转载并写了编者按语。编者按语仍然是主张把讨论作为学术问题而不是政治问题来处理。此后，北京和各地报刊陆续发表了一些从不同角度批判《海瑞罢官》的文章，也发表了少量对姚文元文章提出质疑和批驳、为吴晗和《海瑞罢官》辩护的文章。

吉林省委对姚文元文章发表的背景并不知晓，因此也没有部署《吉林日报》转载。随着全国的争论日益加剧，才于12月24日在《吉林日报》转载了姚文元的文章，并同时转载《人民日报》的编者按语。在12月24日至28日召开的省社会科学联合会年会上，省委领导按照《人民日报》编者按语的基调，把对《海瑞罢官》一剧的讨论定为人民内部的学术争论，指出大家可以就此开展辩论。此后，省内社会科学界和各大专院校对此开展了讨论和辩论，《吉林日报》开始刊登这方面的讨论文章。

1966年2月12日，中共中央批转《文化革命五人小组关于当前学术讨论的汇报提纲》(后被称为“二月提纲”)。3月4日到5日，省委宣传部和省委政策研究室召集省、市、地(州)相关单位负责人、高校主管理论工作的领导干部和一些从事理论工作的党员干部，传达贯彻“二月提纲”。这个提纲难以避免地受到当时大环境影响，有许多“左”的提

① 逄先知、金冲及主编：《毛泽东传(1949—1976)》下，中央文献出版社2003年版，第1402页。

法，如《海瑞罢官》是“用资产阶级世界观对待历史”[①]等。但其主旨是试图把已经展开的对《海瑞罢官》一剧的批判加以约束，引导批判在学术讨论范围内进行，不赞成将其转变成为严重的政治批判。“二月提纲”强调在讨论中“要坚持实事求是”，反对“像学阀一样的武断和以势压人”；提出“在报刊上的讨论不要局限于政治问题，要把涉及到各种学术理论的问题，充分地展开讨论。如果最后还有不同意见，应当容许保留，以后继续讨论。”根据“二月提纲”精神，全省进一步对《海瑞罢官》进行了广泛深入的讨论。

4月10日，中央向全党批转《林彪同志委托江青同志召开的部队文艺工作座谈会纪要》。《纪要》提出：十多年来，在文化战线上存在着尖锐的阶级斗争，文艺界被一条“反党反社会主义的黑线专了我们的政”，因此，要“坚决进行一场文化战线上的社会主义大革命，彻底搞掉这条黑线”。《纪要》还在文化革命的口号下基本否定了20世纪30年代的左翼文化运动，并为全盘否定新中国成立后17年文艺工作的成绩提供了理论依据。东北局接到这份《纪要》后，当即召开会议，要求立即开展这场“大革命”，重点批判文艺“黑线”，并将《海瑞罢官》的性质认定为是“反党反社会主义”的。

4月18日至22日，省委连续召开常委会议、常委扩大会议，传达贯彻东北局会议精神。在会议讨论中，有关方面负责人汇报了吉林省的所谓“黑线”问题，如戏校靠教授，剧团靠名角，演古戏、“鬼戏”，一些大学教授为吴晗辩护等。省委在中央没有明确指示的情况下，为求稳妥，决定暂时不揪挖本省的“黑线”人物，先集中火力批判《海瑞罢官》和全国已点名批判的“黑线”人物、“黑线”作品。会议之后，在全省范围内掀起了批判《海瑞罢官》的高潮。接着，吉林省又跟随全国批判了北京市的报刊《前线》《北京日报》《北京晚报》和邓拓等编写的《燕山夜话》《三家村札记》等刊物和作品。截至5月17日，仅《吉林日报》就发表97篇本省作者撰写的批判文章。

在批判《海瑞罢官》和“三家村”的声浪中，时任东北局第一书记的

---

① 逄先知、金冲及主编：《毛泽东传（1949—1976）》下，中央文献出版社2003年版，第1402页。

宋任穷来到长春。他在听取吉林省批判情况汇报后，于5月9日至11日，在长春主持召开东北三省负责文教工作的省委书记处书记会议，部署东北三省的“文化革命运动”。会上，宋任穷透露了4月中央政治局常委扩大会议初步通过的中共中央通知稿（即后来的“五一六通知”草稿）和毛泽东的讲话，内容包括：批评绝大多数党委对运动“很不理解，很不认真，很不得力”；“资产阶级代表人物”不光在文教界有，中央和中央各机关，各省、市、自治区都有；不破不立，要破字当头；要支持“左派”，组织和建立“左派”队伍；等等。根据这些精神，东北局要求各级党委都要成立文化革命领导机构，由党委第一书记挂帅，组织“左派”，先批全国的“资产阶级代表人物”，同时准备进行自己本省的运动。本省的运动什么时候进行，如何进行，则由各省自行确定。

这次会议，使省委常委们感到十分震惊和困惑。在5月13日至14日的常委会上，常委们纷纷检讨自己对运动“很不理解”“很不认真”“很不得力”的“错误”。会议根据东北局要求，确定在全省范围内成立各级党委的文化革命领导机构。省委成立了文化革命领导小组，由省委第一书记吴德任组长。领导小组的任务是，一方面发动批判全国的文艺“黑线”；一方面对本省的“资产阶级代表人物”摸底排队，准备运动进入下一步时揭批。同时，为保证运动能够有领导有秩序地开展，会议还根据东北局会议下发邓小平对运动的指示，制定了省委的“四点意见”，即不开全厂、全校、全市性的声讨会；可以组织小型读报、座谈和声讨活动；提倡写小字报、批判文章，不贴大字报；强调做深入细致的思想工作，提高群众的革命觉悟。

贯彻“五一六通知”

1966年5月4日至26日，中央政治局扩大会议在北京召开。5月16日，会议通过了《中国共产党中央委员会通知》（后来被简称为“五一六通知”）。这次会议是“文化大革命”正式发动的标志。会议通过的“五一六通知”指出：“混进党里、政府里、军队里和各种文化界的资产阶级代表人物，是一批反革命的修正主义分子，一旦时机成熟，他们就会要夺取政权，由无产阶级专政变为资产阶级专政。”“五一六通知”成为发动“文化大革命”的纲领性文件。

“五一六通知”通过后,“文化大革命”急剧发展。6月1日晚,新华社广播了北京大学聂元梓等人攻击校党委和北京市委的大字报。在这次会议期间,新华社于6月1日晚广播了北京大学聂元梓等人攻击校党委和北京市委的大字报。当晚,听完广播的吉林大学学生贴出了一批大字报,质问校党委为什么过去不让贴大字报,不让开声讨会,并有200余名学生去纠缠校党委领导,从深夜闹到黎明。与此同时,其他大学也相继发生类似事件。大字报在各大学和部分中学贴满楼墙,严重扰乱了校园秩序,到6月3日,有4所大学被迫宣布停课。

面对混乱局面,省委领导认为5月13日省委发布的不让贴大字报的“四点意见”不再适用,要立即宣布撤销。当省委文化革命领导小组办公室于6月3日宣布撤销“四点意见”后,各大学陆续开始召开大型声讨会,点名声讨校党委相关领导人。

6月5日,省委文化革命领导小组办公室发布《关于〈在文化大革命运动中注意的问题〉的通知》。其主要内容为:大字报要分清国内国外,不要贴到街上,不要乱点名,暂不主动号召揭批本单位的问题;机关单位的声讨会不要到露天去开,不必举行更大规模的群众大会;不要敲锣打鼓,上街游行,凡接触外国人的地方,对内和对外国人要注意区别;要提高警惕,防止坏人破坏;加强保密教育,党内机密不要议论;群众有对前段文化革命部署提出质问的,对他们不要指责、围攻,对个别真正属于恶意攻击、借机煽风点火的反动分子,要组织辩论和反击;“文化大革命”主要是政治斗争、思想斗争,必须抓住重点,防止走向邪路,等等。

6月8日,东北局会议结束,中共中央的“五一六通知”也下发到省。6月9日,省委召开常委会议,传达贯彻东北局会议精神,重点学习讨论中央的“五一六通知”。“五一六通知”全盘否定了中央2月下发的“二月提纲”,并宣布撤销“二月提纲”。“五一六通知”要求:“高举无产阶级文化革命的大旗,彻底揭露那批反党反社会主义的所谓‘学术权威’的资产阶级反动立场,彻底批判学术界、教育界、新闻界、文艺界、出版界的资产阶级反动思想,夺取在这些文化领域中的领导权。而要做到这一点,必须同时批判混进党里、政府里、军队里和文化领域各界里的资产阶级代表人物,清洗这些人,有些则要调动他们的职务。”“五一六通知”还指出：这些资产阶级代表人物，“有些已被我们识破了，有些则还没有被识破，有些正在受到我们信用”，“各级党委必须充分注意这一点”。

6月14日至26日，省委召开二届十七次全委扩大会议，传达贯彻“五一六通知”精神，讨论如何开展吉林省的“文化大革命”问题。会议提出，“文化大革命”的重点是整党内“走资本主义道路的当权派”和学术上的“资产阶级权威”，解决文化战线上各个阵地的领导权问题。开展运动的主要单位是全省文教系统，包括学术界、教育界、新闻界、文艺界和出版界的各单位。其中，以省直属机构、长春市和吉林市的文教单位为重点，特别是省直的文化部门和大专院校要首先搞好。工业企业、财贸部门、卫生单位和城市街道，要和社会主义教育运动(“四清”运动)结合起来搞。县城里只搞县城的文教单位，对县城中、小学的教职员，可以利用暑假集训，提高他们对“文化大革命”的认识。农村暂时不搞，主要抓好农业生产。全会要求各级、各单位的领导干部，一定要积极地领导“文化大革命”运动，放手发动群众，全面规划，统一安排，以便使运动有计划、有重点、有步骤地进行。会议确定，县以上党委都要建立文化革命领导小组，由第一书记挂帅，设立文化革命办公室，并向需要的文教单位派出工作组，领导运动。

这次全委扩大会议，以贯彻“五一六通知”为主要内容，标志着吉林省的“文化大革命”正式开始。

二、红卫兵运动和全省内乱的升级

党的八届十一中全会精神的贯彻

1966年8月1日至12日，毛泽东在北京主持召开中共八届十一中全会。会议印发了毛泽东8月5日写的《炮打司令部——我的一张大字报》。会议通过了《中国共产党中央委员会关于无产阶级文化大革命的决定》(简称“十六条”)。“十六条”正式确认了“文化大革命”的“左”倾指导方针。“十六条”中提出：“在当前，我们的目的是斗垮走资本主义道路的当权派，批判资产阶级的反动学术‘权威’，批判资产阶级和一切剥削阶级的意识形态，改革教育，改革文艺，改革一切不适应社会主义经济基础的上层建筑。”对于“文化大革命”如何进行，“十六条”中明确要求：要“‘敢’字当头”，“依靠群众”，“充分运用大字报、大辩论这些形式，进行大鸣大放”，“不要怕出乱子”。“十六条”同“五一六通知”一样，并没有对“走资派”“左派”“右派”这些概念提出明确的判别标准，这点被一些别有用心的人所利用，为日后的诸多冤假错案埋下了伏笔。“十六条”也没有对如何实现党的领导作出具体的规定。实际上，其中一些对“文化大革命”如何开展的要求，已将党委的领导排除在运动之外。虽然也提出诸如要区别两类不同性质的矛盾，“要用文斗，不要武斗”等原则性规定，但由于缺乏正确的坚强的领导，这些规定在后来的运动中无法执行，一些照此办理的反而遭到“不准革命”、是“资产阶级反动路线”等指责。

8月9日，“十六条”公布后，省委连续召开常委会议、省委文化革命领导小组会议和省委机关干部会议，传达学习“十六条”的各项规定，对照检查前一阶段“文化大革命”中领导上存在的“差距”和“问题”。8月21日至29日，省委召开二届十八次全委扩大会议，全面传达党的八届十一中全会文件精神，深入学习贯彻“十六条”。会上，省委代理第一书记赵林(7月3日始任)，就省委对运动的领导作了检查，并对全省的“文化大革命”提出了要求。全会认为，在党的八届十一中全会之前，省委对运动一直处于“很不理解，很不认真，很不得力”的状态。对运动的领导是“怕”字当头，顾虑很多，规定了许多框框，派出了工作组，限制了群众的手脚，阻碍了运动的发展，犯有“右倾错误”“方向错误”和“路线错误”。全会要求，全省广大干部和群众要认真学习和贯彻“十六条”，按照“十六条”的规定搞好“斗、批、改”，“抓革命，促生产”。各级党组织和各单位，要对过去关于开展“文化大革命”的部署进行检查，凡不符合中央“十六条”精神的，束缚革命群众手脚的，一律坚决改正。压制群众有错误不改的，上级领导要去点火。会议还对省委常委、宣传部部长宋振庭的所谓“错误言行”进行了揭发批判，并将宋振庭打成“资产阶级右派分子”“反革命修正主义分子”。会议决定召开省委机关干部和省直文教系统干部大会进行揭批；撤销宋振庭党内外一切职务；并在《吉林日报》上点名批判。9月2日，《吉林日报》在头版点名批判了宋振庭。

这次全委扩大会议，使全省各级领导对“文化大革命”开始了“大放手”，也为在全省公开点名批判各级领导干部开了先例，致使“文化大革命”运动在全省更深入、更广泛地开展起来。

红卫兵运动

1966年7月，红卫兵运动在吉林省拉开序幕。当时受北京学生成立造反组织的影响，吉林农业大学学生成立了“七一八”战斗小组，吉林师范大学学生成立了“七一”“八一”等战斗小组，其他学校学生也纷纷建立群众组织。这些成立较早的造反组织，虽然没有冠以红卫兵的名称，但其人员组成、组织方法和造反方式，已经具有红卫兵组织的性质。同年8月18日，当毛泽东在天安门城楼接见百万红卫兵并佩戴其袖章后，这些组织一夜之间便都改称为红卫兵组织。吉林省一些没有建立造反组织的大、中学校，也直接组建了红卫兵，使红卫兵组织几天时间遍及全省。

1966年7月至8月中旬，在红卫兵运动开始之初，造反组织和造反学生（没有造反组织的也有其带头人），主要是攻击其所在学校的党政领导。特别是在工作队（组）撤出后，这种攻击很快就达到了高潮。造反学生的过激行动，引起各校师生强烈不满。仅8月5日一天，省委文化革命领导小组办公室就接待上访者83人，其中有吉林大学的54人。省、市委虽然对上访者的意见十分赞同，但此时传来了党的八届十一中全会精神，即：凡是维护少数人的人，如维护干部，维护工作组，维护学校领导人等，不管采取的是什么样的方式和方法，都是站在“资产阶级”立场上反对“文化大革命”，都是“保皇派”，都是“革命”的“对象”，严重的要撤职罢官。这一指示束缚了省、市委领导的手脚，使他们面对混乱局面时一筹莫展。

不久，红卫兵运动发展到全国大串连阶段。北京红卫兵破“四旧”（旧思想、旧文化、旧风俗、旧习惯）高潮吸引了各地的红卫兵，他们络绎不绝地到北京参观学习。8月31日，毛泽东第二次在天安门广场接见

50万红卫兵和大、中学校师生。周恩来宣布中央决定:“全国各地大学生的全部和中学生的一部分代表,分期分批到北京来。”

8月20日,吉林省红卫兵开始了大串连活动。一些高等院校学生自发去北京串连。据不完全统计,到22日,吉林大学1300余人、吉林工业大学1000多人、长春地质学院700多人、吉林医科大学900多人、吉林工学院250多人、吉林财贸学院600多人参加大串连活动。国庆节后,大部分学生下乡支援秋收,10月中旬秋收后,红卫兵大串连活动再次形成高潮,仅大专院校就有12.5万余人外出串连。在此期间,大批中学生也进行了大串连活动。长春市朝阳区到10月18日,6所高中参加大串连达2000多人,而宽城区在10月19日当天,一中、三中、实验中学等9所学校,未参加大串连留校的仅有1000余人。

与此同时,外地红卫兵也来吉林省进行大串连。自8月20日起,长春市陆续出现来自北京大串连活动的红卫兵。8月20日由清华大学10名学生组成的宣传队在长春市开始活动。22日由北京大学、北京师范大学等18名学生组成的“北上串连队”来到长春进行串连活动。他们进入各大高等院校,传授红卫兵运动在北京开展的“经验”,宣传要同过去几千年“遗留下来的旧思想、旧文化、旧风俗、旧习惯”作斗争,要彻底扫除“四旧”。8月下旬后,全国各地学生相继到吉林省进行“革命串连”,其人数不断增加。据不完全统计,从9月1日至10月6日,吉林省接待4.9万余人(大学生7000余人,中学生4.2万余人),其中,以北京和辽宁省的学生人数最多。仅吉林市在此期间就接待1.2万多名串连的学生,每天约有1000人在吉林市滞留。

经过串连,自8月23日起,长春市的红卫兵也与北京红卫兵一样,开始走上街头进行破“四旧”活动。特别是在8月23日中央人民广播电台播发了首都红卫兵走上街头猛攻“四旧”的消息和《人民日报》发表的社论《好得很!》后,更加助长了他们的气焰,致使其破“四旧”的名目越来越繁多,范围也越来越广泛。最终,破“四旧”活动在8月底形成了高潮。

红卫兵破“四旧”,大体包括四个方面内容:一是改变各种商店、道路和地方的名称;二是破坏宗教设施和文物、古迹;三是禁止商店出售高档商品，限制居民穿戴打扮的自由；四是肆意抄家，乱揪乱斗城乡居民。这些青少年受“文化大革命”极左思潮影响，思想上存在一种追求“绝对纯”的形而上学观念。党号召艰苦奋斗，他们就反对一切追求幸福、美好的字眼，如砸了所有带“福”“寿”“吉”“祥”字的店铺牌匾，连“孔雀理发店”的“孔雀”、“江城日报”的“江城”，也被认为有“风花雪月”之嫌，下令更换。甚至妇女穿高跟鞋、留长辫，商店卖香水也被视为腐化。党号召在政治思想方面要“红”，要当左派，他们便厌恶一切“白”字、“黑”字和“右”字。白城市被红卫兵改名为“红城市”，黑水路改为“反帝路”，右侧通行也一度改为左侧通行，导致交通混乱。中国共产党坚持唯物主义，他们就焚烧庙宇、教堂，批斗教长、神甫，取缔宗教信仰的自由。就连城市居民的成分也要求绝对的纯，对一些有污点的（含被诬陷为有污点的），也要去骚扰，甚至进行批斗或抄家。据不完全统计，到9月下旬，全省被红卫兵以“牛鬼蛇神”等名义揪斗的达8200余人，有些人甚至被红卫兵“扫地出门”，不准回家。

1966年8月下旬至12月上旬，各造反组织冲击党政机关，“炮打司令部”。吉林省“炮打司令部”开始比较晚。本来，毛泽东“炮打司令部”大字报早就在长春以传单的形式传递，但由于中央改组北京市委时，调吉林省委第一书记吴德任北京市委第二书记，这在无形中证明了吉林省委是没有问题的。因此，吉林省红卫兵在对省委进行“炮打司令部”时也不得不三思而后行。但是到了8月末，红卫兵们抛开了这层顾虑，开始在省委机关的围墙上和长春市的闹市区给省委贴大字报，号召“红色造反者”联合起来，“炮打”省市委中的“走资派”。9月4日，又在人民公园召开揭发、批判省委书记处候补书记、长春市委第一书记宋洁涵大会。

“炮打”风很快从长春市蔓延到省内各市、地（州）。吉林市揪斗了市委第一书记，四平专区揪斗了地委第一书记，延边朝鲜族自治州揪斗了州委第二书记和一名副州长。成立不久的德惠、永吉两个专区，也各揪斗了一名地委部长。“炮打”风还波及到县，白城市（当时为县级市）的第一书记、市长和副书记3名领导被揪斗，市委、市人委处于瘫痪状态。许多地方在批斗领导干部时，采取了戴高帽、挂黑牌、罚跪、游街等形式。

“炮打司令部”的行动从城市发展到农村，从机关发展到基层，严重地影响了工农业生产和正常生活秩序。9 月 14 日，中共中央在一天内连发两份文件，即《关于县以下农村文化大革命的规定》(简称“农村五条”)和《关于抓革命、促生产的通知》(简称“工业六条”)，要求：工交、农业、财贸等部门，要确保生产建设和各项工作；职工都应坚守岗位；红卫兵不得进入这些单位串连；这些单位中已开展“文化大革命”的，要放到业余时间去搞，不准采取直接罢官的做法；尚未开展的，可推迟开展。如此才使得这种动乱暂时消沉下来。9 月 15 日，在毛泽东第三次接见红卫兵大会上，周恩来再次强调“农村五条”和“工业六条”，号召红卫兵在秋收秋种大忙季节，有组织地到农村参加劳动，帮助秋收秋种。在中央的部署下，省委立即贯彻执行，作出相应部署，并动员长春市红卫兵两个总部[①]，组织红卫兵下乡劳动，支援秋收。到 10 月 6 日，长春市有 8950 多名红卫兵奔赴农村，另有 4000 多名整装待发。由于红卫兵多数到农村劳动，全省混乱形势稍有缓解。

批判“资产阶级反动路线”及其恶果

“文化大革命”虽然发动起来，但仍没有被多数干部和工农群众理解和支持。为解决“思想不通”的问题，毛泽东于 10 月 9 日至 28 日主持召开了中央工作会议，批判所谓“资产阶级反动路线”。这次会议是继 5 月中央政治局扩大会议和八届十一中全会之后，对“文化大革命”进行的再一次发动。在会议召开之前，中共中央于 10 月 5 日转发中央军委、解放军总政治部《关于军队院校无产阶级文化大革命的紧急指示》。《紧急指示》取消了军事院校工作组撤出后由院校党委领导“文化大革命”的规定，强调：“必须把那些束缚群众运动的框框统统取消”。中共中央在转发《紧急指示》时认为该文件对于全国县以上大中学校都适用，应坚决贯彻执行。

《紧急指示》和中央的工作会议精神，使本已消沉的红卫兵“炮打司

---

① 即“红卫兵长春市总部”（一总部）和“红色造反者长春市红卫兵总部”（二总部）。造反初期，两个总部为长春市大专院校和中等学校的群众组织，后发生矛盾产生分化。

令部”动乱再度抬头。10 月 6 日，北京召开“全国赴京革命师生向资产阶级反动路线猛烈开火誓师大会”。10 月 15 日，东北三省红卫兵在京召开“誓死捍卫以毛主席为代表的无产阶级革命路线，向资产阶级反动路线猛烈开火誓师大会”。参加大会的长春市“二总部”红卫兵 1000 余人，10 月 22 日从长春站一下火车便直奔省委，在省委院内召开“向资产阶级反动路线开火誓师大会”。红卫兵组织代表发言，高呼要向“资产阶级反动路线”及其追随者宣战，打倒“折中主义”。在省委主持工作的省委书记处常务书记阮泊生(7 月 2 日任常务书记)等被拉到会场，被迫参加了游行。

此后，中央文革领导小组更加紧锣密鼓地煽动批判“资产阶级反动路线”，红卫兵“炮打司令部”的动乱不断升级。最初，红卫兵冲击省委只是想追究省委发布“四点意见”“八条要求”以及派工作队(组)等所谓 50 天的“资产阶级反动路线”，后来传来中央文革小组认为刘少奇不仅是 50 天的“资产阶级反动路线”，还有 17 年的“修正主义路线”问题，于是“红卫兵”就开始向党政机关发动“怀疑一切”“打倒一切”的全面进攻。许多领导干部因此陷入困难境地。一些红卫兵组织几乎取代了党政组织成为后来非法“夺权”的一次预演。

12 月 9 日和 15 日，中央先后下发《关于抓革命、促生产的十条规定(草案)》(即“工业十条”)和《关于农村无产阶级文化大革命的指示(草案)》(即“农业十条”)。这两份文件改变了 9 月 14 日中央下发的“农村五条”和“工业六条”中的规定，准许红卫兵到工厂、农村去串连，要求工厂、农村也要建立造反组织，也要利用“四大”开展“文化大革命”。这是导致全国大动乱的又一个严重步骤。双“十条”下达后，大批红卫兵涌向工厂、农村。工厂、农村开始建立造反组织，仅长春市铁路系统就建立起三个“造反大军”。这些广泛建立的群众造反组织与红卫兵在一起，结成跨行业、跨地区的造反联盟，并按其观点和领导人不同分成若干个派别。于是全省城乡开始大乱，各级党政机关随之瘫痪。

到 1967 年，吉林省和全国各地一样，陷入全面内乱阶段。在林彪、“四人帮”反革命集团的唆使下，各派造反组织围绕夺权由文斗发展成为武斗，给国家和人民造成的损失更为惨重。

在困局中坚持工作的吉林省委

为坚持党对运动的领导，控制形势的发展，使“文化大革命”运动有计划、有秩序地进行，省委根据中央的指示，效仿北京市的做法，于1966年6月10日向长春电影制片厂派出第一支文化革命工作组。14日，中共长春市委文化革命工作队进入吉林大学。接着，其他市、地(州)县委也相继派出工作队(组)进驻各类学校。据不完全统计，到6月底，全省参加“文化大革命”工作队(组)的干部5900多人，共组成工作队(组)332个，有281个工作队(组)先后进驻各大专院校、部分中学和文化部门。各工作队(组)进校初期，受到大多数师生员工的欢迎，在一定程度上遏制了造反派乱揪乱斗的错误行动，对稳定局势起到一定的积极作用。但是，由于“文化大革命”的指导方针是根本错误的，工作队(组)进校后不可避免地会同群众产生一些难以解决的矛盾。加之受陈伯达、江青、康生一伙利用工作组问题进行挑拨和煽动的影响，工作队(组)与造反派之间很快就形成了对立，在群众中出现了支持工作队(组)与反对工作队(组)的两派势力，并展开了激烈斗争，使混乱局面更趋严重。6月20日，吉林大学的部分学生把攻击目标转向工作队，贴出驱赶工作队的大字报。在此形势下，省委改派省委“文化大革命”工作队进驻吉林大学。这种情况很快漫延到其他大专院校和单位。

7月29日，省委召开有市、地(州)委第一书记参加的常委扩大会议，传达贯彻中共中央关于撤销工作组的指示。会议决定，7月31日，长春、吉林、延吉三市和四平、通化、白城地区各县，要召开革命师生代表会，宣布撤出文化革命工作队(组)。按照省委的要求，各市、地(州)委立即召开会议，结合本地情况作紧急部署。到8月10日，全省大、中学校和单位，除长春电影制片厂、吉林大学和通化地区部分学校的工作队(组)因群众意见大，需要留下“检查错误”外，其他工作队(组)陆续撤出。

1966年9月以来，由于“炮打司令部”带来的动乱殃及全省城乡，严重影响了社会稳定和工农业生产。为了扭转这种局面，省委责成省委书记处书记郑季翘向中央文革小组写信，反映情况并提出意见。郑季翘在信中写道：“现在我省的文化革命有三个问题需要注意。一、各级党委有的处于瘫痪或半瘫痪状态，工作无法进行，有的无人作主，有的指挥不灵，党和政府下达的指示很难贯彻实现。二、今年我省年景很好，秋收已到，但很多公社和一部分生产大队都动起来了，有不少公社领导无力，可能发生丰产不能丰收，征购上不来的危险。三、在工业战线上，7 月份全省下降 4.5%，长春市下降 10.4%。8 月份尚未统计。《人民日报》发表的《抓革命，促生产》的社论很好，能起很大作用，如果能进一步多发表关于这方面的文章和讲话，会更好一些。”

10 月 6 日，省委召开常委会议，议定到北京开会时向党中央提出省委的意见。如：“炮打司令部”，上级要求依靠“司令部”里面的左派，团结中间派，打倒右派，可是左中右派如何区分，上边有些提法概念不清楚；“打倒一小撮”和“横扫”的界限是什么；干部被批斗的太多，到一定程度中央应该出来说话，不然将干部都搞臭了，等等。赴京参加会议的省委领导将上述意见及时向党中央作了反映。

省委除了向中央反映情况，提出自己的意见，也坚持听取全省各市、地（州）党委和大厂矿党委向省委提出的意见。1966 年 11 月 5 日至 21 日，在省委召开的工作会议上，省委认真听取了各市、地（州）和各大厂矿党委负责人代表本地党组织对“文化大革命”的各种错误提出的意见。他们说：“派工作队有什么不对？党的历史上土改、合作化及历次运动都有工作队，为什么这次就成了错误？这样说会造成党内的思想混乱。”“什么叫大民主？大民主和极端民主有什么区别？今天搞大民主，以后民主集中制还执不执行？大民主就是破坏民主集中制。”“这次运动的打击面太宽了，基层干部都不愿意当长了。”大家一致要求：“运动搞得差不多了，够劲了，不要再折腾了。”

10 月下旬，由于红卫兵占据省委大院，省委书记处及其常委办公室无法正常办公。10 月 30 日省委被迫将常委办公室由省委院内迁至省人委档案室，此后又先后迁移至团省委、省宾馆、康平街 2 号、省委党校幼儿园等处，并不再对外公开。省委书记处的领导同志为躲避造反派纠缠，不得不采取分散办公、隐蔽活动、单线联系等方式继续工作。常委办公室成为常委们的“联络点”，只有常委办公室人员才知道常委们的隐蔽地点。如果需要集中起来听传达或议事，就由常委办公室工作人员逐个通知，临时确定开会时间和地点。尽管局势非常困难，但是省委依然坚持工作，坚持向党中央反映全省情况和听取地方各级党委意见。

1966年12月，中共中央发布《关于抓革命、促生产的十条规定（草案）》《关于农村无产阶级文化大革命的指示（草案）》后，“文化大革命”扩及全省工交财贸各部门的基层单位和农村，全省陷入了大动乱。为贯彻中共中央的指示和东北三省农村工作会议精神，省委于12月23日至25日召开全省农村工作会议。会议原定在长春国际旅行社（即现在的春谊宾馆）召开。参会人员报到后，得知红卫兵组织准备冲击会场，会议当即决定，利用午夜时间，用两辆大客车将与会人员转移到德惠镇开会。尽管如此，省委书记处书记阮泊生在会议总结讲话中，仍然动员与会人员，从党和人民的利益出发，克服困难，坚持工作，尽力稳定农村形势。12月28日，省委代理第一书记赵林被红卫兵批判和游斗。当他得知第二天将被押往吉林市游斗时，当夜从被看管处逃出来，在“联络点”主持召开了省委常委会议。会上，他谈了自己的处境和可能发生的事情，谈了对省委今后工作的想法，要求出席会议的常委，今后要共同负起领导全省工作的责任。

在省委工作转入隐蔽工作阶段后，虽然条件极端困难，但是省委领导班子成员都坚定地表示：“中央没叫我们解散，我们就要坚守岗位；只要一息尚存，就要尽力工作。”他们在广大干部群众的支持和掩护下，艰难而又顽强地坚持着工作，苦撑着全省日益混乱的局面。

直到1967年1月25日，省委的最后一个“联络点”省委党校幼儿园被发现，在隐蔽状态下坚持了近三个月的省委才不得不停止工作。党的八届十一中全会后，省委在事实上已经失去了对全省“文化大革命”运动的领导权，同时也失去了对全省“文化大革命”运动局势的控制能力。

三、“一·一八夺权”和吉林省革命委员会的成立

“一·一八夺权”

1967年元旦，《人民日报》《红旗》杂志发表社论《把无产阶级文化大

革命进行到底》，提出：1967年“将是无产阶级联合其他革命群众，向党内一小撮走资本主义道路的当权派和社会上的牛鬼蛇神，展开总攻击的一年。”在这种舆论导向之下，上海发生了造反派的“一月夺权”事件。

“一月夺权”事件发生后，获得了毛泽东的高度评价，称之为“一个大革命，是一个阶级推翻一个阶级的大革命”，“对于全国各省市的无产阶级文化大革命运动的发展，必将起着巨大的推动作用。”此后，《人民日报》《红旗》杂志连续发表社论和文章，宣传和介绍上海“一月夺权”的“经验”，号召“展开全国全面的夺权斗争”。1月16日，《红旗》杂志发表评论员文章，文章引述毛泽东号召全国“夺权”的最新指示：“无产阶级革命派联合起来，从党内一小撮走资本主义道路当权派手里夺权，是在无产阶级专政条件下，一个阶级推翻一个阶级的革命，既无产阶级消灭资产阶级的革命。”

在此背景下，1月18日，长春市红卫兵总部（即“二总部”），联合62个单位的群众组织，在长春市体育馆召开“反对经济主义，彻底粉碎资产阶级反扑誓师大会”，提出要向省委、市委内“一小撮走资派”夺权的口号。当晚，长春市红卫兵组织和省委机关造反组织联合“夺”了省委的“权”，成立了“接管委员会”，查封了省委机关各部门，发出“六条通令”，吉林省委被非法夺权。接着从1月18日到19日，造反派又先后“夺”了省人民委员会、省公安厅和其他厅局的“权”。到1月21日，全省八个市、地（州）委机关，除成立较晚的德惠地委，都被“夺”了“权”。各级领导干部全部“靠边站”，多数被轮番批斗。公安机关、检察院、法院也失去了作用[①]。

这次所谓“夺权”，虽然造反派在形式上夺去了党政机关的公章并占领其办公地点，但是对其权力的掌控程度很有限。造反派手里握着公章，只能当本派的“司令”，并且由于“夺权”都是由一派组织单独夺取的，反而加剧了其与对立面派别的矛盾和斗争。1月18日，红卫兵接管省公安厅后，长春市的一个工人造反组织便以专政机关不能由学生单方接管为由，于20日夜晚集结1万余人，到省公安厅包围学生，双方开

---

① 《当代中国的吉林》编辑委员会：《当代中国的吉林》上，当代中国出版社1991年版，第147页。

始武斗。万分紧急的时刻，已被“夺”了“权”的省委领导动员来大批人民警察，徒手上前劝阻，才避免了一场大型流血事件的发生[①]。

在这次所谓“夺权”之后，全省各级党政机关全部陷入瘫痪状态，干部队伍和群众队伍分成不同派别，互相对立。打、砸、抢、抄、抓事件不断发生，整个社会都处于极不正常的状态，全省局势更加混乱。

驻吉部队奉命“三支两军”

全面“夺权”使各级党组织和政府失去了应有权威，无法正常开展工作，全国局面更加混乱，几近失控。为稳定局势，中共中央、国务院、中央军委、中央文革小组于 1967 年 1 月 23 日发布《关于人民解放军坚决支持革命左派群众的决定》。同日，吉林省军区及所属的军分区、武装部和驻吉部队，按照中央部署开始介入吉林省地方“文化大革命”。

2 月 23 日晚，省军区和驻长春 3009 部队、7311 部队（简称“驻长三军”）领导成员召开紧急会议，听取长春市“文化大革命”情况的汇报，讨论了支持“左派”群众组织等问题。根据沈阳军区的指示，组成由王淮湘（3009 部队政委）为组长，汪洋（3009 部队部队长）、萧道生（7311 部队政委）、苏俊禄（省军区副政委）、贺吉祥（省军区副司令员）为成员的“驻长三军”“支左”领导小组（后又增补省军区司令员何友发、7311 部队部队长马宁为“支左”领导小组成员）。

根据周恩来 2 月 23 日在全国省军区负责人电话会议上关于部队帮助地方搞好生产的讲话精神，省军区于 3 月 6 日成立生产办公室，下设工交、财贸、农村、综合、政工、秘书六个组，抽调省委、省人委有关部厅局的干部到办公室工作，领导全省的工农业生产。各市、地（州）军分区和县（市）人民武装部相继成立了生产办公室。3 月 19 日，中央军委发出《关于集中力量执行支左、支农、支工、军管、军训任务的决定》，军队任务由“支左”、领导生产扩大为“三支两军”工作。

“三支两军”在吉林省开展过程中，“支左”始终是其中的核心内容。然而，“支左”所面临的首要问题就是谁是左派？当时在吉林省有四个

---

① 中共吉林省委 1967 年 1 月 21 日给中央、公安部、东北局的电报。

较大的群众组织，分为两大派系，即“二总部”“红色造反者吉林省革命委员会”形成的“红二派”和“长春公社”“吉林省东方红公社”形成的“公社派”。驻长春部队在介入吉林省“文化大革命”后，明确表示支持“红二派”，这就加剧了“红二派”与“公社派”的对立。两大派系四个群众组织为了争夺权力，矛盾日益激化。特别是4月《人民日报》发表《正确对待革命小将》的社论，引发两大派谁是“二月逆流”执行者的相互指责后，争斗由口诛笔伐发展到拳脚相击。6月，升级至砖石棍棒。7月，江青煽动“文攻武卫”后，两派开始抢夺军队枪支，构筑武斗工事，进行大规模派性武斗。武斗造成了全面内乱，各行各业的造反派每天忙于派性斗争，致使工厂停工，商店停业，机关停止办公，铁路部分停止运输，学校停止上课，社会秩序极度混乱，工农业生产遭受严重损害。为稳定局势，“驻长三军”部队党委于8月10日发表《给长春市广大革命群众的公开信》，对“支左”中的错误予以检查。吉林省军区和驻省各部队的广大指战员们冒着生命危险制止武斗，保卫人民的生命财产安全。在极端困难复杂的情况下，“三支两军”部队坚决遵照4月6日中央军委发布的《十条命令》，即“对群众组织，无论是革命的，或是被反动分子控制的，或者情况不清楚的，都不准开枪，只能进行政治工作”，以及沈阳军区反复强调的“五不一宣传”要求，正确对待群众，真正做到了“吵不动气、骂不还口、打不还手、打伤不开枪、出入不带枪、宣传毛泽东思想”，阻止了矛盾进一步激化，平息了多次武斗事件。

“支农”是从1967年初开始的“支农”部队都称为“毛泽东思想宣传队”。主要向社员宣传中央搞好春耕生产的指示，散发中央给农民的公开信，引导农村干部正确对待群众，请他们站出来抓春耕、抓工作。同时劝阻城市的学生、工人不要下乡搞串连，说服社员不要进城，保证春耕生产顺利进行。在夏锄、秋收的关键时刻，部队抽出人力、物力积极予以支援。仅1969年，省军区就担负起15个县、91个公社、387个大队的“支农”工作，抽调人员3046人。“支农”对稳定农村形势，搞好农业生产起到了重要作用。

“支工”任务主要是宣传“抓革命、促生产”、做两派的革命大联合、开展革命大批判、解放干部等。经过努力，全省生产形势有所好转。

1967 年共派出“支工”人员 610 名。省、市革委会成立后,“支工”有所增加,人员相应增多,据 1970 年 6 月统计,省军区负责的“支工”点共 295 个,派出人员近 3500 人。

省军区及有关军分区奉命先后于 1967 年 1 月 14 日至 16 日,对吉林省人民广播电台和长春、吉林、延边、通化广播电台实行了“军管”。1968 年 1 月 1 日,省军区奉命对省公安厅、省人民检察院、省高级人民法院实行“军管”。从 1967 年 3 月起,省军区和各军分区还先后奉命接管了省邮电管理局系统、省体育系统。无论“军管”“接管”实质上都是政治管制,同被管制单位的群众组织协商建立一个“抓革命、促生产、促工作、促战备”的临时领导班子,主要是监督业务,控制要害部位,确保国家机密安全。在两年内,省军区“军管”“接管”点共 67 个,随着地方革命委员会的建立,经上级批准,“军管”“接管”逐步撤销。

“军训”主要是对“红卫兵”进行军事训练和整风。吉林省的“军训”主要在城市的中等学校进行。长春市近百所中等学校的“军训”由省军区直接负责,省内其他城市由军分区组织实施。所谓“军训”实际上是政治训练,军事训练只是一般的列队训练。军训小组进入学校后,主要组织学生学习毛泽东著作和中央文件,引导“红卫兵”掌握斗争大方向。在帮助“红卫兵”整风中,对一些组织搞打砸抢的错误进行分析批判。

1972 年 1 月 3 日,吉林省三军支左领导小组撤销,“三支两军”工作由中共吉林省委统一领导。1972 年 8 月 21 日,中共中央发出《关于征询对三支两军问题的意见的通知》和《关于三支两军若干问题的决定(草案)》。文件规定,在已经建立党委的地方和单位撤销和撤出“三支两军”的机构和人员。1973 年 1 月,吉林省军区和驻省各地部队参加“三支两军”人员陆续撤回。截至 1973 年 6 月,全省参加“三支两军”人员全部撤回。自此,“三支两军”工作在吉林省全面结束。军队的介入,结束了对地方造反派没人敢说没人敢管的状态,受到了大多数人民群众的欢迎。“三支两军”的开展,在一定范围内缓和了当时的紧张局面,维护了社会秩序,保护了一批地方干部,减少了工农业生产的损失,保护了人民生命财产安全,很大程度上减轻了“文化大革命”造成的破坏。但是,在“文化大革命”这样一个全局性的错误中,执行“三支两军”任务的干部战士既缺乏思想准备又缺乏地方工作经验，特别是受到林彪、江青集团的干扰和破坏，使得这项工作不能不发生许多错误，给部队建设以及军队与地方的关系带来一些消极后果。

吉林省革命委员会的成立

1967年2月23日，《人民日报》转载《红旗》杂志第四期的社论，指出：“在需要夺权的省、市，必须建立‘三结合’的临时权力机构，这种‘三结合’的临时权力机构，由真正代表广大群众的革命群众组织的负责人、人民解放军当地驻军的代表和革命领导干部组成。”3月10日，《红旗》杂志第五期社论又传达了毛泽东的最新指示：“在需要夺权的那些地方和单位，必须实行革命的‘三结合’的方针，建立一个革命的、有代表性的、有无产阶级权威的临时权力机构。这个权力机构的名称，叫革命委员会好。”

3月12日，吉林省“支左”领导小组派时任省委书记处常务书记阮泊生去东北局，请示关于吉林省“三结合”的组成问题。此后，经过一系列工作，“三结合”的雏形基本形成。但就在准备向党中央上报时，“红二派”和“公社派”两大造反组织为谁参加“三结合”的问题争斗起来。两派都想支持对自己有利的领导干部进入革委会，并将对方提出的人选说成是“走资派”。各派头头也都想进入革委会，并力争让自己组织的人多争取几个名额。双方在这两点上严重对立，难以调和，使“三结合”计划搁浅。这种争斗愈演愈烈，最终演变为多起武斗事件。

这种情况不仅出现在吉林省，在全国范围内也多有发生。因为半年多“天下大乱”，推迟了毛泽东关于建立“三结合”临时权力机构的计划，中央开始调整“支左”的原定方针。7月14日，《文汇报》发表《论“革”与“保”》的社论，指出：“任何一个组织，或者任何一个个人，都是既有所‘革’，又有所‘保’。”这就否定了在造反组织中有所谓左派和保皇派之分。当时，没有一个造反组织不说自己是拥护毛泽东的，因而都应是左派，都应得到军队的支持。根据新的精神，中国人民解放军驻长春三军“支左”领导小组决定，8月11日，3009部队首长代表“驻长三军”部队党委，在地质宫广场作了《关于压制长春公社错误的检查》，并将检查内容写入《给长春市广大革命群众的公开信》，表示今后对两大派四个群众组织“一碗水端平”[①]。

8月17日，中共中央、国务院、中央军委、中央文革小组批转了这份《公开信》，并批示：“中央认为你们给长春市广大革命群众的公开信是正确的”，“在吉林省应该开展拥军爱民，加强军民团结。长春公社、东方红公社的同志和红革会、二总部同志要正确处理人民内部矛盾”，“实现革命的大联合。注意抓革命，促生产。把吉林的文化大革命搞的更好。”

为落实中央“八一七批示”，8月25日，省军区和驻长春部队召开爱民大会，两大派四个造反组织的代表应邀出席。8月31日，长春卫戍司令部同长春两大派四个组织代表签订《关于制止武斗，恢复生产的协议》，决定从9月2日起，无条件全面停火。但是，派性积重难返，造反派很快又掀起反对中央“八一七批示”的逆流。9月13日发生的省第一建筑公司小白楼武斗事件、9月18日发生的长春火车站前的大型流血事件，就是在这种情况下发生的。

9月22日，中共中央通知长春、吉林、四平驻军和各派群众组织代表，连同阮泊生、兰干亭等省委领导干部一同去北京听取中央指示，协商拥军爱民、制止武斗、恢复生产等问题，并转达周恩来对吉林省提出的三点要求：一、立即停止武斗，封存上交武器、装备和各种军用物资，恢复生产、交通和社会秩序，各群众组织要在以上方面作出模范；二、到京代表一定按中央指示精神，带着无产阶级党性来，不要带着小资产阶级派性来；三、各群众组织在代表协商期间，任何一方不得挑起武斗、破坏生产和交通。凡是违反者必须追究责任。9月28日，周恩来在京接见东北三省赴京代表，当面指示两派组织要迅速实现“大联合”，促进“三结合”，并希望吉林省的问题在年底前能够解决。

在中央的督促下，1968年1月21日，“驻长三军”代表同四个造反派组织的代表在北京达成了《关于实现革命大联合的协议》。2月12日，驻长春部队三军“支左”领导小组成员、3009部队部队长汪洋传达中

---

① 《当代中国的吉林》编辑委员会：《当代中国的吉林》上，当代中国出版社1991年版，第147页。

共中央关于吉林省地方干部参加“三结合”的意见：中央同意阮泊生、郑季翘、兰干亭、张士英、周光参加吉林省的“三结合”。沈阳军区根据中央的意见，向中央作出《关于建立吉林省革命委员会的请示报告》。2月22日，中共中央、国务院、中央军委、中央文革小组批准了这个报告，同意吉林省革委会由135名委员组成，王淮湘、阮泊生、郑季翘、萧道生、何友发、徐仲禹、苏俊禄、蒋克诚、王振华、兰干亭、周光、张士英等35人担任常委，由王淮湘任主任，阮泊生、郑季翘、萧道生、何友发和地方干部2人、群众组织代表1人至2人（暂缺）任副主任。3月6日，吉林省革命委员会在长春市召开成立大会。省革委会取代了原省委、省人委，统揽吉林省的党政财文大权，实行党政一元化领导。3月10日，《人民日报》《解放军报》发表社论《红日高照长白山——热烈祝贺吉林省革命委员会成立》。到同年9月，各市、地（州）、县全部建立了革委会，人民公社、工厂、商店、学校也建立了革委会或革命领导小组[①]。

革委会或革命领导小组这些机构是“打倒一切”“全面夺权”的畸形产物，在很大程度上也是为了巩固“夺权”成果建立起来的。在其成立过程中，大批造反派骨干进入了各级领导部门，成为全省政治生活长期难以安定的重要因素。尽管这些机构难以承担原党政组织所承担的重任，但就当时的情况来看，革委会的成立毕竟结束了全省在“文化大革命”前期一年多的无政府状态的混乱局面，承担起组织工农业生产和管理社会生活的责任，为全省的各项工作开展提供了组织保障。

---

① 《当代中国的吉林》编辑委员会：《当代中国的吉林》上，当代中国出版社1991年版，第148页。

第十七章
“斗、批、改”运动和70年代初的吉林省国民经济

1969年4月1日至24日，中国共产党第九次全国代表大会在北京举行。按照毛泽东的设想，党的九大以后，“文化大革命”即进入“巩固胜利成果”阶段。在中央的部署下，吉林省开展了“斗、批、改”运动。这一时期，中共吉林省第三次代表大会召开，选举产生了第三届中共吉林省委员会。“三五”时期，在严重动乱的情况下，全省经济建设取得了一些突出成就。在此基础上，为尽快扭转“文化大革命”造成的国民经济计划进度滞后的局面，吉林省确定了“四五”计划的方针任务。

一、“斗、批、改”运动

党的九大之前，毛泽东曾提出：“建议三结合的革命委员会，大批判，清理阶级队伍，整党，精简机构、改革不合理的规章制度、下放科室人员，工厂里的斗、批、改，大体经历这么几个阶段。”据此，九大向工、农、商、学、党、政、军、民各方面、各单位都提出了“斗、批、改”的任务。为指导各条战线的“斗、批、改”，毛泽东亲自抓了“六厂二校”的典型，希望以此巩固和发展“文化大革命”成果，从而达到“抓革命、促生产、促工作、促战备”的目的。“斗、批、改”运动虽然对“文化大革命”初期的无政

府主义状态有所限制，并在恢复正常秩序上起到了一定作用，但这场运动是在根本否定新中国成立17年来许多领域的主要方针和前提下进行的，因而不可能像毛泽东设想的那样，成为结束“文化大革命”的最后阶段。

吉林省革命委员会成立后，就把大办“毛泽东思想学习班”，深入开展“革命大批判”，搞好各部门、各单位的“斗、批、改”作为中心任务，相继开展了以下几方面运动。

“清理阶级队伍”

1968年元旦，《人民日报》《解放军报》《红旗》杂志发表社论提出：对“混在内部的一小撮叛徒、特务，党内一小撮死不悔改的走资本主义道路的当权派，社会上的牛鬼蛇神（即没有改造好的地、富、反、坏、右）”，“要充分发动群众，彻底查清，坚决处理，保证无产阶级文化大革命的顺利进行。”此后，吉林省城乡的部分地方开始“清理阶级队伍”。

1968年5月19日，省革委会在长春体育馆召开“深批、深挖，向阶级敌人开展猛烈进攻动员大会”，介绍部分地方的“清理阶级队伍”经验，动员全面开展“清理阶级队伍”工作。5月25日，中共中央转发毛泽东批发的《北京新华印刷厂军管会发动群众开展对敌斗争的经验》，要求全国各地区、各单位“有步骤地有领导地把清理阶级队伍这项工作做好。”6月5日，省革委会召开群众大会，宣传北京新华印刷厂的“清队”经验。

两次会议虽然都强调要“严格区分两类不同性质的矛盾，正确掌握党的方针政策”，“严禁逼、供、信”，“相信坏人只是极少数，绝大多数群众和绝大多数干部是好的”，等等；但是，也强调了要“主动地开展猛烈进攻”，“绝不能因为坏人只是极少数，就松懈麻痹，看不到敌人，或者看到敌人，也不去挖”①。

这两次会议后，“清理阶级队伍”的工作迅速在全省展开。由于这次“清队”是用“大民主”方式揭发，用“群众”方法办案，加上极左思潮和派

---

① 《关于清队问题的汇报提纲》，1974年1月16日。

性干扰，夹杂着有些人故意打击报复，大搞刑讯逼供，便很快制造出大量的冤、假、错案。7月中旬至9月中旬，省革委会连续召开常委会议和省、地、县三级革委会工作会议，分析全省的阶级斗争形势，讨论如何进一步深入持久地开展革命大批判、搞好“清理阶级队伍”工作问题。会议要求，“反右倾，鼓干劲，狠抓阶级斗争”，“进一步把一小撮叛徒、特务和一切反革命分子统统挖出来。”在几次会议的推动下，全省“清队”工作被严重地扩大化了。

到1968年8月，仅3个多月的时间全省就挖出“阶级敌人”4.5万余人①。到9月末，全省挖出的“敌人”上升到9万余人。其中多数为无中生有编造出来的“地下国民党”“地下三青团”“地下反共救国军”等组织的成员。直到1969年1月，“两报一刊”元旦社论传达了毛泽东关于“清理阶级队伍，一是要抓紧，二是要注意政策”和“要重证据，重调查研究，严禁逼、供、信”的指示，“支左”领导小组再次开会研究，才发现全省“清队”严重地扩大化了。此后，省革委会又连续召开会议，强调注意政策，严禁“逼、供、信”和打人，推翻了大宗的所谓“地下国民党”“地下三青团”等假案，惩办了一些打人凶手。但为时过晚，致死、致伤、致残的危害已经造成，无法挽回。

为搞好原省直机关干部的“清队”，1968年9月至10月，省革委会分别举办了原省委机关、省人委机关、公检法系统和文化系统干部学习班，把干部集中起来吃住，由军宣队领导“清队”。学习班盛行“怀疑一切”，把原在档案中早已有正确结论的事情又重新搬出来，派人内查外调，作出许多错误的认定，制造了大量的冤假错案。原省直机关248名部厅局级干部中，有57人被错误地打成“叛徒”“反革命”，8人被打成“三反分子”“黑帮”“走资派”，其中8人被迫害致死。省委原常委和党员副省长24人中，除6人被结合到省、地革委会，其余18人有些被定为“叛徒”“特务”“历史反革命”“走资派”；有些则被以“叛徒”“特务”嫌疑等罪名长期监禁，有的人被迫害致病、致残、致死。

整个“清队”期间，全省共制造任青远（长春市革委会原主任）“资敌

① 中共吉林省委组织部、中共吉林省委党史研究室、吉林省档案馆编：《中国共产党吉林省组织史资料（1924.8—1987.11）》，吉林人民出版社1994年版，第542页。

通敌反革命特务集团”案、申虎成（省公安厅原副厅长）“给林彪安窃听器反革命集团”案、张文海（吉林省原副省长）“现行反革命分子”案、王明德（省总工会原主席）“反革命集团”案等冤假错案2万多起，12.4万多名干部和群众被诬陷为“阶级敌人”，其中许多人被迫害致死、致残。

1970年2月11日，省革委会召开第七次全委会议，传达贯彻中共中央《关于打击反革命破坏活动的指示》《关于反对贪污盗窃、投机倒把的指示》和《关于反对铺张浪费的通知》。会议要求在全省开展“一打三反”运动，推动“斗、批、改”运动深入发展，掀起工农业生产的新高潮。这一运动到1972年下半年基本结束。

通过“一打三反”运动，共清查出有各种问题的干部群众10.04万人，其中有政治性问题的1.75万人，有经济问题的8.68万人[①]。由于受极左思潮影响，许多案件属于冤假错案。特别是其中的“一打”，打击了许多用言行来反对和抵制“文化大革命”的人。因此，“一打三反”运动实际上也是一次“清队”运动。

在“一打三反”的同时，根据中共中央《关于清查“五一六”反革命阴谋集团的通知》，全省204个单位开展了清查“五一六反革命阴谋”的斗争。在斗争中，一大批反对林彪、江青，反对省革委会主要负责人支一派、压一派的干部和群众被定为“五一六”分子或“五一六”分子嫌疑，遭到立案、办班、隔离审查。清查斗争演变成两派造反组织之间的混战，使不少人蒙受不白之冤。

“整党建党”

1967年10月27日，中共中央发出《关于已经成立了革命委员会的单位恢复党的组织生活的指示》。12月2日，中央又发出《关于整顿、恢复、重建党的组织的意见和问题》的文件。在这两个文件中，中央提出整顿、恢复、重建党组织所遵守的最基本原则，就是毛泽东提出的“五十字纲领”，即：“党组织应是无产阶级先进分子所组成，应能领导无产阶级和革命群众对于阶级敌人进行战斗的朝气蓬勃的先锋队组织。”文件

① 中共吉林省委组织部、中共吉林省委党史研究室、吉林省档案馆编：《中国共产党吉林省组织史资料（1924.8—1987.11）》，吉林人民出版社1994年版，第542页。

还规定，党员在整党中，要广泛听取“无产阶级革命造反派的意见”，犯错误的党员要“斗私批修”。在“整党建党”中要“吐故纳新”。“吐故”，就是把所谓混进党内的“阶级敌人”清除出党，对“犯有严重错误的党员暂缓过组织生活”；“纳新”，就是按照“五十字纲领”的要求，把在“文化大革命”中涌现出来的敢于造“走资派”反的，敢于同“阶级敌人”进行战斗的所谓“无产阶级先锋战士”吸收入党，并把其中最“坚决执行毛主席革命路线的优秀共产党员”选拔到领导岗位。

吉林省“整党建党”工作经过试点，于1969年5月开始，分期分批铺开。截至7月底，全省共铺开6939个支部，占全省26548个支部的26%，已经结束整党的有1832个支部，占全省支部总数的6.9%。8月7日至15日，省革委会召开“整党建党”座谈会，研究思想整顿和建设问题。会议要求，“整党建党”首先要搞好思想上的整顿和建设，提高党员的路线斗争觉悟，解决继续革命的思想问题。

这次“整党建党”，由于是在“无产阶级专政下继续革命”的理论指导下进行的，虽然逐步恢复了各级党的组织机构和党员的组织生活，但是处分了一批不应受到处分的党员，吸收了一批不符合党员条件的人入党，并提拔了一些不应提拔的人充当领导干部。

吉林省“整党建党”工作于1972年初基本结束。据省委组织部统计，在这次整党中，全省党员清除出党共9469人，占党员总数的1.66%；受其他党纪处分的7386人，占党员总数的1.3%，“审查不清”“暂挂”的8530人，占党员总数的1.5%。在出党的党员中，被开除党籍的2928人，取消预备党员资格的3001人，劝退的2118人，不予登记的504人，按脱党处理的912人，其他原因出党的6人。在被开除党籍的党员中，被诬为“叛徒”“特务”“反革命”“死不悔改的走资派”“阶级异己分子”的1070人，占被开除党员总数的36.5%。受到党纪处分的党员中，绝大多数属于冤假错案。全省共“纳新”党员7.27万多人，占原有党员的12.7%，其中有相当数量的人是靠造反起家、帮派思想严重以及打砸抢分子。

这次“整党建党”是在错误路线、错误方针指导下进行的，因此在新组建的各级党委中，均有造反派头头进入领导核心。这造成严重的组织不纯和思想不纯，给党的组织和社会主义建设事业带来了重大损失。但是，这次整党毕竟恢复了大多数党员的组织生活和党的支部，对于遏制造反派势力，稳定局势，推进工农业生产好转，还是起了一定作用。

“教育革命”

毛泽东认为，“教育革命”首先“必须有工人阶级领导，必须有工人群众参加。”1968 年 8 月 25 日，中共中央、中央军委、中央文革领导小组发出《关于派工人毛泽东思想宣传队进驻学校的通知》。《通知》指出：“以优秀的产业工人为主体，配合人民解放军战士，组成毛泽东思想宣传队，分期分批进入各学校。”8 月 29 日，吉林省革委会、长春市革委会和吉林省军区、驻长春部队负责人召开会议，根据中央《通知》精神，讨论决定迅速派工农兵毛泽东思想宣传队进驻大、中、小学，宣传毛泽东指示，促进大联合。由此，全省陆续派出工人毛泽东思想宣传队进驻大、中、小学校和上层建筑各领域，领导“斗、批、改”和“清理阶级队伍”。城市中，有 5 万余名工农兵毛泽东思想宣传队员进驻 9000 余所大、中、小学校，并在学校成立毛泽东思想宣传队指挥部，接管学校的党、政、财、文等一切权力。农村中，在社、队革委会的领导下，成立以贫下中农为主，有师生代表参加的贫下中农管理委员会，接管社、队中小学。

这些工(军)宣队(还有些基层是贫下中农宣传队)进驻文教单位之后，主要抓了两方面的工作。一是通过“清队”和“下放”，将大批知识分子撤离原岗位，调工人、农民承担原来由专家、学者所承担的工作，当时称“掺沙子”。二是大“改”大“革”17 年党对这些部门的方针、政策，代之以“文化大革命”的方针政策。

为探索“教育革命”的新路子，1969 年，梨树县和长春市先后制订了《农村中小学教育大纲(草案)》和《城市(镇)中小学教育大纲(草案)》，就农村、城市中小学的领导管理、招生、学制设置等方面提出一系列措施。5 月 12 日，《人民日报》发表《农村中小学教育大纲(草案)》，要求全国讨论，由此引发全国争论，搞乱了学校的领导体制，否定了系统科学知识的传授，取消了教师的主导作用，破坏了党的知识分子政策，对中、小学教育造成了极坏的影响。

高等教育领域,“文化大革命”开始后,高等学校停止招生。1968年,毛泽东提出,高等学校还是要办的,但是学制要缩短,要从有实践经验的工人、农民中选拔学生,到学校学几年以后,再回到生产实践中去。1969年9月,吉林省革委会在长春市召开省内大专院校“教育革命”座谈会,着重解决对“教育革命”的认识问题。1970年秋,高等学校恢复招生,废除了高等学校的招生考试制度,改为“群众推荐、领导批准和学校复审相结合的办法”。1970年11月,《光明日报》发表吉林医科大学军宣队和革命委员会的文章《充分发挥工农兵学员改造大学主力军的作用》。文中提出:“工农兵学员进入大学不仅有学习任务,更重要的是他们肩负改造大学、创建社会主义新兴大学的历史使命,他们完全能够上好大学、管好大学,用毛泽东思想改造大学。”随后,“上、管、改”委员会在吉林省各高校先后成立。

在吉林省“教育革命”中,海龙县“五七”中学被树立为全省教育战线的样板。海龙县“五七”中学原为海龙县第四中学。1970年,省革命委员会决定,各级各类学校学习海龙县“五七”中学的“教育革命经验”,提倡“大老粗改造洋学堂”“大课堂改造小课堂”,更加剧了学校教育的混乱。6月,省革委会召开学习海龙县“五七”中学“教育革命”经验现场会。在此期间,省革委会发表了《关于学习海龙县“五七”中学教育革命经验的决定》。省革委会政治部教育组接连写了7份《关于海龙县“五七”中学的调查材料》,这些材料被整理后以《为革命造就一代新人——海龙县五七中学调查报告》为题在《吉林日报》发表。此后,各市、地、县学校的干部和教师纷纷前往海龙“五七”中学参观和学习“新经验”,不少学校被迫停用了部分全国统编教材。

1971年4月15日至7月31日,国务院召开全国教育工作会议。会议通过了张春桥、姚文元修改审定的《全国教育工作会议纪要》。《纪要》提出了所谓“两个估计”,即新中国成立后17年“毛主席的无产阶级教育路线基本上没有得到贯彻执行”“资产阶级专了无产阶级的政”;大多数教师和新中国成立以后培养出来的高等学校学生的“世界观基本上是资产阶级的”。8月28日至9月23日,省革委会在长春市召开全省教育工作会议,贯彻全国教育工作会议精神。会议要求对《纪要》提出的“两个估计”，要从立场上转变过来，思想上认识上来，感情上接受下来。广大干部和教师对此持否定态度，表示“不理解”“认识跟不上”，并采取多种形式进行抵制。《纪要》的推行将全省的教育工作进一步引向歧途。

知识青年上山下乡

“文化大革命”开始后，由于大学不招生，1968 年高中开始招生但数量有限，中专和技工学校仍不招生，工厂、企业基本不招工，大批毕业学生滞留于学校、大城市。他们既无法升学，又不能就业，造成巨大的社会压力。1968 年 5 月，省革委会在长春召开全省教育工作会议，确定在安排中等以上学校毕业生工作方面必须贯彻“面向农村、面向边疆、面向厂矿、面向基层”的方针。10 月，省革委会确定全省动员城镇 1966 年至 1968 年三届中学毕业生上山下乡。1968 年 12 月，毛泽东发出“知识青年到农村去，接受贫下中农的再教育，很有必要”的指示后，全省掀起了动员城镇知识青年上山下乡的高潮，除了独生子女，一律要求到农村插队落户。初、高中毕业生上山下乡，到农村当社员；在校的初中或高中一、二、三年级一律提前毕业，家住城镇的初、高中毕业生一律下乡插队落户，接受贫下中农再教育。1968 年，全省城镇三届中学毕业生和社会青年共 264901 人，动员上山下乡的有 197623 人。1969 年，城镇中学毕业生全部上山下乡。1969 年至 1970 年，全省城镇知识青年上山下乡 216966 人。

根据国家动员知识青年上山下乡跨省安置计划，吉林省从 1968 年起接收安置外省市下乡知识青年。1969 年 3 月 3 日，吉林省革委会和长春市革委会举行“热烈欢迎上海知识青年来吉林省农村安家落户大会”。上海首批到吉林省农村插队落户的知识青年共 2000 多人，5 日和 6 日，他们分别到达延吉县和珲春县。23 日，北京首批知识青年到达白城专区镇赉县农村安家落户。满载北京知识青年的列车到达四平火车站时，吉林省、四平专区和四平市革命委员会在四平车站举行了“热烈欢迎北京知识青年来我省农村安家落户大会”。1968 年和 1969 年，全省共接收安置外省下乡知识青年 54474 人。

从1962年至1980年的18年间，全省共计动员城镇知识青年上山下乡108万余人。其中，1962年至1966年为4.1万人，1967年至1970年为39.5万人，1971年至1975年为37万人，1976年至1980年为27.4万人。后来，绝大多数知识青年通过相关政策的落实，如招工、升学等，陆续离开知青点返回了城市。知识青年上山下乡，在当时特定的历史条件下，虽然是无奈之举，但广大知识青年通过上山下乡经受了锻炼，接触了实际，传播了文化知识。其中许多人由于当年受过艰苦的锻炼和实践后来成长为党、政、军的领导者，成为科技战线的中坚分子。但同时也要看到，知青上山下乡加重了农民负担；其中一大批人荒废了学业，导致国家后来科学技术人才的断层；一些人返城后得不到妥善安排，还引发了一些社会问题。

干部下放劳动

1968年5月7日，按照毛泽东的“五七指示”，黑龙江省革委会在庆安县创办柳河“五七”干校，组织大批省直属机关干部去干校下放劳动。1968年10月5日，《人民日报》刊登了黑龙江省《柳河“五·七”干校为机关革命化提供了新的经验》的报道，并在按语中发表了毛泽东关于“广大干部下放劳动，这对干部是一种重新学习的极好机会”的指示。吉林省革委会于当日召开会议学习这一指示，研究、制定贯彻落实的具体措施。会后向全省发出《关于学习、贯彻毛主席“干部下放劳动”最新指示的讨论纪要》。10月18日，省革委会决定成立干部下放领导小组。21日，省革委会再次召开会议，讨论干部下放劳动问题。会议决定：县以上革委会都要办“五七”干校，各级革委会在职新老干部都要分批下放劳动。在职干部实行“三三制”，即下放劳动、下基层调查研究、留机关工作的各占三分之一。会后，各地、市、县利用农场、机关单位农副业产品基地或开辟荒山荒地相继办起了“五七”干校。11月5日，省革委会机关首批下放干部奔赴工厂和农村，并于11月10日前全部进入劳动地点。到1969年8月，全省办起46所“五七”干校，其中省办4所，市、地6所，县(区)36所。先后有数万名干部进入“五七”干校劳动。遵循毛泽东关于“在职干部也应分批下放劳动”的指示，1970年以后全省转入了在职干部的轮训，重点轮训了县以上领导干部和省、地两级机关干部。到1975年全省共轮训在职干部1.3万多人。与此同时，还有大批高等学校教师、医疗卫生人员和文艺、体育工作者被下放农村或“五七”干校。

1969年10月17日，中苏边界谈判的前三天，因“紧急备战”转移至苏州的林彪，给在北京的黄永胜发出“紧急指示”，要求全军立即进入紧急战备状态。次日，黄永胜等人即以“林副主席第一个号令”的形式向全军下达这个指示。在这一形势影响下，省革委会派人去辽宁省学习把干部和家属下放疏散到农村插队落户的经验。1969年11月7日，省革委会作出《关于干部插队落户、促进思想革命化，建设社会主义新农村的决定》。25日，省革委会在长春市体育馆召开“广大干部到农村插队落户、把农村建设成为巩固红色根据地的动员大会”。省直机关和长春市20万人通过有线广播收听了大会实况。此后，又召开干部插队工作会议、电话会议和动员大会，大造下乡光荣的舆论。

吉林省干部到农村插队落户，首先是从省直机关和所属单位开始的。插队落户的干部主要是六方面的人：一是省委、省人委学习班结束后，分配到宣传队的2000人；二是革委会政治部直政组所属的学习班和直属单位1200人；三是各大专院校教职员4000人；四是省革委会人民保卫部所属单位和公检法学习班468人；五是省革委会办公室所属单位52人；六是省革委会生产指挥部所属单位和正在办的学习班3800人。下放干部的去向是边远地区和“阶级斗争”较为复杂、工作基础薄弱的地方。插队干部带家属、带工资关系、带组织关系、带户口和粮食关系，即所谓“四带”。省直干部插队落户之后，各地、市、县干部也相继插队落户。1970年6月26日，省革委会向中共中央上报《关于干部插队落户工作情况的报告》。全省县以上下放干部包括带走家属总计240913人。

干部下放在当时基于三种考虑。其一，“文化大革命”初期受到冲击而停止工作的机关和事业单位的干部和知识分子需要安置起来、等待分配；其二，在革委会精简机构过程中大批编余干部急需安置；其三，“清理阶级队伍”等运动中一批被认为“有问题”干部需要处理。这些插队干部，许多是经验丰富的老干部、才华横溢的中青年业务骨干。他们到农村后，虽受到了锻炼，了解了实际，但因无用武之地，造成人才资源的巨大浪费，也给国家的财力、物力造成重大损失。

二、中共吉林省第三次代表大会

中共吉林省革命委员会核心小组的成立

在全省“整党建党”中，经中共中央批准，1970 年 3 月 28 日成立了中共吉林省革命委员会核心小组。省革委会主任王淮湘任组长，省革委会副主任何友发、萧道生、阮泊生、郑季翘为成员。1970 年 3 月 17 日至 20 日，中共中央召开工作会议，讨论召开四届人大和修改宪法问题。4 月 1 日，中共吉林省革委会核心小组召开第一次会议，协商出席全国四届人大代表候选人，研究传达贯彻中共中央工作会议精神和常委分工问题。接着，各市、地（州、盟①）革命委员会和省革委会所属的工作机构也相继建立了党的核心小组。

省革委会党的核心小组成立时，“一打三反”运动尚未结束。核心小组在领导“一打三反”运动的同时，根据中共中央《关于清查“五一六”反革命阴谋集团的通知》精神，于 4 月开始在全省一些重点地区和部门开展了清查“五一六”集团运动。此项清查共进行 4 年，在省直、各地区、铁路部门 204 个单位中查出 136 起“大事件”，致使多人蒙受不白之冤。1976 年 6 月，省委经过复查认定省内没有“五一六”集团和“五一六”分子。

1970 年 11 月 16 日，中共中央发出《关于传达陈伯达反党问题的指示》，全党开始开展“批陈整风”运动。11 月下旬，省革委会党的核心小组召开扩大会议，向地、师级党员干部传达了中央指示，对陈伯达反党罪行进行揭发批判。1971 年 2 月末，省革委会党的核心小组召开全省

① 1969 年 7 月，国务院决定从内蒙古自治区划归吉林省一个盟（哲里木盟）、一个县（突泉县）和一个旗（科尔沁右翼前旗），1979 年 7 月复归内蒙古自治区。

县、团级以上党员干部会议，传达中央《关于扩大传达反党分子陈伯达问题的通知》和中央下发的《反党分子陈伯达罪行的材料》。会议从政治、思想、理论上对陈伯达反党罪行进行揭批。会后，全省各地区均召开会议，“批陈整风”运动在全省党内逐步开展。

吉林省第三次党代会的召开

吉林省革命委员会党的核心小组成立之后，根据中共中央1970年10月28日发出的《关于召开地方各级党代表大会的通知》要求，积极帮助各地筹备召开党的各级代表大会、成立党的各级委员会，为召开中共吉林省第三次代表大会进行了各项准备工作。到第三次党代会召开前，全省已有5个地区和35个县(市)建立了党委会。

1971年1月5日，省革委会党的核心小组召开市、地(州、盟)党的核心小组负责人会议，商定吉林省第三次党代会的代表名额和分配方案。经中央批准，中共吉林省第三次代表大会于3月18日至24日在长春召开。出席大会的代表共921人，其中，工人275人，农民190人，解放军指战员204人，各级领导干部159人，知识分子47人，其他劳动者46人。在代表中，有少数民族代表95人，妇女代表160人。“文化大革命”中入党的代表143人。

省革委会党的核心小组组长王淮湘代表核心小组向大会作了《在毛主席革命路线指引下，为巩固无产阶级专政而奋斗》的工作报告。会议通过了核心小组的工作报告，选举出由74名委员、15名候补委员组成的中共吉林省第三届委员会。3月25日，中共吉林省第三届委员会举行第一次全体会议，选举王淮湘、张兆仁、何友发、萧道生、阮泊生、郑季翘、冯占武、兰干亭、张英、周光、宗希云、药天禄、曹海炳为省委常务委员会委员；王淮湘为省委第一书记，张兆仁、何友发、萧道生、阮泊生、郑季翘为省委书记。3月29日，中央批准了会议选举的结果。

这次党代会是在全省党组织不正常状况下召开的。大会召开时，全省还有17%的党支部和39%的基层党委未恢复组织活动。在全省当时所辖的7个市、地(州、盟)和55个县(市、旗)中，还有两个地区和20个县(市、旗)党委没有建立，相当多的党员没有恢复组织生活。仍在吉林省的原二届省委委员、候补委员44人中，还有34人没有恢复工作；原省委代理第一书记、书记处书记、候补书记、常委21人中，仍有7人被监禁或隔离审查，3人尚未被安排工作。党代会代表的产生，也是由少数人酝酿，通过协商的形式推举，并没有经过广大党员选举。

大会贯彻党的九大的错误指导方针，全面肯定和坚持了“文化大革命”的错误理论和错误实践，否定了原东北局、吉林省委在新中国成立后17年的工作，强调“无产阶级专政下继续革命”，把“两个阶级、两条道路、两条路线”的斗争作为全省的中心任务。大会提出的政治上、思想上、组织上的建设任务都是完全错误的。

三、70年代初的吉林省国民经济

“三五”计划的完成和“四五”计划的制定

党的九大之后，由于形势相对稳定，社会秩序有所恢复。人民群众迫切要求结束动乱局面，发展生产，提高生活水平。与此同时，战备的需要也在一定程度上促使国家内部趋于稳定。1969年2月至3月，根据周恩来指示，全国计划座谈会在北京召开。会议讨论修改了《1969年国民经济计划纲要(草稿)》。3月1日至11日，省革委会召开国民经济计划会议，讨论1969年全省国民经济计划。会议确定了1969年全省国民经济计划的方针和任务：更高地举起毛泽东思想伟大红旗，突出无产阶级政治，深入开展活学活用毛泽东思想的群众运动，紧跟毛泽东主席的伟大战略部署，全面落实毛泽东主席一系列最新指示，用毛泽东思想统率一切，抓紧完成“斗、批、改”各项战斗任务，夺取“无产阶级文化大革命”的全面胜利，正确处理革命和生产的关系，把“抓革命、促生产、促工作、促战备”的方针提高到“备战、备荒、为人民”的战略思想高度来认识；坚决贯彻执行社会主义建设总路线和发展国民经济总方针，积极完成和超额完成国民经济计划。1969年农业因灾减产，粮豆产量为498.5万吨，比1968年减产两成。工业生产状况好转，大部分主要产品完成产量计划，并比1968年有不同程度的增长。财政收支基本持平。

1970年是“三五”计划的最后一年。为尽快扭转“文化大革命”造成的计划进度滞后的局面，从2月15日至3月21日，国务院召开全国计划会议，讨论拟定《1970年国民经济计划和第四个五年国民经济计划纲要(草案)》。同年3月25日至4月10日，省革委会召开1970年国民经济跃进会议，传达和学习全国计划会议精神，讨论落实吉林省1970年国民经济计划，研究第四个五年计划设想。会议提出1970年和第四个五年计划的奋斗目标是:农业实现“一年两突破，三年跨纲要，五年翻一番”，工业实现“一年五突破，三年翻一番，五年三自给”。据此，省革委会生产指挥部编制出吉林省1970年国民经济计划，并于4月15日经省革委会批转下达。

7月，省革委会印发《关于制定国民经济“四五”规划和1971年计划的通知》，将“四五”计划设想和1971年计划要点(讨论稿)随文下发征求意见。10月，省革委会根据中共中央办公厅印发的《国家第四个五年国民经济计划纲要(草案)》，结合全省各地提出的意见，编制出《吉林省第四个五年国民经济计划纲要(草稿)》。

1971年3月，省革委会计划组根据中共中央转发的全国计划会议纪要及所附的1971年和第四个五年国民经济计划主要指标，编制出吉林省第四个五年国民经济计划主要指标，提交全省计划会讨论。7月，省革委会计划组编制出《吉林省第四个五年国民经济计划纲要(讨论稿)》。由于“四五”计划的制定是在“左”倾错误指导下进行的，片面强调战备和重工业的发展，忽视了农业和轻工业，因此在实施过程中再次出现了农轻重比例严重失调，加之部分计划指标定得过高难以实现，到1973年又进行了一些调整。

吉林省1970年确定的“四五”计划时期的方针任务，即以两个阶级、两条道路、两条路线斗争为纲，紧密结合阶级斗争、生产斗争和科学实验三大革命实践，广泛深入地开展活学活用毛泽东思想的群众运动，学好用好毛泽东主席哲学著作，促进人的思想革命化和科学化。坚决贯彻执行毛泽东主席“备战、备荒、为人民”和“要准备打仗”的指示，“用打仗的观点，观察一切，检查一切，落实一切”，从思想上、物质上、组织上做好反侵略战争的准备。坚决贯彻执行“鼓足干劲、力争上游、多快好省地建设社会主义”的总路线和“以农业为基础，工业为主导”发展国民经济的总方针，发扬独立自主、自力更生、艰苦奋斗、勤俭建国的革命精神，在国家统一计划下，放手发动群众，大搞群众运动，加速后方战略基地建设；迅速建立平战结合、为农业服务的地方工业体系；狠抓原材料工业，特别是钢铁工业，大打矿山之仗；积极发展轻工业，大搞综合利用；开展技术革新，赶超国内外先进水平。在发展生产的基础上，进一步改善人民生活。把吉林省建成一个在任何情况下都能保证“吃、打、穿、用”的“红色根据地”。

在全省广大党员、干部、群众和解放军指战员的共同努力下，1970年，全省工农业生产取得较大幅度的增长。工农业总产值达到91.8595亿元，其中工业总产值69.3595亿元，农业总产值22.5亿元。

从1966年到1970年，虽然遭受“文化大革命”的破坏，但全省国民经济仍有所发展，工农业总产值5年累计为341.14亿元，平均每年为68.28亿元，比1965年的60.8亿元，高出7.48亿元。其中工业总产值5年累计为261亿元，平均每年为52.2亿元，比1965年46.6亿元高出5.6亿元；农业总产值5年累计为80.4亿元，平均每年为16.08亿元，比1965年14.2亿元高出1.88亿元。

“三五”时期，全省经济建设有些方面取得了突出成就。农机制造业从无到有，吉林油田的开发和建设成就显著，交通运输和邮电事业发展较快，全省累计完成基本建设投资19.13亿元。新增的生产能力有：铁矿开采50.6万吨，炼铁17.12万吨，炼钢8.4万吨，铁合金0.37万吨，煤矿开采132万吨，发电装机容量25.61万千瓦，天然石油开采115.3万吨，拖拉机制造2000台，合成氨5.9万吨，水泥22万吨，棉纺锭12.5万锭，机制纸及纸板1.65万吨。与此同时，建成或部分建成投产的大中型项目37个，其中包括：石头口门水库枢纽工程、亮甲山水库、长春第一汽车制造厂6万辆车生产线扩建、长春纺织厂、红石钢厂(通化钢铁厂)2座225米高炉和1座6吨转炉、省光辉制药厂、长春汽油机厂、辽源矿务局红旗煤矿、云峰发电厂。此外，贸易也有一定发展。1970年社会商品零售总额25.7亿元，比1965年增长28.5%。

在“文化大革命”前期“天下大乱”的情况下，全省的经济建设还能取得一定的进展，保证了第三个五年计划的完成。一方面是由于省委贯彻中共中央、国务院从1962年到1965年制定的一系列正确方针政策，经过三年全面调整，国民经济具有一定的基础；另一方面是由于全省广大党员干部和群众在内乱中忠于职守，许多人在遭受打击的情况下仍然奋力工作。

战备高潮与小三线建设

1969年初至1970年初，出现了新中国成立后最大的一次全国性战备高潮。吉林省根据毛泽东“全国要搞大后方，每个大区要搞大后方，每个省都要搞大后方”的指示，从所处地理位置出发，本着依托山区、坚持平原的原则，迅速把东部山区建设成能够独立作战、长期作战的后方基地。战略基地在1971年要做到粮食基本自给，1975年达到有一年以上的粮食储备。到1975年，钢的生产能力达到40万吨，铁的生产能力达到50万吨，钢铁、燃料和主要化工原料、主要日用品，做到基本自给。与此同时，逐步建立起全省物资储备供应网、军工生产网、装备修理网、交通运输网、医疗救护网、通讯联络网和后勤服务网。1969年7月5日，吉林省革委会决定成立吉林省人民防空委员会，转发吉林省军区《关于人民防空工作的意见》。《意见》指出，搞好人民防空是粉碎敌人突然袭击的重大战略措施，是落实毛泽东“要准备打仗”指示的具体行动。省革委会备战领导小组发出《关于加紧做好人民防空工作的意见》。各地开始大力建设防空设施。据不完全统计，当年，通化、浑江(今白山市)、四平、辽源、延吉市和柳河、怀德、双阳县建成防空掩体可容纳18.6万人，长春、吉林市防空掩体可容纳26万人。1970年1月10日，根据沈阳军区的指示，吉林省军区国防工业办公室成立，负责全省小三线军工企业生产，以便适时就地组织、武装民兵群众，适应“要准备打仗”的需要。3月5日至14日，吉林省革委会和省军区召开全省广播、电视、通信战备会议。会议学习了毛泽东“要准备打仗”和“努力办好广播、为全中国人民和全世界人民服务”的指示；传达了全国电视专业会议、广播战备座谈会和沈阳军区召开的通信、广播(电视)战备会议精神。会议讨论制定了吉林省广播、电视、通信事业三到五年的发展规划，落实了科研、生产和建设任务。

随着1969年中苏边界冲突的发生和全国战备高潮的掀起，三线建设作为当务之急迅速得到恢复。根据国家计委、国防工办和第五机械工业部的部署，20世纪70年代初在吉林省辉南县境内建设了三个兵工厂。这三个兵工厂，分别是生产69式新40毫米火箭弹的五五二三厂、生产新40火箭弹引信的五五一四厂、生产新40火箭筒的五五一七厂，当时人们把这三个厂称为“五五工程”。三个工厂于1970年春同时上马兴建。为了抢时间、赶速度，加快三厂的建设步伐，吉林省组织了“五五工程”会战，从全省各地抽调6381人参加工厂的土建工程建设。“五五工程”当年完成建筑面积23.2万平方米，动员省内64个企业，为三厂制造非标设备586台、工装5207套件，当年秋天相继进行了设备安装和调试工作，1971月10月制造出产品，并进行打炮试验。同时，还建成了为基建、生产服务的配套设施和几条配套生产线。三厂建设总共投资3500万元。“五五工程”建设速度之快，在全省工业建设史上罕见。

根据战备需要，第四机械工业部和吉林省军区国防办公室研究决定建立一座生产磁性材料的军工厂，即吉林市向阳磁性材料厂。1970年12月17日开始选择厂址，经过沈阳军区电讯办公室和吉林省电子工业局有关人员的反复考察，最后确定将工厂建在永吉县西乡公社西南部的太阳沟内。1971年6月10日正式动工兴建，工程代号七七零三，四机部排为八二七二厂。建设过程中，广大职工以大庆为榜样，发扬战天斗地的英雄气概，大大缩短了建设工期，到1973年，工厂建设任务基本完成，并接受了国家下达的生产任务。在此期间，还在三线地区兴建了八二三二厂和八二七零厂两个电子元件生产厂。

按照中央部署，吉林省还在大中城市一些条件较好的工厂里，利用那里机械、电子设备、化工装置等设施，组成了军工生产线。从1969年起，先后在长春、吉林、四平、通化、辽源、延吉等城市动员了469个工厂，组成了31条常规兵工器生产线，各类设备4000余台，耗资9000多万元。1972年和1974年对动员军工生产线进行两次较大的调整，最后保留了24条。这期间，除在三线新建一批军工企业外，还完成了部分企业的搬迁以及搬后重新组建的任务。

1970年，省革委会生产指挥部在“备战、备荒、为人民”方针的指导下，为打通深入桦甸山区三线工厂通道，决定开辟松花江红石至桦树林子航道，对这段航道实施治导工程。工程采取边勘测、边设计、边施工的方法，于1971年结束。

吉林省的三线建设是在特殊的历史条件下形成的，对于加强国防力量、稳定大局和推动整个工业发展起了一定的作用，但是也付出了巨大代价，给国民经济发展带来了一系列不良后果。

大企业下放和工业会战

为完成1970年国民经济计划，党的九届二中全会提出经济体制改革的要求，企业下放是其中之一。1970年7月1日，燃料化学工业部将吉林省的14个部属企业、事业单位下放给地方管理。辽源矿务局、通化矿务局、营城煤矿、蛟河煤矿、102勘探队、203勘探队、物测队、吉林化学工业公司、吉林化肥厂、吉林染料厂、吉林电石厂、吉林化工机械厂等13个单位，完全下放给吉林省管理，辽源煤矿机械厂实行双重领导，以省为主。1970年10月，吉林省革委会召开全省下放企业、事业单位工作会议。参加会议的有7个地区革委会生产指挥部负责人和有关企业、事业单位的军代表等，会议形成了《全省下放企业、事业单位工作会议纪要》。《纪要》指出，遵照毛泽东“应当更多地发挥地方的积极性，在中央的统一计划下，让地方办更多的事”的指示和中央关于下放企业、事业单位的指示精神，中央各部最近下放吉林的企业、事业单位，确定省管13个，下放34个，原省属的58个企业、事业单位，确定仍由省管1个，下放57个。《纪要》要求认真贯彻全国一盘棋的方针，坚持先中央后地方的原则，反对本位主义和分散主义，服从国家计划和省的统一安排。到1973年8月，在吉林省的97个中央企业下放了54个，包括冶金工业系统11个，化学工业系统8个，煤炭工业系统6个，机械工业系统4个，轻工业系统5个，林业系统20个。这些企业下放后，在中央各部门的大力支持下，加强了地方党委对这些企业的领导和管理，并较好地完成了国家计划，同时也带动了地方工业的发展。

从1970年开始，为扭转工业生产大幅度下降的困难局面，省委动员组织了各方面的人力、物力、财力，集中进行了几个重点行业的建设会战，对工业生产的恢复和发展收到了一定的成效。

石油工业会战　1969年9月18日，吉林省扶余油化厂建成。该厂安装中国第一座自行设计、制造的具有高效热回收特点的加热油气化装置。它的试验成功，使中国加压油气化工艺跨进了世界先进行列。1970年初，吉林省和国家石油工业部决定，加快吉林油田的勘探开发步伐。同年5月，近万人参加吉林油田大会战。会战经历三个阶段：第一阶段从5月开始，8月告竣；第二阶段从当年9月开始，其后半段和第三阶段的任务是在“四五”期间完成的。在极其艰苦的条件下，广大职工立下了“宁可筋骨断，誓夺一百万”的豪迈誓言，以“解放思想，打破框框上；土法上马，因陋就简上；争分夺秒，抢着时间上；没有条件，创造条件上；遇到困难，迎着困难上”的“五上”精神，确保了会战的顺利进行。1970年建成油库1座、集转油站4座、配采计量间47座；铺设集油管线294.2公里、输油干线20.9公里；建成变电所1座，架设输电线路116.4公里；安装自喷井300口、抽油机251台，新建原油年生产能力125万吨，当年生产原油80.44万吨。

经过三年的开发会战，吉林油田从一个原油年产量仅有20多万吨的小油田，一跃成为年产超百万吨的中型油田。生产计划纳入国家管理序列。会战告捷后，为加速发展步伐，油田指挥部适时提出“东打前沿带，西打超覆盖，稳定湖湾区，突破萨尔图顶部出油关”的新思路，相继开发了红岗、新木、新北等油田，使吉林油田的幅员领地得到迅速扩大。

农机工业会战　1970年，国务院召开北方地区农业会议，提出“农业机械化应实行两条腿走路”的方针，以各省、市自力更生为主，建立农业机械生产体系。省革委会积极贯彻会议精神，把柴油机、拖拉机及其他农机具作为投资建设的重点，组织了农机工业的会战。“四五”期间，全省农机工业投资11764万元，重点发展了柴油机、汽油机、中小型拖拉机，并填补缺门配件，发展垄作机引农具、半机械化农具品种，做到因地制宜，配套成龙。在此期间，全省还组织了饲料粉碎机、柴油机、插秧机等会战。1976年，省农机工业初步形成规模，全省农机制造企业已达

60多个，全省农机修造企业从1965年底的27个发展到1976年的126个，基本实现了县县有农业机械厂、县县农机管理系统有农机修造厂、二轻系统有农具厂。

钢铁工业会战 1970年2月，省革委会决定续建通化钢铁厂。经过全体职工的艰苦奋斗和各方面的支援，1号高炉恢复生产，新建的机加车间、2号5吨转炉、3号6吨转炉先后建成投产。此外，1970年底还建成明成钢铁厂和长春、辉南、浑江、乌兰浩特钢铁厂各1座高炉。全省钢产量达到8.7万吨，比1965年增长4.8倍。钢材产量达到9.1万吨，比1965年增长75%。

煤炭工业会战 在煤炭工业会战中，全省57个县（市、区）中有33个县（市、区）兴建了地方矿和小煤窑。1970年原煤产量达1410万吨，比1965年增长37.1%。同时，重点开发建设了霍林河矿区和梅河矿区。这两个重点矿区的开发和建成，有力地支援了全省和全国的经济建设。

化肥工业会战 1968年3月，国家计委批准在吉林省前郭县境内建设一座年生产合成氨5万吨、尿素8万吨的中型氮肥厂——吉林省长山化肥厂。该厂于1969年破土动工，参加化肥厂建设的全体职工克服各种困难，到1971年底基本建成。在建设长山化肥厂的同时，全省8个县（市、区）还建成8座小氮肥厂。

轻工业会战 吉林省在“四五”计划中，提出要积极发展轻工业，重点解决穿衣的问题，五年内做到从原材料到纺织、印染省内配套，尽快做到主要日用品省内自给。根据这个安排，吉林省重点进行了棉纺织、日用品、农膜、家具、医药五个行业的生产和基本建设。同1965年相比，1970年全省化学纤维产量由3756吨增加到5105吨；纱由1637吨增加到12473吨；布由2720万米增加到6941万米；机制纸由17.7万吨增加到19.8万吨；合成洗涤剂由116吨增加到1206吨；灯泡由315万只增加到714万只；肥皂由8127吨增加到10725吨。

通过工业会战，全省新建和续建了一批规模较大的企业，如吉林油田、前郭发电厂、前郭化肥厂、通化钢铁公司、江北齿轮厂、榆树柴油机厂、长春拖拉机制造厂、长春市轧钢厂、长春纺织厂、长春市印染厂、长春市半导体厂、长春市无线电厂、长春市真空器件厂、吉林市无线电一厂、四平市光学仪器厂。这些企业的兴建和续建，使全省出现了一些新兴的工业部门，为全省工业增添了新的生产能力。对于支援农业、安置劳动就业、增加地方财政收入都起到了一定的积极作用。但是由于“左”的政策影响，一些项日盲日上马，重复建设，因此也造成了一定的损失浪费。

农村经济和地方“五小”工业、社队企业的发展

“文化大革命”初期，政治动乱主要在城镇，上级对农业生产的指挥虽然削弱了，但农民的生产积极性仍然很高。吉林省农村没有出现农民离乡进城闹“革命”的现象，生产秩序基本保持稳定。1967 年、1968 年，全省粮食产量非但没有像工业那样急剧下降，反而有所上升。1967 年粮食产量达到 674 万吨，1968 年达到 622 万吨，均高于 1965 年的 525 万吨，是新中国成立后到 1968 年粮食产量最高的两年。

省革委会成立后，全省农业被纳入农业学大寨的轨道。1969 年，齐殿云作为吉林省农业战线的代表，参加了国庆 20 周年观礼，在北京天安门城楼上受到毛泽东的接见。1970 年 1 月 23 日，省革委会命名榆树县光明公社小乡生产队为“苦战奋斗的红旗生产队”，把小乡生产队作为农业学大寨的样板来推广，号召全省农业战线和各条战线向小乡生产队学习。省内农村广泛地掀起了“学大寨、赶小乡”的竞赛运动。

1970 年 10 月 17 日至 11 月 3 日，省革委会召开第十次全体(扩大)会议，学习党的九届二中全会公报，传达贯彻全国北方农业会议精神，部署农业学大寨，提出了“学大寨，赶小乡，誓把县县变昔阳”的行动口号，规定要“三年跨‘纲要’，五年翻一番”，使粮食的年平均产量在 715 万吨的基础上增长 1 倍，达到 1400 万吨到 1500 万吨。此后，全省农业学大寨运动就在上“纲要”、过“黄河”[①]这种硬指标要求下开展起来。

1968 年全省农村人民公社春耕播种基本结束后，省军区生产办公室于 5 月下旬召开全省农村政治工作会议，提出：声讨、批判“三自一

① 指粮食平均亩产达到《全国农业发展纲要》规定的黄河以南长江以北地区的指标。

包”和“阶级斗争熄灭论”等“修正主义谬误”。全省农村开始“革命大批判”，把生产队实行的生产责任制、定额管理、三包一奖、计件付酬，自留地、社员家庭副业、集市贸易等都批判为“工分挂帅”“物质刺激”等“修正主义的黑货”，正常的经营管理制度被否定了。个别地方还批判和否定《农村人民公社工作条例(修正草案)》(“农业六十条”)，许多有利于生产的经济政策和规章制度及经营管理办法被废除，社会主义按劳分配的原则得不到贯彻执行，助长了平均主义的“大锅饭”的做法，削弱了社队的管理体制，严重挫伤了社员的生产积极性。1969 年 10 月，吉林省革委会和驻军“支左”领导小组召开全省农村“斗、批、改”工作会议。会上突出介绍了由省革委会总结的东丰县“立足于准备打仗，以临战姿态扎扎实实地搞好斗批改，进一步巩固无产阶级专政”的做法，即“东丰经验”。1970 年，省革委会又把“东丰经验”发展为把“领导班子建设成为突出政治的战斗指挥部”。提出，“突出政治要坚信不疑，坚定不移”，“领导班子成员要深扎突出政治的根子”，生产越忙越要“突出政治”，“减产不减政治”，“越是减产越是要到突出政治里找出路”，要“狠斗生产一闪念”，“舍得一年丢，换来万年红”。“东丰经验”的推行，使农业生产受到了较大影响。全省农业生产特别是粮食生产有所发展的同时，也不可避免地遭受“文化大革命”极左路线的干扰。

20 世纪 70 年代初，根据加强战备和加快农业机械化的要求，吉林省从各方面对“五小”[①]工业的发展给予大力支持。1970 年 6 月，省革委会召开全省地方工业跃进会议。会议要求大搞群众运动，全民动手，大办工业，积极建立县、社、队三级农机修造网，大力发展地方“五小”工业，大办街道企业，各行各业大办工业，迅速改变全省经济落后状态。从 1970 年起的五年内，支持“五小”工业发展的专项资金由省统一掌握，重点使用，新建的县办“五小”企业，在两三年内所得利润，60%留给县，对于暂时亏损的“五小”企业，经省批准，由财政予以补贴，或在一定时间内减免税，对资金确有困难的，银行和信用社给以贷款支持。由于省里的积极引导和大力支持，加上“五小”企业本身具有

---

① “五小”工业，原指小钢铁、小机械、小化肥、小煤窑、小水泥五种小型工业，后来有所发展，凡由地、县两级举办的所有小型工业统称为“五小”工业。

就地取材、吸收劳动力多、投资少、见效快等特点，各地、县对发展“五小”企业表现出了巨大的热情，到1971年全省各地办起3500多个“五小”企业。不少市、县纷纷办起了小型农机具厂、配件厂、小水泥厂、小化肥厂，以及小煤矿、小水电、小钢铁，乃至小糖厂、小灯泡厂、小电池厂，这类产品的产量有了较大增长。在此期间，小煤矿发展比较迅速，吉林省颁布了地、县煤矿试行管理办法和社队小煤窑若干试行办法，扶持和促进地方煤矿的发展。从1970年到1975年，全省有15对新井投产，生产能力扩大了153万吨，1975年地方煤矿发展到45个，总产量达396.6万吨，占全省煤炭总产量的23%。由于农机、化肥、水泥是直接为农业生产建设服务的行业，1970年至1975年间，“五小”工业在这3个行业尤其有长足发展。“小农机”“小氮肥”“小水泥”构成了“五小”工业的骨干力量。

“文化大革命”期间，社队企业由于不在国家级计划之内，被视为“重财轻农”“投机倒把”“走资本主义道路”的“异军”，遭受严重摧残。到1967年末，全省仅有191个社队企业，总产值800万元，社队企业发展降到了低谷。1970年，吉林省积极贯彻北方地区农业会议精神，提出农业机械“小修不出队，中修不出社，大修不出县”的口号，全省各地农村又办起了一批农机厂、农具厂、农机修配厂。到1971年末，吉林省社队企业恢复到1122个，总产值6400万元。

1972年3月，省委发出《关于贯彻党的农村经济政策若干问题的规定》，要求有计划地、因地制宜地、逐步地兴办公社和大队企业，主要是办好农机站、农具修配厂、油坊和其他农副产品加工厂以及牧场、林场、渔场等企业；坚持为农业生产服务，为社员生活服务，为外贸出口服务的方向，允许社队企业从农业中分离出来，独立核算，自负盈亏。这一政策使社队企业获得了自主权，极大地调动了社队企业的积极性。各地在地方党委的支持下，自力更生，因陋就简，土法上马，办起了一批新的企业。至1975年末，全省社队企业数量发展到9027个，从业人员201355人，产值2.7亿元，获利3750万元，平均每百元产值提供利润13.89元。

“文化大革命”期间，吉林省社队企业虽然有过几次恢复和发展的时机，但由于批判“唯生产力论”，社队企业被当作“走资本主义道路”受到批判，企业的发展受到严重干扰。这时的社队企业的管理仍然未脱离为农业服务、为农民生活服务和以粮为纲的单一轨道，社队企业在国民经济中的地位和作用还没有充分显示出来。

第十八章

批判极左思潮和落实党的各项政策

林彪事件客观上宣告了“文化大革命”理论和实践的失败。在毛泽东的支持下,周恩来把批判林彪反革命集团的罪行和批判极左思潮结合起来,落实党的各项政策。中共吉林省委按照中央部署开展了“批林整风”运动,揭批林彪反革命集团篡党夺权的罪行。针对极左思潮错误特征及其表现,省委紧密联系全省的实际,制定了切实可行的措施,深入发动和依靠广大干部和群众,取得了较好的效果。根据周恩来的指示精神和中央的正确决策,省委认真落实了党的干部政策、经济政策、知识分子政策、教育政策和科学文化政策,得到广大干部群众的衷心拥护。

一、“批林整风”运动的开展

党的九大结束后,林彪集团的权势膨胀到顶点,同江青集团之间争夺权力的矛盾急剧上升。1970 年 8 月,在党的九届二中全会上,林彪、江青两个集团长期以来不断积累的矛盾集中爆发出来。林彪集团的图谋及其宗派活动被揭露并受到批判后,毛泽东采取一系列措施削弱林彪集团的势力。林彪集团的骨干分子决心铤而走险,加快了反革命政变步伐。毛泽东、周恩来机智地粉碎了他们的阴谋。1971 年 9 月 13 日,林彪等人乘飞机仓皇出逃,在蒙古人民共和国温都尔汗机毁人亡。

九一三事件发生后，毛泽东在周恩来协助下，采取措施解决同这一事件有关的问题。在全国开展“批林整风”运动，揭发、批判林彪反革命集团的罪行，是其中的一项重要内容。

1971年9月21日至27日，中共吉林省委召开常委会议，传达中共中央18日向党内高级干部发出的《关于林彪叛国出逃的通知》，揭发批判林彪反革命集团的罪行。9月29日，省委接到中共中央关于林彪叛国出逃的通知，立即按照中央规定，传达到省、军级干部。大家愤怒声讨林彪的反革命罪行，并致电党中央和毛泽东，坚决拥护中央通知和中央采取的各项措施，坚决拥护毛泽东和以毛泽东为首的党中央。10月3日至9日，省委召开地、师以上党员干部会议，12日，又召开了县、团级干部会议，传达中共中央9月18日通知精神。15日，省委召开常委会议，研究组织基层党员干部和支部正副书记学习中共中央关于《林彪叛国出逃的通知》和《关于林彪叛党叛国罪行的通知》，揭发、批判林彪叛党叛国的罪行问题。30日，省委再次召开常委会议，研究向群众传达林彪叛党叛国罪行的试点方案。11月，按中央指示，林彪叛党叛国罪行传达到全省广大群众。通过层层传达，全省人民对林彪反革命集团非常痛恨，大家愤怒声讨和批判林彪阴谋发动反革命政变，谋害毛泽东、另立中央、叛党叛国的罪行。此后，省委又传达了中央陆续下发的“批林整风”的几批文件和精神。各级党委和广大干部、群众以毛泽东关于“批林整风”的一系列指示为武器，对林彪反革命集团的罪行和谬论进行了深入批判。

11月18日至19日，省委召开市、地（州、盟）委书记座谈会。会议确定，今后工作总的指导思想是：以抓“批林整风”为纲，以“三要三不要”（要搞马克思主义，不要搞修正主义；要团结，不要分裂；要光明正大，不要搞阴谋诡计）为内容，深入进行思想政治路线教育，抓班子、抓基层，以搞好抓革命、促生产、促工作、促战备的实际行动，保卫党中央，保卫毛主席。

12月15日开始，省委分级、分批转发中央陆续下发的《粉碎林陈反党集团反革命政变的斗争》（材料之一至之三）。从此，全省的“批林整风”运动逐步展开。省、地、县三级干部联系本地区本单位工作，总结

“两条路线斗争”经验教训，普遍提高了对极左倾向危害的认识。

1972 年 1 月，省委召开三届二次全委扩大会议，学习中共中央关于林彪叛国出逃、企图发动反革命政变等通知文件，在全省干部群众中全面开展对林彪集团反革命武装政变计划《“571”工程纪要》的批判。6 月至 7 月，省委先后召开省委常委扩大会议和县、团级以上党员干部会议。会议传达贯彻了中央“批林整风”汇报会的精神，学习毛泽东关于“批林整风”的一系列指示，进一步揭发批判林彪反党集团的罪行，并及时将学习和批判的情况向中央作了汇报。

1972 年冬至 1973 年春，省委先后召开“批林整风”座谈会，省、地、县主要负责同志参加的农业学大寨会议，全省宣传工作会议，知识分子座谈会等一系列会议，传达贯彻中央政治局领导同志的讲话精神，总结了“批林整风”的情况。在此基础上，省委于 1973 年 2 月 27 日至 3 月 17 日召开三届三次全委扩大会议，就林彪的反革命罪行和谬论展开了深入批判。

1973 年 6 月，省委召开三届五次全体(扩大)会议，传达中央工作会议精神，讨论深入“批林整风”和国民经济计划问题。会上深入批判了林彪的“资产阶级军事路线”和反党反人民反革命的“黑笔记”。全省干部和广大群众通过学习、揭发和批判活动，认清了林彪集团反革命活动的真相，认清了林彪的反革命两面派本质，提高了辨别是非的能力。“批林整风”运动到 1973 年末基本结束。

二、批判极左思潮

九一三事件客观上宣告了“文化大革命”理论和实践的失败，从反面或一定程度上推动了时局的变化。毛泽东从林彪事件中汲取了一些教训，并支持周恩来主持中央日常工作。周恩来抓住有利时机，正确地提出要批判极左思潮的意见。他在一些全国性重要会议上多次提出必须批判极左思潮和无政府主义的问题。他强调：“极左思潮，就是搞形而上学的东西，走极端”，“各单位的极左思潮都是林彪放纵起来的”，极左思潮是“文化大革命”大动乱的思想基础，不批透，人们就没有勇气贯彻党的正确路线。

中共吉林省委根据毛泽东和周恩来的指示精神，及时在全省开展对极左思潮的批判。省委常委会议指出“要紧紧抓住批判极左思潮，长春对右的东西还批了一些，但对极左思潮没有很好地批。过去不好搞，怕挑起派性，过去不敢搞，中央没有精神。现在中央有了精神，我们要搞好。”“不管哪个单位搞，首先都要批判极左思潮，消除隐患，教育后代。”“批判极左思潮还要拿准，不能笼统提群众组织的口号，一碗水端平，不要不敢批判极左思潮。”省委还分析了极左思潮在全省的主要特征。

“文化大革命”期间，极左思潮错误的最突出特征是“怀疑一切，打倒一切”，在吉林省的主要表现为：红卫兵造反运动使全省各级党政机关全部陷于瘫痪，干部队伍和群众队伍分成派别，互相对立，广大基本群众受到排斥，“打、砸、抢、抄、抓”事件接连不断，社会生活处于极不正常的状态，全省大乱。1967 年 7 月，在江青提出“文攻武卫”口号的煽动下，全省武斗急剧升级，人民群众的生命财产得不到保障，全省各地陷于严重的无政府状态。

极左思潮错误的第二个特征是宁“左”勿右，大搞群众运动，大搞“逼、供、信”，在吉林省制造了大批冤假错案。在全省的“清理阶级队伍”运动中，有不少地方和单位不顾党纪国法，设立“群专”组织，私设公堂，大搞“逼、供、信”，把许多干部、工人、农民、知识分子打成“叛徒”“特务”“反革命分子”“国民党残余分子”“走资派”和“反动学术权威”。他们的家属和亲友也遭到株连，制造了大量冤假错案。

极左思潮错误的第三个特征是假借实现干部思想革命化之名，强迫大批干部进“五七”干校或下放农村插队劳动。

极左思潮错误的第四个特征是假借“整党建党”之名，搞所谓的吐故纳新。在 1969 年的“整党建党”工作中，大搞唯成分论，宣传所谓“无产阶级专政下继续革命”，把被诬为“叛徒”“特务”“死不改悔的走资派”等各种罪名的党员“清除出党”，或停止他们的组织生活，而把一些“造反起家”的人和打砸抢分子吸收入党或纳入党的各级领导机构，造成了党内特别是各级领导机构的严重思想不纯和组织不纯。

极左思潮错误的第五个特征是搞乱了人们的思想，使革命与生产、政治和业务统一的正常关系，变成了冲击与被冲击、压倒与被压倒的关系。经济工作的许多问题是非颠倒，被搞得混乱不堪：抓生产被指责为“唯生产力论”；抓业务被指责为“冲击政治”；抓企业管理被说成“管卡压”；抓盈利被攻击为“利润挂帅”；讲按劳分配被攻击为“物质刺激”；等等。

省委针对极左思潮错误特征及其表现，提出全省批判极左思潮的基本做法是：分类排队，选准靶子；掌握武器，充分准备；讲求实效，注意方法。省委把极左思潮的一系列反动观点和表现划分为四类，找出最反动的核心论点以及相关联的内容作为靶子加以批判。省委提出，针对所要批判的反动观点，对极左思潮的反动本质加以分析，进行批判；把反动观点串起来批，把反动观点和反革命罪行联起来批，大小会议结合批；在批判中做到联系实际，揭批结合，揭肃结合，划清界限，防止“左”、右两方面的干扰。省委始终重视各级党委加强对运动的领导。

总的看，省委在领导全省批判极左思潮运动中，贯彻了周恩来的指示精神和中央规定的正确决策，并紧密联系本省的实际，制定了切实可行的措施，深入发动和依靠广大干部和群众，取得了较好的效果。

干部政策的初步落实

九一三事件后，中共吉林省委根据主持中央工作的周恩来的指示精神和中央的正确政策，认真抓了落实干部政策的工作。

一是解放了绝大多数的领导干部。到 1972 年 3 月，全省原省管干部 3110 人，已解放 2877 人，占 92.5%。其中，原省委书记、省委常委、省长、副省长共有 26 人，已解放 14 人，占 53.8%；原部、厅、局级干部有 246 人（包括党外人士 11 人）已解放 219 人，占 89%；原市、地级干部和县级党政一把手，共有 210 人，已解放 181 人，占 86.2%。

二是使用了一大批干部。到 1972 年 3 月，原省管干部已使用 1858 人，占已解放省管干部的 64.5%。其中，省一级干部已结合到省级和地厅级领导班子的有 10 人，占已解放省级干部的 71.4%；原部、厅、局级干部已结合使用 143 人，占已解放部、厅、局级干部的 65.3%，其中使用相当于原职务或高于原职务的占 80%；原市、地级干部和县级党政一把手已结合使用140人,占已解放干部的77.3%。

三是初步分清了两类不同性质的矛盾,清除了混入干部队伍中的少数坏人,按人民内部矛盾解放了大多数干部,调动了他们的积极性。到1972年3月,在全省干部队伍中已定或拟定敌我矛盾性质的有1893人,占干部总数的0.4%。这些人,60%以上是按人民内部矛盾处理的。

四是落实了插队干部的安排使用。1972年8月13日,省委批转下发的《关于全省现有插队干部安排使用意见》指出,全省有6.53万多名干部下放插队落户,已陆续调回3.96万人,还有插队干部2.54万人。

1972年,吉林省在落实干部政策的工作中,不断排除各方面的干扰,逐步提高执行政策的自觉性;密切结合中心工作,落实党的干部政策。全省查清了一部分干部的政治历史问题,该解放的及时解放;结合充实加强各级领导班子和建立新党委,安排使用了一批干部。各级党委把解放和使用干部问题纳入了议事日程,当作重点来抓。吉林省落实党的干部政策工作取得了一定成绩。

加强生产管理

“文化大革命”中,国民经济遭到了严重破坏。九一三事件之后,这一灾难性的后果充分显现出来。周恩来从1971年底开始,在相继召开的一系列全国性的专业工作会议上,针对当时普遍存在的受林彪鼓吹“突出政治”影响而不敢抓生产、不敢抓业务的倾向,狠批极左思潮,鼓励各级干部理直气壮地抓生产,抓业务。

1971年12月,周恩来提出要认真整顿,加强企业管理,恢复和健全被极左思潮破坏的各种规章制度。中共吉林省委遵照周恩来的指示和全国计划会议精神,1972年重点抓了省革委会各业务领导机构的健全和对工农业生产的管理工作。

1972年3月9日,省委制定并下发了《中共吉林省委关于贯彻党的农村经济政策若干问题的规定(试行稿)》的通知。4月20日,省委发出《关于建立省革委会部、室、组党的核心小组的通知》,组建了政治以及计划、工交、农林、财贸等管理部门党的核心领导小组。之后,着手加强对工农业生产的管理。4月21日,省革委会召开全省电话会议,省委书记、省革委会副主任阮泊生就第二季度工业生产和春耕生产问题作了动员报告。6月1日至4日省委召开全省农村工作座谈会，部署农村“批林整风”“一打三反”[①]和落实农村经济政策等工作。会议要求，以“批林整风”为纲，在今冬明春完成“一打三反”任务。会议强调，认真落实党的农村经济政策，坚持“三级所有、队为基础”，反对任意改变基本核算单位；坚持自愿互利、等价交换，反对“一平二调”；坚持按劳分配原则，反对“工分挂帅”和平均主义；坚持统一领导，分级管理，尊重生产队的自主权，反对“瞎指挥”；坚持干部参加集体劳动，反对特殊化；坚持勤俭办社、民主办社，反对铺张浪费、强迫命令；允许社员经营少量自留地和家庭副业。10月20日，省委制定下发《中共吉林省委关于做好1972年农村人民公社收益分配工作的指示》，要求各地认真贯彻执行《中共中央关于农村人民公社分配问题的指示》和《中共吉林省委关于贯彻党的农村经济政策若干问题的规定（试行）》，并结合实际情况切实做好收益分配工作。

6月24日至7月1日，全省企业财务工作会议在长春召开，讨论加强企业财务管理的措施和规章制度。会议提出，要狠反浪费，深挖潜力，增加生产，厉行节约，扭转企业亏损。建立经济核算制，加强专业管理。7月下旬，全省农村商业工作会议在长春召开。会议要求，要把商业工作特别是县级商业工作的重点转移到以农业为基础的轨道上来，加强农村商业的经营管理，积极支援工农业生产，安排好农副产品的收购和市场供应，充分发挥农村商业在社会主义建设中的作用。

7月9日，省委、省革委会召开学习通化铜矿先进经验会议。通化铜矿党委放手发动群众、开展技术革新、大力挖掘生产潜力，用三年时间，把一个长期落后的矿山办成全省“工业学大庆”的先进典型。会议要求，学习通化铜矿经验，进一步落实党的各项政策，切实加强企业管理，努力提高产品质量，把工业学大庆的群众运动推向新高潮。此外，省委、省革委会在全省工业企业中推广了辽源发电厂坚持“小指标”竞赛的经验，以加强企业管理，提高产品质量，激发广大工人群众建设社

---

① 1970年初，在全国开展的打击反革命分子、反对贪污盗窃、反对投机倒把、反对铺张浪费运动，简称为“一打三反”运动。

会主义的积极性。此经验被《人民日报》加以报道，在全国推广。

落实党的科教、文化、民族、统战等政策

中共吉林省委按照周恩来的要求和党中央、国务院的部署，于1972年全面启动科教、文化、民族、统战等各条战线政策落实工作。

在教育战线，1972年2月24日，省革委会转批《吉林省中小学1972年3月至1973年2月教学计划》，要求各级教育部门加强领导，妥善安排教学、劳动和社会活动，加强对教师的思想工作，提高教学质量。3月6日，省教育局发出《关于一九七二年中学工作的初步意见》。《意见》指出，深入开展批修整风，继续进行思想政治、路线方面的教育；全面贯彻毛主席的教育方针和“五七”指示，积极改革旧的教学方针和教学方法，认真上好社会主义文化课，努力提高教育质量；抓好农村普及小学5年教育，积极开展业余教育，搞好扫盲；加强教师队伍建设；狠抓基层领导班子建设，加强党对教育革命的领导。9月21日，省委常委开会研究省内大、中、小学的管理体制、学制、招生及校舍等问题。会议决定在长春的六所大学（吉林大学、吉林师范大学、长春地质学院、吉林农业大学、吉林工业大学、吉林医科大学）的干部由吉林省和长春市双重管理。六所大学的教学、行政、财务工作由省管，教学计划、招生、分配工作、系的设置由省管；学校的党政工作由长春市管。延边医学院仍为大专，人员、设备不动。省内大专院校1972年招收新生5400人。中小学学制过去已定九年制，不作改变，对于十年制，可以搞试验。长春市中小学1972年复课，房舍紧张，凡是军队占用校舍的，由军队领导小组尽快研究解决。

1972年8月4日，省革委会对于吉林大学文科、吉林师范大学和延边大学所招两年制试办班1555名学员的毕业分配问题作出决定，从8月开始毕业分配，分配的原则是：原在职的280名学员，毕业后回原单位、原地区分配工作；其余1275名知识青年学员，620名分配到大学、中学作教师，655名分配到工矿、企业和其他单位作教师、干部。

1972年12月，在国务院科教组和人民教育出版社组织、联络、指导下，吉林省负责牵头与山西、河北、辽宁4省共同邀请一批专家、教师在

长春协作编写出了中学理科教材,计数学8册、物理6册、化学5册,共19册,并于1973年秋季以后陆续出版发行。

全省中小学在1972年至1973年度都按照省委的要求加强了对学生的政治思想工作,解决教育深入发展中出现的问题。中小学校妥善地安排了教学、劳动和社会活动,严禁随便停课;加强了对教师的政治思想工作,认真落实党的知识分子政策,充分调动了教师的积极性。省革委会还对全年的教学、劳动及假期时间都作了统筹安排。

在科技战线,省委、省革委会于1973年1月10日至13日在长春市召开知识分子座谈会,邀请全国著名科学家华罗庚在会上作了"优选法"学术报告。会议总结交流了知识分子改造世界观的经验和体会,号召广大知识分子走与工农相结合的道路,坚持理论联系实际,努力改造世界观,为社会主义建设事业多做贡献。

2月10日至21日,全省科学技术工作会议在长春召开,主要讨论《全国科学技术工作会议纪要》中提出的各项任务。会议要求,搞好"批林整风",加强科技队伍建设,大搞科学实验的群众运动,加强对科技工作的领导,把全省的科学技术事业推向前进。

在文化战线,省委、省革委会于1972年12月24日在长春召集长春电影制片厂、长春市和省直的文艺单位部分创作人员,举行文艺创作座谈会。省市文化局、教育局和出版单位的负责同志也到会参加了座谈。会议认为,要搞好"批林整风",促进文艺创作,搞出更多更好的作品,为广大工农兵群众创作出一些好电影、好戏剧、好小说、好歌舞、好曲艺和好的书籍,使全省的社会主义文艺创作更加繁荣起来。

在卫生战线,省革委会为了加强全省的医护工作,于1972年6月10日决定在全省招收3000名青年工人,开设医疗、X光、化验、药剂、护士五个专业的医护学习班,为农村、厂矿、基层和边疆地区培养医疗卫生人员,以加强全省卫生工作。此外,省革委会还认真抓计划生育工作的落实和全省职工的卫生保健工作,要求各级领导认真贯彻"预防为主"的方针,以保证职工的身体健康,这些措施对进一步搞好全省的卫生防治工作起了重要的推动作用。

在落实党的民族政策方面,省委于1972年7月下旬召开了市、地

(州、盟)委和部分县(旗)委负责人参加的民族工作座谈会,讨论进一步落实党的民族政策问题,并要求对全省民族政策落实情况进行一次调查。8月9日,省委呈报中央《关于贯彻执行民族政策情况的调查报告》。《报告》指出:吉林省现有少数民族231万人,占全省总人口的10.56%。在少数民族中,多数是朝、蒙、回、满四种民族,占少数民族人口总数的99.8%。其中,朝鲜族99.5万人,大部分聚居在延边朝鲜族自治州;蒙古族98.4万人,大部分聚居在哲里木盟①。总的看,全省各民族地区基本上贯彻执行了党的民族政策,但是,由于“文化大革命”期间“左”倾错误的影响,部分干部存在大汉族主义思想,党的民族政策在一些地方没能完全落实,比如,对“清队”遗留问题处理得不认真,政策落得不实;供应少数民族生产、生活特需品的品种少了,数量也不足,有些社、队生产下降,群众生活水平降低。为进一步落实党的民族政策,省委采取切实措施加强了对民族地区工作的指导。

一是要求民族地区的各级领导干部认真学习马克思、列宁和毛泽东关于民族问题的论述和党的民族政策,克服大汉族主义和地方民族主义情绪。在政策界限上,把正确对待民族特点、差别同地方民族主义加以区别;把少数民族的某些风俗习惯、合理要求同“封、资、修”的东西加以区别;把少数民族群众与国外亲友的正常往来同阶级敌人里通外国加以区别。

二是进一步解决“清理阶级队伍”中的遗留问题,认真落实党的政策。各地对“清队”中搞错了的人和问题较多的单位,要重点进行政策复查,严格区分,正确处理两类不同性质的矛盾。没有处理结论的要抓紧核实定案处理;结论或处分不当的要严格按照党的政策,实事求是加以纠正。对因武斗造成伤、病、残以及死亡者的家属,要耐心地做好思想政治工作,生活有困难,要根据具体情况,采取积极措施,予以解决。

三是认真落实党的经济政策,坚持自力更生,积极扶持发展民族地区的经济。省有关部门要协助民族地区对有关经济政策和边境县、社农牧业生产情况,认真地进行调查研究,切实解决存在的问题,并作出

① 《关于贯彻执行民族政策情况的调查报告》,1972年。

具体发展规划。对民族地区的生产、生活资料供应，要比其他地区充分一些；凡是民族地区都要积极安排少数民族习惯用品的生产。

四是省委确定设立相应的机构，主管日常民族工作。省计划、工交、农林、财贸、文教等部门，要根据需要，有的增设专门办事机构，有的确定专人负责民族地区的工作。各民族地区，在有的地方和单位的领导核心中，还要适当充实一些少数民族干部，并注意培养新生力量。

在落实党的统战政策方面，省委在对待党外人士一些政策问题的处理上，总的看是比较慎重的。特别是强调落实党的知识分子政策以来，一些党外人士在政治上和工作上，得到了合理的安排。但是，由于有些部门和单位对统战政策落实得不够好，一些党外人士还存在某些疑虑。有些单位对“清队”中遗留问题的处理还抓得不紧。全省在省管 325 名党外人士中，因历史问题受牵连的有 39 人，其中高级知识分子 32 人。这些人中，有的问题基本清楚，未作结论；有的问题不难查清，但工作跟不上，一直受牵连；有的是海外关系，一时难以查证搞清。“清队”中，有些单位扣发被怀疑人的工资或冻结其银行存款，该补发的未补发，该解冻的未解冻。有些单位忽视对党外人士的团结教育工作。党外人士较多的大专院校和科研单位，一般都没有注意抓这项工作，有的甚至不愿做，不想做。

针对存在的上述问题，省委采取措施认真解决。

一是在进一步落实党的干部政策和知识分子政策中，本着重在政治表现，在使用中进行教育的方针，分别具体情况，逐步安排使用一批党外人士，对使用不当的，作适当调整。对那些确有专长、政治历史复杂、不属于敌我矛盾或属于敌我矛盾按人民内部矛盾处理的，给予安排适当的工作，在使用中进行考察、教育、改造。

二是对党外人士的历史审查，一要抓紧，二要注意政策，打击面要小，教育面要宽，抓紧查证核实工作，能结案的尽快结案，结论不当的在复查的基础上，予以纠正。“文化大革命”中被查抄财物的和冻结银行存款的，按中央文件精神认真处理。“清队”期间扣发或减发的工资，按中央有关规定精神处理解决，应补发的一律补发。

三是加强对党外人士的团结教育工作，从团结的愿望出发，经过批评、教育达到改造的目的，对其采取又团结又批评的方针，调动他们的积极性，为社会主义建设事业服务。建立健全省、市、地专门的统战工作机构，切实把统战工作提到各级党委的议事日程上来，深入调查研究，加强思想教育工作。

四是对于党外人士失去工作能力的，给予合理的安置；对于已疏散出去要求迁回城市的，区分不同情况加以处理。

总之，由于周恩来1972年主持中央日常工作期间，坚决反对极左思潮，认真落实党在各方面的正确政策，中共吉林省委认真贯彻执行了这些正确的政策，全省许多工作取得了较好的效果。

第十九章
1975年整顿和各项工作的艰难举步

林彪反革命集团被粉碎后，毛泽东认为林彪集团反动思想的根源是孔孟的儒家学说，实质是极右，反对变革。为了维护“文化大革命”，从1974年开始，中共中央在全国范围内开展了“批林批孔”运动。“批林批孔”运动使吉林省部分城市又出现混乱的局面，全省经济受到严重影响。1975年年初，邓小平在毛泽东、周恩来的支持下开始主持国务院工作，继而又同时主持党中央日常工作。邓小平采取坚决果断的措施进行整顿。按照中央的统一部署，吉林省各条战线、各个领域的整顿逐步展开，并取得了一定成效，但“反击右倾翻案风”运动的开展，使刚刚好转的形势出现反复，整顿被迫中断。

一、“批林批孔”运动与重蹈动乱覆辙

吉林省“批林批孔”运动的开展

周恩来批判极左思潮的努力受到挫折，各个领域在批判极左思潮过程中采取的各种措施因涉及对“文化大革命”的总体评价，引起了毛泽东的担忧进而提出要批判孔子的问题。

1973年8月24日至28日，中国共产党第十次全国代表大会在北

京召开。党的十大前后，毛泽东在多次谈话中提出要把批判林彪与批判孔子和儒家、推崇法家联系起来。因为林彪私下推崇孔孟的儒家思想，批孔可以从思想根源上批判林彪集团，而且更主要的是借宣传历史上法家主张变革、批判儒家反对变革来维护“文化大革命”。1974 年 1 月 18 日，中共中央以一号文件转发了由江青主持清华大学、北京大学大批判组选编的《林彪与孔孟之道》（材料之一），要求在全党全国范围内开展一场群众性的“批林批孔”运动。江青集团为了巩固和扩大他们在“文化大革命”中的既得权势，竭力利用“批林批孔”运动大作文章，通过这次运动把攻击的矛头指向周恩来等老一辈革命家及已经恢复工作的其他各级领导干部，企图为其篡党夺权扫除障碍。

中共吉林省委按照中共中央的要求和部署，于 1974 年 1 月 29 日召开全省“批林批孔”广播动员大会，传达贯彻中央“批林批孔”指示，要求把“批林批孔”作为“阶级斗争”“路线斗争”和巩固“文化大革命”成果的大事，在全省范围内立即开展起来。30 日，省委发出《关于成立批林批孔办公室的电话通知》。此后，“批林批孔”运动在全省展开。1 月 31 日至 2 月 11 日，省委召开省、市（地、州、盟）、县（市、旗）、公社主要负责人参加的四级干部“批林批孔”会议。会议要求各级领导站在斗争的前列，放手发动群众，切实抓好“批林批孔”运动，迅速掀起“批林批孔”高潮。此后，首先从省委班子开始，揭发、批判、清查与林彪反革命集团阴谋活动有关的人和事，将此斗争的主要矛头指向曾积极追随林彪反革命集团的省委第一书记王淮湘。3 月 15 日，省委召开省直机关局以上负责人会议，根据省委常委决定，省委第一书记王淮湘在会上再次作了《我在第十次路线斗争中所犯错误的检查》。16 日，省委再次召开省直“批林批孔”深入动员大会，王淮湘在会上作了自己在所谓“第十次路线斗争”中所犯政治路线错误的检查。19 日，省总工会和长春市总工会召开工人大会，开始在党外公开点名揭发、批判王淮湘与林彪反革命集团阴谋活动有关的人和事。

反击“复辟回潮”和“批林批孔”运动的发动，使 1972 年前后在周恩来领导下经过艰苦努力刚刚趋向稳定的局势又出现混乱。长春市和个别地区，出现了跨行业“战斗队”一类的组织，如“吉林省业余批林批孔学习班”“吉林省工人批林批孔业余学习班”“八十七个单位部分革命群众”等。这些组织的部分成员不顾中央不许成立战斗队的指示和省委的劝阻，不上班，不劳动，到处贴大字报，搞串连，拉山头，揪干部，非法打人抓人，部分地区又出现武斗。在“批林批孔”运动的冲击下，有些企业已经恢复的规章制度又重新被否定，生产急剧下滑，事故不断出现。1974 年，吉林铁路局仅机务系统就发生了行车事故 302 起，几乎一天一起；长春拖拉机制造厂原计划年产拖拉机 6000 台，到 9 月末才只完成了 3000 台；舒兰矿务局没有完成国家的采煤计划。辽源市制胶厂因无法正常生产，亏损 40 多万元。与 1973 年相比，全省的财政收入减少了 8.6％。

吉林省的教育战线当时亦属“批林批孔”的重灾区。白城市第二中学教师唐秀芹因不同意学习差的学生加入共青团，被一名学生写了控告信。江青党羽迟群得知后，要求吉林省立即调查此事。白城地委和白城市委派出联合工作组进驻该校，将唐秀芹定为反对“教育革命”的“现行反革命分子”；将控告她的学生定为“黄帅式”的“闯将”。共青团吉林省委、吉林省教育局也在白城市召开全省向“反潮流”“闯将”学习大会。省委转发了关于在全省青年学生中开展向这个“闯将”学习的文件。1974 年 5 月 9 日，《吉林日报》发表题为《坚持同资产阶级复辟势力作斗争的闯将》的报道。这一时期，全省中小学出现 40 多起类似事件，使得教师队伍人心惶惶，人人自危，谁也不敢管学生，唯恐成反面典型。在学生中，“读书无用论”“闹而优则仕”等谬论甚嚣尘上，围攻、谩骂甚至殴打教师的事件屡有发生。全省许多学校教育秩序混乱，教学质量下降，有的学校全年授课只有 54 天。

省委“揭盖子会议”和中央“六条指示”

吉林省在“批林批孔”运动中，一方面，将矛头指向 1972 年的纠“左”，批判所谓的“修正主义路线回潮”，引发社会的再次动乱；另一方面，清查了本省与林彪反革命集团阴谋活动有关的人和事。早在“批林整风”时期，吉林省广大干部群众就开始了对本省与林彪反党集团阴谋活动有关人和事的清查工作。“批林批孔”开始后，全省更深入地展开清查工作。清查工作首先从省委的领导班子开始，通过揭发，最后将清查的主要对象确定为曾经积极追随过林彪反党集团的省委第一书记王淮湘。5月7日至6月10日，省委又用一个多月的时间，召开“省直机关揭省委阶级斗争、路线斗争盖子会议”(简称“揭盖子会议”)。参加会议的有：省委常委、省革委会委员，在长省委委员、省直机关各大口负责人和群众代表，共计225人。会议采取揭、批、检查、答辩相结合，大、中、小会相结合，会内、会外相结合的方式进行。会上，省委常委、委员，省革委会常委、委员，省直机关各大口负责人及群众代表94人次先后发言，点名揭发批判王淮湘等人与林彪反党集团有关的问题，并与其进行了答辩和面对面的斗争。会上王淮湘多次作了检查。

6月10日“揭盖子会议”结束。会议指出，“批林批孔”运动开始后，省委常委怕字当头，不敢放手发动群众，划框框，定调子，捂盖子，犯了方向、路线性质的错误。会议认为，“王淮湘在第十次路线斗争中，对林彪及其死党是跟得很紧的，而在‘九一三’以后，又不认真检查交待问题，继续隐瞒，态度很不老实，问题是很严重的。”会议提出，“根据运动发展和清查工作的进展情况，在适当时机召开省委、省革委会全委扩大会议，进一步解决王淮湘同志与林彪反党集团的有关问题和省委在执行路线上的问题。”①

6月17日，省委向中央作了《关于清查王淮湘同志和林彪反党集团阴谋活动有牵连的一些问题的请示报告》，汇报在“批林批孔”中，全省干部、群众揭发出大量与林彪反党集团有牵连的人和事，认为王淮湘的问题性质严重，请示批准进一步彻底清查。7月12日，中共中央政治局讨论吉林省问题后，派纪登奎、陈锡联、吴德三名中央政治局委员，在北京同宗希云②、崔海龙③谈话，代表中央对解决吉林省问题提出“六条意见”。“六条意见”指出，“吉林省批林批孔的形势是很好的，有一点小的干扰，只要省委认真学习毛主席、党中央关于批林批孔的一系列指示，

---

① 《中共吉林历史概要》编写组：《中共吉林历史概要》，吉林教育出版社1991年版，第324页。

② 时任吉林省委常委、省革委会副主任。

③ 时任吉林省军区政治委员兼延边军分区政治委员、中共延边朝鲜族自治州委书记。

在省委内部进行充分的讨论，开展批评与自我批评，统一思想，问题不难解决。”“中央已经三令五申，不准拉山头，不准搞串连，不准打人抓人，但至今仍有少数人违反党的政策，拉山头，搞串连，随意揪干部，非法抓人打人，是完全错误的，要严厉批评制止。要教育群众，警惕个别坏人乘机捣乱，破坏批林批孔运动”；“对跨行业串连起来的少数群众，省委和郑季翘、宗希云同志去向他们做好思想工作，希望他们认真学习贯彻中央文件精神，迅速回本单位批林批孔，抓革命促生产”；“王淮湘同志对群众的批评应持欢迎态度，认真检查自己的错误。对王淮湘同志，应采取惩前毖后，治病救人的方针”；“在王淮湘同志治病期间，省委的日常工作由萧道生、阮泊生、宗希云同志暂时主持”；“郑季翘同志的发言有些观点是错误的，不利于批林批孔，不利于团结的。希望他作自我批评，认真改正”；“省委负责同志，要加强团结，振作精神，努力工作，敢于领导，善于领导”①。为进一步解决吉林省问题，9月，纪登奎、陈锡联、吴德在北京接见王淮湘、阮泊生、宗希云、崔海龙，并就解决吉林问题进行了谈话。他们指出，“现在要安定下来，吉林稳下来了，但问题还没有解决。”“省委的问题，靠省委自己解决。”这次谈话强调，“王淮湘同志的问题，一是划清界限的问题，二是对待少数派的问题”，“你们省清队、一打三反、整党建党和批清②都是按照主席指示办的、都是对的。在执行政策上有这样那样的缺点错误，省委承担责任。”③为了传达贯彻中央的“六条意见”和谈话精神，省委于7月23日至26日，召开省直各部、口负责人会议；27日至31日，又召开各市、地（州、盟）、县（市、旗）委书记会议，传达贯彻中央“六条指示”。自此，清查王淮湘的斗争停止，王淮湘继续主持省委工作④。

---

① 《中央领导同志同宗希云、崔海龙二同志谈话记录》，1974年7月12日。

② 指清查“五一六”。

③ 《中央领导纪登奎、陈锡联、吴德同志接见王、阮、宗、崔谈话主要精神》，1974年9月22日。

④ 1979年1月，省委召开的工作会议认为，“批林批孔”中，中央政治局三名委员对吉林省的谈话，和以中央名义发出的“六条指示”，保了王淮湘，打击了揭批王淮湘的郑季翘和广大干部、群众是错误的，决定报请中央审批撤销。2月17日，中央电告吉林省委，同意予以撤销。

二、1975 年的整顿

全省基层党组织和各级领导班子的整顿

1974 年 10 月 11 日，中共中央发出通知，“宣布在最近期间召开第四届全国人民代表大会”。文件还传达了毛泽东关于“文化大革命”已经八年，以安定团结为好的意见。这个文件是毛泽东在 10 月 4 日圈阅下发的，同一天他还提议由邓小平出任国务院第一副总理。在周恩来病重的情况下，这个提议实际上是考虑由邓小平接替周恩来主持国务院工作，表明毛泽东对邓小平的高度倚重。就在酝酿四届全国人大“组阁”名单过程中，江青利用所谓“风庆轮事件”将矛头直指周恩来、邓小平，并召集王洪文、张春桥、姚文元密谋，策划由王洪文到长沙向毛泽东作诬陷周恩来、邓小平的汇报，其目的是阻挠邓小平出任第一副总理，并把周恩来撇在一边，由他们出来组阁。王洪文长沙之行受到毛泽东的批评，但江青等人仍不肯罢休。此后毛泽东又多次批评江青等人，重申由周恩来主持党中央和国务院的工作，重新对邓小平委以重任，挫败了江青的“组阁”阴谋。1975 年 1 月，党的十届二中全会追认邓小平为中央政治局委员，并选举邓小平为中共中央政治局常委、中共中央副主席。1 月 17 日，在第四届全国人大第一次会议上，邓小平被任命为国务院第一副总理。四届人大一次会议重申“四个现代化”的宏伟目标，并确定周恩来、邓小平为核心的国务院领导人选，为邓小平主持国务院工作奠定了组织基础。这次会议结束后，周恩来总理病情加重，邓小平在毛泽东的支持下，开始主持国务院工作，继而又同时主持党中央工作。他根据毛泽东提出要安定团结、把国民经济搞上去的指示，坚决果断地采取一系列有力措施，着手解决“文化大革命”以来林彪、“四人帮”干扰破坏造成的混乱，开始对各条战线进行全面整顿，得到全党、全国人民的拥护。

邓小平指出，“整顿的核心是党的整顿。只要抓住整党这个中心环节，各个方面的整顿就不难。”“整党主要放在整顿各级领导班子上”，

“必须建立一个坚强的领导班子”。[①] 中共吉林省委根据这一精神，在 1975 年全面整顿中，重点抓了基层党组织和各级领导班子的整顿。

一是克服派性、增强党性，改变领导班子“软、懒、散”的状况。1975 年上半年，全省工作的中心是贯彻落实毛泽东关于学习理论反修防修、安定团结和把国民经济搞上去的三项重要指示及有关文件。全省各级党委都举办了学习班，轮训干部、培训骨干。学习培训班的重点在于克服派性，增强团结，提高战斗力。

省委认为，按照中央提出要建立强有力的领导班子的要求，我们有些领导班子不是坚强的，是软的、懒的、散的。这个问题不解决，毛主席的革命路线就不能很好地贯彻执行，想大干干不起来，想变也变不快。建设班子，要坚持“三要三不要”的原则，坚持老、中、青三结合，发扬党的三大作风。[②] 按照省委的要求，全省联系实际，着重解决领导班子的建设问题，出现了如长春机车厂、交通设备厂、煤气公司等解决派性及“软、懒、散”问题比较好的典型单位。

总体来看，全省 1975 年上半年狠抓了领导班子的整顿和建设。吉林市委领导亲自带队重点解决了 10 个较大单位和两个局的班子问题。四平地区抽调 280 多人，组成 46 个工作组，抓工交企业领导班子的整顿。由于各地对重点企业和问题较多的单位下的功夫比较大，使一些闹派性，不团结，“软、懒、散”班子的状况有所好转。

二是整顿全省基层党组织。1975 年秋冬，省委在学习贯彻落实毛泽东三项指示的过程中，认真抓了基层党组织和社队领导班子的建设。在思想整顿中，认真抓基层党组织党员的学习、训练工作，揭矛盾，找差距，总结经验教训，开展批评与自我批评，进行有针对性的教育。基层党组织认真解决“年年喊大干，就怕多流汗”的懦夫懒汉世界观，解决部分党员存在的“船到码头车到站”的半截子思想及派性问题；树立共产主义远大目标，增强无产阶级革命斗志和党性观念，以达到讲全局、讲党性、讲纪律、讲团结的目的。

---

① 邓小平：《各方面都要整顿》（1975 年 9 月 27 日、10 月 14 日），《邓小平文选》第 2 卷，人民出版社 1994 年版，第 35 页。

② 《王淮湘同志在全省农田基本建设和会议上的讲话》，1975 年 7 月 16 日。

全省基层党组织在思想整顿的基础上进行组织整顿，整顿过程中，严格区分两类不同性质的矛盾，对混入党内的坏人坚决清除出党的队伍；对犯有一般错误和消极落后的党员则本着“团结——批评——团结”“惩前毖后，治病救人”的方针，进行教育和处理，坚持思想批评从严、组织处理从宽的原则，从思想教育入手，严肃党的纪律。对犯错误的党员，根据其错误程度及其对错误的态度分别给予清除出党、劝其退党或其他行政和纪律处分。同时，本着积极慎重的方针发展一批新党员。

在基层党组织整顿过程中，省委始终把社队领导班子作为整顿的重点，热情支持好的和比较好的社队领导班子，对犯错误的干部进行严肃认真的批评教育，既不姑息迁就，也不简单撤换。在年龄上按“老中青”“三结合”的原则，充实和调整社队领导班子，并在充分酝酿的基础上，召开党代会或党员大会，改选公社党委和大队党支部委员会。全省工矿、企业、机关、学校党的基层组织整顿也是本着上述精神和做法进行的。

三是全省县委整风。整风分两个阶段进行。第一阶段，召开省委常委扩大会，传达贯彻全国农业学大寨会议精神；第二阶段，在调查研究的基础上，召开县全委扩大会议或四级（县、社、大队、生产队）干部会议，作为县委整风的继续和深入。两阶段共用一个月左右时间。

经过整顿，全省党的基层组织和各级领导班子比较好地克服了派性，增强了党性，加强了团结，提高了党组织的战斗力。同时解决了领导班子“软、懒、散”的状况，提高了工作效率；全省县委班子经过整风，增强了团结，改进了领导作风，提高了领导班子的战斗力。

工交、财贸和农业战线的整顿

吉林省在1975年整顿过程中，经济战线主要做了以下几项工作：

全省工业战线的整顿。1975年5月29日，邓小平在全国钢铁工业座谈会上的讲话中指出，当前钢铁工业重点要解决四个问题。一是必须建立一个坚强的领导班子。“钢铁生产搞不好，关键是领导班子问题，是领导班子软、懒、散。”[①]二是必须坚决同派性作斗争。煤炭工业上得很快，就是一个明显的例子。他们的经验，就是敢于同派性进行坚决

① 邓小平：《当前钢铁工业必须解决的几个问题》（1975年5月29日），《邓小平文选》第2卷，人民出版社1994年版，第8页。

的斗争。对派性，领导上要有明确的态度，就是坚决反对。三是必须认真落实政策。落实政策，不仅要解决戴上帽子那些人的问题，而且要解决他们周围受牵连的人的问题。在落实政策时，还要特别注意那些老工人、技术骨干、老劳模，要把这一部分人的积极性调动起来。四是必须建立必要的规章制度。要发动群众把必要的规章制度建立、健全起来。这也是加强组织性纪律性的问题。

中共吉林省委遵照邓小平上述讲话精神，抓了全省工业战线的整顿。1975年3月22日至28日，省委召开全省工业学大庆经验交流会，研究企业的发展道路问题。6月5日至10日，省委召开全省工业书记会议，省委常委、省革委会负责工业的副主任宗希云到会讲话。他指出，为了把钢铁工业搞上去，把整个工业搞上去，各市、地委"要认真抓好大企业，抓好后进企业，抓好典型。"①会议要求，要从全局出发，把重点冶金企业搞上去。紧接着省工交办公室召开了全省电力工业会议，着重研究如何把全省电力生产和建设搞上去的问题。8月，省计委和工交办公室联合召开全省黄金工作会议。会后，省革委会下发《关于全省黄金会议报告》。《报告》指出，各地要加强对黄金工作的领导，实行国营采金与群众采金并举的方针，力争在短期内把黄金生产搞上去。同时，省委召开市、地(州、盟)委书记会议，总结上半年的工作，安排下半年的任务。会议要求，继续整顿各级领导班子，工业要继续抓好铁路运输、钢铁、煤炭和支援农业的工作，把工业和其他各项工作搞上去。全省在抓工业整顿的过程中下大力抓了生产秩序的恢复和岗位责任制的贯彻落实，收到了明显的效果。

全省交通运输的整顿。邓小平1975年3月5日在省、市、自治区委主管工业的书记会议上的讲话中指出："怎样才能把国民经济搞上去？分析的结果，当前的薄弱环节是铁路。铁路运输的问题不解决，生产部署统统打乱，整个计划都会落空。"②1975年3月7日，省委召开常委会议，传达、学习全国工业书记会议精神。省革委会于3月8日制定下发

---

① 《宗希云同志在工业书记会议上的讲话》，1975年。

② 邓小平：《全党讲大局，把国民经济搞上去》(1975年3月5日)，《邓小平文选》第2卷，人民出版社1994年版，第5页。

《关于加强公路管理的通告》，转发了铁道部《关于防止拖拉机通过铁道口造成行车事故的报告》及国务院批转的《公安部、铁道部关于全国铁路治安工作会议情况报告》，要求全省铁路、公路交通部门认真整顿管理秩序，减少事故，把交通工作搞上去。3月22日至28日，省委召开工业学大庆经验交流会。会议强调：要整顿铁路、公路交通秩序，加强管理。吉林铁路分局党委从五个方面进行认真的整顿。一是学习理论，批判工作中的雇佣观念，自觉抵制无政府主义等不正之风。二是结合铁路运输工作，重点整顿领导班子“软、懒、散”的状况，特别是解决了闹派性的问题。三是充分发挥党支部的战斗堡垒作用，推动运输生产的发展，调整撤换了闹派性、破坏团结的不称职干部，加强了党支部建设，充实了干部队伍。四是加强思想政治工作，调动了职工的生产积极性。五是制定各项规章制度，提高了运输生产能力。全分局提前30天完成年度计划。全省在抓交通运输整顿过程中，重点抓了派性的消除和交通秩序的恢复，成果较为显著。

全省财贸战线的整顿。1975年8月，省委、省革委会联合召开了财贸战线经验交流会，要求财贸战线认真贯彻“发展经济，保障供给”的方针，建立健全企业规章制度，改善服务态度，提高服务质量，促进工农业生产，努力把财贸工作搞上去。会上表彰了先进，交流了经验，推动了全省财贸工作的发展。11月，省财贸办公室召开全省财贸工作会议，主要研究财贸战线和财政工作问题。会议提出当前存在的主要问题是，企业亏损增加，生产消耗大，成本高，乱挤乱摊，截流国家财政收入的情况较为严重。会议认为，解决这些问题的根本办法是整顿财政，整顿财贸。省委要求财贸部门要把工作的重点真正转移到“以农业为基础”的轨道上来，要变后勤为先行，为农业学大寨、普及大寨县贡献力量。同时要抓紧财政收入，实现财政收支平衡，略有节余。会议制定了一系列措施，使财贸企业管理得以加强，为全省国民经济的发展创造了条件。

在财贸战线整顿过程中，各级财贸部门还以提高服务质量，改善服务态度，做好服务工作为根本。许多地方，根据需要增设了流动售货车、售货亭，合理延长了营业时间，增加了服务项目。许多财贸职工，发扬不怕苦、不怕累、不怕脏、不嫌烦的精神，主动热情、周到细致地为群众服务。如吉林市革命大车店、辽源市副食一商店、辽源市朝阳粮食中心店第四粮店等单位，都涌现出许多感人的事迹。四平市财贸系统先后举办了83期新老党员学习班，对现有党员普遍进行了轮训；还抽调了84名同志组成学习工作队，分别进入4个单位帮助班子进行整顿。通过整顿，提高了工作效率和经济效益。1975年四平地区商品购进总额5.4727亿元，比1974年增长12.6%；社会商品零售总额比上年增长10.49%。全省广大财税干部深入企业，调查研究，促进企业生产发展，帮助企业加强财务管理，开展税收大检查，加强市场管理，使财政收入比1974年有了增长。

全省农业战线的整顿。吉林省在农业战线整顿中，贯彻了“以粮为纲，全面发展”的方针，使全省粮食作物、经济作物和多种经营有了较大的发展；认真落实了农业“八字宪法”，进行科学试验，夺得了粮食高产；全面开展了农村基层工作。省革委会把榆树县小乡生产队树为全省农业战线上的一面红旗，大张旗鼓地宣传小乡生产队的经验，使小乡生产队艰苦奋斗的精神深入人心，激励和鼓舞全省广大农民在学大寨、赶小乡的群众运动中，大搞农田基本建设，从而促进了农业增产增收。

全省1975年的农业整顿工作，以农业学大寨为农村工作的基本要求，大搞农田基本建设，想方设法把农业搞上去。尽管受“左”倾指导思想的影响，提出了一些不切实际的要求和目标，出现了不尊重客观规律的做法，但是，在邓小平全面整顿思想的指导下，到1975年年底，农村基层领导班子的整顿工作已经完成，为以后的发展打下了基础。但是，由于“反击右倾翻案风”运动兴起，1975年11月，大搞基本路线教育，割“资本主义尾巴”，又把全省农村工作纳入了“左”倾错误的轨道。

教科文卫战线的整顿和《创业》等影片的摄制发行

全省1975年的整顿，在教科文卫方面做了以下几项工作。

全省教育战线的整顿。吉林省的教育战线是“文化大革命”的重灾区，省委在1975年全面整顿中，重点抓了教育战线的整顿工作。3月4日，省委召开常委会议，议定从吉林农大、吉林师大、吉林医大各抽调20%的教师、干部到农村办分校；各地区开办亦工亦农、“社来社去”的农、医、师学校。全省高等学校，中等专业学校普遍进行“社来社去”试点，农科院校全部实行“社来社去”；林、医、师院校部分实行“社来社去”，有的院校还招收一部分“厂来厂去”的学员①。

“文化大革命”期间，教育主管部门要求高等师范、医学、农业院校派教师、干部到农村办分校，以及招收“社来社去”和“厂来厂去”的学员，被视为教育革命的新生事物。吉林省在全面整顿的过程中，对教育战线采取的这些整顿措施，为渴望读书的青年工人、农民、下乡知识青年，提供了学习知识、掌握本领的机会。

全省科技战线的整顿。1975 年 10 月中旬至 11 月中旬，省科技局举办所属单位领导班子学习班。学习班经历了学习理论、提高认识、揭露矛盾，制定措施等几个阶段。这次整顿以“团结——批评——团结”为方针，增强了领导班子的团结，也引起了省委领导对科技工作的重视。3 月 7 日，经省委常委会议研究确定：成立省测绘处和成套设备局，恢复中科院吉林物理研究所，恢复省地震台，增设永吉、通化和图们三个气象站，同意长春电影制片厂从国外进口先进设备。同时，省科技局制定了《关于整顿基层党支部的方案》，继续深入开展科技战线的基层整顿工作。

全省文化战线的整顿。经过 1975 年的整顿，全省的文化工作得到一定发展。突出表现在三个方面：一是省委加强了对文化工作的领导。省委决定恢复文物处；为长春电影制片厂增编 200 人，落实长影厂 1975 年故事片的生产计划；省广播、彩电中心列入发展计划；请求国家支持解决彩印报纸问题；成立省文艺评论组。二是全省农村业余文艺活动蓬勃发展，丰富了农民的文化生活。全省大力开展群众性学唱、学演革命样板戏活动，增加了农民在农闲时间的生活乐趣。三是充分调动了编、导、演、职人员的积极性。文艺部门克服重重困难，摄制、发行了《车轮滚滚》《沙漠里的春天》《平原游击队》《黄河少年》等故事影片，繁荣了文艺，丰富了人民的文化生活。

1975 年 1 月，长春电影制片厂拍摄了反映大庆石油工人创业精神

---

① 《我省高等院校和中等专业学校开始招生》，《吉林日报》1975 年 7 月 19 日。

的影片《创业》。江青攻击这部影片是为刘少奇树碑立传,责令文化部加以扼杀。王淮湘追随江青,逼迫长春电影制片厂追查《创业》的背景。编剧张天民据理抗争,于 5 月 18 日分别给毛泽东和邓小平写信,对江青和文化部核心小组批判故事片《创业》"在政治上、艺术上都有问题"的"十条意见"提出不同看法,并建议重新上映。7 月 25 日,毛泽东在信上批示:"此片无大错,建议通过发行。不要求全责备,而且罪名有十条之多,太过分了,不利调整党的文艺政策。"毛泽东的批示使长期受到压制、打击的文艺工作者欣喜异常,奔走相告,沉寂多年的文化领域又显露出一丝生机。

全省卫生战线,通过 1975 年的整顿,推动了卫生工作的恢复和发展。省委议定恢复中医学院建制,将省第二医院改为职业病防治医院,筹建省干部疗养院,以便更好地为全省的广大干部、职工服务。

整顿的成果和整顿的中断

吉林省 1975 年的整顿工作,经过广大干部群众近一年时间的共同努力,取得了阶段性的成果。"左"倾错误得到一定程度的纠正,派性有所克服,国民经济计划重新作了调整,经济管理混乱的局面有所改变,人们的精神面貌开始好转。

领导班子整顿工作基本完成。全省各级领导班子建设经过层层抓,认真抓,到 1975 年 11 月,绝大多数市、地级领导班子进行了整顿和调整,县委班子普遍进行了一次整风,基本完成了地、县两级班子的调整、整顿和建设工作。在各级领导班子整顿的同时进行了党员、干部的思想整顿。通过召开会议、办学习班等多种形式,学习、宣传此次整顿的目的、方法和意义,广大党员、干部从"文化大革命"的混乱中反思"文化大革命"中某些思想和行为,邓小平整顿的思想开始深入人心。如何把国民经济搞上去成为当时广大党员干部群众的共同心声。同时,整顿了基层党组织,加强了各级领导班子建设,改变了"软、懒、散"的状况,调整、配齐了各级领导干部。

全省的国民经济和社会形势开始好转。铁路战线提前完成全年生产运输计划;冶金战线不断传来生产指标大幅度提高的喜讯;财贸战线销售形势不断好转，繁荣市场，稳定物价，提高服务态度和服务质量等工作都有较大改观；科技、教育战线开始注意抓思想、抓技术、抓文化、抓业务，成果有所显现；工业提前完成全年计划，总产值比上年增长了17.9%；农业总产值比上年增长2.8%；全省工农业总产值（按1970年不变价格计算）为135.4568亿元，比1974年增长13.8%，比1970年增长51.8%，年平均增长8.7%，高于“一五”“二五”和“三五”计划时期。全民所有制单位基本建设新增固定资产比1974年增长12.9%；地方财政总收入比1974年增长4.2%。具体表现有以下特点。

第一，农业生产有了较大发展。全省农村以大寨、小乡为榜样，依靠集体的力量，发扬自力更生、艰苦奋斗的精神，夺得了农业丰收。全省农村广大干部和农民群众大搞农田基本建设，完成5.3亿多土石方，扩大灌溉面积8万多公顷，改良土壤60多万公顷，平整土地24万公顷，积肥1.7亿吨[①]。在与历史上少见的水、旱、风、雹、虫等严重自然灾害斗争中，夺得农业丰收，“全省粮豆总产量达到200亿斤，比上年增长11.1%。全省粮豆平均亩产达到312斤，比建国以来任何一年都高。”[②]涌现了一大批粮食平均亩产上《纲要》、跨“长江”的先进单位[③]。据省农业局1975年11月统计，榆树、双阳、长春郊区、九台、怀德、东丰、辽源市、四平市、伊通、永吉、舒兰、蛟河等25个县（市）产量达到了《纲要》，占全省57个县（市）的43.9%。“农业总产值为33.2694亿元，比上年增长2.8%”。省财政对农业的支出达1.4943亿元，比1974年支出增加了2965万元，增长24.7%，有力地支援了农业生产。

第二，工业有了较快发展。全省工业总产值完成102.18亿元，比上年增长17.9%。第四个五年计划的工农业总产值和主要产品产量计划胜利完成。工业企业收入完成6.2149亿元，比上年增加1.2828亿元，

---

① 《吉林省部门史》省农业委员会卷编纂委员会编：《吉林省部门史·省农业委员会卷》，吉林人民出版社2006年版，第124页。

② 《吉林省1975年度财政总决算》，1975年。

③ 即1960年4月第三届全国人民代表大会第二次会议正式通过的《1956年到1967年的全国农业发展纲要》。纲要规定在十二年内，粮食平均亩产，黄河以北要达到400斤；黄河以南，淮河以北地区要达到500斤；淮河以南地区要达到800斤。对亩产达到上述规定指标的，即分别简称为上“纲要”；过“黄河”；跨“长江”。

增长26%。60种主要产品比上年增加的有47种。由于生产增长和管理工作加强，企业的财务状况比上年有所好转。全省可比产品成本总额40.5732亿元，比上年降低1.1053亿元，下降2.75%；全员劳动生产率达7857元，比上年增加640元，提高8.9%；1975年，由于多数地方在各级党委领导下，狠抓了扭转企业亏损的工作，收到初步效果。1975年工业企业亏损户数由上年的561户减到529户，减少32户，减幅5.7%。由于劳动效率提高，成本降低，每百元产值为国家提供的积累（包括利润和税收）19.24元，比上年增加0.84元，增长4.6%[①]。铁路运输出现有史以来最好水平，1975年吉林铁路局旅客发送人数达4060万人，货物发送量达到3438万吨。1975年上半年，客运战线涌现出先进集体83个，先进生产（工作）者479人。客运营运里程达到3.85万公里，全省已有93%的公社和57%的大队、41%的小队通了客车。到1975年末，全省交通专业货车保有量达到2213辆，客车954辆，由于客车的不断增加，以货代客的现象已不复存在。为支援农业生产，开辟农村边远地区、农牧区、山区84条（3565公里）客运路线，增设334个站点[②]。

第三，财贸战线呈现繁荣景象。"社会商品零售额完成42.23亿元，比上年增长7.7%。""工商税收完成9.9306亿元，完成国家核定指标107%，超收6500万元，比上年增收1.2933亿元，增长14.9%。经过税收政策大检查和清理工作，据不完全统计，全年查补税款1867万元。""1975年，全省财政收入完成14.2612亿元，比上年增长12.5%，支出14.196亿元，比上年增长2.7%。按国家规定体制计算，扣除结转下年继续使用的经费，全省财政净结余7591万元。实现了省委提出的在发展经济、保证各项事业发展的基础上，省、地、县三级财政自求平衡并略有结余的要求。"[③]

第四，基本建设发展势头较好。1975年，基本建设拨款支出4.6997亿元，比上年增加700万元，增长1.5%。其中，当年国家预算

---

① 《吉林省1975年度财政总决算》，1975年。

② 《吉林省1975年度财政总决算》，1975年。

③ 《吉林省1975年度财政总决算》，1975年。

支出4.3419亿元，占拨款指标4.3475亿元的99.9%，结余56万元。基本建设由于进一步贯彻执行集中力量打歼灭战的方针，在投资有缺口，材料、施工力量和储备资金不足的情况下，投资效果有所提高。“1975年新增加的生产能力有：铁矿石开采年产量50万吨，煤炭109万吨，原油30万吨，合成氨3千吨，机制纸8千吨，发电机组容量15万千瓦，面粉日加工能力300吨，木材运出能力7万立方米。”[①]

第五，教育、科技、文化、卫生战线出现了新气象。1975年，全省继1972年中等专业学校（卫校）恢复招生制度后，高等学校普遍做好“社来社去”学员招生试点工作。干部教育有了新发展，在职干部轮训走向正轨。

高校科研工作取得新成果。吉林大学研制成功我国第一台X激光医用电视透视机系统车的制作，还试制成气敏检漏仪。吉林工业大学农机系研制成功垅下播种中耕通用机及中温导热仪。吉林医科大学克山病研究室研制成功治疗克山病的新型有效药物福寿草冲剂和针剂。吉林师范大学研制成功电子计价秤。长春光机学院研制成功激光报警器和光电程序控制仪。延边大学合成了除草醚。这些科研成果为国民经济和国防建设作出了重要贡献。此外，全省农村群众性的科学实验活动也得到蓬勃的发展，初步建立了县、社、大队、生产队四级农业科学实验网，参加科学实验活动的农民和知识青年达到20多万人。

1975年，全省摄制、发行了六部故事影片，丰富了人们的文化生活，农村业余文艺活动也得到了蓬勃发展。广大医务人员热心为城乡人民服务，城乡医疗卫生事业有所发展。

但是，“反击右倾翻案风”运动的开展，导致卓有成效的九个月整顿工作被迫中断。

---

① 《吉林省1975年度财政总决算》，1975年。

第二十章
“文化大革命”的结束

“反击右倾翻案风”运动使刚刚走向恢复和发展的工农业生产又一次受到破坏，吉林省再次陷入混乱，广大干部群众对“文化大革命”的不满更加严重。“文化大革命”自发动以来遭到全省各级党组织和广大党员、干部及人民群众的不同程度的抵制与反对。正是由于全省广大党员干部、人民群众和驻军指战员对“左”倾错误及林彪、江青反革命集团的抵制和斗争，全省的经济在破坏中缓慢发展。1976 年 10 月 6 日，党中央代表人民的意志，一举粉碎了“四人帮”，吉林省各族人民欢欣鼓舞，庆祝这一伟大的胜利。

一、“反击右倾翻案风”运动

在邓小平部署全面整顿并将在教育战线展开的关键时刻，清华大学党委副书记、副校长刘冰等人于 1975 年 8 月至 10 月间两次写信给毛泽东，反映清华大学党委书记迟群、副书记谢静宜在工作作风和群众关系上的一些问题，要求中央派工作组调查解决。信件是经邓小平转送的。共产党员通过正当的组织程序，向上级直至党中央主席反映本单位的问题，是符合党章规定的，而毛泽东却指责这两封信的动机不纯，是想打倒迟群、谢静宜，并认为邓小平偏袒刘冰。这实际上反映了毛泽东对全面整顿的不满。刘冰等人的这两封信，成为毛泽东批判“右倾翻案风”的导火线。11月3日，在清华大学党委扩大会议上，中央政治局委员、北京市委第一书记吴德到会传达了毛泽东的这些谈话。11月中旬、清华大学、北京大学贴出铺天盖地的大字报，公开点名批评刘冰和周荣鑫。一些学校相继开展了“教育革命大辩论”。整顿走向低潮。由于邓小平的整顿得到党内外绝大多数干部群众的支持，为了使广大干部转变思想，1975年11月下旬，中央根据毛泽东的意见，在北京召开了有130多名党政军领导干部参加的打招呼会议，会上宣读了毛泽东审阅批准的文件《打招呼的讲话要点》，从而使“反击右倾翻案风”运动迅速扩大到全国。

1975年12月5日至6日，中共吉林省委召开常委会议，学习中共中央《关于转发〈打招呼的讲话要点〉的通知》，传达了东北三省省委书记会议精神。会议确定，首先向市、地（州、盟）委书记打招呼，做好“反击右倾翻案风”的准备。到1976年1月，《打招呼的讲话要点》由省直和各地区逐级传达到党内县（处）级干部。

1975年12月16日，省委召开长春六所大学党委书记和工宣队长座谈会，传达中共中央1975年23号、24号文件①精神，要求批判教育界的所谓“奇谈怪论”，开展“教育革命大辩论”，反击“右倾翻案思潮”。

1976年2月5日，中央下发了关于《打招呼的讲话要点》扩大传达到党内外群众的通知。省委随即发出通知，要求各市、地（州、盟）、县（市、旗）及省直机关，将中央通知口头传达到党内外群众，并组织学习、讨论，发动群众，反击“右倾翻案风”。

2月中旬，省委第一书记王淮湘派人到沈阳抄回毛远新在沈阳军区军以上干部会议上诬陷邓小平的讲话稿，并授意一些人在学习讨论中央文件的常委会上带头表态，迫使省委其他常委点名批评邓小平。2月15日至19日，省委召开常委扩大会议，部署全省“反击右倾翻案风”运动。王淮湘在发言中，点名揭发批评了邓小平。这样，吉林省委就抢在中央部署之前，在常委扩大会议上擅自点名批判了邓小平，从而在全省

① 1975年中央23号文件为1975年11月26日《中共中央转发〈打招呼的讲话要点〉的通知》，1975年24号文件为1975年12月10日《中发〔1975〕23号文件传达范围的通知》。

造成了极其恶劣的影响。会议要求把“反击右倾翻案风”运动在全省普遍开展起来，教育和科技战线要继续搞好“大辩论”，批判“修正主义奇谈怪论”（指这些部门领导有关整顿秩序，提高教学质量，搞好科研工作的讲话）；其他战线要彻底批判“三项指示为纲”，批判“阶级斗争熄灭论”和“唯生产力论”。会后，全省各地区、各部门、各单位普遍开展了所谓“反击右倾翻案风”的斗争。

2月27日至3月10日，省委先后召开常委会议和常委扩大会议，传达贯彻中共中央于2月25日召开的各省、市、自治区和各大军区负责人会议关于“批邓、反击右倾翻案风”的精神，揭发、批判邓小平所谓的“修正主义错误路线”。会议集中批判了“三项指示为纲”和所谓的“阶级斗争熄灭轮”“唯生产力论”，讨论了省委根据中央关于在党内公开点名“批邓”的精神提出的“关于在内部点名批判邓小平的部署意见”。会议要求，各级领导干部要反击“右倾翻案风”，抓紧教育、科技、文艺战线的“大辩论”，把工农业生产搞好，把“批邓、反击右倾翻案风”运动深入开展起来。按照省委的部署和要求，从3月12日开始，在全省县以上机关、单位的党员干部中，传达中央“批邓”文件，点名进行揭发批判。虽然按省委规定的范围逐层传达，但范围外的党员、干部、群众，通过不同渠道得知了“批邓”消息。由于人民群众对第二次打倒邓小平的反感和对周恩来的怀念之情，因而在全省形成了一股抵制“反击右倾翻案风”的洪流。

为了在全省深入开展“反击右倾翻案风”运动，3月28日，省委召开电话会议，提出“认真学、深入批、对着干”的口号，作为全省工作总的指导思想和工作路子。此后又树立了几个所谓同“走资派”对着干的典型，通过报刊、广播、巡回报告，向全省推广。

天安门事件发生后，中共吉林省委于4月7日发出关于天安门事件的通知，要求各级党委认真追查“反革命活动”，“防止别有用心的人制造事端”；教育群众“不听谣、不信谣、不传谣”；要加强领导，不搞串连，不组织战斗队，不拉山头；对去北京上访人员，坚决劝阻。8日，经省委决定，召开所谓“吉林省暨长春市各界人民热烈欢呼中央两项决议，愤怒声讨不肯悔改的走资派邓小平罪行大会”，会后举行了游行。9日，省委又发出通知,要求各级党委开展规模宏大的活动,庆祝所谓“反击右倾翻案风”斗争的伟大胜利,“声讨制造天安门广场反革命政治事件的一小撮阶级敌人的罪行。”自此,“批邓”在全省公开化,“反击右倾翻案风”改称“批邓、反击右倾翻案风”。

4月13日至16日,省委召开市、地(州、盟)委和省直各部门主要负责人会议,研究“批邓、反击右倾翻案风”的问题,要求各级党委追查所谓“政治谣言”,打击“现行反革命”。但是“追查”和“打击”更加激起了人们的愤怒。抨击江青等人罪行,为邓小平鸣不平的言论,在全省沸沸扬扬。

由于“批邓、反击右倾翻案风”不得民心,特别是在省委常委内部也有阻力,6月至8月间,省内开展的“批邓”基本流于形式。为将这一运动开展起来,7月初,省委召开市、地(州、盟)、县委书记会议,讨论把“批邓”运动不断引向深入的问题。从7月下旬开始,全省在县以上党组织中开展了“整风”,组织民主革命时期参加工作的老干部逐个检查,强迫老干部进行思想“爬坡”。层层思想“爬坡”,又一次打击、排挤和陷害了一批老干部。

为了推动“批邓”,4月,江青等人将邓小平1975年多篇讲话以及所谓“三株大毒草”(《关于加快工业发展的若干问题》《关于科技工作的几个问题》《论全党全国各项工作的总纲》)说成是“邓小平修正主义纲领的产物”,下发到基层单位开展群众性批判,并于8月大量印发三个小册子。8月30日至9月20日,省委召开全省第二次理论讨论会,批判所谓“三株大毒草”。会议要求,层层召开“理论讨论会”,以批判所谓“三株大毒草”为主要内容,迅速在全省掀起“批邓、反击右倾翻案风”的新高潮。但是,所谓的“三株大毒草”发放到干部、群众手中后,邓小平关于全面整顿的正确主张更为广泛地传播开来,人们对邓小平更加了解和信任,对“四人帮”更为厌恶和痛恨。

二、各级党组织对“文化大革命”的抵制

对党中央关于“文化大革命”的部署,吉林省各级党组织在当时特

殊的环境下还是认真执行的。但是，随着动乱的升级，政治、经济、文化领域受到的冲击日趋严重，这就不能不引起全省各级党组织对“文化大革命”的怀疑、困惑。因此，他们采取了当时能够采取的一些措施，对“文化大革命”进行抵制，起到减轻“文化大革命”的破坏，修补其创伤的作用。各级党组织对“文化大革命”的抵制，主要表现在以下几方面。

第一，采用行政手段，限制“文化大革命”内乱的升级。

“五一六通知”发出后，“文化大革命”急剧发展。为限制“文化大革命”中的过激行动，保证运动能够在党委的领导下有秩序地开展，省委先后发布了关于“文化大革命”的“四点意见”和“八条要求”，并向文教单位派出工作组。工作组进驻学校和文教单位后，与所在单位的党组织配合，以“八条要求”规范学生和职工的行动。长春市委发布了“八条要求”后，一些大学生仍然到街上贴出乱点名的大字报，各有关学校党委及时组织人员到街上予以清除。1966 年 6 月 22 日，长春四中一些学生将学校党、团支部的领导关押起来，抢走档案材料。市委派驻四中的工作组宣布“六二二事件”是一起非法“夺权”事件，并对领头的几个人作出严肃处理。7 月 19 日，省委向全省转发了四中工作组处理“六二二事件”的工作报告，肯定了四中工作组的做法，要求全省各级党委、各单位党组织和工作组参照执行[①]。这份文件下达以后，全省开始治理动乱，处分了一些带头闹事的学生和职工。尽管当时有些做法不尽妥当，但对扭转混乱局面起到了一定作用。

1968 年至 1971 年，在“清理阶级队伍”中，尽管一再强调“反右倾”，但全省仍有 13 个县没有“揪”出“走资派”来。德惠县委认为，他们县委县政府没有“走资派”，下面就不会有。白城市革委会负责人也表示，造反派所说的“走资派”，都是些民主革命时期参加工作的老干部，他们在民主革命中立过功，新中国成立后又都积极工作，根本不是什么“走资派”。有些定了“走资派”的地、县，也因为党组织的意见不一致，又多数给予更正了[②]。到“文化大革命”后期，全省除当时被认为“有历史问题”的人以外，单纯被定为“走资派”的领导干部，基本上全部解脱。

---

① 《吉林省“文化大革命”运动大事记》（1966 年 5 月至 12 月）。

② 《省、地、县三级革委会工作会议文件》，1968 年。

1974年以后，江青反革命集团利用所掌握的舆论工具，恶毒攻击周恩来。这一倒行逆施的做法遭到了吉林省各级党组织的强烈反对。1976年3月20日，白城地委书记原秋和副书记张洪奎，代表地委联名向省委写信。信中写道：“最近听传说，在《参考资料》1976年2月6日下午版上，刊登了一篇文章，对周恩来同志进行了恶毒地攻击和诽谤。经查在该期第58页，确有这样的文章。在周恩来逝世不久报道这样制造混乱的消息，我们认为这是一个严重的政治事件。除制止传播外，特此报告给省委。”

第二，以社会主义教育运动为契机，保护工农业生产。

“文化大革命”开始以后，省委决定继续开展社会主义教育运动。1966年6月14日至26日，省委召开第二届第十次全委扩大会议。会议强调，全省工业企业、财贸部门、卫生单位和城市街道，“文化大革命”要和社会主义教育运动结合起来搞。县里只在县城的文教单位开展运动。农村暂时不搞，主要是抓好农业生产。

7月9日，省委召开城市社教工作会议，再次强调城市“文化大革命”要与社教结合起来进行，文教系统主要是搞“文化大革命”，其他工交、财贸企业和事业单位在开展社教运动的同时，进行“文化大革命”。8月至9月，由德惠、永吉、四平、通化、白城地委和延边朝鲜族自治州委分别组成的10个社教工作团，先后进驻农安、舒兰、东辽、伊通、海龙、集安、镇赉、洮安、汪清和安图等县，协助当地党组织，搞好社教运动。9月16日，省委召开的省直部厅局级干部会议更明确地指出，在开展社教运动的单位，要把“文化大革命”纳入社教的部署中进行。农村要做好秋收秋购工作的准备，以保证丰产丰收。工厂要把《人民日报》发表的《抓革命，促生产》的社论张贴上墙，并催促外出串连的职工迅速返回，以抓紧完成年度的生产任务。

10月5日，党中央转发了军委、总政《关于军队院校无产阶级文化大革命的紧急指示》。这个指示，取消了军事院校工作组撤出后由院校党委领导“文化大革命”的原规定，并指出这个指示也适用于地方。在此形势下，结合社教形式搞“文化大革命”已不符合党中央的精神。10月6日，省委召开常委会议，研究是否撤出各地社教工作团的问题。经过反复讨论，为保住工农业生产的大局，决定各地区的工作团坚守岗位，社教工作仍按原来的部署继续进行。

进入11月，“踢开党委闹革命”的过激行动在全省愈演愈烈，造反派将开展社教运动说成是“资产阶级反动路线”，说社教工作队是“走资派”的保护伞，是“文化大革命”运动的绊脚石，纷纷驱赶工作队。在这种情况下，11月5日至21日召开的省委工作会议，仍然吸收城乡社教工作团、工作队党组织的负责人和大厂矿的党委书记参加，要求他们坚持工作，抓好工农业生产。

第三，抵制“反潮流”和“批邓、反击右倾翻案风”。

1972年，周恩来在毛泽东支持下主持中央日常工作。他提出要批判极左思潮，加快落实干部政策和知识分子政策。吉林省的各级党组织积极响应，认真开展了批判极左思潮斗争，落实党的各项政策，纠正了不少“文化大革命”错误。1974年，江青反革命集团为破坏周恩来领导的批极左思潮，利用毛泽东发动“批林批孔”之机，在全国掀起了以反击所谓“右倾回潮”为内容的“反潮流”狂潮。尤其是教育界，又重新出现了一片混乱的局面。全省的各级党组织，对这种制造混乱的“反潮流”活动进行了力所能及的抵制。1974年11月19日，省委向全省各地区下发了《中共吉林省委常委扩大会议总结》，指出：“反潮流是马列主义的一个原则。什么是正确潮流，什么是错误潮流，要做阶级分析。”“那种不做阶级分析，笼统地讲什么‘造领导的反就是反潮流’的说法，是错误的。还有的人从个人得失或小团体的利益出发，对党委的决定断章取义，各取所需，甚至把本来是正确的也说成是错误的，借以摆脱党的领导，另搞一套。各级党委要敢于领导，善于领导，坚决同一切违背党和人民利益的倾向作斗争。”1975年，邓小平主持党和国家的日常工作，吉林省的各级党组织积极开展全面整顿经济等各项工作，取得了良好的成绩。“批邓、反击右倾翻案风”发动后，这场违背党心和民意的运动，受到吉林省的各级党组织不同程度的抵制。特别是一些基层生产单位的党组织，对“批邓”运动更是不屑一顾。中国科学院长春光机所下属的工厂党委，在“批邓、反击右倾翻案风”开展以后，没开过一次批判邓小平的党委会，党委成员也没有一个人贴过“批邓”的大字报。

在上级的督促下，工厂党委在八车间办了一个学习班，党委一名副书记在学习班上说：老干部“敢抓、敢干，有办法”，“有这样的老干部（暗指邓小平）一定能加速我国社会主义革命和社会主义建设”。上级党委召开大会，推广一个单位的“批邓”经验，第二天这个工厂的党委却召开党支部书记、车间组长、生产调度、计划员等参加的生产会议，党委书记在会上讲：“一定要把生产搞上去”，而对“批邓”只字未提。他还说：“现在工厂里的主要矛盾是多快好省和少慢差费的矛盾”，“我们任何时候都要一只手抓住生产不放，另一只手抓别的。”[①]

三、吉林人民的抗争

“文化大革命”是一场由领导者错误发动，被反革命集团所利用，给党、国家和各族人民带来严重灾难的一场内乱，它不仅遭到吉林省各级党组织的抵制，而且激起全省广大干部和各族人民群众的抗争。

在这十年间，吉林省广大党员、干部和各族人民群众与“左”倾错误和林彪、江青反革命集团的斗争是艰难曲折的，但一直没有停止。

“文化大革命”初期，广大党员干部和人民群众由于对党和毛泽东的信赖，也由于长期以来“左”倾错误宣传的影响，大多数人被卷入运动的旋涡。但是，随着“文化大革命”运动的深入发展，绝大多数干部群众，逐步由迷惑不解转向有所觉悟。他们不赞成对党的各级领导干部进行残酷的斗争，对运动的种种错误做法表示了不满。特别是九一三事件后，有更多的人开始对“文化大革命”采取怀疑、观望乃至抵制和反对的态度。他们采取各种不同的形式，对“文化大革命”的“左”倾错误进行抵制和反对，对林彪、江青反革命集团的篡党夺权阴谋活动进行坚决的斗争。

1976年4月5日，北京天安门广场爆发的悼念周恩来、反对“四人帮”，支持邓小平的强大群众抗议运动，被“四人帮”定性为“反革命暴乱”加以镇压后，全省各地开展了追查“政治谣言”，打击“现行反革命”

① 长春光机所党委：《我们是怎样解决我所工厂党委不批邓问题的》。

的活动。吉林省在追查“政治谣言”，打击“现行反革命”中就有 4800 余人受到审查、迫害，其中被打成“现行反革命”遭到逮捕、拘留的有 205 人，被判刑的有 83 人。广大干部和群众处于极度紧张、不安之中。

“批邓、反击右倾翻案风”运动开始后，“四人帮”的倒行逆施激起越来越多人的愤怒。1976 年 4 月 12 日，省公安厅一位负责同志向省委常委会议汇报时说，全省广大人民群众反对“批邓、反击右倾翻案风”运动特别突出，他们纷纷为邓小平评功摆好，称邓小平是伟大的马克思主义者。

在“文化大革命”运动中，一些人为了捍卫马克思列宁主义、毛泽东思想，坚持中国共产党的领导，挺身而出，英勇抗争，甚至献出了宝贵的生命。革命烈士史云峰和优秀共产党员、模范干部、革命烈士张永振就是杰出的代表。

史云峰是长春市第一光学仪器厂的铣工。“文化大革命”期间他以敏锐的眼光看穿这场运动“左”倾错误的实质，不顾个人安危，为被冤枉、受迫害的党和国家领导人鸣冤叫屈，伸张正义，矛头直指林彪、“四人帮”。他因此而被杀害，成为吉林省的一大冤案。

“文化大革命”初期，史云峰就对运动产生了质疑。他曾给将被揪斗的老师密传消息，使其有所警惕；他把被揪斗后的老校长护送回家；他严辞反对将矛头指向市委工作队。大串连期间，史云峰对“文化大革命”的认识进一步深化。他勇敢地为老一辈无产阶级革命家鸣不平，对林彪、“四人帮”一伙予以义正词严的指控。九一三事件后，史云峰在震惊之余，对“文化大革命”有了更为深刻的思考。1974 年 10 月 26 日，他把自己对“文化大革命”的意见和看法简要归纳整理出若干条，以口号的形式写成 25 份传单，并将传单全部投递出去。两天后的傍晚，他又将自己写的一条标语张贴在长春市胜利公园门前的交通岗亭上。此事很快被反映到北京，“四人帮”将其列为第 44 号反革命要案，要求长春市公安局迅速侦破。1974 年 12 月 24 日，史云峰被捕入狱。在几十次的审讯中，史云峰始终不曾改变自己的观点，英勇地为坚持真理而斗争。1976 年 12 月 19 日，史云峰被杀害①。

---

① 1980 年 3 月 24 日，中共吉林省委、长春市委作出决定，为史云峰平反昭雪，并召开平反大会。省委和省革委会分别追认史云峰为中国共产党党员和革命烈士。

“文化大革命”期间，吉林省涌现出的另一位与林彪、“四人帮”顽强抗争的英雄人物叫张永振。他是吉林省延边朝鲜族自治州医药公司副经理。“文化大革命”期间，他对林彪、“四人帮”的倒行逆施无比愤慨，同林彪、“四人帮”篡党夺权的阴谋活动进行了针锋相对的斗争。他不顾个人安危，旗帜鲜明地反对迫害刘少奇和其他中央领导人，反对迫害中共延边州委第一书记朱德海等人，自己却因此遭到了残酷的迫害。

1967 年，“文化大革命”进入到夺权阶段，张永振目睹铺天盖地的“打倒刘少奇”“打倒朱德海”的大字报，对“怀疑一切，打倒一切”的极左行为义愤填膺。1968 年 5 月 5 日，他公开贴出《诬陷刘少奇同志是痴心妄想》的大字报，指出：“刘少奇的所谓罪状，是一小撮别有用心的人搞出来的，根本不符合事实，真相迟早要大白的。”当天，他被“群专”组揪去审讯。他面无惧色，慷慨陈词：“我坚决保护刘少奇主席，保到他站出来为止。”1968 年 8 月，他被当成“专政对象”送进了“黑帮学习班”，被扣上了“现行反革命分子”的帽子。党的九大之后，张永振说：“搞掉刘少奇主席，这是一小撮别有用心的阶级敌人干的事，这一小撮就是林彪等人。”[①]他将斗争的锋芒直指林彪。

1969 年 4 月 6 日，张永振在《给州革委会的信》中，对强加给朱德海的各种罪名逐一进行批驳。4 月 24 日，他在《致周总理的信》中揭露了“文化大革命”的错误做法，“把老干部都打倒了”，“我怀疑这场革命”。这两封信，成为他“现行反革命”的又一罪证，进一步加重了对他的迫害。1969 年 5 月 5 日，张永振又贴出大字报，再次公开阐明自己的观点。他认为刘少奇、朱德海无罪，不应该被打倒，并指出林彪是别有用心。1969 年 5 月 7 日他被延边州公安局军管会逮捕关押。1970 年 7 月 20 日，在延吉市公判大会上张永振被判处有期徒刑 20 年。1971 年 9 月林彪事件后，张永振于 1973 年 9 月向延边州中级人民法院提出申诉，但被驳回。

从 1970 年 12 月 12 日至 1974 年 5 月 27 日，三年多时间里，他用节省下来的手纸写下了 60 多万字的日记，批判林彪、“四人帮”的滔天罪

---

① 中共吉林省委党史研究室编：《吉林党史人物传略》，吉林人民出版社 2001 年版，第 518 页。

行。日记被发现后，以“反改造罪”加判为死刑、缓期两年执行。1976 年 10 月“四人帮”被粉碎后，张永振激动万分，认为自己的问题一定会得到解决。但是，十年政治迫害和肉体折磨，使他的身体衰弱不堪，肝病加重。1977 年 10 月 13 日，张永振在长春监狱含冤逝世，终年 55 岁[①]。

四、吉林经济在“文化大革命”破坏中缓慢发展

从 1966 年“五一六通知”的发表到 1976 年粉碎江青反革命集团，“文化大革命”持续十年之久，给党、国家和民族造成了全面而严重的危害。在此期间，吉林省的国民经济遭受到严重的破坏和巨大的损失。但是，由于全省广大干部、人民群众和驻军指战员在极其困难的条件下对“左”倾错误及林彪、江青反革命集团进行了抵制和斗争，全省的经济在破坏中得到了缓慢的发展。

在这十年间，吉林省的经济发展同全国一样，经历了三起三落。

第一次起落是 1966 年上半年蓬勃发展的大好形势，由于 1967 年、1968 年连续两年的大动乱而急转直下。

第二次起落是九一三事件后至 1973 年底，通过批判极左思潮和落实党的各项政策，使全省的经济得到恢复、发展，但“批林批孔”运动，使动乱重蹈覆辙，国民经济再次受到破坏。在此次经济起落期间，全省的财政收支状况出现较大的波动。

第三次起落是 1975 年经过全面整顿，国民经济又有起色，但由于 1975 年 11 月的“反击右倾翻案风”运动而受到严重影响，呈下降趋势。

尽管如此，吉林省的经济在“文化大革命”十年间还是缓慢地发展着。省革委会成立之前，面对社会严重混乱的局面，省军管会设立了生产指挥部，负责指挥工农业生产和经贸工作。省革委会成立后，组成了生产指挥系统，领导和安排日常的工农业生产及经贸工作，使全省的国

① 中共十一届三中全会后，延边中级人民法院和吉林市中级人民法院经过复查，并报请省高级人民法院批复，于 1979 年 5 月 15 日撤销了对张永振的原判，宣告无罪。1983 年 7 月，国家民政部追认其为革命烈士。同年 12 月，中共延边州委、州人民政府追认张永振为优秀共产党员、模范干部。

民经济活动在“文化大革命”动乱和干扰中能够运行并有一定的发展。1966年至1976年十年间，全省工农业总产值增长79.6%，年均增长6%，人均国民收入增长22%，平均每年增长1.9%，城乡居民消费水平提高22%，平均每年提高2%。特别是1975年，由于贯彻了邓小平全面整顿的方针，全省工农业总产值比1974年增长13.8%。1975年地方财政总收入比1974年增长12.5%[①]。

农业方面，虽然在“左”倾思想指导下，批判了“资本主义倾向”，猛割“资本主义尾巴”，但同时也强调了坚持贯彻党在农村的经济政策。

1970年1月，省革委会把榆树县小乡生产队树立为全省农业战线上的一面红旗，提出“学大寨、赶小乡，苦战三年五载，誓把县县变昔阳”的口号，对全省农业发展起到了一定的推动作用。在此项运动中，各地加强了对农业的支援，进行了大规模农田水利基本建设，在增施化肥、普及科学种田、改良种籽、推广农业机械等方面有新的进展，改善了农业生产条件，提高了农业现代化水平，有力地促进了农业生产的发展。

1972年3月，中共吉林省委发出《关于贯彻党的农村经济政策若干问题的规定(试行稿)》的通知，要求认真执行“以粮为纲，全面发展”的方针，坚持按劳分配原则，鼓励社员发展多种经营和家庭副业。同时，继续实施1965年开始执行的“粮食征购任务一定三年”的政策。这些做法对保持农业生产秩序，调动农民的积极性和促进农业生产的发展，都起到了积极作用。在农业学大寨运动中，虽然搞了一些形式主义的东西，但是对粮食生产抓得比较紧，使全省粮食生产有了较大的发展。

1976年与1965年相比，全省农业总产值增长40.6%，粮食总产量增长43.9%，其他农副产品也有较大的增长；1976年全省农业税收入为1.0372亿元，比1965年的7664万元增长35%[②]。全省农业机械总动力增长8倍，大中型拖拉机增加3.26倍，机耕面积增加72.2%，有效灌溉面积增加1.58倍，化肥施用量增加7.8倍，农村用电增加6.6倍。

工业方面，在批判“修正主义回潮”时，全省虽然狠批了“利润挂帅”“生产第一”和“管、卡、压”等，但在1970年开展的钢铁、石油、煤炭、化

---

① 吉林省地方志编纂委员会编：《吉林省志·财政志》，吉林人民出版社1996年版，第60页。

② 吉林省地方志编纂委员会编：《吉林省志·财政志》，吉林人民出版社1996年版，第59页。

肥等会战中，动员各方面人力、物力、财力支援这些部门的生产和建设取得了明显成效。通过钢铁会战，1970年全省钢产量达到8.7万吨，比1965年增长4.8倍；钢材产量达到9.1万吨，增长75%。通过在国家支持下的石油大会战，吉林油田的勘探和开采进度加快了。省内原油年产量由原最高年产量的23万吨，提高到1970年的80.5万吨，1975年提高到135.5万吨。此外，原煤和化肥等产量也都有较大的增长。

由于1972年周恩来领导批判极左思潮，全省在贯彻全国计划会议精神的过程中，狠抓了企业管理、质量管理和工业扭亏增盈工作，使因动乱所造成的工业管理混乱状况得到一定程度的改变。“三口大锅闹革命”的自力更生、艰苦奋斗精神始终激励和鼓舞全省工人阶级努力生产，推动了全省工业生产的发展。

1976年，全省工业总产值比1965年增长1.47倍，平均每年增长8.6%，特别是支农工业和石油工业发展更快，原油产量增长了26倍，其他主要工业产品的产量也有较大幅度的增长。重点工程建设取得了重大进展。1966年到1976年的十年间，全省全民所有制单位基本建设投资额达83.7亿元，共建成投产大中型项目89个，其中较大的项目有吉林油田、长春至前郭县铁路、长山化肥厂、前郭炼油厂、长山发电厂、通化钢铁厂的改造扩建等，并重点兴建了一批机械工业企业和轻纺工业骨干企业，新增固定资产51.4亿元，从而增强了全省工业生产的能力。

上述成就的取得，是全省广大党员干部和各族人民群众同“左”倾错误及林彪、江青两个反革命集团进行斗争的成果。如果没有“文化大革命”的干扰和破坏，全省的经济建设会取得更大的成就。

五、庆祝粉碎江青反革命集团的胜利

1976年10月6日，党中央代表人民的意志，一举粉碎了“四人帮”。吉林省各族人民欢欣鼓舞，庆祝这一伟大胜利。连续几天，从城镇到乡村，从东部海兰江畔到西部广阔草原，到处是一片欢腾景象。长春市、吉林市、延边朝鲜族自治州、哲里木盟、四平、通化、白城地区和吉林铁路局系统广大群众的游行队伍络绎不绝。人们高举红旗，敲锣打鼓，欢呼跳跃，歌声嘹亮，充分表达了全省2300万人民和驻军指战员的无比兴奋之情。在长春市，一队又一队的工人、社员、解放军指战员、民兵、革命干部、知识分子、青少年学生、街道居民等60余万人涌上街头。街上红旗如林，人流如潮，万众欢腾，锣鼓声、鞭炮声和激昂的口号声响成一片。参加游行的广大群众高呼“打倒王洪文、张春桥、江青、姚文元反党集团!”等口号。吉林省及长春市的党政军领导带领广大群众一起游行，全省各地、市的党政军领导与当地群众一起游行，共同欢庆粉碎“四人帮”的伟大胜利。

粉碎“四人帮”的胜利，标志危害中国十年的“文化大革命”已经结束。但其历史教训是极为深刻的。

第一，必须科学对待马克思主义，立足国情、省情，从实际出发探索自己的建设道路。

进行社会主义建设，必须把马克思主义基本原理与中国具体实际相结合。由于把马克思、恩格斯、列宁、斯大林著作中的某些设想和论点加以误解或教条化，这就使我们把离开生产力发展抽象谈论社会主义的思想和做法当作社会主义原则加以固守；把社会主义条件下有利于生产力发展的一些认识和做法当作“修正主义”或“资本主义”加以反对；把已经不属于阶级斗争的问题仍然看作阶级斗争，导致阶级斗争的严重扩大化。林彪、江青反革命集团把这些错误理论进一步推向极端，给社会主义事业造成了严重的危害。

“文化大革命”期间，吉林省与全国一样，商品交换萎缩，许多生产门路被堵死；国营企业生产不计成本，经营不问盈亏，大量社会财富被白白浪费；在分配上实行平均主义，干多干少、干好干坏、干与不干一个样，大家躺在国家身上吃“大锅饭”。这些错误的政策和做法都极大地破坏了社会主义经济制度，严重地挫伤了全省人民的积极性，影响了经济发展。实践说明，要坚持理论指导的正确性，必须从国情、省情的实际出发，把马克思主义普遍真理与当地的具体实际相结合，才能制定出切实可行的路线、方针、政策，才能促进社会主义事业的发展。

第二，在社会主义改造取得历史性胜利以后，党和国家的工作重心必须转移到经济建设上来。

“文化大革命”“以阶级斗争为纲”和“无产阶级专政下继续革命”的“左”倾错误理论，引发了向“走资派”夺权的“全面内战”，使全国陷入混乱状态。林彪、江青反革命集团提出的“政治可以冲击一切”，批判“唯生产力论”，把广大干部和群众积极发展社会生产，推进社会主义建设的行为诬蔑为“只拉车不看路”，结果使全省经济在十年内出现三次起伏，导致1967年、1968年连续两年生产出现停滞和倒退的局面。这不但使经过调整来之不易的大好形势丧失殆尽，而且使全省经济陷入严重困境。实践证明，在社会主义改造完成以后，不应再“以阶级斗争为纲”，而应把党和国家的工作重心转移到经济建设上来。只有突出解放和发展生产力在社会主义本质中的地位与作用，才能自觉地坚持以经济建设为中心，不断推进社会主义现代化建设，才能充分显示社会主义制度的优越性。

第三，必须健全和完善民主集中制，坚持集体领导原则。

“文化大革命”之所以发生并持续十年之久，其中一个重要的原因就是权力过分集中与个人崇拜相互作用的结果。长期以来，由于党的领导制度存在缺陷，助长了个人专断作风的发展，而个人崇拜又助长了此种作风的日益严重化。“文化大革命”在吉林省发动时，虽然广大党员、干部对运动“很不理解，很不认真，很不得力”，但是在当时民主集中制被破坏的政治环境中，也只好一再表示要努力检查自己，争取跟上毛泽东的“伟大战略部署。”正是在民主集中制和集体领导原则被削弱的情况下，才导致全局性大灾难的发生。“文化大革命”的实践证明，对于领袖人物既要维护他们的威信，又不能搞任何形式的个人崇拜。必须加强和完善民主集中制，坚持集体领导原则，健全党内民主生活，加强民主监督，禁止任何形式的个人专断。

第四，必须发展社会主义民主，加强社会主义法制。

“文化大革命”十年间，由于“左”倾错误领导，实行“大民主”和“造反有理”，使党和国家制订的宪法、法律和各项规章制度遭到破坏，导致全国动乱不止，国无宁日，省无宁日。林彪、江青反革命集团为达到篡党夺权的目的，推波助澜，加剧了动乱的程度和法制破坏的力度，整个国家一度陷入“无法无天”的混乱中，国民经济遭受到巨大的损失，人民生活遭受严重的破坏，甚至出现“群专”组织非法拘禁、私设公堂、制造大量冤假错案现象。对史云峰等案件的处理就是社会主义民主和法制建设遭到严重破坏的恶果。“文化大革命”的实践证明，必须加强民主和法制建设，社会主义民主是社会主义法制的基础，社会主义法制是社会主义民主的保障，民主与法制相互依赖，相互促进，密不可分。

第五，必须全力维护党的团结和统一。

“文化大革命”严重破坏了党和全社会的团结和统一，搞乱了全国的经济、社会和生活秩序。吉林省在此期间，由于一些人挑动派性，成立派性组织等，社会和谐团结的局面、经济秩序、社会秩序和生活秩序遭到破坏。特别是“批林批孔”和“反击右倾翻案风”运动，使趋于稳定的社会秩序遭到更加严重的破坏，严重地影响了经济社会的发展。“文化大革命”的内乱表明，只有维护党的团结和统一，才有社会的稳定和社会主义事业的发展。必须竭尽全力维护党的团结统一，坚决贯彻执行党的统一战线政策和民族区域自治政策，保持社会稳定，为社会主义现代化建设创造良好的社会环境。

第　四　编

在徘徊中前进和
走向历史性转折的吉林

（1976年10月—1978年12月）

从1976年10月粉碎“四人帮”到1978年底党的十一届三中全会召开，是党和国家逐步扭转“文化大革命”造成的混乱局面，实现历史性转折，开辟社会主义事业发展新时期的重要阶段。在这两年多时间里，按照中共中央的统一部署，中共吉林省委领导全省人民冲破长期以来“左”倾错误的束缚，积极开展了揭批“四人帮”的斗争，清查同“四人帮”有牵连的人和事，对“文化大革命”造成的混乱进行拨乱反正。同时，省委着手恢复和发展国民经济的工作，使全省工农业生产和各项事业走上健康发展的轨道，人民生活不断得到改善，教育、科技、文化、卫生等项事业呈现初步的繁荣景象。从1978年5月开始，在邓小平等老一辈革命家的领导和支持下，全国揭开了真理标准问题讨论的序幕。省委不失时机地发动广大干部群众参与讨论，全省上下形成了一股要求解放思想、实事求是的历史潮流。而后，邓小平在吉林发表重要谈话，极大地调动了各方面的积极性，推动了全省拨乱反正工作的稳步进行，为全省党的工作着重点向社会主义现代化建设转移奠定了基础。

1978年12月召开的党的十一届三中全会，开始从根本上纠正指导思想上的“左”倾错误，结束了在徘徊中前进的局面，实现了新中国成立以来党和国家历史上具有深远意义的伟大转折。从那时起，在党中央和省委的正确领导下，吉林人民以一往无前的进取精神和波澜壮阔的创新实践，走进了改革开放的新时期。

第二十一章

揭批江青反革命集团和拨乱反正的局部进展

粉碎“四人帮”后，中共吉林省委按照党中央的部署领导全省人民掀起了揭发批判“四人帮”的热潮。整顿党组织和干部队伍、调整政治关系、恢复各级组织机构、平反冤假错案的工作也在全省逐步展开。与此同时，在省委的领导下，全省各族人民以极大的热情投入到社会主义现代化建设中来，加快工农业生产的恢复与发展，国民经济和各项事业开始走向正轨。但是，受“两个凡是”错误方针的影响，揭批“四人帮”和拨乱反正的工作存在着较大的局限性，经济建设也存在着不符合经济规律、要求过急的片面性。全省工作出现了在徘徊中前进的局面。

一、揭批“四人帮”运动与各级领导班子调整

揭批“四人帮”运动

粉碎“四人帮”之后，在党中央的领导部署下，中共吉林省委带领全省人民开展了以揭批“四人帮”反党集团罪行、清查同“四人帮”阴谋活动有牵连的人和事的斗争。同时，省委对全省各级领导班子进行调整和加强。随着社会局面的安定和各项秩序的好转，广大干部群众积极

投入对“四人帮”的揭发和批判，运动很快在全省开展起来。

按照中共中央的部署，省委首先在全省开展了揭批“四人帮”运动。1976年10月9日和13日，省委召开常委会议，传达党中央关于粉碎王洪文、张春桥、江青、姚文元反党集团的决定和中共中央主席华国锋在粉碎“四人帮”打招呼会议上的讲话。10月18日，中共中央关于粉碎“四人帮”反党集团的通知下达后，省委于24日发出通知，要求各级党委认真学习中央通知精神，组织党员、干部揭发批判“四人帮”反党集团的罪行，努力把各项工作做好。为了进一步学习和贯彻中央文件的精神，将“四人帮”反党集团的罪行批深批透，11月24日至29日，省委召开省、地、县三级党员干部会议，随后又举办了全省宣传干部学习班，传达和学习全国宣传工作座谈会精神和中央批转山东经验的电报，研究讨论把揭批“四人帮”斗争引向深入的问题。在此期间，全省各地举办了各种类型的学习班和政治夜校，培训骨干，编写材料，发挥理论队伍的作用，使广大干部和群众不断加深对“四人帮”反动本质的认识。不少地方把“四人帮”的罪行分成专题，有领导、有计划、有组织、有准备地进行深入揭批。全省广大干部群众对揭批“四人帮”表现出极大的积极性和主动性，召开声讨、揭发、批判会十余万次，参加会议的有数千万人次，揭批发言者达上百万人。

在揭批“四人帮”运动中，省委根据1976年10月18日中央发出的《关于王洪文、张春桥、江青、姚文元反党集团事件的通知》和1976年12月至1977年9月陆续下发的三批“四人帮”罪证材料，先后领导全省人民开展了揭批“四人帮”的“三个战役”，即揭批“四人帮”进行篡党夺权的活动阴谋和罪行，揭批“四人帮”的反革命面目和罪恶历史，揭批“四人帮”反革命路线的实质及其在各方面的表现。

1976年12月10日，中共中央下发《王洪文、张春桥、江青、姚文元反党集团罪证》(材料之一)后，12月16日，省委、省革委会召开省直机关干部深揭深批“四人帮”罪行大会。省计委、省工交办、省财贸办、省文教办和省军区等单位在会上作了批判发言。此后，各级党组织按照省委的要求加强了对运动的领导，全省开始进入系统批判阶段。

1977年初，省委把深入揭批“四人帮”作为全年的中心任务，号召各级党委加强学习，要“对‘四人帮’在思想上、理论上制造的混乱，来一番彻底的大清理、大扫除”；“要把广大工农兵群众和干部的理论学习认真组织和领导好，要在斗争中培养党的理论骨干，在斗争中建立马克思主义的理论队伍，在斗争中发挥理论队伍的作用”①。这期间，全省群众利用报刊、广播、电视、黑板报、墙报等多种宣传工具和电影、戏剧、曲艺、音乐、舞蹈、美术等各种文艺形式开展揭批活动。许多地区还组织宣讲团、座谈会，深入城镇和农村进行宣传，配合揭批运动的开展。

随着揭批“四人帮”运动的深入，全省的广大干部群众揭露出不少吉林省帮派骨干分子追随“四人帮”反党集团和企图篡党夺权的罪行。但是，由于省委在“文化大革命”“左”倾错误指导方针下做过错事，特别是省委主要领导人同“四人帮”有牵连，因而领导运动不力，拖延和阻碍了全省揭批“四人帮”运动进程。

1977 年 2 月 28 日，中央决定调整和加强吉林省委领导班子，调南京军区副政治委员王恩茂任中共吉林省委第一书记、省革委会主任、省军区第一政治委员、沈阳军区副司令员、副政治委员，免去王淮湘省委第一书记、省革委会主任、省军区第一政治委员职务，回部队分配工作。王恩茂于 3 月 4 日到职后，通过各种会议，加大对运动的领导力度，从而扭转了全省揭批“四人帮”运动的被动局面。

1977 年 3 月 6 日，中共中央下发《“四人帮”的反革命面目及其罪恶历史》(材料之二)，全省揭批“四人帮”的斗争进入了深入发展阶段。3 月末，省委召开工作会议，王恩茂在会上分析了全省揭批“四人帮”第一个战役的情况，指出了存在的问题，对第二个战役作了部署。

4 月 23 日至 24 日，中共中央主席、国务院总理、中央军委主席华国锋到吉林省考察工作。省委第一书记、省革委会主任王恩茂，省委书记、省革委会副主任阮泊生代表省委向华国锋汇报工作。华国锋听取汇报后指出，揭批“四人帮”不是短时期的任务，对“四人帮”及其死党的流毒和影响不能低估，要不断总结经验，深入发动群众，把这一斗争进行到底。他明确提出，要揭批“四人帮”，调动群众的积极性，抓革命促

① 《认真看书学习掌握思想武器》，《吉林日报》1977 年 1 月 10 日第 1 版。

生产，把国民经济搞上去。在长春期间，华国锋视察了长春第一汽车制造厂，听取了厂党委的工作汇报，对一汽揭批“四人帮”和汽车生产作了重要指示。

5月3日至7日，省委召开市、地（州、盟）委书记会议，传达贯彻华国锋视察吉林省所作的指示。会议提出要加强领导，放手发动群众，加强调查研究，把揭批“四人帮”运动赶上去。8月26日至9月14日，省委召开三届十次全委扩大会议，提出以深入揭批“四人帮”为第一要务的八项工作任务，同时明确提出要搞好整党整风，加强党的思想、组织建设，整顿和建设好各级领导班子。接着，省委召开了省直机关联系实际揭批“四人帮”罪行大会、全省有线广播大会等一系列会议。在各级党委领导下，省内各条战线、各个领域广大干部群众积极投入对“四人帮”的揭批活动中。在召开各种形式批判会的同时，各级各类报刊也组织刊登了一系列批判文章。

1977年9月23日，中共中央下发《“四人帮”在各个领域散布的反动谬论》（材料之三），引导揭批“四人帮”的反革命理论向深层次发展。11月1日，省委发出通知，要求各级党委在打好第一、第二个战役的基础上，重点揭批“四人帮”反革命路线的实质及其在各方面的表现，掀起揭批“四人帮”运动的新高潮。11月2日，省委召开全省打好揭批“四人帮”第三个战役动员大会，号召全省广大干部群众联系实际，深揭狠批“四人帮”反革命路线的实质及其在各方面的表现，搞好清查、整党、整风、整顿和建设领导班子。这次动员大会后，全省党政机关、工厂企业、科教文卫等部门和理论界开展了一系列揭批活动。

企业广大职工揭发批判了“四人帮”反对加强企业管理，煽动无政府主义，造成很多企业有章不守、无章可循、破坏生产、破坏经济建设的罪行。长春第一汽车制造厂职工紧密联系实际，以“四人帮”散布所谓“批判唯生产力论”、乱扣“管、卡、压”谬论为切入点，深入揭批“四人帮”破坏企业管理、破坏产品质量的罪行①。与此同时，全省工矿企业掀起了揭批“四人帮”，开展增产节约运动，开展社会主义劳动竞赛热潮。生产

---

① 《揭批“四人帮”及其东北太上皇的罪行》，《吉林日报》1977年5月16日第1版。

建设由停滞不前甚至下降倒退的局面，走上了迅速恢复和发展的良性轨道。

科技部门批判了“四人帮”迫害科技人员、破坏科研体制、干扰理论研究的罪行。吉林省本来起步较早、水平领先的一些学科与世界先进水平拉大了距离，工农业生产中的不少关键性技术问题长期得不到解决，影响了经济的发展。

教育系统批判了“四人帮”炮制的“两个估计”和破坏教育事业的罪行。1977年11月28日，省委召开全省有线广播大会，对全省教育战线的知识分子在社会主义事业中的作用及其在政治思想上的进步给予了充分肯定，为广大教师摘掉了强加在他们头上的“资产阶级知识分子”的帽子。

公安战线召开全省有线广播大会，批判林彪、“四人帮”破坏公安工作，迫害公安干警，炮制“两个否定”“一个砸烂”①的罪行，为公安干警伸冤平反。

省委还先后召开两次全省理论干部会议，深入系统揭发批判“四人帮”的反动思想体系及其在哲学、政治经济学、科学社会主义等各个领域中的表现，讨论如何掌握毛泽东思想体系，在全省进行一次新的马克思主义教育等问题。

在此期间，为安定社会秩序，省委还在中央的部署下，先后开展了“一批双打”（揭批“四人帮”，打击阶级敌人的破坏活动，打击资本主义势力）和“两打一整顿”（打击反革命、打击刑事犯罪、整顿社会治安），配合运动的开展。

在抓好各条战线、各个领域揭批“四人帮”运动的同时，省委加强对各地区揭批“四人帮”运动的领导。1978年2月1日，省委召开常委会议，听取白城地委的汇报，对白城地区揭批“四人帮”运动作出指示。3月下旬，省委两次召开常委会议，听取延边州委的汇报，指出，延边是“四人帮”干扰、破坏的重灾区，要放手发动群众，把揭批运动真正开展起来。接着，省委批转四平地委关于《四平地区揭批“四人帮”运动是怎

---

① “两个否定”，即否定“文化大革命”前17年公安工作的成绩，否定公安干警绝大多数是好的和比较好的；“一个砸烂”，即砸烂公检法。

样开展起来的》经验材料，要求各地、各部门参照四平地区的经验，把运动不断引向深入。

经过两年多的揭批，全省广大干部群众逐步认清了“四人帮”的反革命真面目，基本上分清了一些路线是非、思想是非和理论是非问题，思想觉悟得到了提高。在揭批中，广大干部群众不仅揭批了“四人帮”的罪行，也进一步批判了林彪的罪行，推动了各条战线上的拨乱反正。全省范围内出现了安定团结的政治局面。

清查同“四人帮”阴谋活动有牵连的人和事

从揭批“四人帮”运动的第一个战役开始，省委即根据中共中央的要求，在领导揭批“四人帮”的同时，开展了清查省内与“四人帮”篡党夺权阴谋活动有牵连的人和事的工作。1976 年 12 月 21 日，省委召开清查工作会议，具体部署清查工作。省委和各市、地（州、盟）委均成立清查领导小组，重点在省市两级党政领导层中进行清查。到 1977 年 3 月末，全省共清查出同“四人帮”阴谋活动有牵连的人和事（含按照中央要求清查出的“四人帮”的罪恶历史和阴谋讲话材料）共 130 件，省委将其上报中央[①]。

1977 年 2 月 7 日，《人民日报》、《红旗》杂志和《解放军报》发表题为《学好文件抓住纲》的社论。强调揭批“四人帮”是当前的“纲”，在“抓纲治国”的同时，公开提出“凡是毛主席作出的决策，我们都坚决维护，凡是毛主席的指示，我们都始终不渝地遵循”的方针（即“两个凡是”）。这一方针的推行，表明当时各项工作的指导思想远未摆脱“左”的思想的影响。

由于长期受到“左”的思想影响，部分领导干部对清查工作心存顾虑，对运动持观望态度；一些犯了错误或严重错误的干部捂盖子或避重就轻，转移斗争方向；省委主要领导人与“四人帮”有牵连，犯过错误，仍坚持错误立场，致使清查工作难以深入下去。1977 年 4 月 6 日，省委第一书记王恩茂在省委工作会议上，号召各级党委彻底发动群众，联系本

① 王恩茂：《在中共吉林省委工作会议上的讲话》，1977 年 4 月 6 日。

地区、本战线、本单位的实际，深入揭批“四人帮”的罪行，认真清查同“四人帮”篡党夺权阴谋活动有牵连的人和事，并要求对揭发出的问题要一桩桩、一件件查清楚，与大批判结合起来。

为加大清查力度，自1977年6月17日开始，省委连续召开常委会议，让有牵连的常委在会上讲清楚自己的问题。6月20日至26日，省委召开的第三届第九次全委扩大会议，又发动与会人员对省委常委中有牵连的人和事进行集中揭发。7月4日，省委根据揭发的材料，向中央作了《关于吉林省委三届九次全体（扩大）会议情况的报告》。报告的主要内容，即“王淮湘同志主持省委工作几年来”，“积极推行了‘四人帮’……搞的一套”，“错误是严重的”[①]。在之后的省委三届十次全委扩大会议上，省委决定，联系吉林省实际，深入揭发批判和彻底查清省委前主要负责人王淮湘等人同“四人帮”篡党夺权阴谋活动有牵连的人和事。党中央对吉林省的工作非常重视。12月16日，中共中央批示并电告吉林省委，关于王淮湘应停职检查，交代问题。

为调整和充实省委领导班子，1977年10月，中央批准兰干亭、张士英、宋洁涵、于克任省委副书记，又于1978年1月任命高扬为省委书记，从而加强了省委的领导力量。

此后，全省清查工作进入边清查边进行组织处理的阶段。自1976年10月6日至1977年10月15日，逮捕、拘留和隔离审查清查对象6人，离职、免职审查20人，办学习班审查25人，批判审查15人。上述审查对象中，内部点名批判的省军级干部有王淮湘等3人。在清查中，与林彪反革命集团有牵连的人和事也得到揭批和处理。[②] 据统计，全省在揭批林彪、“四人帮”的斗争中，被定为清查对象和说清楚对象的共有675人，其中说清楚对象（指与两个集团阴谋活动有牵连犯有一般性错

① 《关于吉林省委三届九次全体（扩大）会议情况的报告》，1977年7月4日。

② 1984年1月17日，省委向中央作了《关于王淮湘在“文化大革命”中所犯错误和罪行的审查结论》的报告。报告反映：“王淮湘在十年内乱中，积极追随林彪、江青反革命集团进行篡党夺权的阴谋活动，诽谤、诬陷党和国家领导人，拉帮结派，迫害干部，镇压群众，给吉林省各族人民和社会主义建设事业造成严重灾难，犯有严重错误和罪行，民愤很大。经省委讨论决定，给予王淮湘开除党籍的处分，并建议降低其工资级别。”1985年1月10日，中共中央批复了这个报告，同意给予王淮湘开除党籍处分。

误的人)427 人,根据“扩大教育面,缩小打击面”的指导方针,予以全部解脱;清查对象(指与两个集团阴谋活动有牵连犯有严重错误的人)248 人。通过内查外调,经各级党委讨论决定,为说错话办错事、检查交代后给予解脱的 193 人,移交部队处理的 6 人,按打砸抢分子处理的 13 人,发现有经济问题另案处理的 1 人,结论为犯有严重错误或罪行,分别作了适当处理的 35 人①。

开展整党整风和调整各级领导班子

在清查与两个集团阴谋活动有牵连的人和事的同时,省委还按照中央的指示精神,结合整党整风对各级领导班子进行了调整。

1977 年 4 月 11 日,《人民日报》发表题为《全面落实抓纲治国的战略决策》的社论,强调“深入揭批‘四人帮’这就是当前的主题,就是当前的纲”,“用揭批‘四人帮’的斗争来推动全局的发展”②,并提出“抓纲治国”八个方面的工作,其中重点提到了开展整党、建党与加强党的各级领导班子。

为贯彻中央提出的从思想上、组织上、作风上整党、建党的要求,自 1977 年 7 月开始,全省开展了以整顿各级党委班子为重点的开门整党整风。党的十届三中全会后,省委召开省、地、县三级党员干部会议,要求认真贯彻党的十届三中全会精神,总结好整党整风试点经验,重点解决好领导班子思想不纯、组织不纯和作风不纯的问题,恢复和发扬党的优良传统作风。1978 年 2 月,按照中央部署,省委决定省、地、县三级党委设立纪律检查委员会,撤销省委组织部纪律检查处,大中型企业、事业单位党委也建立纪律检查机构,配备专职纪检人员,以此来配合整党整风和做好今后对党员的党风党纪教育工作。到 1978 年 11 月,全省 7 个市、地(州、盟)委,65 个县(区、旗)委,2254 个基层党委,72581 个党总支和支部,普遍进行了整党整风。在农村,有 32%的公社党委、37.7%的生产大队党支部、20.3%的社直属单位党支部,比较集中地进

① 吉林省地方志编纂委员会编:《吉林省志·中国共产党志》,吉林人民出版社 1997 年版,第 561—562 页。

② 《全面落实抓纲治国的战略决策》,《人民日报》1977 年 4 月 11 日第 1 版。

行了整党整风；没有集中时间整党的社、队，也对领导班子进行了初步整顿，对党员进行了马列主义、毛泽东思想和党风党纪教育①。

按照党的十届三中全会精神，在清查和整党整风中，省委、省革委会的领导班子和各市、地（州、盟）的党政班子进行了大幅度的调整。

第一，各级领导班子中的军队干部返回部队。根据中央有关文件精神，从1977年6月5日开始，逐步撤出在地方工作的军队干部。少数地方因工作需要，群众挽留，本人又愿意继续留在地方工作的，应由军队办理转业手续。到7月末，全省在地方工作的792名军队干部，撤回部队646人，占81.6%。

第二，对各级领导班子中的打砸抢分子进行惩办和处理。1978年4月，省委在市、地（州、盟）委领导干部会议上部署，重点清除领导班子中的武斗策划者、指挥者；私立公堂、挟嫌报复，民愤极大的人员；抢劫、破坏国家和集体财产造成严重后果的人员；煽动停工停产，严重破坏国民经济建设的人员。1978年6月9日，省直机关召开万人大会，全省打砸抢首要分子许肇昌被逮捕法办，各市、地（州、盟）、县（区、旗）20多万人收听了大会实况广播。这对全省人民鼓舞很大，推动了揭发批判打砸抢分子的高潮。到1978年8月，全省共清查党内外打砸抢分子305人、犯有严重打砸抢错误的3624人、犯有一般性打砸抢错误的37822人。给予刑事处分的302人，开除党籍的181人，给予其他党纪处分的868人，给予政纪处分的605人，免予处分的39795人②。

第三，解决"双突"③干部问题。1978年7月，省委召开组织工作会议，讨论解决班子中的"双突"干部问题。据统计，在全省公社以上领导班子中有"双突"干部11850人，已经调整了3170人，占总数的26.7%。会议要求，在继续调整"双突"干部时，要从实际出发，区别对待。对犯有严重错误的，要按照党的政策处理；对混进领导班子的坏人、打砸抢分子必须坚决清除，对其他多数人要进行教育和团结。

---

① 中共吉林省委组织部：《全省整党整风的基本情况》，1978年11月7日。

② 吉林省地方志编纂委员会编：《吉林省志·中国共产党志》，吉林人民出版社1997年版，第564页。

③ 即"文化大革命"中突击入党又被突击提干的人员。

第四，清理班子中政治品质恶劣、作风败坏的人。关于选什么样的人进领导班子，省委第一书记王恩茂 1978 年 7 月 1 日在市、地(州、盟)委组织部长座谈会上要求，按照邓小平的讲话精神，选择能够认真学习马列主义、毛泽东思想的人；在“路线斗争”中经得起考验的人；党性强，讲团结，不信邪的人；艰苦朴素，实事求是，说老实话，做老实人，作风正派的人；努力工作，联系群众，关心群众疾苦，有魄力，有实践经验，能够办事的人。根据老、中、青三结合的原则，让一些在“文化大革命”中受排挤、遭打击的老干部重新担任领导职务，再选进一批条件好的中、青年干部。

这次调整，重点是县以上领导班子。除了调整有政治问题的领导班子，也对“软、散、懒”的领导班子进行了调配和重组。在各级党组织的努力下，军代表撤离地方回到部队；靠“造反”起家的打砸抢分子、犯有严重错误的干部被清除出各级领导班子；调整了一批突击提拔的干部；一批在群众中有威信、有工作能力、专业知识扎实的中、青年干部被调配和选拔上来；一大批“文化大革命”前主持工作的老干部重返领导岗位。这在一定程度上加强了省、市、地(州、盟)、县(区、旗)的领导力量，对于加强领导，稳定局面，恢复正常的生产和社会秩序起到了保证作用。

经过调整，省革委会副主任以上的干部共有 18 人，新增任人数占 1978 年底班子总人数的 72.2%。各市、地、州(不含哲里木盟)党委常委、革委会副主任以上干部新任 53 人，新任人数占 1978 年底班子成员总数的 52%。

1978 年底，中共中央作出工作重心转移的重大决策，果断地结束了全国性的揭批“四人帮”运动。吉林省的揭批运动也随之告一段落。经过两年多的揭批查斗争，极大地激发了全省广大干部群众的政治热情和生产积极性，社会秩序大为好转。省委在运动中调整和充实了各级领导班子，加强了党的思想建设、组织建设，党的理论联系实际、密切联系群众和批评与自我批评的优良传统得到恢复，从而扭转了林彪、“四人帮”反革命集团干扰和破坏所造成的严重困难局面，促进了全省经济和社会各项事业的恢复与发展。

在当时的历史条件下，由于受到长期“左”的指导思想限制，对“四人帮”的揭发和批判还存在着很大的误区，将“四人帮”的极左路线当作“极右实质”来批判，难免形成思想上的禁锢，限制了运动的深入发展。由于理论上批判得不彻底，导致了许多是非问题得不到真正的澄清，广大干部群众提出的许多合理诉求也未能得到解决。

二、平反冤假错案与调整政治关系

平反工作的初步开展

在对“四人帮”的揭批运动中，被迫害的广大干部和家属，强烈要求省委给予平反、落实政策。但是，由于受“两个凡是”的影响和王淮湘的阻挠，揭批运动不能向纵深发展，平反冤假错案的工作也无法认真进行。党中央适时地调整了吉林省委领导班子，新省委带领全省干部和群众开展了轰轰烈烈的揭批查运动，又及时调整了各市、地（州、盟）、县（区、旗）委领导班子，从组织上保证了平反冤假错案、落实干部政策工作的顺利进行。从1978年春天开始，平反冤假错案的工作开始在全省范围内逐步展开。各级党委在落实干部政策过程中，逐步解放思想，坚持从实际出发、实事求是的原则。与此同时，一批大案、要案的公开平反，提高了党在群众中的威信，极大地调动了广大干部和群众的积极性，从而为推动拨乱反正的进程，巩固和发展安定团结的社会局面奠定了基础。

长达十年之久的“文化大革命”，在吉林省共制造各种冤假错案20362起，被立案审查的干部84683人，占当时干部总数的20.5%。其中，副省级以上干部20人，地、厅、局级干部527人，县处级干部3128人[①]。有些干部虽未被立案审查，但受到错误的批判和斗争。许多干部被戴上“叛徒”“特务”“反革命”“反党分子”“走资派”等政治帽子，有的

① 数字中均含现属内蒙古自治区的哲里木盟（今通辽市）和兴安盟的科尔沁右翼前旗、突泉县1969年7月划入吉林省前制造的“新内人党”等“三案”数字。

被关进监狱,甚至被迫害致死,并株连到他们的亲属和同事。1972年批判极左思潮后,对案件开始进行复查;1975年又加快了复查进度,更正了一些案件的原结论,平反了部分冤假错案。但由于“文化大革命”和长期“左”倾错误造成的影响,纠正的结论许多留有“尾巴”,平反很不彻底。

粉碎“四人帮”后,党中央提出拨乱反正,使被迫害的干部群众看到了希望。可是,因为受“两个凡是”的影响,复查工作进展不快。到1978年3月,只复查完“文化大革命”中立案案件的27.3%。在清理出的因反对“四人帮”等而被作结论认定为有各种问题的150人中,只对直接反对“四人帮”的17人进行了平反。在落实干部政策的过程中,特别是十一届三中全会之前,从领导到做具体工作的同志,比较普遍存在思想不够解放的问题。有些同志因受“左”的思想影响较深,或没有摆脱林彪、“四人帮”的精神枷锁,或受“两个凡是”的影响,在一些案件的复查工作上,有的分不清是非,把冤假错案看成是正确的,有的不敢坚持实事求是,明知是冤假错案也不敢平反、纠正。加之派性的干扰,出现了对一些冤假错案采取拖案和互相推诿的现象。这种状况越来越引起受迫害的干部群众的不满,他们纷纷到省里上访申诉。据省信访处统计,1978年第一季度受理的来信、来访量,比1977年同期增加2倍多。

为解决冤假错案的平反问题,省委加大了对冤假错案的平反力度。1978年4月14日至27日,省委组织部召开全省审干工作座谈会,解决阻碍审干复查工作的各种思想问题。会议学习了毛泽东有关审干工作的指示,传达了中央组织部召开的研究疑难案例座谈会精神。会议确定,审干复查和清理审干积案的主要任务是:审查“文化大革命”以来立案审查尚未作出结论的案件;“文化大革命”中已作结论的案子要复查、复审和复议;清理“文化大革命”中被审查干部的档案资料;“文化大革命”前历次审干中已有结论的,如本人要求复查的,也要予以复查;复查由于某种原因漏审的案件。这次座谈会还研究了政策问题,确定了实事求是、从实际出发的根本原则。会议要求各地区根据这次会议精神,结合实际情况,作出规划,有计划、有步骤地把平反工作迅速、积极地开展起来。座谈会后,全省的审干复查工作有了转机,省委和各级党委都相继成立了落实干部政策、摘掉右派分子帽子工作领导小组等机构，整顿和加强了审干队伍。在各级政法、纪检、组织部门的努力下，全省平反冤假错案、落实干部政策工作加快了进度。

第一，狠抓大案、要案的公开平反，在社会上形成强烈的反响。1978 年 5 月 11 日，省委批复哲里木盟委关于解决“清队”遗留问题的报告，决定为哲里木盟隶属内蒙古自治区期间“清队”制造的“反党叛国集团”案和“新内人党”案等假案平反，为两案中受诬陷的原哲里木盟党政领导平反，恢复名誉。5 月 16 日，省委根据中央组织部召开的研究疑难案例座谈会的精神，为“文化大革命”中于 1967 年、1968 年两年受迫害而自杀的六名副厅局级以上干部（其中副省级一名）重新作出结论，将 1973 年至 1975 年间作出的“对运动不理解自杀”的结论，改正为在“文化大革命”中受林彪、“四人帮”反革命修正主义路线迫害而不幸逝世，为此，决定举行骨灰安放仪式或追悼会，为其平反昭雪，恢复名誉[①]。

1978 年 10 月 16 日，省委召开常委会议，讨论吉林省冤情最大、株连最广、被群众称为“四大政治冤案”的平反问题。这四起冤案为：长春市革命委员会原主任任青远“资敌通敌反革命特务集团”案、省公安厅原副厅长申虎成“给林彪安窃听器反革命集团”案、原副省长张文海“现行反革命分子”案和省总工会原主席王明德“反革命集团”案。这四起重大政治冤案，虽然已于“文化大革命”期间及“文化大革命”结束后平反，冤案受害人也已恢复了原级别的职务，但都没有开过平反大会，一些善后工作也没有落实到位。为此，省委对这四起案件进行了认真的复查，并于 10 月 28 日召开由省委第一书记王恩茂主持的公开平反大会。会上，省委副书记张士英宣读省委的平反决定，郑重宣布为这四起政治冤案的直接受害者 207 人平反昭雪，恢复名誉。对因这四起冤案受株连的近千名干部和群众，要求其所在单位党组织根据本决定精神，均给予平反昭雪和落实政策[②]。

---

① 中共吉林省委组织部：《关于在“文化大革命”中非正常死亡的老干部结论意见和举行骨灰安放仪式或追悼会的报告》，1978 年 5 月 16 日。

② 中共吉林省委：《关于为“资敌通敌反革命特务集团”等四起政治冤案、假案平反的决定》，1978 年 10 月 28 日。

第二,集中力量为各级党政机关中的老干部平反昭雪,进行工作安排和妥善安置。为落实老干部政策,省委于6月12日至7月1日召开市、地(州、盟)委组织部长座谈会,提出五点要求:一、对老干部过去受审查需要作结论而没有结论的要尽快作出正确结论。二、对已作了结论但不正确的要改正过来,一切诬陷不实之词应予推倒。三、对可以工作而没有分配工作的老干部要尽快分给适当工作,分配了工作但不合适的要进行调整。年老体弱不能工作的要妥善安排,政治上、生活上给予关怀、照顾。四、对受审查期间死去的老干部,要实事求是作出结论,并做好善后工作。五、对无辜受牵连的家属、子女、亲友、身边工作人员应予解决的问题,也要妥善解决。根据五点要求,省委和各市、地(州、盟)、县委,开始对"文化大革命"期间被立案审查的老干部的结论进行全面复查,推倒一切诬陷之词。

第三,重视对知识分子的平反工作,推动社会各项事业的发展。粉碎"四人帮"后,省委根据中央指示精神,把平反冤假错案、落实知识分子政策当作大事来抓,采取"全错全平,部分错部分平,不错不平"的原则,认真甄别平反,落实政策。1978年3月15日至4月5日,吉林省和长春市文艺、卫生、教育、新闻出版、体育、社会科学等领域分别召开八次大型批判会,系统地揭露了"四人帮"和省委前主要负责人对吉林省文教事业的破坏,并且为一些长期遭受打击迫害的专家学者、劳动模范和文艺家平反,恢复名誉。为了抓好落实知识分子政策工作,省委要求各级党委对知识分子中的冤假错案一律公开平反,对被迫害致死的知识分子予以昭雪,对用非所学的专业人员进行调整,恢复和确定知识分子的教学和技术职称,改善知识分子的工作和生活条件。经过各地、各部门的努力,全省落实知识分子政策工作取得很大成绩。据不完全统计,从1978年3月到1978年底,全省知识分子的冤假错案已平反29995人,占应平反人数的97.2%;用非所学的专业人员9250人,已有7107人的工作得到了调整,占应调整人数的76.8%。

第四,对"文化大革命"以前和"文化大革命"中的冤假错案予以纠正。1978年4月,省委按照中央文件精神,成立了吉林省摘掉右派分子帽子领导小组,9月,更名为"中共吉林省委摘掉右派分子帽子工作领导小组”，从此，在全省范围内开展了对错划右派分子的改正工作。10月26日，省委召开全部摘掉右派分子帽子工作会议，传达贯彻中央《关于全部摘掉右派分子帽子决定的实施方案》，复查改正错划右派分子的案件。改正工作进展较快，效果较好，使一大批相关人群卸掉了长期背在身上的思想包袱，改善了他们同党的关系，调动了他们的积极性，在社会上产生了良好的反响。各级各部门还先后启动了对“反右倾”“四清”等历史老案中的冤假错案进行平反纠正的工作。省直各系统，各市、地(州、盟)也先后召开平反大会，成批地为各级干部平反昭雪，恢复名誉，加快了落实干部政策的步伐。

到1978年11月，据不完全统计，自5月以来，全省平反冤假错案10797起，占全部案件数的53%，平反工作的局面逐步打开。

1978年11月14日，经中央政治局常委批准，北京市委率先宣布为天安门事件平反。11月23日，省委办公厅受省委委托，向全省各市、地(州、盟)、县(区、旗)委发出电话通知，要求各级党委和公安、司法部门，对因天安门事件受到迫害的干部和群众，进行彻底平反。

这一时期落实党的干部政策和平反工作取得的成绩是显著的。吉林省清算了林彪、江青两个反革命集团打击迫害干部的罪行，为广大干部群众分清了功过是非，伸张了正义；正确处理了党内矛盾和人民内部矛盾，恢复了党的实事求是、坚持真理、修正错误的优良传统和作风，体现了党的政策；增强了党内团结，提高了党的声誉，密切了党和人民群众的关系，调动了广大干部群众的积极性，推动了全省落实干部政策工作的开展。但是，由于受到“两个凡是”方针的束缚，加之“文化大革命”和长期“左”倾错误造成的影响，一些僵化、半僵化的思想还未从“四人帮”的精神枷锁和“两个凡是”中解脱出来。许多涉及“文化大革命”和以前的冤假错案，一些没能得到平反，一些还只是部分平反。许多历史遗留问题没能彻底解决。这些工作，在关于真理标准问题的大讨论和党的十一届三中全会以后，才逐步得以完成。

政治关系的调整

“文化大革命”的十年，破坏了吉林省原有的政治体制。这期间，应召开的人民代表大会没有召开，政协组织、民主党派组织停止了活动，民主与法制建设受到严重破坏，各方面政治关系处于紧张状态。为调动一切积极因素，完成新时期四个现代化的建设任务，在中共中央领导下，全省开始调整政治关系。1976 年 12 月 29 日，省委发出通知，要求全省各级党组织，广大党员、干部和群众，学习、宣传、贯彻、执行好毛泽东著作《论十大关系》中的各项要求，领会关于调动一切积极因素为社会主义事业服务的基本方针和思想，澄清“四人帮”所造成的糊涂观念，落实党的政策，调整各种政治关系。

首先调整了党政机关的领导与人民当家作主之间的关系，恢复“文化大革命”中遭到破坏的人民代表大会制度。1977 年下半年，中共中央决定提前召开五届全国人大一次会议，要求各省、自治区、直辖市在此前后召开新一届人民代表大会，选举新一届政府领导人。根据中央的部署，1977 年 8 月 26 日至 9 月 14 日，省委召开三届十次全委（扩大）会议，传达贯彻 8 月 12 日至 18 日在北京召开的中国共产党第十一次全国代表大会精神。在这次会议上，布置了开好各级人民代表大会的工作任务。10 月 28 日，省委发出《关于召开吉林省第五届人民代表大会的通知》，决定恢复人民代表大会制度。省委指出，自 1965 年 9 月召开第三届人民代表大会第三次会议以来，全省已有 12 年未召开过人民代表大会，根据 1975 年通过的《宪法》规定，省革命委员会按一届政权计算，这次即跳过第四届人民代表大会而召开第五届人民代表大会①。

1977 年 12 月 19 日至 25 日，吉林省第五届人民代表大会第一次会议在长春召开。会议代表 992 人，出席会议代表 970 人。这次人民代表大会的代表比历届的人数都多，来自全省各个地区、各条战线、各个民族，具有广泛的代表性。

会议由大会主席团主持，此次大会选举产生的 82 名代表组成大会

① 1966 年，由于发生“文化大革命”，吉林省没有召开第四届人民代表大会。1968 年 3 月，经中共中央和国务院批准，成立由驻军领导干部、地方领导干部和群众组织代表组成的吉林省革命委员会，并召开了成立大会。由于根据 1975 年通过的《宪法》第二十二条规定，地方各级革命委员会是地方各级人民代表大会的常设机关，同时又是地方各级人民政府。经批准，将省革命委员会作为省第四届人民代表大会计算。

主席团，王恩茂为主席团主席。会上，大会主席团执行主席阮泊生宣布大会开幕，省革委会副主任何友发致开幕词。省革委会主任王恩茂作工作报告。

会议讨论通过了王恩茂所作的《吉林省革命委员会工作报告》，选举产生了新一届省革命委员会，102 人当选为省革命委员会委员。王恩茂当选为省革委会主任，阮泊生、张士英、宋洁涵、于克、宗希云、穆林、宋振庭、高扬、安志文、魏震五、色音巴雅尔、杨战韬、金泰然为副主任。会议号召，深入揭批“四人帮”，认真贯彻落实党的各项政策，恢复和发扬党的优良传统和作风，整顿和建设好各级领导班子，高速度地发展国民经济，尽快把全省建成粮食基地、畜牧业基地和煤炭、电力、化工、汽车、造纸、森工基地。

按照中共中央要求，省委于 1978 年 5 月 30 日发出通知，要求立即开始恢复重建县以上各级人民检察院。检察院的重建，不仅恢复了公、检、法三家互相配合、互相制约和互相监督的机制，也恢复了人民对法律的监督权力，从而加强了社会主义法制建设。

吉林省人民代表大会的召开，标志着人民代表大会又恢复履行吉林地方国家权力机关的职能。这次大会的召开，密切了党与人民群众的血肉联系，对全省经济社会的发展起到了一定的促进作用。但这次大会还存在着“左”的东西，“坚持无产阶级专政下的继续革命”仍然作为大会的指导思想被贯彻下去，“抓纲治省”被明确为今后一个时期全省的总任务，这对全省的发展产生了一定的消极影响。

调整政治关系的第二个方面，是恢复政协和民主党派活动，巩固人民民主统一战线。“文化大革命”开始后，省政协的一切活动停止，各市、地(州、盟)政协组织的活动和工作也陷入停顿状态。根据中共中央 1977 年初关于统战工作的指示和 8 月重建政协的指示，12 月 10 日，省委发出通知，决定恢复省委统一战线工作部，恢复省政协、民主党派和工商联的活动。1977 年 12 月 18 日至 25 日，政协吉林省第四届委员会第一次会议在长春召开。出席省政协四届一次会议的委员由中国共产党、各民主党派、各人民团体和文学艺术、科学、教育、体育、新闻出版、医药卫生、少数民族、归国华侨等 25 个方面的代表组成，委员 393 人，比上一届增加107人。其组成范围之广，委员人数之多，是前所未有的。会议听取了王恩茂所作的《进一步发展革命统一战线，为社会主义事业服务》的工作报告，选举产生了新一届政协领导成员。王恩茂当选为省政协主席，于克、徐寿轩、李梦龄、王大珩、富振声、吴学周、栗又文、于毅夫、宋任远、张德馨、张文海、张开荆、毛诚、成盛三、崔采、刘风竹、萧丹峰当选为省政协副主席。于右山为秘书长。此次政协会议的召开，对于加强中国共产党和各民主党派及无党派代表人士的合作，巩固人民民主统一战线，恢复和健全共产党领导的多党合作制度和政治协商制度，具有重要意义。会上出现了久违的各党派、各团体、各民族、各阶层共商全省发展大计，大团结、大合作的喜人景象。

1978年1月23日，省委发出通知，决定各市、地（州、盟）恢复统一战线工作部。4月15日至17日，省委统战部召开市、地（州、盟）委统战部部长座谈会，研究部署恢复基层统战机构的工作。12月29日，省委批转省委统战部的报告，决定逐步恢复民革吉林省委、民建吉林省工委、民盟吉林省委、民进长春市委、九三学社长春分社等民主党派基层组织的活动。[①] 同年，中央还批准了长春、吉林两市，延边州、哲里木盟恢复政协组织。

随着政协会议的召开，省委开始逐步落实党的民族、宗教和侨务政策。为了加强对民族工作的领导，经省委讨论决定，恢复了省民族事务委员会。随后，省委决定恢复各级民族工作机构。长春、吉林两市和延边朝鲜族自治州、哲里木盟建立了民族事务委员会或民族事务局。在民族自治县建立民族事务局。其他市、县、旗的民族工作由统战部兼管。在民族工作中，省委对在延边朝鲜族自治州影响重大的原延边朝鲜族自治州委第一书记、州长朱德海“现行反革命分子”案予以公开平反。1978年6月20日，平反大会召开，州委书记赵南起宣读了省委为朱德海平反的决定，省委副书记于克在大会上讲话，省委第一书记王恩茂在长春市接见朱德海的家属。平反大会之后，延边州委组织200多名

① 八个民主党派中，农工党于1983年12月建立农工党长春市筹备委员会。1985年3月成立吉林省筹备组，1986年10月召开第一次代表大会，选举产生农工党吉林省委员会；台盟于1980年7月成立吉林省筹备组，1981年产生第一届支部委员会。致公党在吉林省没有成立。

干部参加的冤假错案复查队伍，分赴全州各地为受迫害的各族干部、群众平反昭雪。受迫害被免职、退职的各民族干部，重新被安排到领导岗位。这一系列工作，极大地鼓舞了延边各族人民。9 月 3 日，是延边朝鲜族自治州成立的纪念日，“文化大革命”中停止了过去每年一次的民族宣传月活动。1978 年 9 月，延边朝鲜族自治州恢复了民族宣传月活动，各族人民载歌载舞走上街头，欢庆节日，歌颂党的丰功伟绩，宣传民族团结的重大意义。

此外，在宗教问题上，省委本着宗教信仰自由的原则，贯彻全国宗教工作座谈会精神，恢复了天主教、基督教、伊斯兰教等爱国宗教组织，开放寺庙、教堂等宗教活动场所，使信教群众过上了正常的宗教生活。在侨务工作中，各级侨务工作机构开始恢复和建立，省委抓紧落实侨务政策，为因所谓“海外关系”问题而受到迫害的归侨、侨眷平反，对他们的工作和生活进行妥善安置。经过各级党组织大量细致的工作，在“文化大革命”中受到严重破坏的统一战线工作逐步得到恢复。

调整政治关系的第三个方面，是整顿各群众团体，使群众团体的工作恢复正常。省委根据中共中央拨乱反正的指示精神，以及党的十一大提出的“要加强对工会、共青团、妇联组织的领导，把这些组织整顿好、建设好，充分发挥他们应有的作用”重要指示，对全省各群众团体进行整顿，深入揭批“四人帮”破坏群团工作的罪行，肃清“左”的错误影响，调整充实各部门的领导班子，以适应社会主义现代化建设任务的需要。与此同时，陆续恢复了吉林省科学技术协会、吉林省社会科学联合会等组织，随着各种协会组织的恢复，文学艺术、科普技术、各类学术的交流和教育等活动也普遍开展起来。

粉碎“四人帮”后，省委十分关心工会工作，调整了吉林省总工会的领导班子，增加了干部编制，成立了省技术协作办公室，并同意恢复省工会干部学校，以适应工会工作的开展。各地党委也采取了类似措施，选拔调配干部充实到各级工会领导班子中来，使全省工会工作有了新的起色。党的十一大和五届人大会议的召开，确定了新的历史时期的总任务。各级工会组织把宣传新时期总任务同揭批“四人帮”运动相结合，同本单位发展生产、整顿企业和开展社会主义劳动竞赛、增产节约运动结合起来，使总任务深入人心，推动了生产的恢复和发展。

1978年8月2日，吉林省工会会员代表会议召开。省委第一书记王恩茂出席会议，省委副书记宋洁涵到会致辞，省总工会主任王明德①作工作报告。这是吉林省工会史上一次具有重要意义的会议。会议总结了“文化大革命”前17年工会工作的历史，深入揭发批判了“四人帮”破坏工人运动和工会工作的罪行，进一步明确了工会的性质和今后的任务。大会还选出了吉林省出席中国工会第九次全国代表大会的代表。

省委对共青团工作十分重视。1978年6月，省委整顿了团省委的领导班子。省委要求各级党委加强本级团组织领导班子的整顿，选配好团干部。各级党校要有计划地轮训专职团干部，提高团干部的政治觉悟和工作能力。在省委的领导下，吉林省各级团组织在全省青年中广泛进行时事政策、党的路线方针的宣传教育，开展了宣传学习雷锋活动、学习马列主义毛泽东著作、宣传省内涌现的英雄模范人物和争当新长征突击手等一系列活动，使全省130万共青团员、430万青年普遍受到了教育，调动了青年建设社会主义的积极性。

在对省总工会、团省委进行整顿的同时，吉林省妇女联合会根据省委整党整风工作安排和全省妇女组织的实际情况，制定了《关于整顿建设妇女组织的方案》，在全省妇女组织中开展了整顿和建设。1978年9月，中国妇女第四次全国代表大会召开后，省妇联按照大会关于整顿和建设基层妇女代表大会的精神，在全省普遍开展了基层妇女组织的恢复建立和整顿工作。到1979年，全省基层妇代会发展到10104个，基层妇女组织的恢复和整顿工作取得了一定的成效。

1977年12月，省委作出恢复吉林省科学技术协会及所属学会的决定，并宣布成立吉林省科学技术委员会。1978年三四月间，吉林省社会科学联合会、吉林省文学艺术界联合会等组织及其所属的协会也相继恢复了活动，重新开展了社会科学研究和文学艺术创作。同时，省图书馆学会、省革命博物馆和省考古研究室等多所科研机构、团体也得到恢

---

① 1977年11月，省委任命王明德为省总工会主任、党组书记。1978年10月以后，根据新的工会章程，省总工会主任、副主任改称主席、副主席。

复和建立。1978 年 9 月 13 日，省委决定，在吉林省社会科学研究所的基础上，建立吉林省社会科学院，下设哲学、经济、历史、语言文学、日本、朝鲜六个研究所及《社会科学战线》编辑部、图书馆等单位，并于 12 月 12 日举行了成立大会。省社会科学院的成立，开辟了地方首建社科院的先河，为吉林省建立起一支哲学社会科学研究队伍打下了坚实的基础。

经过一系列政治关系的调整，“文化大革命”给全省政治建设带来的破坏逐步得到修复，各级各类组织开始在全省经济建设和社会生活中重新发挥应有的作用。

三、经济领域的拨乱反正与国民经济的初步恢复

经济领域的拨乱反正

1977 年 4 月 6 日，省委召开工作会议，省委第一书记王恩茂在会上指出，吉林的工业有相当的基础，煤炭工业有相当的发展，还有电力、化学、电子、钢铁、汽车和其他的机械制造业，都有很好的发展。农业也有相当的基础，能够提供较多的商品粮。因而吉林的经济是有很大潜力的。他提出，有这样好的条件，现在又粉碎了“四人帮”，一定要有一个很快的发展[①]。

但是，1977 年上半年吉林省的经济形势并不好。工业生产欠产很多，企业亏损严重，煤、电、原材料供应紧张；财政收入减少，支出增加；农业生产方面问题更为严峻，除遭春旱、虫灾等自然灾害外，农村经济结构不合理，农民的生产积极性不高。

不尽如人意的事实，使人们逐渐认识到，只是粉碎了“四人帮”，还不能从根本上解决问题，因为“文化大革命”中一些错误理论还存在，还在继续起着作用。而且有些理论观点不只是“文化大革命”中才有的，如“共产风”、经济领域“两条道路”“两条路线”斗争等“左”的理论，自

① 王恩茂：《在中共吉林省委工作会议上的讲话》，1977 年 4 月 6 日。

"大跃进"以来便时隐时现，到"文化大革命"末期，已达到积重难返的程度。如不从理论上拨乱反正，把被颠倒了的是非纠正过来，就不能调动人们的积极性，吉林就很难旧貌换新颜。1977 年 6 月，省委召开三届九次全委扩大会议。会议总结上半年工作后认为，要恢复吉林经济，各级党委必须抓紧抓好拨乱反正工作，从理论上、行动上把"四人帮"搞混乱了、颠倒了的各种问题逐步加以澄清，逐步纠正过来①。这次会后，全省经济领域拨乱反正工作开始加紧进行。

第一，围绕敢不敢抓好生产问题拨乱反正。由于过去发展生产被说成是"唯生产力论"，特别是"反击右倾翻案风"中批"猫书记""猫队长"，给国民经济的发展带来了严重的危害。对于这些谬论，谁抵制和反对，就被扣上"否定文化大革命""唯生产力论""走资派"等帽子，致使一些领导干部对抓生产心存余悸，不敢理直气壮地坚持正确的东西。因此，在拨乱反正中，省委在全社会广泛宣传了抓好经济建设，加快发展生产力，实现现代化目标的重要意义。同时，深入开展农业学大寨、工业学大庆的群众运动，鼓励建设更多的大寨式县和大庆式企业。省内各大报刊也选载了一批经济理论文章宣传马克思主义经济思想，强调努力发展社会主义经济，才能加快国民经济的大发展，才能实现四个现代化，才能为向共产主义过渡创造条件。文章号召人们砸碎精神枷锁，开展劳动竞赛和增产节约运动，加快发展生产力。这些措施的贯彻，起到了一定的积极效果。榆树县环城公社靳家大队第一生产队，过去生产上不去，社员收入低，不研究怎样搞好生产，却天天搞"阶级斗争"，社员们十分气愤。通过拨乱反正，这个队把主要精力放到抓生产上，1978 年粮食产量过了"黄河"，社员分配日值达到 1.2 元，队里盖起了 18 间砖瓦房，90%的社员还清了陈欠。干部高兴地说，我们就是要甘当"猫书记""猫队长"，社会主义建设成就是抓生产抓出来的，抓生产是有功的。

第二，围绕要不要追求经济效益的问题拨乱反正。过去，城乡追求经济效益遭到反对。在城市，批判"利润挂帅"，扼杀企业为增加利润而采取的各项措施。在农村，批判"资本主义倾向"，限制生产队为增加收

---

① 《王恩茂同志在中共吉林省第三届第九次全体委员（扩大）会议上的报告》，《吉林日报》1977 年 7 月 5 日第 1 版。

入进行的商品生产与交换，给城乡经济造成严重破坏。城市中企业多数亏损，农村生产队只搞“以粮为纲”，不搞“多种经营”，社员家庭副业也被禁止。针对这些情况，在拨乱反正中，省委号召全省企业就经济效益问题展开讨论。为使每个企业都担负起创造利润的职责，1978 年 3 月 20 日，省委批转省扭亏增盈领导小组《一九七八年全省企业扭亏增盈规划》。《规划》确定：“由于企业经营管理不善造成的亏损，年内要全部扭转；已经盈利企业的盈利水平，年内要达到或超过本企业历史最好水平；已经超过历史最好水平的企业，要赶超全国同行业先进水平。”《规划》还要求各级领导干部，要挺起腰杆，理直气壮地抓扭亏增盈，抓经济效益，一抓到底不放松。

1978 年 4 月 11 日省委发出通知，要求落实党在农村的经济政策。通知指出，对社员从事正当家庭副业，应予必要的帮助。社员自留地种植的品种，由社员自行安排。社员家庭副业的产品，在完成国家派购、定购任务后，其余可卖给国家，也可拿到集市上出售。社员经营家庭副业，只要不搞投机倒把，不破坏国家资源，不影响集体生产，就不要乱加干涉，不要当作“资本主义的自发倾向”批判。4 月 21 日，省委在全省计划会议上提出，生产队要搞好“两个布局”，既要搞好农业又要搞好多种经营。省委指出，粮食生产和多种经营是相互依赖、相互促进的关系。多种经营可增加轻工业原料和集体收入，为农业提供更多资金。省委要求，农村要林、牧、副、渔业全面发展，提高油料作物和甜菜、烤烟等经济作物的播种面积和产量。

第三，围绕要不要加强经济管理的问题拨乱反正。在提高经济效益的过程中，遇到一个十分突出的问题，就是经济管理工作急需加强。“文化大革命”期间，经济工作不按经济规律办事，以政治干预经济，不重视经济管理，许多经济管理制度被取消，造成城乡经济领域管理混乱。仅物资管理制度不严一项，每年就给国家造成巨大浪费。在拨乱反正中，明确建立健全规章制度的重要意义，强化领导、管理机制成为省委着重解决的迫切问题。1978 年 7 月，省委恢复了工交工作部、农村工作部、财贸工作部和政策研究室（原称政治研究室）；省革委会增设了经济委员会和物价委员会。地、县两级也都相应增设了相关机构。各工业企业、农村公社结合揭批“四人帮”运动，健全和加强了领导班子。

在加强管理中，企业重点抓了恢复各项规章制度，如成本核算制度、质量检验制度、物资保管制度、财经管理制度、职工考勤制度等。在农村，针对当时存在的财经管理混乱、平调、摊派、卡油成风，造成农民负担过重等问题，以贯彻中央有关文件为契机，全面加强财经管理。1978年8月14日，省委转发梨树县委《关于贯彻中央37号文件减轻农民不合理负担情况的报告》。报告反映，由于财经管理混乱，梨树县农村贪污盗窃、铺张浪费严重。为解决上述问题，县委召开4次常委扩大会议，各公社也召开党委扩大会议、三级干部会议，并从县、社两级机关抽调700名干部，分赴各公社，落实中央文件精神，边整顿边退赔边建立规章制度，加强生产队的财务管理，惩处贪污盗窃分子，严肃财经纪律。群众说：“这回不光响了春雷，还降了喜雨。”

第四，围绕要不要执行按劳分配原则拨乱反正。“文化大革命”时期，按劳分配被说成是“产生资产阶级的经济基础”，据此，大批所谓“工分挂帅”“奖金挂帅”“物质刺激”，造成干多干少一个样，干好干坏一个样，挫伤了工人、农民的生产积极性。为纠正这一误导，在1977年11月全省理论干部会议上，省委明确指出，马克思在阐述按劳分配“仍然是资产阶级的权利”的同时，又指出这在共产主义社会第一阶段是不可避免的，因为“权利永远不能超出社会的经济结构以及由经济结构所制约的社会的文化发展”，所以按劳分配是社会主义分配原则，是同资本主义剥削根本对立的①。

为使这一原则落到实处，1978年3月20日，省委提出工业企业要全面落实党的政策，坚持各尽所能，按劳分配原则，以调动职工的社会主义劳动积极性。4月11日，省委对农村按劳分配作出指示，要求克服劳动计酬上的平均主义倾向。省委指出，可以实行“按定额包工到组，评分到人”，也可以实行“劳力定级，底分活评，按段评分”，少数农活，也

① 宋振庭：《剖析“四人帮”以反革命政治纲领为核心的反动理论》，《吉林日报》1978年8月14日第3版。

可以按定额记分到人。不论男女老少，干部、社员，一律同工同酬[①]。21日，省委对工业企业提出，为进一步调动广大干部、群众的积极性，企业要搞一点物质奖励，以精神鼓励为主，以物质奖励为辅。要求各地要积极搞好试点，抓紧贯彻落实[②]。

1978年11月7日，省委确定吉林省1978年农村人民公社收益分配政策，提出农村也要实行物质奖励办法。省委要求对劳动好、贡献大的社员和干部给予奖励，可奖给工分或现金；对社员的口粮分配要体现按劳分配的原则，适当增加按工分分配的部分；在干部的计酬上，要改变过去的“多劳不多补，少劳不少补”的“大锅饭”做法，按照每个干部所负担工作量的大小、工作的好坏和他们领导的大队的增产幅度，经社员代表大会民主评议，确定出不同数量的补贴工分[③]。

这一时期经济领域的拨乱反正是随着全省揭批“四人帮”运动的深入而逐步深化的。在拨乱反正中，省委提出了一些正确的政策思想并逐步制定措施加以落实。全省经济理论界开展了大讨论，广大干部群众也广泛参与进来。这些都为国民经济的恢复和发展创造了条件。

国民经济的初步恢复

在党的十一届三中全会召开前的两年里，省委根据中央的指示精神，开始了对国民经济的恢复工作，使全省的国民经济有了较快的恢复与发展。

1976年12月，省委召开全省工业学大庆工作会议。会议号召工交战线的广大职工把工业学大庆、普及大庆式企业的群众运动轰轰烈烈地开展起来，以“抓革命、促生产”的优异成绩，迎接全省第二次工业学大庆会议和全国工业学大庆会议的召开。1977年1月31日，全省农业学大寨会议召开，传达贯彻第二次全国农业学大寨会议精神。到会的

---

① 中共吉林省委印发《辽宁、吉林、黑龙江三省关于一九七八年深入开展农业学大寨革命竞赛的座谈纪要》，1978年4月11日。

② 宋洁涵：《在全省计划会议上的讲话》，1978年4月21日。

③ 中共吉林省委转发省委农村工作部《关于做好一九七八年农村人民公社收益分配工作的报告》，1978年11月7日。

2800名代表交流了学大寨的经验和体会，榆树县光明公社小乡生产队等学大寨先进单位在会上介绍了经验。会议落实了1977年农业学大寨的任务，要求深入开展农业学大寨、普及大寨县运动，力争把全省1/3以上的县建成大寨县。

1977年3月19日，省委召开吉林省第二次工业学大庆会议。这是全省工业学大庆以来规模最大的一次盛会，来自各条战线、各行各业的代表共计1596人参加了大会。会议表彰了学大庆的先进企业、先进集体和个人，落实1977年工业学大庆任务，制定到1980年以前普及大庆式企业的规划。会议提出了坚决把国民经济搞上去，迅速把工业学大庆的革命群众运动推向一个新阶段，为普及大庆式企业而奋斗的目标。在这次会议的号召下，各工业企业加快了整顿，积极开展增产节约运动和社会主义劳动竞赛，有力地促进了工业企业生产的恢复和发展。

工业学大庆与农业学大寨会议的相继召开，推动了经济领域的生产和工作秩序的恢复，激发了人们迫切要求发展经济、改善生活的热情。全省迅速掀起了各行各业学大庆学大寨的高潮。

随后，省委按照国家计委的部署和吉林省“五五”计划的总体要求，安排落实1977年国民经济计划。5月，省计委按照省革委会《关于下达1977年国民经济计划的通知》要求，印发1977年国民经济计划。在1977年国民经济计划中，除了深入开展“双学”运动，还提出了加强支农工业，搞好企业整顿，建立和健全合理的规章制度，严格按照基本建设程序办事，稳定市场物价以及加强党委对计划经济工作的领导等项措施。1977年5月中旬，省委召开全省基本建设工作会议。王恩茂在会上强调了严格整顿基本建设，维护计划的严肃性。他号召要掀起工业学大庆群众运动新高潮，整顿和加强基本建设队伍，要建立一支铁人式的队伍，能打硬仗的队伍，战无不胜的队伍，交给什么样的任务都能完成的队伍①。会后，全省基本建设单位立即行动起来，针对省委提出的战线过长，力量分散，管理混乱等问题进行了整改，确保基本建设任务的完成。

---

① 《举旗抓纲学大庆把基本建设搞上去》，《吉林日报》1977年5月17日第1版。

通过上述工作，全省经济领域的生产和工作秩序得到很大的改观。到1977年底，一批企业的混乱状况有所好转，工业生产有了较快回升。全省原煤产量达到1923万吨，原油产量178万吨，分别比上年增长113.1%和101.7%，全省煤炭生产提前23天完成了国家煤炭生产计划。辽源矿务局1至10月欠产19万多吨，经过拨乱反正和恢复建设，促进了生产，11月全局煤炭生产创造了全年的最好水平[①]。在12月召开的吉林省第五届人民代表大会第一次会议上，王恩茂在工作报告中指出，粉碎“四人帮”以后，全省国民经济的发展由停滞、徘徊、下降转到稳步上升。在55种主要产品中，完成和超额完成计划的有29种。基本建设也取得了很大的成绩，建成投产一批新项目[②]。这一年，省革委会还按计划制定出方案，为部分工作多年、工资偏低的职工适当增加了工资。

随着经济形势的日趋好转，在如何发展生产、恢复国民经济的问题上，由于受到“左”的指导思想长时期影响，党中央在经济建设中出现了急于求成的倾向，脱离了当时国民经济的实际情况。在这种大背景下，吉林省的经济工作也受到很大影响。

1978年1月，省委召开市、地(州、盟)、县委书记会议，讨论并拟定了《关于高速度发展农业生产的若干问题》的报告，提出了高速度发展全省农业生产的14个问题。之后召开的全省第二次农业学大寨会议又提出要为1978年实现粮食单产、总产突破历史最高水平，1980年以前在现有10个大寨县的基础上再建成10个大寨县和1980年基本实现农业机械化的目标而努力。与此同时，对工业生产，省委也提出了高速度的要求。在3月召开的全省工业学大庆工作会议上，针对加快普及大庆式企业步伐、加快工业发展速度的问题，省委提出坚决实现1978年创建大庆式企业占企业总数的10%，工业总产值增长12%的奋斗目标。这些过高过急的口号和指标的提出，忽视了国民经济比例关系对生产力发展的影响，脱离了当时的实际，给经济工作带来了新的困难。

为落实中央提出的加快国民经济发展速度，完成和超额完成1978

① 《我省提前完成全年国家煤炭生产计划》，《吉林日报》1977年12月22日第1版。
② 才式兴主编：《吉林省经济大事记》，中国计划出版社1989年版，第412页。

年计划的要求，省委对1978年的国民经济计划作了安排。计划确定：1978年工农业总产值比上年增长11.9%—13%，其中农业总产值增长10.8%，工业总产值增长12%—13.8%；基本建设投资13.7亿多元；社会商品零售总额比上年增长7.5%；财政收入达到15.7亿元。工农业主要产品产量指标分别为：粮食大豆总产量达到1000万吨、钢20万吨、生铁30万吨、原煤1900万—2100万吨、电97亿度、原油190万吨、大中型拖拉机7500台、汽车58150辆，等等。为保证上述指标任务的完成，1978年计划提出，全党动员，大办农业；尊重生产队的自主权，反对瞎指挥；加强支农工业建设，加强农业机械工业，各行各业都要支援农业；充分挖掘现有企业生产潜力，提高产品质量；对基本建设要保重点，保投产，集中力量打歼灭战；整顿和加强各级领导班子，加强对经济计划工作的领导。

在省委和各级党委的努力下，经过全省广大党员、干部群众的共同奋斗，在1977年的基础上，1978年国民经济取得了大幅度的增长。

工业生产方面，一季度实现“开门红”，全省工业总产值完成25.3多亿元，比1977年同期增长31%，比历史同期最好水平增长3.8%。1月至4月份，全省工业企业实现利润超1.48亿元，为1977年同期的17.2倍；工业企业亏损达到1.09亿元，比1977年减少0.28亿多元，扭亏20.7%[①]。长春第一汽车制造厂，9月末完成全年生产任务的百分数分别为，装车75.6%，汽车配件生产85%，备品发动机生产90%。汽车产量与1977年同期相比，增产61%。汽车品种也有所增加，从一个基本型增加到三个。在生产能力上，从3万辆设计能力，提高到6万辆的水平。吉林化学工业公司提前40天完成全年生产任务，产量、质量、原材料消耗、全员劳动生产率均超过本企业历史的最好水平，经年终检查，在全国名列前茅，被吉林省委和国家化学工业部命名为大庆式企业。到1978年底，全省工业总产值完成119.3亿元，比1977年增长9.4%，利润总额达到6.2亿元，比1977年增长56.7%。汽车、拖拉机、钢材、生铁、原煤、原油、木材等40种主要工业产品产量，1978年都比1977年

① 以上统计数字含现属内蒙古自治区的哲里木盟（今通辽市）和兴安盟的科尔沁右翼前旗、突泉县。

有所提高。

农业生产方面，农民的劳动积极性普遍高涨。1978年，全省农业在连续遭受严重自然灾害的情况下，仍然获得大丰收。粮食总产量达到211.2亿斤，比1977年增长32%。大豆等油料作物和甜菜、烤烟等经济作物的产量和收购量都高于1977年。林牧副渔多种经营也有大幅度增长。全省粮食征购任务28亿公斤，实际完成28.5亿公斤，国家拿到的粮食比1977年多5亿公斤①。社员收入显著增加。全省农村每人平均收入由1977年的81元提高到100元左右。每个社员平均口粮可比去年增加五六十斤②。1978年以后，省委加大了全省商品粮基地县的建设，确定榆树、农安、德惠、九台、梨树、扶余等28个县为商品粮基地县，要求商品粮基地县制定出切实可行的建设规划，落实好五届全国人大会议政府工作报告中提出的抓好商品粮基地的重要指示。

1978年，全省财政收入完成16.8亿元，比1977年增长32.9%，改变了连续6年完不成财政收入计划的状况。与1977年相比，企业减少亏损2亿元。商业购销比较活跃，社会商品零售总额49.2亿元，比1977年增长2.7%。农副产品收购大幅度上升，达到5.9亿元，比1977年增长13%。外贸出口额完成计划。城乡储蓄上升，支农贷款增加。农村集市贸易普遍恢复和开放，集点增加，品种增多，经营服务均有所提高。

这一年的基本建设也取得了一定的成绩。全年投资实际完成15.97亿元，比1977年增长90.8%，是新中国成立以来完成投资最多的一年，其中重点工程投资额完成98.8%。劳动生产率、竣工率和工程质量都有所提高。

这一时期全省国民经济虽然有了较快的发展，但这种发展毕竟带有恢复性质。一些重大的比例失调状况还没有完全改变过来，生产、建设、流通、分配中的混乱现象还没有完全消除，城乡人民生活中还有多年积累下来的许多问题亟待解决。同时，在“左”的思想影响下，经济工

① 吉林省地方志编纂委员会编：《吉林省志·计划志》，吉林人民出版社2000年版，第376页。

② 《我省农业获得大丰收》，《吉林日报》1978年12月31日第1版。

作中还沿用过去“抓革命、促生产”的方法，忽视了中国国情和客观经济规律的基本要求，再加上长期以来急于求成指导思想的惯性作用，经济发展仍然存在较大的问题，全省经济工作出现了在徘徊中前进的局面。种种问题说明，只有加快思想解放，消除存在于经济领域的“左”的错误影响，制定适应现代化要求的政策措施，才能推动国民经济更好发展。

四、教科文卫领域的拨乱反正及其成果

教育战线的拨乱反正和恢复高考

教育战线是“文化大革命”的重灾区。由于“四人帮”推行的“两个估计”是非问题还没有得以澄清，以致全省教育战线的拨乱反正仍然步履维艰。

1977年7月邓小平恢复工作以后，对教育战线的问题予以高度重视。他在8月召开的全国科学和教育工作座谈会上发表讲话，指出：对全国教育战线十七年的工作主导方面是红线，我国的知识分子绝大多数是自觉自愿地为社会主义服务的。[①] 随后，他又在多次谈话中，指出“两个估计”是不符合实际的，号召大家正确认识新中国成立后前17年的教育工作和正确对待知识分子问题，并提出恢复高等学校的招生考试制度和恢复教师职称等具体意见。在邓小平的支持和推动下，教育战线的拨乱反正工作冲破阻力，逐步开展起来。

中共吉林省委对邓小平的谈话和指示精神进行了认真传达与贯彻。1977年10月，省委召开全省科教工作会议，传达邓小平在全国科学和教育工作座谈会上的讲话。省委认为，邓小平讲话是从社会主义建设实践中得出的实事求是结论。王恩茂指出：“建国以来我省科学技术和教育工作，毛主席的革命路线始终占主导地位。知识分子的绝大多数又红又专。”也正因为这样，我们的科教工作才从无到有，从小到大，取

① 邓小平：《关于科学和教育工作的几点意见》（1977年8月8日），《邓小平文选》第2卷，人民出版社1994年版，第49页。

得了很大成绩，为国家作出了重大贡献。王恩茂要求，在拨乱反正中首先要搬掉“两个估计”这块压得知识分子直不起腰的“大石头”，以便轻装前进，向科学、教育的现代化进军①。这次会议使吉林省教育战线的工作有了新的转机。此后，省委先后召开有线广播大会、全省优秀教师代表大会、全省教育工作会议等一系列会议，围绕对17年的估计以及教育体制、教育制度、教育质量等问题进行批判和讨论，清除“左”的思想影响，明确教育工作的指导方针，提高广大师生的思想认识。同时，省委还对一些长期困扰教育系统的重大事件进行拨乱反正，平反了一批冤假错案，落实党的知识分子政策，帮助教师解决工作、学习、生活的各种实际问题。在省委和各级党委的努力下，教育战线“两个估计”的是非逐步得以澄清，拨乱反正解除了羁绊，广大教师做好教育工作的积极性被极大地调动起来。

对教育战线思想上组织上的拨乱反正，带动了其他各项工作的开展。这其中一项重要工作就是高等学校统一招生制度的恢复。“文化大革命”期间，吉林省高等学校停止招生达5年之久，按每年正常招生数计算，共少为国家培养2.8万多名大学生。高校领导管理体制遭到破坏，随意动迁合并学校。1971年，全省只剩11所高校，其中5所为中央部属，在校学生只有2998名，专任教师2447名。在“批林批孔”“反击右倾翻案风”等干扰下，学校已不能进行正常的教学活动。

1977年10月，根据邓小平关于高等学校招生制度改革的指示，国家教育部召开招生会议，决定从1977年起对高等学校招生制度进行改革，恢复招生考试制度。10月29日，吉林省招生委员会颁布《吉林省1977年高等学校、中等专业(技工)学校招生简章》。《简章》规定：高等学校普通班招收具有高中毕业或相当于高中毕业文化水平的工人、农民、上山下乡知识青年、复员军人、干部和应届高中毕业生以及少数成绩特别优良的高中在校生。招生办法：自愿报名、统一考试、地(市)初选、学校录取，省招生委员会批准。规定考试科目分文、理两类，文科考政治、语文、数学、史地；理科考政治、语文、数学、理化。报考外语专业

① 王恩茂：《在全省科教工作会议上的讲话》，1977年10月24日。

的加试外语[①]。11 月至 12 月，吉林省高等学校按照新的规定具体组织招考新生工作，当年共招收新生 8782 人。

为了带动教育质量的提升，吉林省部分高等学校积极改革研究生招生工作。根据国家教育部《关于高等学校 1978 年研究生招生工作的安排意见》，1978 年，吉林大学、吉林师范大学（今东北师范大学）、延边大学等 8 所高等学校，本着“自愿报名、单位推荐、文化考试、择优录取”的原则，开始研究生的招录工作。同年，吉林大学 8 个系 22 个专业招收的 110 名研究生入学开学。吉林师范大学 19 个专业共招收研究生 85 名，同时接受进修教师 69 名。吉林医科大学招收研究生 21 名，招收各种类型进修生 650 名。长春地质学院录取研究生 44 名。

1978 年是改革高考制度的第二年，当年全省报考高等学校的考生共有 18 万多人。为了满足广大青年的学习愿望，尽可能多地培养人才，按照教育部和国家计委的要求，全省各高校在严格坚持录取原则和标准的基础上，积极挖掘潜力，扩大招生名额，招生人数剧增到 13860 人，比上年增长 57.8%，比国家下达的计划增加 65.1%[②]。

随着高考制度的恢复，各学校教学工作开始陆续走上正轨。为了更好地调动高校教师的积极性，恢复了高校的职称评定工作。在评定职称中，省委结合吉林省实际，规定了有真才实学、有突出成就的优秀人才，不受年龄、奖励限制，可以破格晋升。到 1978 年 8 月，全省教育战线的技术职称绝大部分已经恢复，并有一批新人晋升了教授、副教授。此外，省委还重组和加强了各高等院校的领导班子，提高教育质量，提升教学水平；加强中小学教育的普及和提高，解决教师培训、学校校舍问题；发展职业技术教育，开展中等教育结构改革；等等。这些措施的制定和落实，极大地调动了广大教师工作的积极性，促进了全省教育事业的恢复和发展。

---

① 吉林省地方志编纂委员会编：《吉林省志・教育志》，吉林人民出版社 2000 年版，第 502 页。

② 吉林省地方志编纂委员会编：《吉林省志・计划志》，吉林人民出版社 2000 年版，第 380 页。

科技战线的拨乱反正和全省科学大会

“文化大革命”中，吉林省科技战线遭到严重破坏。粉碎“四人帮”后，科技工作的恢复和发展被提上了议事日程。1977 年 6 月 23 日，省委在长春体育馆召开两万人大会，传达全国工业学大庆会议提出的科学技术要走在前面的指示精神。会议批判了“四人帮”对全省科技工作的干扰和破坏，发出尽快把科技工作搞上去的号召。为解决科研落在生产建设后面的问题，会议提出要加强党对科技工作的领导，整顿科研单位的领导班子，不断充实和加强领导力量，抓好科技队伍建设，认真贯彻落实党的知识分子政策，建立健全合理的规章制度等项措施。这次大会在干部群众特别是科技工作者中引起了强烈的反响。会后，许多地方和单位加强了对科技工作的领导，开始了调查研究，制定发展规划，社会主义劳动竞赛也初步开展起来。全省科技战线出现了久违的崭新面貌。

1977 年 9 月 18 日，中共中央发出关于准备在 1978 年春召开全国科学大会的通知，并提出要抓紧落实党的知识分子政策，抓紧搞好各级领导班子整顿，迅速恢复和调整被“四人帮”干扰破坏撤掉的科研机构，恢复科技人员的技术职称，保证科技人员每周至少有 5/6 的业务时间等要求。同时，中央还作出关于成立国家科学技术委员会的决定，恢复了科研工作的领导机构。10 月 6 日，省委、省革委会召开贯彻《中共中央关于召开全国科学大会的通知》动员大会，要求广大科技工作者和干部群众响应党中央的伟大号召，积极行动起来，为实现科学技术的现代化贡献力量。这次动员会后，全省上下兴起了向科学技术现代化进军的热潮。

10 月 16 日，省委召开全省科教工作会议，传达全国科学大会预备会议精神。这次会议着重组织干部学习邓小平在会议上的讲话，结合吉林省的实际展开讨论，找出关键性问题加以澄清，拨乱反正，推动科技工作的健康发展。

1978 年 3 月 18 日至 31 日，全国科学大会在北京召开，中共中央副主席、国务院副总理邓小平作了重要讲话，号召“树雄心，立大志，向科学技术现代化进军”。方毅副总理作有关发展科学技术的规划和措施的报告。大会宣读了中国科学院院长郭沫若的书面讲话:《科学的春天——在全国科学大会闭幕式上的讲话》。会上先进集体和先进科技工作者受到了表彰。这次大会是党在粉碎“四人帮”之后,国家百废待兴的形势下召开的一次重要会议,也是中国科技发展史上一次具有里程碑意义的盛会。4 月 7 日,省委、省革委会召开全省广播大会,传达贯彻全国科学大会精神。王恩茂在会上要求各级党委加强领导,落实措施,修订科技规划,加快发展科技事业,向科学技术现代化进军①。

4 月 25 日至 5 月 3 日,吉林省科学大会在长春开幕。这次大会是新中国成立以来全省科技战线的一次盛会。王大珩②、吴学周③、俞建章④、蔡镏生⑤、柳昌银⑥等著名科学家和科学实验积极分子共计 1350 多人参加了大会。会议期间,代表们进行了座谈和交流。30 多个先进单位和个人作了大会发言和书面发言。他们介绍经验,讨论全省科学技术事业发展的方向和任务。大会结束时,王恩茂代表省委作重要讲话。他指出:这次科学大会,是动员全省人民和科技工作者向科学技术现代化进军的一次大会。他回顾了全省科技事业的发展情况,赞扬科技工作者过去 20 多年来的工作成绩,分析了现状,指出了实现目标的有利条件。他指出:“与全国兄弟省市相比,我省科技事业的基础是比较好的。

① 《响应华主席伟大号召向科技现代化进军》,《吉林日报》1978 年 4 月 8 日第 1 版。

② 王大珩(1915—2011),应用光学家,中国光学事业奠基人,“两弹一星功勋奖章”获得者,中国科协副主席、中国科学院学部委员(院士)、中国工程院院士,国际宇航科学院院士。1958 年,作为主要创始人、第一任院长创办长春光学精密机械学院(现长春理工大学)。

③ 吴学周(1902—1983),物理化学家,中国分子光谱研究的奠基人之一和化学科学研究的卓越组织者,中国科学院学部委员(院士)。曾任中国科学院上海物理化学所所长、长春化学学院院长、中国科学院应用化学研究所所长等职,是九三学社吉林省委员会创始人之一。

④ 俞建章(1899—1980),著名地层古生物专家,长期从事地质教育事业,中国科学院学部委员(院士)。1964 年曾任长春地质学院(现吉林大学地球科学学部)副院长。

⑤ 蔡镏生(1902—1983),著名物理化学家和教育家,中国催化动力学研究的奠基人之一,光化学研究的先驱者,中国科学院学部委员(院士)。曾任吉林大学教授、化学系主任,领导组建了吉林大学催化动力学研究中心,承担国家重点科研项目“光与激光催化”的研究任务。

⑥ 柳昌银(1937—2010),朝鲜族。1956 年起,先后培育出适应高寒山区的“长丰”“万宝 11 号”“万宝 17 号”“万宝 21 号”“万宝 22 号”等优良水稻品种并大面积推广。1965 年被中国科协授予农村科学实验先进工作者称号。

因此，我们应当使我省的科学技术发展得更快一些，搞得更好一些”，“当前的主要问题是抓紧落实，把科学技术现代化的任务落到实处”。他强调：“极大地提高整个中华民族的科学文化水平，实现社会主义的四个现代化，是一项极为光荣而艰巨的伟大事业。这次全省科学大会，是我省人民向科学技术现代化进军的良好开端。”①

根据新时期总任务的要求和全国科学大会精神，大会制订了《一九七八年——一九八五年全省科学技术发展规划纲要（草案）》，表彰了155个先进集体、273名先进个人和900项优秀科技成果。为切实贯彻党的知识分子政策、调动科技人员的积极性，经省革委会批准，还在会上提升了一批科学技术人员的职称。

全省科学大会是吉林省科技发展史上一次十分重要的大会，是对科技战线拨乱反正的有力推动。这次大会对调动各方面积极因素，加速全省科技事业的恢复和发展起了重要作用。

全省科学大会召开后，各项促进全省科技发展的措施也在抓紧贯彻落实。1978年5月24日，省委发出《批转〈关于落实党的知识分子政策若干问题的意见〉的通知》，要求各级党委，对过去担任过各种行政职务的技术人员，如工作需要，要恢复他们原来的职务。针对科技人才用非所学的问题，省委要求，对确有真才实学而又用非所学的专业人才，要有计划有步骤地组织他们归队。对已退休的科技骨干，本人要求工作而又能够坚持工作的，应准予复职。经过各级党委的努力，一批“文化大革命”中被迫退职退休的高级人才，被批准恢复了原来的职务。

此外，省委还按照中央规定，在科技部门建立技术岗位责任制，实行党委领导下的所长负责制，充分发挥专家的作用。同时吸收一批已具备共产党员条件但多年没有实现入党愿望的老知识分子入党。1978年10月16日，省委常委会议决定，同意吸收长春光机研究所研究员王大珩入党。为了更好地调动科技人员的积极性，省委还恢复了科技人员的技术职称评定，为一批科技人员改善了工作和生活条件。

这一时期由于省委对科技工作的重视，经过广大科技人员的艰辛努

① 《全省科学大会胜利闭幕》，《吉林日报》1978年5月5日第1版。

力，科技战线取得了显著成就。

在自然科学方面，吉林大学化学系教授唐敖庆，提出世界领先水平的分子轨道新理论；长春光机研究所研究员王大珩，在光学研究上作出杰出贡献。两人均受到全国、全省科学大会的嘉奖。在全省科学大会上获奖的 900 项科研成果中，有 109 项达到或接近国际先进水平，如中国第一台激光器、电子显微镜、高精度经纬仪、大型光谱仪等；621 项达到国内先进水平，其中 384 项受到国家的表扬奖励，100 余项是半年内研究成功的，如黑色金刚石聚晶、多光谱照像机原理样机、激光纤维通讯、荧光粉发光特性测试仪等[①]。

在工农业生产方面，省轻工业研究所和长春市塑料一厂共同试制成功了聚乙烯农用薄膜，省农业机械研究所、省农业科学院和梨树国营农场共同研制成功水稻直播机，乾安县农机厂、吉林工业大学共同试制成功二百米反循环深井钻机，等等。此外，在杂交水稻选育工作、生物防治研究、医疗卫生工作研究以及激光技术的应用等方面，也取得了新的成果。这些重要的科研成果，在全省日益得到推广应用。

文艺、卫生事业的新面貌

粉碎“四人帮”后，由于“文艺黑线专政论”这道压在文艺工作者身上的枷锁还未被触动，在很长一段时间里，除了围绕故事片《创业》大张旗鼓地开展了对“四人帮”破坏电影事业、破坏文艺战线罪行的揭发、批判外，全省文艺战线还是一种沉闷局面。

从 1978 年 3 月中旬开始，随着吉林省和长春市文艺界大型批判会的召开，文艺战线着重批判了“四人帮”践踏党的知识分子政策，迫害文艺工作者，大搞阴谋文艺的罪行，文艺战线的拨乱反正逐步向前推进。在省委的领导下，1978 年 4 月，吉林省直属文化系统召开平反大会，为一批受迫害的文艺工作者平反昭雪。与此同时，省委发出《关于恢复省文学艺术界联合会及各协会的通知》，使文艺战线重新有了领导机构。省文学艺术界联合会及其所属各协会的恢复，为团结广大文艺工作者，

① 安志文：《在吉林省科学大会上的讲话》，1978 年 4 月 27 日。

繁荣艺术创作奠定了基础。此后，省委继续加大力度，坚持实事求是，大胆拨乱反正，加快落实干部政策和知识分子政策的步伐。一大批艺术家和文艺作品得到平反，一批在全国有影响的文学刊物得到创办和恢复，从而激发了文艺工作者的创作热情，使文艺战线日益活跃起来。

1978年9月，为检验拨乱反正的成果，由省文学艺术界联合会、省文化局共同举办了自粉碎“四人帮”以后全省最大规模的文艺汇演大会。此次汇演历时20天，观摩演出了18台文艺节目，包括话剧、京剧、评剧、吉剧、黄龙戏、音乐、舞蹈、曲艺、二人转等20多种艺术形式，总结交流了剧本创作、导演、表演、音乐、舞蹈、舞台美术以及二人转工作等方面的经验。这次汇演中，现实题材文艺节目占有很大比重，重点表现了党领导人民群众开展揭批“四人帮”斗争，以及人民群众为实现四个现代化奋勇前进的精神风貌，具有很强的时代特色。

这一时期，在省委支持和文艺工作者的努力下，吉剧焕发了生机。1978年10月，在文化部举办的全国戏剧调演中，吉林省吉剧团进京汇报演出了吉剧《包公赔情》《闺戏》《搬窑》《燕青卖线》等剧目。在50天的时间里，共演出56场，受到首都群众和文艺工作者的热烈欢迎。11月3日，中国戏剧家协会召开吉剧座谈会，中国戏剧家协会副主席、剧作家曹禺等多位戏剧界艺术家，对吉剧的提高和发展给予了热情肯定。

为使文艺工作贯彻“百花齐放、百家争鸣”的方针，更好地为新时期总任务服务，经省革委会批准，省文化主管部门对全省县以上专业剧团的编制和剧种布局进行调整和充实，使剧团的编制和剧种的布局更加合理。经过调整和组建，县以上国营和民营剧团（队）达到130个，剧种数量也大大增加。

省委对文艺工作的重视，极大地提高了全省文艺工作者的工作积极性。广大文艺工作者深入基层和农村，向群众宣传党的政策，传播科学文化知识，提供健康、向上的文艺作品，为丰富文化生活，提高人民群众的思想道德素质和科学文化素质作出了贡献。

省委十分重视卫生事业的发展。1977年6月，省、长春市及驻军卫生系统联合举行纪念毛泽东“六二六指示”发表12周年大会。大会结合毛泽东关于“把医疗卫生工作的重点放到农村去”的指示精神，联系卫生战线的实际，揭批“四人帮”全盘否定“文化大革命”前17年的卫生工作，破坏卫生战线的社会主义新生事物，破坏卫生事业方针政策的罪行。大会号召卫生战线要“坚定不移地‘把医疗卫生工作的重点放到农村去’。同时，遵照周恩来生前所作的卫生工作‘一农村、二厂矿、三城市’的指示，把厂矿卫生工作搞上去”①。会后，全省卫生战线普遍进行了整顿，加强医疗工作，制订规章制度，开展社会主义劳动竞赛。在省委的组织下，卫生部门派出由300多名医务人员组成的卫生工作队，深入哲里木盟和白城地区，开展常见病、多发病和地方病的普查工作，对合作医疗、赤脚医生、计划生育和改善环境卫生等方面的情况进行了调查研究，为广大农民群众提供服务。

1978年4月，省委下发了《关于抓紧落实知识分子政策的通知》。于是，一批在“文化大革命”中被下放的医务人员得到平反，重新回到原来的工作岗位。在此期间，省委还对中医中药事业给予大力扶持，陆续恢复长春中医学院等各级教学科研机构。省委对卫生事业的拨乱反正，调动了医务人员的积极性，为搞好医疗卫生工作奠定了基础。

从1978年开始，长春40所医院发起社会主义劳动竞赛。这次竞赛很快得到全省各级医院的积极响应，全省医疗战线出现了评思想、赛干劲、比贡献、树标兵，你追我赶争上游的活跃局面。在劳动竞赛的影响下，许多医院的医疗秩序有了较大改进，医疗质量和服务态度有了很大提高。1978年8月，全省医院竞赛表彰大会在长春召开。会议总结了八个月来全省医院开展社会主义劳动竞赛的情况，交流经验，表彰先进，树立典型，表彰奖励了39个优胜红旗单位、95个优胜获奖单位和36名先进个人。

这一时期，省委还加强了对群众性爱国卫生运动的领导。1978年4月，国务院发出《关于坚持开展爱国卫生运动的通知》，要求各地爱国卫生运动委员会及其办事机构，把爱国卫生运动切实领导起来。1978年6月，省委恢复了吉林省爱国卫生运动委员会的组织机构。省爱卫会召开全体委员会议，对爱国卫生运动的任务、方针、政策以及开展运动的

---

① 《高举毛主席伟大旗帜深入开展卫生革命》，《吉林日报》1977年6月26日第1版。

方法作了安排和部署。9月，省爱卫会召开电话会议，传达学习全国爱国卫生运动烟台地区现场经验交流会的精神，动员全省城乡抓卫生、促生产，掀起秋季爱国卫生运动的高潮。在爱卫会的号召下，全省爱国卫生运动重新组织和发展起来，全省城乡环境卫生面貌得到改善。

教科文卫领域的拨乱反正工作虽然取得了重大成果，但由于“两个凡是”错误思想尚未肃清，大批受到迫害的知识分子还亟待平反，被解散、被遣返的科研机构、科研队伍还在陆续恢复，一大批受到禁锢的优秀电影、文学、戏剧、美术、音乐作品正在逐步解封，工作的进展具有一定的局限性。因而，许多问题仍有待进一步解决。

第二十二章

邓小平吉林谈话和迎接历史性转折

“文化大革命”结束后，随着揭批“四人帮”运动的深入开展和国民经济以及社会各项事业的恢复，广大干部群众愈加强烈要求纠正“文化大革命”的错误，解决历史上遗留的一些重大问题。但是，这一进程受到“两个凡是”错误方针的抵制和阻碍。在这种情况下，当务之急是尽快摆脱“左”的思想束缚，消除“两个凡是”的不良影响，进一步推动拨乱反正和各项工作的开展。从1978年5月开始，在邓小平等领导和支持下，全国拉开了真理标准问题讨论的序幕，吉林省委不失时机地发动广大干部群众参与讨论，全省上下形成了一股要求解放思想、实事求是的历史潮流。而后，邓小平在吉林的重要谈话，提出正确地认识毛泽东思想的科学体系，倡导实事求是，批判“两个凡是”，为全省乃至全国真理标准问题讨论和拨乱反正的开展起了极大的推动作用。与此同时，吉林省委坚持解放思想、实事求是，积极稳妥做好各项工作，巩固和发展安定团结的社会局面，为全省的工作中心转移到经济建设上来奠定了基础。1978年12月，党的十一届三中全会胜利召开，在党中央和省委的正确领导下，吉林人民继往开来，昂首阔步，走进了改革开放的新时期。

一、“两个凡是”错误方针对吉林的影响

“两个凡是”错误方针的推行，不仅给揭批“四人帮”运动划定了界限，还阻碍了平反冤假错案和纠正“左”倾错误的进程。

为贯彻“两个凡是”的方针，1977年2月7日至8日，省委召开常委会议，学习“两报一刊”社论，并在4月6日的省委工作会议上，号召全省要高举毛泽东的伟大旗帜，自觉坚持毛泽东的革命路线，执行“两个凡是”。3月5日召开的全省党员领导干部会议认为，“文化大革命”“取得了很大的成绩”。7月28日，三级干部会议仍指出，“文化大革命不仅要进行一次，以后还要进行多次。”因此，要求全省各级领导干部要学好《把无产阶级专政下继续革命进行到底》等文章，坚持“以阶级斗争为纲”。

由于“两个凡是”禁锢人们的思想，各级党委不仅对毛泽东过去的指示机械搬用，也对当时的中央指示照本宣科。诸如，要批“四人帮”的“极右实质”，要“限制资产阶级法权”，要办好“五七”干校，要开展上层建筑领域里的“三两斗争”[①]，等等。1977年7月，党的十届三中全会恢复了邓小平的工作，邓小平重新担任中共中央委员、中央政治局委员、中央政治局常委、中共中央副主席、中共中央军委副主席、国务院副总理、中国人民解放军总参谋长。可是，由于中央没有对停止“批邓”作出明确指示，就没有人敢说停止“批邓”的话。直到1977年8月，中央批转宣传部门《关于恢复发行有邓小平同志形象和言论的影片、图片的请示报告》，指出“在影片、图片中，凡有‘批邓’、‘反击右倾翻案风’等词句的，应将该词句删去”，省委常委会议才明确提出“批邓、反击右倾翻案风”不要提了。

“两个凡是”使各行各业、方方面面在“文化大革命”结束后仍然不能走出错误的阴影。“文化大革命”制造的成千上万冤假错案的平反工作也遇到困难。吉林省的冤假错案中，受害者职位最高的是“文化大革

---

① 即当时所谓两个阶级、两条道路、两条路线的斗争。

命”初期的吉林省委代理第一书记赵林。赵林所涉及的是“薄一波等61人叛徒集团”案，由于此案曾经毛泽东生前认可，按照“两个凡是”的观点，便成为无法推翻的铁案。在粉碎“四人帮”近5个月后的1977年3月，省委决定并经中央批准，撤销赵林党内外一切职务，开除党籍，保留公民权力，不予安排工作[①]。不仅如此，对因反对“无产阶级文化大革命”、批评毛泽东发动“文化大革命”的“左”倾错误而被打成“反革命”、甚至被错误“镇压”的人，也不能平反昭雪，落实政策工作举步维艰。

在经济领域，仍然坚持“阶级斗争是纲，其余都是目”。在农业方面，坚持把“大批资本主义”作为学大寨的首要内容。1977年1月，省委召开全省农业学大寨会议，传达全国第二次农业学大寨会议精神，要求继续搞好基本路线教育，主要任务是，批判集体经济内部的“资本主义自发倾向”。4月6日，省委召开工作会议，贯彻中央工作会议精神，要求农村要把“大批资本主义”列入批判“四人帮”的重要内容，并要求全省在农村的6万名工作队员，同基层党组织一起，深入第一线，开展好党的基本路线教育。在工业方面，1977年5月22日，省委召开迅速掀起工业学大庆运动新高潮誓师大会。会议提出，“学大庆就要从毛主席创立的无产阶级专政下继续革命的伟大理论的高度来认识大庆，把大庆经验学到手，非得举旗抓纲”，“学大庆就要象大庆那样，坚决贯彻执行毛主席的革命路线，就是要以阶级斗争为纲，坚持党的基本路线，和修正主义路线斗，和资本主义倾向斗，和各种错误思想斗”[②]。“两个凡是”方针的影响，妨碍了修补经济领域中极左思潮造成的破坏，在一定程度上还助长了极左思潮的继续发展。

与此同时，省委按照中央要求，继续在省内推广大寨以生产大队为核算单位的做法。一些人民公社不顾本地的条件，重走1958年至1959年破坏生产力发展的“穷过渡”老路，盲目将基本核算单位由生产队过渡到生产大队。到1977年底，全省在当年2月已有619个生产大队实行大队核算的基础上，又有530个基本核算单位由生产队重新过渡到

---

① 《中共吉林省委活动大事记（1966—1987）》，1990年，第215页。

② 《掀起工业学大庆普及大庆式企业群众运动新高潮》，《吉林日报》1977年5月24日第1版。

生产大队[①]，其中多数生产大队在分配上不能体现差别。长春地区的榆树、德惠两县，地处松辽平原，地势平坦，土质肥沃，但1977年榆树县全县农村共欠外债1亿多元，平均每个农村人口负债近百元。德惠县有59.2%的生产队，秋收后分配不能兑现[②]。全省1977年有13.6%的生产队，人均收入在40元以下；39%的农村人口，口粮标准在200公斤以下，其中有相当一部分人，1978年春天种完地就没有粮吃了[③]。从这样的结果不难看出，在"左"的方针影响下，经营单一、体制僵化、生产力水平低下的传统农业格局不仅无法改变，不顾当地实际和客观规律、单纯以运动促生产的做法还抑制了广大农民生产积极性的发挥。

由于没有很好地纠正"文化大革命"延续下来的"左"倾错误，全省1977年工农业生产的进步幅度不大，某些方面还不如全面整顿的1975年。全省工业总产值，1976年为108.3亿元，比1975年增长4.9%；1977年为109亿元，仅比1976年增长0.6%。农业总产值，1976年为37.3亿元，比1975年下降6.8%；1977年为37亿元，还略低于1976年的水平。全省地方财政总收入，1976年为13.6亿元，比1975年下降3.66%；1977年为12.71亿元，又比1976年下降0.65%。

在文教卫生科技战线，省委仍然提出要"坚定地遵照毛主席指引的方向，继续开展教育革命、文艺革命、卫生革命、科学技术革命，巩固和发展文化大革命的胜利成果"。所不同的是要在这些"革命"中剔除"四人帮"干扰、破坏的部分。然而，实际上很难分清哪些是毛泽东主张并仍然是正确的；哪些是"四人帮"歪曲的。在这样的普遍宣传下，人们的思想被束缚，对"文化大革命"心有余悸，不敢理直气壮地坚持正确的东西，不敢直言自己的见解。如文艺方面，粉碎"四人帮"后，文艺界本来应该出现"百花齐放、百家争鸣"的大好景象，被"文化大革命"无端查封的优秀影片、戏剧本应全部解禁，但直到1977年7月，这些优秀影片、戏剧还背着"封资修"的罪名，被尘封着。

---

① 中共吉林省委转发省委农村工作部《关于做好一九七八年农村人民公社收益分配工作的报告》，1978年11月7日。

② 全省地县委书记会议《简报》，1978年1月19日第9号。

③ 中共吉林省委《关于农业生产情况的报告》，1978年7月4日。

事实表明,吉林省要摆脱“文化大革命”后仍然存在的“左”的思想束缚,必须抛弃“两个凡是”的错误方针。

二、开展真理标准问题的讨论

“两个凡是”错误方针的提出,不仅阻碍了平反冤假错案的进程,还严重影响了国民经济的恢复与发展,使党和国家的工作出现了在徘徊中前进的局面。为扭转这种局面,以邓小平为代表的老一辈革命家,冲破障碍,坚持实事求是的思想路线,与“两个凡是”展开针锋相对的斗争。

1977年5月3日,中央转发邓小平4月10日写给中央的信。邓小平在信中提出:“我们必须世世代代地用准确的完整的毛泽东思想来指导我们全党、全军和全国人民。”[①]中央在转发文件中肯定邓小平的正确意见,这就在“两个凡是”围城上打开了一个缺口。7月21日,在党的十届三中全会上,邓小平又指出:“我说要用准确的完整的毛泽东思想作指导的意思是,要对毛泽东思想有一个完整的准确的认识,要善于学习、掌握和运用毛泽东思想的体系来指导我们各项工作。”[②]他进一步强调:“不能够只从个别词句来理解毛泽东思想。”[③]邓小平的讲话,进一步为批判“两个凡是”提供了思想武器。

1977年7月23日,省委召开常委会议,传达贯彻十届三中全会精神,认真学习、讨论邓小平的讲话。之后,省委召开的各种会议都号召全省各级党组织完整准确地掌握和运用毛泽东思想,批判林彪、“四人帮”摘引毛泽东只言片语取代毛泽东思想体系的错误。

8月,党的十一大召开,邓小平在大会的闭幕词中又一次强调了要

---

① 中共中央文献研究室编:《邓小平年谱(1975—1997)》上,中央文献出版社2004年版,第157页。

② 邓小平:《完整地准确地理解毛泽东思想》(1977年7月21日),《邓小平文选》第2卷,人民出版社1994年版,第42页。

③ 邓小平:《完整地准确地理解毛泽东思想》(1977年7月21日),《邓小平文选》第2卷,人民出版社1994年版,第43页。

恢复和发扬党的优良作风，倡导实事求是。随后，包括叶剑英、陈云、聂荣臻、徐向前等在内的老一辈革命家也纷纷发表文章和谈话，倡导正确认识毛泽东思想，完整地准确地领会毛泽东思想的科学体系。这些文章和论述的发表，给省委极大的启发和鼓舞，为拨乱反正指明了方向。

11 月 14 日至 12 月 13 日，省委宣传部召开全省理论干部会议，进一步澄清林彪、“四人帮”在哲学、政治经济学、科学社会主义等理论上所制造的混乱。省委第一书记王恩茂、省委副书记兰干亭出席会议并讲话，省委常委、宣传部部长宋振庭作了批判发言和会议总结。会议认为，要完整准确地学习和掌握毛泽东思想体系，必须加强党对理论工作的领导，建设好理论队伍，在全党进行一次新的马克思主义教育运动。

1978 年 3 月 18 日，邓小平在全国科学大会开幕式上强调：“毛泽东同志提倡知识分子又红又专，鼓励大家改造资产阶级世界观，树立无产阶级世界观。世界观的重要表现是为谁服务。一个人，如果爱我们社会主义祖国，自觉自愿地为社会主义服务，为工农兵服务，应该说这表示他初步确立了无产阶级世界观，按政治标准来说，就不能说他是白，而应该说是红了。”[①]邓小平的讲话是对“两个凡是”禁区的突破，极大地鼓舞了吉林省委领导成员。4 月 7 日，全省召开传达贯彻全国科学大会精神的广播大会。省委副书记、省革委会副主任宋洁涵讲话。他指出：邓小平的讲话运用辩证唯物主义和历史唯物主义观点，精辟地解决了存在于我们思想上长期没有解决的理论问题，听后使人欢欣鼓舞，认识上有了大提高，思想上获得了大解放。

由于邓小平等老一辈革命家不遗余力地宣传必须完整地准确地理解毛泽东思想，正确认识毛泽东思想的科学体系，强调毛泽东思想的精髓是实事求是，从根本上批判“两个凡是”错误观点，在全社会引起越来越多人的共鸣，思想理论界也展开了研究和讨论。在此基础上，省委将这些指示和精神进行了认真贯彻落实，省内的思想理论界也行动起来，开展了对党的实事求是思想的宣传，从而为即将到来的真理标准问题讨论奠定了思想基础。

---

① 邓小平：《在全国科学大会开幕式上的讲话》（1978 年 3 月 18 日），《邓小平文选》第 2 卷，人民出版社 1994 年版，第 92 页。

1978年5月11日,《光明日报》发表特约评论员文章《实践是检验真理的唯一标准》。文章提出,马克思主义的理论宝库不是一堆僵死不变的教条,对“四人帮”设置的禁锢人们思想的禁区,要敢于触及。文章虽然主要是对马克思主义认识论的一个基本问题作正面阐述,但实际上是从思想路线方面批判“两个凡是”观点,并且触及盛行多年的思想僵化和个人崇拜现象。此文立即在党内外引起关注,揭开了全国真理标准大讨论的帷幕。由于长期以来思想僵化的影响,这一常识性问题的提出却引来一系列责难。6月2日,邓小平在全军政治工作会议上发表讲话,着重阐述了毛泽东关于实事求是的观点,批评了对待毛泽东和毛泽东思想上“两个凡是”的错误态度。此后,叶剑英、李先念、陈云、胡耀邦、聂荣臻、罗瑞卿等一批老同志也先后表明态度,给实践是检验真理唯一标准的观点以支持。《人民日报》《解放军报》也参加了讨论。全国绝大多数省、市、自治区和大军区负责人,都先后发表文章和讲话,肯定实践是检验真理的唯一标准和这一讨论的重要意义。中共吉林省委第一书记王恩茂向新华社记者表明,他本人和吉林省委都支持真理标准问题的讨论,赞同实践是检验真理的唯一标准。王恩茂还撰写文章,在《人民日报》发表,并由新华社电传全国。王恩茂在文章中指出:“路线、方针和政策是要从实践中来,又要经过实践检验的。经过实践检验,符合客观事物发展规律的,就一定会胜利,否则,就一定会失败。”“我国社会主义革命和社会主义建设还有一个未被认识的必然王国,要靠我们一代人和几代人通过实践逐步认识。”“任何一个领导人都同所有的人一样,只有两只眼睛、一双耳朵和一个脑袋,能够看到、听到、想到的问题,总是有限的,而客观世界却是无限的”。所以,我们要“不断实践,不断调查研究,认真总结经验”,“随时修正错误”,“克服盲目性”,才能够“加快国民经济的发展速度,为祖国实现四个现代化作出更大的贡献。”[①]

1978年7月1日,省委书记、省革委会副主任高扬在省哲学社会科学学会联合会二届一次全委扩大会议上讲话。他指出:真理标准问题

---

① 王恩茂:《难忘的历史深刻的教育——重温毛主席在扩大的中央工作会议上的讲话》,《人民日报》1978年9月2日第2版。

的讨论“不是一般的问题，而是对马克思主义的根本态度，是把马克思主义理论当作僵死的教条，还是当作行动指南的问题，这个问题讨论清楚了，对我们哲学社会科学战线也是一次思想大解放”。他强调，“林彪、‘四人帮’把马列主义、毛泽东思想绝对化、宗教化，宣传什么‘句句是真理’‘一句顶一万句’‘顶峰’‘绝对权威’”，是“拉着‘大旗做虎皮’”，“包着自己，吓唬别人”，也是“阉割革命理论活的灵魂”，“对待马克思主义、毛泽东思想的正确态度，是学习和掌握他的整个思想体系”，“不是断章取义”地“片面立论，也不能‘句句照办’”①。

7月31日，省委召开常委扩大会议，讨论在报纸、广播中开展真理标准大讨论的问题。会议要求，要宣传实践是检验真理的唯一标准，恢复和发扬党的优良传统，开展一次马克思主义的思想解放运动。省委再次指出：真理标准讨论的这场斗争是捍卫马列主义还是反对马列主义的一场斗争，《吉林日报》和吉林人民广播电台要紧跟省委的中心工作，把这场讨论开展起来，使报纸、广播在拨乱反正中发挥更好的作用。这次会后，《吉林日报》加大了对真理标准讨论的报道力度，扩大和增加了《理论与实践》专栏的版面，并利用这一专栏开展真理标准问题大讨论，发表了大量赞同实践是检验真理唯一标准的文章。一篇《检验真理的标准只能是社会实践》的文章指出：“马克思列宁主义、毛泽东思想的基本原则是任何时候都不能违背的”，“但并不等于马克思列宁主义、毛泽东思想是一种不需要接受实践检验的‘终极真理’”，“更不是说对已经过时了的个别结论仍要无疑义地‘紧跟’、‘照办’。”②另一篇《实践与认识的关系不容颠倒》写道：“林彪、‘四人帮’对毛泽东思想采取形而上学态度”，“设下一个又一个‘禁区’，禁锢人们的思想，束缚人们的手脚”，“倘若有谁说毛泽东思想还需要在斗争中不断发展完善，就会被说成是反对毛泽东思想”，由此看来，“说明驱鬼肃毒，解放思想的工作还十分艰巨。”③

---

① 高扬：《在省社联二届一次全委（扩大）会议上的讲话》，《吉林日报》1978年7月13日第2版。

② 姜德福：《检验真理的标准只能是社会实践》，《吉林日报》1978年8月28日第3版。

③ 孙瑕、徐鸿翼：《实践与认识的关系不容颠倒》，《吉林日报》1978年8月28日第3版。

一些文学工作者在《吉林日报》上发表杂文，如《“加工厂”与“收发室”》《不可生搬硬套》等讽刺“两个凡是”的错误观点。一些科学工作者，发表《从科学史看真理标准》等文章，阐明科学的真理也“来自社会实践”，科学的理论也“必须经受实践的检验”，科学的真理的发展也是“永无止境的”，等等。

参加省哲学学会组织的真理标准讨论的哲学工作者，经过讨论一致认为，这场讨论“有助于彻底摧毁林彪、‘四人帮’的反动思想体系，肃清其流毒和影响，使人们的思想来一个大解放；有助于正本清源。完整准确地掌握马列主义、毛泽东思想体系。这关系到我们坚持什么样的思想路线和政治路线，关系到我们如何加速实现四个现代化，关系到我们党和国家的前途和命运。”①

正当大讨论开展得越来越热烈之时，中央宣传部的一位负责人在省直宣传工作会议上指责真理标准讨论是向毛泽东思想“丢刀子”，是反对高举毛泽东思想的旗帜，给吉林省的大讨论施加了压力。为了使大讨论不受影响，省委于 9 月 6 日至 15 日举办了全省第二次理论干部会议，重申要开展好真理标准问题大讨论。理论干部会议结束的当日，中共中央副主席邓小平到吉林省视察，他对吉林省委的领导说，什么叫高举？“两个凡是”不是高举，“两个凡是”是“损害毛泽东思想”。邓小平的谈话为全省开展真理标准问题讨论，为澄清当时的模糊认识和错误观点，提供了强大的思想武器，对深入开展这场讨论起到了很大的推动作用。

此后，《吉林日报》于 10 月又开辟了《关于实践是检验真理的唯一标准的讨论》专栏，以整版篇幅发表真理标准问题大讨论文章，如《这个讨论关系到高举毛泽东思想伟大旗帜的问题》《深入讨论关于检验真理的标准问题》《坚持以实践作检验真理的标准是拨乱反正的一件大事》《坚持唯物论，坚持辩证法，坚持实践第一》等。在《理论与实践》专栏，也继续刊登参加讨论的各类文章，如《实践是检验经济理论和经济政策的唯一标准》《“黎丘大人之智”戒》《走向真理的唯一光明大道》《谈谈真理的

① 《省哲学学会讨论理论与实践关系问题》，《吉林日报》1978 年 8 月 18 日第 2 版。

“一分为二”》，等等。

这些讨论文章理论的支点不同，阐释的方法各异，但都道出一个当时吉林人民共同关注的问题，即怎样才算真正高举毛泽东思想的伟大旗帜？在这个问题上，多数文章在以下四个方面达成共识。

一是真高举就要掌握毛泽东思想的完整体系，而不是固守其只言片语。9月19日《吉林日报》发表的署名文章《剖析“顶峰”论的反动实质》一文指出，对于“毛泽东思想的基本原理我们必须恪守”，但不一定遵循他的每一句话，因为“人们对于各个一定发展阶段上的具体过程的认识只具有相对的真理性”，毛泽东的话也是如此。省委宣传部副部长董速11月10日在《吉林日报》上撰文指出：林彪“用学‘语录’、背‘警句’代替毛泽东思想体系的学习”，把毛泽东思想“肢解成一些互不联系，孤零零的词句或干巴巴的条文”，是破坏我们对毛泽东思想“完整的科学体系”的学习，那不是真高举。

二是真高举就要敢于摒弃毛泽东的一些过了时的或者经过实践检验是错误的观点和主张。《吉林日报》10月11日发表的“本报特约评论员”的文章《理论上拨乱反正的关键》指出：“毛泽东思想是发展的”，“毛泽东思想发展的自身就是包括着对已经过时的个别结论的修正”。10月9日《吉林日报》发表的署名文章《谈谈理论的指导作用》指出：“毛主席说：‘马克思主义者不是算命先生，未来的发展和变化，只应该也只能说出个大的方向’。”因此“任何预见，百分之百地一丝不差地实现的事是没有的，它也需要在实践中不断补充，丰富，修改，甚至完全被推翻的情况也是有的。”在省委党校举办的县级干部读书班和理论宣传干部训练班讨论会上，学员们一致批评“有些同志不能以实事求是的科学态度对待马列主义、毛泽东思想，认为凡是毛主席说过的，圈过的，都不能动”，这是受林彪“句句是真理”的流毒影响还没有肃清，应该“进一步加深对实践是检验真理唯一标准的认识”[①]。

三是真高举就要研究新问题，总结新理论，推动毛泽东思想的不断发展。一篇《具有重大政治意义的争论》的文章指出：“社会主义革命和

---

① 《坚持实事求是的基本原则》，《吉林日报》1978年11月13日第3版。

社会主义建设中出现的新问题是大量的，必须根据新的情况，决定新的方针。”[①]另一篇《反对本本主义，敢于解放思想，大胆拨乱反正》的文章指出，如果我们事事都需要按领袖说的办，“现在，马克思、列宁和毛主席都不在世了，我们怎么办？难道革命停止了吗？”[②]《马克思主义不是教条而是行动的指南》的文章中说：“马列主义、毛泽东思想不可能对不断发展着的社会主义革命和社会主义建设的所有问题都作出回答。”[③]《怎样才是真正高举毛主席的伟大旗帜》的文章指出：“新的事物是层出不穷的，有一些事情肯定还是毛主席没有实践过的”，如果“凡是毛主席没有说的就不能办，那我们在新的形势下就会无所措手足”，“因此我们必须站在发展的观点上研究新情况，解决新问题，把毛泽东思想推向前进。”[④]

四是真高举就要把真理标准问题大讨论的成果及时应用到实践中去，推动全省拨乱反正工作的顺利进行。《吉林日报》10 月 19 日发表的《一切从实际出发，加速现代化步伐》的署名文章指出：“我们要把讨论实践是检验真理唯一标准的问题同当前的整风以及各方面的工作结合起来，更好地总结经验教训，边整边改。”[⑤]在全省第二次理论干部会议上，广大理论工作者还就如何将真理标准问题的讨论推向全省、推向基层，为新时期总任务服务的问题展开了深入的讨论。大家认为，“理论工作为新时期总任务服务的重要标志，就是要认真学习和掌握马列主义、毛泽东思想的体系，大力做好拨乱反正，正本清源，肃清流毒，打碎林彪、‘四人帮’的精神枷锁，解放思想的工作”，就是要“扫除各种障碍，探索客观规律，减少盲目性，增强自觉性”，“不断用新的实践”去“加快四个现代化建设的进程”。

由于中共吉林省委的高度重视，真理标准讨论成果不断涌现，推动了全省各行各业拨乱反正的蓬勃发展。

---

① 《具有重大政治意义的争论》，《吉林日报》1978 年 10 月 10 日第 3 版。
② 《反对本本主义，敢于解放思想，大胆拨乱反正》，《吉林日报》1978 年 10 月 25 日第 3 版。
③ 《马克思主义不是教条而是行动指南》，《吉林日报》1978 年 10 月 12 日第 3 版。
④ 王雷：《怎样才是真正高举毛主席的伟大旗帜》，《吉林日报》1978 年 11 月 8 日第 3 版。
⑤ 《一切从实际出发，加速现代化步伐》，《吉林日报》1978 年 9 月 20 日第 4 版。

三、邓小平吉林谈话

1978年9月15日至16日，中共中央副主席邓小平、中央政治局委员彭冲等率领中国党政代表团，在结束对朝鲜民主主义人民共和国的友好访问后，在中央政治局委员、沈阳军区司令员李德生陪同下，对吉林进行了视察。在长春期间，邓小平听取了中共吉林省委的工作汇报，发表了重要谈话。谈话涉及工农业发展等方面的问题，更重要的是，邓小平对高举毛泽东思想伟大旗帜和坚持实事求是作了深刻的阐述。邓小平的吉林谈话，不仅推动了全国真理标准问题讨论和拨乱反正工作的开展，也为中共吉林省委解放思想和冲破“两个凡是”的禁区，加快经济调整和发展生产，为全省党的工作重点向社会主义现代化建设转移提供了强大助力。

9月16日上午，省委第一书记、省革委会主任王恩茂，在长春南湖宾馆代表省委向邓小平一行作工作汇报。在听取了王恩茂等人的工作汇报后，邓小平就坚持实事求是、高举毛泽东思想旗帜等问题发表谈话。邓小平说：“现在摆在我们面前的问题，关键还是实事求是、理论与实际相结合、一切从实际出发。这是政治问题，是思想问题，也是我们实现四个现代化的现实问题。一切从实际出发，我们的事业才有希望。”“不论搞农业，搞工业，搞科学研究，搞现代化，都要实事求是，老老实实。”①

在谈到吉林省的农业问题时，邓小平说：“学大庆、学大寨要实事求是，学它们的基本经验，如大寨的苦干精神、科学态度。大寨有些东西不能学，也不可能学。比如评工记分，它一年搞一次，全国其他人民公社、大队就不可能这样做。取消集贸市场也不能学，自留地完全取消也不能学，小自由完全没有了也不能学。全国调整农村经济政策，好多地

① 中共中央文献研究室编：《邓小平年谱（1975—1997）》上，中央文献出版社2004年版，第377—378页。

方要恢复小自由，这也是实事求是。”[①]

邓小平接着说：“你们这里也有好的典型呀！你们自己的典型更可贵。像榆树的小乡生产队，永吉的阿拉底大队，还有其他好的典型。就每一个专区、县来说，都有自己比较好的典型，把这些比较好的典型加以推广，大家都向它看齐，就了不起。这也是从实际出发。”[②]“所有在一个县工作、在一个公社工作的同志，都要根据一个县、一个公社的条件，在大队工作的同志也要根据一个大队的条件，搞好工作。”“要鼓励哪怕是一个生产大队、一个生产队都要很好地思考，根据自己的条件思考怎样提高单位面积产量，提高总产量，还有技术方面、多种经营方面，哪些该搞得还没有搞，怎么搞。这样，发展就快了。搞得好的，国家不要挖它的，而且要给予奖励。这样鼓励它提高技术水平、管理水平，提高生产能力。总之，实事求是，从实际出发，因地制宜。”[③]

对于如何搞好工业，邓小平指出：“多少年来，就是文化大革命以前，我们的脑筋开动得也不够，这些年来思想僵化了。”“思想僵化，就不可能实现四个现代化。”“世界天天发生变化，新的事物不断出现，新的问题不断出现，我们关起门来不行，不动脑筋永远陷于落后不行。”“现在要使所有的人开动脑筋，哪怕管理一个街道工厂，也要自己开动脑筋，敢于思考怎么样使生产增加，产品质量提高，成本降低，原材料消耗少，产品价格不断降低。不管大中小企业，搞得好的要奖励，不能搞平均主义，要鼓励先进。”“企业的考核制度也要建立起来，要真正搞按劳分配，鼓励向上，鼓励人们努力学习，这对社会主义的极大益处是发展社会生产力。总之，实事求是，开动脑筋，要来一个革命。”[④]

在谈到怎样高举毛泽东思想旗帜时，邓小平指出：“现在党内外、国

---

① 中共中央文献研究室编：《邓小平年谱（1975—1997）》上，中央文献出版社 2004 年版，第 378 页。

② 中共中央党史研究室科研管理部编：《邓小平的历史足迹》，中共党史出版社 2004 年版，第 122—123 页。

③ 中共中央文献研究室编：《邓小平年谱（1975—1997）》上，中央文献出版社 2004 年版，第 378 页。

④ 中共中央文献研究室编：《邓小平年谱（1975—1997）》上，中央文献出版社 2004 年版，第 378—379 页。

内外很多人都赞成高举毛泽东思想旗帜。什么叫高举？怎么样高举？大家知道，有一种议论，叫做'两个凡是'，不是很出名吗？凡是毛泽东同志圈阅的文件都不能动，凡是毛泽东同志做过的、说过的都不能动。这是不是叫高举毛泽东思想的旗帜呢？不是！这样搞下去，要损害毛泽东思想。毛泽东思想的基本点就是实事求是，就是把马列主义的普遍原理同中国革命的具体实践相结合。毛泽东同志在延安为中央党校题了'实事求是'四个大字，毛泽东思想的精髓就是这四个字。毛泽东同志所以伟大，能把中国革命引导到胜利，归根到底，就是靠这个。"①

邓小平强调："我们高举毛泽东思想的旗帜，就要在每一时期，处理各种方针政策问题时，都坚持从实际出发。我们现在要实现四个现代化，有好多条件，毛泽东同志在世的时候没有，现在有了。中央如果不根据现在的条件思考问题、下决心，很多问题就提不出来、解决不了。""如果只是毛泽东同志讲过的才能做，那我们现在怎么办？马克思主义要发展嘛！毛泽东思想也要发展嘛！否则就会僵化嘛！"②

邓小平还指出："我们是社会主义国家，社会主义制度优越性的根本表现，就是能够允许社会生产力以旧社会所没有的速度迅速发展，使人民不断增长的物质文化生活需要能够逐步得到满足。按照历史唯物主义的观点来讲，正确的政治领导的成果，归根结底要表现在社会生产力的发展上，人民物质文化生活的改善上。""我们一定要根据现在的有利条件加速发展生产力，使人民的物质生活好一些，使人民的文化生活、精神面貌好一些。"③

邓小平的吉林谈话内容非常丰富，涉及许多方面。政治上，他以巨大的理论勇气和非凡的政治胆识，阐述实事求是的重要性，倡导解放思想，冲破"两个凡是"禁锢，正确对待毛泽东思想。经济上，他把发展生产力看作是最大的政治，号召开动脑筋，克服僵化，大力发展生产。体

---

① 邓小平：《高举毛泽东思想旗帜，坚持实事求是的原则》（1978 年 9 月 16 日），《邓小平文选》第 2 卷，人民出版社 1994 年版，第 126 页。

② 邓小平：《高举毛泽东思想旗帜，坚持实事求是的原则》（1978 年 9 月 16 日），《邓小平文选》第 2 卷，人民出版社 1994 年版，第 127—128 页。

③ 邓小平：《高举毛泽东思想旗帜，坚持实事求是的原则》（1978 年 9 月 16 日），《邓小平文选》第 2 卷，人民出版社 1994 年版，第 128 页。

制上，他倡导改革，建立企业考核制度，分配制度不能搞平均主义，要鼓励先进，等等。除此之外，他针对吉林的地域特点提出了具体想法和指示。他还问到了吉林省的粮食产量问题、农业机械化问题、一汽的技改、霍林河煤矿的技术引进、吉林卷烟的质量问题，等等，谈话中处处蕴含着务实精神和实践智慧。

9月18日至19日，省委召开常委会议，进一步学习、讨论邓小平的谈话精神。大家一致认为，邓小平的谈话准确通俗地阐述了毛泽东思想，听了之后使人很受触动和教育。会议对照邓小平谈话，回顾吉林省的工作，找出存在的问题，研究了解决措施。

根据省委常委会的决定，9月20日，省委召开省直机关党员干部会议，全文传达邓小平的谈话。王恩茂在会上指出：邓小平同志谈话的中心是强调实事求是，一切从实际出发，这是马克思主义无产阶级世界观的根本问题，是辩证唯物主义和历史唯物主义的根本问题，也是一个怎样认识世界和怎样改造世界的根本问题。王恩茂强调，只有使自己的主观世界符合客观世界的实际，我们才能真正对四个现代化建设作出贡献。针对吉林省存在的问题，王恩茂说，邓小平同志的谈话给了我很大的启发，过去我们常讲学大庆、学大寨要真学，什么叫真学？真学就要像邓小平同志号召那样实事求是、老老实实地学，不要搞形式主义。各级领导，要开动脑筋，敢于思考，多出符合本地区、本部门、本单位情况的好主意、好办法，都要根据自己的具体情况办事，搞好工作[①]。王恩茂要求，各级党组织要认真组织干部学习、领会邓小平的重要指示，坚持实事求是、一切从实际出发、理论联系实际的基本原则，坚持实践是检验真理的唯一标准，粉碎“四人帮”束缚人们的思想枷锁，冲破禁区，解放思想，做好工作，为加速实现四个现代化多作贡献[②]。

为向全省贯彻邓小平的指示精神，9月23日至30日省委召开市、地（州、盟）、县委书记会议。与会人员对照邓小平谈话，查摆过去不实事求是的表现，展开了热烈的讨论。通辽县委书记说：“这些年把我们

---

① 王恩茂：《在省直机关党员干部会议上的讲话》，1978年9月20日。

② 王恩茂：《坚持实事求是是高举毛主席伟大旗帜的关键》，《吉林日报》1978年10月17日第1版。

的思想搞僵化了，不敢坚持实事求是，形成上边怎么说，我们就怎么干；上边往哪瞅，我们就往哪看的局面。”德惠县委书记说：“我们县的低洼易涝耕地占46%，可产量却占2/3，农田基本建设本应以治涝为主，却一直把重点放到修梯田上，结果造成高产农田受涝大幅度减产。在作物种植方面，也不能因地制宜。”和龙县委书记说：“我们那里是高寒山区，无霜期只有90天，种土豆能增加收入，可上边一直强调让种苞米，弄得一个劳动力日值只有两角钱。”抚松县的与会人员说：“我们全县27万多人口，只有耕地22万多亩，其中3万多亩在25度的山坡上，就是亩产达到了《纲要》标准，也不够吃，叫我们粮食自给有困难。但我们那盛产人参，可不可以让我们以种植人参为主？希望省委能给予答复。”[①]会议经过讨论认为，新中国成立28年来，全省农业是有成绩的，但发展速度很慢，远远落在全国的后面，对国家的贡献也越来越小，甚至出现了没有贡献的情况。吉林农业落后的局面再也不能继续下去了，加快农业发展已经成为一项十分紧迫的任务。当前的主要工作是解放思想、实事求是，打破僵化思想，因地制宜，搞好规划，改变农业的生产条件，加速发展全省的农业生产。

根据大家的意见，按照邓小平的谈话精神，会议制定了高速度发展全省农业的十四条措施。在农田基本建设上，也强调了要从本地的实际需要出发，以建设高产农田为主攻方向，实行山、水、田、林、路、村综合治理。

在工业方面，邓小平在谈话中关于开动脑筋、实行按劳分配的精神也得到了贯彻。10月，省委召开有市、地（州、盟）委和八个重点工业城市的工业书记、工交办公室主任、省直有关部门负责同志参加的四季度工作会议。会上，王恩茂结合邓小平谈话就第四季度工业生产工作讲话。他指出：工业生产中要坚决贯彻社会主义按劳分配的政策。现在看起来还不够大胆，束手束脚，必须解放思想，大胆贯彻这一政策。搞平均主义害死人，那种干不干一个样，干多干少一个样，干好干坏一个

① 全省地县委书记会议《情况反映》第2期，1978年9月25日。

样，不能调动积极性、创造性，不能促进生产的发展，这种状况一定要改变[①]。在10月21日召开的全省财贸学大庆学大寨会议上，王恩茂进一步提出，要实行计时为主，计件为辅，计时加奖励的办法，要把精神鼓励和物质鼓励结合起来，执行各尽所能，按劳分配的原则，使企业中每个人都能从物质利益上关心国家计划的完成，关心企业的经营成果[②]。

在解放思想、实事求是精神的影响下，省委和各级党委纷纷动员起来，积极安排布置各项政策和具体规定的落实。农业方面，在狠抓农业生产的同时，还扩大发展了多种经营。被誉为全国“黄牛之乡”的延边，“文化大革命”中有90%的养牛场被拆散，现在又普遍开始恢复；过去被称为“木耳之乡”的珲春县，也开始恢复和新建木耳场，许多社队都建立了木耳生产基地。除此之外，农田水利基本建设也开始因地制宜。东丰县过去治山，群众不愿意出工，说“放着肉不吃硬让去啃骨头”，现在改为治川，群众热情很高，全县每天出动2万多人，治理15条河流，维修7座塘坝，挖5条水渠和新修251条排水沟。到1978年11月，全省农田基本建设每天共出动农民156.2万多人，占农村劳动力总数的40%。共修建各种水利工程1.1万多处，竣工8244处。广大农民劳动积极性的提高，使得全省农田水利基本建设有了较快的发展。

在结合深入开展的第三阶段揭批“四人帮”运动和“工业学大庆”运动的基础上，全省工业企业普遍采取了整顿领导班子，加强企业管理，健全规章制度，开展社会主义劳动竞赛，开展技术革新，实行奖励制度等办法。这一时期推广的先进典型，特别注重那些在整顿调整中，坚持实事求是，一切从实际出发的企业和单位。《吉林日报》12月6日报道通化县工业企业整顿的情况。县委在对全县企业深入调查研究的基础上，敢于对问题大的“五小”企业和支农工业果断采取停、缩、转、并的办法，把节省的人力物力充实到有条件的企业中，有力地促进了生产的发展和财政收入的增加，为按专业化进行工业改组打下基础。《吉林日

---

① 《省委召开市地委工业书记会议部署四季度工作》，《吉林日报》1978年10月13日第1版。

② 王恩茂：《在全省财贸学大庆学大寨会议上的讲话》，《吉林日报》1978年11月4日第1版。

报》还为这篇报道特别配发评论员文章，提出在目前整顿调整工业企业中，应着力解决思想认识问题，采取大胆、积极的态度，去办“符合人民利益的事，符合客观规律的事”，“干就干好，决不能当断不断，议而不决，决而不办，办而不果。”[①]

在省委和各级党委有力推动下，1978 年第四季度全省经济形势明显好转，为全省实现党的工作重点转移创造了条件。

邓小平在吉林这次谈话，不仅使全省广大干部群众受到一次解放思想、实事求是思想路线的深刻教育，而且有力地推动了全国真理标准问题的大讨论，为党的十一届三中全会的胜利召开奠定了重要的理论基础。

四、迎接历史性伟大转折

1978 年 11 月 10 日至 12 月 15 日，中共中央工作会议在北京召开。省委第一书记、省革委会主任王恩茂，省委副书记、省革委会副主任张士英参加了会议。11 月 14 日，在中央工作会议期间，经中共中央政治局常委批准，北京市委宣布为天安门事件平反。11 月 16 日，《吉林日报》一版刊载了新华社《中共北京市委宣布天安门事件完全是革命行动》的报道，并配发了《人民日报》评论员文章《实事求是，有错必纠》。这一消息的发布，立即在全省引起强烈反响。

11 月 25 日，王恩茂、张士英从北京传回振奋人心的喜讯：中央工作会议于当日下午重申，为天安门事件、“二月逆流”等错案平反，还决定为“薄一波等 61 人叛徒集团案”平反；决定将彭德怀、陶铸的骨灰安放到北京八宝山革命公墓；恢复杨尚昆的党组织生活，分配工作；同意对康生、谢富治进行揭发批判。会议还决定，地方性重大错案的平反，由各省、市、自治区根据具体情况，实事求是地加以解决。

根据党中央的新精神，省委责成省委组织部、省委纪律检查委员会，对经过复查未予平反的“文化大革命”中所定的“反革命”案件再次复查。在此之前，省委曾于 1978 年 7 月 28 日，根据中央指示批转过省法

① 《积极大胆地整顿调整企业》，《吉林日报》1978 年 12 月 6 日第 1 版。

院党组《关于处理申诉案件,落实党的政策的情况和意见的报告》,要求对“文化大革命”期间的冤假错案,按照“有反必肃,有错必纠”的方针,采取积极而又慎重的态度,认真复查,抓紧清理。这份文件下达后,由于当时“两个凡是”思想禁区还没有消除,一批涉及面广、较为复杂的错案没有彻底平反。为了对这些错案再次复查,12 月 4 日至 15 日,省委纪律检查委员会召开全省疑难案件座谈会,研究解决重建纪委以来积压的党员对处分不服的申诉案件及其政策、界限问题。会上学习中央组织部的内部刊物《组工通讯》1978 年第 11 期刊载的《认真清理被指控为“恶攻”的案件》一文,剖析全省各地有代表性的 14 个不同类型的疑难案例。通过剖析事例,纪检干部解放思想,突破“两个凡是”的禁区,分清是非,增强了平反冤假错案工作的信心和决心。这次会议有力地推动了所谓“恶攻”(“恶毒攻击”伟大领袖和中央领导同志)案件的平反,解放了群众的思想,对在全省形成说真话的民主气氛起了促进作用。

1978 年 12 月 18 日,省委召开常委会议,正式传达中央工作会议精神。

这次中央工作会议,共开了 36 天。会议为天安门事件等一些有影响的冤假错案平反,宣布“反击右倾翻案风”是错误的。大家对从明年起把全党工作着重点转移到社会主义现代化建设上来的决定热烈拥护、一致赞同。与会代表对在真理标准问题讨论中暴露的意见分歧,经济建设领域的指导思想、方针政策以及党的建设、国家民主和法制建设等问题进行了热烈讨论。许多会议代表用摆事实、讲道理的方法,指出长期存在的“左”的错误,要求予以纠正。

在中央工作会议闭幕会上,邓小平作了题为《解放思想,实事求是,团结一致向前看》的重要讲话。这篇纲领性讲话实际上成为十一届三中全会的主题报告。邓小平的讲话共分四个部分。

(一)解放思想是当前的一个重大政治问题。邓小平对半年来党内外热烈开展的关于真理标准问题的讨论作了总结,批评了“两个凡是”和个人崇拜,着重强调了解放思想、打破僵化的迫切任务。他说:“首先是解放思想。只有思想解放了,我们才能正确地以马列主义、毛泽东思想为指导,解决过去遗留的问题,解决新出现的一系列问题”。不打破思想僵化,不大大解放干部和群众的思想,四个现代化就没有希望。关于实践是检验真理的唯一标准问题的讨论,很有必要,意义很大,“一个党,一个国家,一个民族,如果一切从本本出发,思想僵化,迷信盛行,那它就不能前进,它的生机就停止了,就要亡党亡国。”只有解放思想,坚持实事求是,一切从实际出发,理论联系实际,我们的社会主义现代化建设才能顺利进行,马列主义、毛泽东思想才能顺利发展。“从这个意义上说,关于真理标准问题的争论,的确是个思想路线问题,是个政治问题,是个关系到党和国家的前途和命运的问题。”

(二)民主是解放思想的重要条件。邓小平指出:解放思想,一个十分重要的条件就是要真正实行民主集中制。当前这个时期,特别需要强调民主。因为在过去一个相当长的时期内,民主集中制没有真正实行,离开民主讲集中,民主太少。为了保障人民民主,必须加强法制。必须使民主制度化、法律化,使这种制度和法律不因领导人的改变而改变,不因领导人的看法和注意力的改变而改变。

(三)处理遗留问题为的是向前看。对这次会议解决的一些历史遗留问题,纠正的一批重大冤假错案,邓小平指出:这是解放思想的需要,也是安定团结的需要。目的正是为了向前看,正是为了顺利实现全党工作重心的转变。我们的原则是有错必纠。凡是过去搞错了的东西,统统应该改正。“文化大革命”已经成为我国社会主义历史发展中的一个阶段,总要总结,但是不必匆忙去做。有些事要经过更长一点的时间才能充分理解和作出评价。

(四)研究新情况,解决新问题。邓小平提出,当前尤其要注意研究和解决管理方法、管理制度、经济政策这三个方面的问题。目前的经济管理机构臃肿,层次重叠,手续繁杂,效率极低,政治的空谈往往淹没一切。如果再不实行改革,我们的现代化事业和社会主义事业就会被葬送。当前最迫切的是扩大厂矿企业和生产队的自主权,使每一个工厂和生产队能够千方百计地发挥主动创造精神。在经济政策上,要允许一部分地区、一部分人,由于辛勤努力成绩大而收入先多一些,生活先好起来。这样“必然产生极大的示范力量,影响左邻右舍,带动其他地区”，“使整个国民经济不断地波浪式地向前发展，使全国各族人民都能比较快地富裕起来。”“这是一个大政策，一个能够影响和带动整个国民经济的政策”。

中央工作会议精神的传达贯彻，使省委常委深受鼓舞，感到这是自党的八大以来开得最好的中央会议，邓小平的讲话提出了当前实现历史转折和进行现代化建设所面临的最重大、最关键问题，为即将召开的十一届三中全会明确了指导思想，指明了党在今后的主要任务和前进方向。

经过中央工作会议的充分准备，中国共产党第十一届中央委员会第三次全体会议于 1978 年 12 月 18 日至 22 日在北京召开。全会开始全面认真纠正“文化大革命”及其以前的“左”倾错误，坚决批判了“两个凡是”错误方针，充分肯定了必须完整、准确地掌握毛泽东思想的科学体系；高度评价了关于真理标准问题的讨论，确定了解放思想、开动脑筋、实事求是、团结一致向前看的指导方针；果断地停止使用“以阶级斗争为纲”的口号，作出了把党和国家工作中心转移到经济建设上来、实行改革开放的历史性决策。这次全会的召开，标志着党从根本上冲破了长期“左”倾错误的严重束缚，端正了党的指导思想，重新确立了马克思主义的思想路线、政治路线和组织路线，结束了 1976 年 10 月以来党的工作在徘徊中前进的局面，将党领导的社会主义建设事业引向健康发展的道路。党的十一届三中全会是新中国成立以来党的历史上具有深远意义的伟大转折。以此为起点，党领导人民步入了改革开放历史新时期，踏上了建设中国特色社会主义新的伟大征程。

中共吉林省委带领全省人民张开双臂，满怀激情地迎接伟大的历史性转折。

结 束 语

从1949年新中国成立到1978年党的十一届三中全会召开，在中国共产党领导下，吉林各族人民与全国人民一道进行社会主义革命和社会主义建设，走过了29个风雨历程。这29年间，中共吉林省委带领全省广大党员、干部和群众巩固了人民民主政权，建立了社会主义制度，探索了社会主义建设的道路，经受住了十年“文化大革命”内乱的考验，最终迎来了伟大的历史性转折。

这29年间，吉林巩固了人民民主政权，确立了社会主义基本政治制度。在中国共产党的领导下，中共吉林省委带领全省人民建立和完善了各级人民代表大会制度，建立和健全了中国共产党领导的多党合作和政治协商制度，实行了民族区域自治制度。吉林各族人民通过各种途径参与管理政治、经济、文化和社会各项事业，真正实现了当家作主的愿望，精神面貌焕然一新。整个社会欣欣向荣，生机无限。

这29年间，吉林确立了社会主义的基本经济制度。全省各族人民在中共吉林省委的领导下，经过对农业、手工业和资本主义工商业的社会主义改造，实现了从生产资料私有制到公有制的历史性转变，确立了社会主义基本经济制度，进而开展了大规模的社会主义建设，建立起社会主义工业体系和国民经济管理体系。

这29年间，吉林社会主义建设在探索中曲折发展。经过党的八大路线的贯彻、整风运动、反右派斗争、“大跃进”和人民公社化运动、国民经济调整、“文化大革命”、揭批“四人帮”运动、初步的拨乱反正等历程，全省广大党员、干部和群众共同分享成功的喜悦与骄傲，一起经受了各种困难与风险的考验，为迎接伟大的历史性转折孕育新的生机。

这29年间，吉林取得了一系列辉煌成就。农业生产稳步发展，粮食产量和农民收入都有了较大的增长。吉林成为全国重要的产粮大省，为建立国家商品粮基地打下了坚实基础。国家第一个五年计划中的156个项目，有第一汽车制造厂、吉林三大化工厂等11项落户吉林。随着“二五”以后历次五年计划的实施，全省相继建立起以汽车、客车、机车、拖拉机等为龙头的行走工业基地，以吉林化学工业公司为龙头的化学工业基地，以长春光机所、长春应化所、长春物理所等为龙头的光学、应用化学科研基地。这些生产和科研基地在全国具有举足轻重的地位，其中有的产业现在仍然是全省国民经济的重要支柱，它们研发生产的许多成果为我国综合国力的增强和人民生活水平的提高作出了重要贡献。

这29年间，吉林科学、教育、文化、卫生事业得到较快发展。以吉林大学、东北师范大学、吉林工业大学、白求恩医科大学、长春地质学院等为代表的一批国内知名高等学府在新中国建立前后相继成立，其中的文科、理工、医学、地质学科等大学科领域在全国学术界具有重要地位。长春电影制片厂作为新中国电影事业的摇篮，在全国令人瞩目。吉林省作为全国重要的文化大省，为国家培养了大批人才，提供了大批科研成果和精神产品。

这29年间，吉林大地涌现了许多值得骄傲的先进集体和英雄模范人物。一汽、吉化、吉林油田、红九连、小乡等成为那个时代先进集体的典型，杨宝山、刘英俊、杨林、陈岱山、史云峰、齐殿云、刘声、王大珩等是那个时代英雄模范人物的代表，他们的感人事迹和伟大精神，成为吉林人民的时代精神坐标，始终在教育和激励一代又一代吉林儿女努力奋斗。

29个春秋岁月，成功与失误同在，顺利与挫折并存。但党领导吉林人民在曲折的道路上同心同德，不断战胜困难，取得一个又一个胜利，却始终是奋斗历程的主流和主题。即使是在“文化大革命”时期，全省各级党组织、广大党员干部和各族人民群众对中国共产党的信任和对社会主义的信念没有动摇，对“左”的错误进行了一定程度的抵制，尽力减少了由于“左”的错误给全省国民经济造成的影响和破坏，使全省国民经济仍得到了缓慢的发展。

这29年间,吉林广大党员、干部和人民群众在社会主义革命和建设中积累的正反两方面的经验和教训,对于吉林实现振兴发展,走向更加美好的未来有着深刻的启示。

一、正确认识我国所处的历史阶段,始终坚持以经济建设为中心,解放和发展生产力。社会主义改造基本完成后,中国进入了社会主义初级阶段,生产力水平还很低,是不发达的社会主义。中共吉林省委曾提出社会主义要建立在工农业生产高度发展的基础上,因此,必须把发展工农业生产作为党的领导工作的中心,其他工作必须围绕发展工农业生产这个中心去进行;并根据吉林省省情,把农业确立为国民经济的基础,因地制宜地发展经济。因而,全省国民经济和各方面工作取得了较好的成绩。后来,由于"以阶级斗争为纲"的错误思想逐渐占据主导,特别是"文化大革命"的极左错误,给吉林省社会主义建设事业带来了巨大的损失。这告诉我们发展中国特色社会主义事业必须始终坚持党的"一个中心,两个基本点"的基本路线,有步骤分阶段地实现中华民族伟大复兴。

二、社会主义建设必须尊重客观规律,实事求是。尊重客观规律是马克思主义认识论的基本要求,尊重客观规律必须坚持实事求是这一马克思主义的精髓。新中国成立后,中共吉林省委在多数情况下能够坚持实事求是,按照客观规律办事。在"大跃进"时期,省委领导曾强调要根据实际可能,不要浮夸。但是在片面强调"快"的大环境下,省委自身也难免受此大环境左右。全省上下不顾客观规律,曾一度出现蛮干现象,造成一些难以挽回的损失。"大跃进"和人民公社化运动导致全省经济社会发展严重失衡,生态环境遭到破坏,国民经济陷入严重困难。这告诉我们发展中国特色社会主义事业必须按照客观规律办事,坚持科学发展观。

三、坚持民主与法制相结合,实行依法治国,发展社会主义民主政治。中国共产党领导中国人民建立了人民民主专政的社会主义国家。党通过扩大民主、加强法制赢得了人民的广泛支持。但随着阶级斗争扩大化,极左思潮的蔓延,民主与法制遭到践踏。"文化大革命"期间混淆敌我，制造大量冤假错案，吉林省的民主法制建设遭到重创；对“文化大革命”进行抗争抵制的干部和群众遭到错误的批判，有的甚至献出了宝贵的生命。这告诉我们发展中国特色社会主义事业必须发展社会主义民主，使民主制度化、法律化，使这种制度不因领导人的看法和注意力的改变而改变；必须坚持依法治国，建设社会主义法治国家，坚持党的领导、人民当家作主和依法治国的有机统一。

四、重视教育科学和文化事业，大力发展社会主义先进文化。党的八大召开后，中共吉林省委在教育、科技、文化领域，认真贯彻“百花齐放、百家争鸣”的方针，肯定知识分子的大多数已经是劳动人民的一部分，努力调动知识分子和各方面的积极性；注意发挥科学技术在社会主义建设中关键性作用，大力推进技术革命与技术革新运动；培育和形成了在全社会向先进模范人物学习的精神风貌。但随着意识形态越来越“左”，科学文化事业中的一些正确主张被否定，知识分子受到不公正的待遇，社会主义文化建设也遭遇挫折。这告诉我们发展中国特色社会主义事业必须坚持以马克思主义为指导，继承中国优秀传统文化，吸收世界先进文明成果，发挥广大知识分子的作用，建设社会主义先进文化。

五、坚持人民群众是历史的创造者，依靠最广大人民群众建设社会主义。新中国成立后，中共吉林省委紧紧依靠人民，充分调动社会各阶级、各阶层的积极性，发挥人民群众的积极性、主动性、创造性，取得了社会主义革命和建设的胜利。广大人民群众在党的领导下，充分发挥主人翁精神，艰苦奋斗，团结一致，战胜了一个又一个困难，创造了一个又一个人间奇迹。社会各界涌现出一大批先进集体和英雄模范人物。这些先进集体和英雄模范人物在全省乃至全国产生了重大影响，起到了很好的社会带动作用。这告诉我们发展中国特色社会主义事业，要始终坚持党的群众路线，紧紧依靠人民推动历史前行。

六、注重加强党的自身建设，确保党始终成为中国特色社会主义事业的领导核心。新中国成立后，中共吉林省委高度重视执政党建设，强调要坚持民主集中制和集体领导制度，反对个人崇拜；注重党的作风建设，反对官僚主义；注重加强党内监督，发展党内民主；注重加强党和人民群众的联系；注重加强基层党组织建设和干部队伍建设。卓有成效的自身建设使吉林省各级党组织成为领导人民战胜困难的坚强堡垒。但“左”倾错误的发展特别是“文化大革命”的爆发使党的建设受到了冲击，全省各级党组织一度出现不同程度的混乱甚至瘫痪的状态，党和人民的事业受到了损害。这告诉我们发展中国特色社会主义事业必须坚持和改善党的领导，坚持民主集中制，不断提高党的领导水平和执政水平，始终保持和发展党的先进性，确保党始终成为中国特色社会主义事业的领导核心。

这29年，中共吉林省委积累的正确认识、基本经验和政策措施，是省委在认真贯彻中央决策并同本省实际相结合中取得的，是省委在带领全省人民勇于实践和不断总结所取得的，对推进全省改革开放和进行社会主义现代化建设，具有重要的借鉴意义，是一笔宝贵的精神财富和政治财富。毋庸讳言，这29年，省委也犯过一些错误，这些错误和教训同样具有重要价值，它将起到警示作用。

历史长河奔涌向前，这29年的历史只是其中的短暂一瞬。但这短暂的一瞬为开辟中国特色社会主义伟大事业奠定了重要基础。在党中央的领导下，在中共吉林省委的带领下，吉林人民将在此基础上谱写出更加辉煌的新篇章。

大事年表

1949年

10月1日　下午3时，毛泽东在首都北京天安门城楼上，向全中国和全世界庄严宣告中华人民共和国中央人民政府成立。

10月2日　省会吉林市7万多人集会，庆祝中华人民共和国成立。中共吉林省委书记刘锡五、吉林省人民政府主席周持衡在会上讲话。会后，举行游行和游江晚会。全省各市、县分别召开庆祝大会。

10月8日　中共吉林省委机关报《吉林工农报》以《庆祝新中国的诞生，迅速加强经济建设》为题，发表了省委书记刘锡五、副书记李德仲的文章。文章指出，全省人民的任务就是在现有的基础上把工业生产和农业生产恢复和发展起来。

11月10日　中共吉林省委发出《关于新区、半老区充分发动群众，彻底消灭封建残余势力，贯彻发展生产的指示》。

11月21日　中共吉林省委发出《关于冬季党员干部短期训练班的通知》。

△　中共吉林省委组织部在《吉林省半年来农村党支部工作报告》中指出，全省农村共有2614个党支部，占行政村的65.26%；有3401名党员，占农村人口的0.5%。《报告》强调要巩固提高党支部，发挥支部在生产中的作用。

12月6日—15日　中国新民主主义青年团（简称青年团）吉林省工作委员会召开全省工作会议，传达团中央常委扩大会议精神，部署今后工作。

12月13日　中共吉林省委制定《关于一九五〇年工作计划纲要》。

1950年

1月19日　东北人民政府电令，同意任命于克、徐元泉为吉林省人民政府副主席。

1月28日—2月6日　中共吉林省第一次代表会议在吉林市举行。出席会议代表240人，代表全省58498名党员。省委书记刘锡五、副书记李德仲作了报告。会议确定，1950年仍以恢复和提高农业生产为中心任务，争取粮食增产51万吨，同时增加城市工作和工业建设的比重，加强对商业与合作社的领导，组织城乡交流，保证完成国家财政任务。

2月1日　中共吉林省委机关报《吉林工农报》复名《吉林日报》。

2月14日　中共长春市委、市人民政府组织视察团，巡视了伪满时期日本侵略者在孟家屯建立的细菌工厂。长春市各界代表发表声明，要求严惩日本细菌战战犯。

2月24日　中央人民政府政务院发布严禁鸦片烟毒通令，全省立即掀起了肃毒运动。由于政策和措施明确，执行有力，到1953年，旧中国遗留下来的烟毒恶习在吉林省内被基本禁绝。

2月26日　长春市公安机关破获一起妄图颠覆党和国家领导人专列的特大案件，逮捕以弹棉工厂为掩护的国民党中统特务于志洋等19名案犯，从而确保了毛泽东等访苏归来视察长春时的安全。

2月28日　毛泽东、周恩来等访问苏联归国途中经哈尔滨到长春，视察了长春市。在长春市银行会议室，毛泽东听取了长春市委书记刘亚雄的汇报，就恢复生产、发展经济和城市建设等方面的工作，作了重要指示。

2月28日—3月7日　吉林省首届农业生产劳动模范大会在吉林市召开，出席大会的劳动模范350人。省委书记刘锡五作了《为完成今年的生产任务努力奋斗》的报告，省政府副主席徐元泉作总结报告，部分劳模代表介绍了经验。

3月8日—13日　吉林省林业劳模大会召开。会议总结林业工作，讨论1950年任务。会议要求林业生产取消把头制，实行集体包工制，依靠采伐工人，把生产水平提高一步。

3月14日　延边公署专员关俊彦等人参加在沈阳成立的民盟东北总支部会议。此后，中共吉林省委和长春市委帮助民盟筹建民盟吉长（吉林省和长春市）支部。

4月5日—9日　吉林省第一次各界人民代表会议在吉林市举行。会上，省委书记刘锡五作了《关于怎样把全省生产建设提高一步》的讲话，省政府主席周持衡作了《1949年政府工作和1950年工作任务》的报告。会议选举产生吉林省人民政府委员会，周持衡为省人民政府委员会主席，于克、徐元泉为副主席。选举产生吉林省各界人民代表会议协商委员会，李德仲为协商委员会主席，周持衡、关俊彦为副主席。

4月12日　中共吉林省委召开会议，根据中共中央《严厉镇压反革命的指示》精神，讨论镇压反革命和召开城市工作会议问题。

4月　中共吉林省委向全省各级党委传达贯彻了第一、二次全国统战工作会议精神，提出在实现《共同纲领》、巩固工农联盟的基础上，密切同各民主党派、团体的联系和合作。

5月1日　中共中央发出《关于全党全军进行大规模整风运动的指示》。省委按照中央的指示精神，6月下旬发出《关于整风运动计划》，7月初确定从7月10日开始，在全省县以上干部中，结合中心任务逐步开展整风运动，解决官僚主义、群众观点薄弱、思想片面、和平享乐思想等问题，提高干部的政策水平和业务素质。

△《中华人民共和国婚姻法》颁布，这是新中国成立后制定的第一部基本法律。吉林省开展了积极学习宣传和贯彻实施《婚姻法》的运动。

6月19日　中共吉林省委召开省委委员全体会议，传达了毛泽东在中共中央七届三中全会提交的书面报告。会议决定在7月1日以前传达好党的七届三中全会精神，并起草了《关于学习中共七届三中全会报告及中央重要文件的通知》，下发到党的各级组织。

7月2日—7日　中共吉林省委召开全省县委书记会议，传达贯彻党的七届三中全会精神，学习讨论毛泽东《为争取国家财政经济状况的基本好转而斗争》的报告，检查和总结全省工作，动员整风。

7月12日　中共吉林省委发出《关于省级机关整风重点及步骤的指示》，要求各部门结合工作实际，围绕执行党的政策、坚持群众路线和思想组织领导等问题进行检查，在此基础上制订工作计划，建立新的计划，新的制度，健全领导，搞好生产建设。

7月19日　中共吉林省委发出《关于举行反对美国侵略台湾、朝鲜运动周的指示》，确定23日至29日为运动周，要求党、团员和各界人士积极参加宣传活动。

7月22日　全省各界人民代表集会，成立吉林省反对美国侵略台湾、朝鲜运动委员会。

8月1日　吉林、长春两市各界群众共8万余人，分别举行庆祝中国人民解放军建军23周年，反对美国侵略台湾、朝鲜大会。

9月4日　东北人民政府决定，将东北行政学院更名为"东北人民大学"，并由沈阳迁至长春。这是新中国成立后在东北地区建立的第一所正规化的综合大学。

9月27日　中共吉林省委、省人民政府发出《关于紧急动员民工修飞机场的指示》和《关于动员民工修飞机场的通知》，决定增修敦化、永吉（九站）两个机场，要求各地动员民工1万名、大车1000台，按照战勤条例立即动员，分批出动。

9月28日　吉林市总工会、青年团、妇女联合会、学生联合会、教师联合会和民主青年联合会等人民团体集会并发表联合声明，强烈抗议美国飞机轰炸安东市（今丹东市）等我国领土、炸伤中国同胞的罪行。

10月27日—11月9日　吉林省人民政府委员会遵照东北人民政府的指令，先后建立长春、吉林、图们、磐石、陶赖昭、蛟河、敦化、明月沟（安图）、春阳（汪清）九个招待站，转送伤病员和接待过往部队。

11月6日　吉林省人民政府委员会发出《关于接收安置朝鲜伤员朝鲜干部家属应注意事项的指示》。延边地委、专署在抗美援朝期间先后创办一所孤儿院、四所分校，为朝鲜儿童在战争年代的学习和生活创造了良好的条件。

11月12日　中共吉林省委召开全省公安局长联席会议，传达第二次全国公安会议精神，贯彻落实中共中央《关于镇压反革命活动的指示》。

11 月 22 日　在民盟东北总支部支持下，民盟吉长（吉林省和长春市）支部临时工作委员会筹委会建立。翌年 7 月 14 日，民盟吉长支部临时工作委员会在长春成立。此后，省内先后建立了民建、九三学社、民革等民主党派组织。

1951 年

1 月 4 日　中共吉林省委下发《省委领导一九五〇年的检查》。《检查》从执行党的方针政策、工作方法和领导作风等方面，检查和总结了 1950 年的工作，提出了加强工作和改善领导的意见，并要求各级领导参考省委的检查，总结和检查自己的工作。

1 月 20 日—26 日　吉林省第二届农业劳动模范代表大会在吉林市召开。出席大会的模范代表 410 人。省政府副主席徐元泉作报告，要求把全省粮食产量提高到 400 万吨。

2 月 25 日　吉林省各界人民代表会议协商委员会全体会议召开。会议讨论通过以加强抗美援朝、贯彻合理负担政策、发展工农业生产、巩固城乡交流为中心的会议议题。

2 月　全省有中央、省、市、县各级所属 209 个国营厂矿单位的工人、技术人员和职员参加了爱国主义劳动竞赛运动，并取得很大成绩。出席全国劳模会的代表王亚洲、省市一等劳动模范李凤昶、省一等劳动模范技术员原兆富等，不仅在生产战线上起到先锋模范作用，而且在抗美援朝运动中表现了高度的爱国主义精神。

3 月 5 日　中共吉林省委组织部在《一九五〇年建党工作总结》中指出，全省共有党员 67793 名，其中农村党员 41010 名，占农村人口的 0.7%，厂矿党员 6700 名，占厂矿职工的 10%，其他为机关、学校、地方武装中的党员。

3 月 20 日—24 日　吉林省首届二次各界人民代表会议在吉林市举行。出席会议代表 352 人。会议通过《关于中国共产党吉林省委书记刘锡五同志对目前形势及我们的任务报告的决议》《关于周持衡主席对吉林省人民政府一九五〇年工作基本总结与一九五一年任务报告的决议》等。大会增选16名省政府委员。

3月　吉林省第一个初级农业生产合作社——延吉县英城村金时龙农业生产合作社正式成立。

4月25日　中共吉林省委发出《关于加强抗美援朝、镇反与丰产运动宣传教育的指示》，要求各县、区委把抗美援朝、镇压反革命与丰产运动结合起来，纠正工作中的形式主义偏向，解决群众思想顾虑和困难，积极搞好生产。

5月16日　吉林省首次土产会议召开。会议要求各地贯彻落实"积极发展，扩大内销"的方针，搞好全省土产与工业原料作物产、运、销工作。

6月9日　吉林省抗美援朝分会召开常委扩大会议。会议根据中国人民抗美援朝总会发出的《关于推行爱国公约、捐献飞机大炮和优待烈军属的号召》和东北抗美援朝总分会的要求，讨论在全省广泛推行爱国公约、开展爱国增产捐献武器运动和优抚工作等问题。

6月13日—16日　中共吉林省委召开县委书记会议，传达第三次全国公安会议精神，总结和部署农村镇反工作。会议确定，在全省范围内适当收缩镇反工作，防止"镇反无边"和"无限制扩大"的偏向。

6月中旬　中共吉林省委传达东北城市工作会议精神，布置关于开展全东北国营企业增产节约相当于500万吨粮食价值的工作。全省国营企业开始转入增产节约运动。

7月12日—16日　中共吉林省委召开全省组织工作会议，传达中共中央召开的第一次全国组织工作会议精神和《关于整顿党的基层组织的决议》《关于发展新党员的决议》，讨论整党建党的工作计划和整党建党的准备工作。

9月7日、17日　中共吉林省委先后召开省直机关领导干部会议和全体干部大会，传达贯彻东北局《关于开展反对贪污蜕化倾向，反对官僚主义作风的决定》，动员党员干部积极参加运动。

9月30日　中共吉林省委发出《关于开展反对贪污蜕化反对官僚主义运动计划》，决定省直机关和吉林、长春两市，自9月中旬到10月中旬，各县级机关、各厂矿在10月份内，集中全党力量开展这一运动，并将这一运动作为整党运动的一部分。

10 月 22 日　中共吉林省委召开省直机关党员干部大会，动员开展学习毛泽东思想运动，号召全省党员、干部认真学习《毛泽东选集》，广泛深入宣传毛泽东思想，提高思想理论水平和运用毛泽东思想解决实际问题的能力。

11 月 9 日　中共吉林省委召开党员干部大会，传达中共中央东北局关于《广泛开展增产节约运动，进一步深入反贪污、反浪费、反官僚主义斗争》的指示。省委书记刘锡五在会上作报告，要求各级领导亲自负责，全面开展增产节约运动，深入开展“三反”运动。

11 月 10 日—25 日　中共吉林省第二次党代表会议在吉林市召开。参加会议代表 401 人。会议听取省委书记刘锡五、副书记李德仲等的传达报告和各项工作报告，讨论了工农业生产、增产节约、“三反”和整党建党问题。会议确定，继续加强抗美援朝运动，把增加生产、厉行节约作为今后的总任务和总方针。

12 月 14 日　中共吉林省委召开扩大会议，学习讨论中共中央《关于实行精兵简政、增产节约、反对贪污、反对浪费和反对官僚主义的决定》和《关于反贪污斗争必须大张旗鼓地去进行的指示》。会议要求必须坚决贯彻中共中央和东北局的指示精神，首长负责，以身作则，迅速把“三反”运动开展起来。会议确定由李德仲、王大钧、周持衡、徐元泉、萧靖、李明等组成吉林省反贪污、反浪费、反官僚主义检查委员会（后改称吉林省节约检查委员会），具体指导这一运动。

12 月下旬　吉林省农业厅召开全省第三次农业工作会议，确定了 1952 年全年的生产方针、任务和保证完成各项任务的具体办法，要求吉林省粮食产量要达到 400 万吨，畜产品、土副业生产折成粮食相当于 205 万吨。

12 月 31 日　中共吉林省委发出《关于反贪污、反浪费、反官僚主义运动进行情况和今后意见》的通知。指出，自 9 月中旬以来，全省县以上机关干部开展了“三反”运动，据不完全统计，有 48%以上的人员参加了运动，发现有贪污问题的 7225 人，造成国家损失 23.97 万元。要求各级党委成立增产节约、反贪污浪费、反官僚主义检查委员会，具体领导运动。

1952年

1月12日—16日　吉林省人民政府举行反贪污、反浪费、反官僚主义民主大会。大会揭发了贪污、浪费、官僚主义的问题。

1月13日　周恩来审查东北工业部化工局编制的吉林合成氨厂(今吉林化肥厂)、吉林电石碳氮化钙厂(今吉林电石厂)和吉林染料厂的计划任务书,批示:“同意照办”。

1月26日　《吉林日报》报道,吉林省抗美援朝分会公布,全省人民在1951年爱国增产捐献运动中,共捐献710多万元,超过原计划(578万元)的23%,可买战斗机47架。

2月　美国侵略者为了破坏中国抗美援朝的战略后方,对中国发动细菌战,在东北地区撒布含有大量毒菌的昆虫,使全省25个市县受到严重侵害。

3月1日、3日　中共吉林省委作出《关于开除武少文党籍的决定》和《关于开除周持衡党籍的决定》(此二人于1979年和1980年先后平反)。

3月16日　吉林市6万多人举行示威游行,抗议美国侵略者在中国东北撒播细菌毒虫的罪行。全市建立各级防疫小组296个,防疫工作人员3027人。23日,长春市各界8万余人举行反对美帝细菌战集会,会后立即动员50万人,掀起全市性的大清扫和灭虫运动。

4月15日　吉林省人民政府为了深入开展爱国主义农业丰产竞赛运动,提高单位面积产量,制定并颁布了《爱国主义农业丰产运动奖励办法》和《组织群众参加丰产竞赛运动办法》。不久,中共吉林省委又发出《关于进一步开展爱国丰产竞赛运动的指示》,各地建立各级爱国丰产竞赛运动委员会,加强了对竞赛运动的具体领导,进一步推动了全省的农业丰产运动。

5月27日—30日　吉林省农林会议召开,总结全省丰产竞赛运动的经验,讨论农业生产合作社的改组问题。会议确定,全省重点试办130个农业生产合作社。

6月10日　经中共中央批准，吉林省委书记刘锡五任东北人民政府监察委员会主任，东北局党校校长李梦龄任中共吉林省委书记，东北人民政府秘书长栗又文任吉林省人民政府委员会主席、省委常委。

8月4日　根据吉林省人民政府《关于严禁鸦片及其它毒品的命令》和决定在全省开展肃毒运动的指示，全省各公安局经过充分准备，在全省统一行动，到9月底先后逮捕1043名毒贩，缴获大烟3184两、吗啡678瓦，有8137人向政府登记悔过。肃毒运动改变了社会风气，进一步安定了社会秩序。

8月29日—9月3日　吉林省延边朝鲜民族自治区第一届各族各界人民代表会议在延吉市召开，出席会议的各族各界代表300人。省委书记李梦龄、省人民政府委员会主席栗又文到会并讲话。会议选举朱德海为自治区人民政府主席，董玉昆、崔采为副主席。9月3日延边朝鲜民族自治区人民政府正式成立。

9月9日—11日　吉林省扫除文盲动员大会召开。会议要求各级党委、政府有计划、稳步地掀起扫除文盲运动。

9月15日　中央人民政府委员会副主席朱德到吉林省视察。在省委书记李梦龄陪同下，朱德视察了吉林江北机械厂，并对军工生产作了指示。

10月15日—21日　中共吉林省委召开全省第一届农业生产合作社代表会议，总结和交流试办农业生产合作社的经验，确定1953年的发展方针和计划。

11月20日—21日　中共吉林省委召开扩大会议，讨论发展国民经济的五年计划和今后工作。

12月1日　中共吉林省委抽调大批干部组成工作队，分赴各县检查和帮助农村整党工作。

12月22日　中共吉林省委发出《对少数民族地区五年内各项建设事业计划的指示》，对少数民族地区政权、经济、文教、卫生等方面的建设提出了指导性意见。此后，吉林省先后建立了前郭尔罗斯蒙古族自治县、长白朝鲜族自治县、伊通满族自治县，并相继在少数民族散居地区建立了民族乡，为进一步加强各民族的团结，发展少数民族的经济、政治、文化、教育等各项事业奠定了基础。

12 月 26 日　中共吉林省委针对私人商业在“五反”后急剧萎缩的情况，对国营、合作社和私营商业的关系作出适当的调整，在经营阵地和经营范围上，都作出了有利于私营商业开展正常经营活动的规定。这次调整对于活跃城乡经济、促进物资交流起到了积极作用。

1953 年

1 月 13 日—14 日　中共吉林省委整党办公室召开各县整党负责干部会议，传达中共中央东北局农村整党会议精神，讨论整党工作。

3 月 12 日　吉林省第一个高级农业生产合作社——延吉县英成村黎明集体农庄正式成立，全国劳动模范金时龙任社长。

3 月 27 日　长春市文工团 34 名演职员参加中国人民赴朝慰问文工团东北二团，被编为第二队。在朝鲜 137 天中，行程 2 万余公里，为中国人民志愿军、朝鲜人民军和朝鲜群众慰问演出 140 多场，8 月 10 日回国。

4 月 4 日　中共吉林省委发出《关于组织农村干部学习中央〈关于农业生产互助合作的决议〉与〈关于春耕生产给各级党委的指示〉的通知》，要求各级党委按照中央指示精神，防止和纠正农业生产互助合作运动中的急躁冒进倾向和放任自流现象，发挥以个体经济为基础的互助合作和农民个体经济两个积极性，提高农业生产，促进国家工业化。

4 月　根据全国统一部署，为准备第一次全国人民代表大会的召开，中共吉林省委作出《关于召开各市、县选举工作负责干部会议的报告》，此后用半年的时间，在全省开展了基层人民代表选举工作。

5 月 20 日—26 日　吉林省召开全省第二次农村工作部部长会议，贯彻中共中央农村工作部召开的全国第三次农村工作会议精神，对全省办社提出了明确方针。此后，全省农业合作化由继续发展转入全力巩固阶段。

6 月 18 日—21 日　吉林省工商业联合会筹备代表会议召开，成立吉林省工商业联合会筹备委员会。21 日，长春市最大的私营企业益发合股份有限公司被批准为公私合营，为全省扩展公私合营的工作起到了示范和推动作用。

7月15日　第一汽车制造厂建厂工程奠基典礼在长春隆重举行。中共中央东北局第一副书记林枫、第一机械工业部部长黄敬到会并讲话。吉林省和长春市党、政、军负责人和群众团体代表,苏联驻华商务代表团代表和驻长专家参加了典礼。在奠基仪式上,毛泽东题写的“第一汽车制造厂奠基纪念”汉白玉基石被安置在厂址的中心广场。

8月18日—24日　松花江、饮马河、伊通河两岸德惠、磐石、双阳、伊通等16个市、县,195个区,700多个村遭受严重水灾,406.773万公顷良田被淹。中共吉林省委、省人民政府紧急动员防洪救灾。

10月21日　中共吉林省委发出《关于进行农业生产合作社准备工作的指示》,要求各级党组织认真做好试办农业生产合作社的工作。

10月28日—11月2日　中共吉林省委召开全省粮食工作会议,讨论东北局关于实行粮食计划收购、计划供应的决议以及贯彻的方法、步骤。会后,省委抽调180多名干部,分赴各地落实征购粮任务。

11月25日　根据中共中央宣传部发出的《关于总路线的宣传提纲》,中共长春市委宣传部发出《关于学习和宣传党在过渡时期总路线和总任务的通知》,要求各级党组织立即组织所有干部学习总路线,并向职工和广大人民群众进行宣传。

12月24日　中共吉林省委发出《关于进一步加强学习党在过渡时期的总路线总任务,提高各级党委领导水平的决定》。

1954年

1月8日—9日　中共吉林省委召开扩大会议,讨论总结1953年互助合作运动的发展情况,研究制定1954年互助合作运动的发展方针。

1月25日　中共吉林省委作出《关于认真学习中央宣传部制定的〈关于党在过渡时期总路线的学习和宣传提纲〉的具体要求》,要求贯彻到各行各业,覆盖到城乡各地,真正做到家喻户晓。

2月　苏联援建的吉林肥料厂、吉林染料厂、吉林电石厂在吉林市破土动工。

3月22日—24日　中共吉林市委召开扩大会议,讨论如何保证国家在吉林市七项重点工程（包括吉林染料厂、吉林肥料厂、吉林电石厂、吉林热电厂、吉林铁合金厂、吉林碳素厂和丰满发电厂扩建工程）建设计划按期和提前完成问题。会议通过《关于加强国家重点工程的领导，动员一切力量支援与保证国家重点工程建设计划按期完成和提前完成的决议》。

5月6日—24日　中共吉林省委召开全委（扩大）会议，传达讨论党的七届四中全会决议和东北地区党的高级干部会议决议等。会议揭发批判了高、饶反党分裂活动及其在吉林省的影响，进一步检查了省委在团结上存在的问题。

6月5日　中共吉林省委发出《关于在全省人民中进行宪法草案的宣传和讨论的指示》，决定从6月15日至8月15日在全省开展这一活动。

6月　中共中央东北局召开省、市委书记和人民政府主席会议。会议根据中央人民政府《关于撤销大区一级行政机构和合并若干省、市建制的决定》和东北局关于《撤销东北大区一级机构和合并省市建制方案》，确定以长春市为中心，以原吉林省为基础，从原辽东省、辽西省和黑龙江省共划入23个市县，建立吉林省。长春市由中央直辖市改为省辖市，并入吉林省建制。至此，吉林省由25个市、县增加到48个市、县，人口增至1164.7万。

7月23日—8月4日　中共吉林省委召开全省第二次互助合作工作会议。会议研究互助合作运动的新形势，确定1955年发展互助合作的任务、方针、政策和步骤等问题。

7月24日—30日　中共吉林省委召开全省手工业合作工作会议，总结了前一阶段试办手工业生产合作社的经验，明确了手工业社会主义改造的方针政策，制定了全省手工业合作化的方案。

8月10日—13日　吉林省第一届人民代表大会第一次会议在吉林市召开。出席会议代表227人。会议讨论了《中华人民共和国宪法（草案）》，听取了省人民政府主席栗又文所作的政府工作报告，通过了《关于拥护〈中华人民共和国宪法（草案）〉的报告》和《关于拥护和执行中央人民政府关于撤销大区一级行政机构和合并若干省、市建制的决定〉的决议》。会议选举李梦龄、栗又文等11人为吉林省出席全国人民代表大会代表。

9月27日　中共吉林省委、吉林省人民政府迁往长春市。

10月20日　中共吉林省委发出《关于传达全国人民代表大会，宣传解放台湾与动员完成国家计划和当前工作任务的指示》。

11月上旬　在全国油脂工业先进经验交流大会上，全国榨油最高纪录的首创者、四平市油酒制造厂制油车间主任李川江荣获国家轻工业部、地方工业部和中华全国总工会轻工业工会工作委员会颁发的金质奖章。

12月12日—17日　中共吉林省委召开地、市、县委书记会议，讨论吉林省发展国民经济第一个五年计划。

1955年

1月10日　经中共吉林省委批准，蛟河县初级农业生产合作社转变为社会主义性质的高级农业生产合作社。

2月1日—5日　吉林省第一届人民代表大会第二次会议在长春市举行，出席会议代表381人。省委副书记李砥平作《关于第一届全国人民代表大会第一次会议的传达报告》；省长栗又文作《吉林省人民政府工作报告》。会议选举栗又文为省长，于克、徐元泉、徐寿轩、关俊彦、朱德海为副省长，选举鲍廷干为吉林省高级人民法院院长。

2月24日　经中共中央批准，吴德任吉林省委第一书记，李梦龄任第二书记，李砥平任第三书记，栗又文任省委副书记，关山复任省委副书记兼省委秘书长。

3月1日　根据国务院命令，从本日起发行新的人民币，收回现行人民币，新旧币的折合比率为新币1元等于旧币1万元。吉林省共设585处兑换点，仅用两个月时间即完成了发行新币和收回旧币工作。

3月6日　中国第一座大型现代化铁合金厂在吉林市破土动工。次年6月16日生产出第一炉硅铁水。

4月5日　中共吉林省委召开全委会议，讨论1955年3月召开的中国共产党全国代表会议所通过的《关于中华人民共和国发展国民经济的第一个五年计划草案的决议》《关于高岗、饶漱石反党联盟的决议》和《关于成立党的中央和地方监察委员会的决议》。

5月20日—26日　中共吉林省委召开市、地、县委农村工作部长会议，传达贯彻中央第三次农村工作会议精神，检查全省互助合作运动中的问题，部署农村工作。

6月10日—26日　中共吉林省第三次代表会议在长春市召开，出席会议的有省委委员26人，代表320人。会议通过了《关于拥护中国共产党全国代表会议的各项报告和决议的决议》，讨论并通过《吉林省发展国民经济的第一个五年计划草案的决议》，选举产生了中共吉林省监察委员会。

8月20日　中共吉林省委召开常委扩大会议，传达学习毛泽东《关于农业合作化问题》的报告，讨论全省今后农业合作化运动的发展计划。

8月22日—26日　中共吉林省委召开地、县委书记会议，传达讨论毛泽东《关于农业合作化问题》的报告，检查省委对农业合作化运动的领导，研究全省农业合作化运动发展的新形势，确定全省农业合作化运动发展的步骤、措施和计划。

9月1日　长春、吉林、四平等部分市、镇，按照国务院关于《市镇粮食定量供应暂行办法》的规定，对市镇居民口粮实行按人分等定量供应。

9月5日　中共吉林省委发出《关于传达和贯彻党中央和毛主席〈对农业合作化问题的指示〉的通知》，要求各地把农业合作化运动迅速引向高潮。

11月3日—15日　中共吉林省委召开全省三级干部会议，传达贯彻党的七届六中全会《关于农业合作化问题的决议》，讨论并通过省委向会议所作的《全面规划、加强领导，把我省农业合作化运动推向新的高潮》的报告。

12月15日—22日　中共吉林省委召开省、地、市、县、镇委书记参加的资本主义工商业改造会议，讨论并通过了《关于吉林省资本主义工商业改造的初步规划（草案）》。

12月25日—30日　中共吉林省委召开有关知识分子工作问题的干部会议，讨论中共中央《关于知识分子问题的指示（草案）》，检查几年来省委对知识分子的工作，研究今后的工作规划和加强领导问题。

1956年

1月10日　中共吉林省委根据中共七届六中全会精神，作出《反对右倾，反对保守主义，保证提前完成第一个五年计划（草案）》的决定。

1月11日—17日　吉林省工商业联合会举行第一届执行委员会第二次（扩大）会议，传达毛泽东对工商业者关于社会主义改造问题的讲话以及全国工商联第一届执行委员会第二次会议的精神，讨论对资本主义工商业的社会主义改造问题。会议要求在年内基本完成私营工商业的公私合营工作。

1月12日　中共吉林省委发出《关于成立工商业改造领导小组的通知》，决定组成省委对资本主义工商业改造工作领导小组，以关山复为组长，徐元泉、宋任远为副组长。同时决定在省人民委员会内设私营工商业改造工作办公室，办公室主任由宋任远兼任。

1月22日　中共吉林省委第一书记吴德、第三书记赵林、第四书记李砥平、副书记关山复、副省长徐元泉等出席长春市各界30多万人举行的庆祝社会主义改造胜利大会。

2月2日—6日　中共吉林省委召开关于知识分子问题的会议，传达中共中央关于知识分子问题的会议精神和周恩来《关于知识分子问题的报告》，讨论如何进一步发挥知识分子作用，研究将知识分子工作推向新阶段的问题。

2月2日—9日　中共吉林省委召开农村工作会议，学习和讨论中共中央《一九五六年到一九六七年全国农业发展纲要（草案）》，研究《吉林省一九五六年到一九六七年的农业发展规划（草案）》。

3月10日　中共吉林省委发出通知，要求纠正有些地方对私营工商业尤其是小商贩和手工业户盲目合并和集中，错误地改变原有生产和经营办法的做法。

4月1日　根据国务院的决定，吉林省从即日起对国家机关、事业、企业单位职工，实行货币工资制度。

6月29日—7月7日　中共吉林省第一次代表大会在长春市举行。参加大会的正式代表690人、候补代表60人，列席代表157人。会议听取省委的工作报告，通过了《中国共产党吉林省第一次代表大会决议》。大会选举产生了出席党的第八次全国代表大会的代表26人、候补代表3人。大会经过选举，产生了中共吉林省新一届委员会，吴德当选为第一书记，李梦龄、赵林、李砥平、富振声、栗又文、关山复为书记处书记。

7月13日　第一汽车制造厂举行建厂三周年大会，欢庆第一汽车制造厂建成和试装出第一批解放牌汽车。

10月10日　中共吉林省委发出《关于学习党的第八次代表大会文件的通知》。

10月15日　第一汽车制造厂举行开工典礼大会，宣布第一汽车制造厂正式移交生产。

11月1日　中共吉林省委发出《关于深入学习八大文件和认真贯彻八大决议精神的通知》，要求从11月到次年2月集中精力组织学习和讨论党的八大文件精神，保证党的八大决议的贯彻执行。

11月7日—23日　中共吉林省委召开全省党员干部大会，传达党的第八次全国代表大会精神，并根据党的八大决议精神检查省委工作。大会还分别就工业、农业和粮食工作举行了专门会议。

11月9日　中共吉林省委召开全省省委委员会议，讨论并通过了《加强党的领导，贯彻执行党的群众路线，为在企业中实现党的第八次代表大会的决议而奋斗》的报告，对如何在企业中深入贯彻党的八大精神作出了部署。

12月1日—7日　吉林省第一届人民代表大会第五次会议在长春市召开。出席会议代表330人。省长栗又文致开幕词，副省长于克、徐元泉分别作《关于工业生产的报告》和《关于农业生产的报告》。会议通过了各项决议，全面贯彻落实党的八大会议精神。

12月20日　中共吉林省委召开全省党员干部会议，省委书记处书记李砥平作《反对主观主义、官僚主义和命令主义，贯彻群众路线，加强党对农村工作的领导》的报告。

1957 年

1月18日　中共吉林省委、吉林省人委发出《关于加强冬季生产和整顿巩固农业生产合作社的指示》，要求各地必须以生产和整社工作为中心，全面安排好农村各项工作。

2月18日　吉林省人民委员会召开农村自由市场会议，传达全国农村自由市场会议精神，讨论开放自由市场工作中的问题和改进措施。

2月25日—3月2日　中共吉林省委召开全省先进生产（工作）者代表大会。参加会议的有重工业、轻工业、交通邮电、文教卫生、科学研究等部门，共计14个代表团900多名代表。

2月27日—3月4日　中共吉林省委召开农村工作会议，号召为完成1957年600万吨粮食（包括大豆和薯类）生产指标而努力奋斗。

3月11日　中共吉林省委统战部向省委作出《关于培养少数民族干部工作的报告》。

3月22日　中共吉林省委批转长春市委《关于手工业整社工作的报告》，要求各地应根据具体情况，参照长春市的办法，做出具体的整顿规划，有领导有步骤地进行整顿工作。

3月23日　中共吉林省委召开书记处和常委会议，传达毛泽东《关于正确处理人民内部矛盾的问题》和《在全国宣传工作会议上的讲话》。

4月5日—6日　中共吉林省委召开常委扩大会议，学习讨论毛泽东在最高国务会议和全国宣传工作会议上的讲话及中共中央有关指示。

4月15日　中共吉林省委召集市、地、县委书记和直属机关相当于15级以上的党内外干部会议，传达毛泽东在最高国务会议和全国宣传工作会议上的讲话。

4月17日—24日　中共吉林省委召开全省财贸工作会议，根据毛泽东《关于正确处理人民内部矛盾的问题》的精神，检查1956年的财贸工作，部署1957年财贸工作。

4月19日　中共吉林省委召开扩大会议，集中研究如何正确处理农村人民内部矛盾的问题。会后发出了《关于正确处理农村人民内部矛盾问题的指示(草稿)》。

4 月 22 日—5 月 9 日　中共吉林省委召开省、市文艺界座谈会,深入学习毛泽东在最高国务会议和全国宣传工作会议上的讲话,进一步贯彻“双百”方针,征求对全省文艺工作的意见。

5 月 4 日　中共吉林省委召开常委扩大会议,传达贯彻中央《关于整风运动的指示》。会议决定,在全省县以上党组织及大的厂矿和大专学校党组织中立即开展整风运动,并以省委书记处为核心,成立整风十人领导小组,吴德为组长。各地也要由党委第一书记负责成立同样的组织,具体领导整风运动。

5 月 6 日、9 日、13 日　中共吉林省委先后召开在长春的民主人士座谈会,征求对共产党和党的统一战线工作的意见,帮助党开展整风运动。

5 月 13 日　省委发出《关于开展整风运动的计划》,决定全省整风运动自上而下分期分批进行,省、市、专区(自治州)的党、政、群领导机关的党组织,省属和市属较大的国营厂矿以及大专学校、科学研究机关的党组织,应立即进入整风。这一批整风的时间暂定为六个月。

5 月 15 日　中共吉林省委召开市、地(州)委书记和省直机关干部大会,动员立即开展整风运动。22 日,省委发出《关于征求对省委领导的意见的通知》。

6 月 11 日　中共吉林省委召开常委会议,传达《中共中央关于组织力量准备反击右派分子的指示》。21 日,省委召开省直机关、长春市委、长春市大专院校领导人员会议,传达贯彻中共中央指示,部署全省的反右派斗争。

6 月 23 日　吉林省工会联合会召开“吉林省工人阶级打退右派分子进攻,保卫社会主义大会”。会后,长春、吉林、四平、辽源、通化、延吉等地及各工厂企业也先后召开同样的大会。

7 月 2 日、3 日　《吉林日报》先后报道东北师范大学、东北人民大学(现吉林大学)全面开展反右派斗争情况。

7 月 25 日—8 月 6 日　吉林省第一届人民代表大会第六次会议召开。会议要求,必须在工作与整风两不误的原则下,继续坚持开展增产节约运动,争取超额完成第一个五年计划。

8月2日　中共吉林省委召开常委会议,传达中共中央在青岛召开的省市委书记会议关于反右派斗争的精神和毛泽东《一九五七年夏季的形势》的讲话。

8月6日　省委召开市、地(州)委书记会议,传达毛泽东关于《一九五七年夏季的形势》讲话,听取各市、地(州)整风和反右派斗争情况的汇报,研究在工矿企业深入开展反右派斗争和在工人中开展社会主义教育问题。

8月24日　长春客车厂举行建厂开工典礼。1959年9月18日生产出第一辆客车。

8月27日　中共吉林省委发出《关于在省、地属七个市和地委所在地的中等学校开展整风运动和反右派斗争的通知》。9月中旬,在全省7个市的80所中等学校教职员中,先后开展了反右派斗争。

9月3日—11日　政协吉林省第一届第三次全体会议开幕。会议要求各民主党派、人民团体和城乡各界人民积极参加反右派斗争和整风运动。

9月下旬　中国科学院长春机械电机研究所研制成功大型交流计算机。这是中国首次研制的大型计算机。

9月29日　中共吉林省委批转省委机关整风领导小组《关于省委机关整风运动的情况和部署的报告》。

10月25日—11月3日　吉林省工商界召开第一届第四次执委(扩大)会议。会议确定在全省工商界开展包括反右派斗争内容的整风运动。

11月21日　中共吉林省委作出《关于划分右派骨干分子的标准的规定》。

12月20日—28日　中共吉林省第一届代表大会第二次会议在长春召开。会议传达了党的八届三中全会精神,讨论和通过了《吉林省一九五六年到一九六七年农业发展规划(修正草案)》。

1958年

2月2日　中共吉林省委召开常委扩大会议,传达中共中央南宁会议精神和毛泽东关于《工作方法六十条(草案)》的指示。

2月13日—14日　毛泽东视察吉林省,在吉林省委第一书记吴德等陪同下参观了长春第一汽车制造厂和长春电影制片厂,并对吉林省工作作了重要指示。他强调要搞好农业,要搞大农业,改变生产条件,实行科学种田,要实事求是,调查研究,从实际出发确定农业发展方针。

2月15日　中共吉林省委召开扩大会议,学习讨论《工作方法六十条(草案)》,修改了省委原定的工农业生产发展规划,提出:苦战三年五载,七年实现农业纲要指标,工业总产值在三年之内超过农业总产值。

2月18日　中共吉林省委、省人委召开全省促进农业生产“大跃进”广播大会。省委第一书记吴德作了动员报告。

2月23日　中共中央在通化市举行杨靖宇同志公祭安葬大会。

3月10日—13日　吉林省召开教育“大跃进”誓师大会,要求以最快的速度发展本省教育事业。

3月11日—15日　中共吉林省委召开工业交通邮电系统整风会议,促进工业交通邮电系统“大跃进”。

4月8日—16日　中共吉林省委召开常委扩大会议,传达贯彻中共中央成都会议精神,进一步研究全省农业和工业“大跃进”问题。

5月29日　中共吉林省委召开全委会议,传达党的八大二次会议精神。

6月10日　中共吉林省委发出《关于建立中国科学院吉林省分院的决定》。

6月11日　中共吉林省委发出《关于宣传、贯彻八大第二次会议的精神和社会主义建设总路线的通知》,决定在全省范围内开展一个大张旗鼓的宣传贯彻运动。

6月20日　通化钢铁厂在二道江开工兴建。同日,长春拖拉机制造厂建设工程破土动工。

6月25日—7月4日　中共吉林省委召开市、地(州)、县委农村工作部长会议,开展“拔白旗插红旗”竞赛运动,一起放高产“卫星”,实现“大跃进”指标。这次会议助长了强迫命令风和浮夸风。

7月3日—12日　吉林省第二届人民代表大会第一次会议在长春

召开。会议号召全省人民坚决贯彻执行总路线，开展技术革命和文化革命，加快社会主义建设速度，为提前完成第二个五年计划而奋斗。

7月30日　白城发电厂修复了外国专家未能修复的汽轮发电机，向毛泽东报喜。毛泽东复电勉励："努力钻研政治理论、科学技术，让电力工业提早赶上或超过英国。"

8月1日　中国第一辆红旗牌高级轿车在长春第一汽车制造厂试制成功。省委第一书记吴德出席命名大会。

8月12日—13日　《吉林日报》转载毛泽东视察河北、河南、山东时关于"还是办人民公社好，和政府合一了，它的好处是，可以把工农商学兵合在一起，便于领导"的讲话。

8月20日　吉林省第一个人民公社——海龙县曙光人民公社成立。

8月20日—30日　中共吉林省委召开全省钢铁、机械工业会议，其间省委还于26日召开电话会议，要求书记动手，全党动员，迅速掀起一个群众性炼钢热潮，确保超额完成中央下达的钢铁生产任务。

8月22日　中共吉林省委书记处召开会议，讨论省委农村工作部起草的《关于开展建立人民公社运动的请示》，部署全省建立人民公社工作。到9月末，全省农村实现了人民公社化。

9月1日　中共吉林省委召开全省钢铁工业生产跃进誓师广播大会。

9月6日—11日　中共吉林省委召开全委扩大会议，传达中共中央北戴河会议精神和《中共中央关于在农村建立人民公社问题的决议》。

9月18日—24日　中共中央总书记、国务院副总理邓小平，中共中央政治局委员、国务院副总理李富春等一行到吉林省视察工作。在长春期间，在省委第一书记吴德等陪同下先后视察了长春第一汽车制造厂、长春电影制片厂、吉林大学、长春地质学院等。邓小平一行还视察了丰满发电厂、吉林肥料厂、吉林电石厂、吉林造纸厂、四平六马路小学、四平盲人铁工厂等单位，并对工业、农业、文化教育、人民公社与整风等方面作了重要指示。

9月29日—10月4日　中共吉林省委农村工作部召开市、地(州)、县委农村工作部长会议，贯彻《中共中央关于今冬明春在农村中普遍开展社会主义和共产主义教育运动的指示》。

10月6日　根据国务院关于改变高等院校领导体制的决定，东北师范大学下放到地方，改名为“吉林师范大学”。

10月8日—18日　中共吉林省委接连召开电话会议，要求各级党委充分发动群众，破除“条件论”“习惯论”“特殊论”，把深翻地运动推向高潮。

11月11日　中共吉林省委发出《关于苦战一个月，保证完成钢铁生产任务的紧急指示》，要求党委第一书记亲自挂帅，苦战一个月，力争12月10日前完成全年钢铁生产任务。此后，全省组织60万人投入“保钢运动”。

12月22日　中共吉林省委召开全委扩大会议，传达和讨论中共中央政治局武昌扩大会议精神和党的八届六中全会《关于人民公社若干问题的决议》，同时发出《关于认真学习讨论和宣传中共八届六中全会文件的通知》，着手纠正实际工作中的“左”倾错误。

1959年

1月7日　中共吉林省委发出《关于整社和整风问题的指示》《关于农村人民公社生活的若干问题的规定》，要求在学习党的八届六中全会精神的基础上，整顿人民公社，整风整党，同时要求办好公共食堂、托儿所和敬老院。

1月23日—2月1日　中共吉林省委召开全省工业会议，要求坚定不移地贯彻党的“全国一盘棋”“以钢为纲”“全面跃进”的方针，确保完成1959年50万吨铁、30万吨钢、15万吨钢材的国家计划和其他工业任务。

3月3日　中共吉林省委发出《关于下达一九五九年度国民经济计划及在执行计划中几个重要问题的通知》，过高地提出1959年工业总产值要比1958年增长67%，农业总产值增长92%，粮食增长73%，工农业总产值增长77%，基本建设增长62%等目标。

3月10日—21日　中共吉林省委召开全省六级干部会议，传达贯彻中共中央政治局郑州扩大会议(即第二次郑州会议)精神,解决“一平、二调、三收款”、平均主义、“共产风”等问题。

3月21日　中共吉林省委发出《关于人民公社管理体制和若干政策问题的规定(修正稿)》,对公社、管理区、生产队的职权范围和组织机构设置及有关政策,作了具体规定。

4月9日　中共吉林省委召开市、地(州)、县领导干部参加的电话会议,传达毛泽东关于“旧账一般要算”的指示,并提出要发动群众,重算1958年秋收分配和建设过程中的经济问题,对公社和国家平调的生产资料、粮食、牲畜、现金等,要给予适当补偿。

5月9日　中共吉林省委发出《关于人民公社算账问题的指示》,要求各地下定决心清算旧账,立即兑现,使社员马上得到实际利益,彻底解决干部作风和改善干群关系问题。

5月20日　中共吉林省委发出《关于调整1959年地方工业基本建设计划的通知》。

6月2日　中共吉林省委发出《关于解决社员自留地问题的通知》,要求妥善解决社员自留地和有关私人养猪养鸡的饲料问题。

6月6日—13日　吉林省第二届人民代表大会第二次会议在长春召开。会议总结1958年社会主义建设的成就和经验,动员全省人民深入开展增产节约运动,为完成和超额完成1959年国民经济计划而奋斗。

6月30日　中共吉林省委发出《关于调整农村人民公社工资制与供给制的比例和整顿公共食堂的指示》,要求供给制与工资制分别占30%左右和70%左右,公共食堂要坚持自愿参加的原则,要求退出食堂的应该允许。

8月4日—5日　中共吉林省委召开市、地、州委书记和省直党组书记会议,解决思想“右倾”和增产节约问题。8日又召开省委常委会议,传达中共中央《关于反对右倾思想的指示》。

8月24日—9月13日　中共吉林省委召开第一届第十二次全体(扩大)会议,贯彻中共中央在庐山召开的政治局扩大会议和八届八中全会以及全会通过的《为保卫党的总路线、反对右倾机会主义而斗争》

的决议精神。

9月16日—21日、11月1日—12月31日　中共吉林省委分两段召开第一届第十三次全体(扩大)会议,进一步贯彻党的八届八中全会决议,深入开展党内的“反右”整风运动。会议通过了所谓《关于李树仁、李晨等同志和崔智等人所犯错误的决定》《关于深入进行党内反右整风运动的决议》。

9月27日　根据中华人民共和国主席特赦令,吉林省高级人民法院在吉林市召开特赦大会,宣布特赦一批确实改恶从善的罪犯。

10月10日　吉林省体育代表团从第一届全运会胜利归来,本次共获得奖杯19个,金质奖章8枚、银质奖章7枚、铜质奖章153枚。

12月19日—25日　中共吉林省委召开整党整社座谈会,讨论第一批整党整社工作。

1960年

1月2日—4日　中共吉林省委组织部召开市、地(州)委组织部长座谈会,根据中央组织部统一部署,传达讨论并研究农村整党和提拔培养训练干部问题。会议要求通过整党整社运动,彻底改造落后地区和落后支部。

1月7日　中共吉林省委发出《关于传达省委第十三次全体扩大会议的通知》,要求各级党委派领导干部,分头深入农村、厂矿、企业、事业、学校等基层组织,传达、学习和讨论会议“反右倾”精神。

2月5日—10日　中共吉林省委召开全省民兵工作会议,要求贯彻“全民皆兵”的方针,把全省民兵工作推进到新的阶段。

3月18日—24日　中共吉林省第二次代表大会第一次会议召开。出席会议代表457人。会议听取和审查了中共吉林省委的工作报告,选举吴德为省委第一书记,李梦龄、赵林、李砥平、富振声、栗又文、关山复、阮泊生、于毅夫为省委书记处书记。

3月30日　中共长春市委发出《关于建立城市人民公社的决定》,要求立即在全市掀起一个全党全民大办城市人民公社的群众运动,在全市范围内实现公社化。

4月1日—11日　中共吉林省委组织部召开市、地(州)、县委组织部长会议，具体部署在农村开展“三反”运动和改造落后地区问题。

5月23日—30日　吉林省第二届人民代表大会第三次会议召开。会议号召全省人民高举毛泽东思想的旗帜，更好地贯彻总路线和一整套“同时并举”的方针，为实现持续“大跃进”而奋斗。

6月18日—20日　中共吉林省委工业部召开全省小城镇工作会议，讨论小城镇工业发展问题。

7月11日—13日　中共吉林省委召开城市人民公社工作座谈会，讨论公社工业发展问题。

8月31日　中共吉林省委、省人委发布紧急指示：全省水灾严重，受灾面积2800万亩，其中绝收地300万亩。指示要求动员广大干部群众，迅速开展生产自救，做好灾民的抢救和安置工作。

9月22日—29日　中共吉林省委召开市、地(州)、县委财贸书记会议。会议讨论粮食、外贸出口和市场物价等问题，部署农村全年口粮标准平均每人360斤原粮，城镇平均定量每月28斤左右，要求大抓“瓜菜代”，办好食堂。

10月25日—31日　中共吉林省委召开三级干部会议，专门讨论粮食问题。会议确定，农村口粮标准降为320斤原粮。全省精简职工21万人到27万人，其中16万人到20万人回到农村。

10月26日—11月13日　中共吉林省委召开省、地、县三级干部会议，学习贯彻中共中央《关于农村人民公社当前政策问题的紧急指示信》(即“十二条”)，检查和坚决纠正“共产风”，讨论农村“三反”整风和改造落后地区问题。

11月18日　中共吉林省委发出《关于贯彻执行中共中央〈关于农村人民公社当前政策问题的紧急指示信〉的补充规定(草稿)》。《补充规定(草稿)》确定开展整风整社，认真解决“五风”问题，并对小队部分所有制、自留地和家庭副业、公共食堂、公共积累比例等问题作了规定。

12月29日　中共吉林省委发出《关于精简职工、调整安排劳动力和压缩城市人口支援农业生产战线的意见》。

1961年

1月27日　中共吉林省委召开常委会议，传达党的八届九中全会和中共中央工作会议关于调整国民经济、农村整风整社和大兴调查研究之风等精神。

1月28日至2月7日　中共吉林省委召开第二届第三次全委（扩大）会议，传达中共中央工作会议和党的八届九中全会精神。

1月　吉林油田的前身——吉林省扶余油化厂（对内称吉林省扶余油矿）成立。

2月12日　中共吉林省委正式发布《关于贯彻执行中共中央〈关于农村人民公社当前政策问题的紧急指示信〉的补充规定》，要求各级党委贯彻实施。

4月1日—16日　中共吉林省委召开省、地、县、公社主要领导干部工作会议，传达贯彻中共中央广州会议精神，讨论中共中央《农村人民公社工作条例（草案）》和《关于认真进行调查工作问题给各中央局，各省、市、区党委的一封信》。

4月5日　省委发出《关于调整农村人民公社各级组织规模的规划》，要求对全省规模过大的公社、生产大队和生产队，进行适当调整，缩小规模，克服平均主义，调动农民生产积极性。

5月25日　中共吉林省委下发《关于吉林省农村人民公社和农业生产的若干问题（草稿）》，对调整人民公社组织规模、公共食堂、供给制、实行“三包一奖”、恢复供销社等问题作了明确规定。

6月25日—7月7日　中共吉林省委召开省、地（市、州）、县三级干部会议，传达贯彻中共中央《农村人民公社工作条例（修正草案）》和中共中央北京工作会议精神。

7月31日　中共吉林省委发出《关于对最近几年来受过批判和处分的干部和党员进行甄别工作的指示》。

8月2日　中共吉林省委发出《关于认真试行中央〈关于改进商业工作的若干规定（试行草案）〉和〈关于城乡手工业若干政策问题的规定（试行草案）〉的通知》。

8月3日—4日　吉林省文艺工作会议召开。会议传达贯彻全国文艺工作座谈会精神，检查几年来全省文学艺术工作中的问题，讨论提高文艺工作质量和改进党对文艺工作的领导问题。

8月7日　中共吉林省委发出《关于进一步坚决贯彻执行农轻重方针的意见》，要求认真贯彻“调整、巩固、充实、提高”的方针，调整重工业，加强轻工业，拉长农业战线，精简职工、压缩城镇人口，支援农业。

8月21日—9月5日　中共吉林省委召开全省教育工作会议，传达全国教育工作会议纪要，讨论实行高等学校、中小学工作条例，检查总结全省三年来的教育工作。

9月5日　中共吉林省委向中共中央、东北局呈报《关于我省九月份粮食接济不上，要求中央、东北局急速调运的请示》。

9月18日—19日　吉林省基本建设工作紧急会议召开。会议研究如何保证完成国家重点工程项目问题。

10月5日—20日　中共吉林省委召开第二届第四次全委(扩大)会议，传达中共中央庐山工作会议精神和《中共中央关于当前工业问题的指示》，讨论《国营工业企业工作条例(草案)》(简称“工业七十条”)和《教育部直属高等学校暂行工作条例(草案)》(简称“高教六十条”)。

10月30日　中共吉林省委发出《关于调整地方工业企业的指示》，确定吉林省应以增产煤炭为中心，加强采掘、采伐、原料、材料、燃料工业，压缩加工业，逐步恢复钢铁工业，加强轻工业和手工业。

11月6日—10日　中共吉林省委召开农村人民公社以生产队为基本核算单位试点工作座谈会。

12月6日—15日　中共吉林省委召开市、地(州)、县委第一书记会议，讨论和部署改变农村人民公社基本核算单位、整风整社等工作。会后，全省很快将人民公社基本核算单位由生产大队下放到生产队。

1962年

1月5日　中共吉林省委发出《关于轮训全省各级领导干部的规划》，要求从1961年9月起到1962年底，对全省市(地)、县、社、大队四级干部和工业、交通、财贸、农业、文教党委书记和行政主要领导干部共

6万人，分期分批轮训。

2月26日—4月11日　中共吉林省委召开常委扩大会议，贯彻中共中央在北京召开的扩大的中央工作会议（即七千人大会）精神。

3月16日　中共吉林省委发出《贯彻执行〈中共中央关于改变农村人民公社基本核算单位问题的指示〉的通知》，要求对改变基本核算单位的工作进行一次检查，妥善地解决遗留问题。

5月23日—30日　中共吉林省委召开第三届文学艺术工作者代表会，研究贯彻中央《关于当前文学艺术工作若干问题的意见（草案）》（简称“文艺八条”）。

6月16日—25日　周恩来到吉林省视察。在省委第一书记吴德等陪同下先后视察了长春第一汽车制造厂、长春电影制片厂、长春拖拉机制造厂、延边地区和吉林市丰满发电厂、吉化公司肥料厂，并观看了永吉县剧团地方戏的演出。

7月23日—8月4日　政协吉林省第二届委员会第三次会议召开。省政协副主席成盛三在会上作了第二届常委会工作报告。会议要求全省各界人士积极参加政治活动，加强政治协商，大力协助党和政府宣传贯彻八字方针，争取社会主义建设的新胜利。

8月7日—11日　吉林省民族工作会议召开。会议传达中央民族工作会议精神，讨论今后工作任务。会议要求正确贯彻执行党的民族政策和宗教政策，尊重少数民族的平等权利和自治权利，尊重少数民族的风俗习惯和宗教信仰，加强各民族间的团结。

8月8日—15日　中共吉林省委召开全省统战工作会议，传达全国统战工作会议精神，讨论全省统战工作。

8月21日　国务院批复同意吉林省高等学校调整方案。经过调整，拟保留国家部属6所、省属14所高校。

10月8日—11日　中共吉林省委召开常委扩大会议，传达讨论北戴河中央工作会议和党的八届十中全会精神。

10月25日—11月5日　中共吉林省委召开第二届第七次全委（扩大）会议，传达贯彻北戴河中央工作会议和党的八届十中全会精神。会议通过了《关于进一步巩固人民公社集体经济几个问题的指示》《关于做好灾区生产救灾工作的指示》《关于社员耕种自留地和垦种小片荒地的决定》《关于保护和发展大牲畜的规定》等文件。

11 月 10 日　中共吉林省委发出《关于进一步巩固人民公社集体经济几个问题的指示》，要求纠正“包产到户”、单干和划小生产队的做法，教育干部和农民，坚持人民公社、生产大队、生产队三级管理。

11 月 17 日　中共吉林省委农村工作部召开社会主义教育运动试点座谈会，部署全省的社教运动。

1963 年

1 月 4 日—2 月 20 日　中共吉林省委召开有市、地(州)、县委第一书记，省直部委厅局主要负责人，厂矿企业、高等院校的党委书记参加的全省党员干部会议，深入学习党的八届十中全会精神和毛泽东关于阶级、形势、矛盾和党内团结问题的讲话。

2 月 5 日　中共吉林省委、省人委发出《关于一九六三年国民经济计划的指示》，要求进一步加强农业工作，抓紧粮食生产；做好工业调整工作，把工业部门的工作转到以农业为基础的轨道上来。

3 月 3 日—10 日　中共吉林省委召开第二届代表大会第二次会议。出席会议代表 455 人、候补代表 25 人，列席会议 198 人。会议讨论阶级和阶级斗争、增产节约和城市“五反”运动、农村社会主义教育运动和加强党的建设问题。

3 月 5 日　毛泽东“向雷锋同志学习”题词发表，全省掀起向雷锋同志学习热潮。

3 月 11 日—15 日　中共吉林省委召开有市、地(州)、县主要负责人参加的工作会议，贯彻《中共中央关于厉行增产节约和反对贪污盗窃、反对投机倒把、反对铺张浪费、反对分散主义、反对官僚主义运动的指示》，部署全省工农业生产、阶级教育和社会主义教育、城市“五反”运动等工作。

3 月 22 日—28 日　吉林省工业财贸先进生产者代表会议召开。会议要求全省职工，深入开展增产节约运动，提高产品质量，加强企业管理，开展社会主义劳动竞赛。

3月25日　中共吉林省委发出通知，要求各地党委把“好头行人”运动进一步引导到深入广泛开展“五好社员”“五好生产队”“五好支部”运动中，形成一个学先进、赶先进的群众运动，以便发扬党的优良传统，巩固集体经济，发展农业生产。

4月3日　中共吉林省委发出《关于开展增产节约和“五反”运动的部署计划》。

4月28日—5月4日　中共吉林省委召开市、地(州)委书记会议，部署以反浪费为中心的增产节约和“五反”运动。

6月14日　中共吉林省委召开市、地(州)和省直机关“五反”座谈会，要求充分利用当前有利时机，抓住反官僚主义这个核心，集中力量做好主要领导干部的“洗澡”“后两反”工作。

6月17日　中共吉林省委召开全省“四清”试点座谈会，根据中共中央《关于目前农村工作中若干问题的决定(草案)》(简称“前十条”)的精神，讨论了在全省农村分期分批地开展社会主义教育运动。

7月9日—16日、22日—23日　中共吉林省委召开常委会议，根据中央“五反”运动的指示，进行自我检查和集体“洗澡”，开展批评与自我批评，解决官僚主义、分散主义、铺张浪费和个人思想作风方面的问题。

10月8日—18日　中共吉林省委召开工作会议，传达贯彻中共中央《关于农村社会主义教育运动中一些具体政策的规定(草案)》(简称“后十条”)的精神。

10月19日　中共吉林省委发出《关于开展农村社会主义教育运动的规划》，要求以公社为单位，分期分批地开展运动，争取两三年内全部完成。

11月14日—28日　吉林省农村社会主义教育运动试点座谈会召开。会议通过交流经验，检查问题，部署下一步试点和面上的工作。

12月10日—24日　吉林省哲学社会科学工作者会议召开。会议决定成立省哲学社会科学联合会。

12月19日—28日　吉林省第三届人民代表大会第一次会议在长春召开。副省长于克作《吉林省人民委员会工作报告》，副省长张士英作《关于吉林省一九六三年财政预算草案和预算执行情况、一九六四年财政预算草案的报告》。会议选举栗又文为吉林省人民委员会省长，于克、张士英、徐寿轩、朱德海、萧靖、王奂如、周光、张文海为吉林省人民委员会副省长。会议要求，继续贯彻执行中央的方针政策，进一步开展社会主义教育运动和增产节约运动，力争农业大丰收，继续做好工业调整工作，全面完成和超额完成1964年国民经济计划，实现财政预算，争取国民经济状况进一步全面好转。

1964年

1月21日—28日　吉林省农业先进集体、先进生产(工作)者代表会议召开。会议号召认真贯彻“以粮为纲，粮食作物和经济作物并举，农林牧副渔全面发展”的方针，提高单位面积产量，深入开展比学赶帮竞赛运动，掀起生产新高潮。

2月1日　中共吉林省委、省人委批转省计委《关于一九六四年国民经济计划安排的报告》，确定发展指标为：粮食总产量95亿斤，农业总产值增长6%，工业生产计划安排256个品种，工业总产值计划34.2亿元，比上年增长7%。

2月3日　中共吉林省委发出通知，要求全省各级党组织根据中央《关于向基层干部、党员和人民群众进行反对现代修正主义教育的通知》和《反对现代修正主义的宣传提纲》精神，向基层干部和群众进行反修宣传。同日，中共吉林省委批转省委宣传部《关于组织高级干部选读马克思、恩格斯、列宁、斯大林著作的意见的报告》。

2月4日　省委成立反修理论工作领导小组，全面领导全省反对现代修正主义的斗争。9日，省委决定成立省委政治研究室，作为反修领导小组的具体工作机构。

3月22日—26日　吉林省安置工作会议召开。会议传达贯彻中共中央《关于动员和组织城市知识青年参加农村社会主义建设的决定(草案)》，讨论安置任务。

5月5日　中共吉林省委组织部、省委社会主义教育办公室联合发出《关于抽调省直机关干部参加1964年下半年及今后每期农村社会主义教育运动的通知》，要求作出规划，把此项工作作为锻炼、培养干部的重要措施。

7月1日—25日　中共吉林省委召开第二届第十四次全委(扩大)会议,传达中共中央5月工作会议精神,讨论"五反"、城乡社会主义教育运动、军事工作、培养接班人等问题。

7月5日—11日　中共中央总书记、国务院副总理邓小平,中共中央政治局委员、国务院副总理李富春,中共中央政治局候补委员、国务院副总理薄一波到吉林省视察。在东北局第一书记宋任穷、吉林省委第一书记吴德等陪同下,视察了长春第一汽车制造厂、长春电影制片厂和吉林化学工业公司。

7月29日　中共吉林省委发出《关于城市社会主义教育运动的规划》和《关于农村社会主义教育运动的规划》。

8月15日　中共吉林省委发出指示,要求各级领导干部必须参加城乡社会主义教育运动,轮流到基层单位蹲点,从而取得经验,得到锻炼,正确地指导运动。

9月21日—26日　吉林省第三届人民代表大会第二次会议召开。副省长于克作《鼓足干劲,乘胜前进,为我省农业生产的大发展而奋斗》的工作报告。会议确定全省当前的主要任务是:集中力量,深入开展城乡社会主义教育运动和比学赶帮、增产节约运动,积极进行社会主义建设,全面完成各项任务。

10月6日—31日　中共吉林省委举办农村社会主义教育工作队骨干训练班,对生产大队工作组长以上骨干进行了集中训练。

10月22日　中共吉林省委印发《关于集中力量在梨树全县进行城乡社教运动的规划(初稿)》,决定从长春、吉林、四平地区和省直机关抽调1万人组成社教工作团,从11月开始在梨树全县开展城乡社教运动。

10月28日　中共吉林省委决定梨树、柳河、珲春三个社会主义教育试点县的工作团成立党委,直接领导运动。

11月　根据中共吉林省委统一规划,社教工作队开始陆续进入开展运动的地区,在社教工作团党委的具体领导下,开展社会主义教育运动。

1965年

1月4日—10日　中共吉林省委召开工作会议，传达中共中央关于农村社会主义教育运动的工作会议精神，学习讨论中共中央制定的《农村社会主义教育运动中目前提出的一些问题》（简称“二十三条”）。

1月26日　中共吉林省委发出《关于宣传〈二十三条〉具体做法的通知》，要求各地党委进一步搞好社会主义教育，调动干部和群众的积极性，发展农业生产。

2月6日　中共吉林省委批发柳河县工作团党委《关于两个公社在社教运动中违反政策违反纪律的检查报告》，纠正前期社教运动中出现的“左”的错误，要求工作队在社教运动中，必须按照中央所规定的方针、政策办事。

2月10日　中共吉林省委发出通知，号召全省党员、干部，特别是公社党委书记以上的领导干部，认真学习焦裕禄的模范事迹。

3月18日—24日　中共吉林省委召开农村点上社教工作会议，深入贯彻“二十三条”，部署今后工作。

4月24日　中共吉林省委发出《关于四清工作队要注意进行调查研究工作的通知》。

4月30日　由国务院1962年9月21日批准兴建的中国第一座维尼纶工厂——四平维尼纶实验厂一期工程建成投产。

5月2日　中共吉林省委发出《关于第二批农村社会主义教育运动的规划》，确定第二批社教运动每个市、地（州）各搞一个县。即长春地区的榆树县、吉林地区的永吉县、白城地区的扶余县、四平地区的怀德县、延边朝鲜族自治州的敦化县、通化地区的通化县（包括通化市郊区）。

5月20日—27日　中共吉林省委召开社会主义教育运动点上核实定案、组织处理工作座谈会。会议要求，实事求是地按照党的政策正确处理运动中的各种案件，正确对待犯错误的干部，在组织处理阶段，要对干部进行鉴定，对党员进行登记处理工作。

6月7日　中共吉林省委发出《关于城市社教运动第二批规划》，确定重点是大的骨干企业、战备要害部门、问题严重的较大单位、各县的大企业，共277个单位，要求七八月份全面铺开，争取年末前结束。

8月20日—28日　中共吉林省委召开全省贫下中农代表会议，讨论农村生产建设和阶级组织问题。

9月3日—9日　吉林省第三届人民代表大会第三次会议在长春召开。出席会议代表336人。会议一致通过副省长于克所作的《关于吉林省人民委员会工作报告》和副省长王奂如所作的《关于吉林省一九六四年财政决算和一九六五年财政预算草案的报告》。

9月9日　中朝共同建设、共同受益的鸭绿江云峰水力发电厂第一台机组投入运行发电。该厂于1959年10月破土动工，设计规模为4台10万千瓦水轮发电机组，年平均发电量为17.5亿度。

12月10日—27日　吉林省计划、财政、基本建设会议召开。会议讨论确定1966年全省计划工作任务：积极备战，搞好三线建设；切实把农业放在首位，大力发展农业；在各条战线积极开展群众性的增产节约运动，超额完成第三个五年计划第一年的任务。

12月24日　《吉林日报》转载上海《文汇报》11月10日发表的姚文元《评新编历史剧〈海瑞罢官〉》文章，并同时转载《人民日报》的编者按语。

12月24日—28日　吉林省社会科学联合会举行年会。此后，全省在社会科学界逐步开展了对吴晗编写的历史剧《海瑞罢官》的批判。

1966年

2月10日　中共吉林省委发出向焦裕禄学习的通知，要求全体党员、干部学习他不为名，不为利，不怕苦，不怕死，一心为革命，一心为人民，全心全意为人民服务的革命精神。

3月4日—5日　中共吉林省委宣传部和省委政治研究室召开由省、市、地(州)有关单位负责人、高校主管理论工作的领导干部以及其他从事理论工作的党员干部参加的会议，传达贯彻中共中央批转的《文化革命五人小组关于当前学术讨论的汇报提纲》(即“二月提纲”)。

3月15日　长春籍解放军战士刘英俊在黑龙江省佳木斯市为保护

人民生命安全，勇敢地制止受惊军马，不幸光荣牺牲，年仅21岁。中央军委授予他“人民的好儿子”称号，并给其追记一等功。

3月17日　中共吉林省委发出《关于安排农村第三期社教运动的通知》。

3月18日　中共吉林省委发出《关于成立省委学习毛主席著作中心组的通知》。

3月20日—4月2日　中共吉林省委召开农村党支部工作会议，讨论农村党支部建设问题。

4月22日　中共吉林省委宣传部根据中共中央宣传部的指示，发出通知，要求对电影《舞台姐妹》《逆风千里》《兵临城下》《两家人》《桃花扇》《阿诗玛》《球迷》等进行批判。

5月8日—11日　中共中央东北局在长春召开东北三省负责文教工作的省委书记处书记会议，省委第一书记吴德，书记处书记郑季翘、兰干亭参加会议。会议部署东北三省的“文化大革命”运动。

5月13日—14日　中共吉林省委召开常委会议，根据中共中央东北局的要求，确定成立各级党委文化革命领导机构。省委成立文化革命领导小组，省委第一书记吴德任组长。

5月16日—17日　中共吉林省委文化革命领导小组召开各市、地(州)委宣传部长和长春市十所高等学校的党委书记会议，传达中共中央东北局文教书记会议关于动员参加“文化大革命”的精神，草拟《关于学校参加文化大革命运动有关事项的通知(草稿)》。

5月31日　中共中央通知，调吉林省委第一书记吴德任中共北京市委第二书记。7月3日，经中共中央同意，吉林省委第二书记赵林任代理吉林省委第一书记。

6月5日　中共吉林省委文化革命领导小组办公室发出《在文化革命运动中注意的问题》的通知，以中共吉林省委的名义宣布了中共中央对“文化大革命”的“八条要求”。

6月9日　中共吉林省委召开常委会议，传达贯彻中共中央东北局会议精神，讨论全省“文化大革命”运动的进展情况和部署。

6月14日—26日　中共吉林省委召开第二届第十七次全委(扩大)

会议，传达贯彻中共中央政治局扩大会议精神，讨论如何开展吉林省的“文化大革命”问题。

6月20日　中共吉林省委向吉林大学派出工作组。随后，省、市、地（州）、县委相继派出工作组进驻各大、中学校领导“文化大革命”运动。

6月28日　中共吉林省委文化革命领导小组召开会议，讨论全省“五界”（学术界、教育界、新闻界、文艺界、出版界）“文化大革命”运动的进展情况和问题。

7月29日　中共吉林省委召开常委扩大会议，传达贯彻中共中央关于从大、中学校撤出工作组的决定。

8月9日　中共吉林省委常委与省文化革命领导小组成员召开会议，学习《中国共产党中央委员会关于无产阶级文化大革命的决定》（简称“十六条”），部署吉林省开展“文化大革命”措施。

8月21日—29日　中共吉林省委召开第二届第十八次全委（扩大）会议，传达贯彻党的八届十一中全会精神。

8月23日　长春市红卫兵开始冲出学校，走上街头，破除“四旧”。全省各大中城市也掀起横扫“四旧”的狂潮。

9月7日　中共吉林省委发出《关于认真学习坚决贯彻执行〈人民日报〉9月7日〈抓革命、促生产〉的社论和中共中央东北局〈关于保证农业丰产丰收的紧急通知〉》，要求省地两级在统一领导下，组织各有关部门，组成两个班子，一个班子主要抓“文化大革命”，一个班子主要抓生产。

11月5日—21日　中共吉林省委召开省、地、县三级干部工作会议，揭发批判省委在领导“文化大革命”中执行的所谓“资产阶级反动路线”。会后，全省掀起了批判“资产阶级反动路线”的高潮。党和政府绝大部分领导干部被批斗，一些知识分子受到冲击，有的被抄家，社会秩序更加混乱。

12月28日　中共吉林省委在“文化大革命”冲击下，在长春市康平街2号召开常委扩大会议，这也是原省委的最后一次会议。这次会议之后，省委、省人委的领导干部被揪斗、批判，党政机关陷于瘫痪。

1967年

1月18日　受上海“一月夺权”的影响，吉林省和长春市62个群众组织联合发表《告全省人民书》，宣布所谓“夺权”，并成立“接管委员会”，查封了中共吉林省委、省人委、长春市委、市人委和省公安厅、市公安局等党政机关和重要部门。随着“全面夺权”的开展，全省各地造反派组织也相继夺了当地党政机关及一些企事业单位的领导权，全省陷入无政府状态。

1月23日　根据中共中央、国务院、中央军委、中央文革小组发布的《关于人民解放军坚决支持革命左派群众的决定》，吉林省军区及所属的军分区、武装部和省内驻军部队，开始介入地方“文化大革命”，逐步在全省实行支左、支农、支工、军管、军训(简称“三支两军”)工作。

2月23日　根据沈阳军区指示，成立中国人民解放军驻长春三军(即驻长3009部队、7311部队和省军区)“支左”领导小组，由3009部队政治委员王淮湘任组长。

3月6日　根据周恩来关于部队要帮助地方搞好生产的讲话精神，中国人民解放军驻长春三军“支左”领导小组成立生产办公室，领导全省的工农业生产。各市、地(州)军分区和县(市)人民武装部，也相继成立了生产办公室。

3月12日　为贯彻中央精神，筹建“三结合”的吉林省革委会，中国人民解放军驻长春三军“支左”领导小组向东北局请示关于吉林省“三结合”的组成问题。

5月8日　吉林省军区生产办公室发出《一九六七年吉林省国民经济计划要点》，负责组织起全省工农业生产的任务。

6月15日　长春市发生“六一五冲击公安局事件”。

8月11日　中国人民解放军3009部队部队长汪洋代表驻长春三军部队党委，在长春市地质宫广场(现文化广场)作《关于压制长春公社错误的检查》，并将检查内容写入《给长春市广大革命群众的公开信》。17日，中共中央、国务院、中央军委、中央文革小组对《公开信》作出批示，号召长春市两派群众组织实现大联合，促进“三结合”。

9月17日—18日　长春两大派群众组织在长春火车站前发生大规模武斗，长铁分局辖区内铁路运输一度中断，造成国家财产和人民生命的严重损失。

9月22日　中共中央通知长春、吉林、四平驻军和各派群众组织选派代表，连同原中共吉林省委领导干部代表一起赴京听取中央指示，协商拥军爱民、制止武斗、恢复生产等问题。

9月28日　周恩来接见东北三省赴京代表，要求实现大联合，促进“三结合”，并希望吉林省的问题在年底前能够解决。

12月3日　长春市两大派四个群众组织和长春市警备区司令部的代表签订《关于贯彻长春市两大派关于彻底封存上交武器和维护社会治安的协议》。

12月15日　中共中央、国务院、中央军委、中央文革小组对吉林省军区《报请中央批示的几个教改中的实际问题》作出批示，规定学生和教职员工一律不要外出串连，大中学校一律不放假，全面的学制改革实验需报中央批准。

1968年

1月21日　长春市两大派四个群众组织代表在北京达成《关于实现革命大联合的协议》。

2月12日　中国人民解放军驻长春三军“支左”领导小组传达中共中央关于吉林省地方干部参加“三结合”的意见。

2月22日　中共中央、国务院、中央军委、中央文革小组批准成立吉林省革命委员会，王淮湘任主任。

3月6日　吉林省革命委员会宣告成立。省革委会发表了《告全省人民书》。

3月14日—15日　吉林省革委会召开第一次常委会议，确定省革委会正副主任分工。会议通过《吉林省革命委员会关于实现革命化的八项措施》。

3月20日　吉林省革委会召开第二次常委会议，决定调整省革委会机构，设秘书组、行政组、政法组、政治组、生产指挥组。

5月19日　吉林省、长春市革委会在长春体育馆召开“深批深挖，向阶级敌人开展猛烈进攻动员大会”。此后，随着“清理阶级队伍”运动的开展，全省“文化大革命”进入“斗、批、改”阶段。

7月29日　吉林省革委会转发省革委会常委会议《关于更加深入地开展革命大批判和清理阶级队伍的讨论纪要》的通知，要求进一步发动群众，推动大批判和清理阶级队伍的斗争不断向纵深发展。

8月17日　吉林省革委会发出《关于举办原省、市机关干部毛泽东思想学习班有关问题的规定》，规定参加学习班的干部，按四个去向进行分配：到省革委会机关工作，参加城市、农村毛泽东思想宣传队，到三线基层工作，到“五七”干校学习。

8月29日　吉林省革委会、长春市革委会、省军区、驻长春部队联合召开会议，根据中共中央《关于派工人宣传队进学校的通知》要求，确定迅速向大、中、小学和上层建筑各个领域，派出工人毛泽东思想宣传队，促进大联合，领导“斗、批、改”和“清理阶级队伍”，在农村成立贫下中农管理学校委员会。

9月3日　第一批工人毛泽东思想宣传队进驻长春市的十所大专院校。全省各地纷纷派出毛泽东思想宣传队进驻近万个单位。

11月4日　吉林省革委会召开常委会议，传达中共中央八届扩大的十二中全会精神，决定成立党的九大代表工作领导小组。

12月6日　吉林省革委会召开全体委员会议，决定吉林省出席党的九大代表。

12月　根据毛泽东关于“知识青年到农村去，接受贫下中农的再教育，很有必要”的号召，全省掀起动员城镇知识青年“上山下乡”的高潮。

1969年

1月26日—2月12日　吉林省革委会召开全省第四次活学活用毛泽东思想积极分子讲用会，交流贫下中农和社队干部学习毛泽东思想的经验。

2月12日—14日　吉林省革委会召开全省农村抓革命、促生产座谈会，讨论备耕生产问题。

4月10日—15日　吉林省革委会召开全省整党建党工作会议，讨论整党建党工作。

5月14日—28日　吉林省革委会召开党员干部会议，传达贯彻党的九大会议精神。

6月25日　吉林省红石钢铁厂全部建成投产。该厂始建于1958年，是一座由采矿、选矿、烧结、焦化、炼铁、炼钢、轧钢组成的独立完整的小型钢铁联合企业。

7月　内蒙古自治区哲里木盟和呼伦贝尔盟的突泉县、科尔沁右翼前旗划归吉林省，1979年7月复归内蒙古自治区。

8月24日　长春市革委会决定，在全地区开展向榆树县光明公社东方红大队小乡生产队学习的活动。

9月1日—14日　吉林省革委会召开全省首届活学活用毛泽东思想积极分子代表大会。

9月18日　吉林省扶余油化厂建成。该厂安装中国第一座自行设计、制造的具有高效热回收特点的加压油气化装置。它的试验成功，使中国加压油气化工艺跨进了世界先进行列。

11月25日　吉林省革委会召开"广大干部到农村插队落户，把农村建设成为巩固红色根据地的动员大会"，号召广大干部走出城市，到广大农村"插队落户"，坚持参加集体劳动，接受贫下中农再教育。

12月12日—18日　吉林省革委会在吉林市召开"自力更生、艰苦创业的红旗厂吉林市油脂厂命名大会"。要求全省学习和推广吉林市油脂厂自力更生、艰苦创业精神，推动工业生产更快地发展。

1970年

1月23日　吉林省革委会作出《关于命名榆树县小乡生产队为"苦战奋斗的红旗生产队"的决定》。30日，吉林省革委会在长春举行"苦战奋斗的红旗生产队"——榆树县小乡生产队命名大会。

2月16日—21日　吉林省革委会召开会议，落实中央关于开展"一打三反"(即打击反革命破坏活动、反对贪污盗窃、反对投机倒把、反对铺张浪费)运动的具体措施。

3月28日　经中共中央批准，中共吉林省革命委员会核心小组成立。省革委会主任王淮湘任组长。接着，各市、地（州、盟）、县（县级市、旗）革委会和省革委会所属的工作机构，相继成立了核心小组。

4月24日　吉林省革委会发出《关于吉林工业大学、吉林师范大学、吉林医科大学试办班招生的通知》。

5月19日—6月17日　中共吉林省革委会核心小组召开全省整党建党工作会议，传达贯彻中共中央整党建党工作座谈会精神。

9月13日—15日　吉林省革委会召开常委扩大会议，传达党的九届二中全会精神。

10月17日—11月3日　吉林省革委会召开第二届第十次全委（扩大）会议，学习党的九届二中全会公报，传达贯彻全国北方农业会议精神，研究深入开展"农业学大寨"运动，加速实现农业发展《纲要》的问题。

12月11日—18日　吉林省革委会召开边防、外事工作会议，落实中央对朝友好方针，进一步搞好全省边防、外事工作。

1971年

1月5日　中共吉林省革命委员会核心小组召开市、地（州、盟）党的核心小组负责人会议，商定吉林省第三次党代会的代表名额和分配方案。

2月9日—12日　中共吉林省革委会核心小组召开会议，决定开展思想路线教育。

3月1日　中共吉林省革命委员会核心小组向中央作了《关于召开吉林省第三次党代表大会的请示报告》。

3月18日—24日　中共吉林省第三次代表大会在长春市召开。出席大会的代表921人。中共吉林省革命委员会核心小组组长王淮湘向大会作了《在毛主席革命路线指引下，为巩固无产阶级专政而奋斗》的工作报告。会议选举出中共吉林省第三届委员会。

3月25日　中共吉林省第三届委员会举行第一次全体会议，选举王淮湘等13人为省委常务委员会委员，王淮湘为省委第一书记，张兆仁、何友发、萧道生、阮泊生、郑季翘为省委书记。

4月2日　中共吉林省委召开各市、地(州、盟)和省直机关负责干部会议,讨论1971年工作任务。

5月21日—27日　中共吉林省委召开县团级以上党员干部会议,传达贯彻中共中央《关于把批陈整风运动推向纵深发展的通知》。

7月24日　中共吉林省委、省革委会作出《关于深入开展工业学大庆群众运动的决定》。

7月28日　吉林省和长春市举行农业学大寨报告会,约15万人听取昔阳学大寨报告团的经验介绍。会议号召掀起农业学大寨群众运动的新高潮。

8月25日—9月23日　吉林省革委会召开全省教育工作会议,传达全国教育工作会议精神,深入开展“批陈整风”,批判所谓“修正主义教育路线”。

9月21日　中共吉林省委召开常委会议,研究省内大、中、小学的管理体制、学制、招生及校舍等问题。

9月21日—27日　中共吉林省委召开常委会议,传达中共中央9月18日《关于林彪叛国出逃的通知》精神。会后,根据中央的部署,分级向全省党员干部和群众传达中央文件。全省随之开展了“批林整风”运动。

1972年

1月23日—31日　中共吉林省委召开第三届第二次全委(扩大)会议,传达中共中央关于《粉碎林陈反党集团反革命政变的斗争》(材料之一)扩大发放范围的通知和《粉碎林陈反党集团反革命政变的斗争》(材料之二)的通知。

3月9日　中共吉林省委发出《关于贯彻党的农村政策若干问题的规定(试行稿)》的通知,要求各地坚持农村人民公社“三级所有、队为基础”的制度,执行“以粮为纲,全面发展”的方针。

4月20日　中共吉林省委发出《关于建立省革委会部、室、组党的核心小组的通知》,加强对工农业生产的管理。

4月21日　吉林省革委会召开全省电话会议，就第二季度工业生产和春耕生产问题作动员。

6月1日—4日　中共吉林省委召开全省农村工作座谈会，部署农村“批林整风”“一打三反”和落实农村经济政策等工作。

6月24日—7月1日　吉林省财务工作会议在长春召开，讨论加强企业财务管理的措施和规章制度。

7月9日　中共吉林省委、省革委会召开学习通化铜矿先进经验会议，要求学习通化铜矿经验，进一步落实党的各项政策，切实加强企业管理，努力提高产品质量，把工业学大庆的群众运动推向新高潮。

7月18日—29日　中共吉林省委召开县团级以上党员干部会议，传达中共中央“批林整风”汇报会议精神，省委第一书记王淮湘联系自己的思想作风进行了自我解剖。

7月下旬　中共吉林省委召开市、地（州、盟）委和部分县（旗）委负责人参加的民族工作座谈会，讨论了进一步落实党的民族政策问题。

8月25日　中共吉林省委作出《关于向优秀青年工人陈岱山同志学习的决定》。

10月4日　《人民日报》报道了吉林省辽源发电厂坚持“小指标”竞赛的经验，并加了按语。

11月25日　中共吉林省委发出《省委批林整风座谈会纪要》的通知，要求各级党委把深入开展“批林整风”和解决本地路线、政策和作风问题结合起来。

12月24日　中共吉林省委、省革委会举行文艺创作座谈会，提出促进文艺创作，繁荣社会主义文艺的要求。

1973年

1月10日—13日　中共吉林省委、省革委会召开知识分子座谈会。华罗庚在会上作了关于推广“优选法”的学术报告。唐敖庆等在大会上发言。会议号召广大知识分子为社会主义事业贡献力量。

2月10日—21日　吉林省科学技术工作会议在长春市召开。会议讨论《全国科学技术工作会议纪要》中提出的各项任务。会议要求加强党对科技工作的领导，加强科技队伍建设，开展大搞科学实验群众运动。

2月27日—3月17日　中共吉林省委召开第三届第三次全委（扩大）会议。会议的主要议题是继续抓紧抓好“批林整风”，加快全省农业发展速度，加强党的一元化领导。

4月7日—30日　中共吉林省委、省革委会召开全省国民经济计划会议，讨论加快经济发展速度、精简职工、缩短基本建设战线等问题。

6月17日—30日　中共吉林省委召开第三届第五次全委（扩大）会议，传达中央工作会议精神，讨论深入“批林整风”和国民经济计划问题。会议推举出席党的第十次全国代表大会代表。

9月6日—14日　中共吉林省委召开第三届第六次全委（扩大）会议，传达党的第十次全国代表大会和十届一中全会精神。

9月28日　前扶松花江大桥竣工。该桥当时为全国第二、省内第一长的公路桥，全长1389米。

11月15日—20日　中共吉林省委召开市、地（州、盟）委书记会议，总结农业学大寨经验，讨论贯彻北方农业会议精神。

12月20日—30日　中共吉林省委召开城乡基本路线教育座谈会，把否定“文化大革命”、否定“党的九大路线”作为错误思潮加以批判。

1974年

1月20日　吉林省革委会召开常委会议。省委第一书记、省革委会主任王淮湘就省革委会成立六年来的工作和1974年的任务讲话。

1月29日　中共吉林省委召开全省“批林批孔”广播动员大会。

1月31日—2月11日　中共吉林省委召开省、市、地（州、盟）、县（市、旗）、公社主要负责人参加的四级干部“批林批孔”会议。此后，“批林批孔”运动很快在全省展开。

3月15日　中共吉林省委召开省直机关局以上负责人会议，根据省委常委的决定，省委第一书记、省革委会主任王淮湘在会上作了《我在第十次路线斗争中所犯错误的检查》。后经中央批示，王淮湘继续主持中共吉林省委工作。

3月19日　吉林省总工会和长春市总工会召开工人狠批“克己复礼”大会。

5月3日　共青团吉林省委、省教育局联合发出通知，要求动员青年学生发扬所谓“反潮流”精神，“痛击”修正主义路线“回潮”，造成新的动乱。

6月13日　吉林省计划委员会发出《关于印发一九七四年国民经济计划（草案）的通知》。

7月29日—31日　中共吉林省委召开省委委员、省革委会委员座谈会，学习贯彻中共中央政治局关于解决吉林省问题的“六条指示”。

8月31日　中共吉林省委和解放军驻长春部队根据中共中央指示，联合召开批判林彪资产阶级军事路线大会。

9月22日、28日　中共中央政治局委员陈锡联、纪登奎、吴德在北京接见中共吉林省委第一书记王淮湘、省委书记阮泊生、省委常委宗希云和中共延边朝鲜族自治州委书记、延边军分区政委崔海龙，对吉林省的问题作出指示。

11月5日—17日　中共吉林省委召开扩大会议，学习、讨论中共中央关于全党全军要团结的指示精神和中央解决吉林省问题的指示。

12月24日　长春市第一光学仪器厂工人史云峰，以所谓“反革命罪”被逮捕。史云峰于1974年10月26日以投寄传单、张贴标语形式反对“四人帮”，为刘少奇和其他老一辈无产阶级革命家鸣不平。

1975年

2月7日　由长春电影制片厂和大庆油田《创业》创作组集体创作，反映中国石油工人艰苦创业的彩色故事片《创业》在北京等城市上映，引起观众热烈反响。该片一度被“四人帮”罗织所谓“十大罪状”，下令停止发行上映。7月25日，毛泽东在接到影片编剧的来信后作出批示：“此片无大错，建议通过发行。不要求全责备，而且罪名有十条之多，太过分了，不利调整党的文艺政策。”该片得以重新上映。

3月4日　中共吉林省委召开常委会议，议定选派教师、干部到农村办分校，各地区开办亦工亦农、“社来社去”的农、医、师学校。

3月7日　中共吉林省委召开常委会议，传达全国工业书记会议关于整顿铁路运输问题的精神。

3月22日—28日　中共吉林省委召开工业学大庆经验交流会。全省在交通运输整顿过程中，突出解决了消除派性和交通秩序的恢复，成果较为显著。

5月7日　吉林省财政局、省人民银行联合召开全省财政、银行工作电话会议，传达全国财政、银行工作会议精神，要求搞好三个平衡，即财政收支、货币收支、社会购买力和商品可供量的平衡。

6月5日—10日　中共吉林省委召开全省工业工作会议，传达贯彻全国钢铁工业座谈会精神。

6月28日—7月3日　吉林省革委会工交办公室召开全省电力工作会议，部署整顿工作。

8月3日—7日　中共吉林省委召开市、地（州、盟）委书记会议，传达贯彻中共中央批发国务院《关于今年上半年工业生产情况的报告》精神，要求加强领导班子建设，克服软、懒、散的问题。

8月5日—15日　全省财贸战线先进经验交流会召开。

8月8日　中共吉林省委发出通知，要求各级党委认真传达、贯彻中共中央军委副主席叶剑英、邓小平在中央军委扩大会议上的讲话，做好地方部队的整顿和稳定工作。

9月5日　中共吉林省委发出通知，要求各级党委认真学习《人民日报》社论，参加对《水浒》的评论和讨论。

10月31日—11月8日　中共吉林省委召开常委扩大会议，传达贯彻全国农业学大寨会议精神。

12月5日—6日　中共吉林省委召开常委会议，传达并讨论中共中央《关于转发〈打招呼的讲话要点〉的通知》，研究部署全省“反击右倾翻案风”工作。

1976年

1月8日　周恩来病逝。全省广大干部群众冲破各种阻力，纷纷以各种形式自发地进行悼念活动。

1月9日—19日　中共吉林省委召开第三届第八次全体(扩大)会议,深入贯彻全国农业学大寨会议精神。此后,全省各地出现“割资本主义尾巴”的风潮。

2月15日—19日　中共吉林省委召开常委扩大会议,根据中央有关精神,部署在全省开展“反击右倾翻案风”运动。

4月3日　中共吉林省委召开省直各大口负责人会议并发出通知,要求各级党委认真贯彻4月1日中共中央电话通知精神,追查所谓“政治谣言”。

4月7日　中共吉林省委发出关于天安门事件的通知,要求各级党委认真追查“反革命活动”,对去北京上访人员坚决劝阻。

7月3日—11日　中共吉林省委召开市、地(州、盟)、县委书记会议,要求抓好“批邓”,做好追查“反革命谣言”的工作,“抓革命、促生产”。

8月7日　中共吉林省委召开电话会议,号召全省人民以实际行动大力支援唐山人民抗震救灾。

9月9日　毛泽东逝世。

9月10日　中共吉林省委发出《关于极其悲痛地哀悼伟大领袖毛主席逝世的决定》,要求各级党组织坚定沉着,团结一致,紧密团结在党中央周围。18日,吉林省暨长春市40万干部群众沉痛追悼毛泽东主席逝世。

10月9日　中共吉林省委召开常委会议,学习讨论中共中央关于华国锋任中共中央主席、中共中央军委主席和粉碎王洪文、张春桥、江青、姚文元反党集团的两个决定。

10月17日　中共吉林省委发出通知,要求各级党委本着既稳妥又要抓紧的精神,向下传达打招呼会议精神,统一思想,认清“四人帮”反党集团的罪行、危害、实质,紧密团结在党中央周围,一切行动听指挥,努力把各方面工作做好。

10月23日　吉林省和长春市举行盛大集会和游行,热烈拥护党中央粉碎“四人帮”的果断措施,庆祝粉碎“四人帮”的重大胜利。

12月1日　中共吉林省委召开常委会议,错误地同意省高级人民法院关于判处史云峰死刑的决定。

12月21日　中共吉林省委召开全省清查工作座谈会，具体部署清查与“四人帮”阴谋活动有牵连的人和事的工作。会议要求省委和各市、地（州、盟）委均成立清查领导小组，重点在省、地两级党政领导层中进行清查。

1977年

2月25日—3月1日　中共吉林省委召开铁路工作会议，传达贯彻全国铁路工作会议精神。会议要求深入揭批“四人帮”，开展工业学大庆的群众运动，大搞革新、改造、挖潜，加强运输组织工作，确保重点物资运输。

2月28日　中共中央发出通知，调南京军区副政治委员王恩茂任中共吉林省委第一书记、省革委会主任、省军区第一政治委员、沈阳军区副司令员、副政治委员。

3月27日—4月7日　中共吉林省委召开工作会议，传达中共中央工作会议精神，讨论深入开展揭批“四人帮”斗争和1977年的工作任务。

4月23日—24日　中共中央主席、国务院总理、中央军委主席华国锋到吉林省视察。华国锋等视察了长春第一汽车制造厂，接见了省和长春市党政军负责人。

6月20日—26日　中共吉林省委召开第三届第九次全委（扩大）会议。省委第一书记王恩茂在会上作报告，对全省下半年的工作提出十项任务。会议选举出席党的十一大的正式代表，传达中央关于召开科技大会的指示。

7月20日　中共吉林省委召开三级党员干部会议，传达党的十届三中全会关于华国锋任中共中央主席、中央军委主席的决定，关于恢复邓小平职务的决定，以及《关于王洪文、张春桥、江青、姚文元反党集团的决议》和提前召开党的第十一次全国代表大会的决定。

8月26日—9月14日　中共吉林省委召开第三届第十次全委（扩大）会议，传达贯彻党的十一大精神。

10月25日—27日　中共吉林省委召开常委会议，讨论贯彻中共中央关于《王洪文、张春桥、江青、姚文元反党集团罪证》(材料之三)和召开全国五届人大、政协会议的通知精神。

10月28日　中共吉林省委发出《关于召开吉林省第五届人民代表大会的通知》。

11月12日　全国高等院校恢复统一考试制度，吉林省作出具体规定。

12月10日　中共吉林省委发出通知，决定恢复省委统一战线工作部，恢复省政协、民主党派和工商联的活动。

12月18日—25日　吉林省政协第四届委员会第一次会议召开。王恩茂当选为省政协主席。

12月19日—25日　吉林省第五届人民代表大会第一次会议召开。会议代表992人，出席会议代表970人。会议通过了省委第一书记、省革委会主任王恩茂作的《吉林省革命委员会工作报告》，选举王恩茂为吉林省革委会主任，阮泊生、张士英、宋洁涵、于克、宗希云、穆林、宋振庭、高扬、安志文、魏震五、色音巴雅尔、杨战韬、金泰然为副主任。会议还选举了吉林省出席第五届全国人民代表大会代表。

1978年

3月14日　中共吉林省委召开省直机关党员干部大会，传达党的十一届二中全会和五届人大一次会议精神，号召深入揭批“四人帮”，加快社会主义经济建设，繁荣社会主义教育文化事业，加强政权建设，加强各民族人民的大团结，恢复党的优良传统和作风。

4月1日　中共吉林省委发出《关于抓紧落实党的知识分子政策的通知》。

4月7日　中共吉林省委、省革委会召开全省广播大会，传达贯彻全国科学大会精神。

4月14日—27日　中共吉林省委组织部召开全省审干工作座谈会，传达中央组织部召开的研究疑难案例座谈会精神，讨论审干工作任务。

4月25日—5月3日　中共吉林省委召开全省科学大会，传达全国科学大会精神，讨论全省科学技术事业发展的方向和任务，制定《一九七八年——一九八五年全省科学技术发展规划纲要(草案)》。

5月3日　吉林省科技界召开大会，决定采取有力措施对全省科技战线进行整顿，推动科技工作的开展。

5月11日　中共吉林省委对哲里木盟委关于解决“清队”扩大化遗留问题的报告作出批复。指出：中共哲里木盟委作出《关于对“乌、石、云反党叛国集团”、“新内人党”等假案冤案彻底平反的决定》，是完全正确和必要的。

5月18日　《吉林日报》转载5月11日《光明日报》发表的特约评论员文章《实践是检验真理的唯一标准》，揭开了吉林省真理标准问题大讨论的帷幕。

5月24日　中共吉林省委发出《批转〈关于落实党的知识分子政策若干问题的意见〉的通知》。6月20日，省委又在全省教育工作会议上作出部署，要把表现突出的业务干部提拔到领导岗位。10月16日，省委常委会议决定，同意吸收长春光机研究所研究员王大珩入党。

5月31日　中共吉林省委发出通知，要求立即开始筹建县以上各级人民检察院，并积极开展工作。

6月9日　中共吉林省委决定恢复各级民族工作机构。

6月12日—7月1日　中共吉林省委组织部召开市、地(州、盟)委组织部长座谈会，讨论抓紧落实老干部、知识分子政策；加强各级领导班子的整顿和建设；开展基层整党整风，解决思想、组织、作风不纯的问题。

6月20日　中共延边朝鲜族自治州委召开平反大会，为延边州委原第一书记、州长朱德海平反。

6月26日—7月1日　吉林省哲学社会科学联合会第二次代表大会召开。会议强调真理标准问题讨论的重大意义。

7月18日—25日　中共吉林省委召开组织工作座谈会，讨论进一步解决“双突”干部的问题。

7月21日　中共吉林省委发出《关于调整省委、省革委会机构的通知》,决定省委、省革委会机构分开,党、政工作分别管理。省委恢复了工交工作部、农村工作部、财贸工作部和政策研究室;省革委会增设了经济委员会和物价委员会等机构。

△ 中共吉林省委召开常委扩大会议,讨论报纸、广播开展真理标准问题的讨论。会议要求广泛宣传实践是检验真理的唯一标准,恢复和发扬党的优良传统,开展一次马克思主义的思想解放运动。

9月15日—16日 中共中央副主席邓小平、中央政治局委员彭冲等,在结束了对朝鲜民主主义人民共和国的友好访问后,在中央政治局委员、沈阳军区司令员李德生等的陪同下到吉林省视察。16日上午,在听取省委常委的工作汇报后,邓小平就坚持实事求是、高举毛泽东思想旗帜等问题发表重要谈话。

10月16日 中共吉林省委召开常委会议,讨论吉林省冤情最大、株连最多的长春市革委会原主任任青远"资敌通敌反革命特务集团"案、省公安厅原副厅长申虎成"给林彪安窃听器反革命集团"案、原副省长张文海"现行反革命分子"案和省总工会原主席王明德"反革命集团"案的平反问题。省委决定,召开公开平反大会,为当事人恢复名誉,落实政策。

11月9日 中共吉林省委责成省委派驻长春光机研究所的工作组召开群众大会,为受迫害的科技干部和工人平反昭雪。

11月14日 经中共中央政治局常委批准,北京市委率先宣布为天安门事件平反。11月下旬,中共吉林省委根据中共中央的决定精神发出电话通知,要求各级党委和公安、司法部门,对因天安门事件受到迫害的干部和群众,进行彻底平反。

12月25日—26日、30日、31日 中共吉林省委召开常委会议,传达学习中共中央工作会议和党的十一届三中全会精神。

中国共产党吉林省
历届省委领导人名录
（1949.10—1978.12）

新中国成立初期的中共吉林省委
（1949.10—1952.6）

1949年10月，中华人民共和国成立，中共吉林省委在党中央的领导下带领全省各族人民进入了社会主义建设的新时期。新中国成立后的17年间，1954年8月以前和1960年10月以后，中共吉林省委隶属中共中央东北局领导。中共吉林省委机关，1954年9月以前驻在吉林市，1954年9月以后驻在长春市。

书　　记　刘锡五　（1949.10—1952.6）

副 书 记　李德仲　（1949.10—1952.6）

　　　　　富振声　（满族　1952.1—1952.6）

常务委员　刘锡五　（1949.10—1952.6）

　　　　　李德仲　（1949.10—1952.6）

　　　　　富振声　（满族　1952.1—1952.6）

　　　　　蓬　飞　（1949.10—1952.6）

　　　　　王一新　（1949.10—1952.6）

　　　　　王大钧　（1949.10—1952.6）

　　　　　周持衡　（1951.3—1952.3）

委　　员　刘锡五　李德仲　富振声　蓬　飞

王一新　王大钧　周持衡　于　克
邱会魁　刘亚雄　朱德海

1952年6月重新组建的中共吉林省委

(1952.6—1954.7)

1952年6月10日，中共中央东北局转发中共中央4月26日对吉林省干部调整的批示，调东北局党校校长李梦龄任中共吉林省委书记，调东北人民政府秘书长栗又文任吉林省人民政府委员会主席、省委常务委员，吉林省公安厅长薛焰为省委常务委员。

书　　记　李梦龄　(1952.6—1954.7)
副 书 记　富振声　(满族　1952.6—1954.7)
常务委员　李梦龄　(1952.6—1954.7)
　　　　　富振声　(满族　1952.6—1954.7)
　　　　　栗又文　(1952.6—1954.7)
　　　　　王大钧　(1952.6—1954.7)
　　　　　薛　焰　(1952.6—1952.12)
委　　员　王大钧　朱德海　于　克　徐元泉
　　　　　萧　靖　薛　焰　李梦龄　富振声
　　　　　栗又文　黄思沛　朱士焕　王季平
　　　　　宋振庭　饶　斌

1954年8月省区划扩大后调整的中共吉林省委

(1954.8—1955.2)

1954年7月，中共中央东北局根据中共中央《关于撤销大区一级行政机构和合并若干省市建制的决定》和吉林省区划扩大，工作任务加重的情况，适时地逐步调整充实了吉林省委领导班子，任命李梦龄为省委书记，调原辽西省委副书记李砥平任省委第一副书记。1954年12月，中共中央批准增补于克、徐元泉、关山复为省委常务委员。

书　　记　李梦龄　(1954.7—1955.2)

第一副书记　李砥平　（1954.7任职，1954.9—1955.2，主持省委工作[①]）
副　书　记　富振声　（满族　1954.7—1955.2）
常务委员　李梦龄　（1954.7—1955.2）
　　　　　李砥平　（1954.7—1955.2）
　　　　　富振声　（满族　1954.7—1955.2）
　　　　　栗又文　（1954.7—1955.2）
　　　　　于　克　（1954.12—1955.2）
　　　　　徐元泉　（1954.12—1955.2）
　　　　　关山复　（满族　1954.12—1955.2）
委　　员[②]　李梦龄　李砥平　富振声　栗又文
　　　　　于　克　徐元泉　关山复　王季平
　　　　　朱德海　朱士焕　宋振庭　宋任远
　　　　　宋洁涵　岳　林　董玉昆　黄思沛
　　　　　崔次丰　傅雨田　雷鸣玉　赵天野
　　　　　刘慈恺　刘敬之　萧　靖　饶　斌
　　　　　兰干亭

1955年2月再次调整的中共吉林省委
（1955.2—1956.6）

1955年2月24日，中共中央再次调整充实了省委领导机构，调中共天津市委副书记兼市长吴德任吉林省委第一书记，李梦龄任省委第二书记，李砥平任省委第三书记，富振声、栗又文、关山复任省委副书记，张士英等9人为省委常务委员。1955年11月，中共中央调赵林任吉林省委第三书记，省委原第三书记李砥平改任第四书记。1956年5月，经中共中央批准，增补贺健为常务委员。

第一书记　吴　德　（1955.2—1956.6）
第二书记　李梦龄　（1955.2—1956.6）

---

① 1954年9月起，省委书记李梦龄因病不能坚持正常工作，省委第一副书记李砥平主持省委工作。

② 1955年1月，省委委员增补到25人。

第三书记　李砥平　（1955.2—1955.11）
　　　　　赵　林　（1955.11—1956.6）
第四书记　李砥平　（1955.11—1956.6）
副 书 记　富振声　（满族　1955.2—1956.6）
　　　　　栗又文　（1955.2—1956.6）
　　　　　关山复　（满族　1955.2—1956.6）
常务委员　吴　德　（1955.2—1956.6）
　　　　　李梦龄　（1955.2—1956.6）
　　　　　赵　林　（1955.11—1956.6）
　　　　　李砥平　（1955.2—1956.6）
　　　　　富振声　（满族　1955.2—1956.6）
　　　　　栗又文　（1955.2—1956.6）
　　　　　关山复　（满族　1955.2—1956.6）
　　　　　于　克　（1955.2—1956.6）
　　　　　徐元泉　（1955.2—1956.6）
　　　　　张士英　（1955.2—1956.6）
　　　　　贺　健　（1956.5—1956.6）
委　　员　吴　德　李梦龄　李砥平　赵　林
　　　　　富振声　栗又文　关山复　于　克
　　　　　徐元泉　张士英　贺　健　雷鸣玉
　　　　　兰干亭　董玉昆　宋任远　赵天野
　　　　　岳　林　刘敬之　崔次丰　宋洁涵
　　　　　饶　斌　赵明新　傅雨田　刘慈恺
　　　　　宋振庭　朱士焕　黄思沛　吕　达
　　　　　王丹波　王明德　李　明　杨战韬
　　　　　刘式钦　辛　程　孙　光

中国共产党吉林省第一届委员会

(1956.7—1960.3)

1956年6月29日至7月7日，中共吉林省第一次代表大会在长春召开。7月7日，中共吉林省委举行一届一次全体会议，选举省委常委和成立省委书记处。以后，经中共中央批准，又增补省委常委4名、书记处书记1名①。

第一书记　吴　德　(1956.7—1960.3)
书记处书记　李梦龄　(1956.7—1960.3)
赵　林　(1956.7—1960.3)
李砥平　(1956.7—1960.3)
富振声　(满族　1956.7—1960.3)
栗又文　(1956.7—1960.3)
关山复　(满族　1956.7—1960.3)
阮泊生　(1959.4—1960.3)
常务委员　吴　德　(1956.7—1960.3)
李梦龄　(1956.7—1960.3)
赵　林　(1956.7—1960.3)
李砥平　(1956.7—1960.3)
富振声　(满族　1956.7—1960.3)
栗又文　(1956.7—1960.3)
关山复　(满族　1956.7—1960.3)
阮泊生　(1959.4—1960.3)
于　克　(1956.7—1960.3)
徐元泉　(1956.7—1960.3)
张士英　(1956.7—1960.3)
贺　健　(1956.7—1959.12)
兰干亭　(1957.3—1960.3)

① 1957年3月，经中共中央批准，增补兰干亭、刘慈恺、宋任远、萧靖为省委常委。1959年4月，经中共中央批准，增补阮泊生为省委书记处书记。

刘慈恺　(1957.3—1960.3)
宋任远　(1957.3—1960.3)
萧　靖　(1957.3—1960.3)

委　　员　于　克　王季平　王明德　关山复
朱士焕　朱德海　成仿吾　阮泊生
刘敬之　刘慈恺　宋任远　宋振庭
宋洁涵　李　明　李砥平　李梦龄
李树仁　沈亚钢　辛　程　萧　靖
吴　德　岳　林　栗又文　徐元泉
张士英　崔次丰　贺　健　富振声
董玉昆　杨战韬　雷鸣玉　赵天野
赵　林　赵明新　兰干亭　饶　斌

候补委员　王丹波　王吉仁　王　毅(女)　王静坚
刘　凯　杜绍西　吕　达　陈　洪
赵子平

中国共产党吉林省第二届委员会
(1960.3—1966.5)

1960年3月18日至24日，中国共产党吉林省第二次代表大会在长春召开。3月25日，中共吉林省委举行二届一次全体会议，选举产生中共吉林省第二届委员会。以后，经中共中央批准，中共吉林省委的领导成员有过多次变动[①]。

第一书记　吴　德　(1960.3—1966.5)
第二书记　赵　林　(1960.12—1966.5)

---

① 1960年12月，经中共中央批准，书记处书记赵林任省委第二书记，省委常委于克、张士英任省委书记处候补书记，从省外调郑季翘任书记处候补书记，书记处书记关山复调东北局工作。1961年3月，省委常委徐元泉调东北局工作。1963年12月，经中共中央批准，增补罗坤山为省委常委。1965年8月至11月，经中共中央批准，书记处候补书记郑季翘、常务委员兰干亭任书记处书记，省委常委宋洁涵和省委委员张李明、雷鸣玉任书记处候补书记。增补赵天野、朱德海、严子涛、周光、宋振庭为省委常委。以上人事变动均已由全会追认。1965年，中共中央通知，根据李梦龄、于毅夫身体状况，免去二人书记处书记职务。因为没有通知本人，二人任职直到1967年1月。

书记处书记　李梦龄　（1960.3—1966.5）
赵　林　（1960.3—1960.12）
李砥平　（1960.3—1966.5）
富振声　（满族　1960.3—1966.5）
栗又文　（1960.3—1966.5）
关山复　（满族　1960.3—1960.12）
阮泊生　（1960.3—1966.5）
于毅夫　（1960.3—1966.5）
郑季翘　（1965.8—1966.5）
兰干亭　（1965.8—1966.5）

书记处
候补书记　于　克　（1960.12—1966.5）
郑季翘　（1960.12—1965.8）
张士英　（1960.12—1966.5）
宋洁涵　（1965.8—1966.5）
张李明　（1965.8—1966.5）
雷鸣玉　（1965.8—1966.5）

常务委员　吴　德　（1960.3—1966.5）
赵　林　（1960.3—1966.5）
李梦龄　（1960.3—1966.5）
李砥平　（1960.3—1966.5）
富振声　（满族　1960.3—1966.5）
栗又文　（1960.3—1966.5）
关山复　（满族　1960.3—1960.12）
阮泊生　（1960.3—1966.5）
于毅夫　（1960.3—1966.5）
郑季翘　（1960.12—1966.5）
兰干亭　（1960.3—1966.5）
于　克　（1960.3—1960.11）
张士英　（1960.3—1966.5）

宋洁涵　(1960.3—1966.5)
张李明　(1965.8—1966.5)
雷鸣玉　(1965.8—1966.5)
徐元泉　(1960.3—1961.3)
刘慈恺　(1960.3—1966.5)
宋任远　(1960.3—1966.5)
萧　靖　(1960.3—1964.10)
罗坤山　(1963.12—1966.1)
赵天野　(满族　1965.11—1966.5)
朱德海　(朝鲜族　1965.11—1966.5)
严子涛　(1965.11—1966.5)
周　光　(1965.11—1966.5)
宋振庭　(1965.11—1966.5)

委　　员　于　克　兰干亭　关山复　刘慈恺
朱士焕　朱德海　阮泊生　宋洁涵
宋振庭　沈亚钢　李砥平　李梦龄
吴　德　赵天野　赵　林　张士英
张李明　栗又文　徐元泉　崔次丰
富振声　董玉昆　雷鸣玉　于毅夫
王丹波　王吉仁　王明德　刘敬之
周　光　岳　林　陈　钟　赵明新
王季平　辛　程　严子涛　戴润生
毛　诚(女)　宋任远　李　都　杨战韬
萧　靖　赵子平　曹德连　杨俊生
罗坤山　郑季翘

候补委员　陈　洪　王静坚　王　毅(女)刘　凯
吕　达　姚　昕　徐守身　蒋谷峰
王东瑜(女)　亚　马　何济林　胡绍祖
韩容鲁　尹作序　石尚农　王奂如

“文化大革命”初期的中共吉林省委
(1966.5—1967.1)

1966年5月,“文化大革命”开始。5月至7月,中共中央和中共中央东北局对中共吉林省第二届委员会的主要领导干部作了调整。5月31日,中共中央调省委第一书记吴德任北京市委第二书记。7月2日,经中共中央东北局批准,省委书记处书记阮泊生任省委书记处常务书记。7月3日,中共中央同意,省委第二书记赵林任省委代理第一书记。1967年1月,省直和长春市造反派组织对中共吉林省委、省人民委员会实行非法夺权[①]。

第一书记　吴　德　(1966.5.31调离)
　　　　　赵　林　(代,1966.7—1967.1)
第二书记　赵　林　(1966.5—1966.7)
书记处
常务书记　阮泊生　(1966.7—1967.1)
书记处书记　李梦龄　(1966.5—1967.1)
　　　　　李砥平　(1966.5—1967.1)
　　　　　富振声　(满族　1966.5—1967.1)
　　　　　栗又文　(1966.5—1967.1)
　　　　　阮泊生　(1966.5—1966.7)
　　　　　于毅夫　(1966.5—1967.1)
　　　　　郑季翘　(1966.5—1967.1)
　　　　　兰干亭　(1966.5—1967.1)
书记处
候补书记　于　克　(1966.5—1967.1)
　　　　　张士英　(1966.5—1967.1)
　　　　　宋洁涵　(1966.5—1967.1)

---

① 1967年1月23日,中共中央、国务院、中央军委、中央文革小组发出《关于中国人民解放军坚决支持革命左派群众的决定》,吉林省军区、驻吉林省部队介入地方“文化大革命”,随即建立驻长三军“支左”领导小组,组长王淮湘。“支左”领导小组负责领导吉林省“文化大革命”运动以及全省地方工作。

	张李明	（1966.5—1967.1）
	雷鸣玉	（1966.5—1967.1）
常务委员	吴　德	（1966.5.31调离）
	赵　林	（1966.5—1967.1）
	阮泊生	（1966.5—1967.1）
	李梦龄	（1966.5—1967.1）
	李砥平	（1966.5—1967.1）
	富振声	（满族　1966.5—1967.1）
	栗又文	（1966.5—1967.1）
	于毅夫	（1966.5—1967.1）
	郑季翘	（1966.5—1967.1）
	兰干亭	（1966.5—1967.1）
	于　克	（1966.5—1967.1）
	张士英	（1966.5—1967.1）
	宋洁涵	（1966.5—1967.1）
	张李明	（1966.5—1967.1）
	雷鸣玉	（1966.5—1967.1）
	刘慈恺	（1966.5—1967.1）
	宋任远	（1966.5—1967.1）
	赵天野	（满族　1966.5—1967.1）
	朱德海	（朝鲜族　1966.5—1967.1）
	严子涛	（1966.5—1967.1）
	周　光	（1966.5—1967.1）
	宋振庭	（1966.5—1966.8）

中国共产党吉林省革命委员会核心小组

(1970.3—1971.3)

1968年2月,中共中央、国务院、中央军委、中央文革小组批准成立吉林省革命委员会。1968年3月6日,吉林省革命委员会正式成立。省革委会取代了原中共吉林省委、省人民委员会的职能,对吉林省地方工作实行"一元化"领导。1970年3月,经中共中央批准,成立中共吉林省革命委员会核心小组。

组　　长　王淮湘　(1970.3—1971.3)

成　　员　何友发　(1970.3—1971.3)

萧道生　(1970.3—1971.3)

阮泊生　(1970.3—1971.3)

郑季翘　(1970.3—1971.3)

中国共产党吉林省第三届委员会[①]

(1971.3—1978.12)

1971年3月18日至24日,中国共产党吉林省第三次代表大会在长春召开。会议选举产生了中共吉林省第三届委员会。3月25日,省委三届一次全体会议选举产生省委常务委员会委员、书记、第一书记。

(一)粉碎江青反革命集团之前(1971.3—1976.10)

第一书记　王淮湘　(军代表　1971.3—1976.10)

书　　记　张兆仁　(军代表　1971.3—1971.10)

何友发　(军代表　1971.3—1976.10)

萧道生　(军代表　1971.3—1975.6)

阮泊生　(1971.3—1976.10)

郑季翘　(1971.3—1975.2)

---

① 中共吉林省第三届委员会的任期到1983年3月,这里只收录1978年12月之前的中共吉林省第三届委员会领导人名录。

常务委员 王淮湘 （军代表 1971.3—1976.10）
张兆仁 （军代表 1971.3—1971.10）
何友发 （军代表 1971.3—1976.10）
萧道生 （军代表 1971.3—1975.6）
阮泊生 （1971.3—1976.10）
郑季翘 （1971.3—1975.2）
冯占武 （农民 1971.3—1976.10）
兰干亭 （1971.3—1976.10）
张 英 （军代表 1971.3—1976.10）
周 光 （1971.3—1976.10）
宗希云 （一般干部 1971.3—1976.10）
药天禄 （军代表 1971.3—1976.10）
曹海炳 （军代表 1971.3—1971.11）

委 员 马瑞亭 王 维 王 毅（女） 王万春
王可夫 王成立 王国连 王宗信
王振华 王银春 王淮湘 王德富
尹作序 冯 骥 冯占武 兰干亭
田维荣 刘 川 刘 声 刘 琏
刘德山 亚 马 巩玉然 阮泊生
齐殿云（女） 许肇昌 陈福隆 李国才
李范熙 吴招弟 吴学珍 何友发
张 英 张士英 张兆仁 张李明
张国良 张积慧 张淑娥（女） 张镇铭
苏 旺 苏俊禄 宋子珠 宋继德
辛纪仁 邵官法 萧道生 周 光
周承重 周福昌 郑季翘 宗希云
金明汉 金泰然 药天禄 胡绍祖
荣先杰（女） 荣善作 侯德武 徐 谦
徐仲禹 悦乐特 陶克涛 唐敖庆
袁春田 高 杰 高莲珍（女） 龚兴贵

崔海龙　曹海炳　阎崇祥　韩　发
韩发欣　翟象坤

候补委员　于广忠　王洪山　扎啦嘎胡　刘守华
刘成铭　刘宪明　朱满红(女)　齐文焕
陈静波　吕东圃　单奎章　金锦顺
姚美玲(女)　赵桂芝(女)　侯殿有

(二)粉碎江青反革命集团之后(1976.10—1978.12)

1976年10月,粉碎江青反革命集团以后,1977年2月至1978年1月,中共中央对中共吉林省委领导班子作了较大的调整。1977年2月调南京军区副政治委员王恩茂任吉林省委第一书记,调省委原第一书记王淮湘到武汉军区工作。其后,经中共中央批准,中共吉林省委的领导成员有过多次变动①。

第一书记　王淮湘　(1976.10—1977.2)
王恩茂　(1977.2—1978.12)
书　　记　高　扬　(1978.1—1978.12)
何友发　(1976.10—1978.12)
阮泊生　(1976.10—1978.12)
副 书 记　兰干亭　(1977.10—1978.12)
张士英　(1977.10—1978.12)
宋洁涵　(1977.10—1978.12)
于　克　(1977.10—1978.12)
常务委员　王淮湘　(1976.10—1977.2)
王恩茂　(1977.2—1978.12)
高　扬　(1978.1—1978.12)
何友发　(1976.10—1978.12)
阮泊生　(1976.10—1978.12)

① 1977年9月,经中共中央批准,调穆林为省委常委,10月任兰干亭、张士英、宋洁涵、于克为副书记,任金明汉、陈洪、宋振庭为省委常委,11月,免去张英、药天禄、冯占武常委职务,崔海龙不再“列席”常委。1978年1月,调高扬为省委书记。

张士英　(1976.10—1978.12)
宋洁涵　(1976.10—1978.12)
于　克　(1976.10—1978.12)
冯占武　(1976.10—1977.11)
兰干亭　(1976.10—1978.12)
张　英　(1976.10—1977.11)
周　光　(1976.10—1977.4)
宗希云　(1976.10—1978.12)
药天禄　(1976.10—1977.11)
穆　林　(1977.9—1978.12)
金明汉　(朝鲜族　1977.10—1978.12)
陈　洪　(1977.10—1978.12)
宋振庭　(1977.10—1978.12)

后　记

为深入学习贯彻党的十九大精神，全面落实习近平总书记“要继续加强对党史、国史的学习，在对历史的深入思考中做好现实工作、更好地走向未来，不断交出坚持和发展中国特色社会主义的合格答卷”的重要指示精神，我们谨将《中国共产党吉林省历史第二卷（1949—1978）》（以下简称《吉林二卷》），奉献给广大读者。

根据中共中央党史研究室的部署，2000年2月13日，中共吉林省委作出编写《中国共产党吉林历史》的决定。随后成立了编写委员会，省委书记担任编委会主任，省委副书记为副主任，省委常委及有关部门负责同志为编委。《吉林二卷》的编写工作正式启动。《吉林二卷》的编写，是在历届省委和省委分管领导同志的亲切关怀和精心指导下、在省委党史研究室领导班子的直接领导下进行的，它是全省党史界集体研究的成果，凝聚了几代党史工作者的智慧和心血。

《吉林二卷》反映的是自1949年10月中华人民共和国成立至1978年12月党的十一届三中全会召开中国共产党在吉林这29年的历史。这其中，既包含吉林省社会主义建设时期党的政治、经济、文化、社会等方面的活动，党领导工、青、妇等群团工作以及统一战线方面的工作，毛泽东等党和国家领导人和省委领导层的决策与实践，吉林省社会主义建设时期的重大历史事件，也记述了党组织的建设和基层广大党员、干部和群众特别是英模人物的活动。

我们在编写《吉林二卷》时，努力遵循以下基本指导原则：

（一）坚持以马克思列宁主义、毛泽东思想、邓小平理论、“三个代表”重要思想、科学发展观、习近平新时代中国特色社会主义思想为指导，对重大历史问题的把握，坚持党性原则和科学精神的统一，始终把中共中央《关于建国以来党的若干历史问题的决议》及十一届三中全会以来党的历次重要会议和中央领导同志有关重要论述作为叙史论史的根本依据。

（二）坚持辩证唯物主义和历史唯物主义，全面记载和反映吉林党的历史，充分反映中共吉林省委带领全省各族人民进行社会主义革命和建设所取得的伟大成就，充分反映吉林地方党组织探索建设社会主义道路的历史进程和正反两方面的经验，充分反映党的队伍不断发展壮大和加强党的自身建设的历史。

（三）运用习近平新时代中国特色社会主义思想，紧密结合新的时代条件和实践要求，以全新的视野深化对共产党执政规律、社会主义建设规律、人类社会发展规律的认识，为推进党的建设新的伟大工程服务。

（四）坚持解放思想、实事求是、与时俱进、求真务实，充分吸收、积极借鉴和利用40年来党史学界研究取得的成果，特别是新时期党史界形成的新判断、挖掘的新史料。以史为根，力求客观翔实，论从史出，达到史论的有机结合。

省委党史研究室始终把本书的编写工作作为基本著作的重点项目，列入全室和全省党史工作的规划之中。对书稿编写和修改中的一些重大问题的把握、重要意见的采纳等，都是经过室领导班子集体研究讨论决定的。领导班子还根据形势的发展变化，不断对一些重要内容的充实、完善提出新的要求。

中共吉林省委对《吉林二卷》的编写工作十分重视。省委书记巴音朝鲁同志对《吉林二卷》的编写工作非常关心，在分管党史研究室工作期间，曾多次过问编写工作。省委常委、省委秘书长张安顺同志根据本书编写及修改工作情况及时提出明确要求，给予有力指导。

《吉林二卷》的编写和修改，经历了18年时间，主要有以下几个阶段：

从2000年2月至2002年12月，在室主任王立章领导和主持下，组织了《吉林二卷》书稿的编写工作。为保证书稿质量，专门聘请了东北师范大学、吉林大学、吉林省委党校和省委党史研究室退休的知名教授、中共党史学专家吴敏先、郭永钧、何世芬、张家阔、张琦等和省委党史研究室人员刘宇实、郑晓亮组成编写组。室副主任李卫东联系编写组，吴敏先主持编写工作。此后，编写组提出编写的指导思想，设计出书稿的总体框架和编章结构，进行编写。

2003年1月，在室主任刘殿明领导和主持下，室副主任龚兴盛和郭红婴先后联系编写组，到2007年10月，书稿基本完成，由吴敏先统改书稿，并于2007年底在一定范围内征求意见。但因《中国共产党历史第二卷》当时尚未出版，编写框架和若干重大问题的表述缺乏遵循，书稿撰写难以取得实质性进展。2011年1月，《中国共产党历史第二卷》出版后，省委党史研究室认真学习、研究了该书，对一些重大问题的提法表述有了深刻的体会。

2012年9月至2015年9月，在室主任刘曼抒领导和主持下，《吉林二卷》编撰工作重新启动。室副主任黄耀河组织了书稿的修改工作。2013年4月，原编写组将《吉林二卷》书稿修改工作正式移交后，室领导班子成立了以室主要领导亲自挂帅，分管领导分工负责，以征研一、二、三处及科研处有关同志为组成人员的编写组，参加了大纲的讨论和提出了修改建议。在认真听取有关领导、专家学者以及其他各方面意见的基础上，编写组根据中央党史研究室编撰各地党史二卷本的有关精神、《中国共产党历史第二卷》的框架结构和内容、借鉴兄弟省份的编写经验、结合吉林省党的历史的发展实际，对《吉林二卷》涉及的一些重大问题进行了深入研讨，对书稿总体重新构思、重新拟定了大纲。对整体结构、详略处理、历史事件、人物评价等进行深入研讨。

在反复多次征求省内有关领导和专家学者意见基础上，王永君同志带领省委党史研究室征研二处同志对书稿做了补充、修改和完善。2015年9月形成征求意见稿，送1949年至1978年期间在吉林省工作过的部分党内老同志和专家学者审阅，送省委办公厅、省委组织部、省委宣传部、吉林大学、东北师范大学、中国第一汽车集团公司等67家省直和国有企事业单位征求意见。此外，还征求了全省9个市州党史研究室的意见。在广泛征求意见基础上，编写人员吸收各方面意见400余条，对书稿进行了再次修改，对一些重要内容作进一步充实，并多次进行史实考订、引文核对、数字核实、注释规范、插图精选和文字推敲等工作。

2015年11月至2018年2月，在室主任邱志方领导和主持下，继续组织书稿的修改、完善工作。《中国共产党的九十年》出版后，省委党史研究室编写组进行了认真研读，并将其与《中国共产党历史第二卷》进行了仔细比较，发现其中若干新观点、新提法。编写人员结合《中国共产党的九十年》一书，对《吉林二卷》书稿进行了进一步修改。2016年11月，形成送审稿。呈送中央党史研究室审读。中央党史研究室在政治、框架结构、史实等各方面进行了严格把关。2017年8月底，中央党史研究室给出了审读意见。根据中央党史研究室审读意见，室主任邱志方、室副主任李志铭组织了后期统稿工作。

2018年2月，我们根据中央党史研究室的审读意见修改后再次送审。2018年3月15日，中央党史研究室给出审读意见，审读意见认为，《中国共产党吉林省历史第二卷》经过反复修改完善，是一部较好的、比较成熟的地方党史著作，已经达到可以出版的程度。

室主任穆占一审读了全部书稿，推动该书迅速完成出版程序，并就做好后期相关工作多次作出指示，有力地推动了工作深入有效的开展。

本书的编写工作得到许多老同志、知名专家学者的关心、支持。包括副省级以上的党内老同志和有关部门的负责人审阅了书稿，提出了许多宝贵的意见和建议，我们在此深表敬意和感谢！参与本书审阅的我省老同志和知名专家学者有：杨庆祥、郑德荣、田克勤、单东升、陈万吉、孙宝君、杜少先、陈德才、慈彪、王德春等同志。

本书在编写过程中，得到了中央党史研究室有关领导和专家的精心指导。中央党史研究室第二研究部沈传宝副主任、邢和明处长对本书的编写工作十分关心，认真细致地审读了全部书稿，并提出具体的指导意见，对书稿给予充分肯定，认为可以出版。省委办公厅、省委组织部、省委宣传部、省委统战部等省直部门和国有企事业单位，全省九个市州党史研究室对本书的工作提供了许多帮助，吉林省档案馆为本书提供了大量的文献档案资料。中共党史出版社给予了大力支持。

省委党史研究室全室各部门的同志对本书一直给予了大力支持和帮助。

在本书出版之际，对于所有给予本书关注、帮助和支持的单位与同志，在此一并表示衷心的感谢！

《中国共产党吉林省历史第二卷（1949—1978）》虽编写多年，数易其稿，但我们深知，写史难，写新中国成立后的党史尤其难，尽管我们竭尽全力、艰辛著述，大胆尝试、诚惶诚恐，力求写得客观、公允些，但限于学识水平和研究能力，加上一些客观因素，使本书在史实叙述、史料运用、事件判断等方面，难免还有不当、不准、不周之处，恳请广大读者特别是老同志、历史当事者及史界同人不吝批评指正。

中共吉林省委党史研究室

2018年12月